Nördliches Osteuropa 1941/1942

Die mit Fallnummern versehenen Ortsnamen zeigen viele Tatorte von Verbrechen der Roten Armee. Die Fallnummern verweisen auf den Hauptteil des Buches; bei mehreren Fällen, die sich an einem Ort ereignet haben, ist jeweils nur eine Nummer genannt (vgl. das vollständige Ortsverzeichnis S. 379 ff. des Buches)

D1875931

Pour le Mérite

FUNDACJA LIBERAŁÓW
ul. Szeroka 121/122
80-835 Gdańsk

LIST/DRUK NIESTEMPLOWANY
OPŁATA POBRANA
Zgoda i umowa z RUP Gdańsk
z dnia 14.02.2001 r.
Nadano w UP Gdańsk
dnia 16.02.2001 r.

Hartmut Feller
Carl-Goerdeler-Str. 41
28327 Bremen
NIEMCY/GERMANY

Egz. 1

Ebo–Fachliteratur
28195 Bremen VK 25757

Verbrechen an der Wehrmacht
K&V **7 49 92 06** ISBN 3-932381-03-3 WG **15570**
58,00 DM
LS 80957 vom 25.05.98 BZ FEL
9 783932 381034 05800

Franz W. Seidler (Hrsg.)

Verbrechen an der Wehrmacht

Kriegsgreuel der Roten Armee 1941/42

Pour le Mérite

Titelfoto: Deutscher Soldat, der am 20.7.1941 bei Ivanowzy den Russen in die Hände fiel.
Er wurde gefesselt und durch Bajonettstiche in den Rücken ermordet

Alle Fotos und abgebildeten Textdokumente dieses Bandes
stammen aus dem Bundesarchiv/Militärarchiv Freiburg

Die Deutsche Bibliothek – CIP-Einheitsaufnahme

Verbrechen an der Wehrmacht / Franz W. Seidler (Hrsg.)
Kriegsgreuel der Roten Armee 1941/42. – Selent :
Pour le Mérite, 1997
ISBN 3-932381-03-3

ISBN 3-932381-03-3

© 1997 Pour le Mérite. Alle Rechte vorbehalten
1. Auflage, Dezember 1997
2., durchgesehene Auflage, Januar 1998
3., unveränderte Auflage, März 1998

Pour le Mérite – Verlag für Militärgeschichte
Postfach 52, D-24236 Selent

Eigendruck
Gedruckt in Österreich

Vorwort

Dieses Buch ist eine Antwort auf die Ausstellung „Vernichtungskrieg. Verbrechen der Wehrmacht 1941 bis 1944", die von einem Hamburger Privatinstitut für Sozialforschung in mehreren Städten der Bundesrepublik Deutschland und Österreichs gezeigt wird. Ihr Organisator Hannes Heer will mit der Schau eine Debatte „über das – neben Auschwitz – barbarischste Kapitel der deutschen und österreichischen Geschichte" eröffnen. Barbarei hat viele Gesichter. Sie drückt sich verbal in geiferndem Haß und faktisch in der Bestialität von Mordtaten aus.

Die „Wucht der Bilder", die der Ausstellung zugute gehalten wird, spricht auch aus der Zusammenstellung des vorliegenden Bandes. Was Menschen anderen Menschen antun können, macht schaudern. Der Körper bietet zwar auch der perversesten Phantasie nur eine beschränkte Anzahl von Foltervarianten, aber der Gequälte stirbt tausend Tode. Die meisten Opfer der sowjetischen Mordtaten hätten gewünscht, ihrem Leben würde schnell mit einer Kugel vor der Friedhofsmauer oder mit dem Strick am Galgen ein Ende bereitet werden, wie es die Deutschen bei ihren Hinrichtungen praktizierten. Die Verstümmelungen lassen ahnen, was die deutschen Opfer der Roten Armee litten, bevor sie starben. Wenn der Betrachter der Bilder versucht, sich in ihre Lage zu versetzen, als sie gemartert, gepeinigt, erschlagen und so zugerichtet wurden, wie ihre Kameraden sie fanden, wird er ahnen, wozu Menschen ohne Moral fähig sind.

Diese Dokumentation sowjetischer Kriegsgreuel läßt im Unterschied zur Anti-Wehrmachtausstellung keinen Raum für Verfälschungen, textliche Irreführungen und willkürliche Behauptungen.

– Alle Vorfälle sind belegt.
– Die Orts- und Zeitangaben sind zweifelsfrei.
– Die näheren Umstände der grausamen Ereignisse werden durch Zeugenaussagen gestützt.
– Die Bilder sind keine Privatfotos, sondern juristisches und medizinisches Beweismaterial.
– Es wurden keine Eingriffe in die Schriftstücke vorgenommen.

– Zu den meisten Dokumenten gibt es zusätzliches Beweismaterial, das von Wissenschaftlern eingesehen werden kann.

– Der Wortlaut der Texte kann im Bundesarchiv/Militärarchiv Freiburg unter der Signatur RW 2 /v. 147 - v. 152 nachgeprüft werden.

Im Unterschied zu der Anti-Wehrmachtausstellung, dem dazugehörigen Katalog und dem gleichnamigen Aufsatzband kann dieses Buch nicht „politisch korrekt“ sein. Es liegt nicht im Trend der Zeit, weil es die Soldaten nicht verunglimpft, – auch die der Wehrmacht nicht.

Nur wer mithilft, die bewaffnete Macht des damaligen Deutschen Reiches zur kriminellen Bande zu stempeln, findet das Wohlwollen der Stimmungs- und Meinungsmacher. Wer Soldaten generell als Mörder bezeichnet, handelt sogar in Übereinstimmung mit dem Bundesverfassungsgericht. Wer dagegen die Wehrmacht als Opfer darstellt, tut etwas Zeitgeist-Ungehöriges.

Was in Deutschland politisch korrekt ist, entscheiden im allgemeinen die Medien. Wer z. B. sagt: „Ich schäme mich, ein Deutscher zu sein“, handelt politically correct. Wer dagegen sagt: „Ich bin stolz, ein Deutscher zu sein“, ist ein „Nazi“. Wer sagt: „Die verbrecherische Hitler-Wehrmacht hat im Juni 1941 die friedliebende Sowjetunion heimtückisch und verräterisch überfallen“, macht eine politisch korrekte Aussage, auch wenn sie wissenschaftlich unhaltbar ist. Man spricht landauf landab von „Hitler-Soldaten“, aber niemand nimmt Wörter wie „Stalin-Soldaten“, „Churchill-Bomberpiloten“ oder „Truman-Atombombenwerfer“ in den Mund. Wer sich für die Errichtung von Denkmälern für die Deserteure aus der deutschen Wehrmacht während des Zweiten Weltkriegs einsetzt, handelt politisch korrekt, selbst wenn wissenschaftlich nachgewiesen ist, daß mit den Deserteuren aus vielen Gründen kein Staat zu machen ist. Wer aufzeigt, daß fast zwei Millionen Ausländer in deutscher Uniform mit der Wehrmacht gegen den Stalinismus kämpften, ist fürchterlich unkorrekt, auch wenn die Aussage nicht widerlegt werden kann. Derzeit ist es politisch sehr korrekt, den Zivildienst als höherwertig als den Wehrdienst und keinesfalls als Ersatzdienst zu preisen und die militärischen Tugenden als Sekundärtugenden zu verunglimpfen, mit denen man auch ein KZ leiten könne.

Die Medien sagen dem Bürger, welche Themen den Anforderungen der „politischen Korrektheit“ entsprechen, mit welcher volkspädagogischen Ausrichtung er die Diskussion zu führen hat und welche Ausdrücke er meiden muß. Die Wortwahl lenkt die Gedanken. Nicht umsonst nennt man die Medien die „vierte Gewalt“ im Staat neben Legislative, Judikative und Exekutive. In der Politikwissenschaft spricht man gelegentlich von „Mediokratie“.

Die Wissenschaft kann sich aber – wenn sie wirkliche Wissenschaft sein will – nicht darum kümmern, ob ihre Erkenntnisse politisch opportun sind oder nicht. Allein der Wahrheit verpflichtet, ist es ihre Aufgabe, Unbekanntes ans Licht zu ziehen, Fakten darzustellen, Legenden aufzudecken und Falschaussagen zu revidieren. Artikel 5, Absatz 3 des Grundgesetzes sichert die Freiheit des Wissenschaftlers.

Im Kreis der Sozialwissenschaftler haben es die Historiker besonders schwer. Sie wissen, daß vieles falsch ist, was in den Schulbüchern steht. Aber das war wohl auch früher so. Schopenhauer faßte schon vor 150 Jahren sein Urteil über diese

Wissenschaft in folgende Worte: „Die Geschichte ist mit der Lüge infiziert wie eine Hure mit der Syphilis." Anders ausgedrückt: Die Geschichte hat der Statistik den Rang abgelaufen, was die Unseriosität der Erhebungen und die Manipulation der Ergebnisse angeht.

München, November 1997
Prof. Dr. Franz W. Seidler

Einführung

Die Soldaten im Zwielicht der Politik

Die Agitation gegen die Wehrmacht

Die Angriffe gegen die Wehrmacht, die 1945 bis 1990 lediglich sporadisch auftraten und einzelne betrafen, eskalierten nach der Wiedervereinigung Deutschlands zu Pauschalattacken. Obwohl sich der Sozialismus als eine menschenfeindliche Ideologie und die UdSSR als ein Zentrum des Mordens und der Unterdrückung entpuppt hatten, überlebten einige sozialistische Anschauungen den Zusammenbruch des Ostblocks und kamen als Heilsbotschaften in den Westen. Sie lassen sich terminologisch festmachen. Als Bezeichnung für die Niederlage des Deutschen Reiches 1945 war jenseits des Eisernen Vorhangs der Ausdruck „Befreiung" vorgeschrieben. Seit ein paar Jahren gilt er auch im Westen. Statt wissenschaftlich korrekt vom „Nationalsozialismus" zu reden, verbreitete sich der Begriff „Faschismus", wie er seit 1945 in der SBZ und in der DDR gebraucht worden war, um den Widerstand der sogenannten „Antifaschisten" zu belegen. Auch die Kriminalisierung der Wehrmacht nahm erst nach 1989 groteske Züge an.

Die politische Tendenz, die von den linken Gruppen verfolgt wird, ist offensichtlich: Gelingt es, die Wehrmacht als verbrecherische Organisation zu desavouieren, dann richtet sich der nächste Schlag gegen die Bundeswehr. Wenn nämlich die Väter der Bundeswehr, Zehntausende von Offizieren und Unteroffizieren, die die Bundeswehr ab 1955 aufbauten, einer Verbrecherbande angehörten, dann kann es mit der Bundeswehr nicht weit her sein. Sie haben wohl die kriminellen Maßstäbe der Wehrmacht an die jungen Offiziere und Unteroffiziere weitergegeben. Trotz aller Schranken gegen die Verwendung der Bundeswehr für Aggressionen und aller Vorkehrungen gegen gesetzeswidrige Befehle, trotz Innerer Führung und politischer Bildung sei der Bundeswehr nicht zu trauen. Gegründet von Angehörigen der „faschistischen" Wehrmacht, ist sie eine „neofaschistische" Organisation, in der die Ewig-Gestrigen das Sagen haben.

Übersehen wird bei dieser Argumentation mehreres, z.B. daß auch die Nationale Volksarmee der DDR, der Inbegriff einer sozialistischen Klassenarmee, von Wehrmachtoffizieren aufgebaut wurde. Bei der Umwandlung der Volkspolizei in die NVA wurden 1956 500 ehemalige Wehrmachtoffiziere mitübernommen. In den 82 höheren Kommandoposten stammten 61 Stelleninhaber aus der Wehrmacht. Der Kommandeur der NVA-Panzertruppen, Generalmajor Arno von Lensky, hatte als Beisitzer beim III. Senat des NS-Volksgerichtshofs an 20 Urteilen, darunter einigen Todesurteilen, mitgewirkt. Er wurde mit der „Medaille für Kämpfer gegen den Faschismus" ausgezeichnet.[1]

Die raffinierteste, einprägsamste und populärste Agitationsunternehmung gegen die Wehrmacht wurde 1995 mit der Ausstellung „Vernichtungskrieg. Verbrechen der Wehrmacht 1941 bis 1944" gestartet. Sie ist wahrscheinlich die erfolgreichste historische Wanderausstellung, die es seit der Gründung der Bundesrepublik Deutschland gibt. Besondere Aufwertung erfuhr sie, als die Präsidentin des Bundesverfassungsgerichts die Eröffnungsrede in Karlsruhe hielt, der Oberbürgermeister von München die Schirmherrschaft übernahm und in Frankfurt/Main und Bremen jeweils traditionsreiche und ehrwürdige Plätze zur Verfügung gestellt wurden.

Hannes Heer, der im Auftrag des privaten „Instituts für Sozialforschung" in Hamburg die Ausstellung konzipierte, behauptet im Katalog, die Wehrmacht sei eine Säule des nationalsozialistischen Systems und ein „willfähriges Instrument seines Terrors" gewesen. Sie sei „an allen Verbrechen aktiv und als Gesamtorganisation beteiligt" gewesen. „Die Wehrmacht spielte eine aktive Rolle beim Holocaust, bei der Plünderung der besetzten Gebiete, beim Massenmord an der Zivilbevölkerung und bei der Vernichtung der sowjetischen Kriegsgefangenen." Die Wehrmacht sei „als Teil der nationalsozialistischen Gesellschaft umfassender und bereitwilliger als bisher angenommen an diesem Verbrechen beteiligt" gewesen. Von Beginn an habe sie versucht, „die Spuren ihrer Verbrechen zu verwischen und die Erinnerung daran zu beseitigen". Aber mit dieser Ausstellung werde sie endlich demaskiert. Das Bild von der anständigen Wehrmacht gehöre der Vergangenheit an. Die „Beweisführung" erfolgt anhand von Schautafeln mit Texten und Fotos.

Dem Anspruch auf Wissenschaftlichkeit, den die Ausstellung erhebt, werden die Organisatoren der Ausstellung nicht gerecht. Folgende drei Kriterien zeigen, daß elementaren Forderungen wissenschaftlicher Arbeitsweise nicht entsprochen wird:

1. Die Ausstellung dient nicht der Wahrheitsfindung, weil die Wahrheit bereits bekannt ist. Die Legende von der „guten Wehrmacht", die entschleiert werden soll, hat es gar nicht gegeben. Tausende Publikationen über den Zweiten Weltkrieg zeigen, daß die Soldaten aller kriegführenden Mächte an Kriegsverbrechen beteiligt waren, auch deutsche. Völkerrechtswidrige Befehle gab es auf allen Seiten. Aber nicht einmal dem Nürnberger Internationalen Militärtribunal gelang es, die Wehrmacht als Ganzes zu brandmarken und in den Kreis der verbrecherischen Organisationen einzubeziehen. Auch wurden auf deutscher Seite alle Kriegsverbrecher abgeurteilt, deren man habhaft werden konnte. Bis 1949 wurden insgesamt 5.029 Anklagen gegen einzelne Personen erhoben. Seit der Gründung der Bundesrepublik Deutsch-

land sind deutsche Gerichte insgesamt 12.000 Hinweisen nachgegangen. Überführte Kriegsverbrecher und Soldaten, die Verbrechen gegen die Menschlichkeit begangen hatten, wurden bestraft. Das „Institut für Zeitgeschichte" in München bekam die Aufgabe, die Geschichte des Dritten Reiches aufzuarbeiten. Als es 1947 gegründet wurde, hieß es expressis verbis „Institut zur Erforschung der nationalsozialistischen Politik". Die „Zentrale Stelle der Landesjustizverwaltungen zur Aufklärung von NS-Verbrechen" in Ludwigsburg ist seit 40 Jahren auf der Suche nach Schuldigen. Das „Militärgeschichtliche Forschungsamt" edierte neben einer großen Zahl von Monographien acht der auf zehn Bände angelegten Reihe „Das Deutsche Reich und der Zweite Weltkrieg". Angesichts dieser Bemühungen zur Bewältigung der Vergangenheit leistet die Ausstellung keinen erwähnenswerten Beitrag. Alle Fakten, die sie nennt, sind seit langem bekannt. Viele bekannte Fakten ignoriert sie.

Den Ausstellern geht es nicht um die historische Wahrheit, sondern um die Verfemung der Wehrmacht. Die exemplarische Darstellung militärischer Verbrechen an drei Beispielen – 6. Armee, Weißrußland, Serbien – reichte selbst dann nicht für ein Gesamturteil aus, wenn sie ohne Tendenz durchgeführt wäre. Es wird der Anschein erweckt, als hätten nur die Deutschen Greuel begangen. Die Greuel der Roten Armee und der Partisanen werden weggelassen. Nirgendwo erfährt der Besucher, daß die Partisanen außerhalb des Völkerrechts standen, weil sie gegen den Artikel 1 der Haager Landkriegsordnung verstießen. Ihre Hinrichtung war völkerrechtlich nicht zu beanstanden. Auch Repressalien gegen die Zivilbevölkerung – so „ungerecht" sie im Sinne einer höheren Moral auch sind – waren erlaubt, wenn Attentäter und Saboteure nicht gefaßt werden konnten und der Verdacht bestand, sie würden gedeckt. Die in der Ausstellung gezeigten Hinrichtungen waren in vielen Fällen das Ergebnis kriegsgerichtlicher oder standrechtlicher Verfahren.

2. Wissenschaftliche Arbeitsweise verlangt ein differenziertes, abwägendes Vorgehen. Die Ausstellung spricht pauschal von den „Verbrechen der Wehrmacht" und läßt außer acht, daß die Wehrmacht aus drei Wehrmachtteilen bestand. Sie umfaßte vom Kriegsbeginn bis zum Kriegsende mindestens 18 Millionen Soldaten. Das Feldheer – ohne Ersatzheer – bestand aus etwa 4.500 Bataillonen. Verbrechen, die einzelne Soldaten begingen, können nicht zu Verbrechen ihrer Einheit umgemünzt werden. Verbrechensbeteiligungen von Heereseinheiten gehen nicht zu Lasten der Großverbände, zu denen sie gehörten. Das Versagen einer Armee exemplifiziert nicht das Versagen aller Heeresverbände. Der einzelne Soldat kann auch nicht durch völkerrechtswidrige Befehle höherer Führungsebenen, von denen er nie etwas erfuhr, zum Schuldigen gestempelt werden. Die verbrecherischen Intentionen des Oberbefehlshabers der Wehrmacht, Adolf Hitler, die sich in einzelnen Befehlen niederschlugen, besagen weder etwas über den Charakter der Gesamtwehrmacht noch über den einzelnen Soldaten.

Die Ausstellung differenziert nicht zwischen SS und Polizei einerseits und Wehrmacht andererseits. Die einen unterstanden der Befehlsgebung des Reichsführers-SS, Heinrich Himmler, und die anderen den Weisungen des Oberkommandos ihres Wehrmachtteils. Heer, Luftwaffe und Kriegsmarine achteten auf ihre Zuständigkeiten. Die Wehrmacht hatte mit den Sonderaufträgen der SS- und Polizeiverbände nichts zu tun, auch wenn sie befehlsgemäß gelegentlich zur Hilfestellung verpflichtet war, z. B. im Partisanenkrieg, der 1942 zur Domäne der SS wurde.[2]

Die Bildkommentare sind so tendenziös, daß der Zuschauer auch bei an und für sich harmlosen Bildern den Eindruck gewinnt, es handle sich um Verbrechen. Soldaten, die Hühner wegtragen oder Schweine vor sich hertreiben, müssen noch lange keine Plünderer sein. Ein Infanterist vor einem brennenden Dorf braucht kein Brandschatzer zu sein. Ein sowjetischer Soldat, der aus einem Tümpel am Wege trinkt, muß nicht in deutscher Gefangenschaft gewesen sein. Ermordete Zivilisten können, wie in Lemberg, auch beim Rückzug der Roten Armee umgekommen sein. Die Aussagekraft von Fotos ist anzweifelbar, wenn das Wo, Wann, Warum und Wie ihrer Entstehung nicht festliegt.

Die Aussteller können zwar eine Menge von Fotos über Erschießungen und Erhängungen beibringen und Texte – mit vielen Auslassungen und Fettdrucken – anbieten, aber versuchen nicht einmal zu klären, ob es sich bei den Hinrichtungen um völkerrechtskonforme Aktionen handelte, vielleicht sogar aufgrund eines gerichtlichen Verfahrens. Sie können keine Beweise anbieten, daß deutsche Soldaten ihre Opfer gefoltert oder verstümmelt hätten. Sie fanden auch keine Befehle oder Appelle deutscher Dienststellen, die zu Mord und Totschlag aufforderten.

Aussagen von Angeklagten und Zeugen vor sowjetischen Gerichten sind erfahrungsgemäß von der Wahrheit weit entfernt. Es gibt genügend Berichte darüber, wie sie zustande kamen.[3] Etwa zur gleichen Zeit, als der Schauprozeß in Minsk stattfand, gaben 16 deutsche Soldaten zu, an der Ermordung von 15.000 polnischen Offizieren und Soldaten in Katyn beteiligt gewesen zu sein. Sieben von ihnen wurden gehenkt, Grundlage war ein Erlaß des Präsidiums des Obersten Sowjets der UdSSR vom 19.4.1943, dessen Formulierung bereits das Urteil mitschwingen ließ: „Über die Maßnahmen zur Bestrafung der deutschfaschistischen Übeltäter, die sich des Mordes und der Mißhandlung an der sowjetischen Zivilbevölkerung und gefangener Rotarmisten schuldig gemacht haben, sowie der Spione und Vaterlandsverräter unter den sowjetischen Bürgern und ihrer Helfershelfer". Die Todesstrafen sollten öffentlich vollzogen werden und die Leichen zur Mahnung einige Tage am Galgen hängen bleiben.[4] Inzwischen ist aufgedeckt, daß die Katyn-Morde von den Sowjets begangen wurden.[5] Wieviele weitere deutsche Soldaten aufgrund dieses vor Propaganda triefenden Erlasses hingerichtet wurden, ist bisher unbekannt.

3. Wissenschaftliche Angaben müssen nachprüfbar sein. Überprüfbarkeit ist ein Grunderfordernis historischer Dokumentation. Aussagen, die nicht überprüft und nachvollzogen werden können, sind subjektive Behauptungen.

Von den Fotos dieser Ausstellung haben 90% keinen Quellennachweis. Sehr viele stammen angeblich aus den Taschen getöteter oder gefangener deutscher Soldaten. Dort fanden sich wohl auch Fotos der Angehörigen. Wurden sie beiseitegelegt, weil mit ihnen keine Politik gemacht werden konnte? Mit den Bildern von Ehefrauen, Kindern und Eltern, Erinnerungsstücken an Zuhause, hätte sich nur eine menschlich anrührende Ausstellung durchführen lassen.

Fotos ohne Quellenangabe haben keine Beweiskraft für irgendwelche Vorgänge, an denen die Fotografen möglicherweise beteiligt waren. Belege ohne Orts- und Zeitangaben sind wissenschaftlich wertlos. Von den 314 Fotos im Kleinformat tragen 208 die Bezeichnung „unbekannter Ort". 62 lassen keine Beteiligung von Wehrmachteinheiten erkennen. 19 stammen aus Polen vor 1941. 15 zeigen Kriegsgeschehen, z. B. brennende Häuser, ohne Bezug zum Thema und 10 betreffen nicht die Wehrmacht, sondern SS, SD oder RAD.[6] Selbst die Zitate, die die Bilder kommentieren, sind nur schwer nachprüfbar. Viele Texte auf den Schautafeln sind verkürzt. Die Belegstellen verweisen gelegentlich auf Gerichtsakten ohne Angabe der Aktenzeichen. Durch Fettdruck werden die Ausstellungsbesucher auf angeblich wichtige Stellen hingewiesen. Es handelt sich ausschließlich um Passagen, die die Meinung der Aussteller stützen. Einschränkungen oder Widersprüche, die sich in den Schriftstücken finden, werden dem Betrachter als gepunktete Auslassungen entzogen.

Auch vor offensichtlichen Verdrehungen scheuten die Ausstellungsmacher nicht zurück:

– Die Verbrechen von Tarnopol können z. B. nicht der 6. Armee zugeschrieben werden, weil keine Einheit dieses Verbandes den Ort je erreichte.[7]

– Der in der Ausstellung zitierte Brief von Franzl wird als Feldpostbrief eines Wehrmachtangehörigen ausgegeben, ist aber eher das Schreiben eines Angehörigen der SS-Einsatzgruppe 4 b im Sonderkommando C.[8]

– Das bekannteste Bild der Ausstellung, die Hinrichtung von Zivilisten an der Friedhofsmauer von Pančevo im Banat, das auch als Titelblatt des SPIEGEL vom 10.3.1997 abgedruckt war, ist nicht nur mit kleineren Uniformretuschen, z.B. am Stahlhelm des Pistolenschützen, sondern auch mit einer falschen Legende versehen. Im Katalog heißt es auf Seite 28: „In Serbien ließ die Wehrmacht von Beginn an keine Zweifel aufkommen, daß sie gewillt war, auch gegen Zivilisten mit blutigen Mitteln vorzugehen. Als in Pančevo, der Hauptstadt des Banat, am 17. und 18. April 1941 – also noch vor der Kapitulation der jugoslawischen Armee – zwei SS-Männer erschossen wurden, ordnete der Standortkommandant, Oberstleutnant von Bandelow, als ‚Sühnemaßnahme' die Ermordung von Zivilisten an: Wehrmachtangehörige trieben wahllos Einwohner der Stadt zusammen." Was war die wahre Geschichte? Aus dem orthodoxen Friedhof von Pančevo heraus wurden öfters deutsche Soldaten in der Nacht beschossen. Die Suche nach den Attentätern blieb erfolglos. Erst nach einigen Tagen kam man darauf, daß von einem Mausoleum im Friedhof ein unterirdischer Gang in ein nahegelegenes Wirtshaus führte, von wo die Heckenschützen kamen und wohin sie sich zurückzogen. Eines Nachts wurde den Partisanen eine Falle gestellt. Als wieder geschossen wurde, stürmten die Deutschen das Gasthaus und fanden eine Bodenklappe zu dem Gang in den Friedhof. Alle Anwesenden wurden festgenommen. Ein Standgericht verurteilte sie zum Tode: 18, als Zivilisten getarnte, Angehörige der jugoslawischen Armee zum Tod durch Erschießen und 17 männliche Zivilisten und eine Frau zum Tod durch Erhängen. Am 22.4.1941 wurde das Urteil vollstreckt. Die Erschießung wurde von einem Peloton des Regiments Großdeutschland an der Friedhofsmauer durchgeführt. Die Henkersarbeit besorgte ein Zivilist an anderer Stelle.[9] Bei dem Vorgang handelte es sich also weder um eine Sühnemaßnahme, noch um eine Aktion des Standortkommandanten, sondern um den Vollzug eines völkerrechtlich gedeckten Urteils. In den Begleitschriften zur Ausstellung wird nicht erwähnt, daß die jugoslawischen Truppen bei ihrem Abzug aus Pančevo neun Volksdeutsche als Geiseln mitschleppten und in einem nahen Wald ermordeten. Untaten werden in den Augen der Ausstellungsmacher nur von Deutschen begangen.

– Ein Foto von nackten Männern wurde als eindeutige Textfälschung entlarvt. Sein Titel in der Ausstellung lautet: „Juden werden exekutiert." In Wirklichkeit handelt es sich um den Ausschnitt einer Abbildung aus dem Buch „Deutsches Vorfeld im Osten", das Helmut Gauweiler 1941 in Krakau veröffentlichte und das eine jüdische Arbeitskolonne vor einem Bad in der Weichsel zeigt.[10] Der Kommentar des Nachrichtenmagazins „Focus" zu dieser Entlarvung lautete: „Wer so wenig fundiert mit Quellen und mit Bilddokumenten umgeht, der hat keinen Anspruch auf Seriosität. Denn bei solch einem komplexen Thema ... ist wissenschaftliche Redlichkeit der Ausstellungsmacher unbedingt geboten."[11] Der Kommentar von Hannes Heer zu der Aufdeckung beschränkte sich auf den Satz: „Dann schreiben Sie halt, es ist eine Fälschung. Machen Sie, was Sie wollen."[12] Diese Aussage entlarvt die Aussteller. Es geht ihnen gar nicht um die Wahrheit, sondern um ihre Mission. Ideologischen Fanatikern ist mit den Mitteln der Wissenschaft nicht beizukommen.

– Weitere Verfälschungen werden von Wolf Stoecker in dem Buch „Armee im Kreuzfeuer"[13] aufgedeckt.

Welche Schlüsse kann man daraus ziehen, daß die Ausstellungsmacher keinen der als falsch erwiesenen Texte änderten und kein Foto entfernten? Wie ist es um die Glaubwürdigkeit derer bestellt, denen die wahrheitsgemäße Darstellung des Themas so gleichgültig ist?

Die wissenschaftliche Qualifikation für eine seriöse Ausstellung über die Wehrmacht bringt keiner der Ausstellungsmacher auf. Hannes Heer war während seiner Studienzeit Angehöriger kommunistischer Gruppierungen. Zur Promotion als Nachweis der Beherrschung wissenschaftlicher Arbeitstechniken hat er es nicht gebracht. Die Publikationen der Mitarbeiter decken bereits durch ihre Titel auf, welche Tendenz sie verfolgen. Dr. Jan Philipp Reemtsma kann die Absicht unterstellt werden, er handle in dem Bestreben, die Schuld seines Vaters zu löschen, der zu den Verehrern Hitlers gehörte und Göring mit großzügigen Spenden beim Bau seines schloßartigen Privathauses Carinhall unterstützte.[14] Reemtsma sen. erreichte Ende 1943, daß seine Firma mit der Einheitszigarette Sulima-Rekord quasi das Monopol für die Belieferung der Wehrmacht bekam. Das brachte ihm bis zum Kriegsende ein Vermögen ein. Jeder deutsche Soldat erhielt täglich fünf Zigaretten zugeteilt und konnte sich weitere fünf als Marketenderware für drei Pfennige pro Stück dazukaufen. Bei 13 Millionen Soldaten des damaligen Wehrmachtpräsenzstands kann man sich das in 17 Monaten erwirtschaftete Pfennigvermögen ausrechnen.

Eine wissenschaftlich ausgewogene Ausstellung über Verbrechen im Krieg müßte sich mit den Untaten, Völkerrechtsbrüchen, Menschenrechtsverletzungen und Greueltaten aller Kriegführenden auseinandersetzen. Wenn die Wehrmacht als Bezugsgröße gewählt würde, müßten unter anderem folgende Fragen aufgeworfen und beantwortet werden:

– War die Wehrmacht im Vergleich zu den Armeen der anderen Kriegführenden in ihrer Kampfführung besonders verbrecherisch?

– In welchem Maße haben die Kriegführenden die Gesetze des Völkerrechts und die Gebote der Menschlichkeit beachtet?

– Wie verhielten sich die Kriegführenden gegenüber der Zivilbevölkerung und gegenüber den Kriegsgefangenen?

Der Militärhistoriker Hartmut Schustereit schrieb im Auftrag der Kameradenwerke und Traditionsverbände der Wehrmacht ein Gutachten über die von Hannes Heer verfaßten Kapitel des Buches zur Ausstellung. Er weist dem Verfasser nicht nur Unkenntnis der militärischen Fachterminologie und die Verwendung sowjetrussischen Agitations- und Propagandavokabulars nach, sondern eine selektive Darstellung der Sachverhalte unter Ausklammerung aller gegenteiligen Quellen. Es fehle die Einordnung der Aufsätze in die Gesamtgeschichte des Zweiten Weltkriegs und die Auswertung der Literatur zum Thema. Die historische Forschung der letzten dreißig Jahre bleibe mehr oder weniger unberücksichtigt. Die deutsch-sowjetischen Beziehungen bis zum Ausbruch des Krieges fehlten. Die Behauptung, der Partisanenkrieg habe eigentlich erst 1942 eingesetzt, steht im Widerspruch zu den Kriegstagebüchern der im Osten eingesetzten deutschen Verbände. Insgesamt erfüllen die Aufsätze nicht die wissenschaftlichen Anforderungen, denen eine publizierenswerte Darstellung zu entsprechen hat. „Die Kombination aus Verfälschungen von Quellen und pauschalen Verleumdungen und Verunglimpfungen ‚der' Wehrmacht, die sich in der Verwendung von partiell reißerisch-propagandistischen, mit mit sowjetischem Agitationsvokabular versetzten Formulierungen artikuliert, läßt die eigentliche Zielsetzung erkennen: Es geht ganz offensichtlich darum, ‚die' Wehrmacht soweit wie möglich abzuwerten, um sie kriminalisieren zu können."[15]

Bodo Scheurig geht in der Kritik der Ausstellung noch einen Schritt weiter: „Der Nachdenkende fängt an zu ahnen, daß die Ausstellung darauf abzielt, uns jede Selbstachtung zu rauben. Der politische Zuschnitt der ‚Sachbearbeiter' muß solch einen Verdacht nähren."[16]

So wie sie durch die Lande tingelt, vermittelt die Ausstellung „Vernichtungskrieg. Verbrechen der Wehrmacht 1941 bis 1944" nur ein Zerrbild des Ausstellungsgegenstands. Jugendliche Besucher, die die historischen Zusammenhänge nicht kennen, sind ihm hilflos ausgeliefert. Sie können keine Vergleiche ziehen, weil ihnen die Fakten fehlen.

Sie wissen auch nicht, daß parallel – oder genauer gesagt gegenläufig – zu der von der Ausstellung in Deutschland und Österreich betriebenen Kriminalisierung der Wehrmacht heute in Rußland Wehrmachtsangehörige rehabilitiert werden, die früher in den Kriegsgefangenenlagern der UdSSR zu Arbeitslager und Zuchthausstrafen verurteilt worden waren, weil sie angeblich Kriegsverbrechen und Kriminaldelikte begangen hatten. Betroffen waren 1947-1949 über 35.000 deutsche Soldaten, meist Offiziere. Die Verurteilten und ihre Angehörigen können seit einigen Jahren bei der Generalstaatsanwaltschaft der russischen Militärjustiz in Moskau (Oberst Kopalin) ihre Rehabilitierung beantragen. Von rund 10.000 Anträgen wurden bis Ende 1996 6.500 bearbeitet. Über 5.100 deutsche Soldaten konnten rehabilitiert werden, weil sie zu Unrecht verurteilt worden waren, unter ihnen der Führer des XV. Kosaken-Kavalleriekorps, General von Pannwitz, der Major Erich Hartmann, mit 352 Abschüssen wohl der erfolgreichste deutsche Jagdflieger, der Wachtmeister Boris von Drachenfels, der im Kiewer Kriegsverbrecherprozeß nur knapp der Todesstrafe entkam, und der deutsche Eichenlaubträger Generalmajor Erich Walther, in den letzten Kriegswochen Führer der Fallschirm-Panzergrenadierdivision 2.[17]

Die Wehrmacht im Krieg gegen die Sowjetunion

Kein ernsthafter Historiker sollte den Versuch machen, die an einem Krieg beteiligten Streitkräfte von Schuld freizusprechen. Es gibt keine militärische Auseinandersetzung zwischen Staaten ohne Verstöße gegen das Völkerrecht. Entweder versündigen sie sich bei der Auslegung des ius ad bellum oder bei der Anwendung des ius in bello. Überfälle, Präventivschläge, Zivilstraftaten, Kriegsverbrechen, Ausplünderung der Zivilbevölkerung und Verstöße gegen die Menschlichkeit scheinen zum Krieg zu gehören. Es wäre dumm, die Wehrmacht reinwaschen zu wollen. Mindestens drei Punkte sprechen dagegen:

1. Die Wehrmacht war ein Kind des Dritten Reiches. Nach der Vereidigung auf die Person Hitlers am 1.8.1934 übernahm die Reichswehr den Namen, der in Artikel 47 der Weimarer Verfassung von 1919 vorgegeben war. Sie entwickelte sich zum einzigen Waffenträger der Nation. Die Luftwaffe wurde 1934 gegründet, die Wehrpflicht 1935 eingeführt und die Aufrüstung in den folgenden Jahren perfektioniert. 1939 war die Wehrmacht die schlagkräftigste Streitmacht in Europa. Staats- und Wehrmachtsführung waren bereit, die Revision des Versailler Friedensvertrages, den die Mehrheit der Deutschen als Siegerdiktat empfand, zu vollenden. In der Wissenschaft spricht man von einer „Teilidentität der Ziele" von politischer Führung und Militär.

2. Die Generalität der Wehrmacht wendete sich nicht gegen das NS-Regime. Sie unterwarf sich dem „Primat der Politik" in der Person des Führers und Reichskanzlers. Es ist heute umstritten, wann der richtige Zeitpunkt für einen oppositionellen Akt gewesen wäre: beim sogenannten Röhmputsch im Juni 1934, bei der Tschechenkrise im Mai 1938, bei der Reichspogromnacht im November 1938, beim Einmarsch in die Resttschechei im März 1939 oder bei der Mobilisierung zum Krieg gegen Polen im August 1939. In der Erfolgsphase des Krieges stand die Wehrmachtführung hinter ihrem Oberbefehlshaber. Die Generalität solidarisierte sich nicht mit Generaloberst Blaskowitz, als er die Verbrechen der SS im besetzten Polen zum Thema machte.[18] Sie ließ sich von Hitler in seine ideologischen Ziele einbinden, als er am 3.3.1941 die rassenideologischen Pläne für den Krieg gegen die Sowjetunion bekanntgab.[19] Am 26.3.1941 billigte sie das „Abkommen zwischen Heer und SS", das den Einsatzgruppen hinter der Front die systematische Judenvernichtung ermöglichte.[20]

3. Die Spitzen der Wehrmacht erklärten sich vor dem Rußlandfeldzug bereit, den von Hitler gewünschten „ideologischen Krieg" zu führen. Das OKW bereitete eine Reihe völkerrechtswidriger Befehle vor: Barbarossabefehl, Kommissarbefehl, Kommunistenbefehl, später den Kommandobefehl und den Nacht- und Nebelerlaß. Am 3.3.1941 kündigte Jodl, Chef des Wehrmachtführungsstabes, hohen Offizieren erstmals an: „Dieser Feldzug ist mehr als nur ein Kampf der Waffen, er führt zur Auseinandersetzung zweier Weltanschauungen." Es handle sich um einen „Vernichtungskampf"; vom „Standpunkt des soldatischen Kameradentums" müsse abgerückt werden. Eine unbekannte Anzahl von Oberbefehlshabern, Kommandierenden Generalen und Kommandeuren identifizierte sich mit diesen ideologischen Parolen. Niemand legte aus Protest sein Kommando nieder.

Ungeachtet dieser und vielleicht anderer Anschuldigungen ist eine pauschale Kriminalisierung der Wehrmacht und ihrer Führung unhistorisch.

1. Schon bei den Vorermittlungen für die Nürnberger Kriegsverbrecherprozesse gaben die Alliierten das Vorhaben auf, die Wehrmacht als Ganzes anzuklagen. Im ersten Prozeß gegen die Hauptkriegsverbrecher beantragte die Anklagevertretung, sechs Organisationen bzw. Gruppen für verbrecherisch zu erklären, darunter den Generalstab der Wehrmacht und das Oberkommando der Wehrmacht. Der Versuch mißlang. Wäre ihm wie bei den Politischen Leitern der NSDAP oder bei der SS stattgegeben worden, wäre jeder Offizier im OKW und jeder Offizier i.G. allein schon wegen seiner Zugehörigkeit zu dieser Behörde oder Gruppe strafwürdig gewesen. Das Gericht lehnte die Brandmarkung ab, weil OKW und Generalstab keine Organisation oder Gruppe im Sinne der im Artikel 9 des Londoner Statuts vom 8.8.1945 gebrauchten Bezeichnungen waren[21] und weil die Kommandierung von Offizieren ins OKW bzw. die Aufnahme in den Generalstab nicht freiwillig, sondern auf Befehl geschah. Mit der Funktionsübernahme in diese Ämter brauchte kein Unrechtsbewußtsein verbunden zu sein.[22] Da die kollektive Verurteilung scheiterte, mußten gegen einzelne Generale anschließend besondere Prozesse durchgeführt werden, z.B. die Verfahren Fall 7 und Fall 12.

2. Zwar wurde die Wehrmacht von der nationalsozialistischen Propaganda als eine Säule des Nationalsozialismus hingestellt und der Soldat neben dem Bauern und Arbeiter als Repräsentant des kämpferischen Volkes glorifiziert, aber die Masse des höheren Offizierkorps dachte preußisch oder vaterländisch und nicht nationalsozialistisch. Wie auf jeder Ebene des Dritten Reiches gab es auch in der Wehrmacht Soldaten, die sich mit der Ideologie identifizierten, und andere, die mit ihr nichts zu tun haben wollten. Es gab auch Opportunisten, die um der Karriere willen so taten, als seien sie Nationalsozialisten. Für viele Männer, die der NSDAP nicht beitreten wollten oder die im Zivilleben Schwierigkeiten mit den „Goldfasanen" hatten, bot die Wehrmacht einen Schlupfwinkel. Dort war man vor den Nachstellungen der Partei und den Verfolgungen durch die Gestapo sicher. Jeder Wehrmachtsangehörige unterstand ausschließlich der Militärgerichtsbarkeit, die in der Hand von Wehrmachtsangehörigen lag.

Für wie unzuverlässig Hitler die bewaffnete Macht hielt, zeigt sich u.a. darin, daß er 1943 den „nationalsozialistischen Führungsoffizier" einführte, eine Art „Politkommissar" zur Kontrolle des Offizierkorps. Hitler verdächtigte seine Generale, mehr nach dem Völkerrecht zu handeln als nach seinen Befehlen. Im Fall Nr. 12 der Nürnberger Kriegsverbrecherprozesse gegen die Feldmarschälle von Leeb, Sperrle und von Küchler und 11 weitere Angeklagte im Generalsrang trug der Verteidiger Hans Laternser 1948 vor, wie Hitler mit den höchsten Offizieren der Wehrmacht umsprang: Von den 17 Feldmarschällen des Heeres wurden im Laufe des Krieges 10 von Hitler ihrer Stellungen enthoben, 3 kamen im Zusammenhang mit dem Hitlerattentat um, zwei fielen und einer geriet in Kriegsgefangenschaft. Nur ein einziger blieb bis zum Schluß ohne Maßregelung von oben im Dienst. Von 36 Generalobersten wurden 26 von ihrem Posten entfernt, 2 wurden in Unehren verabschiedet, 7 fielen und nur 3 blieben ungemaßregelt bis zum Kriegsende im Dienst.[23] Während des Zweiten Weltkriegs standen 27 Generale vor dem Kriegsgericht – ohne die wegen Hoch- und Landesverrats nach dem 20.7.1944 angeklagten, die vom Volksgerichtshof verurteilt wurden. Der häufigste Anklagepunkt war Ungehorsam. Es gab Freisprüche, Festungshaftstrafen, Gefängnisstrafen und Todesurteile.[24]

3. Beim Rußlandfeldzug Deutschlands, der als beidseitiger Vernichtungskrieg in die Geschichte einging, muß man auf deutscher Seite zwischen politischer Planung und militärischer Wirklichkeit unterscheiden. Viele Pläne waren in der Tat verbrecherisch. Aber nicht alle Pläne wurden in Befehle umgesetzt und nicht alle Befehle wurden so ausgeführt, wie der Wortlaut besagte. Der eine Grund dafür war, daß der Krieg nicht so verlief, wie er gedacht war. Der andere Grund war, daß die Wehrmacht sich anders verhielt, als die Reichsführung annahm. Beispiel: Bei einer Konferenz mit Staatssekretären, die für Wirtschaftsfragen im Osten zuständig waren, äußerte Göring, der als Beauftrager für den Vierjahresplan die Ausbeutung der Ostgebiete zugunsten der deutschen Kriegswirtschaft lenken sollte, am 2.5.1941 kaltschnäuzig, daß sich die Wehrmacht aus dem Land ernähren müsse, auch wenn dadurch „zweifellos zig Millionen Menschen verhungern". In Wirklichkeit verpflegte die Wehrmacht aus ihren Beständen nicht nur zigtausend Hiwis, d.h. Überläufer und Kriegsgefangene im Dienst der Fronttruppen, sondern ganze Dörfer. Denn die Rote Armee hatte bei ihrem Rückzug alles mitgenommen, was beweglich war, und alles zerstört, was als Lebensgrundlage für die Bevölkerung hätte dienen können.[25] Es waren die Sowjets, die die Bevölkerung dem Verhungern preisgegeben hatten und nicht die deutschen Streitkräfte.

Die sogenannten verbrecherischen Befehle, die das OKW zur Vorbereitung des Rußlandfeldzugs im Auftrag Hitlers herausgab, enthielten Klauseln und Formulierungen, die die Wirksamkeit einschränkten. Wer sie richtig las, konnte erkennen, daß der Wortlaut in einigen Punkten sogar konterkariert wurde. Zudem schränkten Zusatzbefehle der Oberbefehlshaber der Wehrmachtsteile einige Anordnungen des OKW wieder ein. Das galt für den Gerichtsbarkeitserlaß des Barbarossabefehls vom 13.5.1941, der strafbare Handlungen von Soldaten gegen die russische Zivilbevölkerung „grundsätzlich" der Kriegsgerichtsbarkeit entzog, den Kommissarbefehl vom 6.6.1941, der empfahl, die politischen Leiter der Roten Armee „grundsätzlich sofort mit der Waffe zu erledigen", und den Kommunistenerlaß (Geiselerlaß) vom 16.9.1941, der „im allgemeinen" die Erschießung von 50-100 Kommunisten für einen hinterrücks umgebrachten deutschen Soldaten vorsah. Durch die einschränkenden Adverbialen „grundsätzlich" und „im allgemeinen" wurde die Entscheidung über die Ausführung der Befehle der Truppe vor Ort überlassen.

Der Kommissarbefehl und der Gerichtsbarkeitserlaß verdienen nähere Erläuterungen, weil sie das Thema dieser Dokumentation betreffen.

Die verbrecherischen Befehle

Der Kommissarbefehl vom 6.6.1941 („Richtlinien über die Behandlung politischer Kommissare") – am 18.8.1941 wurden seine Bestimmungen auf die Politruks auf Kompanieebene erweitert – gehört nach den Festlegungen der Nürnberger Kriegsverbrecherprozesse „zu den böswilligsten, verwerflichsten und verbrecherischsten Anordnungen, die je von einer Armee ausgegeben worden sind".[26] Der

Befehl habe ignoriert, daß Kommissare und Politruks Angehörige der Roten Armee waren. Sie gehörten zu den Kriegsgefangenen im Sinne der Haager Landkriegsordnung (Artikel 4-20) und der Genfer Konvention vom 27.7.1929, genau so wie die Mitglieder der bewaffneten Streitkräfte, die nicht als Kombattanten anzusehen waren, d.h. Ärzte, Veterinäre, Verwaltungsbeamte, Richter usw. Da diese Regelung bereits vor dem Zweiten Weltkrieg völkerrechtliches Gewohnheitsrecht gewesen sei, habe es keine Rolle gespielt, daß die Haager Landkriegsordnung von Italien und Bulgarien nicht unterzeichnet und von der Sowjetunion nicht übernommen und die Genfer Konvention von der Sowjetunion nicht unterzeichnet und ratifiziert worden waren.

Die Kommissare und Politruks verkörperten die kommunistische Partei (KPdSU) in der Roten Armee. Ihre Zuständigkeit lag in der Aufrechterhaltung der „Moral der Armee", eine der fünf Prinzipien der Roten Armee.[27] Sie hatten die Linientreue der Offiziere und Soldaten im Sinne der kommunistischen Ideologie zu gewährleisten und die Rotarmisten zur Kampfbereitschaft zu erziehen. Diese politische Aufgabe, die ihnen von der Parteiführung übertragen war, lieferte Hitler die Begründung, in ihnen Parteimänner zu sehen und nicht Soldaten. Er hielt sie für verkleidete Funktionäre. Deshalb glaubte er, ihnen den Kombattantenstatus absprechen zu können. In der Hoffnung, daß die Rote Armee ohne Parteisäule zerfallen werde, befahl er ihre Aussonderung und Erschießung.

Bei der Vorbereitung des Kommissarbefehls in den militärischen Führungsgremien des Deutschen Reiches spielte eine große Rolle, daß man aus dem finnisch-russischen Winterkrieg wußte, daß Stalin sich um die Beachtung der Genfer Kriegsgefangenenkonvention nicht kümmerte. Die Bitte der finnischen Regierung vom 30.11.1939, die völkerrechtlichen Bestimmungen einzuhalten, hatte er ignoriert.[28] Während im OKW Hitlers Weisung willfährig in Befehlsform gegossen wurde, war man auf den nachgeordneten Führungsebenen über die Zumutungen des Kommissarbefehls betroffen.[29] Walther von Brauchitsch, Oberbefehlshaber des Heeres, kam in arge Bedrängnis. Sein eigener Stabschef legte ihm nahe, aus Protest zurückzutreten. Generaloberst Beck, bis 1938 Chef des Stabes im OKH, forderte ihn auf, in aller Form „gegen diesen Mordbefehl" vorzugehen.[30] Brauchitsch entschloß sich lediglich zu einem Zusatzbefehl, der zwar ein paar formale Einschränkungen vorschrieb, aber die Völkerrechtswidrigkeit nicht aufhob: „Das Vorgehen gegen einen politischen Kommissar muß zur Voraussetzung haben, daß der Betreffende durch eine besonders erkennbare Handlung oder Haltung sich gegen die deutsche Wehrmacht stellt oder stellen will. ... Die Erledigung der politischen Kommissare bei der Truppe hat nach ihrer Absonderung außerhalb der eigentlichen Kampfzone unauffällig auf Befehl eines Offiziers zu erfolgen."[31] Ihm ging es mehr um die Auswirkungen der Kommissarerschießungen auf die Truppe als um das Leben der Kriegsgefangenen.

In der Praxis erwies sich der Kommissarbefehl als Segen für die Rote Armee. Die Kommissare, die alles zu verlieren hatten, wenn sie in Gefangenschaft gerieten, riefen die Soldaten zum Widerstand bis zum letzten auf. Sie hetzten die Rotarmisten zu Greueltaten gegen deutsche Gefangene auf, um sie mit sich zu kriminalisieren. Ein Beispiel dafür, daß deutsche Soldaten, die in sowjetische Gefangenschaft kamen, auf Weisung der Kommissare getötet wurden, ist der Befehl des

Kommissars des Schützenregiments 406, der am 17.1.1942 vor dem Angriff auf Leski befahl: „Es werden keine Gefangenen gemacht, alle Deutschen werden erschlagen. Keiner darf am Leben bleiben."[32] Wenn die Soldaten die Verbrechen, die ihnen befohlen waren, ausführten, konnten sie nicht mehr mit Pardon auf der deutschen Seite rechnen. Das wollten die Kommissare erreichen. Den Soldaten sollte das passieren, was den Kommissaren bevorstand: die Erschießung. Kriegsgefangene Rotarmisten erklärten den zähen Widerstand ihrer Einheiten auch damit, daß die Kommissare ihnen angedroht hatten, sie zu erschießen, wenn sie die Stellung räumten.[33] Jeder Rückzug brachte die Kommissare in die Gefahr, den Deutschen in die Hände zu fallen.

Über die agitatorische Funktion der Kommissare und Politruks waren sich auch die für den Ostfeldzug vorgesehenen Generale einig. Aber die meisten gingen wie Generaloberst von Küchler, Oberbefehlshaber der 18. Armee, davon aus, daß diese Parteifunktionäre vor ein Feldgericht gestellt werden würden. Am 25.4.1941 belehrte Küchler seine Divisionskommandeure: „Die politischen Kommissare und GPU-Leute sind Verbrecher. Das sind die Leute, die die Bevölkerung knechten. ... Sie sind kurzerhand vor ein Feldgericht zu stellen und aufgrund der Zeugenaussagen der Einwohner abzuurteilen."[34] Aufgrund seiner Erfahrungen mit den Kommissaren der Roten Armee verurteilte Generalfeldmarschall Erich von Manstein die Leute in seinen Nachkriegserinnerungen als Nichtsoldaten: „Sie waren vielmehr – ohne Soldaten zu sein – fanatische Kämpfer und zwar Kämpfer, deren Tätigkeit im überlieferten Sinne der Kampfführung nur als illegal angesehen werden konnte. Ihre Aufgabe war es nicht nur, die sowjetischen militärischen Führer politisch zu überwachen, sondern vielmehr dem Kampf äußerste Härte zu geben und einen Charakter, der den bisherigen Auffassungen über soldatische Kampfführung völlig widersprach. Tatsächlich sind es auch diese Kommissare gewesen, denen in erster Linie diejenigen Methoden des Kampfes und der Behandlung Gefangener zuzuschreiben waren, die im krassen Gegensatz zu den Bestimmungen der HLKO (Haager Landkriegsordnung) standen."[35]

Im Prinzip hatte Hitler, als er den Kommissarbefehl anordnete, die völkerrechtswidrigen Funktionen der Kommissare in der Roten Armee richtig erkannt. Die Scheußlichkeiten, die „die jüdisch-bolschewistischen Kommissare" in Ostpolen, Bessarabien und im Baltikum begangen hatten, als diese Gebiete der UdSSR angegliedert wurden, dienten ihm als Rechtfertigung. Seine Befürchtung war, daß diese Männer in den deutschen Kriegsgefangenenlagern ihre Agitation im Sinne des Kommunismus fortsetzen und ihre Kameraden aufhetzen würden, möglicherweise sogar zu Übergriffen gegen die Bewacher. Ihre Trennung von den „normalen" Kriegsgefangenen war aus diesen Erwägungen verständlich. Die völkerrechtskonforme Lösung hätte in der Einrichtung von scharf bewachten Sonderlagern für Kommissare und Politruks bestanden, wo die Fanatiker unter sich gewesen wären. Dort hätten die Untersuchungen über die Verbrechen stattfinden müssen, die ihnen vorzuwerfen waren.[36]

Bei der Verteilung des Kommissarbefehls an alle Armeen, die beim sogenannten Ostfeldzug eingesetzt werden sollten, wies der Oberbefehlshaber des Heeres, Generalfeldmarschall von Brauchitsch, darauf hin, daß die Ausführung des Kommissarbefehls von den Richtlinien, die er in seinem Manneszucht-Befehl vom

24.5.1941 niedergelegt hatte, bestimmt sein müsse. Danach hatten die Offiziere zur Aufrechterhaltung der Disziplin und der Einsatzbereitschaft ihrer Einheit auf die strenge Einhaltung der Wehrmachtdisziplinarordnung und der Kriegssonderstrafrechtsverordnung zu achten.

Die Oberkommandos der Heeresgruppen erhielten den Kommissarbefehl nur nachrichtlich zur Kenntnisnahme. Die Behandlung der Kriegsgefangenen lag nicht in ihrer Zuständigkeit. Die drei Oberbefehlshaber der für den Rußlandfeldzug vorgesehenen Heeresgruppen sprachen sich jedoch ab, dafür zu sorgen, daß der Befehl nicht wortgetreu ausgeführt werde. Die Sabotage eines Hitler-Befehls konnte jedoch nicht aktenkundig gemacht werden. Deshalb unterließen sie schriftliche Gegenbefehle. Die ihnen unterstellten Befehlshaber wurden nur mündlich unterrichtet. Der Oberbefehlshaber der Heeresgruppe Nord, Feldmarschall Ritter von Leeb, schrieb immerhin, daß er den Befehl zwar nicht aufheben könne, aber „daß er auf seine Durchführung keinen Wert lege und seine Ausführung nicht nachkontrollieren werde".[37] Fünfmal legte er dem OKH seine Bedenken gegen den Kommissarbefehl dar.

Bei der Beweisaufnahme im Nürnberger OKW-Prozeß stellte sich heraus, daß der Kommissarbefehl in der Tat weitgehend sabotiert worden war. Im Bereich zweier Armeen wurden im ersten Halbjahr des Ostfeldzuges etwa 200.000 Gefangene gemacht, aber lediglich 96 Kommissare als erschossen gemeldet. Um die Sabotage des Kommissarbefehls zu verschleiern, gaben einzelne Verbände Phantasiemeldungen ab, wie z. B. das XXXIX. Armeekorps am 16.11.1941 über die Erschießung von 22 Kommissaren. Auch im Kampf gefallene Kommissare wurden als erschossen gemeldet. Gegen die Meldepflicht, die im Kommissarbefehl zur Kontrolle der Durchführung enthalten war, gab es keine andere Möglichkeit als zu schwindeln.[38]

Wie die Oberbefehlshaber der Heeresgruppen betrieben auch die Armeeoberbefehlshaber die Aufhebung des Kommissarbefehls, allerdings mehr aus praktischen Gründen. Sie hatten bemerkt, daß die bloße Existenz des Befehls große propagandistische Auswirkungen in der Roten Armee hatte. Am 9.9.1941 schrieb das Armee-Oberkommando 2 (Generaloberst Guderian) an die Heeresgruppe Mitte (Feldmarschall von Bock): „Nach zahlreichen Feststellungen ist der zähe Widerstand der sowjetischen Truppen zu einem Teil dem scharfen Terror der politischen Kommissare und Politruks zuzuschreiben. ... Diese Haltung der Kommissare ist nach den getroffenen Feststellungen vor allem darauf zurückzuführen, daß sie überzeugt sind, als Gefangene erschossen zu werden." Am 17.9.1941 verlangte der Kommandierende General des XXXIX. (mot) Armeekorps, Generaloberst R. Schmidt, der seinen Truppenkommandeuren die Ausführung des Kommissarbefehls ausdrücklich untersagt hatte, die sofortige Aufhebung des Befehls: „Solange die Kommissare sich gemeinsam gegen den sicheren Tod wehren müssen, werden sie wie Pech und Schwefel zusammenhalten. ... Wenn aber der einzelne Kommissar weiß, daß er als Überläufer sein Leben retten kann, wird die innere Geschlossenheit des politischen Führerkorps aufhören." Aufgrund der Eingaben von den Frontverbänden und der persönlich vorgetragenen Einwände der Oberbefehlshaber der Heeresgruppen entschloß sich das OKH, die Aufhebung des Kommissarbefehls beim OKW zu verlangen. In dem Antrag vom 23.9.1941 heißt es: „Von Befehlshabern, Kommandeuren und aus der Truppe wird gemeldet, daß sich eine Lockerung des Kampfwillens auf russischer Seite dadurch erreichen lasse, wenn den Kommissaren, die ohne Zweifel die Hauptträger des erbitterten und verbissenen Widerstandes seien, der Weg zur Aufgabe des Kampfes, zur Übergabe oder zum Überlaufen erleichtert würde."

Der Vorstoß des OKW bei Hitler scheiterte. Er verweigerte jede Änderung der bisher erlassenen Befehle, wie Generaloberst Jodl, Chef des Wehrmachtführungsstabes, nach seinem Vortrag bei Hitler am 26.9.1941 vermerkte. Da Stalin am 1.8.1941 den Kommissaren und Politruks das Ablegen des Sterns am Ärmel ihrer Uniformen befohlen hatte, war es nicht mehr möglich, die Betroffenen aus den riesigen Mengen von Gefangenen an der Front auszusondern. Das Heer ermächtigte deshalb am 7.10.1941 SD und Polizei, in den Kriegsgefangenenlagern im rückwärtigen Heeresgebiet nach ihnen zu suchen. Deren Aussonderungs- und Exekutionskommandos waren dort im wesentlichen auf Denunzianten angewiesen. Die Gefundenen wurden formal aus der Kriegsgefangenschaft entlassen und der SS übergeben. Die Zahl der nach dem Kommissarbefehl umgebrachten sowjetischen Soldaten läßt sich auch nicht im entferntesten errechnen. Angaben, es seien 580.000 bis 600.000 gewesen, sind Unsinn.[39] Im Mai 1942 gab Hitler schließlich dem Drängen der Fronttruppe nach und setzte den Kommissarbefehl im Operationsgebiet außer Kraft. Auch die Sonderbehandlung der Kommissare und Politruks in den Kriegsgefangenenlagern wurde gestoppt.

Der sogenannte Gerichtsbarkeitserlaß vom 13.5.1941 („Erlaß über die Ausübung der Gerichtsbarkeit im Gebiet Barbarossa und über besondere Maßnahmen der Truppe") schränkte die Befugnisse der Kriegsgerichte auf zweifache Weise ein: zum einen gegenüber Freischärlern und zum anderen bei Straftaten von Soldaten gegenüber der Zivilbevölkerung.

Für Straftaten deutscher Soldaten gegen russische Zivilisten beseitigte der Barbarossabefehl den Verfolgungszwang. Sie sollten „grundsätzlich" nicht bestraft werden. Die Divisionskommandeure behielten als Gerichtsherren ihres Verbandes jedoch das Recht, Verbrechen von Soldaten gegen die Zivilbevölkerung disziplinarisch zu ahnden. Kriegsgerichtliche Verfahren durften sie anordnen, „wenn es die Aufrechterhaltung der Manneszucht oder die Sicherung der Truppe erfordert". Als Beispiele wurden im Befehl „schwere Taten, die auf geschlechtlicher Hemmungslosigkeit beruhen, einer verbrecherischen Veranlagung entspringen oder ein Anzeichen dafür sind, daß die Truppe zu verwildern droht" genannt. Diese Ermächtigung räumte den Truppenführern den Spielraum ein, den sie brauchten. Die Sorge um die Disziplin gehörte zu den vorrangigen Aufgaben jedes Offiziers. Es gab keinen, der in dieser Frage ein Auge zudrückte. Deshalb arbeiteten die Feldgerichte der Divisionen auf dem Boden der UdSSR nach dem gleichen Muster wie bei den vorherigen Feldzügen. Neben den militärstrafrechtlichen Fällen, die nach dem Militärstrafgesetzbuch zu bestrafen waren, verfolgten sie die zivilstrafrechtlichen Fälle, die nach dem Reichsstrafgesetzbuch zu ahnden waren, z.B. Raub, Vergewaltigung, Brandschatzung. Von ihrer Disziplinarbefugnis machten die Kommandeure regen Gebrauch, um jede Dienstübertretung, die die Disziplin gefährden und ihre Kommandogewalt beeinträchtigen könnte, zu bestrafen. Außerdem fügte der Oberbefehlshaber des Heeres, Generalfeldmarschall von

Brauchitsch, dem Barbarossabefehl am 25.5.1941 einen Zusatzbefehl an, der als „Manneszucht-Befehl" bezeichnet wird. In der Truppe kamen beide gleichzeitig an. Der Zusatzbefehl schwächte den Barbarossabefehl noch einmal ab. Während dieser die Lockerung der militärischen Disziplin in Kauf nahm, schärfte der Brauchitsch-Befehl den Kommandeuren ein, die Manneszucht unbedingt aufrecht zu erhalten. Er zeigte auch den Freiraum auf, den der Barbarossabefehl der Truppenführung gab. Im Vertrauen auf die Strenge der Offiziere schrieb Brauchitsch: „Der einzelne Soldat darf nicht dahin kommen, daß er gegenüber den Landeseinwohnern tut und läßt, was ihm gutdünkt, sondern er ist in jedem Fall gebunden an die Befehle seiner Offiziere."[40]

Ausschreitungen gegen die Zivilbevölkerung, wie ihn der Barbarossabefehl zulassen wollte, verstießen gegen das Verständnis vom Krieg, das die meisten Offiziere hatten. Der Oberbefehlshaber der 18. Armee, Generaloberst von Küchler, der im Polenfeldzug unerschrocken gegen die SS-Ausschreitungen Position bezogen hatte, sagte seinen Divisonskommandeuren am 18.4.1941, als er sie über den bevorstehenden Rußlandfeldzug informierte: „Die Landeseinwohner, gegen die wir ja nicht kämpfen, sind gut zu behandeln, ihr Eigentum ist zu schonen. Die Armee wird durch Flugblattpropaganda den Gedanken und die Absicht der Befreiung der Länder von dem bolschewistischen Joch den Landeseinwohnern klarzumachen suchen. Sollten die Einwohner sich am Kampf gegen uns beteiligen, was aber nach allen Nachrichten nicht anzunehmen ist, so werden sie als Franktireurs behandelt und den entsprechenden Strafen zugeführt."[41] Generalfeldmarschall Fedor von Bock, Oberbefehlshaber der Heeresgruppe Mitte beim Angriff gegen die Sowjetunion, fand den Barbarossabefehl „in dieser Form untragbar und mit der Manneszucht nicht vereinbar" und beauftragte den Chef des Stabes, dies dem Oberbefehlshaber des Heeres (von Brauchitsch) mitzuteilen. Am 7.6.1941 rief ihn von Brauchitsch persönlich an und sagte, „daß man das, was ich wolle, aus der Verfügung herauslesen könne, und daß sie so gemeint sei, wie ich sie ausgelegt wissen wolle, das heißt: Für die Truppe ändert sich in der Behandlung von Straftaten gegen Zivilpersonen nichts! Die Gerichtsherren entscheiden, ob eine Tat gerichtlich zu ahnden ist oder nicht; dabei soll die Aufrechterhaltung der Manneszucht eine entscheidende Rolle spielen."[42]

In der Luftwaffe wurde der Erlaß vom 13.5.1941 überhaupt nicht bekanntgegeben. Am 20.5.1941 entschied Göring nach einem Vortrag seines Chefrichters Christian Freiherr von Hammerstein, den Befehl zu ignorieren, weil die Luftwaffe in den besetzten Gebieten keine Territorialbefugnisse habe und die Beachtung der Manneszucht für die Nichtanwendung spreche. Bei Plünderungs- und Notzuchtfällen plädierte er sogar für eine besonders scharfe Handhabung der Kriegsgesetze. Der Briefumschlag mit dem Barbarossabefehl landete im Panzerschrank des Chefs des Stabes des ObdL. Der Befehl wurde in der Luftwaffe nicht praktiziert. Im Gegenteil: Im Einverständnis mit Göring und dem Luftwaffenchefrichter wurden die Straftaten gegen die Zivilbevölkerung mit besonderer Härte geahndet. In seinen Erinnerungen schrieb von Hammerstein 1957: „Mehrere Urteile, durch die Luftwaffenangehörige wegen Notzucht an Russenfrauen, ja auch an Jüdinnen – die höheren Orts für vogelfrei galten –, zu Zuchthausstrafen verurteilt waren, sind von Göring aufgehoben [worden], weil er im Interesse der Manneszucht die Todesstrafe für unerläßlich hielt. Plünderungen im Feindgebiet wurden mit schweren Zuchthausstrafen, bei den Rädelsführern mit dem Tode bestraft. Wie im Westen, so wurden auch in den besetzten Gebieten Rußlands Todesstrafen, die wegen Verbrechen gegenüber der Bevölkerung erkannt waren, am Orte, wo die Tat begangen war, vollstreckt oder doch – wenn das nicht möglich war – der Bevölkerung die Vollstreckung durch auffallende Maueranschläge bekanntgegeben, um ihr zu zeigen, daß sie gegen Gewalttätigkeiten geschützt würde."[43]

Weder aus dem Barbarossabefehl noch aus seiner Handhabung kann abgeleitet werden, daß die deutschen Soldaten an der Ostfront freie Hand hatten, mit Zivilisten nach Gutdünken umzuspringen. Es war dem Oberbefehlshaber des Heeres gelungen, die Sühnung von Zivilstrafvergehen in vernünftige Bahnen zu lenken, indem er die Truppenführer vor Ort ermächtigte, schwere Fälle kriegsgerichtlich und leichtere disziplinarrechtlich zu ahnden. Das stellte praktisch eine Umgehung des Führerbefehls dar. Was Göring tat, war schlichtweg Gehorsamsverweigerung gegenüber einem Führerbefehl. So etwas konnte nur er sich erlauben. Auch in den Nürnberger Kriegsverbrecherprozessen wurde bestätigt, daß sich der Barbarossabefehl nicht negativ auf die Gerichtsbarkeit über deutsche Soldaten ausgewirkt habe, weil die Gerichtsherren ihre Funktion wie bisher wahrnahmen.[44]

Das Zeugnis der Militärseelsorger

Im Reichskonkordat zwischen dem Deutschen Reich und der Kurie vom 20.7.1933 gestand Hitler den zur Armee gehörenden katholischen Offizieren, Beamten und Mannschaften sowie deren Familien eine exempte Seelsorge zu. Zum Leiter des Militärseelsorgewesens wurde vom Papst im Einvernehmen mit der Reichsregierung Franz Justus Rarkowski bestimmt. Während des Zweiten Weltkriegs übten etwa 900 katholische Geistliche die Seelsorge in der Wehrmacht aus, unter ihnen 500 hauptamtliche Kriegspfarrer. Neben ihnen betreuten etwa 10.000 Ordensleute und Kleriker ab der Subdiakonsweihe ihre Kameraden als „Priestersoldaten", entweder in der Funktion von Sanitätern oder als Soldaten der kämpfenden Truppe. Obwohl ihnen offiziell seelsorgliche Funktionen verboten waren, ließ sich ihr Tun in der Praxis nicht kontrollieren. Selbst in einigen Divisionen der Waffen-SS gab es Militärpfarrer.[45] Insgesamt gab es etwa 20.000 Priestersoldaten in der Wehrmacht: Welt- und Ordenspriester, Priesteramtskandidaten und Ordensbrüder.[46] Die Zahl der evangelischen Pfarrer und Pfarramtskandidaten betrug etwas weniger als 10.000.[47]

Welche Haltung nahmen diese Seelsorger, Verkörperungen des christlichen Gewissens, zu den angeblichen fürchterlichen Greueltaten der Einheiten ein, in denen sie Dienst taten? Es gibt keine Zeugnisse ihres Unwillens, ihrer Bestürzung oder ihres Abscheus, weder offizielle noch private. Die Seelsorger hatten auf dem militärgeistlichen Berichtsweg die Möglichkeit, darüber zu schreiben, ohne daß ein militärischer Kommandeur etwas davon erfuhr. Von irgendwelchen Protesten des Feldbischofs gegen die Vorgehensweisen der Truppe beim OKW oder gar bei Hitler ist nichts bekannt. Es ist wohl anzunehmen, daß er irgendwelche Schritte unternommen hätte, wäre ihm von den Abscheulichkeiten berichtet worden, die passiert sein sollen. Erhalten sind zwei Beschwerden. Sie richteten sich gegen das

Treiben der SS- und Polizeiverbände in der Nachbarschaft von Heereseinheiten und stammen von den beiden Divisionsgeistlichen und den Pfarrern der Kriegslazarettabteilung 4/607 der 295. Infanteriedivision. Ob sich unter den Akten, die der katholische Feldgeneralvikar Werthmann 1945 nach der Auslagerung des Archivs des Feldbischofs nach Bamberg vernichtete, weitere Meldungen befanden, wissen wir nicht.

Die Zusammenarbeit zwischen dem OKW und dem katholischen Feldbischof war bis zum Ende des Krieges ungetrübt. Er setzte 1941 die neue Bestattungsverordnung der Wehrmacht durch, die auch für die Waffen-SS galt. Bei den Begräbnissen von Gefallenen wurden die christlichen Symbole beibehalten: für jeden einzelnen Gefallenen ein Kreuz mit Namen und näheren Angaben oder ein gemeinsames Kreuz bei Massengräbern. Das Hirtenwort der bayerischen Bischöfe vom 12.8.1941, das von allen Kanzeln verlesen wurde, sagte wörtlich: „Von ganzem Herzen danken wir und mit uns wohl das ganze deutsche Volk der Wehrmacht für diese feinfühlige Pflege der Ruhestätten der toten Kameraden." Ähnliche Dankbarkeitsäußerungen liegen auch vom Erzbischof von Freiburg, Conrad Gröber, vom Münsteraner Bischof Clemens August Graf von Galen und vom Bischof von Trier, Franz Rudolf Bornewasser, vor.

Angesichts des guten Verhältnisses zwischen Rarkowski und dem OKW ist es unwahrscheinlich, daß er in Kenntnis von deutschen Greueltaten nicht Protest erhoben hätte, wären ihm die Ungeheuerlichkeiten zu Ohren gekommen, die heute der Wehrmacht unterstellt werden. Offensichtlich war er überzeugt, daß die Kriegführung der Wehrmacht in Übereinstimmung mit dem Völkerrecht stand.

Als der Krieg zu Ende war, schrieb der Münchner Kardinal Faulhaber am 10.5.1945 folgendes Hirtenwort: „Geliebte Diözesanen! Wir werden unsere Soldaten, soweit sie jetzt aus dem Feld heimkehren, mit einem dankbaren Willkommgruß empfangen. Diese braven Männer haben für die Heimat jahrelang Untragbares ertragen und Unsagbares durchgemacht. Manche von ihnen werden in den Nerven zerrüttet und für den Übergang auf nachsichtige, geduldige Liebe angewiesen sein. Der allmächtige Gott verleihe auch unseren Gefangenen baldige Heimkehr und unseren Brüdern, die ihr Leben geopfert haben, die ewige Ruhe." Räuber, Mörder und Notzüchter begrüßt man anders.

Die völkerrechtswidrige Kriegsführung Stalins im „Großen Vaterländischen Krieg"

Die völkerrechtlichen Bestimmungen

Der Rußlandfeldzug, wie die Deutschen den Krieg nannten, bzw. der Große Vaterländische Krieg, wie ihn die Sowjets nannten, war in vielerlei Hinsicht ein Krieg außerhalb des Völkerrechts. Die ideologische Auseinandersetzung zwischen Nationalsozialismus und Sozialismus artete in weiten Strecken zu einem Vernichtungskrieg aus. Die deutschen Soldaten führten entsprechend den Propagandathesen des Reichsministeriums für Volksaufklärung und Propaganda einen Krieg zur Rettung des Abendlandes vor dem Bolschewismus. Die sowjetischen Soldaten kämpften für die Verbreitung des Marxismus-Leninismus. Die einen starben für Führer, Volk und Vaterland und die anderen für die Zukunft des Proletariats und für Stalin. Das Völkerrecht wurde von beiden Seiten gebrochen.

Die im Zweiten Weltkrieg geltenden völkerrechtlichen Vereinbarungen waren die Haager Landkriegsordnung vom 18.10.1907 (Anlage zum 2. Abkommen, betreffend die Gesetze und Gebräuche des Landkriegs), die Genfer Kriegsgefangenenkonvention vom 27.7.1929 (Abkommen über die Behandlung der Kriegsgefangenen) und die Genfer Konvention für Verwundete und Kranke vom 27.7.1929 (Genfer Abkommen zur Verbesserung des Loses der Verwundeten und Kranken der Heere im Felde). Sie regelten die Beziehungen zwischen den kriegführenden Mächten und legten die Verhaltensweisen der Kombattanten im Krieg fest (ius in bello).

Die Sowjetunion stand völkerrechtlich außerhalb der Staatengemeinschaft. Lenin hatte alle Vereinbarungen, die 1907 in Den Haag von den Vertretern fast aller Staaten unterzeichnet worden waren, als eine Erbschaft des Zarenreiches gekündigt. Der Zar war es gewesen, der die Konferenz initiiert hatte und dessen Vertreter maßgeblich an den Formulierungen der Texte mitgearbeitet hatten. Den beiden Genfer Konventionen von 1929 war die UdSSR überhaupt nicht beigetreten.[48] Das hatte zur Folge, daß die Verträge für Kriege mit der Sowjetunion nicht galten. Als die Rote Armee im September 1939 aufgrund des Ribbentrop-Molotow-Pakts in Ostpolen einmarschierte, hatten die gefangengenommenen Angehörigen der polnischen Armee keinen völkerrechtlichen Schutz. 12.500 polnische Offiziere konnten ermordet werden, ohne daß die Weltöffentlichkeit etwas davon erfuhr. Auch im finnisch-russischen Winterkrieg setzte sich die Sowjetunion über die völkerrechtlichen Bestimmungen hinweg. Die Bitte des finnischen Außenministeriums vom 30.11.1939, beide Seiten möchten sich an die Haager Landkriegsordnung von 1907 und an die Genfer Konventionen von 1929 halten, blieb unbeantwortet. Im Zweiten Weltkrieg waren diese Verträge zwar zwischen dem Deutschen Reich und seinen Verbündeten einerseits und den Westalliierten andererseits geltendes Recht, aber nicht zwischen dem Deutschen Reich und der Sowjetunion. Ob Stalins Angebot vom 17.7.1941, das über Schweden als der Schutzmachtvertretung der UdSSR dem deutschen Auswärtigen Amt zugeleitet wurde, daß man zur völkerrechtskonformen Kriegsgefangenenbehandlung bereit sei, wenn dies deutscherseits ebenfalls geschehe, den Zustand einer gegenseitigen Verpflichtung schuf, ist völkerrechtlich umstritten. Deutschland antwortete mit einer Protestnote: „Die Reichsregierung kann nur ihrem äußersten Erstaunen darüber Ausdruck geben, daß sich die Sowjetregierung trotz des bisherigen Verhaltens ihrer Truppen gegenüber den in ihre Hand gefallenen deutschen Soldaten noch für berechtigt hält, von der Anwendung völkerrechtlicher Regeln bei der Behandlung von Kriegsgefangenen zu sprechen und dabei die Frage der Gegenseitigkeit aufzuwerfen ... Dagegen ist sowohl durch den Zustand der beim Vormarsch der deutschen Truppen gefundenen deutschen Soldaten als auch durch die Aussagen vorübergehend in die Hand russischer Truppen gefallener und dann wieder befreiter Soldaten, die zum Teil verwundet waren, festgestellt worden, daß die Sowjettruppen deutsche Gefangene in einer geradezu unbeschreiblichen und bestialischen Weise gemartert und ermordet haben."[49] Auch der über das Internationale Komitee vom Roten Kreuz übermittelte Protest des sowjetischen Roten Kreuzes über deutsche Luftangriffe auf sowjetische Lazaretteinrichtungen wurde unter Hinweis darauf zurückgewiesen, daß „die Sowjettruppen sich in nicht zu übertreffender Weise selbst außerhalb allen Völkerrechts gestellt haben", wie die Folterung und Ermordung der Besatzungen notgelandeter deutscher Flugzeuge beweise.[50]

Die Bitte des deutschen Auswärtigen Amtes um Aufklärung über die Lager für deutsche Kriegsgefangene in der Sowjetunion, die über die bulgarische Schutzmachtmission nach Moskau übermittelt wurde, wurde von dort abschlägig beschieden. Das Internationale Komitee vom Roten Kreuz bekam keine Genehmigung, Lager auf sowjetischem Boden zu besuchen. Es erhielt auch keine Listen der deutschen Kriegsgefangenen, obwohl das Deutsche Reich und die mit ihm verbündeten Länder Namenslisten russischer Kriegsgefangener zur Verfügung stellten.[51] Bei der Roten Armee gab es kein Zeichen, daß man bereit sei, sich an das Völkerrecht zu halten. Der Versuch des amerikanischen Präsidenten Roosevelt am 29.5.1942, den sowjetischen Außenminister Molotow in einem persönlichen Gespräch zum Beitritt der UdSSR zu den Genfer Konventionen, zur Zulassung von Vertretern des Internationalen Roten Kreuzes zu den Gefangenenlagern und zum Austausch von Namenslisten von Gefangenen, Verwundeten und Gefallenen zu bewegen, war erfolglos. Zu diesem Zeitpunkt hatte allerdings auch die deutsche Regierung kein Interesse mehr an Mitteilungen über sowjetische Kriegsgefangene, weil dann die Verluste in den Kriegsgefangenenlagern offenkundig geworden wären.[52]

Die Haager Landkriegsordnung („Abkommen, betreffend die Gesetze und Gebräuche des Landkriegs"), die jeder deutsche Soldat kannte, legte im Artikel 1 die vier Kriterien des Kombattantenstatus fest. Kombattanten, d.h. zur legitimen Kriegführung Berechtigte, hatten folgende Bedingungen zu erfüllen: „1. daß jemand an ihrer Spitze steht, der für seine Untergebenen verantwortlich ist, 2. daß sie ein bestimmtes, aus der Ferne erkennbares Abzeichen tragen, 3. daß sie die Waffen offen führen und 4. daß sie bei ihren Unternehmungen die Gesetze und Gebräuche des Krieges beobachten." Der verantwortliche Führer brauchte kein Offizier zu sein, aber er mußte von seinen Untergebenen erwarten können, daß seine Befehle befolgt würden. Für ihre Taten hatte er einzustehen. Das offen zu tragende Kennzeichen bestand im Normalfall in der Uniform. Sie wies den Träger als Angehörigen der Streitkräfte aus. Wer nicht dazugehörte, aber den Status des Kombattanten beanspruchte, benötigte zur Legitimation ein besonderes Kennzeichen, das der anderen Seite bekanntgegeben werden mußte. Es dokumentierte die Zugehörigkeit des Kämpfers zu einer dem Prinzip von Befehl und Gehorsam verpflichteten Gruppe und garantierte, neben der offen zu tragenden Waffe, die legitime Kampfführung mit dem als Feind identifizierbaren Gegner. Deshalb mußte es so beschaffen sein, daß es aus normaler Sehweite, mindestens aus Schußentfernung, zu erkennen war. Damit sollte verhindert werden, daß Landesbewohner bald als Kämpfer, bald als anscheinend friedliche Zivilisten in Erscheinung traten. Das Hin- und Herpendeln zwischen Kampf und friedlicher Beschäftigung war mit dem neuzeitlichen Kriegsrecht nicht vereinbar. Das Kampfkennzeichen mußte daher nicht nur im Gefecht gezeigt werden, sondern vom ersten militärischen Einsatz bis zur letzten Kriegshandlung nach dem Grundsatz: Einmal Feind, immer Feind. Es sollte verhindern, daß Partisanen unmittelbar nach einem kämpferischen Einsatz in der Anonymität der Bevölkerung verschwanden. Es war umstritten, ob das Abzeichen fest an der Kleidung angebracht sein mußte oder nicht. Nach mehrheitlicher Ansicht reichte eine Armbinde in leuchtenden Farben aus, wie sie der Deutsche Volkssturm am Ende des Zweiten Weltkriegs am linken Arm trug, aber nicht ein fünf Zentimeter großer Stern auf der Kopfbedeckung, wie ihn die Titopartisanen zeitweise anlegten. An der offen getragenen Waffe sollte der Kombattant der anderen Seite erkennen können, daß ihm ein Feind gegenüberstand. Pistolen in der Hosentasche und Gewehre mit abgeschnittenem Lauf unter dem Mantel erfüllten die Voraussetzungen der Ziffer 3. nicht. Gegen die Gesetze und Gebräuche des Krieges verstieß, wer nichterlaubte Waffen verwendete, z.B. Schrotflinten, Giftgase, Dum-Dum-Geschosse, und wer die Gesetze der Humanität mißachtete, z.B. indem er Gefangene folterte oder verstümmelte. Wer die Bedingungen des Artikels 1 der Haager Landkriegsordnung nicht beachtete – und zwar alle, ohne Ausnahme –, hatte keinen Anspruch auf eine völkerrechtskonforme Behandlung, z.B. auf den Status als Kriegsgefangener. Im Prinzip stand er außerhalb der Rechtsordnung und war als Freischärler (irregulär Kriegführender) nach Kriegsbrauch, d.h. nach Gewohnheitsrecht, auf Gedeih und Verderb dem Sieger ausgeliefert.[53]

Das „Abkommen über die Behandlung der Kriegsgefangenen“ vom 27.7.1929 legte die Grundsätze fest, nach denen Kombattanten, die in feindliche Hände gefallen waren, zu behandeln waren. Die fünf Abschnitte der Konvention lauteten: „Rückführung der Kriegsgefangenen“ (Abtransport aus dem Kampfgebiet, Registrierung und Kontaktaufnahme mit der Familie), „Kriegsgefangenenlager“ (Einrichtung und Ausstattung der Lager, Verpflegung, Gesundheitspflege, Lagerdisziplin, Sonderbestimmungen für Offiziere), „Arbeit der Kriegsgefangenen“ (Organisation und Bezahlung, verbotene Tätigkeiten), „Beziehungen der Kriegsgefangenen zur Außenwelt“ (Kontakte zur Schutzmacht, Bestrafungen), „Beendigung der Gefangenschaft“ (Freilassung, Heimschaffung), „Todesfälle von Gefangenen“ (Testamenterstellung, Begräbnis), „Hilfs- und Auskunftstellen für die Gefangenen“ (Rechte der Vertrauensleute, Einrichtung zentraler Auskunftstellen, Benachrichtigung der Schutzmacht, Funktionen der Hilfsgesellschaften). Ein paar Bestimmungen seien herausgegriffen: Die Verpflegung hatte in Menge und Qualität der der Ersatztruppen des Gewahrsamslandes zu entsprechen (Art. 11). Kleidung, Wäsche und Schuhwerk waren zu stellen (Art. 12). Einmal monatlich sollten die Kriegsgefangenen ärztlich untersucht werden (Art. 15). Kein Kriegsgefangener durfte zu Arbeiten verwendet werden, denen er körperlich nicht gewachsen war (Art. 29). Offiziere sollten, um sich Verköstigung und Bekleidung kaufen zu können, dasselbe Gehalt bekommen wie die entsprechenden Dienstgradgruppen des Gewahrsamslandes (Art. 22 und 23). Briefverkehr war mindestens einmal im Monat zu erlauben (Art. 37).

Artikel 2 der Genfer Kriegsgefangenenkonvention legte fest, daß die Verantwortung für die in Kriegsgefangenschaft geratenen feindlichen Soldaten beim Gewahrsamsstaat lag und nicht bei der Truppe, die die Gefangenen eingebracht hatte. Die Regierung hatte dafür zu sorgen, daß sich ihre Soldaten an die Bestimmungen hielten und hatte Verstöße zu ahnden. Artikel 2 lautete: „Die Kriegsgefangenen unterstehen der Gewalt der feindlichen Macht, aber nicht der Gewalt der Personen oder Truppenteile, die sie gefangengenommen haben. Sie müssen jederzeit mit Menschlichkeit behandelt und insbesondere gegen Gewalttätigkeiten, Beleidigungen und öffentliche Neugier geschützt werden. Vergeltungsmaßnahmen an ihnen auszuüben, ist verboten."

Das „Genfer Abkommen zur Verbesserung des Loses der Verwundeten und Kranken der Heere im Felde" vom 27.7.1929 enthielt die Vorschriften über die Behandlung von Verwundeten und Kranken in feindlicher Hand. Artikel 1 lautete: „Militärpersonen und andere den Heeren beigegebene Personen, die verwundet oder krank sind, müssen unter allen Umständen geschont und geschützt werden; sie sind ohne Unterschied der Staatsangehörigkeit von dem Kriegführenden, in dessen Händen sie sich befinden, mit Menschlichkeit zu behandeln und zu versorgen." Die das Schlachtfeld behauptende Partei war verpflichtet, die Verwundeten und Gefallenen zu sammeln und vor Beraubung zu schützen. Feindliche Verwundete waren nach den Regeln der Kriegsgefangenenkonvention zu behandeln. Die Namen der in ihre Hand Gefallenen sollten zwischen den Kriegführenden ausgetauscht werden. Beerdigungen sollten „in ehrenvoller Weise" erfolgen. Die Sanitätsdienste waren „zu schonen und zu schützen". Das Sanitätspersonal und die Feldgeistlichen galten nicht als Kriegsgefangene, wenn sie in feindliche Hand fielen. Ausrüstung, Beförderungsmittel und Begleitpersonal waren ihnen zu belassen. Sie durften ihrer Bestimmung nicht entzogen werden und waren zurückzuschicken, wenn es die militärische Lage gestattete. Das Wahrzeichen des Roten Kreuzes durfte nicht mißbraucht werden.

Die Formulierung des Artikels 1 der Genfer Verwundetenkonvention war von ungewöhnlicher Rigidität. Die Kranken und Verwundeten waren „unter allen Umständen ... mit Menschlichkeit zu behandeln und zu versorgen".

Das Völkerrecht ging von der Voraussetzung aus, daß die Kriegsgegner, auch wenn sie durch keine völkerrechtlichen Verträge gebunden waren, die Grundsätze einer humanen Kriegführung einhalten würden. Bei der Ersten Haager Konferenz 1899 hatten sich die Versammelten darauf geeinigt, daß militärische Auseinandersetzungen in Zukunft auf alle Fälle nach den Bedingungen geführt werden würden, wie sie sich aus „den unter zivilisierten Nationen festgestellten Gebräuchen, aus den Gesetzen der Humanität und aus den Forderungen des öffentlichen Gewissens" ergeben. Diese als „Martenssche Klausel" bekannten Mindestvoraussetzungen durften bei allen Kriegführenden des Zweiten Weltkriegs vorausgesetzt werden.

Wenn sich ein Kriegsgegner nicht an die Völkerrechtsbestimmungen hielt, konnte der geschädigte Staat zu Repressalien greifen. Im allgemeinen handelte es sich um Kollektivstrafen. Die Repressalien durften jedoch nicht unverhältnismäßig sein, mußten militärisch notwendig sein, mußten von einem höheren Kommandeur befohlen werden und mußten in Bezug zur Völkerrechtsübertretung stehen. Auf keinen Fall durften, wie Artikel 2 der Genfer Kriegsgefangenenkonvention besagte, Kriegsgefangene für Vergeltungsmaßnahmen herangezogen werden.[54]

Um sich gegenüber Großbritannien, das den Abschluß eines Beistandspaktes mit der UdSSR plante, als zivilisierter Staat zu legitimieren, informierte ein Erlaß des Rates der Volkskommissare am 1.7.1941 die Truppe erstmals über die Bestimmungen der drei völkerrechtlichen Abkommen. Der Erlaß blieb wirkungslos, weil die Haager Landkriegsordnung und die Genfer Konventionen nicht zum Ausbildungsstoff in der Roten Armee gehörten. Die sich häufenden Greueltaten der Rotarmisten an deutschen Gefangenen und Verwundeten in den folgenden Wochen legten die Vermutung nahe, daß die Verlautbarung des Rates der Volkskommissare nicht als Handlungsanweisung für die Truppe gedacht war, sondern zur Selbstlegitimation und zur Beruhigung der anvisierten Bündnispartner diente. Nichts wurde besser. Im Gegenteil:

1. Der völkerrechtswidrige Partisanenkrieg wurde verstärkt.
2. Dem Schutz der Verwundeten wurde keine Beachtung geschenkt.
3. Deutsche Kriegsgefangene wurden mißhandelt, und die sowjetischen Kriegsgefangenen wurden verfemt.

Der völkerrechtswidrige Partisanenkrieg

Am 22.6.1941 verhängte der Rat des Obersten Sowjet das Kriegsrecht über Estland, Lettland, Litauen, die Ukraine, Weißrußland, Karelien, Bessarabien sowie über die Gebiete von Archangelsk, Murmansk, Vologda, Leningrad, Kalinin, Iwanowo, Jaroslaw, Rjasan-Smolensk, Tula, Kursk, Moskau, Woronesch, Orel, Krim und Krasnodar. In 15 Militärbezirken wurde die Generalmobilmachung angeordnet.[55]

Eine Woche später wurde der Partisanenkrieg ausgelöst. Er war eine vorbereitete völkerrechtswidrige Maßnahme. Die Wehrmacht war darauf nicht vorbereitet. In der Roten Armee gab es dagegen seit 1933 eine „Dienstvorschrift für den Partisanenkampf". Bereits im Januar und Februar 1941 wurden in verschiedenen Militärbezirken der Sowjetunion von der „Gesellschaft zur Förderung der Verteidigung" (Osowiachim) groß angelegte Partisanenkriegsspiele abgehalten, an denen auch die Zivilbevölkerung teilnahm. Die Armeezeitung „Roter Stern" berichtete darüber. Aufgrund der Erfahrungen stellte die KPdSU bereits vor Kriegsbeginn sogenannte Zerstörungsbataillone auf. Sie sollten, wenn ein Gebiet von der Roten Armee aufgegeben werden müßte, systematisch alle kriegs- und lebenswichtigen Betriebe, Nachrichtenmittel, Verpflegungsstellen usw. zerstören oder vernichten und, sobald sie von der Front überrollt waren, den Partisanenkampf aufnehmen.[56]

Am 29.6.1941 rief das Zentralkomitee der KPdSU alle Partei-, Sowjet-, Gewerkschafts- und Komsomolzenorganistionen auf, „Partisanenabteilungen und Diversionsgruppen" zu bilden und die deutschen Eindringlinge im „erbarmungslosen Kampf ... bis zum letzten Blutstropfen" zu verfolgen und zu vernichten.[57] Zwei Wortgruppen ziehen sich wie ein roter Faden durch die folgenden Verlautbarungen, Befehle, Anordnungen, Weisungen und Richtlinien der Zentral- und Provinzialbehörden der KPdSU bis zum Kriegsende. Das eine sind alle möglichen Ableitungen des Wortes „vernichten" und das andere alle Varianten des Ausdrucks „Eindringling". Das Zentralkomitee der Kommunistischen Partei Weißrußlands z.B. reagierte bereits am 1.7.1941 auf die Weisung aus Moskau mit dem Befehl, „Straßen und Brücken zu sprengen oder zu beschädigen, Treibstoff- und Lebensmittellager, Kraftfahrzeuge und Flugzeuge anzuzünden, Eisenbahnkatastrophen zu arrangieren, den Feinden weder Tag noch Nacht Ruhe zu geben, sie überall zu vernichten, wo man sie erwischt, sie mit allem zu töten, was man zur Hand hat: Beil, Sense, Brecheisen, Heugabeln, Messern". Ein besonders markanter Satz lautet: „Bei der Vernichtung der Feinde schreckt nicht davor zurück, beliebige Mittel zu verwenden: erwürgt, zerhackt, verbrennt, vergiftet den faschistischen Auswurf!"

Am 3.7.1941 befahl Stalin in seiner bekannten Rundfunkrede „Genossen! Bürger! Brüder und Schwestern! Kämpfer unserer Armee und Flotte!", die in den folgenden Tagen immer wieder ausgestrahlt wurde, den deutschen Invasoren alles, was ihnen nützen könne, zu entziehen: „... dem Feind darf keine einzige Lokomotive, kein einziger Waggon, kein Kilogramm Getreide, kein Liter Treibstoff überlassen werden." Was nicht abtransportiert werden könne, müsse vernichtet werden. „In den vom Feind okkupierten Gebieten müssen Partisaneneinheiten zu Pferd und zu Fuß gebildet und Diversionseinheiten geschaffen werden zum Kampf gegen die Truppenteile der feindlichen Armee, zur Entfachung des Partisanenkriegs überall und allerorts, zur Sprengung von Brücken und Straßen, zur Zerstörung der Telefon- und Telegraphenverbindung, zur Niederbrennung der Wälder, der Depots und der Trains. In den okkupierten Gebieten müssen für den Feind und alle seine Helfershelfer unerträgliche Bedingungen geschaffen werden, sie müssen auf Schritt und Tritt verfolgt und vernichtet werden und alle ihre Maßnahmen müssen vereitelt werden."[58]

Am 18.7.1941 folgte der Beschluß des ZK der KPdSU „Über die Organisierung des Kampfes im Rücken der feindlichen Truppen". Die Leiter der Republik-, Gebiets- und Rayonskomitees der Parteiorganisationen wurden persönlich dafür verantwortlich gemacht, daß in Ausführung des Befehls Stalins „Partisanenabteilungen, Diversions- und Vernichtungsgruppen zu Fuß und zu Pferde" aufgestellt würden, um „für die deutschen Interventen unerträgliche Bedingungen zu schaffen".[59]

Die Rede Stalins auf einer Festsitzung des Moskauer Sowjets der Deputierten der Werktätigen anläßlich des 24. Jahrestages der Großen Sozialistischen Oktoberrevolution am 6.11.1941 war gespickt mit Schimpfwörtern für die deutschen Soldaten: „Leute mit einer Moral von Bestien", „Räuber, die jedes Menschenantlitz verloren haben [und] in ihrer moralischen Verkommenheit schon längst auf das Niveau wilder Bestien herabgesunken sind", „Leute, die des Gewissens und der Ehre bar sind" usw. Gegen sie sei jedes Mittel erlaubt. Die Bevölkerung sollte zur Mitarbeit bei ihrer Vernichtung „bis zum letzten Mann" herangezogen werden.[60] Dazu erließ Stalin am 17.11.1941 den Befehl Nr. 428, der in der deutschen Publizistik den Namen „Fackelmänner-Befehl" trägt und im Original „Die ungeheuren Verbrechen, Grausamkeiten und Gewalttätigkeiten der deutschen Behörden in den besetzten Bezirken und Gebieten" heißt: „Alle Siedlungen, in denen sich deutsche Truppen befinden, sind in einer Tiefe von 40 bis 60 km hinter der Hauptkampflinie und 20 bis 30 km beiderseits von Wegen in Brand zu setzen." Mit dieser Aufgabe wurden die Luftwaffe, die Artillerie und die Partisanen-Diversionsgruppen, „die mit Flaschen mit Brennstoff ausgerüstet sind", beauftragt. Der Befehl soll sogar folgenden Absatz enthalten haben. „Die Jagdkommandos sollen die Vernichtungsaktionen in Uniformen des deutschen Heeres und der Waffen-SS ausführen. Das schürt den Haß auf die faschistischen Besatzer und erleichtert die Anwerbung von Partisanen im Hinterland. Es ist darauf zu achten, daß Überlebende zurückbleiben, die über die ‚deutschen Greueltaten' berichten können." Für die Jagdkommandos, die in jedem Regiment aufzustellen waren, sollten 20 bis 30 „mutige Kämpfer" ausgewählt werden. „Besonders jene, die hinter den deutschen Linien in gegnerischer Uniform Siedlungen vernichten, sind zu Ordensverleihungen vorzuschlagen", heißt es in dem Befehl. Der letzte Satz lautet: „In der Bevölkerung ist zu verbreiten, daß die Deutschen die Dörfer und Ortschaften in Brand setzen, um die Partisanen zu bestrafen."[61] Die Propagandisten der Roten Armee griffen Stalins brutalen Befehl auf, obwohl er sich in erster Linie gegen das eigene Volk richtete. Am 30.11.1941 verfaßte der wortgewaltigste von ihnen, Ilja Ehrenburg, den Aufruf „Kämpfer, Kundschafter, Freischärler!", in dem er die Angehörigen dieser drei Gruppierungen aufforderte: „Wenn es irgendwo ein Haus gibt, in dem sich die Deutschen aufwärmen können, so räuchert es aus!"[62]

Am 7.1.1942 übergab das sowjetische Außenministerium den in Moskau akkreditierten Diplomaten folgende scheinheilige Note: „Die sowjetische Regierung führt vor den diplomatischen Vertretern der Weltöffentlichkeit Beschwerde über die von den deutschen Truppen verübten Grausamkeiten, Verwüstungen und Plünderungen in den sowjetischen Gebieten, wo die deutsche Wehrmacht planmäßig die Vernichtung von ganzen Dörfern und Städten vornimmt und sie bis auf die Grundmauern niederbrennt, so daß die sowjetische Bevölkerung obdachlos wird. Die Zerstörungen haben das Ausmaß einer Verwüstung, und die sowjetische Bevölkerung wird von den Deutschen beraubt an Lebensmitteln und Bekleidung, und wer Widerstand leistet, wird erschossen."[63] Mit diesen Ausführungen versuchte die sowjetische Regierung, der Wehrmacht die Schandtaten in die Schuhe zu schieben, die sie skrupellos an ihrer eigenen Bevölkerung beging.

Die Verteufelung der deutschen Soldaten in der sowjetischen Propaganda bereitete auch den Boden für die Partisanenuntaten vor: „faschistische Bestien", „faschistisches Aas", „Banden des Menschenfressers Hitler", „deutsche Räuber", „Hitlerhorden" etc. Diese Klassifizierung der Gegner war ein Freibrief für die Partisanen. Die Grausamkeiten der Roten Armee wurden von ihnen in den Schatten gestellt. Deutsche Soldaten, die in die Hände der Partisanen fielen, mußten das Schlimmste gewärtigen. Das ZK-Mitglied Kazapalow forderte am 1.10.1941 in Cholm die Partisanen auf, die gefangenen deutschen Soldaten „vor der Erschießung durch Verstümmelung zu quälen".[64] Diese verwilderten Typen in den Partisanenhorden folgten solchen Aufforderungen nur zu gern. Auf der deutschen Seite setzte sich für sie der Ausdruck „Banditen" durch.

Die deutschen Offiziere konnten ihre Soldaten nicht immer von Rachereaktionen abhalten. Die Erbitterung war zu groß. Was geht in einem Soldaten vor, der seinen Kameraden grausam verstümmelt am Waldrand liegen sieht? In seinem Soldbuch fand jeder Wehrmacht- und Waffen-SS-Angehörige das dritte der 10 Gebote des deutschen Soldaten, die er als Rekrut auswendig zu lernen hatte: „Es darf kein Gegner getötet werden, der sich ergibt, auch nicht der Freischärler oder Spion. Diese erhalten ihre gerechte Strafe durch die Gerichte." Die Wirklichkeit ging bald über dieses humane und völkerrechtskonforme Postulat, das in den bisherigen Feldzügen umgesetzt worden war, hinaus.

Trotz der eskalierenden Brutalität im Partisanenkrieg rief die deutsche militärische Führung die Soldaten der Wehrmacht immer wieder auf, die fremde Zivilbevölkerung zu schonen. Der Oberbefehlshaber des Heeres verlangte in den „Richtlinien für Partisanenbekämpfung", die er am 25.10.1941 herausgab, von der Truppe, daß sie „durch vernünftige, gerechte Behandlung das Vertrauen der Bevölkerung zu gewinnen" habe, damit die Partisanen von dort keine Unterstützung bekämen.[65] In den „Richtlinien für die verstärkte Bekämpfung des Bandenunwesens im Osten" (Weisung Nr. 46) vom 18.8.1942 mußte selbst Hitler eingestehen, daß die Mitarbeit der Bevölkerung „unentbehrlich" sei. Er verlangte ihre „strenge, aber gerechte Behandlung".[66]

Die Mißachtung des Roten Kreuzes

Im Zweiten Weltkrieg ließen sich alle Kriegführenden Verstöße gegen die Verwundetenkonvention von 1929 zuschulden kommen. Das Zeichen des Roten Kreuzes wurde mißbraucht und mißachtet. Im besonderen Maße waren jedoch die deutschen Verwundeten, die in die Hände der Roten Armee fielen, der Willkür des Gegners ausgeliefert. Die Angehörigen der Roten Armee waren durch keine völkerrechtlichen Verpflichtungen gebunden. Selbst die Martenssche Klausel blieb unberücksichtigt. Sie appellierte zwar an die Gebräuche zivilisierter Nationen, an die Gesetze der Humanität und an die Forderungen des öffentlichen Gewissens, aber alle diese Ideale waren durch die sozialistische Erziehung zum Klassenhaß verkümmert. Es blieb der persönlichen Moral des einzelnen überlassen, wie er verwundeten Feinden begegnete. Religiös gebundene Soldaten mögen im Einzelfall im Hilflosen den Bruder in Christus erkannt haben, aber die Masse der Soldaten hielt sich an die Propagandaparolen der Partei, die in jedem Deutschen eine Kanaille sah.

Die sowjetische Truppenführung ignorierte, als der Krieg begann, das Zeichen des Roten Kreuzes. Deutsche Verwundetennester und vorgeschobene Hauptverbandplätze, die mit einer weithin sichtbaren Rotkreuz-Fahne gekennzeichnet waren, zogen in besonderem Maße feindliches Artilleriefeuer auf sich, so daß schließlich das Ausflaggen unterlassen wurde, weil es keinen Schutz bot. Da auch die deutschen Feldsanitäter, die eine Rotkreuz-Armbinde trugen und waffenlos waren, bei ihrer Gefangennahme zusammen mit den Verwundeten gemeuchelt wurden, erhielten sie zum Schutz der Verwundeten eine Pistole 38. Das Anlegen der Rotkreuz-Armbinde wurde ihnen untersagt, um sie vor Scharfschützen, denen sie ein deutlich sichtbares Ziel boten, zu bewahren.[67]

Wenn der Roten Armee deutsche Verwundete, die nicht abtransportiert werden konnten, in die Hände fielen, war es eine Frage der Willkür, was mit ihnen geschah. Manchmal wurden die Gebäude mit den Verwundeten in die Luft gesprengt, manchmal wurden sie von der Roten Armee übernommen und die Deutschen evakuiert oder wie in Feodosia aus dem Fenster geworfen[68], und manchmal kamen die Männer in besondere Spitäler für Kriegsgefangene. Ihr Leben hing auch im letzten Fall an einem seidenen Faden, wenn das deutsche Lazarettpersonal weggeschickt wurde und wenn es, wie meistens, an Medikamenten und Verbandsmaterial fehlte. In dem Verwundetenspital Beketowka starben nach der Kapitulation von Stalingrad zwischen dem 26.1. und 25.2.1943 1.870 Deutsche. In Lesobasa fielen 1.230 deutsche Verwundete in russische Hände; 640 Mann starben.[69]

Verstöße gegen die Kriegsgefangenenkonvention

Kein Soldat, der im Gefecht die Hände hob, um sich gefangen zu geben, konnte absehen, wie der Feind darauf reagieren würde. Es gibt tausende Augenzeugenberichte, daß die sich Ergebenden erschossen wurden. Nach dem Völkerrecht mußten die Gefangenen auf Waffen kontrolliert und zu den Gefangenensammelstellen gebracht werden.

Die Gefangennahme deutscher Soldaten durch Rotarmisten begann im allgemeinen mit der Ausplünderung. Bei der Waffendurchsuchung wurden ihnen die Wertsachen, insbesondere Uhren und Ringe, abgenommen. Oft mußten sie auch ihre Stiefel hergeben; damit waren sie dem Tod geweiht, denn wer kein festes Schuhwerk hatte, kam auf den langen Märschen um.

Viele der Ausgeplünderten wurden, wenn sie bis dahin überlebt hatten, einzeln oder in Gruppen erschossen. Die Erschießungen wurden so umfangreich praktiziert, daß dem Nachrichtendienst der Roten Armee Personen zur Aushorchung fehlten. Die Armeeführungen hatten Schwierigkeiten, die feindliche Aufstellung in Erfahrung zu bringen und Näheres über die Einheiten der Gegenseite, z. B. ihre Bewaffnung und Versorgung, zu erfahren. Die Armeeoberbefehlshaber befahlen deshalb, von der von ihnen als verständlich und rechtmäßig bezeichneten bisherigen Praxis an der Front abzuweichen und die Gefangenen nicht zu erschießen, sondern nach hinten zu schicken.[70]

Wer als gefangener deutscher Soldat einer Befragung unterzogen wurde, konnte sich nicht so verhalten, wie er es gelernt hatte, wollte er nicht sein Leben riskieren. Wenn er in Übereinstimmung mit der Genfer Konvention lediglich seinen Namen und seinen Dienstgrad angab und alle weiteren Aussagen verweigerte, war er gefährdet. Der Hinweis auf Artikel 5 der Kriegsgefangenenkonvention war müßig: „Jeder Kriegsgefangene ist verpflichtet, auf Befragen seinen wahren Namen und Dienstgrad oder auch seine Matrikelnummer anzugeben. ... Es darf kein Zwang auf die Kriegsgefangenen ausgeübt werden, um Nachrichten über die Lage ihres Heeres oder Landes zu erhalten. Die Kriegsgefangenen, die eine Auskunft hierüber verweigern, dürfen weder bedroht noch beleidigt, noch Unannehmlichkeiten oder Nachteilen irgendwelcher Art ausgesetzt werden." Es liegen zahlreiche Befehle sowjetischer Kommandobehörden vor, nicht aussagewillige Kriegsgefangene zu erschießen. Viele Befragungen waren von Folterungen begleitet. Die einfache Verhörmethode bestand darin, daß der gefangene Soldat am Kopf und an den Füßen festgehalten wurde und mit dem Knüppel bis zu zehn Schläge über Gesäß und Rücken bekam, um ihn zum Sprechen zu bringen. Zu den schwereren Verhören gehörte, daß die nackt ausgezogenen Gefangenen mit Gummiknüppeln auf den Kopf geschlagen wurden, bis ihnen die Ohren wegfielen. Anderen Aussageunwilligen wurden die Fingernägel herausgerissen. Wenn die Vernehmungen durchgeführt waren, übernahm der NKWD die Verhörten. In der Regel wurden sie erschossen. [71]

Um den Rotarmisten an der Front die Überlassung von deutschen Gefangenen nach hinten schmackhaft zu machen, wurde ihnen angedeutet, daß die „Fritzen" nach den Verhören erschossen würden. „Keiner der Eindringlinge wird unser Land lebend verlassen."[72]

Wer nach vielen Gefährdungen, Lebensrisiken und Irrungen in einer Gefangenensammelstelle ankam, war noch immer nicht in Sicherheit. In Frontnähe wurden die Gefangenen häufig, entgegen den Festlegungen der Genfer Konvention, zu Schanzarbeiten herangezogen. Der Weg in die Auffanglager mußte häufig zu Fuß bewältigt werden. Es war den Begleitmannschaften überlassen, ob sie die Schwachen und Verwundeten am Leben ließen. Gezählt und registriert wurden die Gefangenen erst nach ihrer Ankunft.

Die sowjetischen Kriegsgefangenenlager unterschieden sich während des ganzen Krieges nicht von denen der Deutschen im Herbst 1941, als nach den großen Kesselschlachten hunderttausende Rotarmisten von heute auf morgen in dem ausgebluteten Land zu versorgen waren. Wieviele deutsche Soldaten in der Gefangenschaft an Strafmaßnahmen, Entkräftung, Hunger, Ruhr, Typhus, Fleckfieber und Überarbeitung starben, wird sich nie aufklären lassen. Von den 1941 und 1942 in sowjetische Gefangenschaft geratenen deutschen Soldaten überlebten nur 5% den Krieg. Die Kranken und Verwundeten sind wohl alle umgekommen.[73]

Die Rache an Kollaborateuren

Unnachsichtig wurden jene Sowjetbürger zur Rechenschaft gezogen, die mit den deutschen Besatzungstruppen zusammengearbeitet hatten. Sobald die Rote Armee Orte befreit hatte, die von Deutschen besetzt gewesen waren, suchten spezielle Kommandos im Auftrag des NKWD nach Kollaborateuren unter der Bevölkerung. Den Säuberungen fielen alle zum Opfer, die sich nach dem Einmarsch der Wehrmacht in gutem Glauben oder um eines Vorteils willen der Besatzungsmacht zur Verfügung gestellt hatten. Die Maßnahmen, die von den Deutschen eingeleitet worden waren, z.B. die Aufteilung der Kolchosen und die freie Betätigung der orthodoxen Kirche, hatten nicht nur zu Sympathiekundgebungen der Bevölkerung geführt, sondern zur handfesten Mitarbeit vieler in der Verwaltung, im Ablieferungswesen, bei der Rekrutierung von Arbeitskräften und im Kampf gegen die Partisanen. Neben den ehemaligen Kulaken, den Angehörigen der nationalen Minderheiten und all denen, die unter der Sowjetmacht gelitten hatten, waren es viele Jugendliche, die mit den Deutschen kollaborierten. Wer nach dem Einmarsch der Roten Armee aufgestöbert wurde, hatte im allgemeinen sein Leben verwirkt. Er wurde kurzerhand aufgehängt. Unter den Opfern waren viele Frauen und Jugendliche. Es gehörte zu den Usancen der sowjetischen Propaganda, für diese Mordtaten, wenn möglich, die Deutschen verantwortlich zu machen. Mancher unschuldige Soldat der Wehrmacht wurde hierfür nach seiner Gefangennahme aus propagandistischen Gründen hingerichtet. Auch die Ergebnisse der Politik der verbrannten Erde, die die russische Armee bei ihren Rückzügen betrieben hatte und durch die zahlreiche Ortschaften zerstört worden waren, wurden häufig der deutschen Wehrmacht angelastet.[74]

Der erste große Schauprozeß gegen deutsche Kriegsgefangene fand im Dezember 1943 in Charkow statt. Die vier Angeklagten wurden nur vier Tage nach der Verhandlung am 19.12.1943 auf dem Marktplatz der Stadt öffentlich gehenkt. 50.000 Zuschauer applaudierten.[75]

Als die Rote Armee 1943 den Kaukasus zurückerobert hatte, erhielt der NKWD-Chef Berija von Stalin den Auftrag, der Staatssicherheitsdienst solle aus allen befreiten Ortschaften die Familienmitglieder der „aktiven deutschen Handlanger und Banditen, Heimatverräter und freiwillig zu den Deutschen Übergelaufenen" umsiedeln. 735 Familien kamen in Viehwaggons nach Tadschikistan.[76] Da aus den Volksgruppen der Tschetschenen, Osseten, Kalmücken, Turkmenen, Georgier, Balkaren, Inguschen, Karatschajer und Krimtataren besonders viele Überläufer in die deutsche Wehrmacht eingetreten waren, wurden große Teile von ihnen nach Osten umgesiedelt. Die Kalmücken allein waren mit 26.359 Familien betroffen.[77]

Die sowjetische Kriegspropaganda

Greuelpropaganda zur Stützung der Kampfmoral der Roten Armee

Die Greuelpropaganda, die im Ersten Weltkrieg von den Briten meisterhaft praktiziert worden war, wurde im Zweiten Weltkrieg von allen Seiten ausgiebig eingesetzt. Die zwei Jahrzehnte zwischen den Kriegen hatten, obwohl die meisten Propagandaaussagen als Lügen entlarvt worden waren, nicht genügt, die Kriegspropaganda als Instrument der Unwahrhaftigkeit und Fälschung zu stigmatisieren. Die wirkungsvollste Lüge der britischen Kriegspropaganda im Ersten Weltkrieg war die Geschichte von den abgehackten Kinderhänden in Belgien gewesen, die, so unglaubhaft sie war, zur Charakterisierung der „Hunnen" in zahllosen Versionen durch die Weltpresse gegangen war. Die Ententemächte hatten sogar die unglaubliche Lüge zur Gewißheit machen wollen, daß die Deutschen die Leichen ihrer Soldaten und die ihrer Feinde zu Schweinefutter verarbeiteten.[78]

Trotz aller Entlarvungen feierten die Schuldzuweisungen und die Greuelpropaganda im Zweiten Weltkrieg ihre Auferstehung. Beide Seiten warfen sich gegenseitig vor, den Krieg gewollt zu haben. Während die Deutschen meinten, ihnen sei der Krieg aufgezwungen worden, hatten sie nach der alliierten Version das unschuldige Polen und die friedliebende Sowjetunion räuberisch überfallen.[79] Jede Seite warf der anderen vor, im Widerspruch zum Völkerrecht und den Prinzipien einer humanen Kriegführung Gefangene zu foltern, Verwundete zu töten und die Zivilbevölkerung zu drangsalieren.

Die sowjetische Kriegspropaganda hatte es wegen der zahllosen Grausamkeiten bei der Etablierung des sozialistischen Systems schwerer als die Westalliierten, die Bevölkerung glauben zu machen, daß die Deutschen „Unmenschen" seien. Um das zu erreichen, wurden organisatorische Maßnahmen ergriffen und besonders grobe Propagandakeulen geschnitzt. Unmittelbar nach Kriegsausbruch befahl Stalin die Zentralisierung der sowjetischen Kommunikations- und Informationspolitik, damit alle Institutionen mit einer Stimme sprächen. Die gesamte Nachrichtenpolitik wurde im Sowinform-Büro konzentriert. Selbst die Staatsagentur TASS war ihm untergeordnet. Die grundlegenden Weisungen kamen von Stalin selbst. Viele Texte wurden von ihm persönlich gelesen und zensiert.[80]

Das Agitationsmaterial gegen die Wehrmacht und die verbündeten Streitkräfte wurde entweder im „Sowjetischen Büro für militärisch-politische Propaganda" ausgearbeitet, wo die deutschen Altkommunisten saßen, oder in der 7. Abteilung der Roten Armee, wo ab 1943 das „Nationalkomitee Freies Deutschland" (NKFD) und der „Bund deutscher Offiziere" (BdO) mitwirkten. Die Ziele waren in Übereinstimmung mit dem Beschluß des Zentralkomitees der Kommunistischen Partei und des Rates der Volkskommissare der UdSSR vom 24.6.1941: Verschleierung der eigenen Verluste, Überbewertung der Niederlagen des Gegners, Demonstration der eigenen Überlegenheit, Entlarvung der faschistischen Propagandalügen, Verführung der gegnerischen Soldaten zu Selbstverstümmelung und Desertion.[81] Über die Deutschen und ihre Verbündeten an der Front und im rückwärtigen Heeresgebiet brach eine Flut von Flugzetteln herein. Im Verlauf des Krieges waren es drei Milliarden. Ihre Qualität verbesserte sich im Laufe des Krieges nur langsam. Die anfänglichen kommunistischen Parolen von der Einheit des Proletariats und der Solidarität der Arbeiterschaft fanden wenig Anklang. Wirkungsvoller waren die Versuche, einen Keil zwischen die Wehrmacht und die Armeen der verbündeten Rumänen, Ungarn und Italiener zu treiben. Den nichtdeutschen Soldaten wurde eine bessere Behandlung in der Gefangenschaft versprochen. Das Versprechen wurde in vielen Fällen eingehalten.[82]

Die Militärpresse der Roten Armee für die eigenen Soldaten verfügte über 55 verschiedene Redaktionen. Dazu traten mehrere hundert Truppenblätter. Die Auflage aller Militärzeitungen zusammen betrug 1944 etwa 3,2 Millionen.[83] Zentrales Anliegen der Militärpropaganda war die Aufrechterhaltung der „Moral der Armee". Sie gehörte zu den fünf Grundprinzipien der sowjetischen Kriegslehre. Die anderen waren 1. die Stabilität des Hinterlandes, 2. die Qualität und Quantität der Streitkräfte, 3. die Bewaffnung, 4. die organisatorischen Fähigkeiten des Kommandopersonals.[84]

In den Verbänden und Einheiten der Roten Armee waren die politischen Kommissare und Politruks für die moralische Aufrüstung der Sowjetsoldaten zuständig. Die Erziehung zum „militärischen Heroismus" erfolgte zum einen durch die ideologisch-politische Schulung der Soldaten und zum anderen durch die Truppenpropaganda.

Die Kommissare nahmen in der Truppe mehrere Funktionen in Personalunion wahr, die in anderen Armeen auf mehrere Führer verteilt waren. Sie waren politischer Kommandeur (Kriegskommissar), Feldgeistlicher, Betreuungsoffizier, Fürsorgeoffizier, Personaloffizier, Propagandaoffizier und Lokalredakteur. Im Dezember 1941 erhielten 142 Kommissare auf der Ebene der Armeen und Fronten (Heeresgruppen) den Generalsrang. Für die Soldaten der Roten Armee hatte der Kommissar mehr Bedeutung als der militärische Führer. Die „Prawda" definierte seine Rolle so: „Während der Regimentskommandeur das Haupt des Regiments ist, ist der Kommissar sein Vater und seine Seele."[85] Erst als sich zeigte, daß die aus der gleichberechtigten Stellung von Kommandeur und Kommissar resultierenden Rivalitäten die miliärische Entscheidungsfindung behinderten, wurde mit Erlaß des Präsidenten der UdSSR vom 9.10.1942 die Institution der bisherigen Kriegskommissare abgeschafft und den militärischen Führern die uneingeschränkte taktische und strategische Entscheidungsfreiheit zugesprochen. Die Aufgabe des

Kommissars übernahm der „Sampolit", der als stellvertretender Kommandeur mit militärischem Dienstgrad nur für politische Angelegenheiten zuständig war und kein Mitspracherecht in militärischen Angelegenheiten hatte. Rangmäßig den Kommandeuren unterstellt, hatte er im Zweifelsfall zu gehorchen. In den meisten Fällen übernahmen die bisherigen Kommissare die neue Funktion, obwohl ihr operatives Mitspracherecht eingeschränkt war. Um so wichtiger nahmen sie ihren politischen Aufgabenbereich.

Die Disziplin galt als Gradmesser für die Moral der Truppe. Der Sampolit schickte, wie vorher der Kommissar, regelmäßig geheime Berichte über den Stand der Moral seiner Einheit, insbesondere die der Offiziere, an die politische Verwaltung. Besonderes Augenmerk widmete er den Disziplinar- und Strafverfahren. An den verschiedenen Fällen ließ sich die Kampfkraft der Truppe einschätzen: Ungehorsam, Widersetzlichkeit, Diebstahl, Wachvergehen, Feigheit, Selbstverstümmelung. Die Zusammensetzung der Kriegsgerichte mit einem Angehörigen der Militärgerichtsbarkeit, mit dem Leiter der Sonderabteilung und mit dem stellvertretenden Politkommissar machte den politischen Charakter der Militärjustiz deutlich.

Die Politoffiziere der Roten Armee machten zwischen Fahnenflucht und Gefangenschaft keinen Unterschied. Die sowjetischen Kriegsgefangenen in deutscher Hand bezeichnete Stalin als Überläufer und verbot dem sowjetischen Roten Kreuz, ihre Briefe aus deutschen Kriegsgefangenenlagern entgegenzunehmen und weiterzuleiten. Auf den Austausch von Namenslisten legte er keinen Wert.[86] Nach den verlustreichen Kesselschlachten, bei denen Hunderttausende in Kriegsgefangenschaft gerieten, erklärte Stalin im September 1941 alle Kriegsgefangenen zu Vaterlandsverrätern. Ein Truppenbefehl von Marschall Timoschenko bedrohte jeden mit dem Kriegsgericht, der von Rückzug sprach. Bei Orel und Nowgorod-Sewerskej bombardierten sowjetische Flugzeuge die Sammellager für russische Kriegsgefangene auf deutscher Seite, und in einem der Fälle warfen sie Flugblätter mit dem Text ab: „So wird es mit allen gehen, die die Sache Lenins und Stalins verraten."[87] Nachdem der Oberbefehlshaber der 28. Armee, Generalleutnant Katschalow, der Generalmajor Ponedelin und der Kommandeur des 13. Schützenkorps, Generalmajor Kirillow, in deutsche Kriegsgefangenschaft geraten waren, erließ Stalin am 16.8.1941 den Stawka-Befehl Nr. 270: „Da Feiglinge und Deserteure vernichtet werden müssen, befehle ich:

1. Alle die im Kampf ihre Dienstrangabzeichen entfernen und sich in Gefangenschaft begeben, sind als bösartige Deserteure einzustufen, deren Familien als Angehörige von Fahneneidbrechern und Verrätern der Heimat unverzüglich zu verhaften sind. Diese Deserteure sind sofort bei ihrer Ergreifung zu erschießen.

2. Eingeschlossene haben bis zur letzten Möglichkeit zu kämpfen und sich zu den Ihren durchzuschlagen. Wer es vorzieht, sich in Gefangenschaft zu begeben, ist mit allen Mitteln zu vernichten. Die Familien von Rotarmisten, die sich in Gefangenschaft begeben, erhalten keinerlei staatliche Unterstützung und Hilfsmittel."[88]

Unter den Befehl ließ Stalin die Namen von Schukow, Watutin, Schaposchnikow und Wassilewski setzen.

Die „Infanterie-Kampfvorschriften", die 1942 bis 1945 galten, untersagten den Soldaten, sich gefangennehmen zu lassen: „Nichts – auch nicht die Drohung mit dem Tode – kann einen Kämpfer der Roten Armee dazu zwingen, sich zu ergeben."[89]

Für sowjetische Soldaten, die aus der deutschen Kriegsgefangenschaft entkamen, ließ Stalin Befragungs- und Umerziehungslager einrichten. Er fürchtete die Einschleusung von Spionen. Jeder einzelne wurde vom NKWD verhört. Die meisten Rückkehrer wurden Strafbataillonen zugeteilt, die an den gefährlichsten Stellen der Front verheizt wurden. Offiziere, denen die Flucht zu den russischen Linien gelang, wurden in der Regel nach einem standgerichtlichen Verfahren erschossen. Das Todesurteil wurde verhängt wegen Feigheit vor dem Feind, Verrat von militärischen Geheimnissen oder Nichtausführung von Befehlen. Eine Ausnahme bildete Generalmajor Sysojew, der 1943 aus deutscher Kriegsgefangenschaft fliehen konnte. Seine Überprüfung dauerte drei Jahre lang.

Stalins Befehl Nr. 227 vom 28.7.1942 richtete sich gegen die zahlreichen Überläufer der Roten Armee zu den deutschen Truppen. Er befahl die Aufstellung von Strafbataillonen aus unzuverlässigen Soldaten, in die auch Offiziere und Politruks einzureihen waren, „die sich Disziplinlosigkeit und Feigheit vor dem Feind zuschulden kommen ließen". In Kompaniestärke wurden die Männer für die gefährlichsten Aufgaben an der Front verwendet, z.B. zum Säubern von Minenfeldern oder für selbstmörderische Angriffe gegen die feindliche Verteidigung. Außerdem sollten in jedem Armeebereich drei bis fünf gutbewaffnete Einheiten aufgestellt werden, die unmittelbar hinter unzuverlässigen Divisionen einzusetzen waren und die Aufgabe hatten, „im Falle eines ungeordneten Rückzugs jeden Flüchtling und jeden Feigling zu erschießen".[90]

Auch Partisanengruppen, die sich nicht in die nationale Partisanenbewegung unter Generaloberst Ponamorenko einordneten, hatten bei Stalin schlechte Karten, obwohl sie zu den gefürchtetsten Gegnern der Deutschen gehörten. Als „wilde Partisanen" standen sie nur in loser oder in überhaupt keiner Verbindung zu den zentralen Kommandostellen. In kleinen Gruppen führten sie einen Partisanenkrieg auf eigene Faust. Sie verfügten über keine Gefangenenlager, in die sie gefangene oder verwundete deutsche Soldaten einliefern konnten, wie das hinter der Front der Roten Armee möglich gewesen wäre. Gefangenenmord war die Regel. Wenn ihre Gebiete durch die Rote Armee zurückerobert worden waren, wurden sie in der Regel sofort unter die Obhut des NKWD gestellt und zur Umschulung in entfernte Lager gebracht, zuweilen auch in Strafkompanien gesteckt, wo sie bei besonders harter Zucht diszipliniert wurden. Ihre Erfolge im Partisanenkrieg zählten nicht. Ihre Disziplinlosigkeit, Heimtücke und Brutalität während der Partisanenkriegführung machte diese zuchtlosen Banden auch in den Augen des sowjetischen Oberkommandos zu gefährlichen Partnern.

Die Hauptthemen der sowjetischen Propaganda für die Rote Armee waren:

1. die Verwirklichung des Sozialismus,
2. die Unfehlbarkeit Stalins,
3. die Verteidigung der Heimaterde,
4. der Sieg über den Faschismus,
5. die Rache für die Grausamkeiten der Wehrmacht.

Die Propagandisten der Roten Armee wußten, daß die Begeisterung der meisten Sowjetsoldaten für das sozialistische System gering war. Auch Stalin erfreute sich nicht der Liebe aller Volksteile der Sowjetunion. Deshalb stützte sich die Sowjetpropaganda auf die drei übrigen Argumente.

Ein wirkungsvolles Schlagwort im Rückgriff auf die Liebe des Volkes zu Mütterchen Rußland lautete „Verteidigung der Heimaterde". Gegen die deutschen Invasoren wurde der Patriotismus mobilisiert. Die Deutschen wurden als grausame Aggressoren dargestellt, deren Ziel es sei, das schöne Rußland zu vernichten. Die Rote Armee führe einen Verteidigungskrieg. In einem Flugblatt stand: „Der russische Soldat ist im Kampf um seine gerechte Sache unbesiegbar." Das russische Volk habe sich „wie ein Mann zur Verteidigung seiner Heimat erhoben".[91]

Der „Faschismus" wurde als klassenfeindliche Ideologie angeprangert und der Rassendünkel der „Faschisten" verhöhnt. Den Angehörigen der Roten Armee wurde verdeutlicht, daß die deutsche Invasion das Ziel habe, die sozialistischen Errungenschaften zu vernichten und die Völker der Sowjetunion zu unterjochen. Die „Prawda" ersetzte die traditionelle Parole „Proletarier aller Länder, vereinigt Euch!" im Kopf der ersten Seite durch den Slogan „Tod den deutschen Okkupanten!"

Die deutsche Kriegführung wurde als bestialisches Unternehmen angeprangert. Mit Beispielen brutaler deutscher Vorgehensweisen bemühte sich die sowjetische Propaganda, die Zivilbevölkerung und die Rote Armee zur Feindschaft gegen alles Deutsche zu bewegen. Eine Propagandaschrift mit dem Titel „Faschistische Greueltaten an Kriegsgefangenen", die anläßlich der Note Molotows vom 6.11.1941 erschien, beschäftigte sich mit den deutschen Versäumnissen in der Kriegsgefangenenfrage und unterstellte dem Kriegsgegner die Absicht, die vielen Kriegsgefangenen, deren Zahl man nicht anzugeben wagte, umbringen zu wollen.

In der Truppe gehörte die „Erziehung zum Haß" zu den Aufgaben der Politoffiziere. Stalin formulierte das Anliegen so: „Es ist unmöglich, den Feind zu besiegen, ohne gelernt zu haben, ihn mit ganzer Seele zu hassen."[92] Der Stawka-Befehl Nr. 130 vom 14.10.1942 rief die Angehörigen der Roten Armee zum wiederholten Mal zu unversöhnlichem Haß gegen alles auf, was deutsch ist.

Die Mordaufrufe Ilja Ehrenburgs

Einer der gelehrigsten Schüler Stalins und fähigsten Propagandisten der Sowjetunion war Ilja Ehrenburg. Ihm oblag die Erziehung zum Haß in der Roten Armee. Im Alter von siebzehn Jahren war der junge bolschewistische Revolutionär nach Paris gegangen, um dort die sozialistische Revolution vorzubereiten. Nach seiner Ausweisung hielt er sich bis 1924 in Berlin auf, wo er bei der sowjetischen Botschaft als Spitzel der Geheimpolizei GPU angestellt war. Im spanischen Bürgerkrieg war er Korrespondent und Agitator auf der roten Seite. In seinem Buch „Die ungewöhnlichen Abenteuer des Julio Jurenito und seiner Schüler" aus den zwanziger Jahren, das die Überwindung des Bürgertums zum Inhalt hat, findet sich auch der Satz „Zum Wohl der Menschheit muß gemordet werden". Schon am 22.6.1941, am ersten Kriegstag, bezeichnete Ehrenburg die deutschen Soldaten als Mörder, „die sich besonders durch die Torturen auszeichnen, die sie jetzt unseren Verwundeten zufügen". Wenig später nannte er sie „Perverse, Sodomiten und Süchtige in allen Formen der Bestialität". Die Rundfunkrede Stalins vom 3.7.1941, in der der Generalsekretär der Partei die Bevölkerung zum bedingungslosen Widerstand aufrief, wurde von Ehrenburg propagandistisch aufbereitet. Er versicherte den Menschen, der Krieg werde zur Befreiung Europas vom Joch Hitlers führen, dessen barbarische Wehrmacht in die friedliebende Sowjetunion eingefallen sei. Am 12.10.1941 schrieb er: „Sie ergreifen russische Mädchen und verschleppen sie in ihre Bordelle ... Sie hängen Geistliche ... Sie haben Abzeichen mit dem Motto ‚Gott mit uns', aber mit solchen Gürteln schlagen sie ihren sterbenden Gefangenen ins Gesicht ... Mit ihren Füllfederhaltern schreiben sie die Zahl der Mädchen nieder, die sie vergewaltigt haben. Sie rasieren sich mit ihren Sicherheitsrasiermessern und benutzen das Halsschneidemodell, um die Nasen, Ohren und Brüste ihrer Opfer abzuschneiden." Die Mordpropaganda Ehrenburgs diente anfangs auch dazu, eine mögliche Solidarisierung zwischen deutschen und russischen Soldaten, zwischen den einfachen Leuten beider Länder, zwischen den Arbeitern auf dieser und jener Seite, zu verhindern. Keine verbrecherische Verbrüderung![93]

Nach solchen Beweisen journalistischen Könnens bekam Ehrenburg von Stalin den offiziellen Auftrag, „Haß, Haß und nochmals Haß" zu erzeugen, nicht nur gegen den Faschismus, sondern gegen alles, was mit Deutschland zusammenhängt. In der Folgezeit entfaltete er eine Betriebsamkeit, die zu hunderten monotoner Mordaufforderungen führte. Er verfaßte täglich bis zu fünf Artikel für die Regierungszeitung „Iswestija", für das Parteiorgan „Prawda" und vor allem für die Armeezeitung „Krasnaja Swesda". Dort lasen die Rotarmisten: „Deutsche sind keine Menschen. Deutsche sind zweibeinige Tiere, abscheuliche Geschöpfe, Bestien." Oder: „Wir sagen nicht mehr ‚Guten Morgen' oder ‚Gute Nacht'. Wir sagen am Morgen: ‚Töte den Deutschen' und in der Nacht: ‚Töte den Deutschen'. Die Deutschen haben unser Leben verdunkelt. Wir wollen leben. Und wir müssen die Deutschen töten."[94]

Der Haß der sowjetischen Propagandisten war von barbarischer Wildheit. In der Beschimpfung der deutschen Soldaten waren sie Meister: „Kreaturen", „Räuber", „Schlächter", „Massenmörder", „Frauenkiller", „Verbrecher", „Schurken", „wilde Bestien" usw.[95] Sie beschrieben die angeblichen Untaten der deutschen Soldateska mit allen Epitheta des Schreckens, um den Haß der Rotarmisten zu wecken und zu erhalten. Sie machten keinen Unterschied zwischen Militärpersonen und Zivilisten. Alle Deutschen gehörten zur gleichen Gangsterorganisation, zur gleichen Verbrecherbande, zur gleichen Horde nomadisierender Piraten.

In dem Aufsatz „Rechtfertigung des Hasses", der im Sommer 1942 geschrieben wurde, versuchte Ehrenburg die Einzigartigkeit des Krieges zwischen der UdSSR und dem Deutschen Reich darzulegen: „Dieser Krieg gleicht keinem anderen Krieg. Zum erstenmal stehen unserem Volk keine Menschen gegenüber, sondern bösartige, widerwärtige Kreaturen, auf den Höchststand der Technik gebrachte Wilde, Ungeheuer, die nach Reglement und mit Berufung auf die Wissenschaft wüten, die die Ausrottung von Säuglingen zum höchsten Ausdruck staatsmännischer Weisheit erklären. Der Haß ist uns nicht leichtgefallen. Wir haben ihn mit Städten und Landstrichen, mit Hunderttausenden von Menschenleben erkauft. Aber jetzt haben wir begriffen, daß wir nicht zusammen mit den Faschisten auf der gleichen Erde leben können ... Unseren Haß auf die Hitleristen diktiert uns die

Liebe zur Heimat, zum Menschen, zur Menschheit. Darin liegt die Stärke unseres Hasses, darin seine Rechtfertigung. ... Wir kämpfen nicht gegen Menschen, sondern gegen Automaten, die wie Menschen aussehen. Wir hassen sie gerade wegen dieser scheinbaren Menschenähnlichkeit, die es ihnen möglich macht, einen Hund oder ein Pferd zu streicheln ..."[96]

Durch die Artikel in der Armeezeitung wurde Ehrenburgs Name jedem Rotarmisten vertraut. In der Roten Armee galt er als einer der größten Schriftsteller des sozialistischen Zeitalters und als überzeugender Patriot. Die Kommissare lasen den Soldaten vor den Angriffen zur Hebung der Kampfmoral Artikel Ehrenburgs aus der Armeezeitung vor, in denen in unzähligen Varianten das Grundthema wiederholt wurde, daß die Deutschen keine Menschen seien, daß sie wie Ungeziefer vertilgt werden müßten und daß das Morden eine Wohltat sei. Als einzelne Ehrenburg-Artikel auch in der schwedischen Presse erschienen, intervenierte die Zeitung „Dagposten": „Ehrenburg hält alle Rekorde in intellektuellem Sadismus. Wozu diese schweinische Lüge noch widerlegen und nachweisen, daß Ehrenburg den Deutschen Dinge nachsagt, die bei den Rotarmisten gang und gäbe sind?"[97] Bis 1944 änderte sich die Tonart nicht: „Die Deutschen stopfen unsere Münder mit gefrorener Erde ... Sie foltern unsere Kinder ... Sie haben Millionen guter Menschen abgeschlachtet für nichts und wieder nichts, allein aus Habgier, Stupidität und angeborener Wildheit."

Zwischen 1942 und 1944 produzierte Ehrenburg etwa 3.000 richtungweisende Hetzartikel, die er in einer dreibändigen Buchpublikation mit dem Titel „Der Krieg" zusammenfaßte. Viele seiner vor Haß triefenden Aufrufe zu Gewalt, Mord und Vergewaltigung wurden als Flugblätter in der Roten Armee verteilt. Einige drastische Beispiele: „Töte den Deutschen, wo Du ihn antriffst. Schlag ihn auf der Straße, im Haus, spreng ihn mit der Granate, stich das Bajonett in ihn, die Mistgabel, spalte ihn mit dem Beil, setze ihn auf den Pfahl, zerschneide ihn mit dem Messer, schlag, wie Du kannst, aber töte! Töte ihn, und Du rettest Dein Leben und das Deiner Familie. Töte ihn, und Du rettest Deine Heimat, Dein Volk. Überall mußt Du die Bestie schlagen! Wenn er Halt macht und schläft – zerfleische den Schlafenden. Geht er durch den Wald – wird er dort den Tod finden. Ist er unterwegs – eine Mine soll ihn zerreißen. Fährt er in der Eisenbahn – laß den Zug entgleisen. Zerdrücke, zerspalte, zersteche ihn im Wald, auf dem Feld, auf Straßen, vernichte ihn überall!"

„Die Deutschen sind keine Menschen. Von jetzt ab ist das Wort ‚Deutscher' für uns der allerschlimmste Fluch. Von jetzt ab bringt das Wort ‚Deutscher' ein Gewehr zur Entladung. Wir werden nicht sprechen. Wir werden uns nicht aufregen. Wir werden töten. Wenn Du im Lauf eines Tages nicht wenigstens einen Deutschen getötet hast, so ist es für Dich ein verlorener Tag gewesen. Wenn Du glaubst, daß der Deutsche von Deinem Nachbarn getötet wird, so hast Du die Gefahr nicht erkannt. Wenn Du einen Deutschen nicht tötest, so tötet der Deutsche Dich. Er wird die Deinigen festnehmen und sie in seinem verfluchten Deutschland foltern. Wenn Du den Deutschen nicht mit einer Kugel töten kannst, so töte ihn mit Deinem Seitengewehr. Wenn in Deinem Abschnitt Ruhe herrscht und kein Kampf stattfindet, so töte den Deutschen vor dem Kampf. Wenn Du den Deutschen am Leben läßt, wird er den russischen Mann aufhängen und die russische Frau schänden. Wenn Du einen Deutschen getötet hast, so töte einen zweiten. Für uns gibt es nichts lustigeres als deutsche Leichen."[98]

Am 24.8.1944 verkündete Ehrenburg der Roten Armee, die sich zum Einfall in Deutschland umgruppierte: „An den Grenzen Deutschlands laßt uns noch einmal den heiligen Eid wiederholen, nichts zu vergessen ... Wir sagen dies mit der Ruhe eines lange herangereiften und unüberwindlichen Hasses, wir sagen dies an den Grenzen des Feindes: Wehe Dir Deutschland!" Dieser Drohung folgte am 17.9.1944 der Aufruf: „Wir werden totschlagen!"[99]

Am 12.1.1945 setzte der Armeegeneral Tschernakowski den Aufruf Ehrenburgs für die Truppen der Dritten Weißrussischen Front in einen Befehl um: „Gnade gibt es nicht – für niemanden, wie es auch keine Gnade für uns gegeben hat ... Es ist unnötig, von den Soldaten der Roten Armee zu fordern, daß Gnade geübt wird. Sie lodern vor Haß und Rachsucht. Das Land der Faschisten muß zur Wüste werden, wie auch unser Land, das sie verwüstet haben. Die Faschisten müssen sterben, wie auch unsere Soldaten gestorben sind."[100]

Ähnliches formulierte der Befehlshaber der Ersten Weißrussischen Front, Marschall Schukow, unter dem Titel „Tod den deutsche Okkupanten" in einem Tagesbefehl zu Beginn der Januaroffensive: „Die große Stunde hat geschlagen! Die Zeit ist gekommen, dem Feind den letzten, entscheidenden Schlag zu versetzen und die historische Aufgabe zu erfüllen, welche vom Genossen Stalin gestellt wurde: dem faschistischen Tier in seiner eigenen Höhle den Garaus zu machen und über Berlin die Siegesfahnen zu hissen. Die Zeit ist gekommen, mit den deutschfaschistischen Halunken abzurechnen. Groß und brennend ist unser Haß! Wir haben die Qual und das Leid nicht vergessen, welche von den Hitlerschen Menschenfressern unserem Volke zugefügt wurden. Wir haben unsere niedergebrannten Städte und Dörfer nicht vergessen. Wir gedenken unserer Brüder und Schwestern, unserer Mütter und Väter, unserer Frauen und Kinder, die von den Deutschen zu Tode gequält wurden. Wir werden uns rächen für die in den Teufelsöfen Verbrannten, für die in den Gaskammern Erstickten, für alle Erschossenen und Gemarterten. Wir werden uns grausam rächen für alles."[101]

Nach dem Eindringen auf deutschen Boden verhielten sich die Soldaten der Roten Armee befehlsgemäß.[102]

Erst drei Wochen vor dem Kriegsende wurde Ehrenburg gebremst, weil die Greuel der Roten Armee auf deutschem Boden bei den Westalliierten Empörung auslösten. Am 14.4.1945 ließ Stalin in der „Prawda" einen Artikel des Chefideologen Alexandrow abdrucken. Die Überschrift lautete „Der Genosse Ehrenburg vereinfacht zu sehr". Der Tadel bedeutete jedoch nicht das Ende seiner Karriere.

Im Deutschen Reich gab es lediglich einen prominenten Politiker, der in seiner Hetze Ehrenburg das Wasser reichen konnte: Julius Streicher, der Herausgeber der Zeitung „Der Stürmer". Bereits 1940 wegen persönlicher Verfehlungen seiner Parteiämter enthoben und auf seinen Landsitz verbannt, wurde er in Nürnberg zum Tode verurteilt und gehenkt.

Wegen seiner Verdienste im Großen Vaterländischen Krieg und wegen seiner zahlreichen Hymnen auf Stalin durfte Ehrenburg als eines der wenigen Mitglieder des „Jüdischen Antifaschistischen Komitees der Sowjetunion" den Weltkrieg überleben. Der 1946 erschienene politische Roman „Der Sturm" brachte ihm den

Stalinpreis erster Klasse ein, die höchste literarische Auszeichnung der Sowjetunion. Nach dem Zweiten Weltkrieg hielt Ehrenburg Vorträge in den von der Roten Armee besetzten Ländern. Als stellvertretender Vorsitzender des Weltfriedensrates bereiste er in den folgenden Jahren alle Erdteile. Die linken Intellektuellen waren von ihm fasziniert. In Deutschland wurde er sogar für den Friedenspreis des Deutschen Buchhandels vorgeschlagen.

1959 wurde Ehrenburg ins Präsidium des sowjetischen Schriftstellerverbandes gewählt. Als er 1961 seinen 70. Geburtstag feierte, begeisterte sich die Gewerkschaftszeitung „Trud" über die Wirkung seiner Propagandaschriften: „Man las sie in Schützengräben, in Partisanenwäldern, in Verteidigungsanlagen, in den Industriewerken und Fabriken in der Heimat. ... Diese von antifaschistischem Haß durchdrungenen, leidenschaftlich patriotischen Artikel regten die Krieger zu einem erbarmungslosen Kampf gegen den Hitlerismus an."[103] Am 31.8.1967 starb Ehrenburg. Die Geschichte wird ihn als einen der größten Mordhetzer aller Zeiten in Erinnerung behalten.[104]

Die Tradition sowjetischer Verbrechen gegen die Menschlichkeit

Massenverbrechen gehörten zum Charakter des sowjetischen Systems. Unter keinem Regime in der Menschheitsgeschichte kamen so viele Menschen gewaltsam zu Tode wie unter Lenin und Stalin. Die Schätzungen reichen bis zu 80 Millionen. Bis 1924 ermordeten die Sowjets in der Aufbauphase des Sozialismus etwa zwei Millionen Menschen. 1932/33 fielen dem gelenkten Hunger in der Ukraine fast zehn Millionen Menschen zum Opfer. Die Säuberungen zwischen 1936 und 1939 kosteten weiteren sechs Millionen Menschen das Leben. Betroffen war auch das Offizierskorps der Roten Armee: Von den fünf sowjetischen Marschällen überlebten nur zwei, von 14 Armeebefehlshabern zwei, von acht Admiralen keiner, von 67 Korpskommandanten wurden 60 erschossen und von 199 Divisionskommandeuren 136.[105] Als Ostpolen 1939 von der Roten Armee besetzt wurde, verschwand eine Million Menschen. Zu Beginn des deutschen Angriffs auf die Sowjetunion befahl Stalin, keine politischen Gefangenen in die Hände der Deutschen fallen zu lassen. Dieser Weisung entsprechend wurden in den Gefängnissen der Grenzstädte rund 4.000 ukrainische und polnische politische Gefangene planmäßig erschossen. Der russischen Propaganda gelang es, die Schuld den Deutschen aufzubürden. Die amerikanische Agentur „Associated Press" meldete ohne eigene Recherchen am 8.8.1941, deutsche Sturmtruppen hätten in Lemberg 40.000 Menschen getötet.[106] Auch die sowjetischen Rückzugsgreuel in anderen Städten wurden den Deutschen in die Schuhe geschoben. Wie viele Opfer die Deportationen der Rußlanddeutschen von der Wolga, aus der Ukraine und von der Krim kosteten, ist nicht feststellbar. Aufgrund der Verordnung des Obersten Sowjets vom 28.8.1941 wurden sie als kollektive „Diversanten und Spione" in der Mehrzahl nach Kasachstan verbannt. Am Ende des Weltkriegs kam etwa eine Million Überläufer und Freiwillige aus den nichtrussischen Minderheiten zu Tode, die an deutscher Seite gegen den Stalinismus gekämpft hatten. Sie wurden entweder hingerichtet oder starben in den Todeslagern. Das Schicksal mehrerer hunderttausend „Hiwis", die bei den deutschen Fronttruppen zu Hilfsdiensten herangezogen worden waren, ist ungeklärt. Von den 3,15 Millionen deutschen Kriegsgefangenen starben 1,1 Millionen. Das Schicksal von 360.000 ist ungeklärt. Da die deutschen Kriegsgefangenen erst nach der Ankunft in den Kriegsgefangenenlagern gezählt wurden, befinden sich unter den 1,24 Millionen deutschen Soldaten, die zwischen dem 22.6.1941 und dem 20.3.1945 als vermißt galten, sehr viele, die auf den langen Märschen zu den Lagern umkamen. Die Zahl der deutschen Zwangsverschleppten wird auf 218.000 geschätzt und die der verschleppten Volksdeutschen aus Jugoslawien, Polen, Ungarn und Rumänien auf mindestens 200.000. Ein Drittel von ihnen blieb verschollen. Insgesamt brachte Stalin mindestens 20 Millionen Menschen um. Der russische Nobelpreisträger Solschenizyn spricht von 40 Millionen.

Die Ermordung deutscher Kriegsgefangener paßte in den Rahmen des Systems. Sie war in erster Linie nicht Ausdruck des inhumanen Verhaltens einzelner Rotarmisten. Die Anweisungen gingen von der Sowjetführung aus. Den grundlegenden Befehl gab Stalin in seiner Rede auf der Moskauer Deputiertenversammlung anläßlich des 24. Jahrestages der Sozialistischen Oktoberrevolution am 6.11.1941, als er sagte: „Von nun an ist es unsere Aufgabe, ... alle Deutschen, bis zum letzten Mann, zu vernichten. Keine Gnade mit den deutschen Eindringlingen, Tod den deutschen Okkupanten!" Dieser Aufruf und ähnliche Anweisungen wurden von den Politkommissaren der Roten Armee umgesetzt. In einem Tagesbefehl berichtete Stalin am 1.5.1942 voller Stolz, daß seine Kämpfer erbarmungslos geworden und Tötungen deutscher Soldaten eine Alltäglichkeit seien.[107]

Besonders hart war das Schicksal der deutschen Verwundeten, die in sowjetische Hand fielen. Betroffen waren nicht nur die auf dem Gefechtsfeld Zurückgebliebenen, sondern auch die, die bereits auf den Truppenverbandsplätzen gesammelt oder in den Feldlazaretten operiert worden waren. Ende Dezember 1941 wurden z.B. 160 Schwerverwundete im Lazarett von Feodosia auf der Krim zurückgelassen, als die Deutschen sich zurückzogen. Sie wurden ohne Ausnahme von den Russen umgebracht, d.h. die Ufermauern hinabgeworfen, erschlagen und der Erfrierung preisgegeben, wie bei der Rückeroberung der Stadt vierzehn Tage später festgestellt wurde.[108] Von den Verwundeten in Stalingrad, die in sowjetische Hand fielen, überlebte fast niemand.[109]

Auch deutsche Soldaten, die ihre Stellung bis zur letzten Patrone verteidigten, waren oft Opfer der Rache, wenn sie überwältigt wurden. Eine Reihe von Geheimbefehlen Stalins, die noch in den russischen Archiven lagern, befahl, deutsche Soldaten, die bis zuletzt Widerstand leisteten, zu erschießen. Auch wer „faschistisches" Gedankengut äußere, sei des Todes.

Das völkerrechtswidrige und grausame Verhalten der Roten Armee drang auch zu den Westalliierten. Die sowjetische Propaganda gab das als deutsche Machenschaften aus, die das Ziel hätten, einen Keil zwischen die Kriegsgegner Deutschlands zu treiben. Der Stalin-Befehl Nr. 55 vom 23.2.1942 legte dar, daß es „eine dumme Lüge und eine törichte Verleumdung" sei, wenn die Deutschen behaupteten, die Rote Armee nehme keine Gefangenen. „Die Rote Armee nimmt deutsche Soldaten und Offiziere, wenn sie sich ergeben, gefangen und schont ihr Leben. Die Rote Armee vernichtet deutsche Soldaten und Offiziere, wenn sie es ablehnen, die Waffen zu strecken und mit der Waffe in der Hand unsere Heimat zu unterjochen suchen." Von den Propagandaabteilungen der Armeen wurde dieser Befehl Stalins als Stawkabefehl Nr. 55 auf Flugzetteln über den deutschen Linien abgeworfen, aber das Mißtrauen der Wehrmachtsangehörigen konnte er nicht abbauen. Mit Recht. Denn Geheimbefehle und propagandistische Haßaufrufe konterkarierten ihn.[110] Die „Wehrmacht-Untersuchungsstelle für Verletzungen des Völkerrechts" im Oberkommando der Wehrmacht konnte auch nach dem Stawka-Befehl Nr. 55 in der Behandlung deutscher Kriegsgefangener und Verwundeter keinen Kurswechsel feststellen.

Die brutalen Vergewaltigungen des Völkerrechts hielten an. Aber die Beweislage wurde für die Deutschen von Woche zu Woche schwieriger. Verwundete deutsche Soldaten blieben immer häufiger zurück, wenn die Truppe zurückgedrängt wurde, und es gab keine Aussagen darüber, wie sie behandelt wurden. Daß sich Gefangene zu den deutschen Linien durchschlagen konnten, wurde desto seltener, je größer die täglichen Bodengewinne der Roten Armee waren. Es gab immer weniger erfolgreiche deutsche Gegenangriffe, nach denen man auf nachweisbare Greuel der Roten Armee stoßen konnte.

Die deutschen Maßnahmen

Die Wehrmacht-Untersuchungsstelle im Oberkommando der Wehrmacht

Die Wehrmacht begann den Zweiten Weltkrieg in dem Glauben, daß es zu keinen großen Völkerrechtsverletzungen kommen werde. Aber schon die Ausschreitungen der Polen gegen die volksdeutsche Minderheit und gegen verwundete deutsche Soldaten[111] in den ersten Kriegstagen veranlaßten die Wehrmachtführung zur Gründung einer offiziellen Untersuchungsinstanz. Sie wurde von der Operationsabteilung im Wehrmachtführungsstab angeregt und von Hitler als Oberbefehlshaber der Wehrmacht gebilligt. Die entsprechende Verfügung vom 4.9.1939, die Generaloberst Keitel als Chef des OKW unterschrieb, lautete: „Beim Oberkommando der Wehrmacht (Wehrmachtrechtsabteilung) ist eine ‚Wehrmacht-Untersuchungsstelle für Verletzungen des Völkerrechts' gebildet worden mit der Aufgabe, die von den gegnerischen Militär- und Zivilpersonen gegen deutsche Wehrmachtangehörige begangenen Verstöße gegen das Völkerrecht festzustellen und zugleich die vom Auslande gegen die deutsche Wehrmacht in dieser Hinsicht erhobenen Anschuldigungen aufzuklären. Die Wehrmachtgerichte werden ersucht, dem Ersuchen der genannten Stelle um Beweiserhebungen, insbesondere um Vernehmung von Zeugen und Sachverständigen sowie um deren Verteidigung zu entsprechen." Vom Reichsjustizministerium wurden die Amtsgerichte am 10.10.1939 zur Mitwirkung verpflichtet.

Die Arbeit der Wehrmacht-Untersuchungsstelle (WUSt) mußte vor allem glaubwürdig sein. Vorwürfe ohne Beweise schadeten der Sache. Deshalb wurde jeder Fall sorgfältig dokumentiert. Diese Arbeit übernahmen erfahrene Richter, die sich im Zivilleben mit Strafrechtsfragen beschäftigt oder bereits im Ersten Weltkrieg mit entsprechenden Untersuchungen zu tun hatten. Sie kümmerten sich um die Beweismittelsicherung und die Dokumentation der Fälle mittels Zeugenaussagen, kriegsgerichtlichen Untersuchungsergebnissen, medizinischen Befunden, Fotos der Pathologen und anderen Unterlagen. Die Divisionsrichter des Kriegsheeres leisteten Amtshilfe. Besonders wirkungsvolle Arbeitsergebnisse wurden über den Wehrmachtführungsstab im OKW dem Auswärtigem Amt zur Formulierung von Protestnoten gegen die Völkerrechtsverletzungen zugeleitet. Dort unterhielt die Rechtsabteilung des Unterstaatssekretärs Dr. Gaus den Verkehr mit den Schutzmächten des Deutschen Reiches. Die Schutzmachtaufgaben gegenüber der UdSSR hatte Bulgarien übernommen.

Am 2.8.1940 wurde die Zuständigkeit der Wehrmacht-Untersuchungsstelle auf die Untersuchung von „schweren Roheitsakten, insbesondere Tötung, Mißhandlung und Beraubung, sowie der Brandstiftung und anderer Kriegsverbrechen" der englischen und französischen Truppen gegenüber der französischen und belgischen Zivilbevölkerung" erweitert. Es sollten beweiskräftige Unterlagen für die Friedensverhandlungen und Schadensersatzansprüche seitens der Bevölkerung der besetzten Gebiete an die Alliierten erstellt werden. Am 7.5.1942 bat das Amt Ausland/Abwehr im OKW die Wehrmacht-Untersuchungsstelle, auch Verstöße gegen Soldaten der verbündeten Staaten zu sammeln.

Als die alliierte Presse wie im Ersten Weltkrieg begann, angebliche Greueltaten der Wehrmacht zu publizieren, wurde die Arbeit der Wehrmacht-Untersuchungsstelle um eine weitere Aufgabe erweitert. Die von der anderen Seite vorgebrachten Fälle sollten untersucht werden, um zu sehen, wie weit die Vorwürfe stimmten. Mit dem Material wollte man, wenn möglich, die Verleumdungen widerlegen. Spätestens bei den Friedensverhandlungen sollten die deutschen Gesprächspartner die alliierten Anschuldigungen anhand der Unterlagen ausräumen oder mit Dokumentationen über die von den deutschen „Gegnern zu Lande, zur See und in der Luft begangenen Verstöße gegen das Völkerrecht und gegen die Menschlichkeit" aufrechnen.[112]

Alle Dienststellen der Wehrmacht waren zur Zusammenarbeit mit der Wehrmacht-Untersuchungsstelle verpflichtet. Das Amt Ausland/Abwehr übersandte einschlägige nachrichtendienstliche Erkenntnisse. Die Heeresgruppen leiteten dem Wehrmachtführungsstab die Ergebnisse von Untersuchungen zu, die in ihrem Befehlsbereich von Feldgerichten und medizinischen Dienststellen in eigener Regie gemacht wurden. Auch auf dem Ic-Weg gelangte die Wehrmacht-Untersuchungsstelle zu Informationen. Der Chef der Amtsgruppe Heeresrechtswesen im OKH, General der Artillerie Eugen Müller, forderte die Ic der Divisionen auf, Verwundeten- und Gefangenmißhandlungen auf dem schnellsten Wege zu melden.

Nach dem Beginn des Rußlandfeldzuges wurde unter Leitung von Prof. Dr. Gerhard Buhtz, des Gerichtsmediziners an der Universität Breslau, das „Sonderkommando des OKW zur Aufdeckung bolschewistischer Greueltaten und völkerrechtswidriger Handlungen" aufgestellt. Den ersten Bericht lieferte es am 4.12.1941 über Völkerrechtsverletzungen im Bereich der Heeresgruppe Nord. Bei den Heeresgruppen Mitte und Süd übernahm der Sanitätsinspekteur im OKH die Aufträge für gerichtsmedizinische Gutachten über Opfer von Kriegsverbrechen. Am 27.8.1941 beauftragte er mehrere Gerichtsmediziner, „völkerrechtswidrige Verletzungen und Handlungen der Bolschewisten aufzuklären".[113]

Das Auswärtige Amt unterhielt Verbindungsoffiziere zu den Armeeoberkommandos an der Ostfront, die sich um Abschriften von eidlichen Zeugenvernehmungen und von Beutepapieren für die Zentrale bemühten. Das Auswärtige Amt trug auch die Kosten des „Russisch-deutschen Ausschusses zur Feststellung sowjet-russischer Greueltaten an deutschen und russischen Soldaten", der im April 1942 durch den Botschafter Otto von Hentig beim Armeeoberkommando 11 zusammengestellt wurde, um die Menschenrechtsverletzungen der Roten Armee an eigenen Soldaten festzuhalten. Die wichtigste Quelle waren die den Sowjets wieder entkommenen deutschen Wehrmachtsangehörigen. In den eidlichen Vernehmungen berichteten sie über die Greuel, deren Zeugen sie gewesen waren.

Um die gewonnenen Unterlagen völkerrechtlich und forensisch hieb- und stichfest zu machen, wurde auf die formale Tatsachenfeststellung großer Wert gelegt. Alle Zeugenvernehmungen wurden protokolliert. Die Protokolle wurden nicht nur von den Vernommenen, sondern auch vom vernehmenden Richter und vom Protokollführer unterschrieben. Die Zeugen wurden vereidigt. Die Vereidigung unterblieb nur, wenn vom Hörensagen berichtet wurde. Um den Sachverhalt abzusichern, wurden, wenn möglich, mehrere Zeugen zu ein und demselben Fall vernommen. Über das Massaker an 150 bis 200 deutschen Kriegsgefangenen in Broniki (Ukraine) machten z. B. insgesamt 12 Zeugen vor vier verschiedenen Richtern ihre Aussagen. Wo immer möglich, bestätigten die vernehmenden Richter durch Augenscheinnahme am Ort des Geschehens die Sachverhalte.

Bei den Tatsachenfeststellungen vor Ort waren die medizinischen Untersuchungsergebnisse am wichtigsten. Alle Verstümmelungen mußten von Fachleuten bestätigt werden, nicht von Sanitätsdienstgraden. Die beauftragten Stabsärzte hatten festzustellen, ob Gefechtsverletzungen oder Folter zum Tod geführt hatten, ob die Verstümmelungen durch Gefechtswaffen oder durch andere Mittel, z. B. stumpfe Gegenstände wie Stiefel, Steine oder Gewehrkolben, hervorgerufen worden waren und ob diese Mittel an Lebenden oder Toten eingesetzt worden waren. Nahkampfverletzungen waren oft schwer von Verstümmelungen zu unterscheiden, die erst nach dem Tod zugefügt worden waren, zum Beispiel Bajonettstiche und Nahschüsse auf Leichen. Zu unterscheiden waren in allen Fällen Nahkampfverletzungen, Verwundetentötungen und Racheakte an Toten. Beim Verdacht, daß die Augen ausgestochen worden seien, mußte auch die Möglichkeit in Betracht gezogen werden, daß es sich um Verletzungen durch Vögel oder Ratten handelte. Für die Annahme, daß die Verstümmelungen bereits vor dem Tode beigebracht worden waren, sprach eine starke Blutung aus den Augenhöhlen. Glatt ausgeschnittene Ränder deuteten im allgemeinen auf Schnitte hin, weil bei Schüssen mehr oder weniger zerrissene Wunden entstehen. Wenn die Gesichtspartien um die Augen herum heil waren, handelte es sich fast immer um eine absichtliche Blendung. In schwierigen Fällen konnten nur ausgebildete Pathologen Irrtümer und Fehlschlüsse vermeiden. Wenn keine Fachärzte vorhanden waren, um die Toten an Ort und Stelle zu untersuchen, wurden die Fotos der Verstümmelten vom Beratenden Gerichtsmediziner beim Heeressanitätsinspekteur auf ihre Stichhaltigkeit geprüft.

Am 12.6.1942 gab die Heeressanitätsinspektion „Hinweise für Befundbeschreibungen" heraus. Sie enthielten Belehrungen für die Sanitätsoffiziere, die Mordsachen zu untersuchen hatten. Insbesondere wurden die vielfältigen Formen der Schädelzertrümmerung dargelegt. Es sollten Fehldeutungen vermieden werden, die gegebenenfalls von Sachverständigen der alliierten Seite aufgedeckt werden könnten. Die Truppenärzte wurden angehalten, Schlußfolgerungen über das Tötungswerkzeug erst nach einer sorgfältigen Befundbeschreibung zu ziehen.

Die Untersuchungsergebnisse der Wehrmacht-Untersuchungsstelle umfaßten bis zum Kriegsende 226 Aktenbände. Sie enthielten rund 8000 dokumentierte Fälle. Nach dem Krieg wurden die Unterlagen in die USA überführt und kamen mit großen Lücken 1968 wieder nach Deutschland zurück.[114]

Die deutsche Gegenpropaganda

Für die deutschen Reaktionen auf die Greuelpropaganda der Alliierten stützten sich sowohl das Auswärtige Amt wie das Reichsministerium für Volksaufklärung und Propaganda auf die Untersuchungsergebnisse der Wehrmacht-Untersuchungsstelle. Den deutschen Noten an die Schutzmächte des Reiches gegenüber den Alliierten lagen stets wissenschaftlich belegte Einzelfälle zugrunde.

Zur weltweiten Verbreitung publizierte das Auswärtige Amt 1941 und 1942 jeweils ein Weißbuch über die sowjetischen Kriegsverbrechen an der Ostfront. Für 1943 war ein dritter Band in Vorbereitung. Damit sollten die Westalliierten über die Untaten ihres Bündnispartners und die neutralen Länder über die Gefahren des Bolschewismus aufgeklärt werden. Die Bücher trugen den Titel „Bolschewistische Verbrechen gegen Kriegsrecht und Menschlichkeit". Alle Bände enthielten entsetzliche Beispiele von Gefangenen- und Verwundetenmorden, deren Wahrheitsgehalt wegen der genauen Zeit-, Orts- und Zeugenangaben nicht bezweifelt werden konnte. Emotionale Appelle und polemische Bemerkungen ergänzten die Sachverhalte. In der Einführung des ersten Bandes, der sich überwiegend mit den sowjetischen Greueltaten an der Zivilbevölkerung mit Beispielen von den Massakern in Lemberg beschäftigte, findet sich folgender Absatz: „Zu vielen Tausenden wurden hier Angehörige des ukrainischen Volkstums in die Gefängnisse geworfen, allen nur erdenkbaren Mißhandlungen und Folterungen ausgesetzt und schließlich unter furchtbaren Martern abgeschlachtet. Weder vor Frauen und Kindern, noch vor Priestern machten die bolschewistischen Mörder halt. Neben den Leichenbergen, die man nach der Befreiung Lembergs in den Kellern der Gefängnisse fand, wurden mehr als 30 Kinderleichen festgestellt, die teils mit Haken im Munde an der Decke aufgehängt, teils an den Wänden gekreuzigt waren."[115]

Im zweiten Band hatte das Schicksal deutscher Soldaten in sowjetischer Gewalt Vorrang: „An Händen gefesselt, werden ihnen die Augen ausgestochen, Zunge, Nase, Ohren und Genitalien abgeschnitten, die Körper mit Bajonettstichen zerfleischt. Die Schmerzensschreie der Gefolterten und der verzerrte Gesichtsausdruck der grauenhaft verstümmelten Leichen lassen auf qualvolle Martern schließen, mit denen entmenschte Bestien ihren Blutrausch an den unglücklichen Opfern ausgelassen haben."[116]

In der Truppe wurde der Wahrheitsgehalt der deutschen Greuelmeldungen nicht bezweifelt. Wer der nationalsozialistischen Propaganda mißtraute, fand die Bestätigung in den Erzählungen der Kameraden von der Ostfront. Dort rührte der Widerstand auch in aussichtslos scheinenden militärischen Situationen daher, daß jeder Soldat der Gefangennahme entgehen wollte. Er mußte davon ausgehen, beraubt, gequält, erschossen oder zur Zwangsarbeit nach Sibirien verschleppt zu werden. Das deutsche Propagandaschlagwort „Sieg oder Sibirien" erschien glaubhaft. In den letzten Kriegsmonaten übernahm die deutsche Propaganda den Landserslogan „Freut Euch des Krieges, der Frieden wird fürchterlich sein", um die letzten Reste von Widerstandswillen angesichts der drohenden Niederlage aufzuwecken. Am Vernichtungswillen der Gegner zweifelte kaum jemand, auch wenn die Sehnsucht nach dem Ende des Krieges von Tag zu Tag wuchs.

Die Wehrmachtpropaganda arbeitete Hand in Hand mit dem Reichsministerium für Volksaufklärung und Propaganda, war aber organisatorisch selbständig. Das OKW war allein verantwortlich für „die Aufrechterhaltung der seelischen Kampfbereitschaft und des Siegeswillens in der eigenen Wehrmacht" und für „die aktive Propaganda im Kampfgebiet", d.h. für die Beeinflussung der gegnerischen Zivilbevölkerung und der feindlichen Streitkräfte. Propagandakompanien übernahmen die Aufgabe, den feindlichen Widerstandswillen zu brechen. Das Propagandamaterial erhielten sie vom Goebbels-Ministerium, von der Abteilung Wehrmachtpropaganda im OKW, von den Abwehroffizieren der Armeen und vom Reichsministerium für die besetzten Ostgebiete.[117] Am Ende des Krieges machte die „SS-Standarte Kurt Eggers" den Propagandatruppen der Wehrmacht mit großem Erfolg Konkurrenz.

Zu den schweren Mißgriffen der deutschen Propaganda an der Ostfront gehörte die Legende vom „sowjetischen Untermenschen". Nach dem Kriegswinter 1941/42 war sie zumindest in der Wehrmacht unglaubwürdig. Ihre negativen Auswirkungen zeigten sich noch lange in der falschen Behandlung der russischen Bevölkerung durch die deutsche Zivilverwaltung in den besetzten Gebieten.[118]

Die größten „Trümpfe" spielte die alliierte Politik der deutschen Propaganda in die Hand. Die Bombardierung der deutschen Städte, die Forderung nach der bedingungslosen Kapitulation und der Morgenthau-Plan projizierten die Pläne, die die Alliierten für die Zeit nach dem Kriege mit dem deutschen Volk hatten. Das Einvernehmen der Westmächte mit der Sowjetunion, an deren Untaten die Reichsregierung niemanden zweifeln ließ, kriminalisierten beide Partner. Die Ereignisse beim Vorrücken der Roten Armee auf deutschen Boden machten propagandistische Manipulationen überflüssig. Die Grausamkeiten waren offenkundig.

Angesichts der persönlichen Erfahrungen der Menschen an der Front oder in den Bombennächten gelang der alliierten Propaganda kein Einbruch in die Kriegsmoral der Deutschen. Die Angst vor Rache und Vergeltung einte das deutsche Volk bis zur Kapitulation. Es gab keine Einheiten, die geschlossen zum Feind überliefen, wie das auf sowjetischer Seite auch noch nach Stalingrad öfters der Fall war.[119]

Im Unterschied zur sowjetischen Propaganda waren in der Wehrmachtpropaganda weder Rechtfertigungen für eigene Übertretungen des Völkerrechts zu finden, noch irgendwelche Aufrufe zur Mißachtung des Völkerrechts. Mord- und Totschlagsaufforderungen in der Art Ehrenburgs gab es nicht. Im Dienst des deutschen Volkes wurde die Wehrmachtpropaganda eingesetzt zur „Erhaltung der Opferfreudigkeit und der geschlossenen Wehrwilligkeit des eigenen Volkes", zur „Aufklärung über die das Leben des eigenen Volkes beeinflussenden Maßnahmen", zur „Überwindung von Unruhe und Erregung im Volk, die durch feindliche Einwirkung auf das Heimatgebiet hervorgerufen wurde" und zur „Tarnung, Verschleierung und Irreführung eigener militärischer Absichten dem Ausland gegenüber".[120]

Die Widerlegung der sowjetischen Greuelpropaganda war während des gesamten Rußlandfeldzuges eines der wichtigsten Themen der deutschen Propagandastaffeln. Die Truppe konnte nicht mit Überläufern rechnen, wenn in der Roten Armee der Glaube vorherrschte, jeder Soldat werde auf der deutschen Seite getötet. Der sowjetische Widerstand gegen die deutschen Angriffe mußte sich versteifen, wenn glaubhaft war, daß die Deutschen keine Gefangenen machten. Das Massensterben in den deutschen Gefangenenlagern im Herbst 1941 wurde von der sowjetischen Propaganda weidlich ausgenutzt und war nicht zu widerlegen. Aber die Übertreibungen bei der Schilderung der deutschen Bestialitäten nützten der deutschen Sache mehr als der sowjetischen. Die Note des Volkskommissars für Auswärtige Angelegenheiten, W. M. Molotow, vom 25.11.1941 enthielt folgende Passagen: „Sowjetische Rotarmisten werden mit glühenden Eisen gefoltert, ihnen werden die Augen ausgestochen, Beine, Arme, Ohren und Nasen abgehackt, die Bäuche aufgeschlitzt, sie werden an Panzerwagen gebunden und in Stücke gerissen ..." Solche maßlosen Übertreibungen entwickelten sich zu formelhaften Stereotypen in der sowjetischen Propaganda der folgenden Zeit.[121] In der Welt der Diplomatie waren sie zwar nicht glaubhaft, aber bei den einfachen Soldaten der Roten Armee schürten sie die Angst, sich zu ergeben. Mit der Gefangennahme schienen sie zumindest zwei Risiken einzugehen: Zur Gefahr, von den Deutschen mißhandelt zu werden, trat die Furcht, in der Sowjetunion als Landesverräter und Feigling zu gelten, was für die Familie eine existenzielle Bedrohung bedeutete.

Die deutsche Gegenpropaganda mußte mehrere Widerstände bei den überlaufwilligen und zur Gefangennahme bereiten Rotarmisten überwinden. Zum einen mußten die Befürchtungen, auf der deutschen Seite umgebracht zu werden, zerstreut werden. Das geschah durch Berichte von Kriegsgefangenen, die in Flugzetteln und über Lautsprecher ihren früheren Kameraden klarzumachen suchten, daß sie menschlich behandelt würden. Lautsprecherdurchsagen von sogenannten Hilfswilligen bei den deutschen Streitkräften oder von Angehörigen der Ostlegionen, die in Wehrmachtuniform auf deutscher Seite kämpften, erwiesen sich als besonders wirksam. Die Bedenken vor der Rache des stalinistischen Systems an Überläufern und Kriegsgefangenen wurden zerstreut, indem die deutsche Wehrmachtpropaganda in Übereinstimmung mit den Verlautbarungen des Goebbels-Ministeriums auf den nahen Zusammenbruch des Stalinstaates hinwies, der, wenn nicht durch die deutschen Siege, dann von der inneren Opposition im Lande bewirkt werden würde. Erstaunlicherweise ließ sich der Glaube an den deutschen Sieg noch in den Zeiten der Niederlagen verkaufen. Selbst nach dem Zusammenbruch der Heeresgruppe Mitte wurden allein im Oktober 1944 an der Ostfront 2.300 Überläufer und 24.000 Gefangene eingebracht.[122]

Mangels Unterlagen war die alliierte Propaganda bis zum Schluß nicht in der Lage, den Deutschen Völkerrechtsverletzungen in dem Maße vorzuwerfen, wie das die deutsche Seite tun konnte. In voller Kenntnis der Greueltaten ihres sowjetrussischen Partners setzten die Westalliierten den Kampf auf der Seite Stalins bis zur bedingungslosen Kapitulation der deutschen Wehrmacht fort.

Anmerkungen

1 Vgl. FOCUS 10/1997, S. 80; Rüdiger Wenzke: Wehrmachtoffiziere in den DDR-Streitkräften, in: Nationale Volksarmee – Armee für den Frieden, hrsg. von Detlef Bald u.a., Baden-Baden 1995, S. 143 ff.

2 Vgl. z.B. Weisung Nr. 46: Richtlinien für die verstärkte Bekämpfung des Bandenunwesens im Osten, in: Hitlers Weisungen für die Kriegführung, hrsg. von Walther Hubatsch, Frankfurt 1962, S. 232 ff.

3 Vgl. Erwin Peter und Alexander E. Epifanow: Stalins Kriegsgefangene. Ihr Schicksal in Erinnerungen und nach russischen Archiven, Graz u.a. 1997, S. 253 ff.

4 Vgl. Erwin Peter und Alexander E. Epifanow (wie Anm. 3), S. 265

5 Franz Kadell: Die Katyn-Lüge. Geschichte einer Manipulation. Fakten, Dokumente, Zeugen, München 1991; Gerhard Kaiser und Andrzej L. Szczesniak: Katyn. Der Massenmord an polnischen Offizieren, Berlin 1991; Madajczyk Czeslaw: Das Drama von Katyn, Berlin 1991

6 Vgl. Wolf Stoecker: Fälschung und Agitation, in: Armee im Kreuzfeuer, hrsg. von Joachim F. Weber, München 1997, S. 79

7 Katalog zur Ausstellung, Hamburg 1996, S. 64 ff.

8 Vgl. Katalog (wie Anm. 7), S. 68

9 Vgl. AZ, report vom 4.4.1997

10 FOCUS 16/1997, S. 42 ff.

11 FOCUS 18/1997, S. 336

12 FOCUS 16/1997, S. 45

13 Joachim F. Weber (Hrsg.): Armee im Kreuzfeuer, München 1997

14 Vgl. Rüdiger Proske: Vom Marsch durch die Institutionen zum Krieg gegen die Wehrmacht, Mainz 1997, S. 24 f.

15 Hartmut Schustereit: Gutachten zu Hannes Heer und Klaus Naumann: Vernichtungskrieg. Verbrechen der Wehrmacht 1941-1944, Hamburg 1955, hrsg. vom Österreichischen Arbeitskreis für Kultur und Geschichte, Wien 1996, S. 33

16 Bodo Scheurig: Zur Ausstellung ‚Vernichtungskrieg. Verbrechen der Wehrmacht 1941-1944', in: Erziehung, Politik, Geschichte, Pädagogische Bibliothek Beltz, Mai/Juni 1997

17 Vgl. FOCUS 49/1996; Kameraden 6/1997, S. 24

18 Vgl. Joachim Ludewig: Generaloberst Blaskowitz im Zweiten Weltkrieg, in: Militärgeschichtliche Beiträge, Hamburg 1995, S. 14 ff.

19 Richtlinien auf Sondergebieten zur Weisung 21

20 Vgl. Jürgen Förster: Zur Rolle der Wehrmacht im Krieg gegen die Sowjetunion, in: aus politik und zeitgeschichte 45/1980, S. 5

21 Die Rechtsprechung der Nürnberger Militärtribunale. Sammlung der Rechtsthesen der Urteile und gesonderten Urteilsbegründungen der dreizehn Nürnberger Prozesse, hrsg. von Kurt Heinze und Karl Schilling, Bonn 1952, S. 282, Nr. 1299

22 Vgl. Die Rechtsprechung der Nürnberger Militärtribunale (wie Anm. 21), S. 282, Nr. 1300

23 Vgl. Hans Laternser: Verteidigung deutscher Soldaten. Plädoyers vor alliierten Gerichten, Bonn 1950, S. 43

24 Offiziere gegen Hitler, Torgau 1945, Historikỳ ustav Armady Ceské republiky, Akten Reichskriegsgericht

25 Vgl. Erich Hesse: Der sowjetische Partisanenkrieg 1941-1944, Göttingen 1993, S. 25

26 Vgl. Die Rechtsprechung der Nürnberger Militärtribunale (wie Anm. 21), S. 229, Nr. 1063

27 Vgl. Raymond L. Garthoff: Die Sowjetarmee. Wesen und Lehre, Köln 1955, S. 59

28 Vgl. Heinrich Uhlig: Der verbrecherische Befehl, in: Vollmacht des Gewissens, hrsg. von Europäische Publikation, Band 2, Frankfurt u.a., S. 305

29 Vgl. Hermann Dieter Betz: Das OKW und seine Haltung zum Landkriegsvölkerrecht im Zweiten Weltkrieg, Jur. Diss. Würzburg 1970, S. 198 ff.

30 Vgl. Heinrich Uhlig (wie Anm. 28), S. 307

31 Vgl. Hermann Dieter Betz (wie Anm. 29), S. 177

32 Vgl. Aussage Wassilij Kisilow, in: Erich Kern: Verbrechen am deutschen Volk. Eine Dokumentation alliierter Grausamkeiten, Preußisch Oldendorf 1983, S. 120

33 Vgl. Joachim Hoffmann, Stalins Vernichtungskrieg 1941 bis 1945, München 1995, S. 91

34 Vgl. Joachim Hoffmann (wie Anm. 33), S. 91

35 Erich von Manstein: Verlorene Siege, Koblenz 1987, S. 176 f.

36 Rudolf Aschenauer: Kriegsbefehle, Maschinenmanuskript, München 1964, S. 10

37 Vgl. Records of the Nuremberg War Crimes Trials, hrsg. von National Archives Trust Fund Board, case IX, Washington 1973-1979, S. 2322

38 Vgl. Heinrich Uhlig (wie Anm. 28), S. 289 ff.

39 Das Deutsche Reich und der Zweite Weltkrieg, Band 4: Der Angriff auf die Sowjetunion, hrsg. vom Militärgeschichtlichen Forschungsamt, Stuttgart 1983, S. 1067

40 Vgl. Der deutsche Überfall auf die Sowjetunion. ‚Unternehmen Barbarossa' 1941, hrsg. von Gerd R. Ueberschär und Wolfram Wette, Frankfurt 1991, S. 253 f.

41 Bundesarchiv/Militärarchiv 20-18/71

42 Generalfeldmarschall Fedor von Bock. Zwischen Pflicht und Verweigerung. Das Kriegstagebuch, hrsg. von Klaus Gerbet, München 1995, S. 190 und 192

43 Vgl. Christian Frhr. von Hammerstein: Mein Leben, geschrieben für meine Frau und meine Kinder, meine Schwestern und meine Freunde, Privatdruck 1957, IfZ ED 84, S. 121 ff.; Eidesstattliche Erklärung Nr. 505 im OKW-Prozeß, in: Archives of the IMT, Laternser-Dokumente, Friedenspalast Den Haag

44 Vgl. Otto Peter Schweling: Die deutsche Militärjustiz in der Zeit des Nationalsozialismus, Marburg 1977, S. 348 ff.

45 Vgl. Kirchlicher Auftrag und politische Friedensgestaltung. Festschrift für Ernst Niermann, Generalvikar 1981-1995, hrsg. von Alfred E. Hierold und Ernst Josef Nagel, Stuttgart u.a. 1995

46 Priester in Uniform. Seelsorger, Ordensleute und Theologen als Soldaten im Zweiten Weltkieg, hrsg. vom Katholischen Militärbischofsamt und Hans Jürgen Brandt, Augsburg 1994, S. 7

47 Vgl. Priester in Uniform (wie Anm. 46), S . 11

48 Vgl. Hermann Dieter Betz (wie Anm. 29), S. 302

49 Bundesarchiv/Militärarchiv RW2/v. 29, S. 5

50 Vgl. Bundesarchiv/Militärarchiv RW 5/v. 333

51 Vgl. Hermann Dieter Betz (wie Anm. 29), S. 64 ff.

52 Vgl. Kurt W. Böhme: Die deutschen Kriegsgefangenen in sowjetischer Hand. Eine Bilanz, Band 7 der Reihe: Zur Geschichte der deutschen Kriegsgefangenen des Zweiten Weltkriegs, München 1966, S. 161 ff.; Rudolf Aschenauer (wie Anm. 36), S. 314

53 Vgl. Jürg H. Schmid: Die völkerrechtliche Stellung der Partisanen im Kriege, Nendeln/Liechtenstein 1979, S. 161 ff.

54 Vgl. H. A. Schütze: Die Repressalie unter besonderer Berücksichtigung der Kriegsverbrecherprozesse, Bonn 1950, S. 40 ff.; Hans Laternser: Der Zweite Weltkrieg und das Recht, in: Bilanz des Zweiten Weltkriegs, Hamburg 1953, S. 412 ff.

55 Vgl. Fritz Becker: Stalins Blutspur durch Europa. Partner des Westens 1933-45, Kiel 1995, S. 236

56 L. V. Richard: Partisanen. Kämpfer hinter den Fronten, Rastatt 1986, S. 21, 63

57 Direktive des Rates der Volkskommissare der UdSSR und des ZK der KPdSU, in: Heinz Kühnrich: Der Partisanenkrieg in Europa 1939-1945, Ostberlin 1965, S. 434 f.

58 Vgl. L. V. Richard (wie Anm. 56), S. 21

59 Vgl. Heinz Kühnrich (wie Anm. 57), S. 437

60 Josef Stalin: Über den Großen Vaterländischen Krieg der Sowjetunion, Ostberlin 1952, S. 16 ff.

61 Vgl. GenStH, Fremde Heere Ost II H 3/70 Fr. 6439568, National Archives Washington, series 429, roll 461; Fritz Becker (wie Anm. 55) , S. 268 ff.; Dimitri Wolkogonow: Stalin. Triumph und Tragödie. Ein politisches Profil, Düsseldorf 1989, S. 617 f.; Ic-Berichte von Partisanen in deutscher Uniform bei Rudolf Aschenauer (wie Anm. 36), S. 153 ff. Das Original des Befehls wurde dem Autor bisher noch nicht von den National Archives zugesandt.

62 Vgl. Joachim Hoffmann, (wie Anm. 33), S. 201

63 Vgl. Fritz Becker (wie Anm. 55), S. 269

[64] Joachim Hoffmann (wie Anm. 33), S. 110
[65] Befehl vom 10.10.1941 über das Verhalten der deutschen Truppen. Weitere Angaben über den Partisanenkrieg auf russischem Boden finden sich u.a. in: Heinz Kühnrich: Der Partisanenkrieg in Europa 1939-1945, Ostberlin 1968; Soviet Partisans in World War II, hrsg. von John A. Armstrong, Madison 1964; Peter Kolmsee: Der Partisanenkrieg in der Sowjetunion, Ostberlin 1963
[66] Bundesarchiv/Militärarchiv RW 39/69, Blatt 70
[67] Vgl. Hitlers Weisungen für die Kriegführung (wie Anm. 2), S. 233
[68] Vgl. Fritz Becker: Im Kampf um Europa. Stalins Schachzüge gegen Deutschland und den Westen, Graz u.a. 1991, S. 231
[69] Alfred M. de Zayas: Die Wehrmacht-Untersuchungsstelle. Deutsche Ermittlungen über alliierte Völkerrechtsverletzungen im Zweiten Weltkrieg, München 1984, S. 308 ff.
[70] Vgl. Alexander E. Epifanow und Hein Mayer: Die Tragödie der deutschen Kriegsgefangenen in Stalingrad von 1942 bis 1946 nach russischen Archivunterlagen, Osnabrück 1996, S. 237 ff.
[71] Vgl. Befehl Nr. 025 des Volkskommissariats für Verteidigungswesen, Leitung der politischen Propaganda der 5. Armee, S. 58 dieses Buches
[72] Befehl des Chefs der Politabteilung der 9. Kavalleriedivision, S. 66 dieses Buches
[73] Vgl. Joachim Hoffmann (wie Anm. 33), S. 229; A. E. Epifanow und Hein Mayer, (wie Anm. 70), S. 239 f.
[74] Vgl. Alexander E. Epifanow und Hein Mayer (wie Anm. 70), S. 131 ff.
[75] Vgl. Erwin Peter und Alexander E. Epifanow (wie Anm. 3), S. 268
[76] Vgl. Fritz Becker (wie Anm. 55), S. 238
[77] Vgl. Erwin Peter und Alexander E. Epifanow (wie Anm. 3), S. 253 und 265
[78] Vgl. Otto von Stülpnagel: Die Wahrheit über die deutschen Kriegsverbrechen, Berlin 1921
[79] Zur Widerlegung der Überfallthese vgl. u.a. Viktor Suworow: Der Eisbrecher. Hitler in Stalins Kalkül, Stuttgart 1989; Ernst Topitsch: Stalins Krieg. Moskaus Griff nach der Weltherrschaft. Strategien und Scheitern, Herford 1993; Walter Post: Unternehmen Barbarossa. Deutsche und sowjetische Angriffspläne 1940-41, Hamburg u.a. 1995
[80] Vgl. Paul Roth: Cuius regio – eius informatio. Moskaus Modell für die Weltinformationsordnung, Graz u.a. 1984, S. 43 ff.
[81] Vgl. Flugblattpropaganda im 2. Weltkrieg, hrsg. von Klaus Kirchner, Band 14 und 15, Erlangen 1995 und 1996
[82] Vgl. Alexander E. Epifanow und Hein Mayer (wie Anm. 70), S. 240
[83] Vgl. Paul Roth: Die kommandierte öffentliche Meinung. Sowjetische Medienpolitik, Graz u.a. 1982, S. 146
[84] Vgl. Raymond L. Garthoff (wie Anm. 27), S. 59
[85] Vgl. Raymond L. Garthoff (wie Anm. 27), S. 274
[86] Vgl. Rudolf Aschenauer (wie Anm. 36), S. 314
[87] Vgl. Raymond L. Garthoff (wie Anm. 27), S. 292
[88] Vgl. Fritz Becker (wie Anm. 55), S. 237
[89] Vgl. Raymond L. Garthoff (wie Anm. 27), S. 291
[90] Vgl. Fritz Becker (wie Anm. 55), S. 270
[91] Vgl. Flugblattpropaganda im 2. Weltkrieg (wie Anm. 81), Band 14, S. 443
[92] Vgl. Raymond L. Garthoff (wie Anm. 27), S. 272
[93] Vgl. Joachim Hoffmann (wie Anm. 33), S. 133 ff.
[94] Alliierte Kriegsverbrechen und Verbrechen gegen die Menschlichkeit, Buenos Aires 1953, S. 231
[95] Vgl. Joachim Hoffmann (wie Anm. 33), S. 203
[96] Vgl. Paul Roth (wie Anm. 83), S. 134
[97] Vgl. Joachim Hoffmann (wie Anm. 33), S. 136
[98] Vgl. Erwin Peter und Alexander E. Epifanow (wie Anm. 3), S. 262 f.
[99] Vgl. Joachim Hoffmann (wie Anm. 33), S. 256
[100] Vgl. Joachim Hoffmann (wie Anm. 33), S. 261
[101] Vgl. Fritz Becker (wie Anm. 55), S. 264
[102] Vgl. Norman M. Naimark: The Russians in Germany. A History of the Soviet Zone of Occupation, 1945-1949, Cambridge u.a. 1996, S. 69 ff.
[103] Vgl. Alliierte Kriegsverbrechen und Verbrechen gegen die Menschlichkeit (wie Anm. 94), S. 231
[104] Vgl. Lew Kopelew: Aufbewahren für alle Zeit!, Hamburg 1976, S. 105 ff.
[105] Vgl. Dirk Kunert: Hitlers kalter Krieg, Moskau, London, Washington, Berlin: Geheimdiplomatie, Krisen und Kriegshysterie 1938/39, Kiel 1992, S. 12
[106] Vgl. Joachim Hoffmann (wie Anm. 33), S. 176

[107] Vgl. Rudolf Aschenauer (wie Anm. 36), S. 198
[108] Vgl. Alfred M. de Zayas (wie Anm. 69), S. 308 ff.
[109] Vgl. Alexander E. Epifanow und Hein Mayer (wie Anm. 70), S. 237 ff.
[110] Flugblattpropaganda im 2. Weltkrieg (wie Anm. 81), Band 14, S. 135
[111] Vgl. Dokumente polnischer Grausamkeit, hrsg. von der Deutschen Informationsstelle im Auftrag des Auswärtigen Amtes, Berlin 1940
[112] Vgl. Bundesarchiv/Militärarchiv RW2/v. 34, S. 2
[113] Vgl. Bundesarchiv/Militärarchiv H20/293, S. 147
[114] Vgl. Alfred M. de Zayas (wie Anm. 69)
[115] Bolschewistische Verbrechen gegen Kriegsrecht und Menschlichkeit. Dokumente, zusammengestellt vom Auswärtigen Amt, Berlin 1941, S. 3
[116] Vgl. Bolschewistische Verbrechen gegen Kriegsrecht und Menschlichkeit (wie Anm. 115), S. IV
[117] Vgl. Ortwin Buchbender: Das tönende Erz. Deutsche Propaganda gegen die Rote Armee im Zweiten Weltkrieg, Stuttgart 1978, S. 18 ff.
[118] Vgl. Alexander Dallin: Deutsche Herrschaft in Rußland 1941-1945, Düsseldorf 1958; Alexander Werth: Rußland im Krieg 1941-1945, München u.a. 1965
[119] Vgl. Rudolf Sulzmann: Die Propaganda als Waffe im Kriege, in: Bilanz des Zweiten Weltkrieges. Erkenntnisse und Verpflichtungen für die Zukunft, Oldenburg 1953, S. 381 ff.
[120] Vgl. Ortwin Buchbender (wie Anm. 117), S. 17
[121] Vgl. Ortwin Buchbender (wie Anm. 117), S. 114
[122] Vgl. Franz W. Seidler: Fahnenflucht. Der Soldat zwischen Eid und Gewissen, München u.a. 1993, S. 114

Zur Edition

Von den insgesamt 226 Original-Aktenbänden der Wehrmacht-Untersuchungsstelle stehen heute im Freiburger Militärarchiv längst nicht mehr alle zur Verfügung. Zunächst als Beuteakten von den Amerikanern mitgenommen, sind sie 1968 nur unvollständig nach Freiburg zurückgekehrt. Neben dem Fehlen kompletter Akten fällt besonders schmerzhaft das Verschwinden der meisten Originalfotos in den Akten auf.

Insofern ist es ein zeitgeschichtlicher Glücksfall, daß die Wehrmacht-Untersuchungsstelle selber eine jahrgangsweise Auswertung ihrer Untersuchungsergebnisse vornahm und für die Jahre 1941/42 jeweils einen Textband mit der Zusammenfassung von Einzeluntersuchungsergebnissen anfertigte, sowie je zwei Dokumentenbände mit Zeugenvernehmungen, Gutachten u. v. a. Die hektografierten Textbände enthalten Abzüge der Originalfotos auf Fotopapier, so daß diese unwiederbringlichen Dokumente für die Nachwelt gerettet sind. Das Buch „Verbrechen an der Wehrmacht" greift auf diese Jahrgangs-Auswertungen der Wehrmacht-Untersuchungsstelle zurück. Sachverhaltsschilderungen der Textbände und Vernehmungsprotokolle sowie Gutachten der Dokumentenbände wurden mit den Original-Aktenbänden hinsichtlich ihrer Authentizität abgeglichen.

In den Jahrgangsbänden der Wehrmacht-Untersuchungsstelle wurde nicht eindeutig chronologisch vorgegangen. Das liegt u. a. daran, daß manche Verbrechen aus dem Jahr 1941 erst 1942 aufgeklärt bzw. die Akten abgeschlossen wurden. Es hat sich für die Übersichtlichkeit dieses Buches deshalb als sinnvoll erwiesen, die Aufteilung in zwei Jahrgangsbände aufzugeben und die Fälle thematisch gegliedert in nur einem Band vorzulegen. Die Originaleinleitungstexte der Jahrgangsbände werden zu Beginn des Dokumentarteils hintereinander wiedergegeben, weil sie wesentliche Aspekte des Untersuchungsgegenstandes noch einmal herausarbeiten und mit Dokumenten belegen, die bei der Wiedergabe nicht fehlen sollten. Aus Gründen der Pietät wurden die Namen von Opfern stets abgekürzt. Die Vollnamen sind in den Freiburger Akten einsehbar. Die Namen von Richtern, Zeugen, Gutachtern etc. werden dagegen voll ausgeschrieben wiedergegeben.

Dokumentation

Einleitung zum 1. Band

Oberkommando der Wehrmacht (WR)
Wehrmacht-Untersuchungsstelle
für Verletzungen des Völkerrechts

Berlin, im November 1941

„Kriegsverbrechen der russischen Wehrmacht 1941"

Die von der Wehrmacht-Untersuchungsstelle für Verletzungen des Völkerrechts in den ersten Monaten des Krieges gegen die Sowjetunion getroffenen Feststellungen über Kriegsverbrechen der russischen Truppen gegenüber wehrlosen deutschen Soldaten und hinsichtlich völkerrechtswidriger Überfälle auf Sanitätsformationen, Ärzte und Krankenträger übersteigen die schlimmsten Befürchtungen und jedes Vorstellungsvermögen. Die Sowjetunion hat sich aller kriegsrechtlichen Verpflichtungen, die die Kulturstaaten in der Haager Landkriegsordnung und den Genfer Konventionen sowie in anderen völkerrechtlichen Verträgen untereinander getroffen haben, durch ihr Verhalten entledigt und vom ersten Tag des Krieges an die ihren innerstaatlichen Schreckensmethoden entsprechenden brutalen Mittel auch gegenüber den in ihre Hände gefallenen wehrlosen Angehörigen der deutschen Wehrmacht und gegenüber deutschen Sanitätsformationen zur Anwendung gebracht.

Gleichzeitig hat sie – offenbar, um ihr tatsächliches Gebaren zu verschleiern – zu dem Mittel der Tarnung gegriffen: In einem Armeebefehl, der mit dem Genehmigungsvermerk des Rates der Volkskommissare vom 1. Juli 1941 versehen ist, werden die von der Armee angeblich zu beachtenden völkerrechtlichen Grundsätze in Anlehnung an die Haager Landkriegsordnung zur Kenntnis gebracht. Eine sogenannte Ausfertigung dieser Anordnung ist bei der Gefangennahme eines russischen Stabes in deutsche Hand gefallen (vgl. die Fotokopie des russischen Textes, Dokument 1, und die Übersetzung dieses Befehls, Dokument 2). Diese in

Text-dokument 1

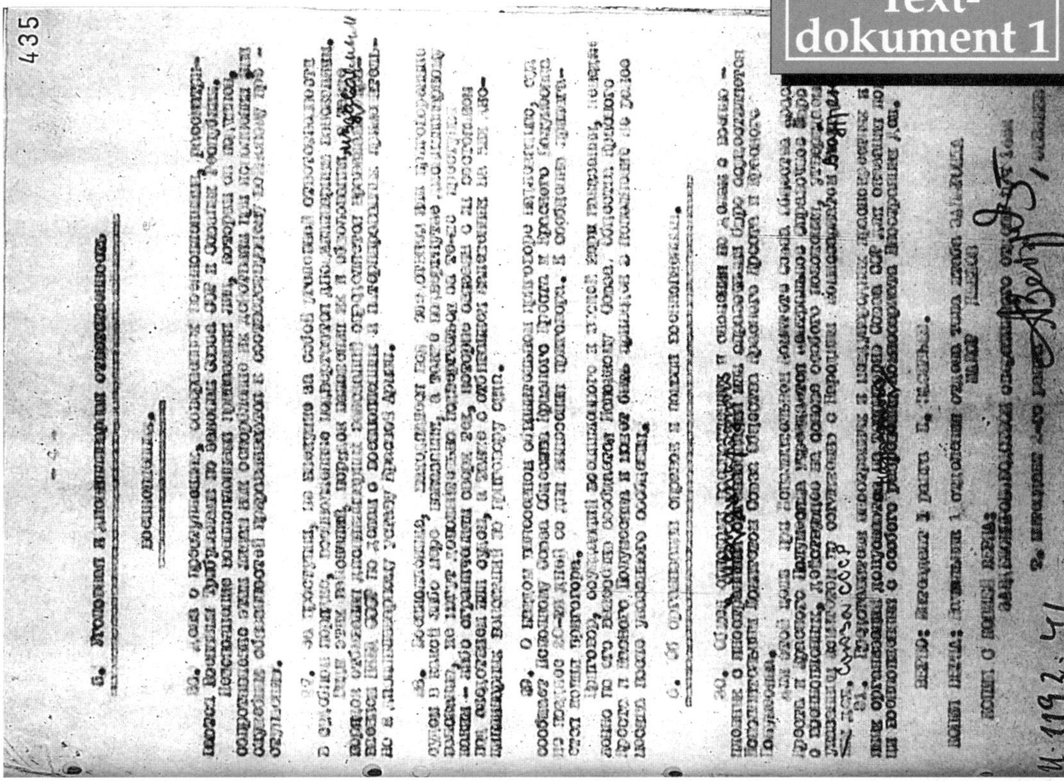

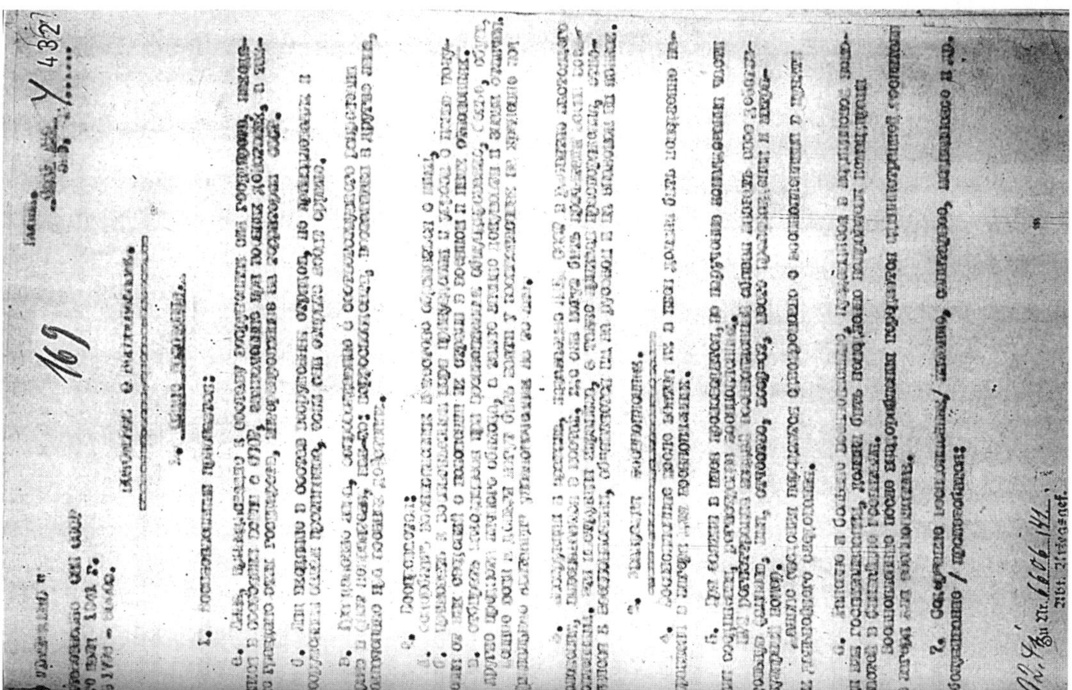

Russischer Armeebefehl vom 1. Juli 1941, der – zur Täuschung – die von der Roten Armee zu beachtenden völkerrechtlichen Grundsätze zur Behandlung von Kriegsgefangenen zur Kenntnis bringt

schlechter Vervielfältigung hergestellte Ausfertigung des russischen Befehls dürfte nur sehr geringe Verbreitung, sicherlich aber keine Beachtung gefunden haben. Denn andernfalls wären die ungeheuerlichen Verbrechen nicht erklärlich, die an allen Teilen des russischen Frontbereiches den wehrlos in feindliche Hand gefallenen deutschen Soldaten und den, unter dem Schutze des Roten Kreuzes stehenden, Sanitätsformationen vom ersten Tage des Krieges an in zahlreichen Fällen widerfahren sind.

Zwei weitere russische Befehle, die unter erbeuteten Urkunden russischer Stäbe gefunden worden sind, beweisen das unmenschliche Verfahren, das die Rote Armee gegenüber verwundeten und unverwundeten deutschen Kriegsgefangenen planmäßig zur Anwendung gebracht hat:

Ein Befehl des „Volkskommissariats für Verteidigungswesen, Leitung der politischen Propaganda der 5. Armee", vom 30. Juni 1941 (Nr. 025) besagt, es sei nicht nur vereinzelt vorgekommen, daß Rotarmisten und Kommandeure, „erbittert über die Grausamkeiten der faschistischen Räuber (völlig gesetzmäßig) keine deutschen Soldaten und Offiziere gefangennehmen, sondern an Ort und Stelle erschießen". Als unerwünschte Folge dieser Maßnahmen hätten sich jedoch für die Leitung der russischen Truppen Schwierigkeiten ergeben, die feindlichen Stellungen zu ermitteln, den politisch-moralischen Zustand des deutschen Heeres zu erkennen und diese Feststellungen für die propagandistische Bearbeitung der Feindtruppe zu verwerten. Vor allem aber werde dadurch verhindert, daß die deutschen Soldaten zur Roten Armee übergehen. Denn wenn bekannt werde, daß die deutschen Gefangenen erschossen werden, „höre der Zustrom auf". Generalmajor Potapow, der diesen Befehl neben dem Divisionskommissar Inkischeff und dem Brigadekommissar Kolschenko unterzeichnet hat, verbietet daher von nun an „kategorisch die selbständigen Erschießungen" und ordnet zugleich an, allen Kämpfern und Kommandeuren die Schädlichkeit der Erschießung der in Gefangenschaft geratenen Soldaten und Offiziere plausibel zu machen.

Der als Dokument 3 beigefügte Befehl des „Volkskommissariates für das Verteidigungswesen, UdSSR, Abteilung Politische Propaganda des 31. Schützen-Korps", vom 14. Juli 1941 (Nr. 020), gerichtet an „alle Chefs der Politischen Propaganda, Abwehrverbände und stellvertretenden Kommandeure für politische Angelegenheiten" stellt neben vielen anderen beachtenswerten Beanstandungen des Verhaltens der Truppe u.a. die folgenden „Mängel" fest: „Rotarmisten und Kommandeure nehmen im Kampfe keine Soldaten und Offiziere gefangen. Es sind Fälle bemerkt, daß Gefangene erwürgt und totgestochen werden. Ein solches Verhalten den Gefangenen gegenüber bringt der Roten Armee politischen Schaden, es erbittert die Soldaten der faschistischen Armee, es verhindert den Prozeß ihrer Zersetzung, es gibt dem Offiziersbestand der faschistischen Armee Unterlagen, die Soldaten über ‚die Schrecken' in der Gefangenschaft der Roten Armee zu belügen und den Widerstand der Soldaten zu versteifen." Rückhaltlosere Bestätigung von feindlicher Seite als durch diese beiden russischen Befehle vom 30. Juni und 14. Juli 1941 können die in der anliegenden Dokumentensammlung behandelten Gewalttaten der Bolschewisten nicht finden. Dabei ist nicht zu verkennen, daß solch vereinzeltes Angehen gegen die planmäßigen Mordtaten an deutschen Kriegsgefangenen nicht etwa ethischen, sondern ausschließlich berechnenden Motiven entspringt. Dies ergeben die Einleitungssätze des Befehls vom 30. Juni 1941 und der dritte Satz zu Ziffer 1 des Befehls vom 14. Juli 1941: „Ein solches Verhalten den Gefangenen gegenüber bringt der Roten Armee politischen Schaden" mit aller Deutlichkeit. Aussagen russischer Kriegsgefangener und Hunderte von eidlichen Protokollen deutscher Soldaten, die in russische Hände gefallen waren, denen es aber gelang, wieder zu ihrer Truppe zurückzufinden, oder die beim Vorgehen der deutschen Verbände noch rechtzeitig befreit werden konnten, ergeben ein erdrückendes Beweismaterial für die Mordtaten an den deutschen Kriegsgefangenen und an den verwundet auf dem Kampffeld zurückgebliebenen deutschen Soldaten. Dabei ist zu bedenken, daß eine unvergleichlich größere Zahl von deutschen Soldaten den Rückweg zur deutschen Truppe nicht mehr finden konnte und daß über den düsteren Erlebnissen dieser Männer Schweigen lastet.

Noch heute, über vier Monate nach Beginn des deutsch-russischen Krieges, liegt keine Mitteilung der russischen Regierung über die Einrichtung von Kriegsgefangenenlagern in Rußland vor. Auch den legitimierten Vertretern des Internationalen Roten Kreuzes ist der Zutritt zu Kriegsgefangenenlagern in Rußland bisher nicht erlaubt worden, obwohl die deutsche Regierung die Besichtigung von Gefangenenlagern, die mit russischen Kriegsgefangenen belegt sind, dem Geschäftsträger der Vereinigten Staaten sowie verschiedenen Vertretern des Internationalen Roten Kreuzes und anderer Hilfsgesellschaften wiederholt gestattet hat.

Die in den Anlagen wiedergegebenen Dokumente sind bereits vor Beginn dieser Niederschrift zum überwiegenden Teil dem Auswärtigen Amt für die Zwecke eines Weißbuches über „Bolschewistische Verbrechen gegen Kriegsrecht und Menschlichkeit", und zwar jeweils nach Aufklärung der Einzelvorgänge, laufend übermittelt worden.

Das nunmehr vorgelegte Beweismaterial stellt nur einen Ausschnitt aus dem wesentlich größeren Gesamtmaterial dar, das im Laufe etwa der ersten vier Monate des Krieges gegen Sowjetrußland erwachsen ist. Hierbei ist zu berücksichtigen, daß im Hinblick auf den ständigen Vormarsch der deutschen Heere und die sich daraus ergebende Erschwerung der Beweiserhebungen die Aufklärung zahlreicher weiterer Fälle von russischen Kriegsverbrechen noch nicht durchgeführt werden konnte.

Die anliegenden Beweisdokumente setzen sich aus dienstlichen Meldungen und Berichten der deutschen Truppenteile, zum überwiegenden Teile jedoch aus Protokollen über gerichtliche, eidliche Zeugenvernehmungen zusammen, die von den zuständigen Kriegs- und Zivilgerichten aufgenommen worden sind. Wie bereits erwähnt, sind auch Aussagen russischer Kriegsgefangener und ferner von Angehörigen der russischen Zivilbevölkerung für die Beweisführung verwertet worden. Alle diese Urkunden in ihrer schlichten Sprache ergeben ein ergreifendes Gesamtbild äußerster Verrohung bolschewistischer Offiziere und Soldaten und ihrer politischen Leiter.

Dokumente über die russischen Greueltaten an ukrainischen, polnischen, lettischen und anderen Minderheiten der Bevölkerung der Sowjetunion aus den ersten Monaten des Krieges werden den Beweisen über die Kriegsverbrechen gegen deutsche Wehrmachtangehörige beigefügt (Kapitel C). Auch diese Dokumente, insbesondere die aus ihnen ersichtlichen brutalen Ermordungen zahlloser Frauen und Kinder, bestätigten die Absicht des methodischen Vorgehens der sowjetischen Verbände und bilden daher eine wichtige Ergänzung des in diesem Bande hinsichtlich der Kriegsverbrechen an den deutschen Soldaten niedergelegten Beweismaterials.

Ein Untersuchungsprotokoll, das die Verrohung bolschewistischer Armeeangehöriger in ihrem Verhalten zueinander bis in den Bereich des Kannibalismus erhärtet, beschließt die dieser Niederschrift beigefügte Dokumentensammlung.

Dokument 2

Übersetzung – „Bestätigt"
Beschluß des Rates der Volkskommissare der UdSSR vom 1.7.41, Nr. 1798-80406

Erlaß über Kriegsgefangene

I. Allgemeines

1. Als Kriegsgefangene gelten:

a) Personen, die der Wehrmacht von Staaten angehören, welche sich im Kriegszustand mit der UdSSR befinden, und die bei Kriegshandlungen eingebracht wurden, sowie Bürger solcher Staaten, die im Gebiete der UdSSR interniert sind.

b) Personen, die bewaffneten Trupps angehören, welche nicht zur feindlichen Wehrmacht gehören, wenn sie offen Waffen tragen.

c) Zivilpersonen, welche auf entsprechenden Befehl die Armee des Feindes begleiten, wie Berichterstatter, Lieferanten und andere Personen, die bei Kriegshandlungen eingebracht werden.

2. Es ist verboten:

a) [d]ie Kriegsgefangenen zu beleidigen und sie brutal zu behandeln;

b) [d]en Kriegsgefangenen gegenüber Nötigungen und Drohungen anzuwenden, um von ihnen Nachrichten über die Lage ihres Landes in militärischer und anderer Hinsicht zu erlangen;

c) [d]en Kriegsgefangenen Uniformteile, Wäsche, Schuhwerk und andere Gegenstände des persönlichen Gebrauches sowie persönliche Dokumente, Orden und Ehrenzeichen abzunehmen. Privatsachen und Geld können den Kriegsgefangenen zur Aufbewahrung gegen offizielle Quittung von dafür bevollmächtigten Personen abgenommen werden.

3. Die Ausführungsbestimmungen zu diesem Erlaß sind in russischer und einer den Kriegsgefangenen verständlichen Sprache, ebenso wie auch alle Regeln und Befehle, die sie betreffen, so anzuschlagen, daß sie von allen Kriegsgefangenen gelesen werden können.

II. Rückführung der Kriegsgefangenen

4. Die Kriegsgefangenen sind schnellstens in Kriegsgefangenenlager zu überführen.

5. Die Kgf. sind bei der Gefangennahme im Auftrage der Führung des Truppenteiles zu registrieren. Dabei ist jeder Kgf. verpflichtet, seinen tatsächlichen Familien-, Vor- und Vaternamen, sein Alter, den Ort seiner Gefangennahme und seine Matrikelnummer anzugeben. Diese Angaben werden gleichzeitig mit dem Kgf. weitergeleitet.

6. Verwundete und kranke Kgf., die ärztliche Hilfe oder Krankenhausbehandlung brauchen, müssen durch die Führer der Truppenteile sofort dem nächsten Lazarett zugeführt werden. Nach ihrer Wiederherstellung werden diese Kgf. von der Lazarettleitung am Kgf.-Lager übergeben.

7. Der Unterhalt für die Kgf. (Ernährung, ärztl. u. sanitäre Betreuung, Bedienung) erfolgt

a) bis zur Einlieferung in die Empfangsstelle der Kgf.-Lager: durch Verfügung der Armeeführung.

b) im weiteren: durch Verfügung der Organe des Innenkommissariats der UdSSR.

III. Betreuung der Kgf. und ihre Rechtsstellung

8. Die Empfangsstellen der Kgf.-Lager werden auf Anordnung der Armeeführung im rückw. Gebiet der Armee eingerichtet, während die Kgf.-Lager außerhalb des Gebietes der Kriegshandlungen

durch Anordnung des Innenkommissariats im Benehmen mit dem Verteidigungskommissariat errichtet werden.

9. Wohnraum, Wäsche, Kleidung, Schuhwerk, Lebensmittel und andere Bedarfsartikel, sowie Geldmittel werden den Kgf. nach den Richtlinien zur Verfügung gestellt, welche von der Verwaltung für Kgf. und Internierte beim Innenkommissariat (V. Kgf. & I. b. I.) ausgearbeitet sind. Listen der Versorgungsgegenstände mit Angabe der zustehenden Mengen sind an sichtbarer Stelle in allen Baracken, Lazaretten usw., wo sich Kgf. aufhalten, auszuhängen. Der Empfang von Lebensmitteln und anderer Hilfe von dritter Seite soll nicht zur Verringerung der Rationen führen, welche den Kgf. auf Kosten des Staates verabfolgt werden.

10. Kriegsgefangene Offiziere und Personen, die ihnen gleichgestellt sind, werden getrennt von anderen Kgf. untergebracht und mit Wohnraum, Kleidung, Schuhwerk, Lebensmitteln und anderen Bedarfsartikeln, sowie Geldmitteln nach den geltenden Normen versehen.

11. Es ist den Kgf. gestattet, ihre Uniform, ihre Dienstgradabzeichen, Orden und Ehrenzeichen zu tragen. Das Tragen und die Aufbewahrung von Waffen ist verboten.

12. In gesundheitlicher Hinsicht werden die Kgf. auf derselben Grundlage betreut wie die Angehörigen der Roten Armee. Für die med. gesundheitliche Betreuung der Kgf. können außer dem etatsmäßigen Lagerpersonal auch Personen vom Sanitätspersonal der feindlichen Wehrmacht aus den Reihen der Kgf. zugelassen werden.

13. Den Kriegsgefangenen wird das Recht eingeräumt,

a) bei erster Gelegenheit nach der Heimat Nachricht über die Gefangennahme zu geben,

b) auf eigene Kosten Lebensmittel, Kleidung, Wäsche, Schuhwerk und andere persönliche Bedarfsartikel anzuschaffen,

c) frei von Zoll, Lizenzen und Abgaben aus der Heimat und aus neutralen Ländern Sendungen mit Lebensmitteln, Kleidung und anderen Bedarfsartikeln zu erhalten,

d) aus der Heimat und aus neutralen Ländern Geldsendungen zu erhalten.

14. Zur Aufrechterhaltung der inneren Ordnung und der Verständigung mit den Kgf. werden von der Lagerverwaltung aus den Reihen der Kgf. Bevollmächtigte oder Stuben-, Gruppen-, Barackenälteste (usw. je nach den Unterbringungsverhältnissen) ernannt, welche auch den Verkehr der Kgf. mit der Verwaltung in allen Fragen vermitteln.

15. Die Post (Briefe und Karten, Geldüberweisungen, Wertbriefe), die die Kgf. empfangen und abschicken, wird kostenlos befördert nach den Anordnungen der V. Kgf. & I. b. I.

16. Geld in fremder Währung, das den Kgf. gesandt wird, ist in Sowjetwährung nach dem geltenden Kurs einzutauschen. Die Kgf. dürfen bei sich Geld haben bis zu Beträgen, die von der V. Kgf. & I. b. I. festgelegt sind. Überschießende Beträge sind der Lagerverwaltung zur Aufbewahrung bei den Staatlichen Sparkassen zu übergeben. Die Auszahlung von Geld über den Normalbetrag erfolgt mit Genehmigung der Lagerverwaltung.

17. Kgf. dürfen Testamente aufstellen. Der Todeseintritt und die Lage der Grabstelle müssen ordnungsgemäß offiziell bescheinigt werden.

18. Geld und Dokumente gestorbener Kgf. werden zwecks Übersendung an die Erben an die Zentral-Auskunftsstelle beim Exekutivausschuß des Verbandes vom Roten Kreuz und vom Roten Halbmond geschickt (V. R. Kr. & R. H.). Lebensmittelsendungen, die für verstorbene Kgf. eintreffen, werden durch Vermittlung der Bevollmächtigten oder Ältesten unter die Kgf. verteilt.

19. Die Kgf. sind verpflichtet, der Lagerverwaltung zu gehorchen und sich allen Regelungen dieses Erlasses und den Anordnungen über die innere Ordnung, welche von der V. Kgf. & I. b. I. herausgegeben werden, zu fügen.

IV. Arbeitsordnung für Kriegsgefangene

20. Kgf. Unteroffiziere und Mannschaften können im Lager und außerhalb desselben in der Industrie und der Landwirtschaft der UdSSR zu Arbeiten herangezogen werden auf Grund besonderer Regelungen, die von den V. Kgf. & I. b. I. ausgearbeitet sind. Offiziere und ihnen gleichgestellte Kgf. können nur mit ihrer Einwilligung zur Arbeit herangezogen werden.

21. Auf Kgf., die zur Arbeit herangezogen werden, finden die Anordnungen über Arbeitsschutz und Arbeitszeit Anwendung, welche für Bürger der UdSSR in der entsprechenden Gegend und den gleichen Wirtschaftszweig gelten.

22. Kgf., die in verschiedenen Zweigen der Volkswirtschaft beschäftigt werden, erhalten Lohn nach Maßgabe besonderer Anordnungen der V. Kgf. & I. b. I. Vom Lohn der Kgf. werden Beträge abgezogen für die Erstattung der Aufwendung für ihren Unterhalt (Bezahlungen des Wohnraumes,

Kommunale Dienste (d. i. Licht, Heizung, Wasser etc.), Ernährung, sofern Gemeinschaftsküchen eingerichtet sind.)

23. Die Gestellung von Wohnraum und kommunalen Diensten erfolgt auf Rechnung der Betriebe und Organisationen, bei denen die Kgf. beschäftigt werden.

24. Vom Zeitpunkt ihres Arbeitsantrittes werden die Kgf. von allen Arten staatlicher Versorgung abgesetzt.

25. Die Ausnutzung der Arbeitskraft der Kgf. ist verboten

a) im Gebiet der Kampfhandlungen,

b) für persönliche Bedürfnisse der Verwaltungen, sowie für persönliche Bedürfnisse anderer Kgf. (Burschendienste).

V. Strafrechtliche u. disziplinarische Verantwortung von Kgf.

26. Verbrechen von Kgf. werden von den Kriegstribunalen nach den Gesetzen der UdSSR und deren Gliedstaaten behandelt. Die Nichtausführung von Befehlen der ihnen vorgesetzten Personen, Widerstand gegen solche Personen und Beleidigung derselben bei der Ausführung ihrer Befehle, werden den entsprechenden Verbrechen in der Roten Armee gleichgestellt.

27. Für Vergehen, die nicht unter das allgemeine Strafrecht fallen, werden die Kgf. disziplinar bestraft. Die Arten solcher Strafen, ihre Verhängung, die Beschwerdeordnung sowie die Abbüßung werden von der V. Kgf. & I. b. I. festgelegt, in Anlehnung an die Disziplinarordnung der Roten Armee.

28. Kgf., gegen die eine Untersuchung schwebt, die gerichtlich zu irgendeiner Strafe verurteilt sind, oder die disziplinar bestraft wurden, dürfen für dasselbe Vergehen nicht noch anderweitig belangt werden oder Einschränkungen erleiden, die über diejenigen hinausgehen, welche durch Abbüßung der Strafe oder durch die Untersuchung bedingt sind.

29. Über jede Verurteilung wird der Exekutivausschuß der Ges.V. R. Kr. & R. H. innerhalb 20 Tagen vom Tage des Urteils verständigt. Eine Abschrift des Urteils ist beizufügen. Ein Todesurteil gegen einen Kgf. muß sofort dem Exekutivausschuß mitgeteilt werden und darf nicht vor einem Monat nach dieser Mitteilung zur Ausführung gelangen.

VI. Über Auskünfte und Hilfe an Kriegsgefangene

30. Der Austausch der Kgf.-Listen und der Verkehr in Kgf.-Angelegenheiten mit ausländischen und internationalen Organisationen und Auskunftsstellen wird vom Exekutivausschuß der Ges. V. R. Kr. & R. H. durchgeführt. Zu diesem Zweck wird beim Exekutivausschuß eine besondere Auskunftsstelle für Kgf. eingerichtet, die nach Richtlinien zu arbeiten hat, welche vom Exekutivausschuß mit Einverständnis des Innenkommissariates bestätigt werden.

31. Vertreter ausländischer und internationaler Rotkreuz-Organisationen werden mit besonderer Genehmigung des Außenkommissariats zwecks Hilfeleistung an Kgf. in das Gebiet der UdSSR zugelassen.

Dokument 3

Übersetzung

Volkskommissariat für Verteidigungswesen, UdSSR
Abt. Polit. Propaganda des 31. Schtz.Korps
14. Juli 1941, Nr. 020, Serie „G"

An alle
Chefs der Polit. Propaganda Abwehrverbände
und stellvertr. Kommandeure für polit.
Angelegenheiten der einzelnen Teile,
nur 193. Schütz. Div.

In der Zeit der Kämpfe bemerkt man in der parteipolit. Arbeit der Abteilungen folgende politisch schädlichen, jetzt sogar verbrecherischen Mängel:

1. Rotarmisten und Kommandeure nehmen im Kampf keine Soldaten und Offiziere gefangen. Es sind Fälle bemerkt, daß Gefangene erwürgt und totgestochen wurden. Ein solches Verhalten den Ge-

fangenen gegenüber bringt der Roten Armee politisch Schaden, es erbittert die Soldaten der faschistischen Armee, es verhindert den Prozeß ihrer Zersetzung, es gibt dem Offiziersbestand der faschistischen Armee Unterlagen, die Soldaten über „die Schrecken" in der Gefangenschaft der Roten Armee zu belügen und den Widerstand der Soldaten zu versteifen.

2. Zu den schändlichen Fällen der 195. Div. kommt ein Fall der Räuberei hinzu. Einige Rotarmisten nehmen bei der Gefangennahme von Soldaten die persönlichen Sachen der Soldaten (Uhren, Taschenmesser, Rasiermesser) usw. fort. Durch diese Tatsache [werden] die Würde sowie die Autorität der Roten Armee untergraben.

3. Die Fälle [von] Selbstverstümmelung werden auch weiterhin beobachtet, daß Rotarmisten sich verwunden und stechen. Ich verweise auf die große Zahl der Verwundungen in die linke Hand, die innere Handfläche.

4. Eine große Zahl von Fällen über das Wegwerfen und Verlieren der Waffen von Rotarmisten und jüngeren Kommandeuren beim Rückzug wird festgestellt.

5. Es kommen vereinzelte Fälle vor, daß die vom Kampffeld geflohenen, von ihren Einheiten getrennten Rotarmisten und jüngere Kommandeure an die Kolchosbauern ungesetzliche Forderungen wegen ihrer Versorgung mit Lebensmitteln (Butter, Eier, Milch usw.) stellen.

Ich ordne daher an:

1. [m]it allen Mitteln der partei-polit. Arbeit persönlich den Einheiten und Unterabteilungen die ganze Schädlichkeit des der Roten Armee unwürdigen Verhaltens gegenüber den Gefangenen zu erklären; auseinanderzusetzen, daß der deutsche Soldat – Arbeiter und Bauer – nicht freiwillig kämpft, daß der deutsche Soldat, wenn er sich in Gefangenschaft begibt, aufhört ein Feind zu sein;

[a]lle Maßnahmen zur Gefangennahme von Soldaten und namentlich von Offizieren zu ergreifen;

[s]ofort alle Fälle von Plünderungen zu unterbinden, die Kommandos polit. Abteilungen, Partei und Komsomol-Organisationen anzuweisen, daß die Gegenstände der Gefangenen und Toten wie Waffen, hauptsächlich Feldtaschen und Dokumente der Offiziere, in den Div. Stab abzuliefern [sind]. Persönliche Sachen der Gefangenen (Uhren, Messer, Rasiermesser usw.) [sind] nicht abzunehmen. Plünderer sind dem Gericht zu übergeben.

Denkt daran, daß Gefangenen erlaubt ist, alle persönlichen Sachen zu behalten, die Uniform zu tragen und sogar ihre Orden.

2. Jede Verwundung der Extremitäten (Hände, Füße) streng [zu] untersuchen und jeden der Selbstverstümmelung Überführten sofort abzuurteilen; [ihn] unter keinen Umständen in die Etappe, sondern nach der Gewährung der ersten medizinischen Hilfe an die Front zu schicken.

3. Dem ganzen Bestand [ist] die ganze Schändlichkeit und das Verbrecherische wegen des Fortwerfens der Waffen und Munition beim Rückmarsch zu erklären. Die Forderungen des Eides in der Behandlung und Umgang [mit] Waffen und des sozialistischen Gutes ins Gedächtnis zurückzurufen.

Alle erforderlichen Maßnahmen zur Verhütung des Liegenlassens und Fortwerfens [der] Waffen zu ergreifen.

Jeden einzelnen Fall des Verlustes von Waffen und Munition zu klären und die Schuldigen zur Verantwortung zu ziehen.

4. Dem ganzen Bestand der Unterabteilung die ungesetzmäßigen Forderungen an die Kolchosbauern über die Versorgung mit Nahrungsmitteln zu verbieten.

Das Gefühl des verständnisvollen Umgangs, der Höflichkeit, des Mitempfindens zu den Kolchosbauern der Siedlungen zu wecken, überall dort, wo die Abteilung oder Unterabteilung in Stellung ist.

5. Es sind Fälle bemerkt worden, wo es an gegenseitiger Hilfe im Kampf mangelt. Die verwundeten Kämpfer läßt man auf dem Kampffeld liegen, man trägt sie nicht fort, alles ohne jede Hilfe und Unterstützung. Die Sanitäter und einzelne Ärzte (395. Schütz. Rgt.) verbergen sich in der Etappe, ohne ihre Pflicht zu tun. Es fehlt an jedem Gefühl der nötigen Erziehung zur kameradschaftlichen Hilfe im Kampf.

Die allergrößte Sorgfalt ist den Verwundeten aufzuwenden. Die polit. Einheiten, die Partei und Komsomol-Organisationen sind anzuweisen, eine erzieherische Arbeit gegenüber den Verwundeten zu erfüllen. Es ist darauf zu achten, daß während der Kampfhandlungen die Sanitätsmitglieder (Ärzte, Sanitäter) auf ihrem Posten sind und sich nicht in der Etappe herumdrücken.

6. Alle Einzelheiten der parteipolit. Arbeit in der Kompanie aufstellen: Der Apparat der Partei, der Einheit und Unterabteilungen sowie der Komsomol-Organisation ist anzuweisen, ununterbrochen eine politisch-erzieherische Arbeit zu erfüllen. Politische Informationen und Komsomol-Ver-

sammlungen sowie Aussprachen sind durchzuführen. Den Stellvertretern der Kommandeure in der Kompanie/Batterie ist bei ihrer unermüdlichen, planvollen politisch-erzieherischen Arbeit Unterstützung zuteil werden zu lassen.

7. Die wertvolle Initiative über die Aufstellung von Gruppen der kämpferischen Aktivität, sowie der Gruppen zur Vernichtung von Tankwagen ist im breiten Ausmaße und in volkstümlicher Weise unter den Massen der Rotarmisten zu verbreiten. Solche Gruppen sind regelmäßig zu versammeln, wobei die Einheiten mit den Methoden und der Arbeitsweise der deutschen Aufklärer, Truppen und deren Taktik bekanntzumachen sind, ebenso mit den Erfahrungen im Kampf der Gruppen der eigenen Truppen.

8. In allen Unterabteilungen sind die Arbeiten der unteren Agitatoren durchzuführen. Dort, wo es diese nicht gibt, sind von neuem dieselben aufzustellen, und zwar aus dem zuverlässig, politisch geschulten Bestand. Es sind regelmäßig Schulungen mit ihnen zu veranstalten, um sie mit den internationalen Verhältnissen und der Lage an der Front des Verbandes, der Einheit und der Unterabteilung bekannt zu machen.

Als Grundlage der Agitationstätigkeit soll die Rede des Gen. Stalin (am Radio) verwendet werden.

9. Es kommen Fälle vor, daß Einheiten der Komm. Leiter ihre Unterscheidungsmerkmale von sich abreißen. Dies erklärt sich vor allem dadurch, daß die nötige Mitarbeit mit dem mittleren Glied der Komm. Leiter der Einheiten fehlt.

Besondere Sorgfalt ist der Arbeit mit den Chefs der Kompanien, Batterien und Züge zu [widmen], wobei regelmäßig Informationen und Aussprachen durchzuführen sind.

10. Die Zeitung „Kampfmarsch" geht langsam bis zu den Rotarmisten in den vorderen Linien zu. Gar nicht werden Frontkampf-Blätter herausgegeben.

Die Leiter der Polit. Propaganda-Abwehr sollen persönlich darauf achten, daß die Zeitungen bis zum Kämpfer durchkommen, damit sie nicht auf den Verbindungs-Knotenpunkten stecken bleiben. Die Ausgabe von Frontkampf-Blättern ist ins Leben zu rufen, in denen die Kampferfahrungen der Unterabteilung, einzelner Gruppen und Kämpfer wiedergegeben werden sollen.

Die Durchführung der richtigen Direktiven ist täglich in den politischen Mitteilungen zu melden.

Der Chef der Polit. Propaganda-Abwehr des 31. Schützen-Korps, Brigadekommissar
– Iwantschenko –

Oberkommando der Wehrmacht (WR)
Wehrmacht-Untersuchungsstelle
für Verletzungen des Völkerrechts

Berlin, im März 1942

„Kriegsverbrechen der russischen Wehrmacht 1942"

Der hiermit vorgelegte zweite Band der Niederschrift über „Kriegsverbrechen der russischen Wehrmacht" stellt eine Zusammenfassung der in der Zeit von Ende November 1941 bis etwa Mitte März 1942 getroffenen weiteren Feststellungen über schwere und schwerste Zuwiderhandlungen der Sowjettruppen gegen das Kriegsvölkerrecht dar. Die von der sowjetischen Propaganda lancierte Behauptung, daß die russischen Truppen nur in der Abwehr gegenüber deutschen Gewaltakten zur Erschießung deutscher Kriegsgefangener veranlaßt worden seien, ist ein ebenso offensichtliches wie unzulängliches Mittel zur Beschönigung der russischerseits vom ersten Tage des Krieges an unter bewußter Billigung der russischen Befehlsstellen planmäßig verübten Grausamkeiten. Brutale Instinkte gegenüber einem ehrlich kämpfenden Feinde und Mordtaten an wehrlosen Gefangenen liegen dem deutschen Soldaten fern. Dies beweist der Verlauf aller anderen Feldzüge des gegenwärtigen Krieges. Dagegen hat sich die Sowjetarmee von Beginn des russischen Feldzuges an, sei es aus eigenem Antrieb, sei es aus Gründen starker ideologischer Indoktrination und unter dem Einfluß ihrer politischen Kommissare, mit nicht zu überbietender Brutalität über jedes Gebot des Völkerrechts und der Menschlichkeit hinweggesetzt. Dies ergeben bereits die mit der ersten Niederschrift der Wehrmacht-Untersuchungsstelle und nunmehr auch die mit dieser zweiten Niederschrift vorgelegten Dokumente.

Schon die erste Niederschrift behandelte 45 Fälle russischer Mordtaten, die sich allein in den Tagen vom 22. bis zum 30. Juni 1941 zugetragen haben, darunter viele Massenmorde, die größtenteils unter Anwendung grausamster Mittel vollzogen wurden. Die zweite Niederschrift erbringt weitere zahlreiche Beweise für solche gleichfalls in den ersten Tagen und Wochen des Feldzuges durchgeführten planmäßigen Ermordungen wehrloser deutscher Offiziere und Soldaten. Angehörige der deutschen Luftwaffe, die zur Notlandung hinter der russischen Front gezwungen waren, sind – abgesehen von wenigen Einzelnen, die zu deutschen Verbänden zurückfinden konnten – offenbar ausnahmslos dem russischen Mord zum Opfer gefallen. Von einer russischerseits auch nur im geringsten Ausmaße berechtigten Reaktion auf die Handlungsweise deutscher Truppen kann mithin in keiner Hinsicht die Rede sein, da sich aus dem vorgelegten Beweismaterial einwandfrei ergibt, daß die russischen Greuelakte an den verschiedensten Abschnitten der Front gleichartig und gleichzeitig vom ersten Beginn des Kampfes an in Erscheinung getreten sind. Dagegen haben die deutschen Heere vom Tage des Einmarsches in Rußland an die in ihre Hand gefallenen zahllosen russischen Soldaten und Offiziere vorschriftsmäßig als Kriegsgefangene behandelt und ordnungsgemäß den Sammellagern zugeführt. Sie haben die Bestimmungen des Völkerrechts also auch im Verhältnis gegenüber der Sowjetunion, ebenso wie gegenüber den anderen Feindmächten, durchaus beachtet.

Der wirkliche Grund für die alles überbietenden systematischen Grausamkeiten der Sowjettruppen liegt in den befehlsmäßigen Anweisungen, die ihnen von den obersten Kommandostellen der Sowjetarmee und von der russischen politischen Leitung erteilt worden sind.

Schon die in der ersten Niederschrift behandelten russischen Befehle vom 30. Juni 1941 und vom 14. Juli 1941 (vgl. Einleitung zum 1. Band) sowie die dort wiedergegebenen Aussagen russischer Kriegsgefangener erbringen in dieser Hinsicht völlige Klarheit. Aber auch der letzte Rest eines Zweifels hinsichtlich der vollen Verantwortung der sowjetischen militärischen und politischen Leitung für die tausendfachen Morde russischer Offiziere, Kommissare und Soldaten an deutschen Kriegsgefangenen und wehrlosen Verwundeten schwindet angesichts der neuerdings bekanntgewordenen Befehle und Verlautbarungen russischer Kommandostellen:

Eine Anweisung des Chefs der Politischen Abteilung der russischen 9. Kavallerie-Division an die Kommissare der ihr unterstellten Einheiten (Dokument 1) lautet in deutscher Übersetzung:

„Den Kriegskommissaren aller Einheiten.

In letzter Zeit konnten Fälle beobachtet werden, in denen gefangene Offiziere und Soldaten der Deutschen Armee an Ort und Stelle vernichtet werden, ohne sie vorher zur Vernehmung und zur Verbesserung der Nachrichten über den Gegner höheren Stäben zuzuführen.

Ich schlage vor:

Gefangene Offiziere und Soldaten des Gegners sind zur Vernehmung den höheren Stäben zuzuführen. Erklärt den Kämpfenden und Kommandeuren, daß der Feind nirgends Schonung finden wird, in diesem Sinne auch bei höheren Stäben nicht, aber für die Sache, für den Krieg, brauchen wir Gefangene und wir müssen sie daher machen.

Zur Auseinandersetzung mit ihnen kommen wir immer noch rechtzeitig. Keiner der Eindringlinge wird unser Land lebend verlassen.

Chef der Poli.Abtl. der 9. K.D. gez. Unterschrift, Regimentskommissar 9. K.D. gez. Unterschrift."

In einem in Urschrift vorliegenden Befehl des Kommandeurs des russischen Kavallerieregiments 168 vom 28. Dezember 1941 heißt es (nach Anordnungen in § 1 über die Marschdisziplin) in § 2, wie folgt:

„Es haben sich in letzter Zeit Fälle ereignet, in denen seitens der Offiziere pp. deutsche faschistische Kriegsgefangene nicht beim Stabe des Regiments abgeliefert, sondern auf der Stelle erschossen worden sind, so daß die Möglichkeit entfiel, sich vom Zustand des Gegners ein Bild zu machen. –

Ich befehle:

Alle gemachten Kriegsgefangenen sind unter persönlicher Verantwortung der Führer von Unterabteilungen und polit. Leiter beim Rgts.-Stab abzuliefern.

Der Kdr. des Kav. Rgts. 168, gez. Pankratow, Oberst, Der Heereskommissar d. K.R. 168, gez. Kutusow, Älterer polit. Leiter, Der Chef des St. Kav. Rgts. 168"

Eine gleichfalls in Urschrift vorliegende Meldung (Dokument 2) des Chefs der Aufklärungs-Abteilung des Stabes der russischen 33. Armee vom 8. Dezember 1941 besagt:

„Vom 1. XII. 41 bis zum 6. XII. 41 einschließlich wurden 15 kriegsgefangene Soldaten der Deutschen Armee aufgebracht.

1) 7 Mann - 29 mot Inf. 3 M.D. 1.G.M. Schützen-Div.
2) 5 Mann - 478 Inf. Reg. - 258 Inf-Div. von einem Ski-Batl.
3) 2 Mann - 478 Inf. Rgt.- 258 Inf-Div. 136 oder 140 Panzer-Batl.
4) 1 Mann - 351 Inf. Rgt. - 138 Inf-Div. 110 Schützen-Div.

insges. 15 Mann

Anmerkung: 100 Kriegsgefangene, die von der 1.ten G.M. Schützen-Div. gemacht wurden, wurden in Anbetracht der komplizierten Lage auf Befehl des Kommissars der Division erschossen.

3 Mann wurden der 23. Armee übermittelt.

Textdokumente 1 + 2

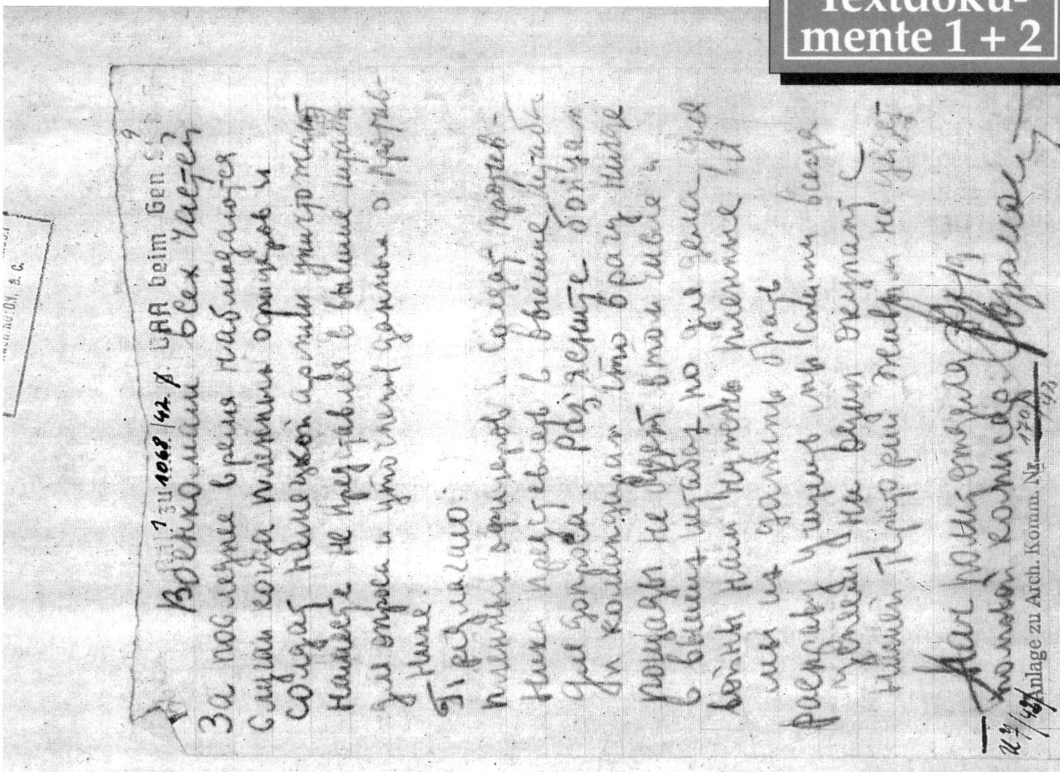

Военкомам всех частей

За последнее время наблюдаются случаи ...

Anlage zu Arch. Komm. Nr. 170

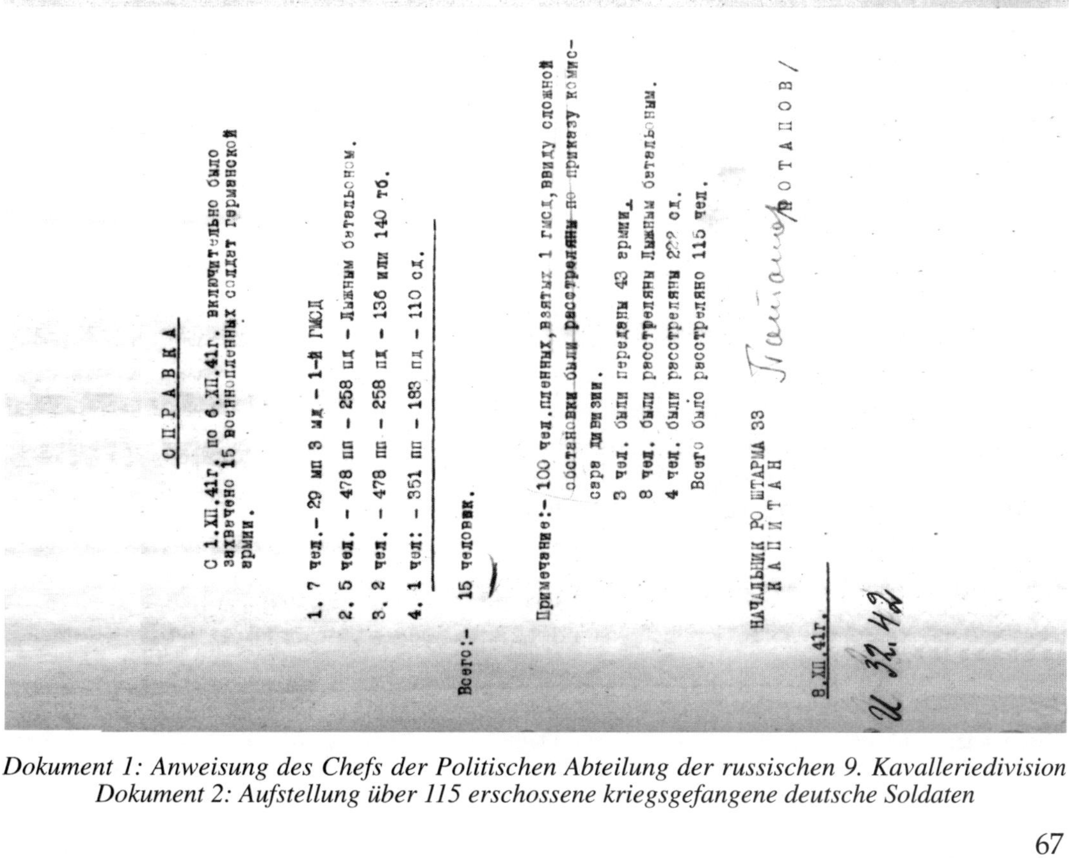

С П Р А В К А

С 1.XII.41г. по 6.XII.41г. включительно было захвачено 15 военнопленных солдат германской армии.

1. 7 чел. - 29 мп 3 мд - 1-й ГМСД
2. 5 чел. - 478 пп - 258 пд - Лыжным батальоном.
3. 2 чел. - 478 пп - 258 пд - 136 или 140 тб.
4. 1 чел: - 351 пп - 183 пд - 110 сд.

Всего:- 15 человек.

Примечание:- 100 чел.пленных,взятых 1 гмсд, ввиду сложной обстановки были расстреляны по приказу комиссара дивизии.

3 чел. были переданы 43 армии.
8 чел. были расстреляны Лыжным батальоном.
4 чел. были расстреляны 222 сд.
Всего было расстреляно 115 чел.

НАЧАЛЬНИК РО ШТАРМА 33
КАПИТАН /ПОТАПОВ/

8.XII.41г.

И 32.42

Dokument 1: Anweisung des Chefs der Politischen Abteilung der russischen 9. Kavalleriedivision
Dokument 2: Aufstellung über 115 erschossene kriegsgefangene deutsche Soldaten

8 Mann wurden vom Ski-Batl. erschossen.
4 Mann wurden von der 222. Schützen-Div. erschossen.
Im ganzen wurden 115 Mann erschossen.
Chef der Aufklärungs-Abteilung des Stabes der 33. Armee, Hauptmann Potapow."

Laut Transocean Berlin verbreitete der Moskauer Rundfunk im Rahmen seiner „Literarischen Sendungen" am 24. Januar 1942 einen Bericht des sowjetischen Schriftstellers Erberg über die Wiedereroberung von Rostow durch die Rote Armee. In diesem Bericht wurde neben anderem geschildert, wie die „heroische Besatzung eines sowjetischen Panzerwagens" die deutschen Soldaten sofort nach ihrer Gefangennahme erschießt. Dabei wurde mit besonderer Ausführlichkeit wiedergegeben, wie die Rotarmisten, nachdem sie einen deutschen Offizier gefangengenommen hatten, beraten, ob sie ihn durch einen Genickschuß töten oder auf die übliche Art erschießen sollen, worauf der Panzerwagenkommandeur erklärte:

„Ich will diesen Hund mit meinem Revolver von vorn erschießen, damit ich mich an seiner Angst weiden kann."

Vier russische Kriegsgefangene haben vor dem Vernehmungsoffizier eines deutschen Infanterieregiments am 18. Januar 1942 erklärt (Dokument 3):

„Ab 6.11.41 ist uns von unserem Politruk täglich bei der Befehlsausgabe vorgelesen worden, daß Stalin in seiner Rundfunkrede vom 6.11.41 befohlen hat, alle Deutschen, die auf russischen Boden angetroffen werden, ganz gleich, ob es sich um Volksdeutsche oder gefangene deutsche Soldaten handelt, seien restlos zu vernichten. Danach ist auch zu handeln.

Falls deutsche Soldaten in Gefangenschaft geraten, werden diese nach hinten transportiert; was mit ihnen dort geschieht, ist uns nicht bekannt."

Auch der russische Kriegsgefangene Demschenko hat bei seiner Vernehmung am 22. Dezember 1941 erklärt:

„Zwischen dem 4. und 8.12.1941 – an den genauen Tag kann ich mich nicht entsinnen – wurde uns durch unseren Zugführer ein Befehl von Stalin vorgelesen, in dem es hieß, daß keine deutschen Gefangenen mehr gemacht werden dürfen. Alle deutschen Gefangenen und in Gefangenschaft geratenen deutschen Verwundeten sollten sofort erschossen werden."

Der russische Zivilarzt Dimitrijew, der vor und nach der am 29. Dezember 1941 erfolgten vorübergehenden Besetzung Feodosias durch die Russen die russischen Verwundeten in den dortigen Lazaretten betreut hat, erhielt auf die an den Kommissar des 9. russischen Korps gerichtete Frage, warum die deutschen Verwundeten sämtlich umgebracht worden seien, die Antwort: Dies beruhe auf der Rede Stalins vom 7. November 1941, in der Stalin erklärt habe, daß alle Deutschen bzw. alle Okkupanten auf russischem Boden vernichtet werden müßten. Der Korps-Kommissar fügte noch hinzu, daß auf Grund dieser Rede Stalins die Kommissare den Soldaten Anweisung gegeben hätten, alle Okkupanten zu vernichten. Der Kommissar fand es vollkommen in Ordnung, daß die deutschen Verwundeten sämtlich getötet worden seien (vgl. Kapitel B).

Der kriegsgefangene russische Oberst Iwan Gajewski hat in dem Vernehmungsprotokoll vom 6. August 1941 folgende Angaben gemacht:

„Kurz vor Kriegsausbruch stand ich mit meinem Regiment in Bialystok und Umgegend. Unter den Kommandeuren ist viel über einen Krieg zwischen Deutschland und Rußland gesprochen [worden], es bestand die Meinung, daß der Krieg etwa am 15. Juli 41 ausbrechen werde, bei welchem Rußland die Rolle des Angreifers übernehmen würde.

In der 29. Panzer-Division, zu der ich gehörte, lag ein Befehl der übergeordneten Armee (10. oder 4.?) vor, wonach in der Kampflinie gefangene höhere deutsche Offiziere zur Vernehmung abzuführen seien, während die Offiziere geringeren Dienstgrades erschossen werden sollten, weil man in ihnen Hitler ergebene Offiziere vermutete. Über eine gleiche Behandlung der Soldaten ist nichts gesagt gewesen."

Text-dokument 3

5 Anlage zu Br.B.

Vernehmungs-Offz. Rgt.Gef.Std., den 18. Januar 1942.

O.Lt. Schubert Adj.I.R.164

V e r h a n d l u n g .

Auf Befehl des Regt. erscheinen die russ. Überläufer

1.) Oberfeldw. Michael Maruschak, I./28 (mot.Regt.), geb. am 2o.1o.1916, wohnhaft vor Kriegsausbruch in Winizki Oblast Rayon Braslawski,

2.) Soldat Michael Jiwkow, I./I.R.556, geb. am 3.11.12 wohnhaft vor Kriegsausbruch Stalinski Oblast Rayon Lemanski

3.) Soldat Michael Sintschenko, I./I.R.68o, geb. im Jahre 19o6, wohnhaft vor Kriegsausbruch in Poltawa, Rayon Ssimjonowka.

4.) Soldat Fedor Madjudja, I./I.R.68o, geb. im Jahre 191o, wohnahft vor Kriegsausbruch Winitzki Oblast Rayon Dultschinski,

und sagen zur Wahrheit ermahnt, aus:

Ab 6.11.41 ist uns von unserem Politruk <u>täglich</u> bei der Befehlsausgabe vorgelesen worden, daß Stalin in seiner Rundfunkrede vom 6.11.41 befohlen hat, alle Deutschen, die auf russ. Boden angetroffen werden, ganz gleich, ob es sich um Volksdeutsche oder gefangene deutsche Soldaten handelt, seien restlos zu vernichten. Danach ist auch zu handeln.

Falls deutsche Soldaten in Gefangenschaft geraten, werden diese nach hinten transportiert, was mit ihnen dort geschieht, ist uns nicht bekannt.

Wir versichern an eidesstatt, daß unsere obigen Aussagen der Wahrheit entsprechen und bestätigen dies durch unsere Unterschriften.

Die vorstehenden Aussagen sind uns durch den Dolmetscher in russ. Sprache vorgelesen worden.

1.) Марущак Михаил
2.) [illegible] Михаил
3.) Зинченко Михаил
4.) [illegible]

Der Vernehmende: Der Dolmetscher.

Schubert. Oblt. [illegible]

Aussage von russischen Überläufern, die die Umsetzung des Stalin-Befehls vom 6.11.1941, alle Deutschen auf russischem Boden zu erschießen, bestätigt

Der russische Befehl „An die Leiter der Abteilungen für Aufklärung der Verbände und Einheiten" bemängelt die unzulängliche Aufklärungstätigkeit der unterstellten Truppenteile. Darin befindet sich der folgende aufschlußreiche Absatz:

„In Richtung Kestenjga wissen sie ebenfalls nicht, mit welchem Bataillon welcher Regimenter die Einheiten kämpfen. Es ist vorgekommen, daß Verbände, ohne die Numerierung des Feindes zu kennen, einen Gefangenentransport zusammenstellten, der seine Gefangenen jedoch nicht am Bestimmungsort ablieferte, sondern unterwegs liquidierte. Am 22.8.41 wurden aus Gegend km 37 abgeschickte Gefangene nicht im Stabe der 88. Schützen-Division abgeliefert."

Aus dieser Bemerkung ergibt sich – ebenso wie aus der oben erwähnten Anweisung des Chefs der Politischen Abteilung der russischen 9. Kavallerie-Division – nicht etwa im mindesten die Besorgtheit um eine völkerrechtsmäßige Behandlung der Kriegsgefangenen, sondern ausschließlich das Interesse der um ihre Aufklärung bemühten russischen Stäbe an der Zuführung der Kriegsgefangenen zum Zwecke ihres Verhörs über die Gruppierung des Feindes und sonstige militärisch wichtige Fragen. Die Schicksale derjenigen Kriegsgefangenen, die auf Grund solcher Anweisungen den höheren russischen Stäben zugeführt worden sind, unterscheiden sich, wie auch die hiermit neu vorgelegten Dokumente beweisen, in nichts von dem Schicksal derer, die – entgegen den Interessen der russischen Stäbe – gleich nach ihrer Gefangennahme dem Befehl Stalins entsprechend behandelt worden sind.

Ein kurz vor Abschluß dieser Niederschrift eingegangener Bericht der deutschen 11. Division an das Generalkommando des I. Armeekorps nebst den beigefügten Meldungen, Aussagen und Lichtbildern erbringt den Beweis für die erschütternde Tatsache, daß eingeschlossene russische Truppen im Januar 1942 sich von dem Fleisch gefallener deutscher Soldaten und ihrer eigenen Kameraden genährt haben. Auch eine gleichzeitig aus einem anderen Frontabschnitt eingegangene Meldung ergibt, daß gelegentlich der Durchsuchung eines Waldgeländes sieben russische Soldaten bei der Entnahme bzw. der Zubereitung von Fleischteilen ihrer gefallenen Kameraden überrascht worden sind.

Der Kannibalismus unter russischen Kriegsgefangenen in deutschen Lagern stellt mithin keine Sondererscheinung dar, sondern steht, wie die in dieser Niederschrift vorgelegten Dokumente in ihrer Gesamtheit beweisen, mit der äußersten Verrohung sowjetischer Truppen in kausalem Zusammenhang (vgl. hierzu Kapitel D).

Kapitel A. 1

Ermordung und Mißhandlung Kriegsgefangener und wehrloser Verwundeter

Fall 001

Zwei deutsche Flieger, ein Oberleutnant und ein Feldwebel, gerieten nach Absprung aus ihrem brennenden Flugzeug am 22. Juni 1941 südostwärts Lomzka in der Nähe von Zambro in russische Gefangenschaft. Einer der beiden Flieger hatte sich bei dem Absprung eine schwere Knieverletzung und außerdem eine Verletzung im Gesicht zugezogen, durch die seine Sehfähigkeit infolge starker Blutung sehr behindert wurde. Sogleich, nachdem sie von russischen Truppen gefangengenommen worden waren, rissen ihnen russische Soldaten die Kleider bis auf Hemd und Unterhose vom Leibe. Ihr gesamtes Privateigentum wurde ihnen abgenommen. Sie wurden mit Schimpfworten belegt und schließlich gezwungen, nur mit Hemd und Unterhose bekleidet, barfuß mit erhobenen Händen vor den Russen auf schlechten, ausgefahrenen Feldwegen etwa zwei Stunden herzugehen. Wenn sie die Arme vor Müdigkeit sinken ließen, wurden sie mit den Gewehrläufen gestoßen. Einer der beiden deutschen Gefangenen, ein Oberleutnant, erhielt sogar von einem russischen Offizier Peitschenhiebe mit einer Nagaika. Nach qualvollen Stunden erreichten sie das Dorf Sambridze-Stare. Dort wurden sie von höheren russischen Offizieren verhört. Sie wurden über ihre Zugehörigkeit zur deutschen Truppe vernommen. Als die beiden Deutschen die Auskunft verweigerten, wurden sie auf einen an der Straße Ostrow Maz.-Bialystok gelegenen, eingezäunten Kartoffelacker geführt, auf dessen der Straße gegenüberliegender Seite eine Scheune stand. An diese Scheune mußten sie sich mit dem Rücken anlehnen. Auf beiden Seiten dieses Ackers stand je ein berittener Posten mit Karabiner. Bei plötzlich einsetzendem Beschuß, der offensichtlich von deutscher Seite kam, legte der eine der Posten seinen Karabiner auf den Feldwebel an und traf ihn durch einen Schuß in den Oberschenkel und sofort darauf durch einen zweiten Schuß in den Oberarm. Als der Getroffene seinem Vorgesetzten zurief: „Herr Oberleutnant, ich bin getroffen!", erhielt er keine Antwort mehr, weil der Oberleutnant gleichfalls in diesem Augenblick durch einen Rückenschuß, und zwar tödlich, getroffen worden war. Die russischen Posten suchten darauf das Weite. In der Nacht erschienen russische Offiziere, offenbar, um sich zu vergewissern, daß die beiden Kriegsgefangenen „erledigt" seien. Da sie beide für tot hielten, entfernten sie sich wieder. Der Überlebende gelangte am nächsten Tag zu den deutschen Truppen zurück.

Fall 002

Am 22. Juni 1941 mußte ein verwundeter deutscher Soldat in der Gemeinde Mosty-Male unter dem Schutz eines nicht verwundeten deutschen Soldaten zurückgelassen werden. Beide sollten in Kürze abgeholt werden. Bevor dies noch geschehen konnte, gelangten russische Truppen nach Mosty-Male. Ein russischer Offizier und zwei Soldaten besuchten das Gemeindehaus, fanden den deutschen Verwundeten dort und schossen ihn nieder, obwohl er an seinem Verband als Verwundeter deutlich zu erkennen war. Der unverletzte deutsche Soldat entging dem gleichen Schicksal nur, weil er von Angehörigen der Gemeinde versteckt gehalten werden konnte. Nach dem Abzug der Russen bestatteten die Angehörigen der Gemeinde Mosty-Male den ermordeten deutschen Kriegsgefangenen auf ihrem Friedhof. Die Feststellung der Ermordung des verwundeten deutschen Soldaten beruht auf den eidlichen Aussagen des Landwirts Michajlo und des Landwirts Wasylyna sowie der Haustochter Huta in Mosty-Male.

Fall 003

Der russische Kriegsgefangene Oberst Antonoff, Panzerverbindungsoffizier bei der 10. russischen Armee in Bialystok, hat zu Protokoll erklärt:

„Am 22. Juni 1941 wurde über Bialystok ein deutscher Flieger abgeschossen. Der Flugzeugführer rettete sich durch Absprung. Er wurde gefangengenommen und verhört. Nach dem Verhör wurde er ohne jeglichen besonderen Grund erschossen."

Fall 004

Der bei Dziembrow am 22. Juni 1941 aus seinem beschädigten Flugzeug mit Fallschirm abgesprungene Fliegerleutnant T. wurde nach seiner Gefangennahme am gleichen Tage in Dziembrow verprügelt und mit auf dem Rücken gefesselten Händen, zusammen mit russischen bzw. polnischen Zivilgefangenen, nach Minsk transportiert. Dort wurde er am 25. Juni 1941 nach Angabe des russischen Schulinspektors Dajneko in dem Hause Oktoberstraße 10 erschossen. Diese Tatsachen sind durch die Aussagen des Buchhalters Michael Zmarzly und des Fleischermeisters Antoni Rodziewicz erwiesen.

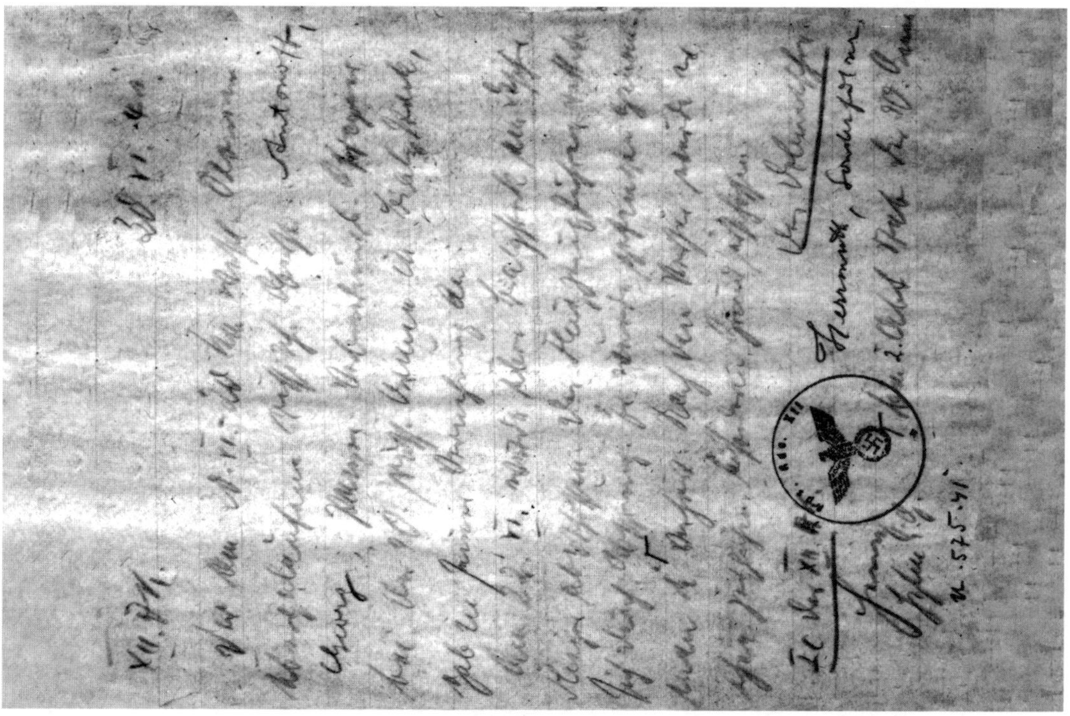

Amtliche Zeugenaussagen russischer Kriegsgefangener über die Ermordung eines abgeschossenen deutschen Piloten

Fall 005

Bei Smigliai wurden – gleichfalls am ersten Tage des deutsch-russischen Krieges – vier in die Hand der Russen gefallene deutsche Soldaten kurze Zeit darauf von den nachrückenden deutschen Truppen tot aufgefunden. Sie waren durch Genickschüsse, zwei von ihnen außerdem durch zahlreiche weitere Schüsse, ermordet worden (eidliche Aussage des Leutnants Zernack).

Fall 006

Am 22. oder 23. Juni 1941 fanden die Wehrmachtspfarrer Bohle und Sander in Litauen auf dem Wege von Edriejavas nach Rietavas, wo ein deutscher Verbandsplatz errichtet werden sollte, zwei gefallene deutsche Soldaten, deren Körper stark verstümmelt waren. Der eine von ihnen hatte eine ordnungsgemäß verbundene Oberschenkelwunde, außerdem aber mehrere Bajonettstiche in der Brust. Der zweite Soldat hatte eine offensichtlich leichte Kopfwunde, die mit einer Mullbinde verbunden war. Diesem Soldaten waren beide Augen, und zwar offenbar mit einem Gewehr, ausgeschlagen worden. Ein am Ort des Geschehens aufgefundenes zertrümmertes Gewehr paßte mit seinem Schloß und dem Sicherungsflügel genau in die ausgeschlagenen Augenhöhlen. Nach den übereinstimmenden eidlichen Aussagen der beiden Zeugen ist anzunehmen, daß die beiden Getöteten zunächst verwundet waren und dann in bestialischer Weise ermordet worden sind.

Dokumente zu Fall 006

Gericht der 217. Division **Div. St. Qu., den 8. September 1941**

Gegenwärtig:
1. Kriegsgerichtsrat Naraschewski
2. Gefreiter Salewski als Protokollführer – allgemein – verpflichtet gemäß §§ 104, Abs. 3, 22 Abs. 2 MStGO

In der Untersuchungssache erschien als Zeuge der Nachbenannte Div.-Pfarrer Bohle.

Der Erschienene wurde mit dem Gegenstand der Untersuchung bekanntgemacht und auf die Bedeutung des etwa zu leistenden Eides hingewiesen. Hierauf wurden die Zeugen einzeln und in Abwesenheit der später abzuhörenden Zeugen wie folgt vernommen:

1. Zeuge

Ich heiße Arnold Bohle, bin 34 Jahre alt, ev. Glaubens (Dienstgrad – Beruf) Div.-Pfarrer (Truppenteil, Wohnort), Feldpostnr. 24 683, verneine die übrigen Glaubwürdigkeitsfragen.

Ich erkläre zu dem Gegenstand meiner Vernehmung:

Am 23. Juni 1941 sah ich 3 km nordostwärts Edriejavas (ostwärts von Memel, auf der Karte 1 : 300.000, an der Höhe 139) auf dem Hofe eines Gehöftes an der Straße 2 tote deutsche Soldaten. Mir fiel ihre eigenartige Lage auf, so daß ich Halt machte, um nach der Art ihrer Verletzungen zu sehen.

Der eine der beiden Gefallenen hatte eine Wunde am Oberschenkel, die verbunden war. Sein Tod war offensichtlich aber herbeigeführt durch mehrere Bajonettstiche in die Brust, die ihm beigebracht [worden] sein müssen, während er auf dem Rücken lag. Denn die Vorderseite der Uniform wies nur die Einstiche auf, während der ganze Rückenteil blutdurchtränkt war.

Der andere war offenbar leicht am Kopf verletzt gewesen, eine Mullbinde war einige Male um seinen Kopf gelegt. Ihm war[en] durch einen Schlag mit dem Gewehr Nasenwurzel und Augenpartie völlig zertrümmert. Der Hieb ist mit dem umgedrehten Gewehr geführt worden und mit einer derartigen Wucht, daß der Kolben abgebrochen war. Getroffen hat der Schloßteil des Gewehres, der Sicherungsflügel hatte eine deutlich sichtbare Auszackung des Wundrandes in der rechten Au-

Am Sonntag, dem 22. Juni 1941, begann morgens um 3.15 Uhr das Unternehmen Barbarossa. Bereits in den allerersten Kriegstagen kam es zu grausamen Verstümmelungen deutscher Wehrmachts-Angehöriger. Diesem Soldaten sind in Litauen mit einem Gewehr beide Augen ausgeschlagen worden

genbraue verursacht (vgl. die beiliegende, von mir aufgenommene Photographie). Aus der Lage der beiden Toten und aus der Art ihrer Wunden ging eindeutig hervor, daß sie ermordet worden sind, nachdem ihre ersten Verwundungen verbunden [worden] waren.

v. g. u. beschworen, gez. Arnold Bohle

2. Zeuge

Z.P.: Ich heiße Paul Guski, 27 Jahre alt, kath., Gefreiter bei der Feldpostnr. 24 683 (Zivilberuf: Bauarbeiter).

Z.S.: Ich befand mich im Kraftwagen zusammen mit dem Gefreiten Sagemüller, dem Div.-Pfarrer Bohle und dem Wehrmachtspfarrer Sander am 2. Tage des Einsatzes gegen Rußland auf der Fahrt aus unserem Quartier zum Hauptverbandsplatz. Unterwegs sahen wir gefallene Russen liegen; wir stiegen aus dem Kraftwagen, um uns 2 tote deutsche Soldaten anzusehen. Pfarrer Bohle machte eine photographische Aufnahme von dem einen Soldaten. Als ich die beiden toten Soldaten sah, hatte ich ein Eindruck, daß die beiden zunächst nur verwundet waren, weil der eine einen Verband um den Oberschenkel und der andere einen Verband um den Kopf hatte. Diese beiden Soldaten müssen dann ermordet worden sein. Dem einen Soldaten war mit einem Gewehr auf den Kopf geschlagen [worden], so daß sich dieses in die Augenhöhlen tief eingedrückt hatte. Infolge der Gewalt des Schlages war der Kolben abgebrochen. Der zweite Soldat hatte Stiche in der Brust. Ein Oberarzt kam herzu und wickelte dem photographierten Soldaten den Verband vom Kopfe ab. Er stellte fest, daß die verbundene Kopfverletzung nicht tödlich gewesen sein kann. Es waren noch weitere deutsche Soldaten in der Nähe, welche davon sprachen, daß Zivilpersonen diese beiden Soldaten ermordet hätten. Ich kann keine Angaben darüber machen, inwieweit dieses Gerede zutreffend war.

v. g. u. beschworen, gez. Gusti, Gefr., gez. Naraschewski, gez. Salewski, Beglaubigt: Sekretär

Gericht der 217. Division **Div. St. Qu., den 8. September 1941**

Gegenwärtig: 1. Kriegsgerichtsrat Naraschewski
2. Gefreiter Salewski als Protokollführer – allgemein – verpflichtet gemäß §§ 104 Abs. 3, 22 Abs. 2 MStGO

In der Untersuchungssache erschienen als Zeugen die Nachbenannten.

Die Erschienenen wurden mit dem Gegenstand der Untersuchung bekanntgemacht und auf die Bedeutung des etwa zu leistenden Eides hingewiesen. Hierauf wurden sie – die Zeugen einzeln und in Abwesenheit der später abzuhörenden Zeugen – wie folgt vernommen:

1. Zeuge

Ich heiße Konrad Sander, bin 43 Jahre alt, kath. Glaubens, (Dienstgrad – Beruf), Wehrmachtpfarrer, (Truppenteil, Wohnort), Feldpost Nr. 24 683 verneine die übrigen Glaubwürdigkeitsfragen.

Ich erkläre zu dem Gegenstand meiner Vernehmung:

Am 23. Juni 1941 fuhr ich in Litauen von Edriejavas nach Rietavas, wo ein neuer Verbandsplatz errichtet werden sollte. Auf dieser Fahrt bemerkte ich unter einer Anzahl toter deutscher Soldaten 2 Gefallene, die stark verstümmelt waren. Der eine dieser Soldaten hatte eine verbundene Oberschenkelwunde. Außerdem hatte er mehrere Bajonettstiche in der Brust. Der zweite Soldat hatte offenbar eine leichte Kopfwunde gehabt, wie aus einer leichten Mullbinde, die um den Kopf gewickelt war, hervorging. Diesem Soldaten waren nun beide Augen ausgeschlagen. Ein zertrümmertes Gewehr paßte mit seinem Schloß und dem Sicherungsflügel genau in die ausgeschlagenen Augenhöhlen. Es ist mit Sicherheit anzunehmen, daß die beiden Getöteten zunächst verwundet waren und dann in bestialischer Weise getötet wurden. Dem einen wurden die Augen mit dem Gewehrkolben ausgeschlagen. Da hierbei der Kolben abbrach, wurde der zweite durch Bajonettstiche getötet.

Über diese Wahrnehmungen wurde am 25. Juli 1941 von der Propagandakompanie ein Gespräch von mir auf eine Hörplatte aufgenommen.

v. g. u. beschworen, gez. Konrad Sander

2. Zeuge

Z.P.: Ich heiße Johann Sagemüller, bin 30 Jahre alt, kath., Gefreiter bei der Feldpostnr. 24 683 (Zivilberuf: Geflügelhändler).

Z.S.: Ich führe den Wagen, welcher den beiden Div.-Pfarrern zur Verfügung steht. Am 23. Juni

1941 fuhren wir abseits der Hauptstraße von Edriejavas nach Rietavas. Unterwegs hielten wir bei 2 toten Soldaten an. Soweit ich mich erinnern kann, war einer von ihnen Obergefreiter, der zweite Gefreiter. Der Gefreite hatte sich einen Stiefel ausgezogen. Um den Kopf hatte er einen Verband. Diesem Gefreiten war mit einem deutschen Gewehr die Augengegend eingeschlagen.

Der andere Soldat, der eine verbundene Verletzung an einem Bein hatte, hatte Stiche in der Brust. Ich bin dann fortgegangen, um den Wagen umzudrehen und nicht mehr dabei gewesen, als ein Arzt den Verband am Kopf des Gefreiten löste und die verbundene Wunde untersuchte.

v. g. u. beschworen, gez. Gefr. Johann Sagemüller, gez. Naraschweski, gez. Salewski,
Beglaubigt: Sekretär

Fall 007

In der Gegend von Suwalki wurden am Morgen des 23. Juni 1941 vier deutsche Soldaten, die sich mit Lastkraftwagen auf der Fahrt nach Kalwarja befanden, durch einen plötzlichen russischen Feuerüberfall gezwungen, die Wagen zu verlassen und im Straßengraben Deckung zu suchen. Da sie ohne Waffen waren, mußten sie sich einem Trupp von etwa 25 Russen ergeben. Sie wurden gezwungen, die Hände zu heben, und so in die russische Stellung geführt. Dort zwang man sie, Rock und Stiefel auszuziehen, nahm ihnen ihre Privatsachen, nämlich Uhren, Ringe, Taschentücher usw., ab und verhörte sie kurz. Anschließend zwang man sie, sich am Grabenrand niederzusetzen und verband ihnen die Augen. Unerwartet kam deutsches Infanteriefeuer in die russische Stellung. Die Russen begannen darauf, die Stellung zu räumen. Jedenfalls schloß der Obergefreite Roeben, der über diesen Vorgang eidlich als Zeuge berichtet, aus dem Verhalten der Russen, daß sie sich zurückziehen wollten. Sie setzten ihre Kraftwagen in Gang und gaben, bevor sie abfuhren, noch sechs Pistolenschüsse ab. Der Zeuge hatte sofort das Gefühl, daß man mit je zwei Schüssen seine drei Kameraden getötet hatte und wartete darauf, daß man nun auch ihn erschießen würde, was jedoch nicht geschah. Er hörte genau, wie seine Kameraden röchelten, um sich schlugen und einer von ihnen noch sprach, bis es schließlich still wurde. Nachdem wiederholt noch andere Russen in seiner Nähe erschienen waren, die ihn jedoch nicht entdeckten, wurde er von deutschen Truppen aufgefunden. Er stellte nunmehr fest, daß seine drei Kameraden von den abziehenden Russen getötet worden waren.

Fall 008

Am 24. Juni 1941 wurde eine deutsche Kampfmaschine westlich von Minsk durch russisches Feuer getroffen. Die Flugzeugbesatzung, welche aus dem Leutnant Sch. als Flugzeugführer, dem Unteroffizier W. als Bordfunker, dem Gefreiten H. als Bordmechaniker und dem Feldwebel Aubeck als Beobachter bestand, war gezwungen, mit dem Fallschirm aus der brennenden Maschine abzuspringen. Der Zeuge Feldwebel Aubeck, auf dessen Aussage die folgenden Feststellungen beruhen, traf, nachdem er zur Erde gekommen war, alsbald wieder mit Leutnant Sch. und Unteroffizier W. zusammen. Sie entschlossen sich, einen Wald, der in westlicher Richtung lag, zu erreichen, kamen aber infolge des moorigen Geländes nur langsam vorwärts. In dieser Situation sahen sie sich plötzlich von russischen Soldaten umzingelt, die mit Gewehren, Maschinengewehren und anderen schweren Waffen ausgerüstet waren. Da Widerstand völlig aussichtslos war, ergaben sie sich, indem sie die Arme erhoben. Trotzdem schossen die Russen mit ihren Gewehren weiter auf die notgelandeten Flieger, ohne daß jedoch einer von ihnen getroffen wurde. Dann wurden sie von den Russen gefangengenommen und Leutnant Sch. gefesselt, indem man ihm mit einem Lederband die Hände auf dem Rücken kreuzweise fest zusammenband. Nach kurzem Marsch wurden sie auf ein Kraftfahrzeug verladen und auf diesem mit Stricken gefesselt. Nach etwa einer Stunde wurden noch zwei weitere deutsche Flieger zu ihnen gebracht. Die nunmehr fünf Flieger wurden dann unter der Eskorte eines russischen Fliegerleutnants und einer größeren Zahl von russischen Soldaten auf einen Lastkraftwagen verladen. Zuvor hatte man ihnen ihr gesamtes Privateigentum abgenommen. Auf dem Lastkraftwagen fuhren auch zwei russische „Flintenweiber" mit, die übrigens schon bei der Gefangennahme der Flieger zugegen gewesen waren. Kurz vor Minsk wurden allen Kriegsgefangenen die Augen verbunden. Die weiteren Vorgänge nach ihrem Eintreffen in Minsk schildert der Zeuge Feldwebel Aubeck in seiner Aussage vom 20. Oktober 1941 wie folgt:

„Plötzlich wurde angehalten, und wir wurden mit Fußtritten vom LKW auf die Straße gestoßen. Dort wurde ich am Kragen gepackt und, wie ich trotz der Augenbinde wahrnehmen konnte, in ein Haus gestoßen. Dann ging es eine Treppe hoch, wobei ich einmal gegen die Wand oder gegen das Geländer gestoßen wurde, das andere Mal einen Schlag in die Kniekehle erhielt, so daß ich auf die Knie stürzte. Schließlich wurden wir in ein Zimmer gebracht, in dem nur im Flüsterton gesprochen wurde. Dort wurden uns die Fesseln gelöst, aber sofort wieder verbunden, und zwar viel fester als zuvor. Mir wurden die Arme auf den Rücken gebunden, und zwar zunächst unterhalb des Ellenbogens, und dann die Hände gekreuzt. Wir wurden sodann wieder die Treppe untergestoßen. Ich hörte, daß der eine, mir namentlich nicht bekannte, Flugzeugführer Schmerzen äußerte wegen einer Knieschwellung, die er sich zugezogen hatte; das paßte offenbar den Russen nicht, denn ich hörte gleich darauf, wie er, wohl mit dem Gewehrkolben, einen Schlag auf den Kopf erhielt und dann an den Beinen die Treppe hinuntergezogen wurde. Ich konnte unter meiner Augenbinde durchschielen und einen Augenblick lang beobachten, wie der Flugzeugführer an mir vorbeigeschleift wurde. Wir wurden darauf durch eine Art Kellergang in einen Hof geführt, der nicht beleuchtet war. Man zwang uns, in einer Ecke an einer Mauer zu liegen. Ich legte mich gleich freiwillig hin, weil ich mit dem Leben abgeschlossen hatte und mir nur wünschte, möglichst bald das Bewußtsein zu verlieren. Ich legte mich bewußt so, daß das Gesicht dem Erdboden und der Mauer zugewandt war, weil ich hoffte, daß so die ersten Schläge nicht das Gesicht treffen würden. Ich scheuerte am Erdboden meine Augenbinde hoch und verlor sie. Dadurch konnte ich mit den an die Dunkelheit gewöhnten Augen das beobachten, was sich in meiner nächsten Nähe abspielte. Ich erhielt gleich zu Beginn einen Schlag mit einem harten Gegenstand; ich hatte den Eindruck, daß es ein Ziegelstein war. Ich richtete mich zwischendurch etwas auf und sah hinter mir, nunmehr ebenfalls ohne Binde, Unteroffizier W., der sich aufgerichtet hatte und zu mir sagte ‚Auf Wiedersehen'. Gleich darauf hörte ich von ihm nur noch ein Röcheln. Ich erhielt dann einen Schlag. Dagegen sah ich, wie Leutnant Sch. neben mir lag und sich auf dem Rücken wälzte, das Gesicht nach oben. Ein Russe zerhackte mit seinem Stiefelabsatz fortgesetzt das Gesicht des Leutnant Sch. Anfänglich sagte dieser in einem fort: ‚Du bist verrückt, Du bist verrückt!', bis er ebenfalls nur noch röcheln konnte. Ich selbst war abwechselnd bei Bewußtsein und bewußtlos. Ich sah dann noch, wie der mir namentlich nicht bekannte Flugzeugführer einen Schlag in den Rücken erhielt. Als er sich daraufhin krümmte und ächzte, stach ihm ein Russe mehrere Male hintereinander das Seitengewehr in die Seite.

Ich hatte die Furcht, unter Umständen mit den andern lebendig begraben zu werden und deshalb das Bestreben, möglichst bald einen entscheidenden Stoß zu bekommen. Vorher hatte ich auch noch gesehen, wie ein Russe Leutnant Sch. mit dem einen Fuß auf dem Mund und mit dem anderen auf dem Bauch stand. In dem Bestreben, den entscheidenden Stoß zu bekommen, richtete ich mich auf und erhielt zunächst einen Stoß mit dem Stiefel gegen Mund und Nase, so daß ich wieder umfiel, und zwar mit dem Gesicht zur Wand. Daraufhin erhielt ich einen wuchtigen Schlag auf die linke Schädelseite, der mir das Bewußtsein nahm.

Ich kam erst wieder zu mir am nächsten Morgen, und zwar hauptsächlich infolge der Wärme, die dadurch entstanden war, daß die Russen die ganze Umgebung angezündet hatten. Mein ganzes Gesicht war geschwollen, bis auf einen ganz kleinen Schlitz am linken Auge, durch den ich ein klein wenig sehen konnte. Mein Zusichkommen geschah langsam und allmählich, und ich merkte schließlich, daß ich zwischen den Beinen des Leutnant Sch. lag. Es gelang mir schließlich, auf die Beine zu kommen. Ich stellte fest, daß Leutnant Sch. zwar noch warm, aber tot war. Er atmete nicht mehr und gab auch auf Rütteln kein Lebenszeichen von sich. Dagegen war Unteroffizier W. noch am Leben und fragte mich, wo Leutnant Sch. wohl sei. Der andere Flugzeugführer gab noch Lebenszeichen von sich, während sein Bordfunker tot auf der Seite lag. Von den Russen sah ich niemanden mehr, bis auf einen ebenfalls gefesselten russischen Gefangenen, der beinahe nackt war und sich abmühte, an einer Dachrinne seine Fesseln aufzuscheuern. Ich schleppte mich ins Haus, um ein Messer zu suchen. Dabei merkte ich, daß ich in einem Gefängnis war. Schließlich fand ich in einer Küche als einzigen brauchbaren Gegenstand ein altes verrostetes Messer; mit dem schleppte ich mich weiter, bis ich in einen Waschraum kam, in dem eine alte Chaiselongue stand mit einem Loch. In dieses Loch steckte ich den Griff, steckte die Scheide zwischen meine Fesseln und scheuerte sie durch. Dann rannte ich wieder auf den Hof. Ich sah, wie der gefangene Russe und ein Deutscher, den ich für Unteroffizier W. hielt, auf dem Hof lagen. Ich zog diesen Deutschen rasch ins Haus hinein, nachdem ich ihm seine Fesseln gelöst hatte. Ich legte ihn in einen Raum, in dem ich Wasser gefunden hatte, auf dort liegende alte Wäsche. Ich ging nochmals auf den Hof hinaus, um nach den anderen zu sehen. Ich sah aber, daß die Ecke, in der wir hätten erschlagen werden sollen, schon in Flammen gehüllt war. Deshalb ging ich wieder zurück und hielt mich von da an in dem Raum, in den ich den Kameraden gelegt hatte, verborgen. Am dritten Tage merkte ich, daß der gerettete Kamerad nicht Unteroffizier W., sondern der Flugzeugführer des anderen Flugzeuges war. In der Nacht des dritten Tages starb er. Am nächsten Morgen legte ich ihn in eine Zelle auf eine Pritsche. Ich hielt den Rest meiner Lebensenergie dadurch aufrecht, daß ich mir ausrechnete, die Deutschen könnten am sechsten oder siebenten Tage da sein. Tatsächlich hörte ich am siebenten Tage nach meinem Absturz Gefechtslärm und schleppte mich hinaus, bis ich auf einer Straße deutsche Panzertruppen fand, von denen ich schließlich mitgenommen wurde."

Fall 009

Ende Juni 1941 wurden bei Kernarava nordwestlich von Wilna 14 deutsche Panzerjäger nach Gefangennahme durch die Russen gefesselt und dann in völlig wehrlosem Zustande mit Spatenhieben auf die Köpfe, durch Bajonettstiche oder auf andere Weise grausam ermordet.

Dokumente zu Fall 009

Techn. Kriegsverwaltungsrat **O.U., 6. Juli 1941**
Dipl. Ing. Wedemeyer **F.P. Nr. 14700**

Bericht betr. Gefangenenbehandlung durch die Russen.

Am 2.7.41 hatte ich die Aufgabe, am Flußufer gegenüber Kernarava (NW von Wilna) die Kraftfahrzeugbeute zu sichten. Im Wald wurde ich darauf hingewiesen, daß sich seitlich vom Wege die Leiche eines deutschen Soldaten befinden sollte. Durch Zufall fand ich sie. Die Uniform war geöffnet, Hände und Ellbogen gefesselt und der Schädel durch einen Schlag mit einem (anscheinend) Spaten zertrümmert. Das Gehirn lag etwa 1 m neben der Leiche. Der Uniform nach handelte es sich um einen Oberschützen der Panzerjäger der 253. Div.

An dem Waldstück in Richtung auf die Furt wurde ein weiterer Panzerjäger in gleicher Weise ermordet aufgefunden. Er lag nur wenige m vom Geschütz, das augenscheinlich in etwa 70 m von einer feindlichen Batterie hatte zum Schuß kommen wollen.

Am 3.7.41 berichteten mir Eingeborene, daß sie Uniformstücke in einer Grube gefunden hatten, die zu deutschen Soldaten gehörten. Eine sofortige Eröffnung der Grabstelle ergab, daß es sich um weitere Panzerjäger handelte, die ebenfalls gefesselt waren. Der erste war durch mehrere Stiche in die Brust getötet worden, während der nächste ohne Unterkiefer war.

Die erwähnten Leichen wurden von mir fotografiert. An der Stelle der beiden Gruben befanden sich 2 Blutlachen, von denen eine ebenfalls im Bild festgehalten wurde. Die Gruben wurden ihrer Lage nach fotografiert und durch Wurzelpyramiden gekennzeichnet, um ein Wiederauffinden zu ermöglichen. In den Gruben befanden sich insgesamt 14 Leichen, wie durch einen Lt. der Pz.Jgr. festgestellt wurde, der die Leichen dann geborgen hat und auf dem Friedhof bei der Übergangsstelle der Division P. beisetzte. Alle Leichen wiesen nach seiner Aussage Beinverletzungen auf und waren nachträglich gefesselt und augenscheinlich, wie die Verstümmelungen erkennen lassen, zu Tode gequält worden. Die Hände waren so fest geschnürt worden, daß die Haut wellig und lose auf dem Fleische saß.

Eine Untersuchung der Hinterlassenschaften der Russen ergab Bilder von Mongolen, Postkarten aus Finnland, Polen.

Nach Aussagen der Eingeborenen sind die Russen dort 3 Tage lang übergegangen und wurden dann durch die Pz. Jgr. gestört. Diese gerieten dabei in einen Hinterhalt und wurden von 3 Seiten zusammengeschossen.

An dem Wagenplatz an der Furt wurden eine Reihe von Leichen gefunden, die ebenfalls verstümmelt, aber nicht gefesselt waren. Sie stammten von Einwohnern, die die Russen gefangen hatten.

An der in der Skizze gekennzeichneten Stelle wurden außerdem die Sachen von mehreren Soldaten gefunden, die zu einem Rgt. Stab gehören. Sie waren vergraben. Der Verbleib der Leute ist mir unbekannt.

gez. Dipl. Ing. Wedemeyer, Techn. Kriegsverwaltungsrat, Beglaubigt: Sekretär

Gericht des A.O.K. 16 **A.H.Qu., den 9. Juli 1941**

Gegenwärtig:
Oberstkriegsgerichtsrat Dr. Mäntler
Obergefr. Klusen

In der Ermittlungssache über völkerrechtswidriges Verhalten der Russen erschien als Zeuge der Nachbenannte.

Der Erschienene wurde mit dem Gegenstand der Untersuchung bekanntgemacht und auf die Bedeutung des etwa zu leistenden Eides hingewiesen. Hierauf wurde er wie folgt vernommen:

1. Zeuge techn. Kriegsverwaltungsrat Wedemeyer.

Ich heiße Ernst August, bin 42 Jahre alt, ggl. Glaubens, (Dienstgrad – Beruf) techn. Kriegsverwaltungsrat (Truppenteil, Wohnort) amtl. Sachverständiger f. Kraftfahrzeuge. Feldpost Nr. 14700.

Ich erkläre zu dem Gegenstand meiner Vernehmung:

Am 2.7.1941 wurde ich von Herrn Hauptmann Diener (A.O.K. 16, O. Kraft) zu dem Flußufer gegenüber Kernarava (nordw. von Wilna) geschickt, um dort die Kraftfahrzeugbeute zu sichten. Bei der Erfüllung dieser meiner Aufgabe mußte ich damit rechnen, daß sich in diesem Gelände noch versprengte Teile der russ. Wehrmacht befänden. Ich blieb daher vorsichtigerweise auf dem Hauptweg und fand dort eine große Anzahl von Litauern vor, die selbst ebenfalls nach Beute suchten. Von ihnen wurde ich auf die Lage der Kraftfahrzeuge aufmerksam gemacht, von einem aber erfuhr ich auch, daß „Germansky" hier seien. Bei meinem weiteren Vordringen stieß ich dann zufällig auf die Leiche eines deutschen Soldaten. Den weiteren Verlauf meiner Ermittlungen habe ich, so wie ich ihn erlebte, in meinem schriftlichen Bericht vom 6.7.1941 [s. o.] und der von mir angefertigten Skizze [s. u.] festgehalten, beide Aktenstücke mache ich hiermit zum Gegenstand meiner Zeugenaussage. Mehr als ich dort festgehalten habe, vermag ich nicht auszusagen.

Ergänzend will ich noch bemerken: Wenn ich im 4. Absatz meines Berichtes mich auf die Feststellungen eines mir bis dahin unbekannten Leutn. der Panzerjäger berief, so tat ich dies deshalb, weil ich mir dachte, daß dieser Ltn. der 253. Div. mit Leichtigkeit ausgeforscht werden könnte; er hat ja die 14 Leichen fotografiert und ist in der Lage, nähere Angaben zu machen.

v. g. u., gez. Dipl. Ing. Wedemeyer
Der Zeuge wurde vorschriftsmäßig beeidigt.
gez. Dr. Mäntler, gez. Klusen, Beglaubigt: Sekretär

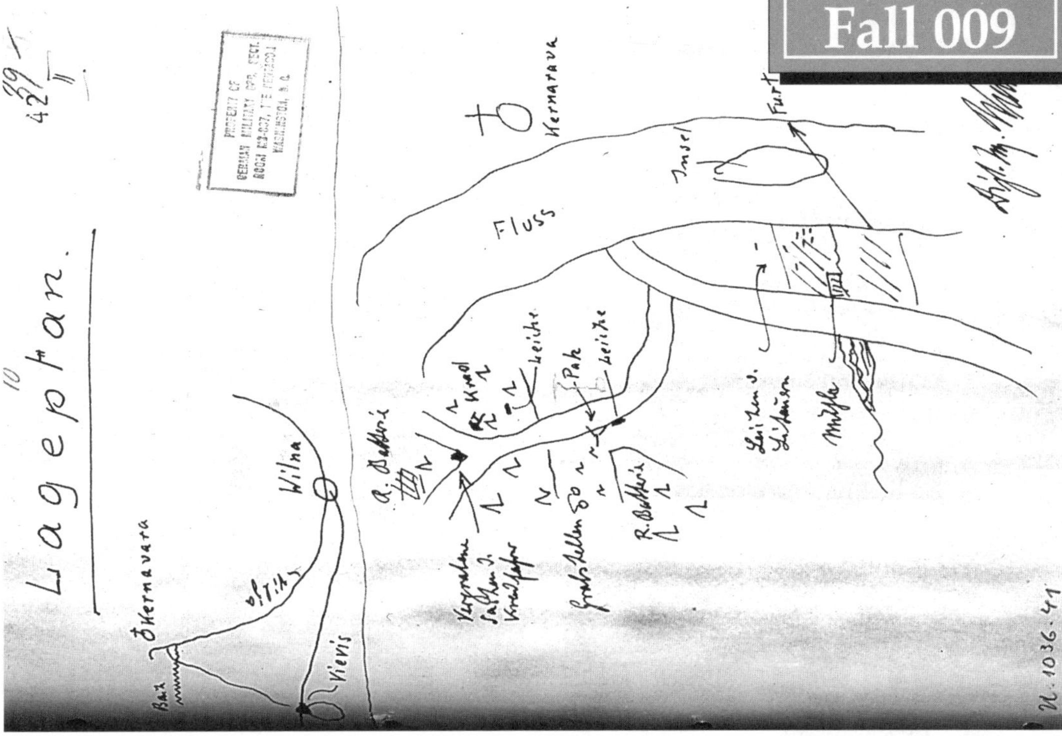

Die Skizze zeigt die Stelle, an der vergrabene Ausrüstungsgegenstände von Soldaten eines Regimentsstabes gefunden wurden. Der Verbleib dieser Soldaten ist unbekannt

Nordwestlich von Vilnius/Wilna (Litauen) wurden gefangene deutsche Panzerjäger gefesselt und dann mit Spatenhieben auf die Köpfe sowie mit Bajonettstichen grausam ermordet

Fall 010

Ein schwerverwundeter Reiter, im Kampf verwundet, dann von deutschen Sanitätern verbunden und mit einem Wundzettel versehen, fiel bei einem Vorstoß der Russen in deren Hände. Die Russen rissen ihm den Verband ab und stachen ihm die Augen aus.

Fall 011

Nach der Einnahme von Lemberg am 3. Juli 1941 durch deutsche Truppen wurden in dem dortigen NKWD-Gefängnis die Leichen von vier Angehörigen der deutschen Luftwaffe vorgefunden. Aus dem Untersuchungsbefund des beratenden Pathologen des Armeearztes 17 vom 3. Juli 1941 und weiteren Beweisurkunden ergibt sich, daß es sich um Leichen von vier deutschen Fliegern handelt, die nach ihrer Gefangennahme in das NKWD-Gefängnis eingeliefert und dort vor dem Abzug der Russen getötet worden sind.

Fall 012

Im Kriegslazarett 14 in Lemberg, Ulica Lyczakowska 26, wurden, gleichfalls nach der Einnahme von Lemberg, die Leichen dreier deutscher Flieger ermittelt. Der frühere russische Abteilungsverwalter dieses Lazaretts namens Pilichiewicz sowie der russische Arzt Dr. Sadlinski haben in ihrer eidlichen Vernehmung vom 4. Juli 1941 folgendes ausgesagt:

a) der Zeuge Josef Pilichiewicz:

„Ich bin als Hausverwalter der chirurgischen Abteilung beschäftigt. An einem der ersten Tage des Krieges wurden in der chirurgischen Abteilung unter Bewachung von mehreren Sowjetsoldaten zwei verwundete deutsche Offiziere eingeliefert. Es wurde jedenfalls gesagt, daß es sich um deutsche Offiziere handele, es können auch Unteroffiziere oder Mannschaften gewesen sein. Eine Uniform hatten sie nicht mehr an, als sie auf die Abteilung gebracht wurden. Sie waren nur mit dem Hemd bekleidet. Beide waren nur leicht verwundet. Welcher Art die Verwundungen waren, kann ich nicht sagen, da ich die Verwundungen selber nicht gesehen habe. Über die Art der Verwundungen wird Dr. Sadlinski Aufschluß geben können. Einige Tage später wurde ein dritter verwundeter deutscher Soldat hier eingeliefert. Auch von diesem wurde gesagt, daß er Offizier sei. Welcher Art die Verwundungen waren, vermag ich nicht anzugeben.

Die Bewachung, die die Soldaten einlieferte, gab an, daß es sich bei allen drei Verwundeten um Flieger handele. Das Flugzeug sei abgeschossen worden und die Flieger hätten sich durch Absprung mit dem Fallschirm gerettet. Ob es sich tatsächlich um Flieger handelte, weiß ich aus eigener Anschauung nicht.

Der zuständige Abteilungsarzt hat sich nicht sonderlich um die Verwundeten gekümmert. Dr. Sadlinski, ein hier beschäftigter Zivilarzt, nahm sich der Verwundeten an und hat sie hin und wieder untersucht. Als Dr. Sadlinski dem Abteilungsarzt den Vorschlag machte, dem einen Verwundeten eine ärztliche Hilfe zu geben, ging dieser nicht darauf ein. In der ersten Zeit durfte das Pflegepersonal sich noch mit den Verwundeten unterhalten, jedoch bald darauf wurde es von dem Abteilungskommissar verboten.

Als am Sonnabend, den 29. Juni, Lemberg von den Russen evakuiert wurde, wurden die russischen Verwundeten auf dem Hof verladen. Als der letzte Wagen belegt war, wurde das Pflegepersonal aus dem Hospital entlassen und sofort nach Haus geschickt. Ich hielt mich zu dieser Zeit in der Nähe des Operationssaales auf, der sich im Parterre befindet. Es mag elf Uhr deutscher Zeit gewesen sein. Als alles verladen war, sah ich die Kommissare Loginow und Maslow durch den mittleren Eingang in das Spital gehen. Sie hatten beide eine Nagan in der Hand. Sie begaben sich in den ersten Stock. Nach kurzer Zeit hörte ich mehrere Schüsse fallen. Ich eilte auf die Stiege, um in den ersten Stock zu gelangen. Als ich auf der Stiege ankam, kamen mir schon die beiden genannten Kommissare entgegen. Außerdem befand sich unten auf der Stiege der Verwalter Litoszewski, auch er hatte eine Pistole in der Hand. Alle drei verließen das Spital, ohne an mich noch ein Wort zu richten. Ich ging dann in mein Magazin zurück. Es bestand für mich kein Zweifel, daß die Kommissare die deutschen Verwundeten erschossen hatten. Selbst bin ich nachher nicht mehr in das Zimmer gegangen, sondern begab mich sofort nach Haus, weil die Sowjets herumschrien, wer sich noch im Spital befinde, werde erschossen."

b) der Zeuge Dr. Czeslaw Sadlinski:

„An einem der ersten Tage des Krieges wurden in das hiesige Hospital zwei deutsche Flieger eingeliefert. Ich will berichtigen, ich kann nicht mit Bestimmtheit sagen, daß es sich um Angehörige der Luftwaffe handelte. Man sprach allerdings im Hospital davon. Ich kann auch nicht mit Bestimmtheit sagen, ob es sich um Offiziere handelte.

Ich selbst hatte Gelegenheit, die beiden deutschen Soldaten im Operationssaal zu sehen. Ihre Verwundungen waren nur leichter Natur. Der eine Soldat hatte eine Brustverletzung, der andere hatte eine handflächengroße Hautabschürfung an einem Kniegelenk. Die beiden Verwundeten wurden auf den Saal Nr. 21 gelegt. Ich selbst war nicht der behandelnde Arzt. Zuständig für die Behandlung war ein sowjetrussischer Militärarzt. Aus Interesse habe ich die beiden deutschen Soldaten etwa zwei Tage nach ihrer Einlieferung in ihrem Zimmer aufgesucht und mich nach ihrem Befinden erkundigt. Beide erklärten mir, daß es ihnen gut gehe und ihr Verband auch erneuert worden sei.

Am Tage der Evakuierung des Spitals ging ich morgens in das Zimmer der deutschen Verwundeten, um mich nach ihrem Befinden zu erkundigen. Inzwischen war ein dritter Verwundeter eingeliefert worden. Es handelte sich um einen Angehörigen der Luftwaffe. Welchen Dienstgrad er hatte, weiß ich nicht. Als Verletzungen sind mir bekannt: eine Ausrenkung des linken Oberarmgelenkes, ein Bruch des linken Oberarmknochens und ein Bruch des einen Fußknöchels. Ich machte dem leitenden Abteilungsarzt den Vorschlag, die Schulter doch wieder einzurenken und in einen Gipsverband zu legen. Ich bekam jedoch darauf keine Antwort. Als ich zum zweiten Male darauf hinwies, erklärte mir der Arzt – es handelt sich um den Stabsarzt Sambor – ‚Gut, gut!' Ich selbst hatte versucht, die Schulter wieder einzurenken. Es ging aber nicht, da schon alles zu geschwollen war und eine Einrenkung nur noch in Narkose möglich war. Als ich dann weiter den Vorschlag machte, den Patienten in den Operationssaal zu bringen und die Einrenkung in Narkose vorzunehmen, bekam ich auch nur lediglich von dem Stabsarzt zur Antwort ‚Gut, gut!' Nach diesem Vorfall habe ich die Verwundeten nicht mehr zu Gesicht bekommen. Weitere sachliche Angaben kann ich nicht machen. Von Angestellten des Spitals ist später mitgeteilt worden, daß die Verwundeten von russischen Kommissaren erschossen worden sind."

Auch die Krankenschwester Gryglöwna hat die vorstehend wiedergegebenen Aussagen der beiden anderen Zeugen in vollem Umfange bestätigt. Die Namen dieser drei ermordeten deutschen Flieger waren noch aus dem Badebuch der Krankenanstalt ersichtlich.

Fall 013

Bei Konstantinow (etwa 80 km nordostwärts Wilna) wurde der Gefreite Grossmann mit drei Kameraden auf einer Fahrt mit einem Lastkraftwagen von Russen überfallen. Ein Unteroffizier und zwei Obergefreite fielen hierbei, während sich der Gefreite Grossmann, der nur durch einen Kopfstreifschuß verwundet worden war, in einem Kornfeld neben der Straße verstecken konnte. Einige Zeit später erschien ein deutscher Panzerspähtrupp. Grossmann und einige Mann dieses Spähtrupps bargen die gefallenen Kameraden, indem sie die Toten in den Chausseegraben legten und jeden mit einem Mantel zudeckten, da zur Beerdigung keine Zeit blieb. Er stellte hierbei fest, daß der Unteroffizier M. und der Obergefreite B. einen Brustschuß und der Obergefreite K. einen Kopfschuß hatten. Weitere Verletzungen waren nicht festzustellen. Grossmann fuhr dann mit seinem Lastkraftwagen unter dem Schutz der Panzerspähwagen bis nach Michaelowski zurück. Am nächsten Morgen wurde ein Stoßtrupp an die Stelle des oben geschilderten Vorfalls geschickt, der die drei Gefallenen zurückbrachte. Der Zeuge stellte nunmehr fest, daß sämtlichen drei Gefallenen die Nasenlöcher mit Sägespänen verstopft worden waren. Ferner bemerkte er, daß dem Obergefreiten K. der Mittelfinger der rechten und der Mittelfinger der linken Hand abgeschlagen worden waren und daß ihm die Stiefel fehlten.

Fall 014

Bei einem Gefecht um Dabrowka am 25. Juni 1941 fielen sechs deutsche Soldaten, darunter zwei Schwerverwundete, in russische Gefangenschaft. Sie wurden zunächst von zwei russischen Soldaten bewacht, die aber am Abend durch zwei andere abgelöst wurden. Diese neuen Wachmannschaften erschossen, ohne irgend etwas zu sagen, fünf der gefangenen Deutschen, darunter auch die beiden Schwerverwundeten. Nur einer, der Zeuge Oberschütze Schlosser, auf den gleichfalls geschossen wurde, entging der Ermordung, indem er sich tot stellte. Einer der beiden russischen Soldaten stach außerdem mit dem Seitengewehr auf die deutschen Gefangenen ein. Auch der Obergefreite Schlosser erhielt einen solchen Stich in das Rückgrat, ohne jedoch schwer verwundet zu werden. In der Frühe des nächsten Tages stellte Schlosser fest, daß sämtliche Kameraden tot waren, nachdem sie in der Nacht zum Teil noch Lebenszeichen von sich gegeben hatten. Er konnte dann mit einigen Schwierigkeiten wieder zu einem deutschen Regiment zurückfinden.

Fall 015

Nördlich der Straße Rozana-Slonim wurden fünf in russische Gefangenschaft geratene deutsche Schützen in der Zeit vor dem 25. Juni 1941 von den Russen durch Genickschüsse getötet, nachdem einem der Gefangenen zuvor Hände und Füße gefesselt und alle Gefangenen ausgeplündert worden waren.

Dokumente zu Fall 015

Gericht der 10. Panzer-Division **Den 10.8.1941**
RHL 77/41

Gegenwärtig:
Hauptmann und Gerichtsoffizier Ebock
als bestellter Vertreter des Kriegsgerichtsrats,
Heeresjustizinspektor Dirr als Urkundsbeamter der Geschäftsstelle

Es erscheinen:
Leutnant Rolf, Oberleutnant Bauer, Stabsfeldwebel Lützig, sämtlich von der 2./Pz. Jägerabt. 90.
Sie erklären, nachdem sie mit dem Gegenstand ihrer Vernehmung bekanntgemacht und auf die Bedeutung des Eides hingewiesen worden sind:

1) Leutnant Rolf:

Z.P.: Ich heiße Hans-Jürgen Rolf, bin 26 Jahre alt, gottgläubig, Ltn. bei der 2./Pz. Jägerabt. 90.

Z.S.: Am 25.6.1941 wurde die Kompanie zur Sicherung des Führungsstabes der Panzergruppe 2 unterstellt. Sie marschierte mit dem Führungsstab auf der Straße Rozana-Slonim vor. Im Wald 5 km südwestlich Slonim zog der Führungsstab unter. Die Kompanie unternahm die Sicherung nach Norden. Ich hatte den Auftrag, nachdem ich meine Geschütze eingesetzt hatte, die umliegenden Kornfelder nach etwa versprengten russischen Soldaten zu durchsuchen.

Etwa 800 m nördlich der Straße Rozana-Slonim befand sich ein einzelstehendes Haus, dicht davor eine kleine Sandgrube. Im Umkreis von etwa 50 m um dieses Haus lagen 5 deutsche Soldaten, die sämtlich durch Genick- bzw. Kopfschüsse getötet und bis auf wenige Gegenstände ausgeraubt waren. Der Uniform nach zu urteilen, gehörten sie einem Schützenregiment an. Sie konnten erst verhältnismäßig kurze Zeit dort gelegen haben, denn die Leichen waren noch frisch.

Die erste Leiche, auf die ich stieß, lag in der erwähnten Sandgrube. Ich stellte an ihr einen Einschuß an der rechten hinteren Kopfseite und einen größeren Ausschuß am linken Backen fest. Sie trug noch Koppel mit Leuchtpistole. Bis auf Soldbuch und den leeren Brustbeutel, der vorne aus der Uniform heraushing, war der Leiche alles genommen.

Rechts von der Sandgrube, gleichfalls noch hinter dem Haus, lagen 3 weitere Leichen deutscher Soldaten und zwar in einer Entfernung von je 20 m. Auch bei ihnen stellte ich sämtlich Kopfschüsse fest. Ob eine Tötung durch Genickschuß in diesen Fällen vorlag, kann ich im einzelnen nicht angeben. Die Leichen lagen, auch wie die bereits erwähnte, sämtlich auf dem Gesicht und waren gleichfalls ausgeplündert. Einer hatte man sogar die Stiefel ausgezogen.

Die 5. Leiche lag rechts vor dem erwähnten Haus; sie lag gleichfalls auf dem Gesicht. Die Füße und Hände dieser Leiche waren mit einer Art Brotbeutelband gefesselt und zwar die Hände auf dem Rücken. Auch diese Leiche trug einwandfrei einen Genickschuß. Außerdem stellte ich, und ließ dies später durch unseren San. Unteroffz. Schönborn bestätigen, fest, daß die Leiche 5 Stiche in der Brust hatte. Ob es sich hierbei um Messer- oder Bajonettstiche handelte, kann ich nicht sagen. Auch diese Leiche war ausgeplündert.

San. Unteroffz. Schönborn hat den Leichen lediglich noch ein Taschentuch, einen Spiegel, einen Kamm, zwei Soldbücher, zwei Erkennungsmarken und ein Bild abgenommen. Alles andere an Wertsachen und persönlichen Gegenständen fehlte.

Ich meldete den Vorfall unverzüglich der Kompanie.

v. g. u., gez. Rolf Lt.
Der Zeuge wurde gesetzlich vereidigt.

2) Oberleutnant Bauer:

Z.P.: Ich heiße Friedrich Bauer, bin 27 Jahre alt, kath. Glaubens, Oberleutnant und Komp.-Chef der 2./Pz. Jägerabt. 90.

Z.S.: Durch Leutnant Rolf erfuhr ich durch schriftliche Meldung, daß er in der Nähe eines Hauses etwa 800 m nördlich der Straße Rozana-Slonim im Abschnitt seines Zuges die Leichen von 5 deutschen Soldaten gefunden hatte, die offenbar durch Genickschuß und Stiche getötet und ausgeplündert waren. Ich begab mich darauf an die Fundstelle und fand das, was mir gemeldet worden war und was Leutnant Rolf soeben in meiner Gegenwart zu Protokoll gegeben hat bestätigt. Ich gab darauf die Meldung an meine Abteilung weiter. Etwa eine Stunde später erschien mein Kommandeur, Major Knappe, zusammen mit Oberstleutnant i.G. Baierlein, Ia der Panzergruppe 2, und begaben sich zusammen mit mir gleichfalls an den Fundort der Leichen. Auch sie überzeugten sich von der Richtigkeit der Angaben des Leutn. Rolf. Oberstleutnant i.G. Baierlein machte in meiner Gegenwart mehrere Aufnahmen von den Leichen, vor allem von der gefesselten.

Nach Rückkehr zu meinem Gefechtsstand beauftragte ich den San.Unteroffz. Schönborn, die Leichen nochmals auf ihre Verletzungen hin anzusehen und ihnen Wertgegenstände abzunehmen. Letztere – es handelt sich um die von Leutn. Rolf bereits angegebenen Sachen – schickte ich den zuständigen Einheiten. Die Leichen sind auf meine Veranlassung hin noch am gleichen Abend bestattet worden.

v. g. u., gez. Bauer
Der Zeuge wurde gesetzlich vereidigt.

3) Stabsfeldwebel Lützig:

Z.P.: Ich heiße Alfred Lützig, bin 31 Jahre alt, kath., Stabsfeldwebel bei der 2./Pz. Jägerabt. 90.

Z.S.: Nachdem ich durch Leutnant Rolf von dem Fund der 5 durch Genickschuß oder durch Stich-

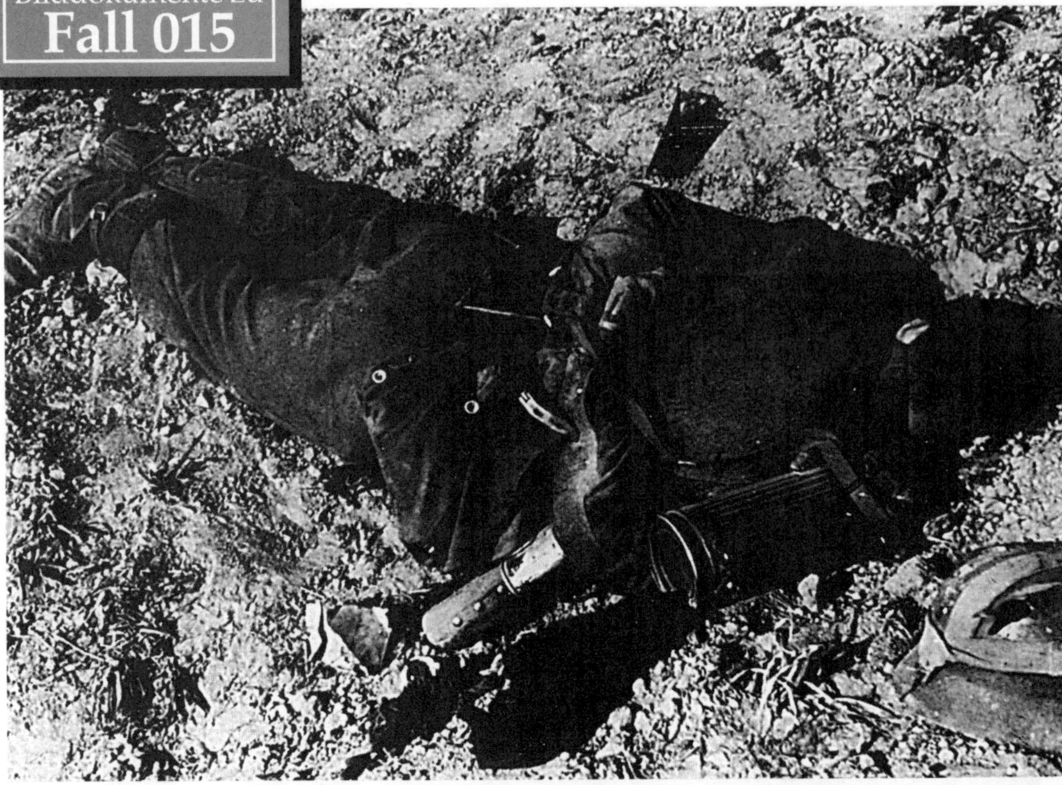

Fünf in russische Gefangenschaft geratene deutsche Soldaten wurden durch Genickschüsse getötet, nachdem einer von ihnen gefesselt und einem weiteren die Stiefel geraubt worden waren

verletzung getöteten deutschen Soldaten gehört hatte, begab auch ich mich an die Fundstelle. Auch ich habe mir diese Leichen näher angesehen und ihren Befund in der gleichen Weise festgestellt, wie das Leutnant Rolf soeben in meiner Gegenwart geschildert hat. Ich bestätige hiermit die mir genau bekannte Darstellung des Leutn. Rolf. Ich habe bei dieser Gelegenheit sowohl von der gefesselten Leiche als auch von der, der die Stiefel ausgezogen waren, zwei oder drei Lichtbilder aufgenommen, die z.Zt. noch nicht entwickelt sind. Ich bin bereit, Abzüge davon einzusenden, sobald ich nach dem Einsatz Gelegenheit habe, solche anfertigen zu lassen.

v. g. u., gez. Lützig, Stfw.
Der Zeuge wurde gesetzlich vereidigt.
gez. Ebock, gez. Dirr, Beglaubigt: Sekretär

Fall 016

Fünf Pioniere, die durch Arm- und Beinschüsse Ende Juni 1941 verwundet worden waren, wurden südlich von Teremno in wehrlosem Zustand von russischen Soldaten ermordet, und zwar drei von ihnen durch Genickstiche mit dem Bajonett, einer durch Herzschuß und einer durch Genickschuß. Dasselbe Schicksal dürfte zwei weitere Pioniere betroffen haben, die zur Zeit der ärztlichen Feststellungen schon beerdigt waren.

Fall 017

Der Bauer Tadeusz Osipowicz beobachtete am 26. Juni 1941 folgenden Vorgang, der sich in der Nähe seines Wohnhauses bei D-Zytorodz zutrug: Er sah, daß ein deutsches Flugzeug abstürzte, und begab sich mit anderen Zivilisten an die Absturzstelle. Das Flugzeug lag unmittelbar neben dem Beobachtungsturm, etwa zweieinhalb Kilometer südwestlich Indura. Bei dem Flugzeug standen etwa zehn russische Soldaten um einen deutschen Piloten. Der Pilot war verletzt. Offenbar waren ihm beide Beine beim Absprung gebrochen. Der Pilot bat um Wasser, worauf der Zeuge ihm Wasser holte und ihm zu trinken gab. Dann wurden die Zivilisten von den russischen Soldaten vertrieben mit dem Bemerken, daß Zivilisten hier nichts zu suchen hätten. Vor seinem Weggang stellte der Zeuge noch fest, daß der Verwundete nicht verbunden worden war und daß er am Kopf und im Gesicht keinerlei Verletzungen hatte. Drei russische Soldaten entfernten sich dann in südöstlicher Richtung, aus der offenbar Hilferufe von einem zweiten Insassen des Flugzeuges zu hören waren.
Am nächsten Vormittag begab sich der Zeuge wieder zu der Stelle, an der das Flugzeug abgestürzt war, und sah den Piloten dort tot liegen. Russische Soldaten waren nicht mehr in der Nähe. Der Tod muß durch einen Kopfschuß aus unmittelbarer Nähe herbeigeführt worden sein, denn der Tote hatte über dem linken Auge eine Wunde und eine größere (offenbar Ausschußwunde) am Hinterkopf. Der Zeuge bestätigt ausdrücklich, daß eine solche Kopfverletzung am Vortage nicht vorhanden war. Dem Toten waren außerdem die Stiefel und nahezu alle anderen Sachen, die er am Vortage bei dem Verwundeten gesehen hatte, abgenommen worden. Von dem zweiten Insassen des Flugzeuges haben weder der Zeuge noch seine Begleiter weiteres gesehen oder gehört.

Fall 018

Bei einem Angriff am 26. Juni 1941 war der Feldwebel Krieg durch Bauchschuß verwundet worden. Die Sanitäter J. und J. bemühten sich um ihn und einen anderen Verwundeten. In diesem Augenblick drangen Russen auf sie ein und töteten sie durch Kolbenschläge auf den Kopf bzw. Bajonettstiche in den Hinterkopf, obwohl beide Sanitäter durch ihre Rote-Kreuz-Binden deutlich gekennzeichnet waren und für die Angreifer kein Zweifel bestehen konnte, daß sie sich in Ausübung ihres Dienstes um Verwundete befanden. Auch Feldwebel Krieg erhielt von den Russen trotz seiner schweren Verwundung noch zwei Kolbenschläge auf den Kopf. In demselben Gefecht wurden auch weitere zahlreiche, bereits verwundete und wehrlose Angehörige des Sicherungsregiments 2 von russischen Soldaten erschlagen oder erschossen.

Fall 019

In dem Protokoll vom 11. September 1941 berichten die ukrainischen Frauen Sina Maleczko und Halina Andruszczuk eidlich über die Erschießung von zwei deutschen Soldaten, die bei einem Gefecht am 27. Juni 1941 in dem Dorfe Horodyscze bei Luck verwundet in die Hände russischer Grenzsoldaten geraten waren.

Fall 020

Am 27. oder 28. Juni 1941 wurden bei dem Festungswerk Skomorochy, etwa acht bis zehn Kilometer nördlich Sokal am Bug, fünf deutsche Offiziere bzw. Unteroffiziere und Gefreite nach ihren Verwundungen, die sie während des Gefechts erhalten hatten, von russischen Truppen in grausamer Weise verstümmelt. Dem Major S. ist das linke Auge ausgestochen worden, außerdem der Unterkiefer durch einen glatten Schnitt von Ohr zu Ohr skelettiert worden, so daß Unter- und Oberkieferknochen frei lagen. Dem Oberfeldwebel P. wurde das rechte Auge ausgestochen, das linke Auge stark verletzt und das linke Ohr durch halbkreisförmigen Schnitt von unten zur Hälfte abgetrennt, ferner der rechte Oberarmknochen zertrümmert. Holzsplitter in der rechten Augenhöhle ließen nach dem Gutachten des Stabsarztes Dr. Stankeit die Annahme berechtigt erscheinen, daß das Auge mit einem Holzstück ausgestochen wurde. Auch dem Gefreiten Sch. war das linke Auge ausgestochen, dem Oberfeldwebel W. das rechte Auge. Dem Unteroffizier L. waren beide Augenhöhlen mit glattrandigen Schnitten umschnitten, das Innere seiner Augenhöhlen hing zerfetzt und gestielt heraus. Nach dem Gutachten des ärztlichen Sachverständigen spricht die Tatsache, daß in allen diesen Fällen eine starke Blutung aus den Augenhöhlen festzustellen war, für die Annahme, daß diese Verstümmelungen bereits vor dem Tode beigebracht worden sind.

Dokument zu
Fall 020

Gericht der 79. Division
RHL Nr. 88/41

Div. St. Qu., den 15. August 1941
Feldpostnummer 16089

Gegenwärtig: 1) Kriegsgerichtsrat Kuhr als vernehmender Richter,
2) Unteroffizier Schumacher als Protokollführer.

Auf Beorderung bzw. Gestellung erscheinen als Zeugen bzw. Sachverständige, die Nachbenannten:

Die Erschienenen wurden mit dem Gegenstand der Vernehmung bekannt gemacht und auf die Bedeutung des zu leistenden Eides hingewiesen. Hierauf wurden sie einzeln und in Abwesenheit der später abzuhörenden Zeugen wie folgt vernommen:

1. Zeuge und Sachverständiger: Dr. Stankeit

Ich heiße Dr. Emil Stankeit, bin 44 Jahre alt, katholischen Glaubens, Stabsarzt, Regimentsarzt Inf. Regt. 208, verneine die übrigen Glaubwürdigkeitsfragen.

Ich erkläre zu dem Gegenstand meiner Vernehmung:

In der Nacht vom 30.6. zum 1.7.1941 wurde das Festungswerk von Skomorochy, etwa 8-10 km nördlich von Sokal am Bug, das zuvor schon von anderen Truppenteilen überrannt worden war, von der 1./Inf. Regt. 208 unter Führung von Oberleutnant Dietrich, der 13.(J.G.)/Inf. Regt. 208 unter Führung von Oberleutnant Jordan und der 14.(Pz. Jäg.)/Inf. Regt. 208 unter Führung von Leutnant Augustin durchsucht und gesäubert.

Am 1.7.1941 früh gegen 5 Uhr erhielt ich vom Regiment 208 den Befehl, die dort bekannt gewordenen Verstümmelungen deutscher Soldaten im einzelnen festzustellen. Ich begab mich daraufhin mit dem Feldunterarzt und San.Feldwebel Müller zu dem Festungswerk Skomorochy und machte dort in den frühen Morgenstunden folgende Feststellungen:

1.) Major Peter S., 13./I.R. 7, Erkennungsmarke 13./I.R. 7 Nr. 177: Starker Verwesungszustand. Linke Augenhöhle leer, Wundränder glatt geschnitten. Der Unterkiefer ist durch einen glatten Schnitt von Ohr zu Ohr skelettiert, so daß Unter- und Oberkieferknochen freiliegen. Handbreit unter der linken Schulterblattspitze pfennigstückgroße Einschußwunde (Bruststeckschuß).

2.) Oberfeldwebel P., Erkennungsmarke 2. Panzer-Jäger Ers. Abt. 8 Nr. 757: Rechts Auge ausgestochen, linkes Auge stark verletzt, Ursache nicht erkenntlich. Linkes Ohr durch halbkreisförmigen Schnitt von unten zur Hälfte abgetrennt. Rechter Oberarmknochen zertrümmert ohne äußere Wunde. Dicht unterhalb der rechten Brustwarze pfennigstückgroße, randzerfetzte Wunde (Stich oder Schuß?). Holzsplitter in der rechten Augenhöhle lassen annehmen, daß das Auge durch ein Holzstück ausgestochen wurde.

3.) Gefreiter Clemens Sch., Erkennungsmarke 1./A.A. 175 Nr. 1680: Leiche stark verwest. Im Rücken oberhalb der rechten Beckenschaufel fünfmarkstückgroße zerfetzte Wunde (Bauchsteckschuß). Die Leiche trägt um den Kopf in Nasenhöhe eine 8 cm breite Binde ohne ersichtlichen Grund (evtl. Augenverband abgerutscht). Die linke Augenhöhle ist leer, Ursache nicht erkenntlich, wahrscheinlich Auge ausgestochen.

4.) Oberfeldwebel Ernst W., Erkennungsmarke 1./A.A. 175 Nr. 150: Leiche in stark verwestem Zustand. Um das rechte Auge eine handtellergroße Wunde mit glatten Rändern, das Auge fehlt, die knöcherne Augenhöhle liegt frei. In der linken Achsellinie handbreit unterhalb der Achselhöhle pfennigstückgroßer Einschuß, in der linken Oberbauchgrube kleinhühnereigroßer Ausschuß (Bauchdurchschuß).

5.) Unteroffizier L. (Name lt. aufgefundenem Ausweis), Erkennungsmarke 1./A.A. 175 Nr. 56: 3 Querfinger unterhalb des linken Schlüsselbeins pfennigstückgroße Einschußwunde, im rechten Schulterblatt fünfmarkstückgroßer stark zerfetzter Ausschuß (Brustdurchschuß). Beide Augenhöhlen sind mit glattrandigen Schnitten umschnitten, das Innere der Augenhöhlen hängt zerfetzt und gestielt heraus.

6.) Unteroffizier Gerhard P., keine Erkennungsmarke, Eintragung im Soldbuch: Stab Inf. Ers. Batl. 164, Erkennungsmarke 14: Kopfdurchschuß, Stahlhelm durchschlagen. Bauchdurchschuß. Die Leiche zeigt keinerlei Zerstümmelung. Sie lag nicht innerhalb des Festungswerkes, sondern im Drahtverhau.

II. Gutachten:

Die Untersuchung ergibt, daß sämtliche Leichen mit Ausnahme der des Unteroffiziers P. außer ihren an sich tödlichen Verwundungen noch Verletzungen aufweisen, die nur durch Verstümmelungen entstanden sein können. Ob die Verstümmelungen vor oder nach dem Eintritt des Todes vorgenommen worden sind, konnte nicht mit Sicherheit festgestellt werden. Für die Annahme, daß die Verstümmelungen bereits vor dem Tode beigebracht worden sind, spricht die Tatsache, daß in allen Fällen eine starke Blutung aus den Augenhöhlen festzustellen war. Die Verwundeten bzw. Toten sind vermutlich von dem Ort ihrer Verwundung verschleppt und erst dann verstümmelt worden, was daraus zu schließen ist, daß am Fundort Blutlachen der Verwundungen nicht vorhanden waren. Die Leichen haben schätzungsweise 2-3 Tage in dem beschriebenen Zustand am Fundort gelegen.

v. g. u., gez. Dr. Emil Stankeit

Stabsarzt Dr. Stankeit leistete hierauf gemäß § 32 KStVO den Zeugen- und Sachverständigeneid.

2. Zeuge: Feldunterarzt Wendler

Ich heiße Georg Wendler, bin 23 Jahre alt, evangelischen Glaubens, Feldunterarzt, I./Inf. Regt. 208, verneine die übrigen Glaubwürdigkeitsfragen.

Ich erkläre zu dem Gegenstand meiner Vernehmung:

Ich habe an Ort und Stelle dieselben Feststellungen gemacht wie Stabsarzt Dr. Stankeit.

Nach Vorlesen der Aussagen des Stabsarztes Dr. Stankeit unter Ziff. I erklärt der Zeuge:

Diese Angaben sind richtig, ich mache sie auch zum Gegenstand meiner Vernehmung.

v. g. u., gez. Georg Wendler

Der Zeuge wurde vorschriftsmäßig vereidigt.

3. Zeuge: San.-Feldwebel Müller

Ich heiße Wilhelm Müller, bin 28 Jahre alt, evangelischen Glaubens, San.-Feldwebel, Stab/Inf. Regt. 208, verneine die übrigen Glaubwürdigkeitsfragen.

Ich erkläre zu dem Gegenstand meiner Vernehmung:

Stabsarzt Dr. Stankeit hat mir die von uns gemeinsam gemachten Feststellungen an Ort und Stelle diktiert.

Nach Vorlesen der Aussagen des Stabsarztes Dr. Stankeit unter Ziff. I erklärt der Zeuge:

Diese Angaben sind richtig, ich mache sie auch zum Gegenstand meiner Vernehmung.

v. g. u., gez. Wilh. Müller

Der Zeuge wurde vorschriftsmäßig vereidigt.

gez. Kuhr, Kriegsgerichtsrat, Beglaubigt: Sekretär

Fall 021

Bei Sobrasl wurden am 28. Juni 1941 etwa zwanzig schwer verstümmelte deutsche Soldaten gefunden, die im Kampfe verwundet waren und sich noch selbst mit ihren Verbandspäckchen hatten verbinden wollen, bevor die Russen über sie herfielen. Einigen von diesen verwundeten deutschen Soldaten waren die Augen ausgestochen, einem die Geschlechtsteile abgeschnitten und anderen die eigenen Seitengewehre in den Rücken gebohrt.

Fall 022

Am 28. Juni 1941 war im Kampfe bei Lemiezow der Kanonier K. verwundet worden. Bei einem feindlichen Vorstoß geriet er mit anderen deutschen Soldaten in russische Gefangenschaft. Bei dem Abtransport der Gefangenen stellte sich heraus, daß der Kanonier K. infolge seiner Verwundung nicht mehr weitergehen konnte. Ein Russe erklärte, der Verwundete müsse liegen bleiben. Unmittelbar darauf bemerkten seine Kameraden, wie ein Russe auf den Verwundeten zuging und zwei Schüsse aus seiner Pistole auf ihn abgab. K. starb an den Folgen dieser Schüsse. Auch auf die anderen Gefangenen richteten die Russen später ihre Waffen, als sie infolge eines deutschen Angriffes damit rechneten, daß sie zurückgehen mußten.

Mehrere von den anderen Gefangenen wurden durch Schüsse oder Handgranaten schwer verletzt oder getötet.

Fall 023

Am 28. Juni 1941 sind nordöstlich Bialystok mindestens achtzehn verwundet zurückgebliebene deutsche Soldaten von russischen Truppen durch Kopfschüsse, Kolbenschläge und Stiche mit ihren eigenen Seitengewehren ermordet worden.

Fall 024

Auch im Gefecht bei Mosty und Rozanka am 27. Juni 1941 wurden viele deutsche Offiziere und Soldaten, die in verwundetem Zustand und wehrlos in russische Hand gefallen waren, grausam ermordet. Die Beweise hierfür sind nicht nur durch Angehörige der in Betracht kommenden deutschen Truppenteile, sondern auch durch russische bzw. polnische Zivilisten, die Augenzeugen dieser Vorgänge waren, erbracht worden. Russische Gefangene des Infanterieregiments 20, welches dem deutschen Infanterieregiment 7 gegenüberlag, haben dem Leutnant Radeck erklärt, sie hätten Befehl erhalten, gefangene und verwundete deutsche Soldaten zu erschießen. Diesen Befehl hätten sie ausgeführt.

Der Bauer Stefan Bawinski hat nach seiner eidlichen Bekundung gesehen, wie zwei deutsche Soldaten mit auf dem Rücken gekreuzten Händen gefesselt zu einem höheren russischen Offizier herangeführt wurden und dieser Offizier aus nächster Nähe hintereinander auf jeden von ihnen je drei Schüsse abgab, indem er nach jedem Schuß sich wieder auf etwa zehn Meter entfernte, dann wieder näherkam und jedesmal auf das Opfer schoß. Diesen Quälereien wohnte eine größere Zahl höherer und niederer russischer Offiziere bei, darunter ein Major und ein Kommissar. Als die deutschen Soldaten umsanken, traten alle, die herumstanden, darunter auch die russischen Offiziere, mit den Füßen auf den Leichen herum.

Fall 025

Über den tragischen Tod von vier deutschen Fliegern berichtet das Protokoll über die Leichenbesichtigung vom 5. Juli 1941. Aus ihm ergibt sich, daß vier deutsche Flieger, die offenbar zumeist schon bei ihrer Notlandung schwer verletzt waren, sich aber gegenseitig noch behelfsmäßig mit Notverbänden versehen hatten und dann in russische Gefangenschaft geraten waren, in Drohobycz von den Russen grausam mißhandelt und erschossen worden sind. Einer von diesen vier Fliegern trug an seinem linken Bein ein Notschiene, ein anderer eine sogenannte Kramerschiene am gebrochenen linken Oberarm. Das darumgewickelte Verbandpäckchen war deutsch. Seine beiden Unterschenkel waren mit Kistenbrettern notgeschient, die Verbandspäckchen darum waren ebenfalls deutscher Herkunft. Allen vier Leichen, auch den Schwerverletzten, waren die Hände auf dem Rücken gefesselt.

Sämtliche vier Flieger sind von den Russen durch Genickschuß getötet worden. Zwei von ihnen waren noch mit schweren anderen Wunden behaftet.

Fall 026

Am 29. Juni 1941 wurden drei deutsche Kradmelder, die dem verwundeten Gefreiten H. Hilfe bringen wollten und dabei in russische Hände fielen, südlich der Straße Luck-Rowno getötet. Den wehrlosen drei Kradmeldern hatte man Mund und Nase mit einer klebrigen, holzmehlartigen Masse ausgefüllt, offenbar um sie an Hilferufen zu hindern. Das Protokoll über die gutachterliche Äußerung des Stabsarztes Dr. Kleyser enthält genaue Einzelfeststellungen über den Zustand der drei Toten.

Dokument zu Fall 026

Gericht der 14. Panzer-Division **O.U., den 17.8.1941**

Gegenwärtig:
Kriegsgerichtsrat Herrmann als Richter,
Obergefreiter Sauer als Protokollführer.

Gestellt erscheint der Stabsarzt Dr. Kleyser und erklärt, nachdem er über die Eidespflichten belehrt worden ist:

Zur Person: Ich heiße Dr. Hermann Kleyser, bin 30 Jahre alt, evangelischer Religion, zur Zeit Stabsarzt bei dem II./Schtz. Rgt. 108.

Zur Sache: Am 29.6.1941 hatte das II./Schtz. Rgt. 108 den Auftrag, ein Waldstück 10 km südostwärts Luck, unmittelbar südlich der großen Straße „Luck-Rowno", zu durchkämmen und nach Erreichen des ostwärtigen und südlichen Waldrandes diese zu sichern. In den frühen Nachmittagsstunden versuchten die beteiligten Kompanien, 6./Schtz. Rgt. 108 und 8./Schtz. Rgt. 108, miteinander Verbindung durch Kradmelder aufzunehmen. Als nach einigen Stunden die Kradmelder noch nicht zu ihren Kompanien zurückgekehrt waren, schickte der Kp.-Chef der 8. Kompanie einen Spähtrupp aus, der die drei Kradmelder seiner Kompanie, den Obergefr. H., den Obergefr. E. und den Obergefr. M. ungefähr in der Mitte des Waldes zusammen mit dem Gefr. H., Kradmelder der 6./Schtz. Rgt. 108, tot und ausgeplündert auffand. Die Toten wurden zum Komp.-Gefechtsstand der 8. Komp. am Südende des Waldes herangefahren. Dort wurde von mir am 29.6.1941 etwa gegen 18 Uhr eine Leichenschau vorgenommen. Hierbei ergab sich folgender Befund:

„Bei allen 4 Toten wurde als gemeinsame Beobachtung festgestellt:

1.) Anfüllung von Mundhöhle und Nasenrachenraum mit Sägemehl, (offenbar, um sie am Rufen zu hindern)

2.) Zahlreiche Schuß-, in einem Falle auch Stichwunden.

3.) Schwärzung der Einschußöffnungen und Versengung der darüber liegenden Kleidungsstücke als Zeichen für Schußabgabe aus nächster Nähe.

Obergefr. H., 8./S.R. 108: Herzschuß: Einschuß über Brustbein in Höhe des 4. Zwischenrippenraumes. Ausschußöffnung unter der linken Schulterblattspitze (Pistole).

Kopfschüsse: Einschußöffnung über dem rechten Ohrmuschelansatz (Pistole).

Kopfschüsse: Einschußöffnung über dem rechten Jochbein (Pistole).

Stichwunde mit großkalibriger Waffe, verlaufend von der linken Halsseite in Höhe des oberen Kehlkopfrandes zum rechten Kieferwinkel mit stark zerfetzten Wundrändern und Ablederung von Hautlappen. (Wundöffnungen etwa 5 zu 6 cm.) Diese Wunde scheint erst nach dem Tode beigebracht worden zu sein, da sie keine Blutung mehr aufwies.

Obergefr. E., 8./S.R. 108: Herzschuß: Einschußöffnung etwa 0,75 cm im 4. Zwischenrippenraum dicht neben dem Brustbein, kein Ausschuß. (Pistole)

Kopfschüsse: Einschußöffnung über der linken Schläfe, Ausschußöffnung von gut Fünfmarkstückgröße über große[m] Zertrümmerungstrichter unter dem rechten äußeren Augwinkel (Pistole).

Obergefr. M., 8./S.R. 108: Rückenbauchschuß, Einschuß unter der rechten Schulterblattspitze, Ausschuß etwa 12 cm über Bauchnabel, etwa 6 cm nach links verschoben. Handtellergroße Wunde mit Vorfall von Netz- und Dünndarmschlingen.

Halsschuß: Einschuß unter linkem Kiefernwinkel, Ausschuß unter dem rechten Schlüsselbein (Pistole).

Gefr. H., 6./S.R. 108: Durchschuß durch rechten Oberschenkel, Einschuß an der Rückseite. Diese Wunde war mit stark durchbluteten deutschen Verbandspäckchen verbunden, H. hatte sich offenbar selbst verbunden, ehe er in die Hand des Feindes fiel (Inf. Gewehrgeschoß).

Bauchschuß dicht oberhalb des Bauchnabels. Inf. Projektil ragte noch etwas aus der Bauchwand hervor.

Gesichtsschuß: Einschuß dicht oberhalb des linken Jochbeins. Ausschuß zeigte eine 6 cm lange 2 cm breite Wunde, die vom Jochbein zum Unterkiefer führte."

Bei dem ersten Toten, den ich untersuchte, es handelte sich um den Obergefr. H., stellte ich fest, daß der Mund und die Nase ausgefüllt waren mit einer klebrigen, holzartigen Masse. Die Kameraden, die die Toten aufgefunden hatten, gaben auf mein Befragen, ob der Tote auf dem Bauch gelegen, oder mit dem Kopf im Morast gelegen habe, zur Antwort, sie hätten ihn auf dem Rücken liegend aufgefunden. Als ich bei dem nächsten Toten in gleicher Weise Mund und Nase mit der beschriebenen Masse angefüllt fand und die Kameraden darauf hinwies, erinnerten sie sich, unmittelbar neben der Fundstelle der Toten verfaulte Baumteile gesehen zu haben, die in Farbe und Konsistenz der in den oberen Luftwegen der Toten aufgefundenen Masse geglichen hätten. Diese Masse war offenbar den Toten noch bei Lebzeiten in den Mund gesteckt worden, um sie am Hilferufe[n] zu hindern. Das geht daraus hervor, daß die Masse, durch Husten und Nie[s]reiz hervorgetrieben, sich auch in den Nasengängen verbreitet hatte. Als weitere bemerkenswerte Tatsache ergab sich, daß die zum Tode führenden Schußwunden, die bei den Toten gefunden wurden, alle aus nächster Nähe abgegeben waren. Es handelte sich in erster Linie um Herz- und Kopfschüsse. Die Wundränder der Einschußöffnungen oder die sie überdeckenden Bekleidungsstücke waren vom Pulverschmauch geschwärzt. In einem Fall, bei dem Obergefr. H., fand sich auch eine großkalibrige Stichwunde durch den Hals, die offenbar, da trotz Verletzung der großen Halsgefäße keine Blutung mehr aufgetreten war, erst nach dem Tode beigebracht sein muß. Der Gefreite H., der als Einzelkradmelder der 6./Schtz. Rgt. 108 den Wald durchquert hatte, wies einen aus größerer Entfernung abgegebenen Durchschuß (Infanteriegeschoß) durch den rechten Oberschenkel auf. Diese Wunde hatte er sich offenbar selbst noch verbunden – sie war mit stark durchbluteten deutsche[n] Verbandspäckchen verbunden –, ehe er in die Hand des Feindes fiel. Es wird angenommen, daß H. beim Durchqueren des Waldes angeschossen wurde, sich anfangs vor den Russen verbergen konnte, sich verbunden hat und später mit den drei Kradmeldern der 8. Kompanie, die auf seine Hilferufe angehalten haben mögen, in die Hand der Rusen fiel. In den Abendstunden wurden von der 8./S.R. 108 einige russische Kraftfahrzeuge beobachtet, die aus dem Wald ausbrachen. Bei Verfolgung fielen einige Tote und Verwundete in die Hand der 8. Kompanie, in deren Taschen eine Armbanduhr, ein Etui mit Federhalter und Drehbleistift und Amateurfotografien gefunden wurden, die als unseren Ermordeten gehörig wiedererkannt wurden. Die verwundeten Russen gehörten zweifellos mit zu den Mördern der 4 Batl.-Angehörigen. Ich glaube mich zu erinnern, daß von den in unsere Hand gefallenen russischen Verwundeten ausgesagt wurde, unter den im Wald sich noch aufhaltenden 30 bis 40 Russen sei ein Kommissar gewesen.

v. g. u., gez. Dr. Kleyser, Stabsarzt
Der Stabsarzt Dr. Kleyser wurde vorschriftsmäßig vereidigt.
gez. Herrmann, gez. Sauer, Beglaubigt: Sekretär

Fall 027

Der Leutnant Czaplinski von der Panzerjäger-Abteilung 206 berichtet über einen weiteren Fall bestialischer Grausamkeit russischer Truppen an verwundeten deutschen Soldaten folgendes:

„Am 29. Juni 1941 hatte zwischen einer deutschen Vorausabteilung, zu der auch der dritte Zug meiner Kompanie unter Führung des Oberfeldwebels Marquardt gehörte, und einer russischen Abteilung bei dem Ort Mitkiskes südwestlich Wilna ein Gefecht stattgefunden. Dabei waren zwölf Angehörige des dritten Zuges vermißt worden. Außerdem hatte die Aufklärungs-Schwadron 206, die auch zur Vorausabteilung gehörte, auch zwei Vermißte. Am 1. Juli fanden wir beim Absuchen des Gefechtsfeldes einen unserer Soldaten, dem das eigene Seitengewehr bis zum Griff im Gesäß steckte. Wir fanden weiter an diesem Tage den Oberschützen G., der durch Beinschuß verwundet war und mehrere Bajonettstiche in der Brust hatte. Außerdem wies die Leiche Schnittwunden an den Handgelenken auf. Ein anderer deutscher Soldat, dessen Identität wir nicht feststellen konnten, war an einen Baum gebunden. Der Schädel war offenbar mit einer Axt aufgespalten. Zwei Tage später, also am 3. Juli, fanden wir etwa drei Kilometer westlich Mitkiskes außerhalb des Gefechtsfeldes die Leichen unserer vermißten Kameraden, die alle schon mit Erde zugedeckt waren. Russische Landeseinwohner und ein Beamter des Heimatkraftfahrparks hatten uns die Stelle gezeigt. An Hand der Soldbücher und der Erkennungsmarken konnten wir die Identität der Toten, die bis zur Unkenntlichkeit verstümmelt waren, feststellen. Der Unteroffizier Sch. war offenbar lebendig begraben worden, da die Leiche keinerlei äußere Verletzungen aufwies, sondern nur blau angelaufen war. Dem Unteroffizier K. war die ganze Brust aufgerissen. Dem Schützen F. fehlte der obere Teil des Kopfes, dem Schützen W. war der ganze Kopf plattgeschlagen, dem Oberschützen D. war ein Teil des Kopfes weggeschlagen und einem Soldaten der Aufklärungsschwadron fehlte vollständig das Kinn. Die Leichen der Schützen K. und H. wiesen ebenfalls schwere Schädelverletzungen, die zweifellos von Schlägen mit harten Gegenständen herrührten, auf. Dem Gefreiten H. war das Auge offenbar mit einem spitzen Gegenstand ausgestochen. Fast sämtliche Tote hatten Bajonettstiche in der Brust, einigen waren die Arme mehrfach gebrochen. Es ist ausgeschlossen, daß diese Kameraden im ehrlichen Kampf gefallen sind, da die furchtbaren Verstümmelungen einwandfrei dafür sprechen, daß sie in tierischer Weise hingemordet worden sind. Bezeichnend dafür ist die Tatsache, daß wir die Toten nicht auf dem eigenen Gefechtsfelde fanden, sondern ein Stück davon entfernt. Ich vermute, daß hier ein höherer Stab gelegen hat, da wir umherliegendes Funkgerät, Telephonleitungen und Schreibstubenmaterial fanden.

Ein Zweifel an der Identität der Toten ist gänzlich ausgeschlossen, da wir sie an Hand der Soldbücher und Erkennungsmarken genauestens nachgeprüft haben."

Fall 028

In der Nacht vom 28. auf den 29. Juni 1941 mußte ein Panzerjägerzug wegen der russischen Übermacht ausweichen. Dabei mußte ein schwerverwundeter Soldat, der zunächst nicht gefunden wurde, zurückgelassen werden. Am nächsten Tag wurde er in einem Schützenloch tot aufgefunden. Dazu verlauten folgende Zeugenaussagen:

Dokumente zu Fall 028

Gericht der 111. Inf. Division **Div. St. Qu., 30. Sept. 41**

Gegenwärtig:
Kriegsgerichtsrat Dr. Wimmer als Richter,
Unteroffizier Roschy als Protokollführer.

Es erscheint Leutnant Georg Klümpel, 1./Pz. Jg. Abt. 111, geb. 12.7.14 und gibt an:

Ich führte in der Nacht vom 28./29. Juni 1941 bei Dubno den 3. Zug 1./Pz. Jg. 111. Wir mußten damals bei dem Panzerangriff der Russen wegen der Übermacht zurück und haben alle Verwundeten mitgenommen, mit Ausnahme des schwerverwundeten Z., den wir nicht finden konnten. Er war an einem Geschütz, das einen Volltreffer bekommen hatte. Am Abend des 29. Juni gingen wir wieder vor, um das Geschütz zu holen und am Morgen des 30. Juni fanden wir den Z. in einem fast mannstiefen Schützenloch tot. Der Tote hatte den Oberschenkel von einem Granatsplitter zerrissen. Ein Spähtrupp, der in den Nachmittagsstunden unter Feldwebel Buchhold vorgeschickt worden war, hatte weder Z. noch das Geschütz bergen können. Als wir in den Morgenstunden des 30. Juni den Z. fanden, hatte er außer der schweren Verletzung am Oberschenkel, die rechte Gesichtshälfte durch Schlag mit einem Beil oder einem anderen ähnlichen scharfen Gegenstand gespalten und die Stirne durch Schläge mit einem stumpfen Gegenstand oder einem Stiefelabsatz eingedrückt. Außerdem zeigte die Leiche noch einen Gewehrdurchschuß der linken Hand. Es ist daher anzunehmen, daß Z. schwerverwundet im Schützenloch liegend und verbunden, in gefechtsunfähigem Zustand von den Russen ermordet worden ist. Z. muß von Dritten verbunden worden sein, weil er sich selbst in seinem schwerverwundeten Zustand nicht selbst hätte verbinden können, da der Oberschenkel vollkommen durchschlagen war. Dagegen waren die anderen Verletzungen nicht verbunden. Der Oberschenkel war abgebunden, um das Verbluten zu verhüten. Das HJ-Abzeichen, das er trug, war an der linken Brusttasche mit Gewalt herausgerissen. Das Schützenloch war so tief und unversehrt, daß der Schwerverletzte im Schützenloch weder von Granaten noch von Gewehrschüssen getroffen werden konnte, sondern von Russen ermordet worden sein muß.

Die Leiche des Oberschützen P. der 14./I.R. 117 habe ich ebenso gesehen, wie sie der Hauptmann Musculus in seiner heutigen Vernehmung geschildert hat.

v. g. u., gez. Klümpel Lt.
Der Zeuge wurde gesetzlich beeidet.
gez. Dr. Wimmer, gez. Roschy, Beglaubigt: Ministerialregistrator

Gericht der 111. Inf. Division **Div. St. Qu., 30.9.41**
AL [?]/41

Gegenwärtig:
Kriegsgerichtsrat Dr. Wimmer als Richter,
Unteroffizier Roschy als Protokollführer.

Es erscheint Hauptmann Fritz Heinrich Musculus, geb. 8.10.99, 1./Pz. Jg. Abt. 111 und gibt an:
In der Nacht vom 28./29. Juni 1941 wurde mein 3. Zug der 1. Komp., die ich damals führte, südwestl. von Dubno nach dem Gefecht mit russ. Panzern zurückgenommen. Der Zugführer Lt. Klünpel meldete mir, daß der Schütze Z. der 1. Komp. schwer verwundet worden sei. Die Kompanie wurde gegen Morgen wieder nach vorne genommen, um neue Panzerangriffe abzuwehren. Die Kämpfe waren am Nachmittag des 29. beendet, dabei wurde mir gemeldet, daß der schwerverwundete Z. in einem Schützenloch bei Palestyna (nördl. Dorfausgang) in der Nacht vom 28./29. Juni zurückgelassen worden sei. Sein lk. Unterschenkel sei durch Granatsplitter zerschmettert. Man habe ihn verbunden und versorgt in dem Schützenloch liegen gelassen, da man ihn nicht habe zurücknehmen können, wegen der eindringenden russ. Panzer. Daraufhin habe ich einen Spähtrupp unter Feldwebel Buchhold in den Spätnachmittagsstunden des 29. Juni zur Bergung des Z. angesetzt. Dieser konnte ihn jedoch nicht erreichen. Am 30. vormittags wurde mir gemeldet, daß sie ihn in den Morgenstunden gefunden hätten und zwar tot, die rechte Gesichtshälfte durch Schlag mit einem Beil oder einem ähnlichen schweren scharfen Gegenstand gespalten und die Stirne durch Schläge mit einem stumpfen Gegenstand oder Stiefelabsatz eingedrückt. Die Leiche wurde mir gebracht und ich überzeugte mich von deren mir beschriebenen Zustand. Außerdem zeigte sie noch einen Gewehrdurchschuß der linken Hand. Demnach muß der schwerverwundet im Schützenloch geborgene Schütze Z. im gefechtsunfähigen Zustand von den Russen ermordet worden sein. Das HJ-Abzeichen, das er trug, war ihm aus der lk. Brusttasche mit Gewalt herausgerissen und weggenommen. Ich benachrichtigte von diesem Vorkommnis die Division. Die Kommission, bestehend aus dem Div. Arzt und dem Kriegsgerichtsrat, stellte am nächsten Tag in meiner Gegenwart fest, daß das Schützenloch, in dem der Schütze Z. geborgen war, so tief und so unversehrt war, daß er weder von Granaten noch von Gewehrschüssen getroffen sein konnte, sondern in dem Loch ermordet worden sein muß.

Bei dieser Untersuchung wurde die Leiche des Oberschützen P. der 14./I.R. 117 gefunden, die vier gleich große Stiche in den beiden Oberschenkeln, wobei der lk. Hoden verletzt war, aufwies und an der rechten Stirnwandseite eine gut fünfmarkstückgroße Einbuchtung, die entweder von einem Kolbenschlag oder von einem Tritt mit dem Stiefelabsatz herrührte. Es stand also auch hier fest, daß dieser Mann also auch nicht nur durch die kampfesübliche Weise außer Gefecht gesetzt, sondern ermordet wurde. Der Mann war entweder schon durch den Schlag auf die Stirn oder nach den Bajonettstichen gefechtsunfähig. Infolgedessen sind dem Schwerverwundeten entweder die weiteren Bajonettstiche oder der Kolbenschlag oder der Tritt auf die Stirn versetzt worden, um den bereits Schwerverwundeten zu töten.

Die beiden Toten wurden am 30. Juni, abends, auf dem ukrainischen Friedhof in Dubno beigesetzt.

v. g. u., gez. Musculus, Hauptmann
Der Zeuge wurde gesetzlich beeidigt.
gez. Dr. Wimmer, gez. Roschy, Beglaubigt: Ministerialregistrator

Bilddokument zu
Fall 028

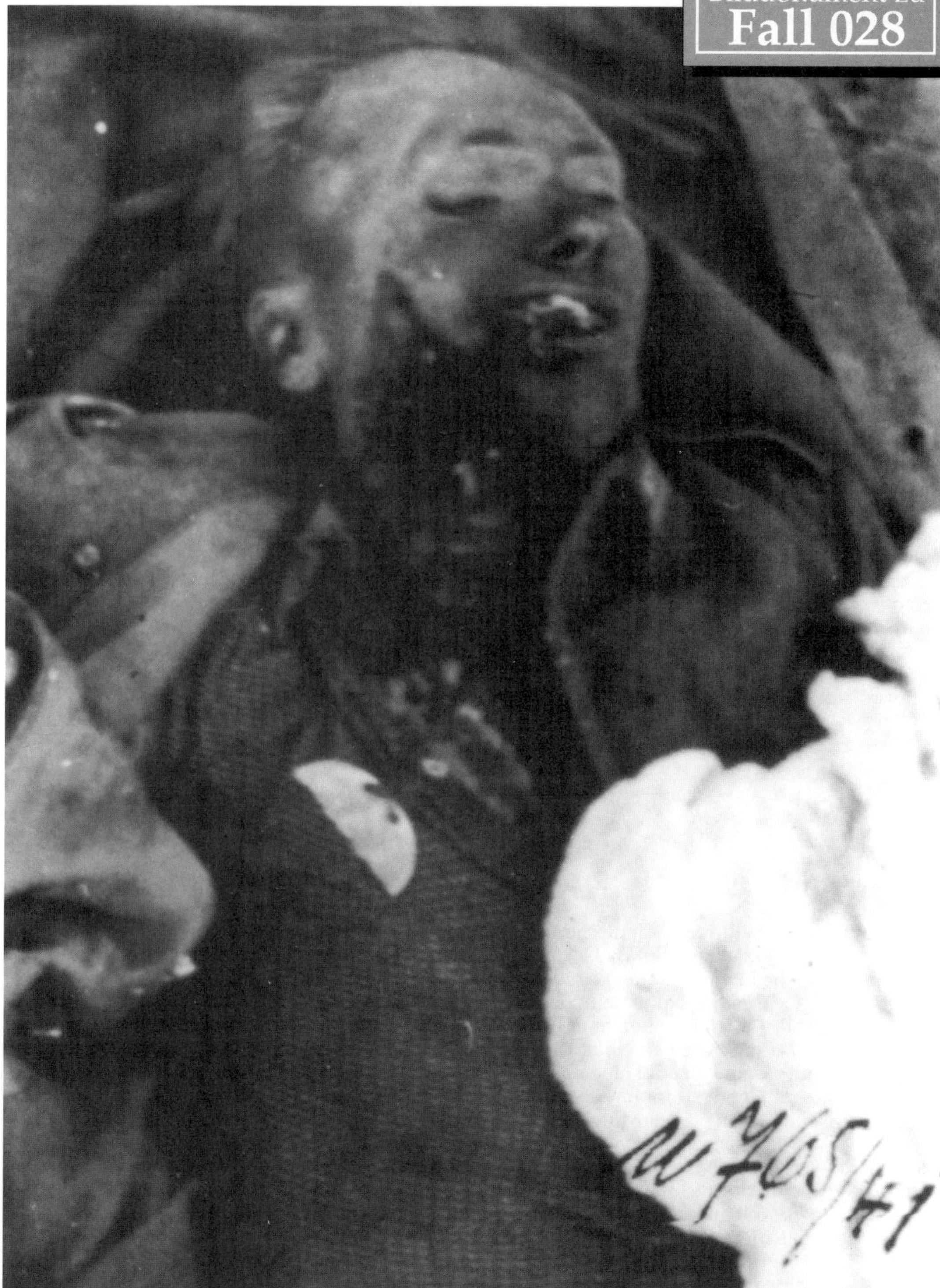

Schütze Z. fiel schwerverwundet in die Hände der Russen. Am nächsten Tag wurde er in einem Schützenloch aufgefunden. Die rechte Gesichtshälfte war durch einen Schlag mit einem Beil o. ä. gespalten, die Stirn durch Schläge mit einem stumpfen Gegenstand oder einen Stiefelabsatz eingedrückt

Gericht der 111. Inf. Division **Div. St. Qu., 30. Sept. 41**

Gegenwärtig:
Kriegsgerichtsrat Dr. Wimmer als Richter,
Unteroffizier Roschy als Protokollführer.

Es erscheint der Feldwebel Kurt Buchhold, geb. 19.5.14, 1./Pz. Jg. Abt. 111, ledig und gibt an:

Bei Einbruch der Dunkelheit am Nachmittag des 28. Juni beim Panzerangriff von Dubno, bekam ein Geschütz einen Volltreffer und wir mußten zurückgehen. Der Schütze Z. wurde vermißt. Nachmittags wurde ich mit einem Spähtrupp vorgeschickt. Wir sollten das Geschütz bergen. Wir konnte jedoch das Geschütz nicht bergen und auch den Z. nicht finden. Bei Morgendämmerung des 30. gingen wir wieder nach vorne und haben das Geschütz geborgen. Den Z. fanden wir 15-20 m vom Geschütz entfernt in einem nahezu mannstiefen Schützenloch. Ein Granatsplitter hatte ihm den Oberschenkel zerschmettert. Diese schwere Wunde war sorgfältig verbunden und der Oberschenkel abgebunden, um das Verbluten zu verhindern. Es ist daher anzunehmen und das habe ich auch von Kameraden meines Zuges, die bei dem Geschütz waren, deren Namen ich aber nicht mehr nennen kann, gehört, daß Infanteristen den Z. verbunden und in das Loch gelegt haben. Bei dem Verbinden waren auch Leute von uns dabei. Als wir Z. fanden, war er tot. Die rechte Gesichtshälfte gespalten und die Stirne durch Schläge, vermutlich mit dem Gewehrkolben, eingedrückt. Außerdem hatte er noch einen Schuß durch die linke Hand. Demnach muß der schwerverwundet im Schützenloch geborgene Schütze Z. in gefechtsunfähigem Zustand von den Russen ermordet worden sein. Das Loch war so tief und unversehrt, daß er darin weder von Granaten noch von Gewehrschüssen getroffen worden sein kann. Das HJ-Abzeichen bzw. Leistungsabzeichen war ihm aus der linken Brusttasche mit Gewalt und mit dem Stoff herausgerissen und weggenommen.

Der Oberschütze P. war an einem Pakgeschütz der 14./I.R. 117, und ich sah wie kurz vor dem Geschütz eine Granate einschlug, die das Geschütz beschädigte. Den Schützen P. sah ich über den Holm des Geschützes wegstürzen und hörte ihn nach einem Sanitäter rufen. Seine Kameraden mußten vor den anrückenden Russen zurück. Als wir Z. holten, fanden wir auch den Schützen P. Er war so verstümmelt, wie es der Hauptmann Musculus in seiner heutigen Aussage, die mir vorgelesen wurde, geschildert hat. Ich habe eine Aufnahme vom Schützen Z. gemacht, die ich übergeben werden.

v. g. u., gez. Buchhold, Feldw.
Der Zeuge wurde hierauf gesetzlich beeidigt.
gez. Dr. Wimmer, gez. Roschy, Beglaubigt: Ministerialregistrator

Gericht der 111. Inf. Division **Div. St. Qu., 30.9.41**

Betrifft Verstümmelung von deutschen Verwundeten.

1. Der Divisionsarzt, Oberfeldarzt Dr. Schwarz, der unterzeichnete Kriegsgerichtsrat und der San. Unteroffizier Kothe beim Div. Stab begaben sich am 30. Juni 1941 an den nördlichen Dorfausgang von Palestyna, südwestlich Dubno, und fanden auf dem dortigen Friedhof die Leiche des Schützen Z., 1./Pz. Jg. Abtl. 111 und stellten auf Grund Gutachtens des Div. Arztes fest, daß dieser Schütze durch Granatsplitter den linken Unterschenkel verloren hatte, während die rechte Gesichtshälfte durch Schlag mit einem Beil oder einem ähnlichen scharfen Instrument gespalten war und die Stirn durch Schläge mit einem stumpfen Instrument oder schweren Stiefelabsatz eingedrückt war. Die Leiche zeigte auch einen Gewehrdurchschuß durch die linke Hand.

2. Etwa 20 m von diesem Tatort entfernt lag die Leiche des Oberschützen P. der 14./I.R. 117. Diese Leiche zeigte vier tiefe gleichgroße Stiche in den beiden Oberschenkeln, wobei der linke Hoden verletzt war und an der rechten Stirnbeinseite eine gut fünfmarkstückgroße Einbuchtung, die entweder von einem Kolbenschlag oder von einem Tritt mit dem Stiefelabsatz herrührte. Es steht also auch hier fest, daß dieser Mann nicht nur in der kampfesüblichen Weise außer Gefecht gesetzt, sondern ermordet wurde.

Der Mann war entweder schon nach dem Schlag auf die Stirne oder nach den ersten Bajonettstichen gefechtsunfähig. Infolgedessen sind dem Schwerverwundeten entweder die weiteren Bajonettstiche oder der Kolbenschlag bzw. Tritt auf die Stirne versetzt worden, um den bereits Schwerverwundeten zu töten.

gez. Dr. Wimmer, Kriegsgerichtsrat, gez. Dr. Schwarz, Oberfeldarzt, gez. Kothe, Unteroffizier

Ärztlicher Befund des Divisionsarztes **Div. St. Qu., den 30.9.41**

1. Schütze Z. 1./Pz.Jg.Abt. 111, Erk.Marke: 3. Pz. Jg. Ers. Abt. 13 Nr. 5029.

Schädel in der Stirnbeingegend in Handtellergröße tief eingedrückt. Die Haut in diesem Bezirk ist vollkommen unverletzt. Schädelknochen in der Umgebung zertrümmert. Rechte Gesichtsseite tiefe Wunde, die bis auf die Halswirbelsäule geht und den Oberkiefer auf der rechten Seite vollkommen zertrümmert hat. Die Wunde beginnt an der Außenseite des rechten Jochbeins ganz flach und wird allmählich nach unten zu tiefer. Die Wundränder im oberen Abschnitt sind völlig glatt und in der Breite von 1 mm hochrot. Der Unterkieferknochen zeigt eine völlig glatte Durchtrennungsfläche und klafft etwa 5 cm. Der Oberkiefer ist etwa in der Mitte durchgebrochen, die rechte Hälfte ist nach oben geklappt und steht etwa 3 cm vor.

Linker Unterschenkel ist dicht unterhalb des Knies durchtrennt und hängt nur mit einer Hautbrücke mit dem übrigen Teil zusammen. Die Wunde ist im unteren Teil vollkommen zerrissen und zerfetzt und setzt sich an der Außenseite nach obenhin etwa 6 cm fort. Etwa 4 cm oberhalb dieser Wunde ein etwa pfenniggroßer Einschuß.

Linker Unterarm etwa 3 cm oberhalb des Handgelenks zeigt einen glatten Durchschuß von etwa 8 mm Durchmesser.

2. Oberschütze P., 14./I.R. 117, Erk.Marke: Inf. Pz. Jg. Ers. Kp. 31 Nr. 808.

Rechte Stirnbeinseite in gut 5-Markstückgröße eingedrückt. Die Haut darüber zeigt in der Mitte eine 2 cm lange, 1 cm breite ganz oberflächliche Schürfwunde.

Am linken Knie, sowie an der Innenseite des linken Oberschenkels, ferner an der Vorderseite des rechten Oberschenkels leicht zerfetzte Wunden. Der linke Hoden ist verletzt.

Die Wunden haben alle etwa die gleiche Größe von etwa 2 cm Länge und ein[em] cm Breite. Es handelt sich nach dem Befund wahrscheinlich um Bajonettstiche.

gez. Dr. Schwarz, Oberfeldarzt

Div. St. Qu., den 1.10.1941

Der Divisionsarzt Oberfeldarzt Dr. Schwarz, geboren am 30. August 1898, Stab der 11. Inf. Division gibt an:

Obiger ärztlicher Befund entspricht der Wahrheit.

v. g. u., gez. Dr. Schwarz

Er wurde heute als Sachverständiger gemäß § 32 KStVO beeidigt.

gez. Dr. Wimmer, Kriegsgerichtsrat, Beglaubigt: Ministerialregistrator

Fall 029

Die Anlage bringt einen erneuten Beweis für die befehlsmäßige Ermordung deutscher Kriegsgefangener durch russische Truppen: Der russische Kriegsgefangene Alexander Bonder erklärt in diesem Protokoll, bei einem deutschen Angriff am 29. oder 30. Juni 1941 bei Swiniuchy habe er selbst gesehen, wie ein junger Politkommissar drei am Boden liegende verwundete, wehrlose deutsche Soldaten mit seiner Pistole erschossen habe. Der Kommissar habe aus nächster Nähe auf jeden der deutschen Soldaten etwa zwei bis drei Schüsse abgegeben.

Bonder bekundet weiter, die Politkommissare hätten vor versammelter Mannschaft befohlen, daß im Falle eines Rückzuges unverwundete Gefangene sofort zu erschießen seien, während verwundete Gefangene ihrem Schicksal überlassen werden sollten.

Dokument zu Fall 029

79. Inf. Div. **Div. Gef. St. Horochow, 3.7.41**
Ic

Vernehmung des russischen Kriegsgefangenen Alexander Bonder, 19 Jahre alt, Ukrainer aus dem Kreise Harkow, 6 Monate Soldat beim I.R. 622. B. sagt aus:

Bei einem deutschen Angriff am 29. oder 30.6. bei Swiniuchy habe ich gesehen, wie ein junger Politkommissar drei am Boden liegende, verwundete, wehrlose deutsche Soldaten mit seiner Pistole erschossen hat. Der Kommissar hat aus nächster Nähe auf jeden deutschen Soldaten etwa 2-3 Schüsse abgegeben. Der Name ist mir nicht bekannt. Es ist jedoch anzunehmen, daß sich der Kommissar auch jetzt noch in den Wäldern bei Swiniuchy, Horytnitza usw. befindet.

Seitens der Polit-Kommissare ist vor versammelter Mannschaft befohlen worden, daß im Falle eines Rückzuges unverwundete Gefangene sofort zu erschießen sind, während verwundete Gefangene ihrem Schicksal überlassen werden sollen.

Durch Dolmetscher vorgelesen, genehmigt, unterschrieben. gez. Unterschrift
Als Zeugen: gez. Unterschrift, Hauptmann und Ic der 79. Div.,
gez. Unterschrift, Leutnant und O3 der 79. Div., Dolmetscher, Beglaubigt: Sekretär

Fall 030

Über einen russischen Massenmord an wehrlosen deutschen Kriegsgefangenen verlauten die Protokolle vom 1. und 12. Juli sowie vom 12. August 1941.

An der Straße Klewan-Broniki geriet bei einem mit großer Übermacht von russischer Seite erfolgten Vorstoß in der Nähe des Ortes Rowno eine größere Anzahl von Leuten des Infanterierregimentes 35 am 30. Juni 1941 in russische Gefangenschaft, und zwar hauptsächlich Teile der 5., 6. und 7. Kompanie, die völlig umzingelt waren. Die Gefangenen mußten auf Befehl ihre gesamte Ausrüstung ablegen und Stiefel, Feldbluse, Hemd und (teilweise) auch die Strümpfe ausziehen. Die Verwundeten, die in dem Straßengraben lagen, wurden von den Russen getötet, und zwar hauptsächlich durch Pistolen- und Gewehrschüsse aus der Nähe. Die anderen Gefangenen wurden, in Gruppen verteilt, auf einen kleinen Acker geführt und dort ermordet.

Aus der zusammenfassenden Darstellung, die der Kriegsgerichtsrat Schulze-Krantz am 12. August 1941 auf Grund der Besichtigung des Tatortes vorgenommen hat, ergibt sich, daß insgesamt mindestens 130 deutsche Kriegsgefangene nach diesem Gefecht von den Russen völkerrechtswidrig ermordet worden sind, darunter auch zahlreiche Verwundete, und zwar in einer selbst für russische Verhältnisse besonders bestialischen Art.

Dokumente zu Fall 030

Gericht der 25. Inf. Div. (mot) **Den 1. Juli 1941**

Gegenwärtig:
1. Oblt. Dr. Wagner als Gerichtsoffizier
2. Obergefreiter Döß als Protokollführer

Es erscheint Josef Stehle, geb. 15.12.1920 in Irrendorf, Krs. Tuttlingen, Soldat bei der 7./I.R. 35 (mot). Zur Wahrheit ermahnt und unter Hinweis, daß die Aussage beeidigt wird, sagte Stehle folgendes aus:

Unsere 5. und 6. Kompanie hat gestern Abend einen Ort an der Vormarschstraße angegriffen. Der Name dieses Ortes ist mir nicht bekannt, er liegt aber etwa 10 km nordostwärts von Rowno. Meine 7. Kompanie war in Reserve. Der Feind wurde zu stark und die beiden Kompanien kamen heute früh zurück. Die 7. Kompanie erhielt den Befehl, die Sicherung eines Waldstücks halblinks der Vormarschstraße zu übernehmen. Wir mußten uns eingraben, es erfolgte jedoch kein Angriff der Russen. Etwa um 13.00 Uhr erhielten wir den Befehl zum Rückzug. Unsere ganze Kompanie ging dann mit Teilen der 5. und 6. Kompanie entlang der Vormarschstraße zurück. Allmählich bekamen wir von beiden Seiten der Straße Feuer. Etwa 2 km weit schlugen wir uns durch. Das feindliche Feuer wurde aber immer stärker und wir hatten ziemlich Tote und Verwundete. Plötzlich kam aus einem Kornfeld ein Überfall einer etwa 300-350 Mann starken Abteilung Russen. Nach heftigem Nahkampf wurden wir gefangen genommen.

Durch Zeichen bedeuteten uns die Russen, daß Rock, Stiefel, Hemd und Koppelzeug abzulegen hätten. Diese wurden in den Straßengraben hereingeworfen. Wir hatten nur noch Hose und Unterhose an. Unsere Leichtverwundeten, die das nicht rasch genug machen konnten, wurden mit Seitengewehren und Pistolen erstochen bzw. erschossen; einer wurde auch mit dem Gewehrkolben erschlagen. Es mögen dies etwa 5-6 Mann gewesen sein. Wir wurden dann von der Straße auf einen Kleeacker geführt. 15 Mann vom rechten Flügel wurden rechts herausgestellt. Auf diese eröffneten die russischen Soldaten sofort das Feuer mit Gewehren. Kurz darauf wurde auf die restlichen etwa 140 Mann, unter denen ich mich befand, ebenfalls das Feuer eröffnet. Darauf hin flüchtete ich mit einigen Kameraden in der Richtung, aus der wir mit unseren Kraftwagen zum Einsatz gekommen waren. Es wurde uns mit Gewehren, Maschinengewehren, später sogar mit Artillerie nachgeschossen. Nach 4-5 km trafen wir einen Lastwagen, der uns, wie wir waren, nur mit Unterhose und Hose bekleidet, mitnahm.

Was mit den anderen geschah, weiß ich nicht.

v. g. u. und beeidigt, gez. Josef Stehle, gez. Dr. Wagner, gez. Döß, Beglaubigt: Sekretär

Gericht der 25. Inf. Div. (mot) **Den 1. Juli 1941**

Gegenwärtig:
1. Kriegsgerichtsrat Dr. Heinrich
2. Obergefr. Döß als Protokollführer

Es erscheint der Schütze Michael Beer, 7./I.R. 35 (mot) und erklärt, nachdem er auf die Bedeutung und Heiligkeit des Eides hingewiesen worden war:

Z.P.: Ich heiße Michael Beer, bin 21 Jahre alt, katholischen Glaubens, Schütze bei der 7./I.R. 35 (mot).

Zur Sache: Am 1. Juli erhielt die Kompanie den Befehl, sich aus der Stellung bei Klewan zu lösen und längs der Straße Klewan-Broniki zurückzugehen. Wir wurden von einer erdrückenden russischen Übermacht umzingelt und nach verlustreichem Kampfe gefangen genommen. Wieviele Soldaten es von uns waren, kann ich nicht genau sagen. Es waren fast die ganze 7. Kompanie, und Teile der 5. und 6. Kompanie. Die Russen bedeuteten uns, außer unseren Waffen die gesamte Ausrüstung, Stiefel, Feldbluse, das Hemd und teilweise auch die Strümpfe auszuziehen. Die Verwundeten, die in den Straßengräben lagen, wurden von den Russen getötet, nach meinen Beobachtungen hauptsächlich durch Pistolen- und Gewehrschüsse aus der Nähe. Ich wurde zusammen mit etwa 150-200 Kameraden, die nicht oder nur leicht verwundet waren, etwa 20 Meter links der Straße in einen Kleeacker gestellt. Jetzt fingen die Russen an, auf uns zu schießen. Einen Befehl zum Schießen habe ich von den Russen nicht gehört. Nach den ersten Schüssen stoben wir auseinander. Es gelang mir, unter ständigem Beschuß von Maschinengewehr- und Maschinenpistolenfeuer im Graben links der Straße zu entkommen. Mit zwei Kameraden erreichte ich nach etwa 4-5 km Lauf deutsche Kameraden. Es waren Leute der 5. Kompanie. Wieviele Kameraden nun tatsächlich erschossen und wieviele entkommen sind, kann ich nicht angeben. Bemerken möchte ich noch, daß mir auch meine Uhr weggenommen wurde. Sogar meine Brille und meinen Brustbeutel hat man mir genommen.

v. g. u. und beeidigt, gez. Michael Beer, gez. Dr. Heinrich, gez. Döß, Beglaubigt: Sekretär

Gericht der 25. Inf. Div. (mot) **Den 1. Juli 1941**

Gegenwärtig:
1. Kriegsgerichtsrat Dr. Heinrich als Richter
2. Obergefreiter Döß als Protokollführer

Es erscheint der Schütze Kurt Schäfer, 7./I.R. 35 (mot). Mit dem Gegenstand der Vernehmung vertraut gemacht, nach Eidesbelehrung gibt er an:

Z.P.: Ich heißt Kurt Schäfer, geb. am 3. Mai 1920 in Degerschlacht. Ich bin seit dem 3. Oktober 1940 Soldat.

Zur Sache: Beim Zurückgehen von Klewan nach Broniki wurden wir von einer russischen Übermacht, die uns umgangen hatte, gefangen genommen. Wir wurden von allen Seiten auf die Straße getrieben. Ich sah, wie meine Kameraden ihr Koppel abnahmen. Ich wollte meines auch abnehmen, es blieb aber am Haken hinten hängen. Darauf kam gleich ein Russe auf mich zu und riß es mir herum. Dann mußten wir den Rock, Hemd, Stiefel und Strümpfe ausziehen. Die Russen befahlen uns dies durch entsprechende Handbewegungen. Deutsch hat von ihnen meines Wissens keiner gesprochen. Es waren hauptsächlich junge Leute. Diejenigen, die ihr Hemd nicht sofort auszogen, wurden groß mißhandelt. Ich habe zum Beispiel gesehen, wie einer einen Rippenstoß mit dem Gewehrkolben bekam. Andere wurde gestochen. Ich habe dies zwar selbst nicht gesehen, sah aber dann die Wunden, die bluteten.

Ich sah, wie ein Russe einen am Boden liegenden Verwundeten mit dem Gewehrkolben auf den Kopf schlug. Man sah immer einen Russen bei einem Verwundeten. Die Verwundeten schrien.

Wir wurden nun auf das Feld getrieben, und dann wurden zwanzig Mann die Hände auf den Rücken gebunden. Warum dies geschah, weiß ich nicht. Dann wurden sie zusammengeknallt mit Gewehr, Pistole und M.P. Im selben Augenblick begannen andere um uns herumstehende Russen auf uns, die wir getrennt von den 20 gefesselten standen, zu schießen. Wie die ersten umfielen, sprang ich zwischen zwei Russen durch auf das 3 Meter entfernte Kornfeld zu und flüchtete durch dieses. Eine Reihe anderer Kameraden sprangen auch weg. Hinter uns wurde nachgeschossen. Unterwegs traf ich keine Russen mehr. Nach 6 km stießen wir auf Leute vom Kradschützenbataillon.

v. g. u. und beeidigt, gez. Kurt Schäfer, gez. Dr. Heinrich, gez. Döß, Beglaubigt: Sekretär

Gericht der 25. Inf. Div. (mot) **Div. St. Qu., den 12. Juli 1941**

Gegenwärtig:
1. Kriegsgerichtsrat Dr. Heinrich als Richter
2. Obergefreiter Döß als Protokollführer

Es erscheint Unteroffizier Josef Michels, 7./I.R. 35 (mot) und erklärt, mit dem Gegenstand der Vernehmung vertraut gemacht, und auf die Bedeutung des Eides hingewiesen:

Z.P.: Ich heiße Josef Michels, 26 Jahre alt, katholisch, Unteroffizier bei 7./I.R. 35 (mot).

Z.S.: Ich geriet am 1.7.1941 ebenfalls bei Broniki in russische Gefangenschaft. Wir wurden gezwungen, außer unseren Waffen unsere gesamte Ausrüstung abzulegen, Rock, Hemd, teilweise auch Hosen und Stiefel, auszuziehen. Ich selbst konnte meine Hose anbehalten. Als ich das Hemd nicht schnell genug auszog, wurde ich mit dem Bajonett bedroht und von einem anderen gezerrt. Ich wurde mit etwa sechs andere Kameraden auf die nördliche Seite der Straße in einen Kleeacker geschleppt.

Es fiel besonders ein russischer Dienstgrad auf, den ich für einen russischen Kommissar hielt. Er hatte eine flache Schirmmütze mit dunkelroter Umrandung auf dem Kopfe. Ich habe selbst gesehen, wie dieser Kommissar meinen durch Oberschenkelschuß verwundeten Kameraden Obergefr. Gerhard M., als dieser vor Schmerz aufschrie, durch Pistolenschuß in den Kopf getötet hat. Er war auch der erste, der zuerst auf uns gefeuert hat. Ein anderer hat eine Handgranate zwischen uns geworfen. Andere Russen schossen in das Knäuel. Es gelang mir, durch Sprung in ein Kornfeld zu entkommen. Mit mir entkamen noch drei Mann, der Obergefr. Fechter, Obergefr. Gesell mit einem Bajonettstich in die rechte Lunge und der Obersoldat Hohl mit einem Halsdurchschuß, den er auf der Flucht erhielt.

Vorgelesen, genehmigt und unterschrieben, gez. Josef Michels
Der Zeuge wurde vorschriftsmäßig vereidigt.
gez. Dr. Heinrich, gez. Döß, Ob.Gefr., Beglaubigt: Sekretär

Gericht der 25. Inf. Div. (mot) **Div. St. Qu., 12. Juli 1941**

Gegenwärtig:
1. Kriegsgerichtsrat Dr. Heinrich als Richter
2. Obergefr. Döß als Protokollführer

Es erscheint der Gefreite Heinrich Sauter und erklärt, mit dem Gegenstand der Vernehmung bekanntgemacht und auf die Bedeutung des Eides hingewiesen:

Z.P.: Ich heiße Heinrich Sauter, 30 Jahre alt, katholisch, Gefreiter bei 7./I.R. 35 (mot).

Z.S.: Auch ich wurde am 1.7.1941 bei Broniki gefangen genommen. Die Hose durfte ich anbehalten. Nach Beginn der Erschießung gelang es mir zu entkommen. Ich habe nachher bei der Beerdigung der toten Kameraden gesehen, daß einem, dessen Name mir nicht bekannt ist, die Geschlechtsteile abgeschnitten waren.

v. g. u., gez. Heinrich Sauter
Der Zeuge wurde vorschriftsmäßig vereidigt.
gez. Dr. Heinrich, gez. Döß, Beglaubigt: Sekretär

Gericht der 25. Inf. Div. (mot) **Div. St. Qu., den 12. Juli 1941**

Gegenwärtig:
1. Kriegsgerichtsrat Dr. Heinrich als Richter
2. Obergefr. Döß als Protokollführer

Es erscheint der Gefreite Karl Jäger, 7./I.R. 35 (mot) und erklärt, mit dem Gegenstand der Untersuchung bekannt gemacht und auf die Bedeutung des Eides hingewiesen:

Z.P.: Karl Jäger, 29 Jahre alt, ev. Gefreiter bei 7./I.R. 35 (mot).

Z.S.: Nach der Gefangennahme am 1.7.1941 bei Broniki wurde ich mit anderen Kameraden gezwungen, mich bis auf die Hose zu entkleiden. Auch Stiefel und Strümpfe mußte ich ausziehen. Alle Wertgegenstände und den gesamten Tascheninhalt mußte ich ablegen. Ich habe gesehen, daß andere mit dem Bajonett gestochen wurden, wenn es nicht schnell genug ging. Der Obergefr. K. hatte eine Handverletzung und konnte deshalb sein Koppel nicht schnell genug ausziehen. Er wurde mit dem Bajonett von hinten durch den Hals gestochen, so daß die Spitze vorne herausguckte. Ein Schwerverletzter, der mit den Händen noch leichte Lebenszeichen von sich gab, wurde mit den Füßen getreten, sein Schädel wurde mit Gewehrkolben zertrümmert. Soweit ich es richtig verstanden habe, forderte uns ein Soldat auf: „Russki, hoch!" und „Nieder Hitler!" zu rufen. Dieser Aufforderung hat aber keiner Folge geleistet.

Ich wurde mit einer Gruppe von etwa 12 bis 15 Mann nördlich der Straße zusammengestellt. Es waren auch ganz Nackte dabei. Wir waren ungefähr die dritte Gruppe von der Straße aus. Hinten haben dann die Russen mit Erschießen begonnen. Wir mußten mit erhobenen Händen zusammenstehen. Nach den ersten Schüssen entstand eine Panik, die ich zur Flucht benutzte.

Bemerken möchte ich noch, daß die letzte Gruppe gefesselt war.

v. g. u., gez. Gefr. Karl Jäger
Der Zeuge wurde vorschriftsmäßig vereidigt.
gez. Dr. Heinrich, gez. Döß, Ob.Gefr., Beglaubigt: Sekretär

Gericht der 25. Inf. Div. (mot) **Div. St. Qu., den 12. Juli 1941**

Gegenwärtig:
1. Kriegsgerichtsrat Dr. Heinrich als Richter
2. Obergefr. Döß als Protokollführer

Es erscheint Leutnant Kröning, Stab. II./I.R. 35 (mot) und erklärt, nachdem er mit dem Gegenstand der Vernehmung bekannt gemacht und auf die Bedeutung des Eides hingewiesen wurde:

Z.P.: Franz Kröning, 26 Jahre alt, kath., Leutnant bei II./I.R. 35 (mot).

Z.S.: Ich habe sämtliche Toten des II. Btl. gesehen, um sie zu identifizieren. An besonderen Grausamkeiten und Verstümmelungen habe ich folgendes festgestellt und bekräftige mit meinem Eide:

Etwa 6 Soldaten waren Gliedmaßen wie ein Arm oder ein Bein, der Kopf oder der halbe Kopf mit scharfen Gegenständen abgeschlagen. Viele, genaue Zahl habe ich nicht festgestellt, waren mit dem Kolben erschlagen.

12 bis 14 Soldaten waren die Geschlechtsteile abgeschnitten.

Die schlimmsten Verstümmelungen fanden sich bei einer Gruppe von etwa 12 Leichen, die bei der ersten Besichtigung nicht gefunden worden waren, weil sie noch etwa 200 Meter weiter abseits der Straße lagen. Es waren hierbei 3 Offiziere, 2 Oberfeldwebel, der Rest Unteroffiziere und besonders kräftige und große Mannschaften. Sämtliche waren gefesselt, und zwar jeweils in Gruppen von 3 bis 4 Mann zusammengebunden. Die außerordentlich großen Verstümmelungen ausgedehnter Art ließen erkennen, daß irgendein Sprengstoff benutzt war. Es fanden sich in unmittelbarer Nähe der Leichen Abzugsschnüre deutscher Handgranaten. An den Armen bzw. den Resten derselben waren noch Teile von Schnüren festzustellen. Es ergibt sich daraus der Schluß, daß jeweils drei bis vier zunächst zusammen gefesselt, ihnen dann Handgranaten an die zusammengebundenen Arme geschnürt und diese zur Entzündung gebracht wurden. Es ist anzunehmen, daß dies an den noch lebenden Gefangenen vollzogen wurde, da kaum angenommen werden kann, daß die Russen dies an den Leichen machten. Die Leichen wiesen außerdem noch Bajonettstiche an allen möglichen Körperteilen auf. Bekleidet waren diese Toten lediglich noch mit ihrer Hose.

Einer der Toten, ein Oberfeldwebel, wies in der Herzgegend eine etwa 2 cm tiefe, klaffende, handtellergroße Wunde auf in der deutlich erkennbaren scharfkantigen Form eines fünfzackigen Sternes. Ich nehme an, daß diese sternförmige Verwundung dem Oberfeldwebel durch Einbrennen beigebracht wurde.

v. g. u., gez. Kröning
Der Zeuge wurde vorschriftsmäßig vereidigt.
gez. Dr. Heinrich, gez. Döß, Beglaubigt: Sekretär

Gericht der 25. Inf. Div. (mot) **Div. St. Qu., den 12. August 1941**

Gegenwärtig:
[1.] Kriegsgerichtsrat Schulze-Krantz, Gericht der 16. Panzer-Division, als Richter
2. Feldjustizinspektor Buchheit als Urkundsbeamter der Geschäftsstelle.

Als Zeuge über die Besichtigung des Tatortes bei Broniki, wo gefangene deutsche Soldaten von den Russen erschossen wurden, wurde heute Kriegsgerichtsrat Dr. Heinrich vernommen.

Er erklärt nach Eidesbelehrung:

Zur Person: Dr. jur. Wilhelm Heinrich, 33 J. a., kath., Kriegsgerichtsrat beim Gericht der 25. Inf. Div. (mot).

Zur Sache: Am 2. Juli 1941 begab ich mich etwa 13 Uhr befehlsgemäß an die Stelle, wo Soldaten des II./I.R. 35 (mot), nachdem sie gefangengenommen waren, von den Russen erschossen wurden.

Ich erhob folgenden Tatbestand:

I. Auf dem westlichen Teil der Straße und im westlichen Straßengraben lagen auf einer Strecke von etwa 200 m 34 tote Soldaten, darunter ein Offizier. Die Toten waren bekleidet und im Besitz ihrer vollen Ausrüstung. Einzelheiten bezüglich der Verletzungen wurden nicht festgestellt. Es handelte sich hierbei wahrscheinlich um die Soldaten, die verwundet in die Hände der Russen fielen und nach den Zeugenaussagen von ihnen sofort erschossen, bzw. erstochen wurden. Über die ganze Straße ausgedehnt und besonders auch ostwärts der Straße fanden sich zahllose Ausrüstungs- und Bekleidungsstücke deutscher Soldaten, auch zahlreiche Karabiner und Seitengewehre, nicht jedoch M.G.s und M.P.s.

II. Etwa 60 m ostwärts der Straße in einem senkrecht auf die Straße stoßenden Kleeacker eine Gruppe von 26 durcheinanderliegenden Leichen. Bei sämtlichen Leichen war der Oberkörper entblößt. Die meisten trugen als Bekleidung nur noch ihre Hose, teilweise hatten sie noch Stiefel an. Bei allen waren zahlreiche Schußverletzungen am Oberkörper festzustellen, teilweise fanden sich auch Zertrümmerungen des Schädeldachs mit Gehirnverletzungen.

III. Etwa 50 m weiter ostwärts auf demselben Kleeacker eine weitere Gruppe von 16 Leichen, mit Hemd und Hose bekleidet, ohne Stiefel, teilweise ohne Strümpfe, Schußverletzungen wie bei II.

IV. Etwa 50 m nördlich der Gruppe unter III. 19 Leichen mit ebenfalls unbekleidetem Oberkörper und zahlreichen Schußverletzungen. Sie waren mit Ausnahme von 3 durch Zusammenbinden der Hände auf dem Rücken gefesselt.

V. Etwa 40 m ostwärts der eben beschriebenen Gruppe eine solche von 19 Toten, die mit Hemd und Hose, teilweise mit Stiefeln bekleidet waren.

VI. Südlich des eben beschriebenen Kleeackers befanden sich einzeln verstreut im hohen Korn 12 Tote, in einem daran anschließenden Kartoffelacker weitere 2, unweit der Straße.

VII. Im ostwärtigen Straßengraben lagen nochmals 10 Tote in voller Ausrüstung. Einer trug einen stark durchbluteten Kopfverband und ist wahrscheinlich verwundet in die Hände der Russen gefallen, ein Teil kann im Kampf getötet worden sein. Genauer Feststellungen über die Zeit des Todes ließen sich nicht treffen.

VIII. Etwa 20 m westlich der Straße ebenfalls 4 Mann in voller Ausrüstung.

IX. Etwa 80 bis 100 m westlich der Straße in einem Acker 2 Offiziere und 1 Mann. Einer der Offiziere, ein Oberleutnant, lag mit Hose, Hemd und Stiefeln bekleidet, mit dem Gesicht auf dem Boden. Die vordere Gesichtshälfte war unkenntlich, weil die ganze vordere Kopfseite durch Spaten- oder Kolbenhieb zertrümmert war. Der Oberleutnant wies außerdem einen Einschuß im Rücken auf. Der andere Offizier, ein Leutnant, hatte eine schwere Schußverletzung. Etwas abgesetzt von dieser Gruppe fand sich ein weiterer Toter, ein Gefreiter, noch mit Hemd und Hose bekleidet.

X. Etwa 10 m westlich der Straße, 60 m südlich der unter Nr. I beschriebenen Gruppe 7 Tote, darunter ein Offizier, alle bekleidet, teilweise noch mit Ausrüstung versehen. Einer davon muß schwer verwundet gewesen sein, er hatte einen stark durchbluteten Verband am linken Oberarm.

Bei weiteren Suchaktionen der Truppe wurden außer diesen, von mir festgestellten 153 Leichen, noch weitere Leichen gefunden. Das Nähere hierzu hat der Leutnant Kröning Stab/II.I.R. 35 (mot) ausgesagt.

Bei der Identifizierung und Bestattung der Toten durch die Truppe haben sich zum Teil erhebliche Verstümmelungen gezeigt, die ich bei der Besichtigung des Tatorts nicht beobachtet habe, weil ich weniger auf Einzelheiten als auf den Gesamteindruck bedacht gewesen bin.

selbst gelesen und unterschrieben, gez. Dr. Heinrich
Der Zeuge wurde vorschriftsmäßig vereidigt.
gez. Schulze-Krantz, KGR, gez. Buchheit, FJI, Beglaubigt: Sekretär

Fall 031

Am 30. Juni 1941 geriet bei Bubnow ein Offizier mit fünf von seinen Leuten in russische Hand. Sie wurden nach völliger Ausplünderung auf Geheiß eines russischen Majors in einer Reihe aufgestellt und nacheinander durch je drei Mann erschossen. Der Offizier entging trotz eines Rückenschusses dem Tode und konnte sich wieder zu seiner Truppe durchschlagen.

Fall 032

Leute eines bauenden Nachrichtentrupps gerieten infolge einer Überlistung durch russische Truppen, die sich mit deutschen Kradmänteln und mit deutschen Helmen versehen hatten, am 30. Juni 1941 an der Straße Rozana-Slonim in russische Gefangenschaft. Kurze Zeit darauf wurden vierzehn Mann eines Nachrichtentrupps mit grausamen Verstümmelungen aufgefunden: Die Arme waren verstümmelt, die Kehlen durchschnitten, die Gesichter zerschmettert; ein Schwerverwundeter wurde mit sieben Seitengewehrstichen, mit Schädelbruch und Oberschenkeldurchschuß aufgefunden.

Fall 033

Der Funker Lehmann wurde am 30. Juni 1941 bei Rozana nach schwerer Verwundung von einem Russen durch Kolbenschläge mißhandelt und sodann von einem anderen russischen Soldaten mit sieben Bajonettstichen, davon fünf im Rücken und zwei in der Schlüsselbeingegend, erneut schwer verwundet. Vierzehn seiner Kameraden wurden getötet, indem ihnen die Schlagader durchstochen wurde.

Fall 034

Auch in dem Protokoll vom 14. August 1941, das die Beschießung eines deutschen, einwandfrei gekennzeichneten Sanitätskraftwagens und die Tötung des Fahrers und Beifahrers sowie mehrerer in dem Wagen transportierter Verwundeter behandelt, berichtet der Zeuge Leutnant Hering darüber, daß er vier Leichen aufgefunden habe, denen die Pulsadern an der Hand durchschnitten waren.

Fall 035

Der russische Kriegsgefangene Petro Jaremynko hat bei seinem russischen Truppenteil etwa am 1. Juli 1941 in der Nähe des Städtchens Mikolajow mitangesehen, wie drei deutsche gefangene Soldaten mit auf dem Rücken gefesselten Händen von zwei russischen Soldaten an der Kolonne seines Bataillons vorbeigeführt wurden. Hinter den Soldaten folgte der russische Hauptmann Malezki, der Bataillonskommandeur seines Bataillons. In der Nähe der Kolonne stand der Pferdebursche des Hauptmanns Malezki mit dem Pferd des Hauptmanns. Als der Hauptmann an dem Pferdeburschen vorbeikam, ließ er sich dessen Säbel geben. Der Hauptmann ließ dann die drei Gefangenen in eine in der Nähe liegende Bodensenke führen und sie dort nebeneinander aufstellen. Dann schlug der Hauptmann mit dem gezogenen Säbel auf die Köpfe der Gefangenen ein. Mit jedem Hieb fiel einer der Gefangenen um. Als der Hauptmann den letzten niedergeschlagen hatte, drehte er sich um und ging wieder zu seinem Bataillon zurück.

Fall 036

Über einen Fall grausamer Ermordung eines deutschen Soldaten verlautet die Niederschrift über die Vernehmung des Leutnants Spengler vom 1. Juli 1941.

Dokumente zu Fall 036

Gericht der 137. Inf. Division **Im Felde, 1. Juli 1941**
AL 202/41

Gegenwärtig: Kriegsgerichtsrat Dr. Sehorz
Feldjustizinspektor Überall als Urkundsbeamter

Ein toter deutscher Kradfahrer, dem beide Augen ausgestochen sowie Ohren, Nase und Zunge abgeschnitten waren. In der Kinngegend wies er schwere Schnittwunden auf, so daß die Knochen hervortraten, auf der Stirn hatte er ein rundes Loch

Niederschrift

Es erscheint Ltn. Spengler Walter, 31 Jahre alt, ev., s. Art. Abt. 841, gibt nach W. E. folgendes an:

Als meine Abteilung heute etwa um 13 Uhr auf der Straße, die von Dereczyn in nördlicher Richtung gegen Kozin führt, marschierte, wurde ich von einem Offizier unseres Stabes auf einen toten deutschen Soldaten aufmerksam gemacht, der anscheinend verstümmelt worden sein dürfte. Ich habe den Toten angesehen und folgende Verletzungen an ihm festgestellt:

Die Augen waren beide ausgestochen, Ohren und Nase waren abgeschnitten, außerdem wies er in der Kinngegend derart schwere Schnittwunden auf, daß die Knochen hervortraten. Auf der Stirne hatte er ein rundes Loch, doch konnte ich nicht feststellen, ob es sich um eine Einschußöffnung oder um eine sonstige Verletzung handelte. Auch in der Brustgegend dürfte er eine Verletzung gehabt haben, da dort das Hemd blutig durchtränkt war. Die nähere Untersuchung der Taschen des Toten ergab, daß er nur mehr in einer Tasche einige Schrauben hatte. In der Öffnung des Kradmantels hatte er eine Zelluloidhülle mit dem Soldbuch, dem Wehrmachtführerschein, eine Korrespondenz und einige Lichtbilder stecken. Um den Hals trug er innen noch den Brustbeutel, der noch zwei Zloty und 50 Groschen und einen Zettel mit seiner Heimatanschrift: Gerhard B., Könitz bei S., Bahnhofstraße 4 Th enthielt. Diese Gegenstände werden hiermit zum Akte gebracht. Nach dem Soldbuch handelt es sich um den Schützen Gerhard B., Feldpostnummer 38125, der offenbar der 29. Division angehören dürfte. Ich habe sofort durch die Gefr. Eichert und Schmidt bei der Einheit Feldpostnummer 18047 zwei Lichtbildaufnahmen von dem Toten machen lassen und werde veranlassen, daß die Filme der Division zur Entwicklung und weiteren Verfügung vorgelegt werden. Der Tote dürfte schon über 24 Stunden gelegen sein, weil sich bei seiner Durchsuchung bereits Verwesungsgeruch bemerkbar machte. Der Tote hatte weder Stahlhelm noch Gasmaske noch eine Waffe bei sich, war aber vollkommen und insbesondere auch mit dem Kradmantel bekleidet. Ich ließ daraufhin den Toten sofort beerdigen und habe von der Beerdigungsstelle eine Skizze angefertigt, welche ich gleichzeitig vorlege und bitte ich diese dem zuständigen Gräberoffizier zuzuleiten.

Der Zeuge wird vereidigt.

v. g. g., gez. Walter Spengler, Leutnant, gez. Dr. Sehorz, Kgsrat., gez. Überall, Feldj. Insp.
Beglaubigt: Ministerialregistrator

Gericht der Division 137 **Im Felde, den 1. Juli 1941**
AL 202/41

Gegenwärtig:
1.) Kriegsgerichtsrat Dr. Adalbert Sehorz
2.) Feldj. Insp. Michael Überall als Urkundsbeamter

Niederschrift

aufgenommen i[n] Uhryn-Maly bei Der[e]czyn (Großblatt Nr. 344 Wolkowyskl - 100.000) mit Oberzahlmeister Maschek Josef, geb. 25.6.1912, r.k., Pi. B[t]l. 137.

Der Vorgenannte gibt nach Wahrheitserinnerung an:

Als ich heute vormittag von Dereczyn nach Wola fuhr, sah ich etwa 2 km außerhalb Dereczyn neben der Straße ein verlassenes deutsches Beikrad stehen. Auf der Rückfahrt von Wola nach Dereczyn etwa um 13 Uhr sah ich bei dieser Beikradmaschine einige deutsche Soldaten stehen, welche das Krad auf seine Verwendungsfähigkeit untersuchten. Ich blieb deshalb stehen und erfuhr von diesen Soldaten, daß der Beikradfahrer ungefähr gegen Dereczyn zu neben der Straße liege und Verstümmelungen aufweise. Ich begab mich zu dem Toten und habe einwandfrei festgestellt daß dem Beikradfahrer beide Augen ausgestochen, beide Ohren, die Nase, sowie die Zunge abgeschnitten waren. Überdies wies der Tote mehrere bis auf die Kinnbackenknochen reichende Schnittwunden im Gesicht auf. Ob der Tote sonst noch Verletzungen aufwies, kann ich nicht sagen, weil ich ihn nicht näher untersucht habe und der Tote noch mit dem Kradmantel bekleidet war. Auf dem Toten befanden sich bereits viele Fliegen, aber ein Verwesungsgeruch war noch nicht feststellbar. Der Tod dürfte daher innerhalb der letzten 24 Stunden eingetreten sein.

Der Kradmantel war vorne offen und die Taschen des Toten waren offenbar ausgeplündert.

Die Soldaten, welche mich auf diesen Toten aufmerksam gemacht hatten, waren über diese bestialische Ermordung eines deutschen Soldaten ungeheuer erbittert. Da in dieser Gegend in den letzten 24 Stunden zahlreiche russische Soldaten als Gefangene eingebracht werden konnten, ist anzunehmen, daß der Kradfahrer von russischen Soldaten ermordet wurde, als er sich von seinem Beikrad entfernte, um eine Schraube zu suchen, welche er anscheinend verloren hatte. Neben dem Toten wurde nämlich eine Schraube gefunden, die von einem Beikrad stammen kann. Auf meine Meldung hin wurde eine Lichtbildaufnahme angeordnet. Als ich mit dem Lichtbildner etwa 2 Stunden später zu dem Toten zurückkehrte konnte die Aufnahme nicht mehr gemacht werden, weil der Tote inzwischen offenbar von Kameraden beerdigt worden war. Nach der Inschrift auf dem Grabhügel handelt es sich um Gerhard B., geb. 19.12.1920. Die Beikradmaschine des Toten trug auf dem Benzintank große weiße Buchstaben. Ich glaube die Ziffer 32. Welcher Einheit der Tote angehörte, konnte bisher noch nicht festgestellt werden.

Sohin wird der Obengenannte vereidigt.

v. g. g., gez. Josef Maschek Obzm., gez. Dr. Sehors, Kgsrat., gez. Überall, Feldj. Insp.

Vorgerufen erscheint Gefr. Ferdi[n]and Horzin, Pi. Btl. 137, geb. 4.3.1913, gibt nach Wahrheitserinnerung an:

Gibt im wesentlichen gleichlautend an wie Oberzahlmeister Maschek mit folgender Ergänzung:

Ich habe den Wagen gelenkt, mit welchem Ob. Zahlm. Maschek die Fahrt von Dereczyn nach Wola und zurück machte. Ich bestätige ausdrücklich, daß ich dieselben Wahrnehmungen gemacht habe wie vorherige[r] Zeuge.

Die beim Toten vorgefundene Schraube stammt nach meiner Vermutung von einer BMW oder Zündappmaschine.

Das Beikrad des Toten war entweder eine BMW oder eine Zündappmaschine, doch habe ich dies nicht einwandfrei festgestellt.

Hierauf wird der Zeuge vereidigt.

v. g. g., gez. Dr. Sehorz, Kgsrat, gez. Überall, Feldj. Insp., gez. Horzin, Gefr.

Beglaubigt: Ministerialregistrator

Fall 037

Über die Erschießung von mindestens neun deutschen Kriegsgefangenen durch russische Truppen in einer Kaserne in Riga am 1. Juli 1941 berichtet das Protokoll über die Vernehmung des dortigen Tierarztes Conrad Apinis, des Hausmeisters Adolf Zakis, des Kaufmanns Martin Sipols, des Bauarbeiters Jansons sowie der Zeuginnen Anna Lapinsch und Milda Rudsit.

Fall 038

Ebenso bekunden die laut folgender Anlage vernommenen Zeugen die Ermordung von drei deutschen Soldaten am 2. Juli 1941 in Wielec. Die Soldaten hatten sich der russischen Übermacht ergeben, sind dann gefesselt und erschossen bzw. erstochen worden.

Dokumente zu Fall 038

Gericht der 18. Inf. Division (mot). **Div. St. Qu., den 3.8.1941**
RHL Nr. 42/41

Gegenwärtig:
Kriegsgerichtsrat Heim als Richter,
Gefr. Dommert als Protokollführer, allg. verpfl. gem. §§ 22, 104 MStGO

Vorgeladen erscheint der Oberarzt Dr. Kurt Stavenhagen, III./I.R. (mot) 51 als Zeuge.

Er wurde mit dem Gegenstand der Untersuchung vertraut gemacht, zur Wahrheit ermahnt und auf die Bedeutung des Eides hingewiesen.

Der Zeuge erklärte: siehe Anlage I (Übertragung der kurzschriftlichen Aufnahme der Vernehmung). Diese Aussage wurde ihm vorgelesen, worauf er erklärte: „Diese Aussage ist richtig".

Der Zeuge leistete den Zeugeneid.

geschl., gez. Heim, gez. Dommert, Beglaubigt: Sekretär

Anlage I

(Übertragung der kurzschriftlichen Aufnahme der Vernehmung)

Z.P.: Ich heiße Kurt Stavenhagen, bin 34 Jahre alt, evangelisch, Oberarzt beim III./I.R. (mot) 51.

Z.S.: Während des Vormarsches meines Bataillons wurden wir am 3.7.1941 in Wielec von einem deutsch sprechenden Einwohner dieses Dorfes darauf aufmerksam gemacht, daß am vorhergehenden Tage um 15 Uhr drei deutsche Soldaten von russischen Soldaten gefangengenommen und ermordet worden seien. Ich habe mich durch diesen Zivilisten zu der Stelle führen lassen, wo die ermordeten deutschen Soldaten lagen.

Wir stellten dort folgendes fest:

Im Straßengraben lag eine deutsche Beiwagen-Maschine (BMW), auf der sich das taktische Zeichen der Aufklärungs-Abteilung 18 befand. Welche Einheit es war, weiß ich nicht mehr. Quer über dieser Beiwagen-Maschine lag, die Hände mit einem Lederriemen auf dem Rücken zusammengebunden, auf dem Rücken ein toter deutscher Soldat, den wir auf Grund des bei ihm vorgefundenen Soldbuches als den Obergefreiten Erhard St., A.A. 18, feststellten. Er hatte am Kopf in der linken Schläfengegend eine linsengroße Einschußöffnung. An der rechten Stirnseite befand sich die etwa Kleinkindkopfgröße aufweisende Ausschußöffnung, welche von Gehirnteilen überragt war. Aus diesem Befund war zu schließen, daß diese Zertrümmerung des Schädels durch einen aus unmittelbarer Nähe abgegebenen Nahschuß verursacht worden ist.

Ferner befand sich in diesem Graben in einer Entfernung von etwa 10 Metern ein anderer toter Soldat, der, wie wir aus dem bei ihm vorgefundenen Soldbuch ersehen konnten, ebenfalls von der Aufklärungs-Abteilung 18 war und Herbert W. hieß. Er lag mit dem Rücken zur Erde. Ich habe mir diesen Soldaten erst genauer angesehen, nachdem ich bei dem Obergefreiten St. gewesen war und sich meine Begleiter bereits um W. bemüht hatten. Als ich hinkam, war sein Oberkörper bereits entblößt. In der rechten Brustseite stellte ich drei Stichöffnungen mit ausgezackten, kantigen Wundrändern fest, die wahrscheinlich von Stichen mit dreikantigen russischen Bajonetten herrührten. Die entsprechenden Stichöffnungen fand ich in der Vorderseite der Feldbluse.

In der Nähe des Soldaten W. lag ein weiterer toter Soldat auf dem Rücken. Irgendwelche Hinweise auf seine Truppe oder seinen Namen, abgesehen von einem Stahlhelm mit der Inschrift: „Henschel 10364", konnten wir nicht feststellen. Wir fanden bei ihm weiter nur am linken Ringfinger einen glatten Verlobungsring mit der Eingravierung „L.W. 1939". Auf der entblößten rechten Brustseite bemerkte ich eine linsengroße Einschußöffnung. Ich habe ihn umgedreht, eine Ausschußöffnung aber nicht gesehen. Ob dieser Schuß vorn durch die Feldbluse hindurchgegangen ist, weiß ich nicht.

Ich nehme an, daß der letztbezeichnete Soldat, da bei ihm außer dem Ring keine persönlichen Sachen vorgefunden wurden, ausgeplündert worden ist.

Außer dem erstgenannten Beiwagenkrad lag in dem Graben in der Nähe des letzten Toten ein zweites Beiwagenkrad. Beide Fahrzeuge waren durch Schüsse in die Tanks und in die Bereifung sowie durch gewaltsame Zerstörung der Schaltanlagen betriebsunfähig gemacht worden.

Die Zivilisten, welche mit uns zusammen an diesen Ort gingen und uns dann bei der Bestattung der Leichen behilflich waren, waren über diesen Vorfall sehr erschüttert. Die Frauen weinten unaufhörlich und die Männer gaben uns durch Zeichen und auch durch den deutsch sprechenden Zivilisten zu verstehen, daß wir es mit den Russen genau so machen sollten. Die Zivilisten zeigten sich bei der Herrichtung der Grabstätten überaus hilfsbereit. Insbesondere war es auffällig, daß der deutsch sprechende Zivilist auf unsere Bitte sofort ein sehr schönes Holzkreuz mit Inschriftbrett angefertigt hat.

Außer mir waren bei diesen Feststellungen zugegen:

Oberstleutnant Chrobek (verwundet, in der Heimat),

Leutnant Schlegel, Adjutant III./I.R. 51,

Leutnant Wolf, damals Ordonnanzoffizier III./I.R. 51, jetzt Zugführer 9./I.R. 51,

Sanitätsfeldwebel Oskar Fuchs, III./I.R. 51

und eine Reihe mir namentlich jetzt nicht bekannter Soldaten unseres Bataillons.

Fotografische Aufnahmen von dem gefesselten Soldaten hat der Uffz. Maier, früher Stab III./I.R. 51, jetzt verwundet in der Heimat, angefertigt.

v. g., Die Richtigkeit der Übertragung der kurzschriftlichen Aufnahme der Vernehmung wird bescheinigt.
Im Felde, den 3.8.1941, gez. Dommert, Gefreiter, beim Gericht der 18. Inf. Division (mot).
Beglaubigt: Sekretär

Gericht der 18. Inf. Division (mot). **Div. St. Qu., den 6.8.1941**
RHL Nr. 42/41

Gegenwärtig:
Kriegsgerichtsrat Heim als Richter,
Gefreiter Dommert als Protokollführer, allgem. verpfl. gem. §§ 22, 104 MStGO

Vorgeladen erscheint der Leutnant Ulrich Schlegel, III. (mot) /I.R. 51, als Zeuge.

Er wurde mit dem Gegenstand der Untersuchung vertraut gemacht, zur Wahrheit ermahnt und auf die Bedeutung des Eides hingewiesen.

Der Zeuge erklärte: siehe Anlage I (Übertragung der kurzschriftlichen Aufnahme der Vernehmung).

Diese Aussage wurde ihm vorgelesen, worauf er erklärte: „Diese Aussage ist richtig".

Der Zeuge leistete den Zeugeneid.
geschl., gez. Heim, gez. Dommert, Beglaubigt: Sekretär

Anlage I
(Übertragung der kurzschriftlichen Aufnahme der Vernehmung).

Z.P.: Ich heiße Ulrich Schlegel, bin 22 Jahre alt, evangelisch, Leutnant und Adjutant beim III. (mot) I.R. 51.

Z.S.: Als unser Bataillon am 3.7.41 auf dem Vormarsch an das Dorf Wielec kam, war unser Batl.-Arzt, Oberarzt Stavenhagen, von Dorfeinwohnern davon unterrichtet worden, daß am vorhergehenden Tage nachmittags drei deutsche Soldaten von russischen Soldaten gefangengenommen und ermordet worden seien. Er war zuerst an die Stelle gegangen, an der diese toten Soldaten lagen, und holte dann noch einige Offiziere als Zeugen hinzu.

Ich habe mir nur den äußeren Befund an diesen toten Soldaten angesehen, um die Feststellung der Personalien bemühte sich der Oberarzt Stavenhagen.

Vor dem Dorfe lagen im Graben zwei Beiwagen-Maschinen, die durch Schüsse in Tank, Reifen und Motorblock betriebsunfähig gemacht worden waren. Sie trugen das taktische Zeichen der Aufklärungs-Abteilung 18.

Auf dem Soziussitz der einen Maschine lag auf dem Rücken, die Hände mit einem Lederriemen zusammengebunden, ein toter deutscher Soldat. In der Gegend über dem linken Ohr befand sich am Kopf dieses Soldaten eine linsengroße Einschußöffnung. An der rechten Stirnseite bemerkte ich eine etwa faustgroße Öffnung, die offensichtlich die Ausschußöffnung war. Der Schädel war an dieser Stelle sehr stark zertrümmert, insbesondere sah man auch Gehirnteile außerhalb des Kopfes. Nach meiner Überzeugung muß dieser Schuß, der eine so gewaltige Ausschußöffnung hatte, aus nächster Entfernung abgegeben worden sein.

Einige Meter davon lag in dem Graben ein anderer toter deutscher Soldat auf dem Rücken. Er hatte in der rechten Brustseite drei Stichwunden mit ausgerissenen Rändern. Ich hatte den Eindruck, daß diese Wunden nicht von Stichen mit glatten Bajonetten, sondern von dreikantigen oder etwa mit sägeartigen Zacken versehenen herrührten. Die Feldbluse war an der entsprechenden Stelle vorn stark aufgerissen.

Sehr nahe bei dem letztgenannten Soldaten lag noch ein toter Soldat auf dem Rücken im Graben. Dieser hatte auf der entblößten rechten Brustseite eine linsengroße Einschußöffnung. Ob der Schuß vorn durch die Feldbluse gegangen ist, weiß ich nicht. Ich kann mich nicht erinnern, ob ich eine Ausschußöffnung im Rücken gesehen habe.

Die Zivilisten, welche uns dann bei der Bestattung der Leichen halfen, waren überaus erschüttert von diesen Vorgängen, die Frauen weinten und die Männer deuteten durch Zeichen an, daß wir die Russen in ähnlicher Weise behandeln sollten. Insbesondere machten sie die Gebärde des Halsabschneidens.

v. g., Die Richtigkeit der Übertragung der kurzschriftlichen Aufnahme der Vernehmung wird bescheinigt.
Im Felde, den 6.8.1941, gez. Dommert, Gefreiter, beim Gericht der 18. Inf. Division (mot).
Beglaubigt: Sekretär

Gericht der 18. Inf. Division (mot). **Div. St. Qu., den 25.8.1941**
RHL Nr. 42/41

Gegenwärtig:
Kriegsgerichtsrat Heim als Richter,
Gefreiter Dommert als Protokollführer, allgem. verpfl. gem. §§ 22, 104 MStGO

Vorgeladen erscheint der Sanitäts-Feldwebel Oskar Fuchs, III. (mot) /I.R. 51, als Zeuge.

Er wurde mit dem Gegenstand der Untersuchung vertraut gemacht, zur Wahrheit ermahnt und auf die Bedeutung des Eides hingewiesen.

Der Zeuge erklärte: siehe Anlage I (Übertragung der kurzschriftlichen Aufnahme der Vernehmung).

Diese Aussage wurde ihm vorgelesen, worauf er erklärte: „Diese Aussage ist richtig".

Der Zeuge leistete den Zeugeneid.
geschl., gez. Heim, gez. Dommert, Beglaubigt: Sekretär

Anlage I
(Übertragung der kurzschriftlichen Aufnahme der Vernehmung).

Z.P.: Ich heiße Oskar Fuchs, bin 30 Jahre alt, katholisch, Sanitäts-Feldwebel beim III. (mot) /I.R. 51.

Z.S.: Etwa Anfang Juli 1941 mußte unser Batl. am Straßenkreuz vor Wielec halten, weil die Division dort gesammelt werden sollte. Als wir dort standen, kam ein deutsch sprechender Bauer an uns heran und teilte mir mit, daß am vorangegangenen Tage gegen 14.30 Uhr drei deutsche Soldaten (mit je einem Beiwagenkrad) von 20 russischen Soldaten ermordet worden seien. Der russische Zivilist erwähnte ausdrücklich, daß die 3 deutschen Soldaten sich ergeben hätten und insbesondere mit erhobenen Händen auf die Russen zugegangen seien. Einer der russischen Soldaten habe gesagt, die deutschen Soldaten seien gefangen und sollten abgeführt werden, worauf die übrigen 19 russischen Soldaten aber geschrien hätten, die 3 gefangenen deutschen Soldaten sollten gefesselt und erschossen werden. Daraufhin seien die 3 deutschen Soldaten an Ort und Stelle sofort getötet worden.

Ich begab mich zunächst mit dem Zivilisten an den Tatort und stellte dort folgendes fest:

Im Straßengraben standen 3 deutsche Beiwagen-Kräder mit dem taktischen Zeichen der 3. Kompanie Aufklärungs-Abteilung 18. Die Zylinderblöcke und die Tanks der Kräder waren durchschossen.

Über dem Beiwagen des einen Krades lag auf der Seite mit auf dem Rücken mittels eines Lederriemens gefesselten Händen ein toter deutscher Soldat. Er hatte, wie auch die beiden anderen, einen Kradmantel aus Gummi an. In der einen Schläfe, nach meiner Erinnerung rechts, hatte er eine kleine, etwa linsengroße Schußwunde, die offenbar die Einschußöffnung war. Auf der anderen Kopfseite war ein erhebliches Stück des Gesichts in der Augengegend bis an die Nase herausgerissen. Nach meiner Überzeugung ist dies die Ausschußöffnung gewesen. Aus der Art dieser Verletzungen habe ich entnommen, daß es sich offenbar um einen aus sehr naher Entfernung abgegebenen Schuß gehandelt hat.

Neben dem zweiten Krad lag auf dem Rücken ein anderer toter deutscher Soldat. Er hatte mehrere Stichwunden in der Brust. Es waren ganz eigenartige ausgerissene Ränder. Man erkannte ganz deutlich, daß es sich um eine dreikantige Stichwaffe in der Art, wie die russischen Bajonette beschaffen sind, gehandelt hat. Das Notizbuch und das Soldbuch dieses Soldaten, die ich aus der linken Brusttasche seiner Feldbluse herausgenommen habe, zeigten noch deutlicher die dreikantige Form der Waffe, mit welcher dieser Soldat erstochen worden ist. Andere Verletzungen, insbesondere Schußverletzungen, hatte er nicht.

In der Nähe des 3. Krades lag auf dem Rücken noch ein toter deutscher Soldat. Ich habe zunächst bei ihm eine Schußverletzung gar nicht gesehen. Als ich auf Befehl des Oberarztes Dr. Stavenhagen auch bei diesem Soldaten die Taschen nach persönlichem Eigentum durchsuchte, fand ich in der Uhrtasche der Hose ein leicht platt gedrücktes Infanteriegeschoß, dessen Spitze etwas abgebogen war. Daraufhin haben wir uns den Soldaten näher angesehen. Ich selbst weiß nicht, wo er die Einschußwunde gehabt hat. Auch die Ausschußwunde habe ich nicht gesehen. Ich habe sie aber mit dem Finger gefühlt, als ich in die Uhrtasche hineinfaßte und merkte, daß die Tasche zerrissen war. Auch die Unterkleidung war an dieser Stelle zerfetzt und stark durchblutet.

Ich habe das persönliche Eigentum und die Soldbücher dieser Soldaten gesammelt und dem Troß der Aufklärungs-Abteilung 18 weitergereicht.

Die anwesenden russischen Zivilisten waren sehr ergriffen und über die russischen Soldaten erbittert. Sie haben uns beim Beerdigen der deutschen toten Kameraden eifrig geholfen.

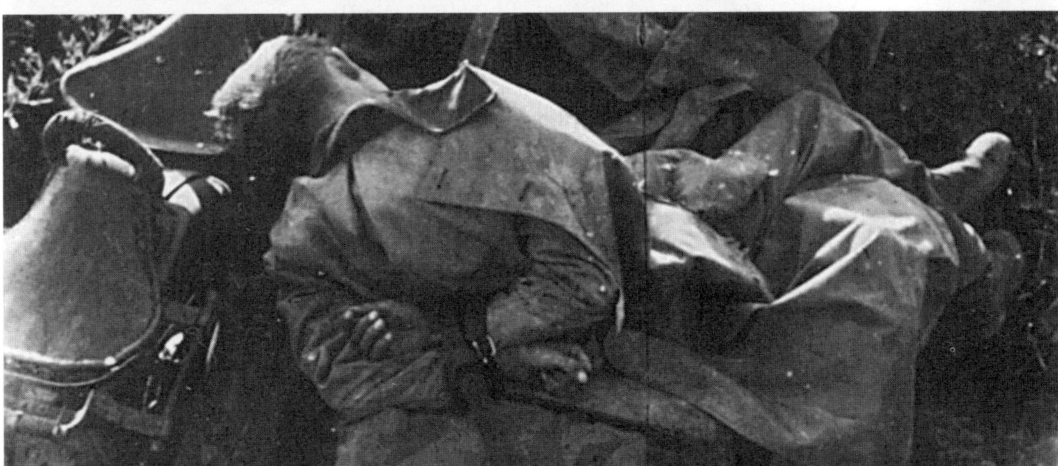

Drei deutsche Soldaten der Aufklärungsabteilung 18, die von etwa 20 Russen ermordet wurden. Einer wurde gefesselt und durch Nahschuß getötet; einer durch drei Stiche in die Brust mit dreikantigen russischen Bajonetten getötet. Ein weiterer wurde durch Schüsse in die Brust ermordet und ausgeplündert

Auf Veranlassung des Batl.-Kommandeurs, Oberstleutnant Chrobeck, hat der Uffz. Theodor Maier, Stab III./I.R. 51, eine Reihe fotografischer Aufnahmen von den Verletzungen dieser Soldaten gemacht.

v. g., Der Zeuge leistete den Zeugeneid.
Die Richtigkeit der Übertragung der kurzschriftlichen Aufnahme wird bescheinigt.
Im Felde, den 25.8.1941, gez. Dommert, Gefreiter, beim Gericht der 18. Inf. Division (mot).
Beglaubigt: Sekretär

Gericht der 18. Inf. Division (mot) **Div. St. Qu., den 9.9.1941**
RHL Nr. 42/41

Gegenwärtig:
Kriegsgerichtsrat Heim als Richter,
Obergefreiter Dommert als Protokollführer, allgem. verpfl. gem. §§ 22, 104 MStGO

Es erscheint der Leutnant Kurt Wolf, 9. (mot) /I.R. 51, als Zeuge.

Er wurde mit dem Gegenstand der Untersuchung vertraut gemacht, zur Wahrheit ermahnt und auf die Bedeutung des Eides hingewiesen.

Der Zeuge erklärte: siehe Anlage I (Übertragung der kurzschriftlichen Aufnahme der Vernehmung).

Diese Aussage wurde ihm vorgelesen, worauf er erklärte: „Diese Aussage ist richtig".

Der Zeuge leistete den Zeugeneid.
geschl., gez. Heim, gez. Dommert, Beglaubigt: Sekretär

Anlage I
(Übertragung der kurzschriftlichen Aufnahme der Vernehmung).

Z.P.: Ich heiße Kurt Wolf, bin 27 Jahre alt, evangelisch, Leutnant bei der 9. (mot) /I.R. 51.

Z.S.: In der ersten Zeit unseres Vormarsches kam ich vor Wielec zufällig hinzu, als einige Angehörige unseres Bataillons, darunter Oberstleutnant Chrobeck und der Oberarzt Stavenhagen, bei 3 toten deutschen Soldaten standen. In der Nähe befanden sich auch eine Reihe von Zivilisten. In dem einen Straßengraben standen bzw. lagen drei Kräder.

Auf dem Beiwagen des einen Krades lag mit dem Rücken nach oben ein toter deutscher Soldat. Er hatte die Hände auf dem Rücken mit einem Lederriemen gefesselt. Am Kopf hatte er eine Schußverletzung, über die ich im einzelnen aber nichts sagen kann.

Auf einem anderen Krad lag nach vorn über die Lenkstange gebeugt ein zweiter toter deutscher Soldat. Auf dessen Verletzungen kann ich mich nicht mehr erinnern.

Ein kurzes Stück entfernt davon lag im Graben ein dritter toter deutscher Soldat, der im Bauch einige Stichverletzungen hatte. Einzelheiten vermag ich auch hier nicht anzugeben.

Ich war, da ich erst später hinzugekommen war und bald wieder weiter mußte, nur kurze Zeit dort und habe deshalb nur sehr ungenaue Beobachtungen gemacht. Zum Teil ist meine Erinnerung durch die vergangene lange Zeit und die inzwischen aufgetauchten anderen Eindrücke verblaßt.

Über die Angaben der Zivilisten bin ich erst später unterrichtet worden.

v. g., Der Zeuge leistete den Zeugeneid.
Die Richtigkeit der Übertragung der kurzschriftlichen Aufnahme der Vernehmung wird bescheinigt.
Im Felde, den 9.9.1941, gez. Dommert, Obergefreiter, beim Gericht der 18. Inf. Div. (mot).
Beglaubigt: Sekretär

Fall 039

Die grausame Ermordung und Verstümmelung von zehn deutschen Soldaten am 3. Juli 1941 bei Brzezany wird durch die Aussagen und Gutachten des Assistenzarztes Dr. Erich Koch sowie des Oberarztes Dr. Heinz Wittig, ferner durch die Aussage des Obergefreiten Niger und durch die beigefügten Lichtbildaufnahmen bewiesen.

Gericht der 4. Gebirgsdivision **Div. St. Qu., den 9.7.1941**

Dokumente zu
Fall 039

Betr.: Verstümmelung deutscher Soldaten

Gegenwärtig:
Leutnant Dr. Pranger, Heeresrichter k.A.

Vernehmung: Auf Befehl erscheint Dr. Erich Koch, Ass. Arzt und Abt. Arzt bei der A.A. 94, geboren am 13.9.1906 in Dillenburg (Hessen-Nassau), derzeit Einheit F.P.Nr. 27778, und gibt nach Wahrheitserinnerung und Belehrung über die Bedeutung des Eides an:

Kurz vor Brzezany befanden sich am 3.7.1941 die Russen im Rückmarsch. Der Aufkl. Abt. 94 war befohlen worden, die rechte Flanke der Division zu schützen. Bei Durchführung dieses Befehles geriet unsere 1. Schwadron in unmittelbare Feindberührung. Die Schwadron wurde zum Teil von den Russen abgeschnitten. Bei diesem Unternehmen sind im ganzen 17 Angehörige der gleichen Schwadron gefallen. Von diesen 17 wurden 6 in arg verstümmeltem Zustande aufgefunden. Im einzelnen wiesen diese 6 Gefallenen folgende Verletzungen auf:

2 Gefallene hatten die Hände auf dem Rücken gefesselt. Dem einen war das rechte Auge ausgestochen und das Gesicht mit stumpfer Gewalt, wahrscheinlich mit einem Gewehrkolben, zerschlagen. Dem zweiten war die Zunge abgeschnitten und Hals in Höhe des Kehlkopfes durchschnitten.

Auch die anderen 4 waren verstümmelt. Einem war die rechte Hand und der rechte Ellbogen abgehackt, und zwar so, daß die Hand und der Unterarm nur noch an einzelnen Hautpartien hingen. Einem anderen war der rechte Arm mit dem Seitengewehr oder einer anderen Stichwaffe mehrfach durchstochen. Der Arm sah aus wie ein Sieb. Weitere 2 Soldaten wiesen am ganzen Körper Stichwunden, die ihnen mit einem Seitengewehr zugefügt wurden, auf. Alle 6 Verstümmelten waren auch gänzlich ausgeplündert, z.T. fehlte sogar das Soldbuch und die Erkennungsmarke. 4 Soldaten waren auch die Schuhe ausgezogen worden. Der Vorfall hat sich entweder am späten Vormittag oder nachmittags zugetragen. Ich habe die Leichen erst abends gesehen, als sie dahergebracht wurden. Infolge der Dunkelheit konnten daher keine Lichtbildaufnahmen mehr gemacht werden. Mit der Beerdigung konnte nicht zugewartet werden. Die beiden gefesselten Soldaten sind unverwundet in die Hände des Feindes gefallen. Die anderen 4 Soldaten waren vor der Verstümmelung offenbar verwundet worden, einer davon war bereits von unseren Leuten verbunden worden.

Die Namen der 6 erwähnten verstümmelten Soldaten werde ich noch dem Gerichte bekanntgeben und Tatzeugen stellig machen.

Sohin wird der Zeuge gesetzlich vereidigt und bestätigt unter Eid die obengemachten Angaben.

v. g. u., gez. Dr. Erich Koch, Geschlossen: gez. Dr. Pranger, Heeresrichter k.A.,
Beglaubigt: Sekretär

Abschrift
Truppenarzt Aufklärungabteilung 94 **O.U., den 20.7.41**

Dem Gericht der 4. Geb. Division.

In der Anlage werden die Vernehmungen nach vollzogener Unterschrift zurückgesandt.
Tatzeugen sind keine vorhanden. –
Die Namen der verstümmelten Soldaten lauten:

Gefr.	W.,	Josef	Feldpostnummer	30031
"	Sch.,	Jakob	"	30031
"	B.,	Otto	"	28497
"	B.,	Josef	"	28497
"	L.,	Erich	"	28497
"	N.,	Robert	"	28497

Anlagen gez. Dr. Koch, Ass. Arzt u. Tr. Arzt, Beglaubigt: Sekretär

Gericht der 4. Gebirgsdivision **Div. St. Qu., den 13.7.1941**
RHL Nr. 184/41

Gegenwärtig:
Leutnant Dr. Pranger, Heeresrichter k.A.

Vernehmung: Auf Befehl erscheint Oberarzt Dr. Heinz Wittig, geboren am 23.9.1905 in Jena, derzeit Abteilungsarzt bei Panzer-Jäger-Abteilung 525, F.P.Nr. 11914, und gibt nach Belehrung über die Bedeutung des Eides wahrheitserinnert an:

Am Vormittag des 3.7.1941 kam es zwischen der Panzer-Jäger-Abt. 525 und den Sowjet-Russen am Westausgang von Brzezany zum Kampfe. Hierbei fielen Soldaten dieser Abteilung. Bei 4 Soldaten wurde einwandfrei festgestellt, daß sie Verletzungen aufwiesen, die ihnen nicht im Kampfe, sondern erst nachher zugefügt wurden. Es sei vorausgeschickt, daß die Panzer-Jäger-Abteilung bei diesem Kampfe kein Artilleriefeuer, sondern lediglich Infanteriefeuer erhalten hat.

Im einzelnen habe ich folgende Beobachtungen gemacht:

1.) beim Schützen M.: Dieser wies einen Kopfschuß über dem rechten Auge auf, der linke Arm war wie mit einem Messer glatt abgetrennt, es geschah dies vermutlich mit einem Spatenhieb, der rechte Unterarm war vollkommen zerfetzt. Nach Aussehen der Wunden wurden diese Verletzungen vermutlich durch zahlreiche Messerschnitte längs der Unterarmknochen beigebracht. Der Tod dürfte durch einen Bruststich mittels eines Seitengewehres herbeigeführt worden sein.

Wie ich von einem Schützen, dessen Name mir momentan nicht erinnerlich ist, den ich aber zu Gericht bestellen werde, erfahren habe, sind zwei der Gefallenen lebend in Gefangenschaft geraten. Darunter der Schütze M.

2.) beim Gefreiten R.: dieser wies eine längliche Wunde am Bauche mit Vorfall der Eingeweide auf. Diese Verwundung wurde ihm offenbar durch Aufschlitzen mit einem Messer beigebracht, auf keinen Fall durch eine Schußverletzung.

3.) beim Gefreiten J.: dieser wies einen Brustschuß auf und außerdem war der Hinterkopf derart zertrümmert, daß er gänzlich abgetrennt war. Am Stahlhelm war keine Verbeulung festzustellen. Daraus ergibt sich, daß die Abtrennung des Hinterkopfes ebenfalls erst nach dem Kampfe erfolgt ist.

4.) beim Obergefreiten N.: dieser wies einen Rückenschuß zwischen Schulterblättern und eine vollkommene Zertrümmerung der rechten Schädelhälfte auf. Auch in diesem Falle konnte am Stahlhelm keinerlei Verbeulung festgestellt werden. Diese Verletzung wurde daher offenkundig ebenfalls nach dem Kampfe durch stumpfe Gewalt herbeigeführt.

Beifügen will ich noch, daß ich die Gefallenen unmittelbar nach dem Kampfe untersucht habe.

Sohin wird der Zeuge gesetzlich vereidigt und bestätigt unter Eid die oben gemachten Angaben.

v. g. u., gez. Dr. Wittig, Geschlossen: gez. Dr. Pranger, Heeresrichter k.A.
Beglaubigt: Sekretär

Gericht der 4. Gebirgs-Division **Div. St. Qu., den 13.7.1941**
RHL Nr. 184/41

Gegenwärtig:
Leutnant Dr. Pranger, Heeresrichter k.A.

Vernehmung: Auf Befehl erscheint der Obergefreite Willi Niger, geboren am 5.8.1914 in Eisenach, derzeit Geschützführer bei der 2./Panzer-Jäger-Abteilung 525, F.P.Nr. 23457, und gibt nach Belehrung über die Bedeutung des Eides wahrheitserinnert an:

Am 3.7.1941 kam es zwischen der Panzer-Jäger-Abt. 525 und den Sowjet-Russen am Westausgang von Brzezany zum Kampfe. Ich war damals Schütze 1 beim I. Zug, 4. Geschütz. Während wir von vorne den Feind bekämpften, bemerkten wir plötzlich, daß wir vom Feinde umstellt wurden. Da die Sowjet-Russen gewaltig in der Überzahl waren, blieb uns nichts anderes übrig, als auszuweichen. Hierbei wurde der Schütze M. am linken Oberarm durch einen Schuß verwundet. Da ich gerade den Geschützführer, Unteroffizier Just, der ebenfalls verwundet war, zurückführte, konnte ich dem M. momentan nicht helfen. M. konnte offenbar infolge der Aufregung nicht mehr folgen. Nachdem ich den Unteroffizier Just einstweilen in einer Mulde in Sicherheit gebracht hatte, kehrte ich sofort zurück, um nach M. zu sehen. Als ich hinkam, war M. vom Feind umstellt. Ich sah nur, wie sie die

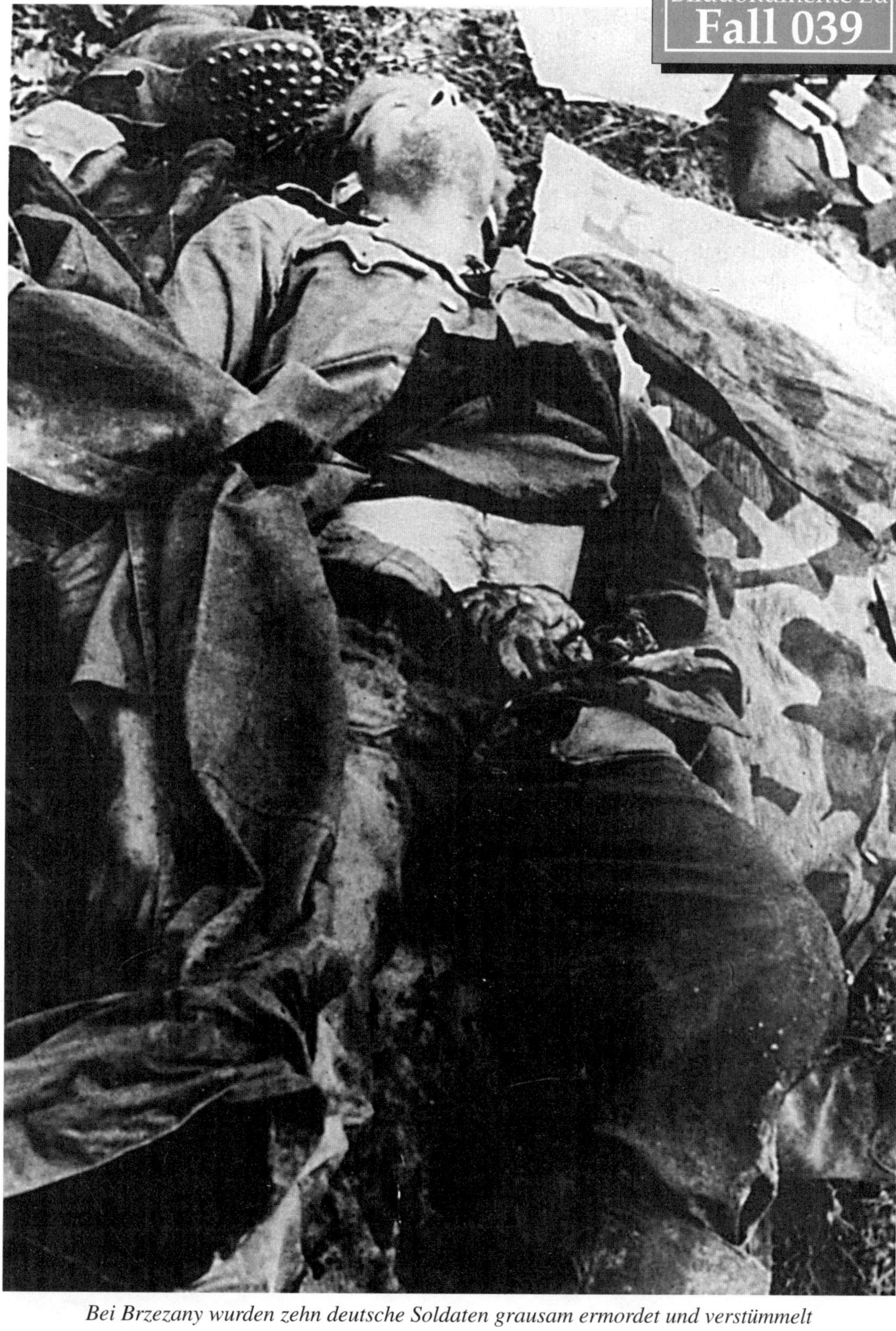

Bei Brzezany wurden zehn deutsche Soldaten grausam ermordet und verstümmelt

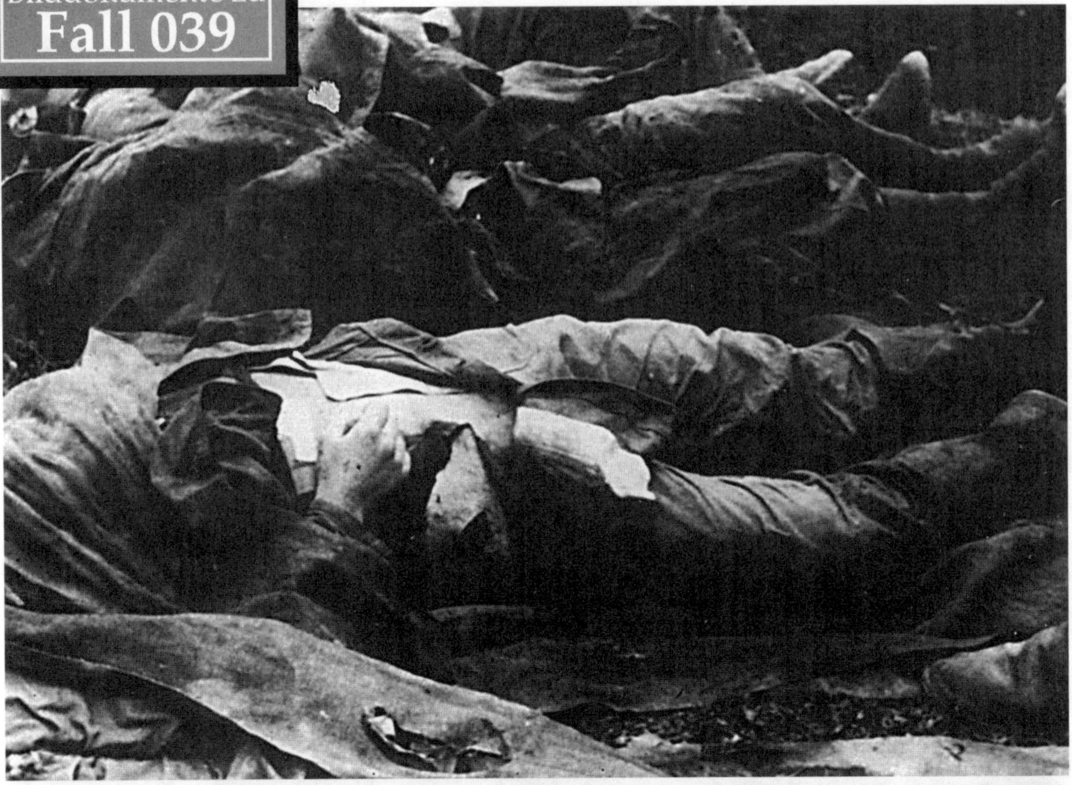

Bilddokumente zu
Fall 039

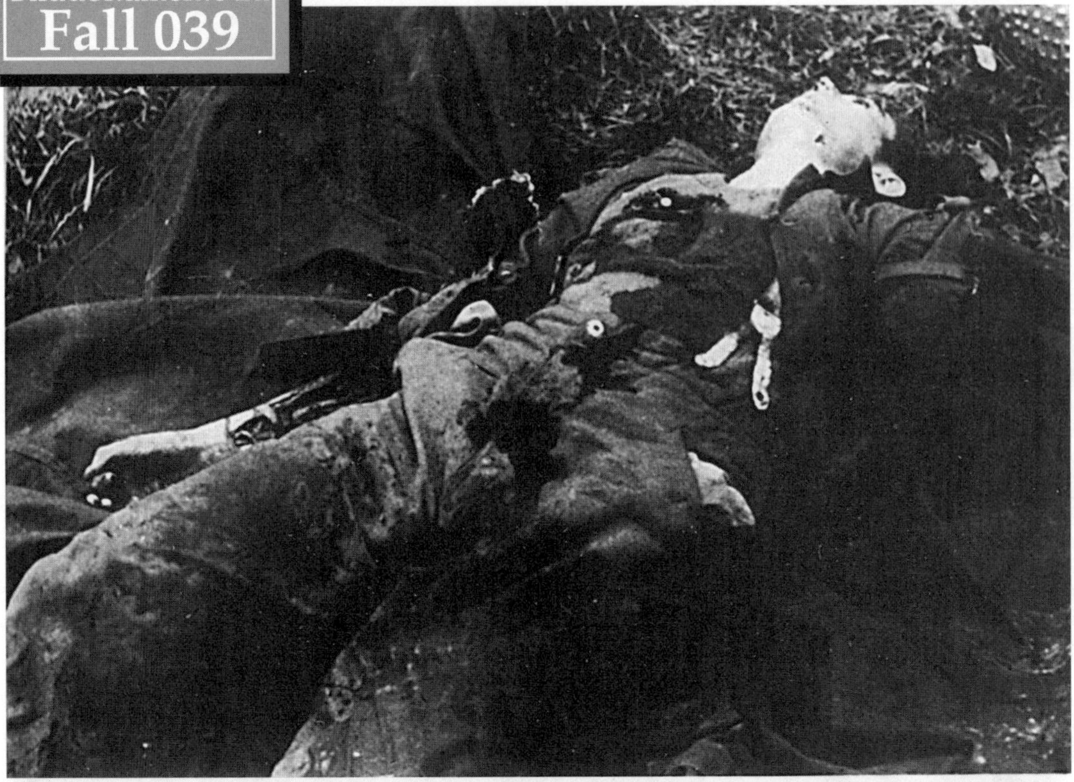

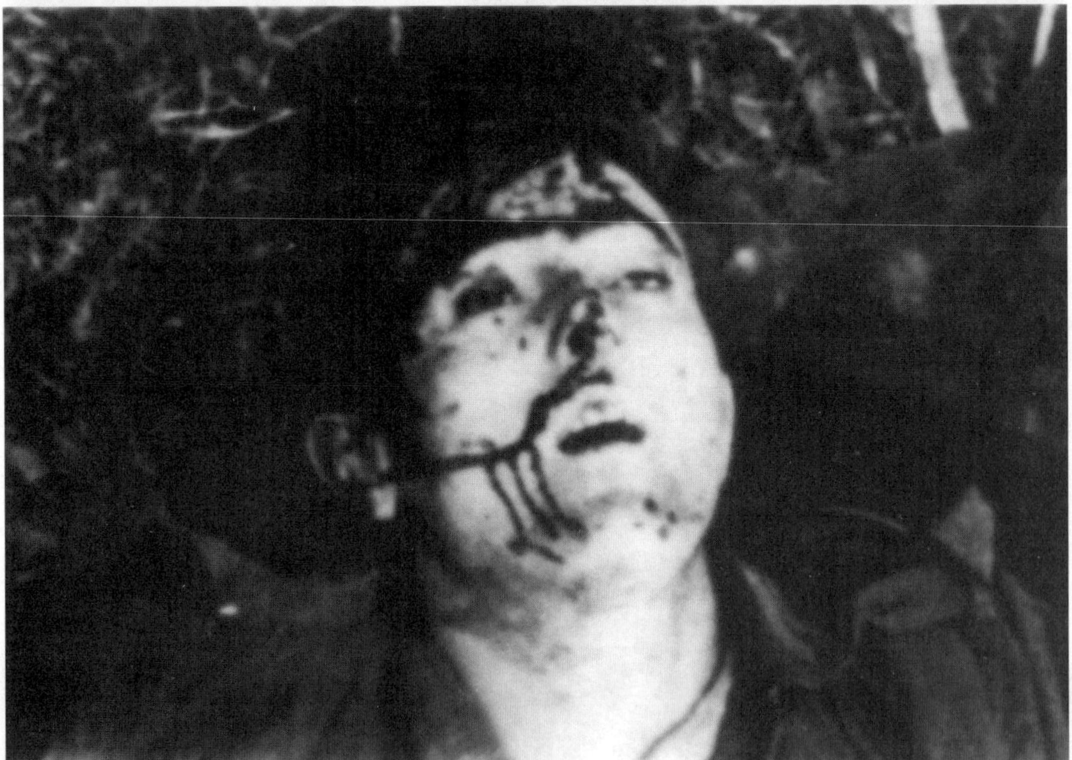

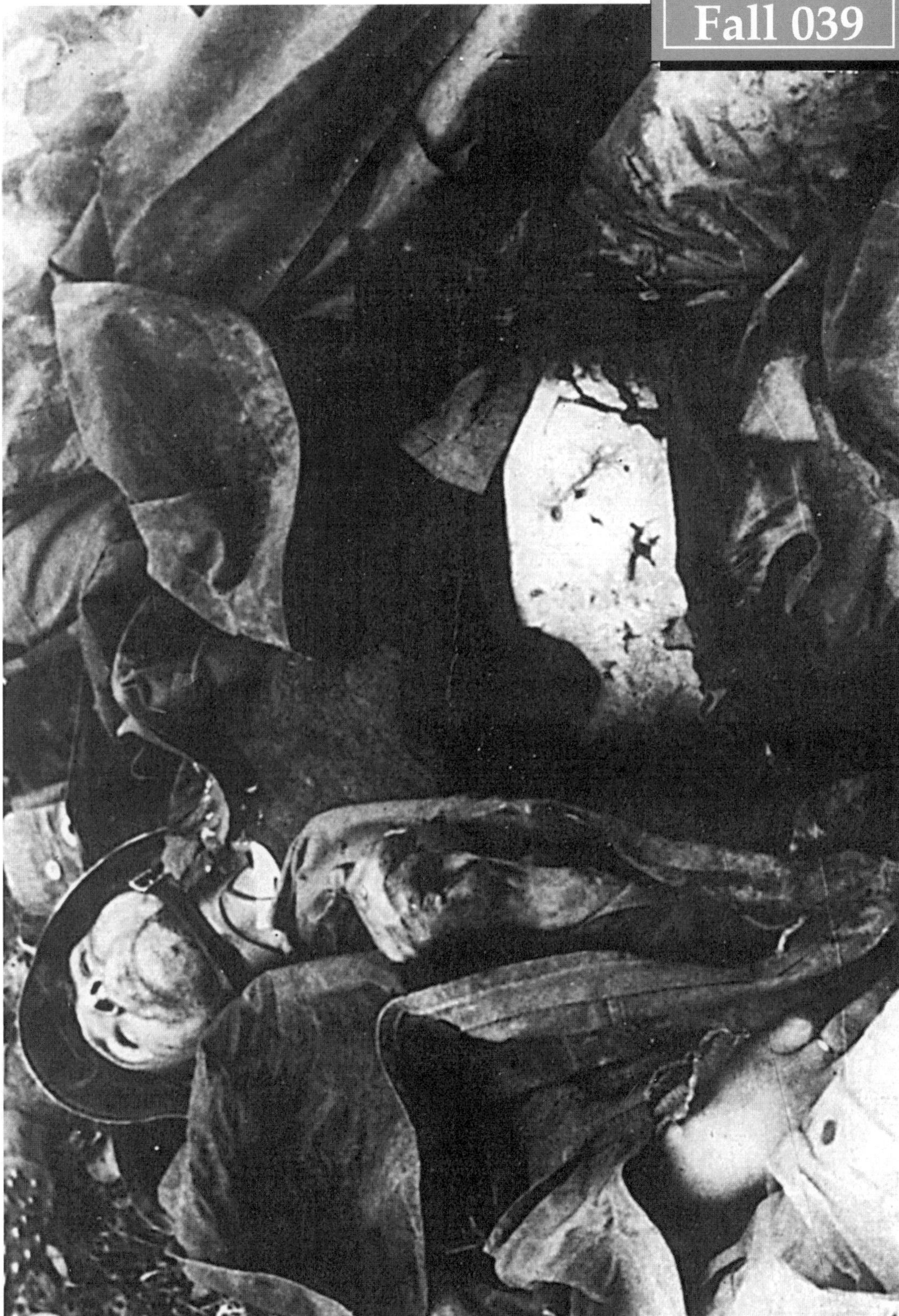

aufgepflanzten Seitengewehre gegen den am Boden liegenden M. hielten. Da gleichzeitig auch von rechts Russen herunterkamen, zog ich mich zurück, kehrte aber bald wieder, als die Russen weg waren, zu M. zurück, der tot am Boden lag. M. wies die in der Zeugenaussage Wittig angeführten Verletzungen auf. Mir ist auch der Gefr. R. bekannt. Er ist von meiner Heimatgemeinde. Ich kann aber nicht angeben, ob derselbe im Kampfe verletzt oder ob ihm nach Gefangennahme die geschilderten Wunden beigebracht und er nach Gefangennahme getötet wurde.

Den Gefr. J. und den Obergefreiten N. kenne ich nicht. Ich habe beobachtet, wie ein Russe einem M.G.-Schützen mit einem Gegenstand von rückwärts einen Hieb unter den Stahlhelm versetzte.

Mehr vermag ich zur Sache nicht anzugeben.

Sohin wird der Zeuge gesetzlich vereidigt und bestätigt unter Eid die oben gemachten Angaben.

v. g. u., gez. Obgefr. Niger Willi, Geschlossen: gez. Dr. Pranger, Heeresrichter k.A.

Beglaubigt: Sekretär

Fall 040

Einem Feldwebel und einem Gefreiten wurden am 5. Juli 1941 bei Traby von russischen Soldaten die Augen ausgestochen und einem Obergefreiten durch Kolbenschlag der Schädel zertrümmert. Auch diese deutschen Soldaten sind offensichtlich verwundet und wehrlos hingemordet worden. Der Feldwebel trug noch einen deutschen Verband am Knie und sein linker Arm war geschient.

Fall 041

Etwa zwanzig verwundete deutsche Kriegsgefangene wurden am 5. Juli 1941 bei Zaslaff von den Russen durch Nackenschüsse oder Bajonettstiche bzw. Kolbenschläge ermordet. Wie der Zeuge Leutnant Bischoff bekundet, sind diese Soldaten zum Teil noch lebend und nicht erheblich verwundet in russische Hände gefallen und systematisch durch Fangschüsse oder Bajonettstiche ermordet worden. Sämtliche Gefallene waren ausgeplündert.

Fall 042

Der Bericht eines politischen Kommissars vom 27. Juli 1941 an den Chef der Politischen Abteilung der russischen 28. Armee enthält folgenden Satz:

„Die Beschießung faschistischer Flugzeuge aus 76 mm-Geschützen führte zu befriedigenden Ergebnissen. Besonders erfolgreich war die Beschießung von drei faschistischen Flugzeugen um 17.30 Uhr. Von einem Flugzeug sprangen im Gebiet des Dorfes Kubarka zwei Flieger mit Fallschirmen ab. Der erste Fallschirm öffnete sich nicht, und der Flieger stürzte tödlich ab. Der Fallschirm des andern Fliegers öffnete sich; durch starkes Maschinengewehrfeuer wurde jedoch dieser Fallschirm zerstört und der Flieger getötet. Alle bei ihm gefundenen Dokumente wurden dem Armeestab übersandt."

Dieser Bericht beweist, daß ein in Luftnot befindlicher deutscher Flieger von den russischen Truppen getötet worden ist.

Fall 043

Der Kradfahrer Kiesewetter berichtet über schwere Mißhandlungen und den Versuch der Aussageerpressung sowie über die Erschießung von etwa dreißig deutschen Soldaten aller Dienstgrade auf dem Hofe einer Strafanstalt bei Smolensk, wie folgt:

„Ich erhielt am Spätnachmittag des 8. Juli 1941 den Auftrag, die Tagesbefehle der Division vom Divisionsgefechtsstand zum Schützenregiment 52 zu bringen. Dieses sollte in einem Ort in der Nähe von Orscha untergezogen sein. Mein Weg nach dort führte mich durch Wald, den ich für feindfrei hielt, weil überall deutsche Truppen untergezogen waren. Kurz vor dem Ort, wo das Schützenregiment untergezogen sein sollte, hatten sich jedoch an der Rollbahn zwei Lkw mit russischer Besatzung aufgestellt, in die ich hineinfuhr. Die Russen nahmen mich gefangen. Sie entwendeten mir zunächst sämtliche Sachen, die ich bei mir führte, wie Uhr, Photo, Geld und meine Briefschaften. Danach wurde ich an den Händen gefesselt und auf den einen Lkw mit dem Bauch auf den Boden gelegt, während ein oder zwei Russen auf mir knieten. So wurde ich nach einem Gefechtsstand gebracht. Dort mußte ich vom Wagen herunter und meine Uniform ausziehen. Daraufhin wies man mich in ein Schützenloch, wo ich bis zum Einbruch der Dunkelheit im Hemd unter Bewachung liegen blieb. In der Nacht wurde ich weiter transportiert. Ferner wurden mir noch die Arme an die Beine gefesselt, so daß ich wie ein Bündel zusammengeschnürt war. In diesem Zustand wurde ich auf einen Lkw geworfen. Außerdem waren mir die Augen verbunden worden. Im Morgengrauen kam ich zu einem anderen Gefechtsstand, wo ich im Laufe des Tages dreimal verhört wurde. Dabei wurde ich nach allen möglichen militärischen Einzelheiten ausgefragt. Da ich keine Aussagen machte, wurde ich in der darauffolgenden Nacht wieder, wie oben geschildert, weitertransportiert. Bei dem neuen Gefechtsstand bot man mir zu essen an. Als ich es nehmen wollte, trat mir ein Soldat in den Leib, zu essen bekam ich nichts. Als das Verhör am Abend wiederum erfolglos verlief, wurde ich an Händen und Füßen gefesselt in eine Latrine gelegt. Mein Weitertransport erfolgte in der gleichen Weise wie oben geschildert. Auf diesem wurde ich mehrfach von russischen Soldaten geschlagen und mit dem Gewehrkolben gestoßen. Am fünften Tage meiner Gefangenschaft wurde ich nach ergebnislosem Verhör geschlagen und in einen dunklen Raum gebracht. Dort wurde ich durch grelle Scheinwerfer angestrahlt und von zwei Frauen verhört. Während dieser Vernehmung wurde ich mit der Pistole bedroht, mit der Reitpeitsche geschlagen, erhielt Kolbenschläge auf die Fußzehen und Schläge ins Genick. Diese Roheiten wurden von russischen Soldaten ausgeführt. Nach diesem Verhör bin ich in der Nacht wieder weitertransportiert worden und kam am sechsten Tage meiner Gefangenschaft an einen größeren Gefechtsstand, der in einem Vorort von Smolensk lag. Dort wurde ich nicht verhört. Es wurde aber auf meinen Lkw beim Weitertransport ein Leutnant des Jagdgeschwaders Mölders aufgeladen. Nach ungefähr ein bis zwei Stunden wurden wir ausgeladen und kamen in einen Pkw. Der Leutnant wurde hinten auf das Reserverad gebunden und ich mußte in der Mitte des Pkw zwischen zwei Soldaten Platz nehmen. Nach längerem Hin- und Herfahren wurde vor einem Gefängnis oder Zuchthaus gehalten und der Leutnant und ich in eine Zelle geworfen. Wir waren nach wie vor gefesselt. Ich durfte mit dem Leutnant nichts sprechen, habe deshalb seinen Namen nicht erfahren. Wir wurden scharf bewacht.

Während der Leutnant und ich in die Zelle gebracht wurden, sahen wir auf dem Hofe der Strafanstalt etwa 30 Soldaten aller Dienstgrade, meistens Panzerleute und Flieger, angetreten. Nachdem wir kurze Zeit in der Zelle waren, hörten wir auf dem Hof eine Schießerei, die wohl eine halbe Stunde lang dauerte. Ich nehme an, daß die Soldaten, die auf dem Hofe angetreten waren, erschossen worden sind. Gesehen habe ich diese Erschießungen nicht.

Am nächsten Tage wurden von der russischen Zivilbevölkerung die Zellen erbrochen, wobei auch wir aus dem Gefängnis entwichen. Beim Herauseilen sah ich auf dem Hof das große Loch, das vorher offen war, zugeschaufelt. Überall auf dem Hofe lagen Patronenhülsen herum und befanden sich frische Blutspuren.

Als wir aus dem Gefängnis auf die Straße gelangt waren, kam uns ein deutscher Panzer entgegen, den der Leutnant anrief. Da der Panzer aber trotzdem auf uns – wir waren im Hemd – schoß, sind wir auseinander. Ich traf dann auf Schützen der 29. I.D. (mot) und erstattete Meldung. Der Leutnant ist mir bei dem Schießen des Panzers beim Deckungsuchen aus den Augen gekommen.

Ich habe während meiner Gefangenschaft weder etwas zu essen noch zu trinken erhalten."

Fall 044

Der russische Überläufer Beliczenko bekundet in dem Protokoll vom 14. August 1941 über die Erschießung von zwei deutschen Fliegern und eines anderen deutschen Kriegsgefangenen folgendes:

„Im selben Augenblick, als ich zum Stab kam, tauchten drei zweimotorige deutsche Bomber auf. Flakartillerie, die in der Nähe des Stabes eingesetzt war, schoß einen davon ab. Das abgeschossene Flugzeug brannte, es gelang ihm noch, eine Notlandung zu machen. Russische Soldaten erzählten mir, daß vier Flieger in dem Flugzeug gewesen seien. Nach der Notlandung hätten sich die Flieger gewehrt, einer von ihnen sei dort getötet worden, der andere sei schwer verwundet gewesen. Was man mit dem Schwerverwundeten gemacht hat, kann ich nicht sagen. Zwei Flieger brachte man zum Stab, einer von ihnen war am linken Unterarm verletzt. Beim Stab war noch ein anderer deutscher Gefangener.

Die Flieger wurden von einem russischen Major aus dem Stabe verhört. Dann befahl der russische Major vier russischen Soldaten, sie sollten die beiden deutschen Flieger wegführen und im Walde erschießen. Ich selbst bin bei der Erschießung nicht dabei gewesen, da ich mit dem anderen deutschen Gefangenen (er trug graue Uniform) beim Stabe bleiben mußte.

Ein russischer Offizier befahl dem deutschen Soldaten, ein Grab zu graben. Als der deutsche Soldat in der Grube stand, wurde er von dem russischen Offizier von hinten erschossen. Wer das Grab zugeschaufelt hat, weiß ich nicht, da ich abgeführt wurde."

Fall 045

Der von dem Oberarzt Dr. Lindner aufgenommene genaue ärztliche Befund im Protokoll vom 11. Oktober 1941 beweist die grausame Ermordung des deutschen Obergefreiten T. am 13. oder 14. Juli 1941 bei Kurace.

Dokument zu Fall 045

Gericht der 121. Inf. Division **O.U., den 11. Oktober 1941**

Gegenwärtig:
Kriegsgerichtsrat Dr. Stock
Uffz. Fischer, als Protokollführer allgemein verpflichtet.

Es erscheint der Oberarzt Dr. Lindner, von Person bekannt, und erklärt nach Belehrung über die Bedeutung des Eides:

Z.P.: Ich heiße Dr. med. Werner Lindner, 31 Jahre alt, Oberarzt bei dem Inf. Regt. 407.

Z.S.: I. Bei einem Feuerüberfall der Russen bei Kurace am 13. oder 14. Juli 1941 versorgte ich den verwundeten Obergefreiten T., 10./Inf. Regt. 407. Er hatte einen Durchschuß durch den linken Oberarm, dicht unterhalb des Schultergelenks erhalten, der den Knochen durchschlagen hatte.

Da die einbrechenden Russen immer näher kamen und T. am Ort der Verwundung starkem Beschuß ausgesetzt war, trug ich ihn auf dem Rücken etwa 250 m zurück und legte ihn in eine Mulde, wo er gegen Beschuß und Sicht gedeckt war. Einen Soldaten ließ ich bei dem Verwundeten zurück und ging zum Truppenverbandplatz, um eine Krankentrage zu holen. Zwei Krankenträgern befahl ich, den Verwundeten zu holen. Sie konnten aber nicht bis zur Lagerstätte des T. vordringen, da sich dort, davor und dahinter, die Russen bereits festgesetzt hatten und die Krankenträger heftig beschossen.

Nach der Rückkehr der Krankenträger ging ich mit mehreren Soldaten erneut gegen die Lagerstätte des T. vor, um ihn zurückzuholen. Bei meiner Ankunft waren die Russen bereits wieder zurückgegangen und T. verschieden. Der bei ihm zurückgelassene Soldat hatte sich bei der schnellen Annäherung der Russen zurückziehen müssen. T. war zu dieser Zeit bei vollem Bewußtsein gewesen.

Äußerlicher Leichenbefund: Außer der oben beschriebenen Schußverletzung am linken Oberarm wies T. am linken Rippenbogen eine etwa handflächengroße klaffende dreieckige Wunde auf. Die

Wunde muß mit einem messerartigen Instrument, mit einem Seitengewehr o.ä. dem T. beigebracht worden sein; die untersten Rippen ragten z.T. aus der Wunde hervor. Über die rechte Bauchwand hingen mehrere große Stücke Leber, die stark zerfetzt und zerpflückt waren, aus der Wunde hervor. Sie können nur nach Zerstörung der Leber mit den Händen herausgerissen worden sein; sie hingen nur noch lose mit den übrigen Leberteilen im Innern zusammen.

T. wies ferner an der linken Stirnseite eine etwa 7 cm lange Beule auf, die mit einem stumpfen Gegenstand dem T. beigebracht worden sein muß und dessen knöchernen Schädel zertrümmert hatte. Diese Beule war nicht blutig unterlaufen.

Der Tod des T. ist mit an Sicherheit grenzender Wahrscheinlichkeit durch die bestialischen, von den Russen vorsätzlich ausgeführten Verletzungen eingetreten.

II. Dem III./Inf.Regt. 407 war am 12. oder 13.7.1941 gemeldet worden, daß der Stabsfeldwebel S., 14./Inf. Regt. 407, in einer Schlucht nördlich Kurace tot und verstümmelt liege.

Bei Besichtigung der Leiche stellte ich folgende Verletzungen fest:

1. Breite und in der ganzen Längsrichtung sich ausdehnende Spaltung des Schädels bis tief in die Schädelbasis unter Freilegung des rechten Augapfels. In der Schädelhöhle befinden sich lediglich noch spärliche Reste des Kleinhirns. Die Spaltung ist offenbar mit einem Spaten durch mehrere Hiebe vorgenommen worden.

2. Am linken Oberarm, auf der rechten Schulter und an der vorderen Begrenzung der linken Achselhöhle je ein rundliches, etwa pfenniggroßes Loch, wahrscheinlich von Bajonettstichen herrührend.

3. Weiter unterhalb in der Mitte des Oberarms, auf der Beugeseite eine etwa klein-handtellergroße klaffende Schnittwunde.

4. Auf der Streckseite des Unterarms, kurz über dem Handgelenk, ein handbreiter Hautdefekt mit völliger Bloßlegung der Muskulatur.

5. Fast völlige Abtrennung der rechten Hand vom Unterarm. Die Hand hängt lediglich noch an einzelnen Muskelsehnen; die Stümpfe von Elle und Speiche ragen etwa 3 cm lang hervor.

6. Einzelne Schrammen an der Brust und am linken Oberbauch.

7. Scharf ausgestanzte, kalibergroße Einschußstelle, handbreit unter dem rechten Hüftkamm; auf der linken Seite, fast in derselben Höhe, eine ebenso große Ausschußstelle.

8. Stichverletzung in der linken Hälfte des Hodensackes.

9. An der Streckseite des linken Oberschenkels eine etwa zwei Handflächen große Schnittwunde mit breiter Freilegung und Zerwühlung der Muskulatur sowie Zertrümmerung des Oberschenkelknochens. Die Hautränder der Wunde weisen grobe, sägeförmige Lappung auf. An der Innenseite der linken Leistenbeuge findet sich dicht an der beschriebenen Wunde eine ausgedehnte blutunterlaufene Stelle.

10. Auf der Beugeseite des linken Oberschenkels finden sich 5 scharf ausgestanzte, z.T. nahe aneinanderliegende, pfenniggroße Löcher.

11. Die Aftergegend ist in etwa Handtellergröße aufgerissen.

12. In Handtellergröße klaffende Schnittwunde am unteren Ende der Lendenwirbelsäule.

13. In der Mitte des rechten Fußrückens scharf ausgestanzte, 4-kantige, kleine Stichwunden.

14. Breite Durchschneidung der rechten Achillessehne.

Es ist mit an Sicherheit grenzender Wahrscheinlichkeit anzunehmen, daß S. den Tod durch die Spaltung des Schädels erlitten hat. Ob und wieviele der anderen Verletzungen S. noch bei Lebzeiten erhalten hat, kann mit Sicherheit nicht entschieden werden.

Selbst gelesen, genehmigt und unterschrieben: gez. Dr. Lindner, Oberarzt
Dr. Lindner wurde vorschriftsmäßig beeidigt.
gez. Dr. Stock, gez. Fischer, Beglaubigt: Ministerialregistrator

Fall 046

Ein deutscher Obergefreiter wurde am 14. Juli 1941 bei Tudsora-Werchen von russischen Soldaten in sadistischer Weise gequält, indem man ihn mit dem Kopf nach unten in eine leere Tonne steckte. Seine verzweifelten Bemühungen, sich zu befreien, wurden mit Hohngelächter verfolgt. Nur dem Umstand, daß die Kompanie des Kriegsgefangenen erneut die Stellung der Russen angriff, hatte er es zu verdanken, daß er mit dem Leben davonkam.

Зізнання,

З дня 17/8 1941, котре висказав добровільно російський полонений Беліченко Федор Павлович із 20 ої Див. 20-го полку:

„Я називаюся Беліченко Федор Павлович, я українець, родився в році 1918 (точну дату народження незнаю) у Мородовщі, Савінський район, Харківська область, що мене покликано до військової служби 11 Липня 1941; при війську неслужив і не перейшов військового вишколу. Причина моєго військового не вишколення лежить в тім, що я на правім коліні був покалічений від попереднього упадку.

Я працював у Дубні яко керівник Тягорового самоходу при будові летовища. Дня 11/7 1941 р. був я спіймлений яко цивіліст і двома російськими солдатами припроваджений до одного штабу, котрий находився в лісі близько Барбаровки. Не в стані я подати точну місцевість. Сказано мені було, що я дезертер і з цієї причини думав (думаю) я, що мене розстріляють. Підчас коли я звинжався до штабу, вирнули три двомоторові німецькі бомбовики. Воздушна Артилерія, котра находилася поблизьку штабу, зстрілила одного. Зстрілений літак горів, проте вдалось йому примусове осідання. Російські вояки сповідали мені, що в літаку находилось чотири летуни. По примусовім осіданню, летуни боронилися; один з них мав бути там убитим. Другий тяжко ранений. Що зроблено із тяжко раненим, незнаю. Двох летунів привели до штабу, один з них був ранений у нижчу частину лівої руки. У штабі находився ще один інший німецький полонений.

Летуни були переслухані одним російським майором із штабу. Потім приказав російський майор, чотирьом російським воякам, щоб відпровадили обидвох німецьких летунів в ліс і там розстріляли. При розстрілянню я не був присутний, бо мусів остатись із тим другим німецьким пленним (він мав сивий однострій.)

Один російський старшина привозав німецькому воякови могилу копати Підчас коли німецький вояк стояв в могилі, був він російським старшиною іззаду застрілений. Хто закрив могилу незнаю, бо я був відпроваджений

Zeugenaussage des russischen Überläufers Beliczenko über die Erschießung zweier deutscher Flieger und eines weiteren deutschen Kriegsgefangenen

Fall 047

Am 18. Juli 1941 bei Korodonka sind fünf Mann eines deutschen Stoßtrupps, die verwundet waren, von den Russen ermordet worden, obwohl sie schon von deutschen Sanitätern verbunden, also als Verwundete deutlich erkennbar waren. Am 10. August 1941 bei Luga wurden mindestens acht Tote einer Aufklärungsabteilung gefunden, denen die Augen fehlten und die Schädel eingeschlagen waren.

Fall 048

Am 18. Juli 1941 wurden zwischen Liosno und Rudnia mindestens zehn verwundete Angehörige der Aufklärungsabteilung 35, die zunächst zurückgelassen werden mußten, von den Russen getötet und beraubt. Die eidliche Aussage des Zeugen Rittmeister Prinz zu Wittgenstein sowie des Wachtmeisters Grimm und anderer Zeugen sind durch das ärztliche Gutachten des Oberarztes Dr. Krueger im einzelnen noch erhärtet.

Fall 049

Am Bahnhof Byki, hart westlich der Straße Gorodok-Newel, wurde am 20. Juli 1941 ein deutsches Flugzeug mit zwei toten Fliegern aufgefunden. Das von mehreren Flaktreffern beschädigte Flugzeug hatte offenbar eine Bauchlandung machen müssen, nachdem der Pilot am linken Bein schwer verletzt worden war. Beide Besatzungsmitglieder lagen bei der Ankunft des Zeugen Hauptmann Walter Kalweit tot neben dem Flugzeug. Das linke Bein des verwundeten Piloten war mit einem Kabelende abgebunden. Dem zweiten Flieger, der offenbar unverwundet gelandet war, war der Schädel an verschiedenen Stellen zertrümmert. Beide Augen waren ihm ausgestochen worden. Man hatte ihm Stiefel und Strümpfe ausgezogen. An beiden Füßen waren deutlich Hiebverletzungen zu erkennen, die offenbar von den mit einem Seitengewehr geführten Schlägen herrührten. Auch dem Piloten waren die Stiefel ausgezogen worden. Er hatte Verletzungen am Kopf, die anscheinend von Schlägen herrührten. Die Taschen beider Flieger waren entleert. Aus dem gesamten Befund ergab sich, daß beide Flieger nach der gelungenen Bauchlandung noch lebten und erst später von Rotarmisten überfallen und ermordet worden sind.

Fall 050

Ein russischer Kriegsgefangener höheren Ranges hat in seinem Bericht vom 5. August 1941 bekundet, daß am 25. Juli 1941 ein deutscher Soldat von einem Unterleutnant nachmittags etwa um zwei Uhr auf den Hof des sogenannten Gebietskomitees in Mogilew geführt wurde. Der Gefangene war am Oberschenkel verwundet. Der Zeuge hat deutlich gesehen, daß die Hose des Gefangenen zerrissen und blutig war und daß der Soldat darunter einen Verband trug. Etwa eine halbe Stunde nach der Ankunft des deutschen Gefangenen wurde er von einer russischen Jüdin verhört. Nach etwa einer weiteren halben Stunde sah der Zeuge, daß der Unterleutnant und ein russischer Hauptmann mit dem Gefangenen nach der linken Seite des Hofes hinübergingen. Etwa zwei bis drei Minuten später hörte er zwei Schüsse fallen. Nach der Ansicht des Zeugen haben die beiden Offiziere den deutschen Soldaten ermordet. Beide Offiziere trugen Pistolen am Koppel, der Hauptmann außerdem noch eine Maschinenpistole. Der Zeuge vermutet, daß der deutsche Soldat in einer Grube begraben worden ist, die schon vorher an einer Stelle des Hofes vorbereitet worden war. Die Vermutung ist durch die noch am gleichen Tage, also am 5. August 1941, vorgenommene Leichenschau bestätigt worden.

Der russische Kriegsgefangene hat ferner folgendes ausgesagt:

„Weiter ist mir bekannt – ich stütze mich hier auch nur auf Unterhaltungen russischer Offiziere –, daß in Mogilew im Hause der ‚Besonderen Abteilungen des NKWD' bei der 161. Infanteriedivision in der Leninstraße, neben der Staatsbank, elf deutsche Flieger gefangen gehalten wurden. Es soll sich hierbei um die Besatzungen mehrerer deutscher Bombenflugzeuge gehandelt haben, die von russischen Jägern abgeschossen wurden und sich im Fallschirm gerettet hatten. Über den Verbleib dieser Flieger kann ich nichts angeben. Ich nehme aber an, daß sie ebenfalls erschossen wurden, weil keine Möglichkeit zum Abtransport dieser Gefangenen war."

Der Beweis für die Richtigkeit dieser Angaben des russischen Kriegsgefangenen ist durch die weiteren Untersuchungen in vollem Umfange erbracht worden: man hat die Leichen der elf ermordeten deutschen Soldaten in einem gemeinschaftlichen Grabe auf dem Grundstück Leninstraße 72 und außerdem vier weitere tote deutsche Soldaten in einer Abfallgrube desselben Grundstücks gefunden. Alle Anzeichen sprechen dafür, daß die Kriegsgefangenen vor der Ermordung auf das Grausamste gequält worden sind.

Dokumente zu Fall 050

O.U., den 9. August 1941

Bericht über den Tatortbefund in Mogilew

Auf Grund der Angaben des V-Mannes wurde das Gebäude der O.O.N.K.W.D. der 161. Div., Leninstr. 72 einer gründlichen Durchsuchung durch den Unterzeichneten und den Soldaten Torgler unterzogen. Die oberen Räume des Hauses sind Büroräume. Im Kellergeschoß liegen Zellen, die zur Aufnahme von verurteilten Militärpersonen dienen. In einer dieser Zellen, die zur Verbüßung geschärften Arrestes dient, wurden in der rechten Wand in der Nähe des Fensters 3 anscheinend mit einem scharfen Gegenstand eingeritzte Namen, und zwar: „Endress", „Hertle" und „Steche", festgestellt. Aus diesem Grunde muß angenommen werden, daß diese Arrestzelle als Verwahrungsort für deutsche Gefangene Verwendung gefunden hat. Die Zelle ist etwa 2,5 x 4 m groß und etwa 2,5 m hoch. Die Zelle hat nach der Straßenseite ein kleines, mehrfach unterteiltes und mit Eisenstäben vergittertes Kellerfenster. Außer einem einzementierten Hocker, der sich etwa in der Mitte der Zelle befindet, so daß der darauf Sitzende keine Möglichkeit hat, sich anzulehnen befinden sich keine weiteren Einrichtungsgegenstände in der Zelle. Die Gefangenen waren so gezwungen, sich auf den bloßen Zementboden zur Ruhe zu legen. Zu bemerken wäre noch, daß aus der Sitzplatte des Hockers an allen Seiten die Schraubenköpfe, die die Sitzplatte halten, etwa 2 cm hoch hervorragen, so daß ein wirkliches Sitzen auf diesem Hocker ohne Beschwerden kaum möglich ist. In den anderen Zellen wurden keine Beobachtungen gemacht, daß sich dort deutsche Gefangene befunden haben. Die ganzen Gefängnisgelasse machten einen sehr schmutzigen und verwahrlosten Eindruck.

Im Anschluß daran wurde[n] der Hof und das daran anschließende Gelände eingehend untersucht. Es wurden hierbei 4 Stellen vorgefunden, die Spuren von dort vorgenommenen Grabungen aufwiesen. Die ersten [b]eiden enthielten Schutt und Müll, während an der dritten Stelle ein Pferd vergraben war. Als die vierte Stelle, die sich nordwestlich von dem Haus Leninstr. 72 in etwa 75-100 m Entfernung befindet, etwa 1/2 m tief ausgehoben war, konnte festgestellt werden, daß dort deutsche Soldaten vergraben waren. Infolge der vorgeschrittenen Zeit wurden die Arbeiten abgebrochen und am darauffolgenden Tag, am 9.8.41, früh fortgesetzt.

Um eine genaue Feststellung der Lage der Begrabenen zu erreichen, wurde die Grube in einer Größe von 3 x 3 m ausgehoben. Die Toten selbst waren in einem Loch begraben, das etwa die Hälfte dieses Raumes umfaßte. Sie waren wahllos durcheinander hineingeworfen, so daß Köpfe, Gesäße, Arme und Beine durcheinander und übereinander lagen. Bei diesem wirren Durcheinander war im ersten Augenblick überhaupt nicht festzustellen, wieviel[e] Tote sich in dieser Grabstelle sich befanden. Die Zahl der Leichen konnte erst nach Bergung derselben festgestellt werden. Insgesamt wurden aus dieser Grube 11 deutsche Soldaten geborgen. Bei ihnen konnten der Reihe nach folgende Feststellungen gemacht werden:

Zu 1: Oberleutnant, Regiment Groß-Deutschland (festgestellt durch Ärmelstreifen und Schulterstücke) Alter etwa 22-27 Jahre, Größe etwa 178 cm, dunkelblond. Verletzungen: Stich in die Brust, beschädigte Geschlechtsteile, Ränder an den Handgelenken, die auf Fesselung schließen lassen. Gefunden wurde bei ihm lediglich ein goldener Trauring (900 gestempelt) mit den Zeichen L.O. 11.8.34 - 26.9.35.

Zu 2: Kanonier (festgestellt durch Paspelierung der Schulterklappen, trug Reithose und Reitstiefel) Alter Mitte 20, Größe etwa 172 cm, dunkelblond gewellt, alte Verwundung am rechten Arm mit deutschem Verbandspäckchen verbunden, Stichwunde an der Brust. Gefunden wurde nur ein Eisenring mit aufgesetzter Messing-Kupferplatte ohne Monogramm.

Zu 3: Unteroffizier, (festgestellt durch Kragenlitze und Schulterklappen, letztere trugen ein aufgesticktes [r]os[a] „p") Alter Mitte 20, Größe etwa 167, Haarfarbe blond, Stich in der Brust. Vorgefunden wurde bei ihm nichts.

Zu 4: Unteroffizier, Nachrichten (festgestellt durch Kragenlitze, Paspelierung und Schulterklappen) Alter 25-35 Jahre, Größe etwa 167 cm, Haarfarbe kastanienbraun. Ältere Verwundung am linken Fuß, Verband deutschen Ursprungs. Hervorgetretene Zunge, vermutlich erhängt oder erdrosselt. Vorgefunden wurde ein Ehering, Double/Union, eingraviert „E.P. Februar 1940".

Zu 5: Flieger in Kombination ohne Uniform. Kombination trug den eingenähten Namen „P." Von der Lieferfirma war nur „Magdeburg" lesbar. Wäschenummer mit Tinte eingeschrieben 415. Alter Mitte 20, etwa 173 cm groß, Haarfarbe blond. Er trug am Kopf, an beiden Armen und beiden Füßen Verband, wahrscheinlich Brandwunden, da die Kombination auf dem Rücken ebenfalls Brandstellen aufwies. Keine erkennbaren Verletzungen, die seinen Tod herbeigeführt haben könnten. Annahme nicht unbegründet, daß er in schwachem Zustand lebend in die Grube geworfen worden ist. Vorgefunden wurde nichts.

Zu 6: Soldat, Nachrichtentruppe (festgestellt durch Paspelierung der Schulterklappen) Wäschezeichen „W.P." , Alter 30 Jahre, Größe etwa 166 cm, Haarfarbe dunkelblond. Verletzungen: ältere am linken Oberarm, verbunden. Stich in die Brust und größere, unverbundene Wunde am linken Unterarm, wurde ihm vermutlich bei Abwehr des Stiches in die Brust beigebracht. Vorgefunden wurde nichts.

Zu 7: Feldwebel der Flieger (festgestellt durch Kragenlitze, gelbe[n] Kragenspiegel und Schulterklappen) Alter 28-30 Jahre, Größe etwa 164 cm, Haarfarbe dunkelblond. Beide Hände verbunden, wahrscheinlich Brandwunden. Würgemale und Stich in den Rücken. Vorgefunden wurden keine Gegenstände.

Zu 8: Soldat, Infanterie (festgestellt durch Paspelierung der Schulterklappen) Alter unbestimmt. Größe etwa 165 cm. Haar dunkelblond. Ältere Wunde am rechten Oberschenkel, verbunden. Stich in der Brust. Gefunden wurde die Erkennungsmarke „3./Inf. Ers. Batl. 9 - 646-A/B-"

Zu 9: Gefreiter, Pionier, (festgestellt durch Winkel und Paspelierung der Schulterklappen) Alter unbestimmt, Größe etwa 165, dunkelblond, ältere Wunde am linken Oberschenkel, verbunden. Stich im Rücken und Zertrümmerung des Unterkiefers mit stumpfem Gegenstand. Gegenstände wurden nicht vorgefunden.

Zu 10: Flieger, (vermutlich, trug graue Fliegerhose, Feldbluse fehlte). In der Hose mit Wäschetinte eingezeichnet „Hugo W., Köln". Alter unbestimmt, Größe etwa 166 cm, Haarfarbe blond, beide Unterarme verbunden, vermutlich Brandwunden. Trug Würgemale, Schußwunde, Einschuß im Rücken, Ausschuß an der Brust. Gefunden wurde bei ihm ein goldener Ring, gestempelt 333, Inschrift: „U.V. 19.4.38".

Zu 11: Gefreiter, Nachrichtentruppe (festgestellt durch Winkel und Paspelierung der Schulterklappen) Alter unbestimmt, Größe etwa 161 cm, Haarfarbe rotblond, dunkler Ton, besonderes Merkmal sehr kleine Füße. Schädel zertrümmert und Durchschuß: Einschuß im Rücken, Ausschuß in der Brust besonders groß, herausgetretene Eingeweide, was auf die Verwendung eines Dum-Dum- oder

Explosivgeschosses schließen läßt. Vorgefunden wurde ein Doublering, Qualitätszeichen: A M Charnier, Inschrift: „J.Sch. 1939".

Bei einer nochmaligen Absuchung des Geländes wurden in einer zementierten Abfallgrube weitere 4 Leichen deutscher Soldaten vorgefunden. Da diese nur schwach mit Erde, die mit Unrat vermischt war, bedeckt waren, hatte die Verwesung bei ihnen bereits große Fortschritte gemacht. Von einem wurde nur noch das Skelett vorgefunden. Die Zugehörigkeit zu einer Formation konnte nur bei 2 Leichen festgestellt werden. Der eine Soldat, ein Obergefreiter der Infanterie (festgestellt an den Winkeln und der Paspelierung der Schulterklappen) trug das E.K. II. – Der 2. Soldat, ein Gefreiter, gehörte der Nebeltruppe an. (Festgestellt durch Winkel und lila Paspelierung der Schulterklappen, welche außerdem eine in lila Farbe aufgestickte „8" trugen.) Er trug 2 Ringe, der eine davon stammt aus französischer Fabrikation und trägt die Inschrift: „Chambre de Commerce de France". Dieser ist aus einer Messinglegierung, der andere vermutlich aus Weißblech hergestellt. Irgendwelche Zeichen enthalten die Ringe nicht. Bei den beiden anderen Leichen konnten keine Feststellungen mehr gemacht werden. Anscheinend sind sie ohne Uniformstücke verscharrt worden. In der Grube wurden insgesamt 3 Feldmützen – 2 mit der Waffenfarbe der Infanterie und eine mit der Farbe der Nebeltruppe – und ein deutscher Stahlhelm gefunden.

Auf dem Gelände wurde etwa auf der Hälfte des Weges von dem Zellengefängnis bis zu den Grabstellen der deutschen Soldaten ein Baum bemerkt. Von einem starken Ast desselben, der etwa 4 m vom Erdboden entfernt ist, hing ein etwa 4 cm breiter graugrüner Leinengurt, anscheinend aus russischen Heeresbeständen stammend, herunter. Der Gurt war zusammengeknotet (an beiden Enden) und hing etwa 1 m hoch über dem Erdboden. Zweifelsohne hat man mit diesem Erdrosselungen vorgenommen.

Zur Feststellung der genauen Todesursache wurden die Stabsärzte Dr. Bertram, Dr. Borgolte und der Assistensarzt Dr. Weddige hinzugezogen. Das Gutachten hierüber liegt dem Vorgang bei.

gez. Unterschrift, Feldpolizeisekretär, Beglaubigt: Sekretär

Kr. Trsp. Abt. 581 **O.U., den 10. August 1941**
Ia Az. 4 Tgb.Nr. 2429/41

Auf Befehl des Abteilungskommandeurs, Herrn Oberstabsarzt Dr. Decker, haben wir an 15 Leichen von Angehörigen der deutschen Wehrmacht, die in Gruben verscharrt aufgefunden wurden, auf Veranlassung der Geheimen Feldpolizei am 9.8.1941 folgenden Befund erhoben:

I. Allgemeines:

Die Leichen Nr. 1-11 waren schon ausgegraben und in der Nähe der Grube der Reihe nach hingelegt. Sie waren bis auf eine, bei welcher die Feldbluse fehlte, bekleidet. In unserer Gegenwart wurden sie entkleidet und die Untersuchung an der nackten Leiche vorgenommen.

Die Leichen Nr. 12-15 wurden später in einer Abfallgrube nach Freilegung besichtigt. Eine genaue Untersuchung hat wegen der fortgeschrittenen Verwesung nicht mehr stattfinden können.

II. Einzelne Beschreibung:

Nr. 1: Alter schätzungsweise 20-27 Jahre. Guter Ernährungszustand. Muskulös. Leichenstarre schon gebrochen. Rechte Schädelhälfte erscheint deformiert. Die behaarte Kopfhaut zeigt keine Verletzungen. Am knöchernen Schädel sind keine Veränderungen zu tasten. Die Gesichtspartien sind verzerrt. Am Halse keine sicheren Strangulationszeichen.

Unter der 12. Rippe rechts in der Nähe des Brustbeins sieht man einen ovalen Wundkanal in Richtung auf das Herz laufend, offenbar von einer Stichverletzung herrührend. Größe der Wunde ca. 3 x 4 cm. In der Umgebung keine Anzeichen einer stattgefundenen Blutung. Das Genitale ist stark aufgetrieben und geschwollen, der Penis nicht erkennbar. Es handelt sich wahrscheinlich um Veränderungen durch stumpfe Gewalteinwirkung.

Am rechten Handgelenk, wahrscheinlich infolge Drosselung und Knebelung, starke rotbraune Verfärbung.

Nr. 2: Alter schätzungsweise 25-30 Jahre. Schlank. Leichenstarre gebrochen. Stärkere Verwesungserscheinungen. Die Bulbi in die Augenhöhlen tief eingesunken und ausgetrocknet, lassen sich als leere Säcke hervorheben. Sonst sind infolge der Verwesungserscheinungen Einzelheiten am Kopf und Hals nicht zu erkennen. Am rechten Ellenbogen belanglose Hautverletzung mit offenbar eigenem Verbandpäckchen verbunden. Dicht neben der linken Brustwarze befindet sich außen eine 3 cm lange, 1 cm breite scharfgeränderte Wundöffnung, die von einem Bajonettstich herrühren kann. In der Umgebung keinerlei Zeichen einer stattgefundenen Blutung. Leib und Beine ohne Besonderheiten.

Nr. 3: Alter schätzungsweise Anfang der 20er Jahre. Schlank. An Kopf und Hals ähnlicher Befund wie bei Nr. 2. Rechts vom Brustbein am Ansatz der 4.-5. Rippe deutlich erkennbarer Stichkanal in Richtung auf das Herz von 3 cm Länge und 1-2 cm Breite. In der Umgebung keine Anzeichen einer stattgefundenen Blutung. Leib und Gliedmaßen ohne Besonderheiten.

Nr. 4: Schätzungsweises Alter 25-35 Jahre. Kräftig. Leichenstarre gebrochen. Bulbi tief eingesunken. Zunge aus dem Munde hervorgetreten. In der linken Gesichtshälfte und am rechten Unterkiefer ausgedehnte flächenhafte stark rot verfärbte Partien, die als Folgen von Blutaustritt in das Unterhautzellgewebe anzusprechen sind. Am Halse befinden sich ober- und unterhalb des Kehlkopfes nebeneinanderliegende tiefe Furchen, deren Umgebung im Gegensatz zum Rumpf auf der rechten Seite stark gerötet ist. Ebenso findet sich eine Schwellung und Rötung oberhalb des Brustbeins. Es handelt sich offenbar um Symptome einer Strangulation. Die äußeren Genital-Organe sind stark geschwollen. Folge äußerer Gewalteinwirkung? Schlag? Tritt? Stoß?

An der Streckseite am unteren Drittel des linken Unterschenkels befinden sich 3 kleinere Wundöffnungen, anscheinend Granatsplitterverletzungen mit Verband aus Verbandpäckchen.

Nr. 5: Alter schätzungsweise Mitte der 20er Jahre. Mittelkräftig. Leichenstarre gebrochen. Verband am rechten Unterschenkel, rechter Hand und Kopf. Vermutlich handelt es sich um leichtere Verbrennungen, Kopf und Halspartien sind durch Leichenfäulnis besonders stark angegriffen, so daß sichere Feststellungen nicht zu erheben sind und eine Todesursache nicht angegeben werden kann. An den anderen Körperteilen lassen sich äußere Verletzungen wie Stichwunden, Einschüsse usw. nicht feststellen.

Nr. 6: Alter schätzungsweise 30 Jahre. Mittelkräftig. Leichenstarre gebrochen. Infolge beträchtlichen Verwesungszustandes am Kopf und Hals sichere Merkmale nicht erkennbar. Unterhalb des linken Schlüsselbeins befindet sich im äußeren Drittel ein kleiner Stichkanal in Richtung auf das Herz. Die Umgebung des Stichkanals, der seinem Aussehen nach von einem Bajonett herrühren kann, zeigt keine Zeichen einer stattgefundenen Blutung. Am linken Unterarm befindet sich eine fast handtellergroße tiefe Wunde mit lappiger scharfgezackter Grenze gegen die Umgebung mit deutlichem Substanzverlust. Keine Anzeichen einer stattgefundenen Blutung zu erkennen. Am linken Oberarm liegt eine fest angelegte Mullbinde, ohne daß sich sichtbare Verletzungen erkennen lassen.

Nr. 7: Alter schwer zu schätzen. Kräftig. Leichenstarre gebrochen. Gesicht und Hals sind, soweit noch erkennbar, besonders auf der linken Seite, rötlich verfärbt. Zunge hängt aus dem Munde heraus. Halspartien verquollen, zeigen starke Faltenbildung. Auf dem Rücken sieht man zwischen Wirbelsäule und rechtem Schulterblatt eine gezackte, ovale Wundöffnung von 3/4 cm Größe, die nach links in Richtung Herz zeigt. Keine Anzeichen für irgendeinen Blutaustritt.

An beiden Händen befinden sich Verbände, wahrscheinlich wegen Verbrennungen wahrscheinlich ersten bis zweiten Grades. Einzelheiten und Ausdehnung sind wegen der Mazeration der Haut nicht mehr zu erkennen.

Nr. 8: Alter schwer zu schätzen, stärkere Verwesungserscheinungen, besonders an Hals und Kopf, die stark mit lehmiger Erde bekrustet sind. Nach deren Entfernung lassen sich infolge starker Zersetzung Befunde kaum erheben.

An der Brust 4 cm unterhalb der linken Brustwarze befindet sich ein kleiner Stichkanal, der in Richtung Herz führt, und dessen Umgebung keine Anzeichen einer Blutung zeig[t]. Am rechten Oberschenkel befindet sich ein Verband, wahrscheinlich eigenes Verbandpäckchen, Wunde nicht mehr erkennbar, wahrscheinlich flächenhafte Hautverletzung oder Verbrennungen, die infolge der Verwesungserscheinungen nicht mehr zu erkennen sind.

Nr. 9: Alter schwer bestimmbar. Schlank. Leichenstarre nicht mehr vorhanden. Bulbi ausgetrocknet, tief eingesunken. Kopf und Hals gegenüber den Rumpfpartien braunrötlich verfärbt. Der Gesichtsschädel ist auf der rechten Seite stark deformiert und zertrümmert. Am Oberkiefer liegen einige Zähne lose in den zertrümmerten Knochenmassen. Der Unterkiefer erscheint zermalmt. Das Mittelstück läßt sich lose herausnehmen. Keine Anzeichen von stärkeren Blutungen.

Im Rücken zwischen Wirbelsäule und Schulterblatt links Stichkanal von 3 cm Länge und 1 1/2 cm Breite. Anzeichen einer stattgefundenen Blutung lassen sich nicht nachweisen.

An den Extremitäten 5 cm unter der linken Leistenbeuge oberflächliche Wunde mit glatten Wundrändern, vermutlich Schußverletzung. Behelfsmäßiger Verband.

Nr. 10: Alter nicht sicher schätzbar. Mittelkräftig. Leichenstarre gebrochen. Bulbi ausgetrocknet, tief eingefallen. Im Gesicht und am Hals keine sicheren Veränderungen. Die Zunge ist herausgestreckt. Sonst keine weiteren Strangulationsmerkmale erkennbar.

Im Rücken dicht neben dem 10.-12. Brustwirbel befindet sich eine kreisrunde, ca. 4 mm große Öffnung, deren Rand ca. 1 mm schwarzgrau verfärbt ist. Die Öffnung muß als Einschuß angesehen wer-

In Mogilew wurden im Hof des Gebietskomitees des NKWD insgesamt 15 Leichen freigelegt, die zum größten Teil durch brutalste Gewaltanwendung zu Tode gekommen waren

NKWD-Gebäude, Leninstraße 72 in Mogilew

Die exhumierten Leichen ermordeter deutscher Soldaten vor dem NKWD-Gebäude

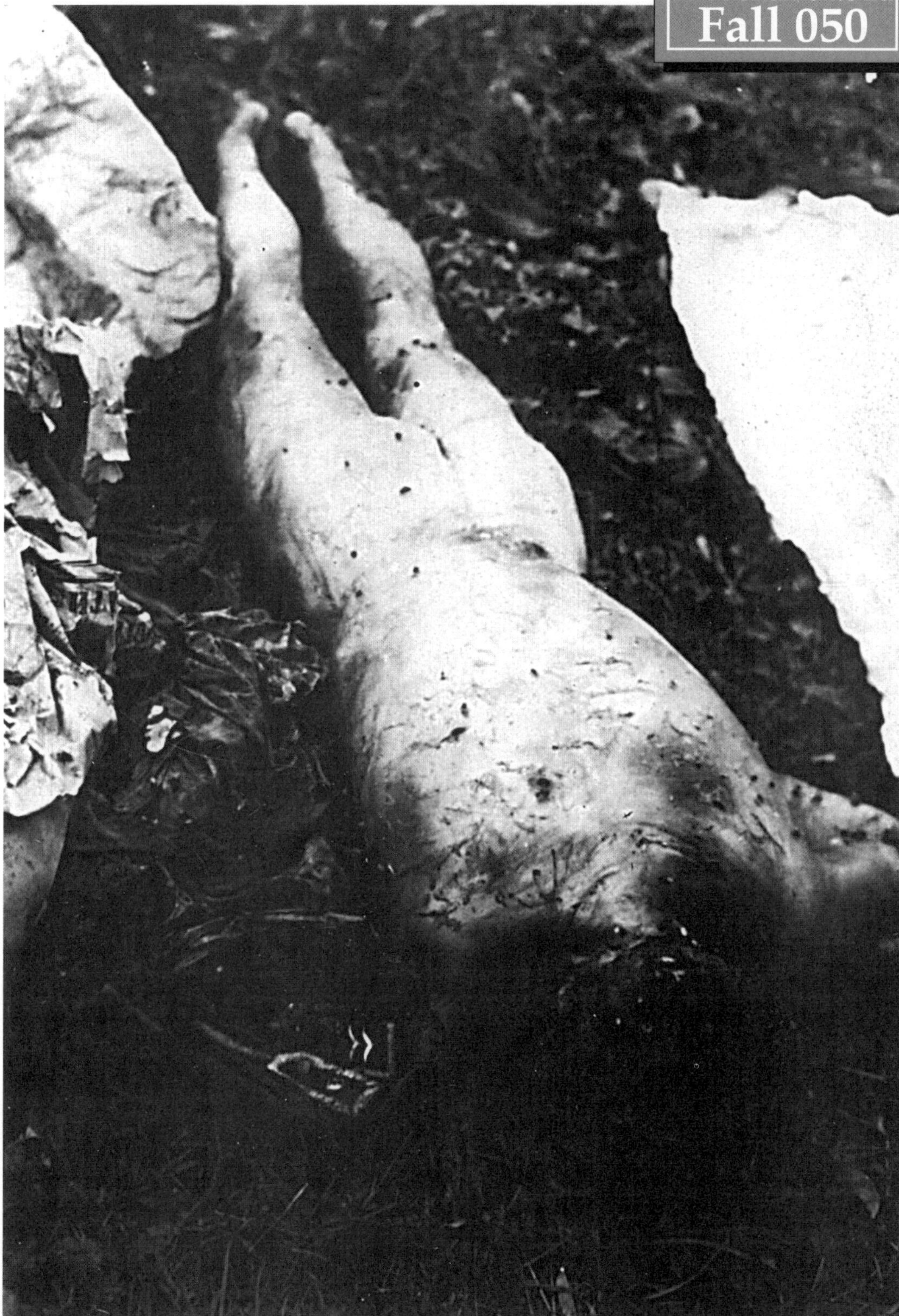

Gurt aus russischen Heeresbeständen, mit dem Erdrosselungen vorgenommen wurden

Zementierte Abfallgrube, in der vier weitere Leichen gefunden wurden

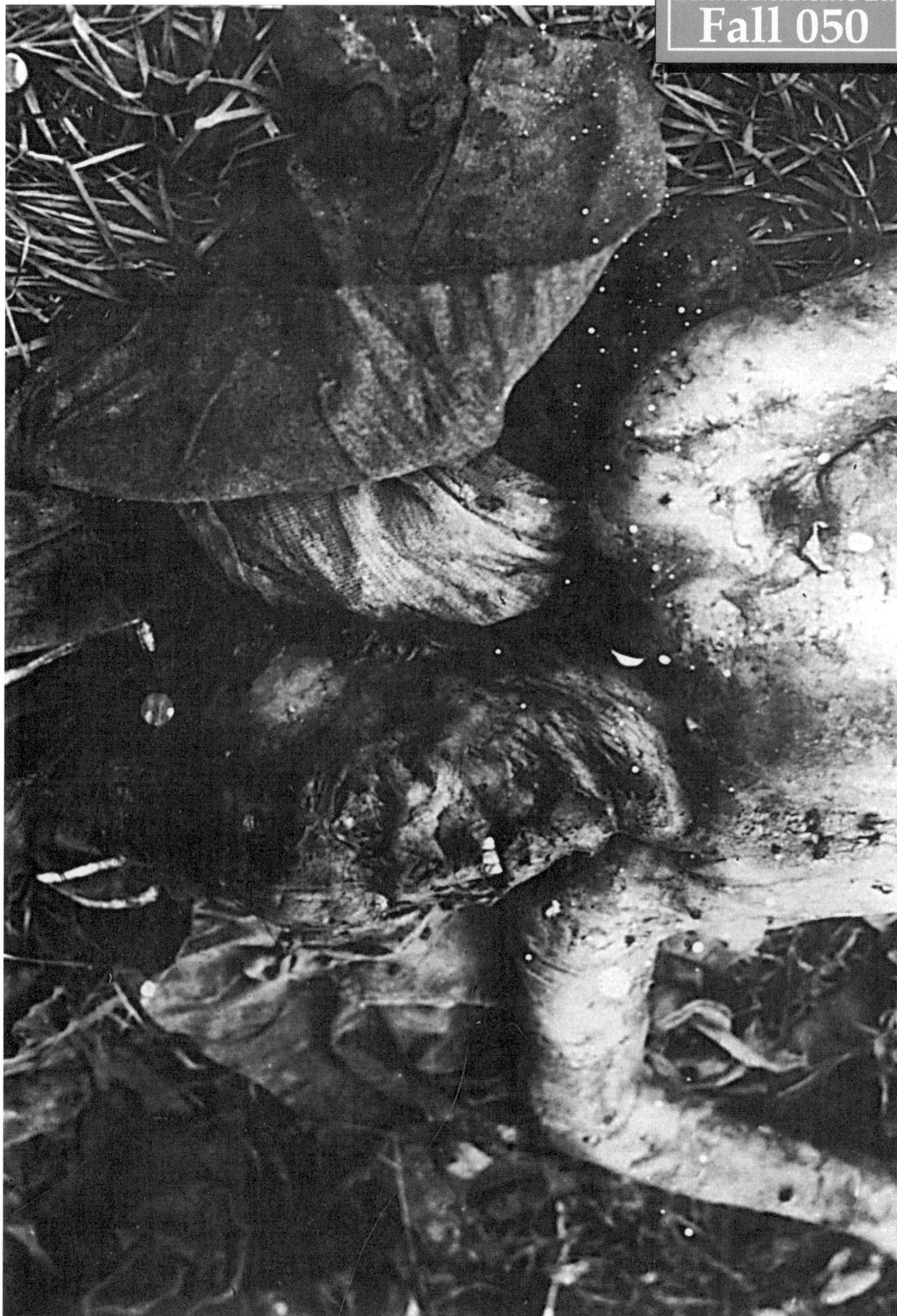

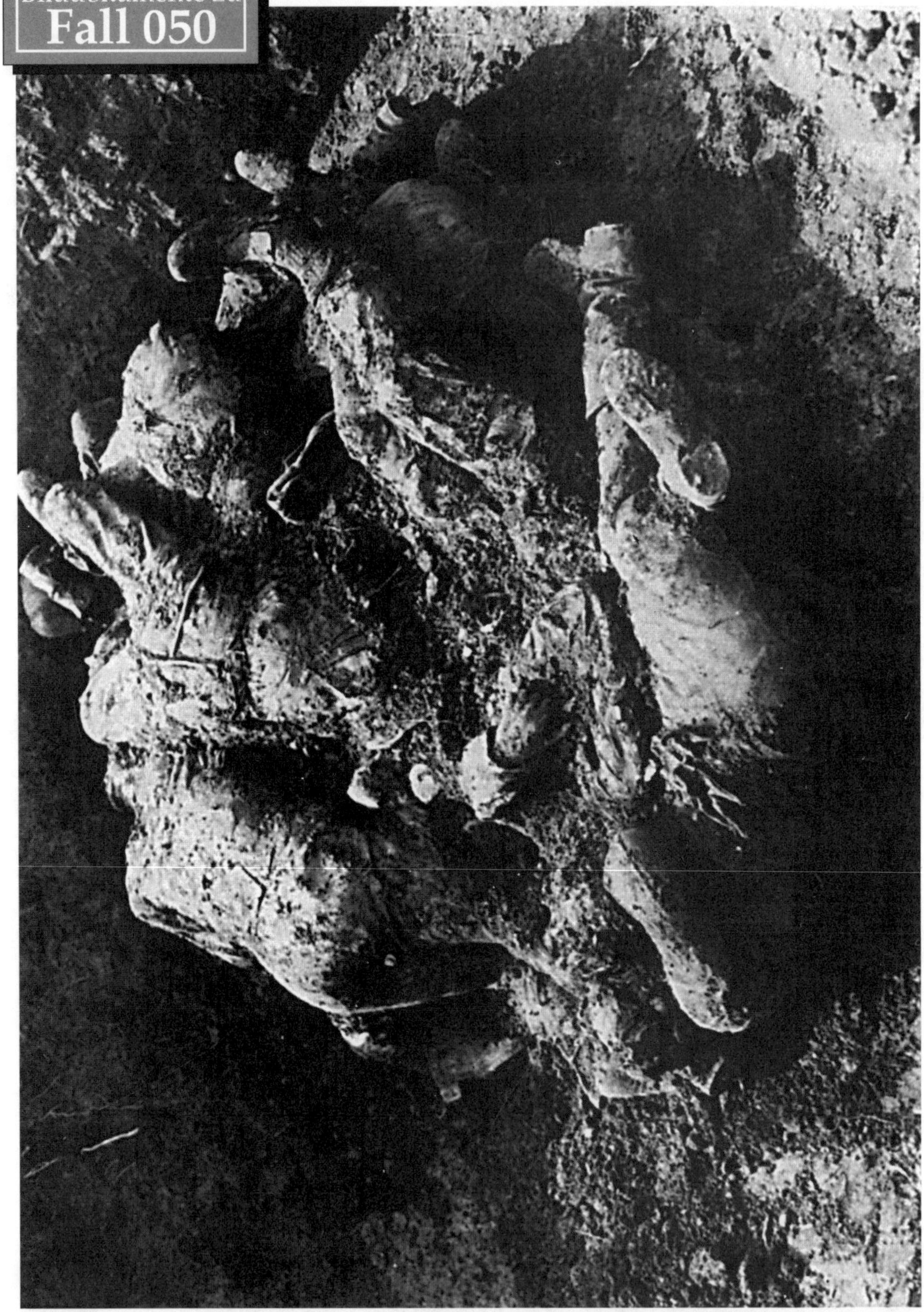

Die Toten waren wahllos in die Grube geworfen worden

Selbst mit den Toten waren die Russen noch brutal umgegangen

Zelle für verschärften Arrest im Keller des NKWD-Gebäudes

In die Zellenwand eingeritzte Namen (vermutlich deutscher) Gefangener

den. Auf der Brustseite 6 cm unter der rechten Brustwarze eine unregelmäßig gezackte 2 x 3 cm längliche Wunde mit etwas nach außen gedrückten Hautteilen. Wahrscheinlich Ausschuß. Die Umgebung dieser Wunde zeigt Reste einer starken Blutung und Blutgerinnsel.

Bauch und Gliedmaßen ohne Besonderheiten.

Nr. 11: Alter schätzungsweise 20-30 Jahre. Mittelkräftig. Leichenstarre nicht mehr vorhanden. Der Schädel ist offenbar als Folge breiter Gewalteinwirkung stark deformiert. Der Stirn- und Gesichtsanteil erscheint verkürzt. Die Nase ist eingedrückt, das knöcherne Nasenbein dringt deutlich durch die Haut vor.

Im linken Mundwinkel sieht man eine stark zerfetzte Wunde, die sich über ein Drittel der linken Wange erstreckt. Wesentliche Merkmale einer stattgefundenen Blutung nicht zu erkennen. Dagegen ist das Gesicht und oberer Halsteil rotbraun verfärbt. Eigentliche Würgemerkmale lassen sich am Hals nicht finden. Am Rücken befindet sich links vom 12. Brustwirbel ein ca. 6 mm großes kreisrundes Loch mit feiner grauschwarzer Umrandung, das als Einschußwunde anzusehen ist. Auf der Vorderseite ungefähr in der Höhe der 6. vorderen Rippe in der Mittellinie am Schwertfortsatz ist eine länglich ovale 4 cm große Öffnung, die in die freie Bauchhöhle führt und als Ausschußöffnung angesehen werden muß. Aus dieser Öffnung treten Eingeweideteile heraus. Keine Anzeichen einer stattgefundenen Blutung oder Blutgerinnsel in der Umgebung feststellbar.

Der rechte Brustkorb ist auf der Vorderseite deutlich eingefallen.

Nr. 12-15: Die später in einer Abfallgrube gefundenen 4 weiteren Leichen zeigten noch stärkere Zeichen der Verwesung. Einzelheiten von Verletzungen sind nicht mehr zu erkennen. Knochen und Sehnen lagen teilweise völlig frei. Dabei konnte an einem Schädel, dessen Kopfhaut schon größtenteils zerfallen war, an dem knöchernen Schädeldach über dem linken Scheitelbein ein Sprung, ähnlich einem Riß, und hinter dem linken Warzenfortsatz Zertrümmerungen des knöchernen Schädels erkannt werden.

III. Zusammenfassung:

Die Verwesungserscheinungen waren für die vermutliche Zeit von 2-3 Wochen bereits sehr weitgehend. Dies erklärt sich daraus, daß die Leichen nur mit einer dünnen Erdschicht bedeckt und infolgedessen den äußeren Einflüssen der Zersetzung besonders stark ausgesetzt waren. Es war daher oft schwer, Einzelheiten zu erkennen.

Übereinstimmend hatten wir jedoch den Eindruck, daß alle gewaltsam umgebracht worden sind, eine Annahme, die in den Fällen Nr. 4 und Nr. 7 durch deutliche Symptome der Strangulation erhärtet wurde, während in den anderen Fällen bis auf Fall Nr. 10 ebenfalls eine Strangulation vermutet wird, wenn diese auch infolge der fortgeschrittenen Verwesungserscheinungen nicht mehr sicher nachweisbar war.

Es muß ferner die Annahme berechtigt erscheinen, daß die festgestellten Stich-, Schuß- und Schlagverletzungen mit Ausnahme des Falles Nr. 10 infolge des Nichtauffindens von Blutungsresten oder Spuren als nach eingetretenem Tode noch zugefügt anzusprechen sind.

gez. Dr. Hermann Borgolte, Stabsarzt, gez. Dr. Heinrich Bertram, Stabsarzt
gez. Dr. Oskar Weddige, Assistenz-Arzt u. Adjutant, gesehen (L.S.)
gez. Dr. Decker, Oberstabsarzt u. Abt.-Kommandeur, Beglaubigt: Sekretär

O.U., den 10. August 1941

Schlußbericht

Am 8. und 9. August 1941 wurden durch das Einsatzkommando des Unterzeichneten an zwei Stellen auf dem Grundstück Leninstr. 72 in Mogilew insgesamt die Leichen von 15 deutschen Soldaten freigelegt. Es handelt sich um zum Teil erheblich verwundete deutsche Soldaten verschiedener Waffengattungen, die in russische Gefangenschaft geraten waren. Anscheinend wurden diese in den Zellen im Kellergeschoß des Hauses Leninstr. 72 gefangen gehalten. In einer dieser Zellen wurden die Inschriften drei[er] deutscher Soldaten gefunden.

Die vorgenommene Besichtigung der Leichen ergab, daß der größte Teil der Ermordeten durch brutalste Gewaltanwendung zu Tode gekommen ist. Bei den meisten wurde festgestellt, daß sie erhängt oder erdrosselt worden sind. Als Instrument hierfür dürfte die an einem Baum vorgefundene Schlinge (im Foto festgehalten) gedient haben. Die den Gefangenen beigebrachten Stich- oder Schußwunden dürften nicht die eigentliche Todesursache sein, da jegliche Spur von Blutungen fehlt. Es spricht alles dafür, daß die Gefangenen vor der Ermordung auf das Grausamste gequält worden sind. So konnte z.B. an zwei Leichen festgestellt werden, daß die Geschlechtsteile durch Tritte oder

Stöße stark beschädigt worden sind. In einem Fall scheint die Annahme gerechtfertigt zu sein, daß der Gemordete in schwachem Zustand lebend in die Grube geworfen worden ist. Es handelt sich um den im Bericht über den Tatortbefund zu 5 genannten Flieger. In zwei Fällen wurde Zertrümmerung des Kiefers bzw. des Schädels festgestellt. Für die Grausamkeit der Mörder spricht auch die Art der Bestattung. Die in der ersten Grube vorgefundenen Leichen sind wahllos in einem engen Raum durcheinander geworfen worden, während die vier zuletzt Vorgefundenen in einer Abfallgrube notdürftig verscharrt worden sind.

Eine genaue Identifizierung der Leichen war nicht möglich, da nur eine von ihnen eine Erkennungsmarke trug. Bei einigen wurden aber Anhaltspunkte gefunden, die evtl. zur Feststellung der Persönlichkeit führen können.

Das Gebäude Leninstr. 72, in dem die deutschen Kriegsgefangenen festgehalten wurden, war zuletzt von Truppen der russischen Stadtkommandantur Mogilew besetzt. Die Stadtkommandantur selbst hatte ihren Sitz in einem Gebäude auf der anderen Seite der Straße, das halblinks Ecke Leninstraße-Mironowastr. liegt. Dort befand sich auch die O.O.N.K.W.D. („Besondere Abteilung" des NKWD) für die Garnison Mogilew. Ihr Leiter war der russische „Hauptmann der staatlichen Sicherheit" Peregudow. Dieser muß für die Ermordung der deutschen Gefangenen verantwortlich gemacht werden, da Ermittlungen ergeben haben, daß bestimmt einige der ermordeten Gefangenen dort verhört worden sind.

Es konnte noch festgestellt werden, daß Peregudow zusammen mit anderen Offizieren der Garnison Mogilew kurz vor dem Einrücken der deutschen Truppen in Zivil geflüchtet ist. Seit dieser Zeit fehlt von ihm jede Spur. Es muß aber angenommen werden, daß ihm die Flucht in das unbesetzte Rußland nicht gelungen ist. Eine Fotografie von ihm konnte sichergestellt werden. Sie liegt dem Vorgang bei. Die Ermittlungen werden fortgesetzt.

gez. Czimra, Feldpolizeisekretär, Beglaubigt: Sekretär

Fall 051

Am 22. Juli 1941 ging der Obergefreite Chudoba bei dem Angriff auf Mogilew neben seinem Zugführer als Melder auf der Dnjepr-Brücke vor. Sein Zugführer und er erhielten starkes Maschinengewehrfeuer und blieben liegen. Auf Befehl des Zugführers zog sich der Zug langsam zurück. Plötzlich gewahrte der Zeuge den verwundeten Soldaten S. Er schnallte sein Koppel ab, um diesem zu helfen. In demselben Augenblick bemerkte er, daß fünf bis sechs Russen auf den weiter vor ihm liegenden Obergefreiten W. zugingen und ihn über das Brückengeländer in den Dnjepr warfen. Darauf traten sie zu ihm heran und versetzten ihm einen Fußtritt, der ihn auf die Seite legte. Nun wandten sie sich zu dem verwundeten Soldaten S., der in einer Blutlache lag, stachen ihm mit seinem eigenen Seitengewehr die Augen aus und warfen auch ihn, nachdem sie ihm die Taschen ausgeräumt hatten, gleichfalls in den Dnjepr hinunter. Der Zeuge selbst wurde von den Russen zu einem ihrer Offiziere geführt, der ihn verhörte. Als der Zeuge ihm die gewünschte Auskunft verweigerte, erhielt er Bedenkzeit bis zum nächsten Morgen mit dem Bemerken: Wenn er die Bedeutung der deutschen Leuchtzeichen nicht angeben würde, so werde er genau so wie seine Kameraden über die Brücke in der Dnjepr geworfen. Im Laufe der Nacht zwangen sie ihn, Granatwerfermunition zur Brücke zu schleppen, und zwar von dem Haus am Ufer bis zu dem Häuschen auf der Brücke selbst. Durch den am Nachmittag desselben Tages erfolgenden Angriff seiner Kompanie gelang es ihm, wieder aus russischer Gefangenschaft zu entkommen.

Der Leutnant von Mosch bestätigt in dem Protokoll vom 16. September 1941 als Zeuge, daß er die Leiche des Obergefreiten W. im Dnjepr liegend gefunden habe.

Beide Augen waren ihm ausgestochen und die Kopfhaut zur Hälfte von der Stirn aus bis etwa zur Mitte des Schädels abgezogen. W. zeigte auch noch andere Verletzungen am Kopf und insbesondere im Gesicht.

Fall 052

Anfang August 1941 wurde in der Nähe einer Kolchose bei Bolgan ein toter deutscher Soldat in einem Weizenfeld aufgefunden. Ihm waren beide Hände auf dem Rücken zusammengebunden, und zwar so, daß die Handgelenke überkreuzt gefesselt waren. Die Leichenschau ergab vier bis fünf Wunden in der Brust, die offensichtlich von Stichen mit dem Bajonett herrührten, und ferner in der Höhe der Nieren weitere zwei Wunden, die ebenfalls auf Stiche zurückzuführen waren. Der Oberfeldarzt, der diese Leichenschau durchführte, stellte fest, daß die Wunden dem Soldaten in gefesseltem Zustande beigebracht worden sind, daß es sich also um eine gewaltsame Ermordung des Soldaten handelt. Der Sachverständige hat den Leichenfund in Lichtbildaufnahmen festgehalten.

Dokument zu Fall 052

Gericht des AOK 11 **A.H.Qu., den 6.9.1941**

Gegenwärtig:
Kriegsgerichtsrat Dr. Jahn,
Gefr. Güttler als allgem. verpflichteter Protokollant.

Es erscheint der Chefarzt des Kriegslaz. 3/610, Oberfeldarzt Dr. Grümer und überreicht ein Ersuchen des Gerichts des XXX. A.K. vom 29.8.1941 (RHL 72/41). Er bittet, seine Aussage beim Gericht des AOK 11 abgeben zu können, da die Entfernung zum Gericht des XXX. A.K. zu groß sei. Er wird hierauf vernommen wie folgt, nachdem er zur Wahrheit ermahnt und auf die Bedeutung des Eides hingewiesen worden ist:

Z.P.: Ich heiße Heinrich Grümer, 40 Jahre alt, Oberfeldarzt, kath. Bek.,

Z.S.: Anfang August, ich glaube es war am 2.8., meldete mir mein K.V. Insp. Stephan, daß in der Nähe einer Kolchose bei Bolgan ein toter deutscher Soldat liege. Er lag in einem Weizenfeld, nur oberflächlich bestattet und war von Landeseinwohnern bei der Weizenernte gefunden worden. Stephan hatte den Leuten, die ihm von dem Fund berichtet hatten, gesagt, sie sollten alles so stehen und liegen lassen, bis weiteres veranlaßt würde. Wohl am nächsten Tag begab ich mich mit dem Kriegspfarrer Lungershausen und einem Leutnant des S.-D., dessen Name mir nicht bekannt ist, an die bezeichnete Stelle. Auch einen Dolmetscher nahmen wir mit, dessen Name mir aber gleichfalls entfallen ist.

Am Tatort traf ich folgende Feststellung:

Eine Leiche war durch einen schlecht hergerichteten Grabhügel leicht bedeckt. Der linke Oberarm war von Erde teilweise frei, so daß man einen deutschen Gefr. Winkel erkennen konnte. Der Kopf lag ebenfalls fast vollkommen frei. Er hing hinten über, die Weichteile am Kopf waren bis zur Unkenntlichkeit zerfallen. Die Kinnpartie war bereits heruntergefallen. Im Munde sah man, soweit ich mich erinnere am Oberkiefer, eine Goldplombe oder jedenfalls eine goldglänzende Plombe. Es handelte sich um eine größere Plombe. Es hatte den Anschein, als ob sich an der linken Schläfenseite eine Knochenverletzung befände. Ich ließ die Leiche auf der Vorderseite durch 2 Russen völlig freilegen. Die Leiche war mit Hemd, Unterhose, Feldbluse mit Halsbinde, Hose mit Hosenträgern und Strümpfen bekleidet. Die Brust der Leiche war vom Hemd und der Feldbluse freigemacht. Soweit sich zunächst bei dem schon stark vorgeschrittenen Verwesungszustand der Leiche feststellen ließ, befanden sich in der Brust zirka 4 bis 5 Wunden. Ich kam zunächst zu keinem rechten Schluß, wie diese Wunden entstanden sein konnten. Ich ließ sämtliche Taschen nach Papieren und die Kleidungsstücke nach Namenszeichen durchsuchen, jedoch ohne Erfolg. Infolge der Verschmutzung der

Bilddokumente zu Fall 052

Toter deutscher Soldat in einem Weizenfeld. Die Wunden wurden dem Soldaten in gefesseltem Zustand beigebracht

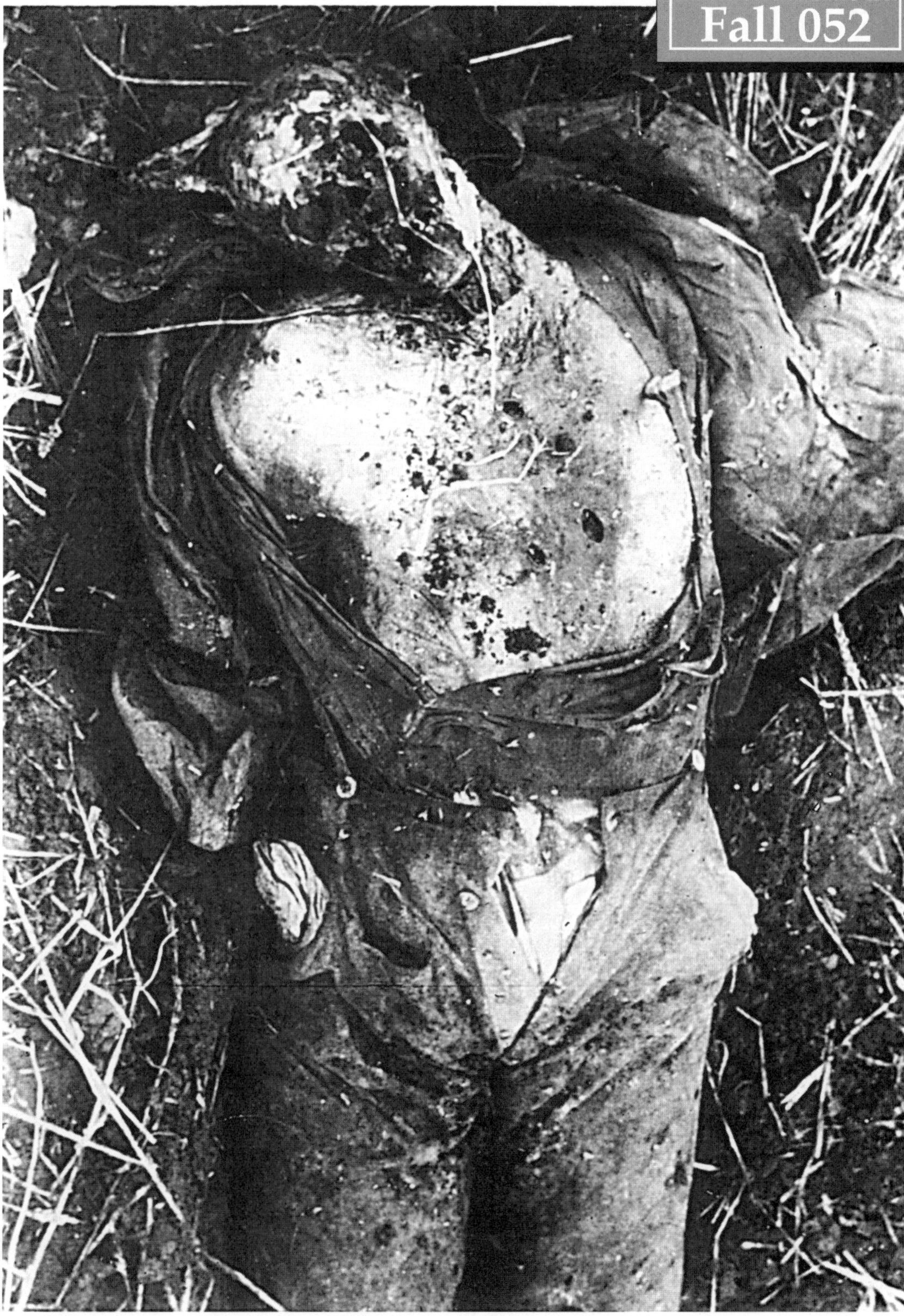

Todesursache: Vier bis fünf Bajonettstiche in die Brust, zwei weitere in Höhe der Nieren

Spiegel, die offenbar auch durch Witterungseinflüsse stark beeinträchtigt waren, konnte man nicht einwandfrei feststellen, ob der Tote einer Infanterie- oder Pioniertruppe angehört hat. Ich neige aber zu der Annahme, daß er zur Infanterie gehörte. Eine Erkennungsmarke war ebenfalls nicht zu finden. Auch in der Nähe der Leiche waren keinerlei Papiere oder Ausrüstungsgegenstände zu finden, obwohl alles sorgfältig abgesucht wurde. Ich ließ hierauf die Leiche umdrehen und stellte nunmehr fest, daß beide Hände des Toten am Handgelenk überkreuzt auf dem Rücken zusammengebunden waren. In Höhe der Nieren befanden sich 2 weitere Wunden. Ihre genaue Stelle kann ich jetzt nicht mehr angeben. Ich kam nunmehr zu der Auffassung, daß die Wunden von Stichen herrührten und daß der Tote in gefesseltem Zustand ermordet worden war. Ich habe die Leiche von vorn und hinten fotografiert. Die auf dem Feld befindlichen Landarbeiter und Landarbeiterinnen habe ich die Leiche besichtigen lassen unter Hinweis auf die Schändlichkeit der Mordtat. Kurze Zeit später habe ich die Leute, um evtl. noch weitere Zeugen sicherzustellen, fotografiert. Die Namen der Leute habe ich nicht feststellen lassen. Auf meine Frage, ob in der Nähe der Leiche irgend etwas gefunden worden sei, wurde mir ein Mann bezeichnet, der in der Nähe der Leiche einen Säbel gefunden hatte. Wir beerdigten nunmehr den Toten und begaben uns anschließend in die etwa 3,5 km vom Tatort entfernte Kolchose. Es wurde uns dort ein in drei Teile frisch zerbrochener Säbel gebracht, der zum großen Teil verrostet war. Blutspuren waren an diesem Säbel nicht mehr zu erkennen. Meines Erachtens handelte es sich bei dem Säbel um eine nicht der aktiven Truppe gehörige Waffe. Der Mann, der den Säbel brachte, hatte ihn nach seiner Angabe etwa 15 Meter von der Leiche entfernt bei der Ernte im Weizenfeld gefunden. Aus der Darstellung des Mannes mußte ich entnehmen, daß er den Säbel an dem Tage, an dem die Leiche aufgefunden worden war, gefunden hatte. Der Säbel war bei seiner Auffindung nicht zerbrochen gewesen. Auf welche Weise der Säbel zerbrochen worden war, ließ sich nicht einwandfrei klären.

Etwas wesentliches möchte ich noch bemerken:

Als die Leiche herumgedreht worden war, fand ich am Ringfinger der rechten Hand einen goldenen Trauring, in dem die Buchstaben B.B. ohne Datum eingraviert waren.

Der Ring und der Säbel sind von dem Ltn. des S.-D. in Verwahrung genommen worden.

Nach den Erklärungen der Landleute sind die Russen letztmals am 21. oder 22. Juli in der Gegend gewesen, in der die Leiche später aufgefunden worden ist. Sowohl die Russen als auch die Deutschen seien aus der Richtung eines Ortes gekommen, der, wenn ich recht verstanden habe, den Namen Kaminka (am Dnjestr) trägt.

Die Aufnahmen die ich gemacht habe, werde ich sofort entwickeln lassen und dem Gericht des XXX. A.K. zu den dort befindlichen Akten übersenden.

v. g. u., gez. H. Grümer, Oberfeldarzt

Der Zeuge wird hierauf vorschriftsmäßig beeidigt.

gez. Güttler, Gefr., gez. Dr. Jahn, Kriegsgerichtsrat, Beglaubigt: Sekretär

Fall 053

Am 8. August 1941 wurde in Hoffnungsthal bei Zebrikovo bei dem Einrücken der deutschen Truppen ein russisches Feldlazarett vorgefunden, in dem sich russische Kranke nicht mehr befanden. Dagegen war das Pflegepersonal noch zur Stelle. Gegen Abend meldete ein zehnjähriges Kind, das die deutsche Sprache beherrschte, daß in diesem Feldlazarett auch ein deutscher Soldat gelegen habe, den die Russen, als sie abzogen, erschlagen und verscharrt hätten. Das Kind zeigte die Stelle, an der die Leiche verscharrt worden sei. Man fand eine etwa drei bis vier Meter tiefe Senkgrube, aus der die dort bestattete Leiche herausgehoben wurde. Sie war nur leicht mit Erde überdeckt. Das äußere Ansehen der Leiche ließ darauf schließen, daß der Tod vor etwa zwei bis drei Tagen eingetreten war. An der rechten Schulter befand sich eine offensichtlich nicht erhebliche Schußverletzung, die durch einen Verband versorgt worden war. Der Schädel war in ganzer Ausdehnung des Schädelbeines und des Hinterhauptes durch schwere Gewalteinwirkung

(Beil- oder Spatenhiebe) zertrümmert, das Gehirn größtenteils entleert, die Augenhöhlen tief eingesunken. Es handelte sich unzweifelhaft um die gewaltsame Tötung eines an sich nicht schwer Verwundeten. Das im Anschluß daran befragte russische Pflegepersonal berichtete, daß der betreffende Soldat nur eine leichte Verwundung gehabt habe, an der er niemals hätte sterben können. Die russischen Soldaten hätten an dem Abend vor ihrer Flucht stark getrunken. Als die Krankenschwestern und anderen Lazarettangehörigen am nächsten Morgen in das Lazarett gekommen seien, sei der fremde Soldat nicht mehr angetroffen worden. Angesichts der Leiche erklärten die Krankenschwestern, es handele sich um den von ihnen bezeichneten Soldaten, der in dem Lazarett gelegen habe. Sie erkannten auch den Verband an seiner Schulter wieder und erklärten dazu, daß dieser Soldat möglicherweise nicht der deutschen, sondern der rumänischen Wehrmacht angehört habe, weil er auch russisch gesprochen habe und seine Uniform der russischen Uniform ähnlich gewesen sei.

Fall 054

Der russische Kriegsgefangene Feodor Koslow berichtet über einen Vorgang, der sich am 3. August 1941 in der Nähe von Jaswischtsche zugetragen hat.

Dokumente zu Fall 054

Gericht der 36. Inf. Div. (mot) **Div. Gef. St., den 14.8.41**
RHL 67/1941

Gegenwärtig:
Kriegsgerichtsrat Dr. Doms als Richter
O. Gefr. Graulich als Schriftführer
Sonderführer Favre als russ. Dolmetscher

Betr.: Greueltaten an deutschen Soldaten

Es erscheint freiwillig an Gerichtsstelle der russ. Kriegsgefangene Feodor Koslow, ausgewiesen durch Sachkenntnis, und erklärt, nachdem er zur Wahrheit ermahnt und auf die Bedeutung des Eides hingewiesen wurde, mit dem Gegenstand der Untersuchung vertraut gemacht, folgendes:

Zur Person: Ich heiße Feodor Koslow, geb. am 25.12.1918 in Rostow am Don, geschieden, Angestellter bei der staatl. Holzflößerei, einberufen zum Dienst in der russ. Armee seit Mai 1939, jetzt Angehöriger der 94. Art. Abteilung (Stabsbatterie).

Zur Sache: Ich bin Starschina bei der Art. Abt. 94 und verrichte bei der Stabsbatterie meinen Dienst. Ich habe dort die Verpflegung unter mir. Ich bin am 10.8.41 freiwillig übergetreten und habe mich ergeben, weil weiterer Widerstand aussichtslos war. Am 3.8.41 ungefähr, den genauen Tag kann ich jetzt nicht mehr angeben, ereignete sich bei unserer Truppe folgender Vorfall: Wir waren etwa 2 km von Jaswischtsche entfernt im Wald. Ostwärts von uns war in Stellung das II. Batl. des 173. Inf. Regts., dahinter lag die 19. Art. Abteilung und 1 Pionierzug. Es gab überraschend Alarm, wobei gesagt wurde: „Die Deutschen sind in die Befestigungen des II. Batl. des 173. Inf. Regt.s eingedrungen. Es gibt Tote und Verwundete und die Deutschen haben die Stellungen umzingelt." Es erfolgte der Befehl, dem Batl. zur Hilfe zu eilen. Mit 2 Gruppen in Stärke von 25 Mann, unter denen ich mich befand, gingen wir dort hin, wo die Deutschen eingedrungen sein sollen. Dort hieß es, daß soeben ein deutscher Spähtrupp in Stärke von 9 Mann dagewesen sei. Ein Offizier sei gefangengenommen und 1 Soldat verwundet worden. Von uns seien einer getötet und zwei verwundet. Als ich dort war, sah ich folgendes: Ein deutscher Offizier stand hoch aufgerichtet auf dem Waldweg, der sich in der Nähe der Straße Redkino-Jaswischtsche befindet. – Der Zeuge zeigte den Weg auf der Karte. – Der deutsche Offizier sprach kein Wort. Neben ihm im Gras lag ein verwundeter deutscher Soldat. Er war von kräftiger Gestalt. Er stöhnte heftig und blutete stark aus einer Brustwunde. Ich war von beiden deutschen Soldaten etwa 4 Meter entfernt. Der Verwundete war von den deutschen Soldaten bereits verbunden worden, hatte aber anscheinend nicht mitgenommen werden können. Der Offizier war nicht verwundet. Plötzlich ergriff nun ein Leutnant des 173. Inf. Regts. ein Gewehr, ging auf den deutschen Offizier los und schlug ihn dreimal mit dem Kolben auf die Schulter, den rechten Oberarm und auf den Kopf. Der Leutnant ging von hinten auf den deutschen Offizier los und traf ihn hauptsächlich an den Rückenteilen. Nach den Schlägen blutete der Offizier sofort heftig im Gesicht, stand aber noch aufrecht. Der russ. Leutnant zog dann den Revolver und schoß den deutschen Offizier durch einen Schuß ins Genick nieder. Der russ. Leutnant stand unmittelbar hinter dem deutschen Offizier. Der deutsche Offizier stürzte nach dem Schuß nieder und war tot. Vor der Abgabe des Schusses hat der russ. Leutnant geäußert: „Es ist einerlei, wo wir ihn erledigen. Wenn wir ihn nach hinten schaffen, kann er uns nur noch davonlaufen." Die dabeistehenden russ. Soldaten wollten dem toten deutschen Offizier die Stiefel ausziehen. Sie wagten es aber nicht, das in der Gegenwart ihres Leutnants zu tun. Der russ. Leutnant nahm selbst die Armbanduhr, den Revolver, das Fernglas und die Maschinenpistole des Erschossenen an sich. Der erschossene Offizier wurde dann beiseite geschafft und in einem Loch verscharrt. Der verwundete deutsche Soldat wurde weggetragen. Ich habe ihn nicht mehr gesehen, und ich weiß nicht, was aus ihm geworden ist. Vom Hörensagen ist mir bekannt, daß die deutschen Offiziere totgeschlagen oder erschossen werden, wenn sie in Gefangenschaft geraten. Die einfachen deutschen Soldaten werden, wie ich gehört habe, nach rückwärts in Lager geschafft und sollen von dort aus nach Sibirien und Turkestan verbracht werden.

Das Protokoll wurde den Zeugen in russischer Übersetzung von dem Dolmetscher vorgelesen, von dem Zeugen genehmigt und eigenhändig unterschrieben:
gez. Graulich, gez. Feodor Koslow, gez. A. Favre, gez. Dr. Doms
Der Zeuge wurde vereidigt.
gez. Graulich, gez. A. Favre, gez. Dr. Doms

Gericht der 36. Inf. Div. (mot) **Div. Gef. St., den 14.8.41**
RHL 67/1941

Der Zeuge Feodor Koslow, 94. Art. Abt., leistete nach seiner Vernehmung den Eid in folgender Form: Ich schwöre bei meiner Ehre, daß ich die reine Wahrheit gesagt und nichts verschwiegen habe.
gez. Graulich, gez. A. Favre, gez. Dr. Doms, Beglaubigt: Sekretär

Gericht der 36. Inf. Div. (mot) **Jaswischtsche, den 15. August 1941**
RHL 67/1941

Gegenwärtig:
Kriegsgerichtsrat Dr. Doms als Richter
Oberschütze Weilhard als Schriftführer

Heute begab sich das Gericht im Beisein des russischen Dolmetschers Sonderführer Favre und des russischen Kriegsgefangenen Feodor Koslow an den von dem Kriegsgefangenen Koslow bezeichneten Ort, an dem der unbekannte deutsche Offizier, nachdem er in Gefangenschaft geraten war, von einem russischen Leutnant des 173. Inf.-Rgt. niedergeschossen und ausgeraubt wurde.

Das Gericht begab sich mit den genannten Personen zu Fuß durch den im Südosten von Jaswischtsche jenseits des Flusses Peleda liegenden Waldes. Koslow zeigte den Weg. Nach einem Marsch von 2 bis 3 km, der durch ausgebaute und aufgegebene, zum Teil verminte russische Waldstellungen führte, wurde die von dem Kriegsgefangenen Feodor Koslow bezeichnete Stätte erreicht. Er erklärte dort: „Hier liegt der tote deutsche Offizier."

Danach wurde festgestellt: Auf dem schmalen, etwa 2 m breiten Waldweg, der von Tannen und Laubwald umgeben war, lag quer über den Weg der tote deutsche Offizier. Der Leichnam war mit zwei abgeschlagenen Tannen bedeckt. Sie wurden entfernt. Der Tote war etwa 1,70 groß und von kräftiger Gestalt. Er war schon völlig in Verwesung übergegangen und lag lang ausgestreckt auf dem Bauch mit dem Gesicht zur Erde. Die Arme lagen am Körper entlang, die Handrücken waren in das Erdreich eingedrückt. Der Leichnam war nur bekleidet mit weißer Unterwäsche, einer kurzen Unterhose aus Leinen und einem Unterhemd. Es handelte sich um eigene Wäsche. Monogramm war

Leiche des deutschen Offiziers, nur noch mit Unterwäsche bekleidet, der von einem russischen Leutnant zunächst von hinten mit drei Kolbenschlägen mißhandelt, dann mit einem Genickschuß getötet worden war. Derselbe Leutnant raubte ihm auch Armbanduhr und Fernglas

in der Wäsche nicht eingezeichnet. Außerdem lag noch ein gründurchwirkter Hosenträger über dem Oberkörper. Es war nach der Lage des Toten erkennbar, daß ihm die Uniform ausgezogen worden war. Sonstige Habseligkeiten waren weder bei dem Toten noch in der Nähe der Fundstätte zu entdecken. Der Kopf, der teilweise noch erkennbar dunkelblondes Haar aufwies, war nur noch lose mit dem Rumpf verbunden. Der Schädel war mittelgroß, der Hinterkopf stark entwickelt. Die Beine waren ebenfalls kräftig entwickelt. Auf der Bauchseite ließen sich infolge der Verwesungen keine Feststellungen mehr treffen. Schußwunden ließen sich am Körper nicht feststellen. Die Schädeldecke wies keinen Ausschuß auf. Die Erkennungsmarke war nicht vorhanden. Der Leichnam wurde nach der Besichtigung im Beisein der Gerichtspersonen fotografiert.

Dieses Protokoll wurde dem Kriegsgefangenen Koslow in russischer Übersetzung vorgelesen. Er erklärte: „Es ist richtig."

vorgelesen, genehmigt, und wie folgt unterschrieben, gez. Feodor Koslow, gez. A. Favre
gez. Dr. Doms, gez. Weilhard, Beglaubigt: Sekretär

Fall 055

Der Feldwebel Mothes fand zusammen mit einem anderen Angehörigen seiner Kompanie in der Gegend nordostwärts Uman bei Kamenetschje am 6. August 1941 vier grausam getötete deutsche Soldaten. Einem von ihnen, der mit ausgebreiteten Armen auf dem Rücken lag, waren die Augen ausgestochen, die Zunge abgeschnitten, der Mund auf der rechten Seite aufgerissen, so daß die Zähne lose im Munde hingen. Außerdem hatte dieser Tote mehrere Stichwunden in der entblößten Brust und eine weitere Stichwunde im Unterleib, sowie Stich- und Schnittwunden an beiden Händen. Ein anderer Toter, ein Unteroffizier, lag ebenso wie die erstgeschilderte Leiche, mit ausgebreiteten Armen auf dem Rücken. Auch ihm waren die Augen ausgestochen. In der Magengegend hatte er eine etwa handflächengroße dreieckige Wunde. Sein Magen lag bloß und der Mageninhalt war ausgetreten. Auch er hatte Stich- und Schnittwunden an den Händen. In einer Entfernung von etwa 200 Metern von der vorerwähnten Leiche fanden Feldwebel Mothes und sein Begleiter weitere zwei deutsche verstümmelte Soldaten in derselben Lage mit nach oben gerichteten Armen auf dem Rücken liegend. Auch ihnen war die Brust entblößt und beiden die Augen ausgestochen. Auch diese Körper zeigten Stiche in der Brust und Stich- sowie Schnittwunden an den Händen. Dem einen der beiden Toten war außerdem der Haarschopf mit der Kopfhaut nach hinten weggerissen und lag hinter dem Kopf. Der Tote war sozusagen skalpiert. Offensichtlich waren die vier Toten ausgeplündert worden.

Fall 056

In einem außer Gefecht gesetzten russischen Panzer und neben dem Panzer auf der Erde wurden am 4. August 1941 in der Nähe des Weges Catschinki-Bachani, etwa einen Kilometer südlich Catschinki, die abgezogenen Häute von menschlichen Händen bzw. Füßen gefunden. Der hinzugezogene ärztliche Sachverständige, Oberarzt Krayer, stellte fest, daß es sich um abgezogene Epidermis einer linken sowie zweier rechten Menschenhände und eines linken Menschenfußes handelte.

Die Nägel waren fast sämtlich erhalten und entsprachen denen eines ausgewachsenen Mannes. Der Schnitt muß bei den Händen in der Gegend des Handgelenkes zirkulär gelegt worden sein; er verlief verhältnismäßig gerade, was auf die Benutzung eines Messers hinwies. Die Haut des Fußes war unterhalb beider Knöchel gleichfalls zirkulär abgeschnitten. Nach der Auffassung der Sachverständigen besteht die Möglichkeit, daß die Gliedmaßen vorher in kochendes Wasser gehalten worden sind, um ein besseres Abziehen der Häute zu ermöglichen. Wer die Opfer dieser russischen Bestialität waren, hat sich nicht ermitteln lassen.

Die folgende Anlage beweist, daß brutale Mißhandlungen und Verstümmelungen deutscher Kriegsgefangener durch Methoden der vorstehend geschilderten Art auch an anderen Stellen der Kampffront festgestellt worden sind.

Dokumente zu
Fall 056

Gericht der 112. Inf. Division **O.U., den 10.8.1941**

Anwesend: Kriegsgerichtsrat Dr. Reutter

Es erscheint der Soldat Peter Schmitt. Er wurde zur wahrheitsgemäßen Aussage ermahnt und über die Bedeutung des Eides belehrt. Er erklärte:

a. Zur Person: Ich heiße Peter Schmitt, geboren am 6. Januar 1908 in Mülben Amt Mossbach, jetzt bei der San. Komp. (mot) 2/112.

b. Zur Sache: Unsere Kompanie liegt z.Zt. im Waldlager etwa 1,5 km südl. Catschinki. Am 4.8.41 betrachtete ich mir einen russ. Panzer, der etwas seitwärts des Weges Catschinki-Bachani etwa 1 km südl. Catschinki in einem Flachsfeld steht. Ich besah mir den Panzer auch von innen. Links neben der Bordkanone ist eine Nische in dem Panzerturm. Ganz in die Ecke hineingedrückt in dieser Nische lag etwas, auf dem weiße Würmchen herumkrochen. Ich nahm ein Stöckchen und nahm den Gegenstand heraus. Dabei stellte ich fest, daß es sich um die abgezogene Haut von einem menschlichen Fuß und Hand drehte. Vor dem Panzer lag auf der Erde ebenfalls die abgezogene Haut von einem menschlichen Fuß und Hand. Ob die auf der Erde liegende Haut vorher auch in der Nische gelegen hatte, weiß ich nicht. Ich packte die 4 Häute in ein Holzkistchen und brachte es dem Oberarzt Dr. Vieten meiner Kompanie.

v. g. u., gez. Peter Schmitt Sold.
Der Zeuge wurde hierauf vereidigt.
gez. Dr. Reutter, Kriegsgerichtsrat, Beglaubigt: Sekretär

Gericht der 112. Inf. Div. **Div. St. Qu., den 10. August 41**

Anwesend: Kriegsgerichtsrat Dr. Reutter

Es erscheint der Oberarzt Gerhard Krayer.

Ihm wurden die Gegenstände, wie sie von Oberarzt Dr. Vieten, San.-Komp. (mot) 2/112 an Ic der Division weitergereicht worden waren, vorgezeigt und er machte hierauf folgende Aussage.

a) Zur Person: Ich heiße Gerhard Krayer, bin geboren am 28.12.1914 zu Mainz, Oberarzt und Adjutant beim Divisionsarzt 112. Inf. Div.

b) Zur Sache: Es handelt sich um abgezogene Epidermis einer linken, zweier rechten Menschenhände und eines linken Menschenfußes, die zum größten Teil schwärzlich verfärbt ist. Die Nägel sind fast alle erhalten und entsprechen denen einen ausgewachsenen Mannes. Reste von Muskulatur oder Fettgewebe sind nicht vorhanden. Die Haut des Fußes und einer linken Hand ist fast ganz in ihrem Zusammenhang und ohne wesentliche Defekte erhalten im Gegensatz zu den beiden anderen Händen. Der Schnitt muß bei den Händen in der Gegend des Handgelenkes zirkulär gelegt worden sein und verläuft verhältnismäßig gerade (Messer). Die Haut des Fußes ist unterhalb beider Knöchel ebenfalls zirkulär abgeschnitten. Die Ferse ist mit starker Hornhaut vollkommen erhalten.

Diagnose: Es handelt sich um abgezogene Oberhaut einer linken und zweier rechten Hände und eines linken Fußes von ausgewachsenen Menschen. Es ist möglich, daß die Gliedmaßen vorher in kochendes Wasser gehalten wurden, um ein besseres Abziehen zu ermöglichen.

v. g. u., gez. Krayer, gez. Dr. Reutter, Kriegsgerichtsrat, Beglaubigt: Sekretär

Feldgericht des Kommandierenden Generals und Befehlshabers im Luftgau XVII **Wien, den 21. Oktober 1941**

Gegenwärtig:
KGR. d. Lw. a. Kr. Dr. Büttner als Richter
R. A. Hiller als Protokollführerin

In dem Ermittlungsverfahren betreffend Völkerrechtsverletzungen durch russische Truppen erscheint auf Vorladung der nachbenannte Zeuge. Derselbe wurde auf die Bedeutung des Eides hingewiesen und zur Wahrheit ermahnt.

Mit dem Gegenstand der Vernehmung vertraut gemacht, gibt er folgendes an:

Zur Person: Ich heiße Horst Kuchler, Feldwebel der Lw., Stab Luftflottenkdo. 4, dzt. Luftwaffenlazarett Wien, Wien XIX., Peter Jordanstraße 82, geb. am 4.10.1914 in Lissa/Posen, evangelisch, verheiratet mit Berta Kuchler, geb. George, letzter Friedenswohnort Wien IV., Mühlgasse 8/15

Zur Sache: Ich kam am 6. Juli 1941 mit dem Vorkommando des Stabes der Luftflotte 4 nach Krzemieniecz. Ich war als Feldwebel beim Stabsquartier. Am 20.7.1941 wurde das Stabsquartier von Angehörigen des Armeepferdelazarettes 5/72, soviel ich weiß, verständigt, daß in der Nähe des Gutes Titykewce die Leiche eines gefallenen Feldwebels der Luftwaffe liege. Ich habe dann von dem Kommandanten des Stabsquartiers, Ltn. Sklomeit, den Befehl erhalten, mit einem Kommando die Bestattung des Gefallenen vorzunehmen. Zu dem Kommando gehörten u.a. Feldw. Spiller, Feldw. Kalisch, 1 Uffz. und noch etwa 10 Mann. Ihm schloß sich freiwillig der Reg. Insp. Klamet an. Am Nachmittag des 21.7.1941 haben wir den Befehl ausgeführt.

Wir sind mit einem Lkw zu der uns angegebenen Stelle in der Nähe des Gutes Titykewce, das etwa 8 km von Krzemieniecz liegt, gefahren. Die Leiche fanden wir in einem Kornfeld. Die Leiche war bekleidet mit einer Fliegerkombination, sie lag auf dem Rücken. Unter der Fliegerkombination trug der Tote die Uniform eines Obfeldw. der Luftwaffe. Wir haben die Kombination nicht ausgezogen. Den Toten haben wir selbstverständlich durchsucht, wir haben jedoch bei ihm nichts gefunden, woran wir ihn erkennen konnten, mit Ausnahme eines Notizbuches, in dem sein Name stand. An Hand des Notizbuches stellten wir fest, daß es sich um Obfeldw. M. handelte, der, wie wir später feststellten, Heeresaufklärer war. Auf den vorderen Blättern des Notizbuches waren auch Angaben über die Angehörigen des Toten enthalten, jedoch konnten wir hiervon nichts mehr lesen, da alles durchgeweicht war. Wir konnten lediglich den Ort Frankfurt a[m] Main entziffern, jedoch keine Straße, wie überhaupt sonst nichts weiter. Außerdem fanden wir bei dem Toten noch eine Wochenkarte für die Strecke Weimar-Nora (Flugplatz) nach Weimar. Das Koppel lag neben dem Toten, Waffen fanden wir keine. Die Pistole, die dem Toten gehört hatte, wurde uns erst später durch einen russischen Zivilisten mit Munition und Tasche gebracht. Es war eine 08. Der Russe sagte auf unsere diesbezügliche Frage, er hätte die Pistole mit Munition dem Toten abgenommen, um sie in Verwahrung zu nehmen. Der Russe brachte uns die Pistole nebst Munition aus freien Stücken.

Aus der Umgebung des Ortes, an dem wir den Toten fanden, konnten wir feststellen, daß eine größere Anzahl von Menschen bereits vor uns an der Stelle gewesen war, denn das Korn, das beinahe reif war, war zusammengetreten.

Aus der Beschaffenheit der Leiche mußten wir schließen, daß Obfeldw. M. mißhandelt worden war. An beiden Händen war die Haut bis zum Knöchel der Hand abgezogen. Die Fingernägel waren weggerissen. An beiden Händen war das rohe Fleisch bis zu den Knöcheln sichtbar. Das Gesicht war entstellt, die Zähne eingeschlagen. Neben der Leiche haben wir Zähne des Toten vorgefunden. Eine Schußverletzung haben wir an dem Toten nicht festgestellt. An dem Koppel, das wir neben dem Toten gefunden hatten, konnten wir aber Haare feststellen, die von dem Toten stammten, so daß wir zu dem Schluß kamen, daß der Tote mit seinem eigenen Koppel mißhandelt worden war. Wir haben von dem Toten etc. seinerzeit sofort Aufnahmen gemacht, ich werde die Bilder, die augenblicklich noch nicht entwickelt sind, noch in Vorlage bringen.

Eine Erkennungsmarke fanden wir bei dem Toten nicht mehr vor. Ich nehme an, daß sie ihm abgenommen worden war. Auch ein Soldbuch fanden wir bei ihm nicht. Wir fanden überhaupt nur das oben erwähnte Notizbuch und die genannte Fahrkarte, sonst nichts.

Russische Zivilisten, die ich in meiner Meldung namentlich angegeben habe, sagten uns seinerzeit, daß sie beobachtet hätten, wie eine deutsche Maschine notgelandet und die beiden Insassen flüchtig geworden seien. Der eine sei auf die deutschen Linien zugelaufen, während der von uns bestattete Tote in Richtung auf das Gut Titykewce zugelaufen sei. Beide seien aber getötet worden. Auf welche Weise die [b]eiden getötet worden seien, wollten die Zivilisten nicht gesehen haben. Ich ver-

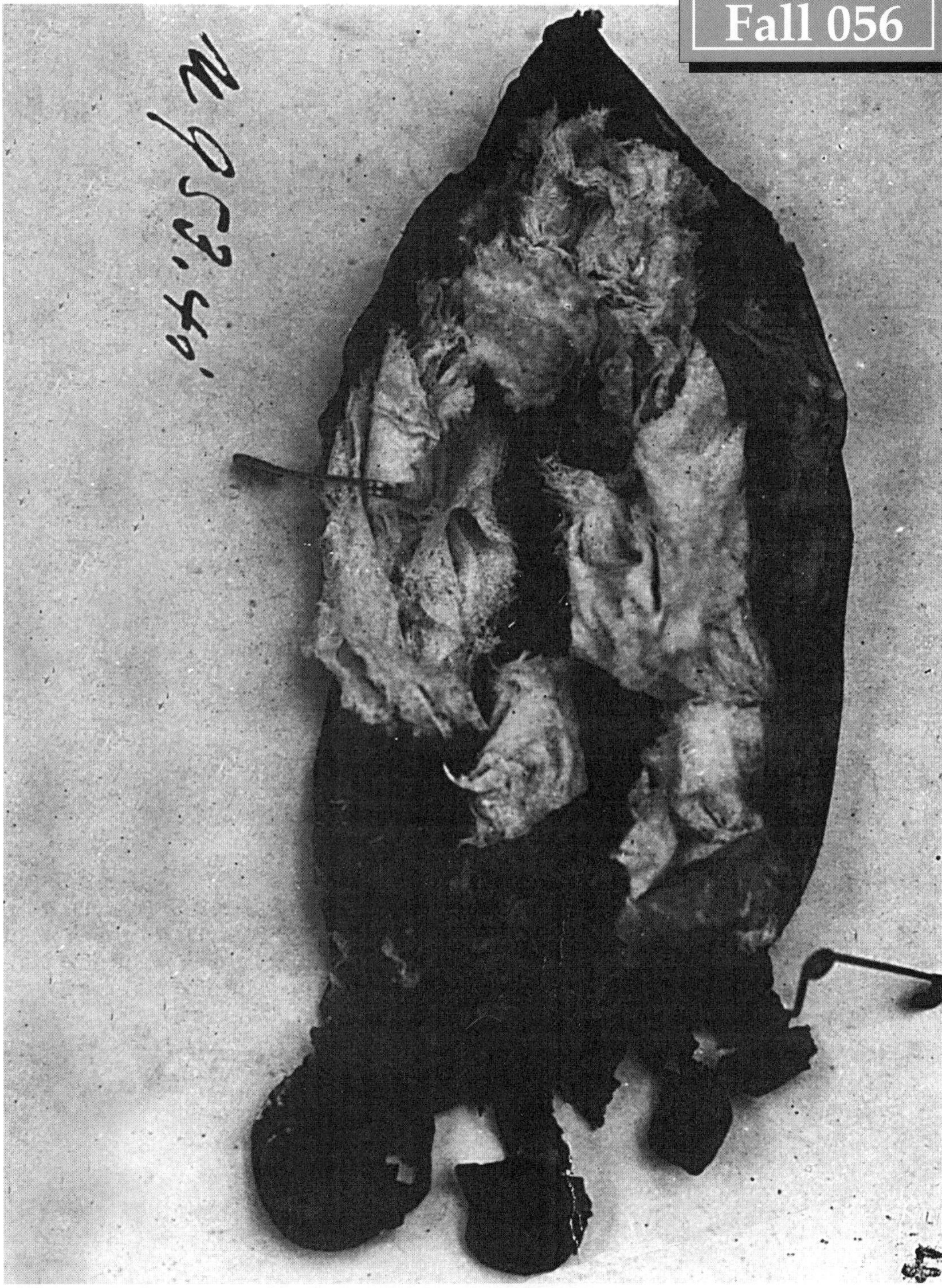

Abgezogene Häute von menschlichen Füßen (oben) und Händen (Folgeseite), die am 4. August 1941 gefunden wurden. Der „rote Handschuh“, eine typische russische Foltermethode, bestand darin, daß die Hand eines Gefangenen in kochendes Wasser gehalten wurde, damit sich die Haut besser löste. Danach wurde am Unterarm ein Rundumschnitt gelegt und die Haut wie ein Handschuh abgezogen

Bilddokumente zu
Fall 056

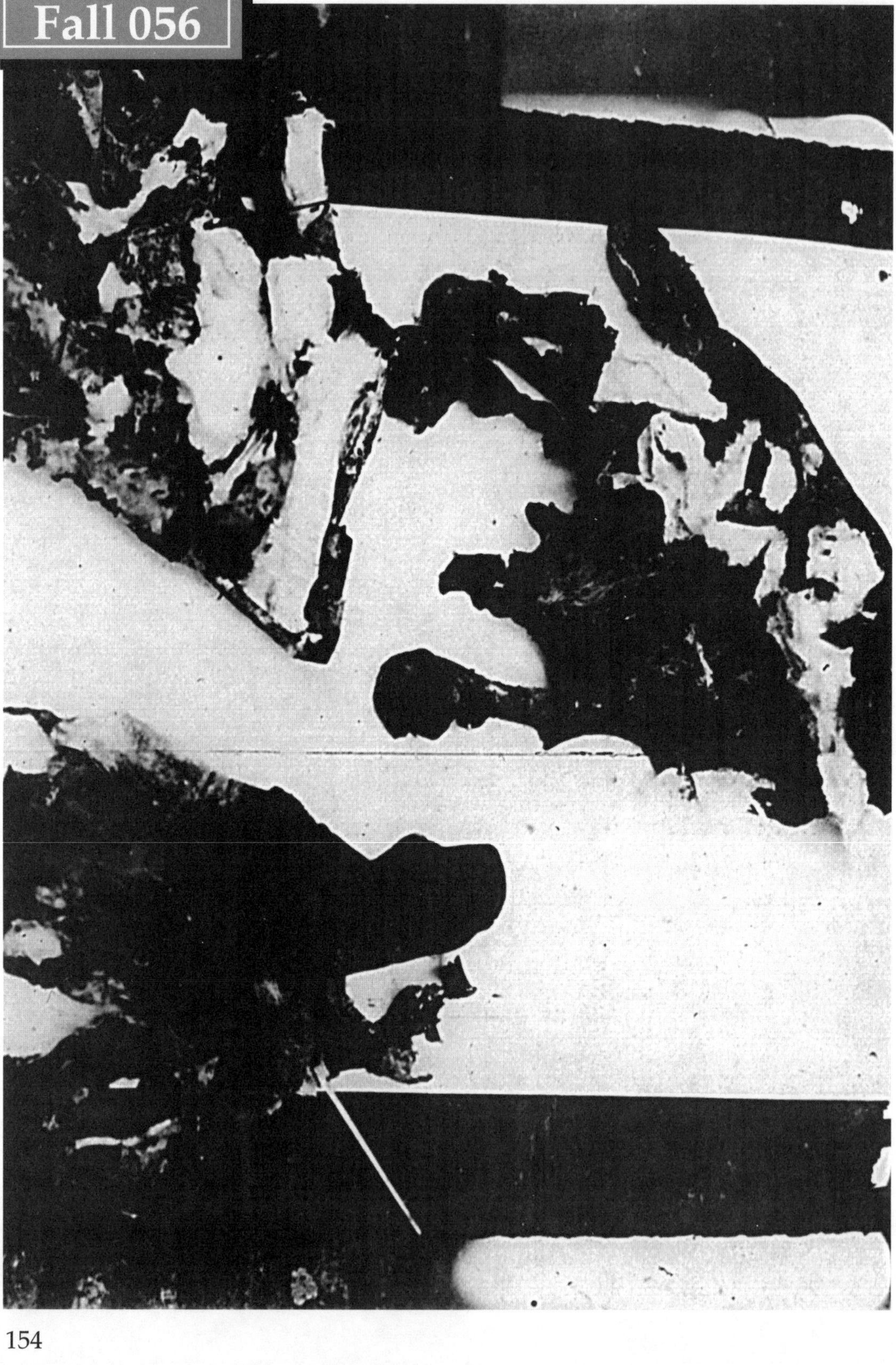

Leiche des Oberfeldwebels M., der mit seiner Maschine bei Krzemieniecz abgeschossen wurde. Auch ihm wurde die Haut von den Händen abgezogen, die Fingernägel ausgerissen und das Gesicht bis zur Unkenntlichkeit entstellt. Er muß zu Tode gefoltert worden sein, denn Schußverletzungen waren nicht festzustellen

mute, daß Obfeldw. M. erschlagen wurde. Ich komme zu meiner Vermutung auf Grund der Tatsache, daß bei ihm irgendwelche Schuß- oder Stichverletzungen nicht festgestellt werden konnten. Am nächsten Tage haben wir dann auch die Maschine, eine Henschel 126, gefunden. Sie lag etwa 1 km südlich von dem Fundort der Leiche des M. Die Nummer der Maschine habe ich in meiner ursprünglichen Meldung angegeben, ich weiß sie nicht mehr auswendig.

Von der Maschine fanden wir nur verkohlte Teile, so daß ich annehme, daß sie von der Besatzung in Brand gesteckt wurde, nachdem die Notlandung ausgeführt war.

Wir haben den Oberfeldw. M. dann an einer Wegkreuzung in unmittelbarer Nähe des Fundortes beerdigt.

Zur Vermeidung von Mißverständnissen möchte ich bemerken, daß dem Toten die Haut an beiden Händen von den Fingerspitzen bis zu den Handknöcheln abgezogen worden war. Die Haut war vollständig weg, wir haben auch nichts davon gefunden. Die Leiche war nach meiner Schätzung schon einige Tage gelegen, denn sie hat stark gerochen.

v. g. u.

Der Zeuge wurde gesetzlich beeidigt.

gez. Horst Kuchler, Feldwebel, gez. Dr. Büttner, Kr.G.R. a.Kr., gez. Hiller, Beglaubigt: Sekretär

Luftflottenkommando 4 **Gefechtsstand, den 22. Oktober 1941**
Abt. III

Betr.: Völkerrechtsverletzungen durch russische Truppen

Gegenwärtig: Kriegsgerichtsrat Dr. H. Schmitt als Richter
Gefr. Klatte als Protokollführer

Auf Befehl erscheint der nachbenannte Zeuge. Dieser wird mit dem Gegenstand seiner Vernehmung vertraut gemacht, zur wahrheitsgemäßen Darstellung des Sachverhalts aufgefordert und über die Folgen einer vorsätzlichen oder fahrlässigen Eidesverletzung belehrt. Er erklärt:

Zur Person: Ich heiße Hans Kalisch, 24 Jahre alt, ledig, Feldwebel, bei Stabskompanie Luftflotte 4.

Zur Sache: Am 21. Juli 1941 beteiligte ich mich an einer Fahrt von Krzemieniecz, die den Zweck hatte, eine etwa 5 km von diesem Ort aufgefundene Leiche eines gefallenen Luftwaffenangehörigen zu bergen. Außer mir fuhren auf dem Lkw noch mit: Reg. Insp. Klamet, Fw. Spiller, Fw. Kugler und mehrere Soldaten der Wachkompanie.

Etwa 5 km außerhalb Krzemieniecz fanden wir in einem Kornfeld eine stark verweste Leiche, die wir auf Grund eines bei derselben vorgefundenen Notizbuches und einer Straßenbahnwochenkarte als Feldwebel M. feststellten. Die Einheit war nicht herauszubekommen. Erkennungsmarke oder Truppenausweis fanden wir nicht.

Die Leiche lag auf dem Bauch und zeigte starke Verwesungserscheinungen. Der Kopf war oberhalb des Halses abgeschlagen, und zwar so, daß der Schädel etwa einen halben Meter von der Leiche entfernt lag. Der Schädel selbst war an der Seite gespalten. Fleisch, Haut oder Haarteile fanden sich an ihm nicht mehr, so daß man die Verletzungen einwandfrei erkennen konnte. An der einen Hand waren 4 Finger zwischen dem 2. und 3. Glied abgeschlagen oder abgeschnitten, an der anderen Hand waren sämtliche Finger abgeschlagen.

In unmittelbarer Nähe des Schädels lag ein Teil des Kiefers, an dem alle Zähne fehlten. Diese lagen ebenfalls neben der Leiche.

Der Tote trug Fliegeranzug und darüber die Sommerkombination. Stiefel waren ausgezogen. Die Kombination selbst war in der Gegend der rückwärtigen Hosentaschen aufgeschnitten. Brieftasche oder Portemonnaie waren nicht mehr vorhanden.

Soweit an den Unterarmen und Händen noch Fleisch und Haut vorhanden war, zeigten sich Spuren des sogenannten „roten Handschuhes", d.h. es fehlte am Unterarm in Länge von 15 cm bis zur Hand das Fleisch.

Neben der Leiche lag das Koppel mit der Pistolentasche. Die Pistole selbst fehlte. Sie wurde uns unmittelbar nach unserem Eintreffen von einem russischen Zivilisten übergeben, dessen Name von einem meiner Kameraden festgestellt wurde. Ich selbst vermag ihn nicht anzugeben.

Nach der Schilderung eines gleichfalls anwesenden etwa 17jährigen jungen Bauern, der deutsch sprach, soll am 2.7.1941 in dieser Gegend eine Artillerieschlacht stattgefunden haben. Die Maschine, mit der Fw. M. hier abgeschossen worden war, diente nach der Meinung des russischen Zeugen als Artilleriebeobachter. Der Zeuge will beobachtet haben, daß die Maschine mit MG-Feuer beschossen wurde und daraufhin niederging. Die 2 Besatzungsmitglieder entfernten sich nach verschiedener Richtung von der Maschine. Wie nun die beiden Flieger ums Leben gekommen sind, wußte der Zeuge angeblich nicht. Die Maschine selbst lag etwa 2 km von der Leiche des Feldwebels entfernt.

Ich bemerke noch, daß man an den Spiegeln der Uniform noch je 4 Schwingen feststellen konnte, woraus wir annahmen, daß der Tote Oberfeldwebel war.

v. g. u., gez. Hans Kalisch, Feldwebel
Der Zeuge wurde gesetzlich beeidigt.
gez. Dr. H. Schmitt, Kgr. d. Lw, gez. Gefr. Klatte als Protokollführer, Beglaubigt: Sekretär

Feldgericht des Kommandierenden Generals des IV. Fliegerkorps
K.-RHL 151/41

Stabsquartier, den 27. Okt. 1941
Feldpost-Nr.: L 17 378
Luftgaupostamt Wien

Gegenwärtig:
Kriegsgerichtsrat d. Lw. Dr. Ristl als Richter
Gefr. Claussen als Protokollführer

Vernehmung: Gestellt erscheint Feldwebel Spiller, Luftflottenkommando 4, Stabskompanie, und gibt, mit dem Gegenstand der Vernehmung vertraut gemacht, sowie nach Belehrung über den abzulegenden Eid, an.

Zur Person: Ich heiße Paul Spiller, bin 27 Jahre alt, ggl.

Zur Sache: Ich hatte am 21.7.1941 an dem Kommando zur Bestattung eines Soldaten der Luftwaffe teilzunehmen. In der Nähe des Vorwerks Titykewce in einem Weizenfeld lag die Leiche eines sehr verstümmelten Oberfeldwebels der Luftwaffe. Die Leiche war mit einer Sommerfliegerkombination bekleidet. An den Spiegeln der Uniform befanden sich vier Schwingen und die Rangabzeichen eines Unteroffiziers. Der Kopf lag vom Rumpf getrennt in unmittelbarer Nähe desselben. Das Schädeldach, von dem die Kopfhaut abgelöst war, wies drei, vom Stirnansatz bis zum Hinterkopf reichende Sprünge auf. Von der Kopfhaut war infolge der Verwesung nichts mehr zu sehen. Neben dem Kopf lagen ausgeschlagene Zähne und der Unterkiefer. Die Leiche lag vorn übergeneigt, die Beine angezogen und die Hände nach oben gehoben, wie zum Schutze gegen Schläge. An einem Oberarm war das Fleisch abgelöst. Kombination und Uniform waren an dieser Stelle in Stücke gerissen. Weitere Verstümmelungen wurden nicht festgestellt; ich habe gar nicht danach gesehen. Etwas abseits lag das Koppel, an dem sich die leere Pistolentasche befand. An dem Koppel klebten Haare und Blut, weshalb ich annehme, daß der Soldat damit geschlagen wurde.

Ein deutschsprechender Zivilist erzählte mir, daß am 2.7.1941 ein deutsches Flugzeug von den Russen, die sich noch in dem Gehöft befunden hätten, abgeschossen wurde. Das Flugzeug, wie ich feststellte, eine Hs 126, sei hierauf notgelandet und hätten zwei Flieger versucht, zu fliehen. Er habe eine Schießerei gehört, jedoch weitere Wahrnehmungen nicht machen können, weil er das Gehöft nicht verlassen durfte.

v. g. u., gez. Paul Spiller, Feldwebel
Der Zeuge leistete den Eid.
gez. Dr. Ristl, Kriegsgerichtsrat d. Lw., gez. Claussen, Gefreiter, Beglaubigt: Sekretär

Feldgericht des Kommandierenden Generals des IV. Fliegerkorps
K.-RHL 151/41

Stabsquartier, den 27. Okt. 1941
Feldpost-Nr.: L 17 378
Luftgaupostamt Wien

Gegenwärtig:
Kriegsgerichtsrat d. Lw. Dr. Ristl als Richter
Gefr. Claussen als Protokollführer

Vernehmung: Erschienen ist Reg. Insp. Klamet, Luftflottenkommando 4 und gibt, mit dem Gegenstand der Vernehmung vertraut gemacht, sowie nach Belehrung über den abzulegenden Eid, an.

Zur Person: Ich heiße Bernhard Klamet, bin 29 Jahre alt, ggl.

Zur Sache: Am 21.7.1941 erhielt ich den Auftrag, die Bestattung der Leiche eines gefallenen Feldwebels der Luftwaffe vorzunehmen. Ich begab mich mit den Feldwebel[n] Kugler, Kalisch und Spiller an den bezeichneten Ort, einem Weizenfeld, etwa 600 Meter südöstlich des Gutes Titykewce. Inmitten eines großen Weizenfeldes lag die arg verstümmelte Leiche eines mit einer Fliegerkombination bekleideten Feldwebels der Luftwaffe. Der Kopf lag, vom Rumpf getrennt, unmittelbar neben demselben. Da die Leiche schon stark verwest war, konnte ich nicht mehr feststellen, auf welche Art der Kopf vom Rumpf getrennt wurde. Der Schädel war derart zertrümmert, daß die Zähne daneben herumlagen und von dem Unterkiefer nichts mehr zu sehen war. An einem Unterarm war das Fleisch bis auf den Knochen abgelöst. Von den Fingern fehlten mehrere Glieder. Die Leiche lag nach vorne übergeneigt, die Beine angezogen und die Hände nach oben gehoben, als hätte sich der Feldwebel vor Schlägen auf den Kopf wehren wollen. In unmittelbarer Nähe der Leiche fand ich das Koppel des Feldwebels, an dem reichlich Kopfhaare klebten. Daraus schließe ich, daß er mit seinem Koppel über den Kopf geschlagen wurde. Die Pistole wurde mir von einem Zivilisten, offenbar dem Ortsältesten, übergeben. Es war eine 08. In dem Magazin befanden sich noch zwei Patronen. Die Leiche wurde in einen Holzsarg getan, der von den dortigen Zivilisten bereitgestellt war, und an einer Wegegabel bestattet. Der Name des Feldwebels, sowie dessen Friedensdienststelle, habe ich an Hand des Notizbuches des Feldwebels festgestellt. Der Name ist mir nicht mehr erinnerlich.

Ein deutschsprechender Zivilist sagte mir, der Feldwebel sei von den Russen, nachdem er versucht hätte, einen Tiefangriff auf die russische Stellung zu fliegen, abgeschossen worden. Nach einer Notlandung habe dieser Soldat und noch ein zweiter versucht zu fliehen. Das Flugzeug, das ich selbst nicht gesehen habe, lag etwa 2 Kilometer von der Auffindestelle der Leiche entfernt. Genauere Angaben konnte ich von dem Zivilisten nicht erhalten.

v. g. u., gez. Bernhard Klamet, Reg.-Insp.

Der Zeuge leistete den Eid.

Gez. Dr. Ristl, Kriegsgerichtsrat d. Lw., gez. Claussen, Gefreiter, Beglaubigt: Sekretär

Fall 057

Das eidliche Protokoll vom 4. September 1941 über die Vernehmung von neun Angehörigen eines deutschen Infanterieregiments beweist die Ermordung von vier Angehörigen eines deutschen Spähtrupps, die am 5. August 1941 in russische Gefangenschaft geraten waren. Alle vier waren offensichtlich zunächst schwer mißhandelt, insbesondere geschlagen worden, denn sämtliche Leichen wiesen blaue Flecken am Kopf und am Körper auf, die nur von Schlägen herrühren konnten. Einem der Toten waren die Backen mit einem Seitengewehr völlig durchstochen, einem anderen das linke Auge ausgestochen. Außerdem waren ihnen anscheinend die Finger gebrochen, denn die einzelnen Glieder ließen sich beim Berühren in allen Richtungen hin bewegen. Zuletzt müssen die Toten durch Genickschuß erledigt worden sein, denn die Leichen wiesen im Genick einen kleinen Einschuß und im Gesicht einen großen Ausschuß auf. Sie lagen dicht neben- bzw. aufeinander und waren sämtlich ausgeplündert.

Fall 058

Am 10. August 1941 wurde einem deutschen Gefreiten in der Gegend von Andrejewka von russischen Soldaten ein Auge ausgestochen. Das ganze Gesicht war mit verkrustetem Blut bedeckt. Neben ihm lag ein blutiges deutsches Seitengewehr. An seinem Koppel hatte er nur eine Scheide ohne Seitengewehr, woraus zu entnehmen ist, daß ihm das Auge mit seinem eigenen Seitengewehr ausgestochen worden ist.

Fall 059

Auf Befehl eines russischen Kommissars wurden am 13. August 1941 bei Tarachowka zwei deutsche Kriegsgefangene durch Bajonettstiche getötet, nachdem der russische Kommissar schon vorher einen anderen deutschen Kriegsgefangenen mit seiner Pistole niedergeschossen hatte. Derselbe Kommissar hat sich sogar nicht gescheut, die deutschen Kriegsgefangenen persönlich zu durchsuchen und einem von ihnen u.a. eine Armbanduhr und einen goldenen Siegelring wegzunehmen.

Fall 060

Der Feldwebel Hartmann hat ausweislich seiner Meldung vom 13. August 1941 am Tage zuvor an der Straße Janowka-Aleksejewka den Leichnam des Gefreiten B. einer Aufklärungsabteilung gefunden. Dem Gefreiten war der Hals mit einem Tuch zugeschnürt. In seinen Nasenlöchern befanden sich zwei Pistolenpatronen. Beide Augen waren ihm ausgestochen und der linke Arm zerschmettert.

Fall 061

Nach einem Überfall der Russen auf eine deutsche Gruppe am 14. August 1941 bei Tarachowka beobachtete der Obergefreite Ponzelar, der nicht in Gefangenschaft geraten war, aus einer Entfernung von etwa 60 Metern, wie ein russischer Offizier ein Maschinengewehr auf die Gefangenen richten und sie erschießen ließ. Unter den Leuten, die auf diese Weise erschossen wurden, erkannte er von seinem Beobachtungsstand aus drei Unteroffiziere seiner Kompanie, ferner einen Angehörigen einer Panzerjägerkompanie und einen Mann von einer pferdebespannten Kolonne. Einige Zeit später fand er in dem Dorfe Tarachowka an einer Scheunenwand die Leichen von etwa fünfzehn deutschen Soldaten. Aus der Lage dieser Soldaten entnahm er, daß sie eigens zum Zwecke der Erschießung in einer Linie an der Scheunenwand entlang aufgestellt worden waren. Unter den Toten befanden sich ein Wachtmeister seiner Kompanie und vier Obergefreite, gleichfalls aus seiner Kompanie. Die meisten Toten wiesen mehrere Schüsse auf. Der Gefreite Rosowski, der selbst bei diesem Überfall in russische Gefangenschaft geraten war, bestätigt in seiner Aussage die Angaben des vorgenannten Zeugen. Auch er war zu seiner Erschießung in der erstgenannten Gruppe der deutschen Gefangenen abgeführt worden, entging aber dem Tode dadurch, daß er in dem Augenblick, als das russische Maschinengewehr in Stellung ging, in einen in der Nähe befindlichen Bach sprang und sich an einem Uferüberhang verstecken konnte.

Fall 062

Der russische Leutnant Pomernjuk sagt in seiner Vernehmung vom 19. August 1941 über die Ermordung eines leicht verwundeten deutschen Soldaten aus.

Fall 063

Der russische Kriegsgefangene Lang sagt über die Behandlung deutscher Kriegsgefangener bei der Roten Armee folgendes aus:

Dokument zu Fall 063

Inf. Division **Div. Gef. Std., den 13.8.1941**
Ic

Betr.: Behandlung deutscher Kriegsgefangener bei der Roten Armee.

Zur Person: Ich heiße Lang Wilhelm, geb. 27.9.1912 in Großlebenthal, Bezirk Odessa, zuletzt wohnhaft in Großlebenthal. Ich wurde am 4.7.1941 zum Militär eingezogen und war zuletzt beim 10. I.R. der 45. Division. Heute früh bin ich zu den Deutschen übergegangen.

Zur Sache: Über Behandlung deutscher Kriegsgefangener bei der Roten Armee sage ich folgendes aus:

Nach ihrer Gefangennehmung werden deutsche Soldaten zum Verhör durch die Politruks (Pol. Kommissare) geführt. Ich weiß nicht, was diese mit den Gefangenen machen, habe aber gehört, daß die Gefangenen nach dem Verhör alle erschossen worden sind.

Am 11.8.1941 habe ich selbst gesehen, daß ein in Gefangenschaft geratener deutscher Offizier, der durch Granatsplitter einen Arm und ein Bein verloren hatte, bei der Vernehmung durch die Kommissare kein Wort aussagen wollte, und daraufhin durch Bajonettstiche in den Bauch getötet wurde. Der Vorfall hat sich im Wald bei Guska, 7 km nordostw. Baranowka zugetragen.

v. g. u., gez. Lang, gesehen: gez. Unterschrift, Leutnant, Beglaubigt: Sekretär

Fall 064

Nach der Einnahme des Dorfes Samokrasha durch deutsche Truppen am 15. August 1941 fand der Oberleutnant Pieper den Obergefreiten Grafen von Sch. und den Schützen D. in gräßlich verstümmeltem Zustande auf. Einem von beiden war die Kehle durchschnitten. Beide waren von zahlreichen Bajonettstichen durchbohrt. Dem Grafen von Sch. waren der Schädel eingeschlagen und die Finger abgequetscht. Diese Verletzungen waren nach der Feststellung des Zeugen keinesfalls auf Kampfeinwirkungen zurückzuführen, da bei der Einnahme des Dorfes ein Nahkampf überhaupt nicht stattgefunden hatte.

Der Feldwebel Haas, der mit einem Sanitätskraftwagen, gleichfalls am 15. August 1941, in das Dorf Samokrasha kam, um dort Verwundete abzuholen, hatte Gelegenheit, den schwerverwundeten Gefreiten Schmalisch, der einen Schuß durch die linke Brustseite und ferner erhebliche Brandverletzungen an der rechten Hand und am rechten Oberschenkel aufwies, der sich aber bei voller Besinnung befand, nach der Herkunft seiner Wunden zu befragen. Schmalisch erklärte ihm, er sei im Gefecht, als er seinem verwundeten Gruppenführer Unteroffizier K. Feuerunterstützung geben wollte, plötzlich von acht russischen Soldaten gefaßt und etwa 30 Meter weit bis zu der Stelle geschleift worden, wo Unteroffizier K. lag. Die Russen hätten sodann dem Unteroffizier K. die Taschen durchsucht, ihn ausgeplündert und ihm dann mehrfach mit dem Bajonett in den Unterleib gestochen. Dasselbe Schicksal habe ein in der Nähe liegender Pionier erlitten. Dann hätten sie ihn selbst in das Dorf Samokrasha gebracht und ihn unter ständiger Bedrohung und Schlägen mit dem Gewehrkolben seiner sämtlichen Sachen beraubt. Beim Herannahen der deutschen Truppen habe ihm einer der Russen eine Kugel durch die Brust gejagt, worauf er zusammengebrochen sei. Dann hätten sie ihn bis zu ei-

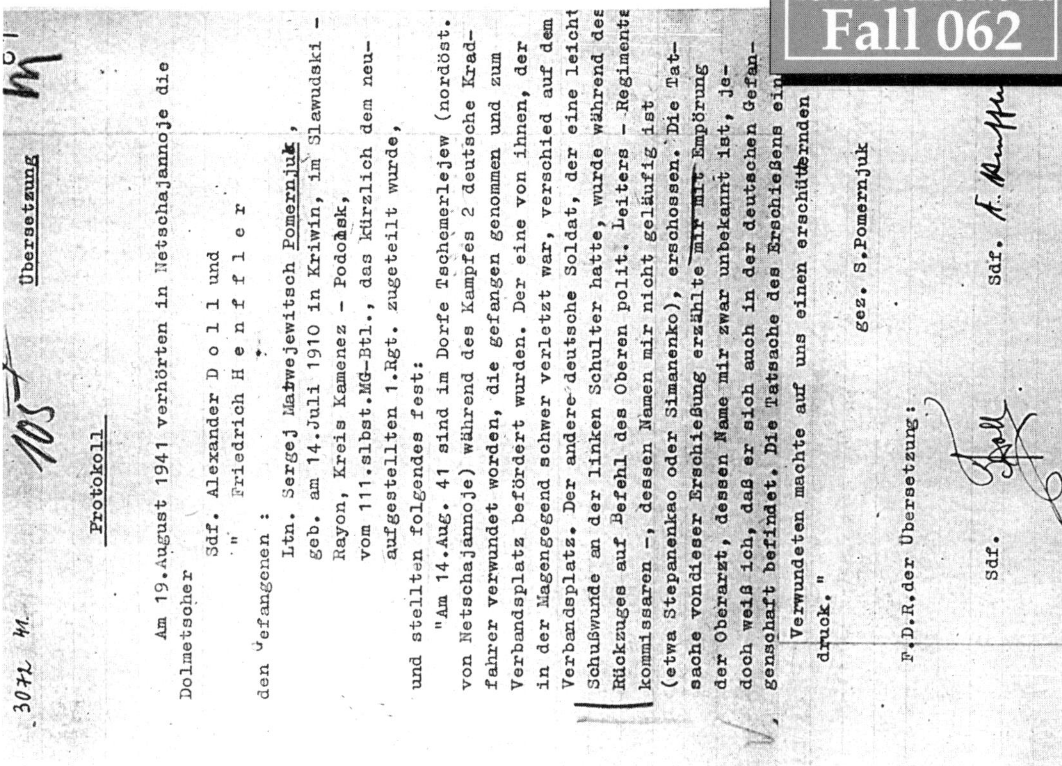
3072 41.

105

Übersetzung

Protokoll

Am 19.August 1941 verhörten in Netschajannoje die Dolmetscher

Sdf. Alexander D o l l und
" Friedrich H e n f f l e r

den Gefangenen :

Ltn. Sergej Matwejewitsch Pomernjuk ,
geb. am 14.Juli 1910 in Kriwin, im Slawudski - Rayon, Kreis Kamenez - Podolsk,
vom 111.slbst.MG-Btl., das kürzlich dem neu-aufgestellten 1.Rgt. zugeteilt wurde,

und stellten folgendes fest:

"Am 14.Aug. 41 sind im Dorfe Tschemerlejew (nordöst. von Netschajannoje) während des Kampfes 2 deutsche Kradfahrer verwundet worden, die gefangen genommen und zum Verbandsplatz befördert wurden. Der eine von ihnen, der in der Magengegend schwer verletzt war, verschied auf dem Verbandsplatz. Der andere deutsche Soldat, der eine leicht Schußwunde an der linken Schulter hatte, wurde während des Rückzuges auf Befehl des Oberen polit. Leiters - Regiments kommissaren -, dessen Namen mir nicht geläufig ist (etwa Stepanenkao oder Simanenko), erschossen. Die Tatsache vondieser Erschießung erzählte ~~mir mit~~ Empörung der Oberarzt, dessen Name mir zwar unbekannt ist, jedoch weiß ich, daß er sich auch in der deutschen Gefangenschaft befindet. Die Tatsache des Erschießens ein Verwundeten machte auf uns einen erschütternden Eindruck."

gez. S.Pomernjuk

F.D.R.der Übersetzung:

Sdf. Doll Sdf. F. Henffler

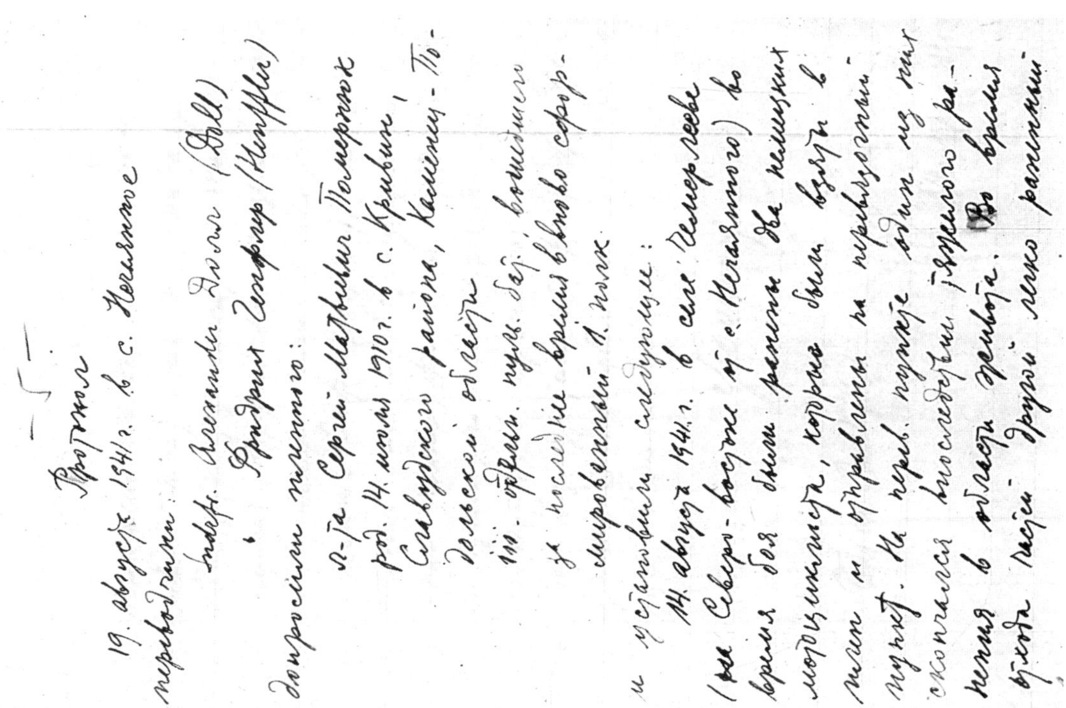
— 5 —

Протокол

19. августа 1941 г. в с. Нечаянное
переводчики:
Зондерф. Александр Долл (Doll)
и Фридрих Генфлер (Henffler)
допросили пленного:
л-та Сергей Матвеевич Помернюк
род. 14. июля 1910 г. в с. Кривин, Славудского района, Каменец-Подольской области
111. отдельн. пулем. бат., вошедшего за последнее время в вновь сформированный 1. полк
и установили следующее:
14. августа 1941 г. в селе Чемерлеeве (сев. северо-восточнее от с. Нечаянного) во время боя были ранены два немецких мотоциклиста, которые были взяты в плен и отправлены на перевязочный пункт. На перев. пункте один из них скончался вследствии тяжелого ранения в области живота. Во время отхода частей другой легко раненый

Niederschrift der Aussage des russischen Leutnants Pomernjuk und dazugehöriges Vernehmungsprotokoll in deutscher Sprache

nem brennenden Hause geschleppt und ihn dicht an die glühenden Balken geworfen; darauf seien sie verschwunden. Als seine Beinkleider Feuer gefangen hätten, habe er sich erhoben und versucht, sich über eine Wiese nach rückwärts zu schleppen. Dabei sei er wiederum von vier Russen beschossen worden, bis ihn schließlich Krankenträger seines Regiments aufgefunden haben.

Der Zeuge Feldwebel Haas erklärt noch ergänzend, daß der Sanitätskraftwagen, mit dem er an diesem Tage (15. August) die Verwundeten abtransportierte, vor dem Ort Samokrasha heftiges Gewehrfeuer erhalten habe, obwohl der Wagen durch Rote Kreuze deutlich gekennzeichnet war.

Fall 065

Unerhörte Greueltaten ergeben sich aus den eidlichen Aussagen des Leutnants Woicke sowie des Unteroffiziers Sponholz und des Gefreiten Dr. Tamme vom 10. September 1941. Sie schildern die Tötung von 24 deutschen Soldaten Mitte August in einem Rübenfeld bei Jemtschicha, wobei sich die Russen bestialischer Verstümmelungen schuldig gemacht haben. In zwei Fällen haben sie ihren Opfern bei lebendem Leibe die Geschlechtsteile abgeschnitten, in anderen Fällen den Bauch aufgeschlitzt und den wehrlosen Verwundeten die Augen ausgestochen; anderen war der Hals durchschnitten und einem der Verwundeten der Kopf abgehackt worden. Der Gefreite Dr. Tamme gehörte zu dem Beerdigungskommando. Er mußte bei zwei Leichen Posten stehen, bis sie von dem Kommando abgeholt wurden. Er erklärt, daß das Bild namentlich des einen Toten sich ihm unauslöschlich eingeprägt habe. Die Arme dieses Toten waren über den Kopf nach hinten abgebogen, die Augen ausgestochen, der Mund weit geöffnet, im Schrei erstarrt, der Leib war in einer langen senkrechten Wunde aufgeschnitten, der Geschlechtsteil abgeschnitten. Die Stellung von Armen und Mund ließ mit Sicherheit darauf schließen, daß der Soldat lebendig und bei Bewußtsein gemartert und verstümmelt worden war. Man hatte ihm bei der Verstümmelung offenbar die Arme nach hinten gebogen und ihn so festgehalten.

Fall 066

Die Bauersfrauen Paulina Odenbach und Lili Nuss aus Rohrbach in der Ukraine schildern eidlich die Erschießung von zwei deutschen kriegsgefangenen Soldaten im August 1941. Die erstgenannte Zeugin wurde zum Verhör der beiden deutschen Soldaten hinzugezogen, weil die Kommissare offenbar annahmen, daß sie sich auf diesem Wege mit den Deutschen besser verständigen könnten. Die deutschen Soldaten haben nach Angabe der Zeugin Odenbach die eine der an sie gerichteten Fragen, nämlich, ob sie mit den Russen gehen wollten, mit „Nein" beantwortet und dies damit begründet, daß sie Deutsche seien. Nach Beendigung des Verhörs ließen die russischen Kommissare eine Grube ausheben und die Gefangenen an diese Grube führen. Als sie kaum dort waren, hörten die Zeuginnen bereits die Schüsse und sahen, daß die Deutschen in das Grab hineingefallen waren.

Fall 067

Ein Mord von größtem Ausmaße, den die Russen am 15. August 1941 nordwestlich des Bahnhofs Greigowo an deutschen Soldaten begangen haben, wird durch das Protokoll, welches am 19. August 1941 in Nikolajew aufgenommen worden ist, bewiesen. 41 deutsche Soldaten sind diesem Mordwerk zum Opfer gefallen, das wiederum, der russischen brutalen Einstellung entsprechend, unter grausamen Verstümmelungen durchgeführt worden ist. Die Aussagen und das Gutachten des Oberfeldarztes Dr. Schaffert sowie des Oberarztes Börger ergeben ein erschütterndes Bild der Vorgänge bei dieser schamlosen Mordtat der Russen. Mit Spaten und Kolben, mit Beilen und Pistolen sowie mit Hilfe anderer Werkzeuge sind diese 41 Leute, darunter Offiziere und Unteroffiziere und auch ein ungarischer Husar, in qualvoller Weise zerschlagen und zerschossen worden.

Dokumente zu Fall 067

Gericht der 16. Panzer-Division **Div. Gef. St., den 19. Aug. 1941**

Gegenwärtig:
Kriegsgerichtsrat Schulze-Krantz als Richter
Gefreiter Kretschmer als Protokollführer

In der Ermittlungssache über die Ermordung von 41 in Gefangenschaft geratenen Angehörigen des II./S.R. 79 vernahm ich heute folgende Zeugen:

Nikolajew, den 19. August 1941

1. Zeuge: Oberfeldarzt Dr. Schaffert.

Nachdem der Zeuge mit dem Gegenstand seiner Vernehmung vertraut gemacht, auf die Bedeutung des Eides hingewiesen und zur Wahrheit ermahnt worden war, wurde er in Abwesenheit der später zu hörenden Zeugen wie folgt vernommen:

Zur Person: Ich heiße Heinrich Schaffert, bin 48 Jahre alt, akt. Oberfeldarzt, z.Zt. Div. Arzt der 16. Panzer-Division.

Zur Sache: Am 16.8.1941 etwa 13.00 Uhr begab ich mich zusammen mit dem Sonderführer Dr. Voss von der 16. Pz. Div., zugeteilt der Abtlg. Ic, und mit Oberarzt Dr. Wengel, Truppenarzt Pz. Pi-Batl. 16, auf Veranlassung des Königl. Ungarischen Husaren-Rittmeisters Ottmar Schaurek 4. Hus. Regt. (Heimatanschrift Nyiregyhàasa-Ungarn) in das Gelände nordwestlich des Bahnhofs Greigowo. Dort sollten, nach dessen Aussage, von ihm mit seinen Husaren eine größere Anzahl deutscher Gefangener, in wehrlosen Zustand von den Russen umgelegt, aufgefunden worden sein. Rittmeister Schaurek begleitete uns im Kraftwagen bis zur ersten Fundstelle, wo im ganzen 16 Leichen, 15 deutsche und ein ungarischer Soldat, im Kreise (Durchmesser etwa 8-10 Meter) beisammenlagen. In einer Entfernung von etwa 20-50 Meter fanden sich noch weitere 3 tote Deutsche. Die Toten waren sämtlich vollkommen unbewaffnet, ohne Leibriemen und ohne irgendwelche Ausrüstungs- und Bekleidungsgegenstände außer der Uniform, die sie auf dem Leibe trugen. In weiterer Entfernung bis zu etwa 300 Meter, alle in einer Richtung gegen Nordwest, lagen noch weitere 4 Leichen deutscher Soldaten gleicher Verfassung im Gelände verstreut.

Die allgemeine Betrachtung der Toten und die Feststellung ihrer Verletzungen im Einzelnen ergab einwandfrei, daß es sich um gefangene Deutsche handelte, die den Russen in die Hände gefallen und von ihnen an einem bisher nicht festgestellten Ort bereits restlos entwaffnet waren. Sie wurden offenbar von russischen Truppen im Vormarsch gegen Greigowo mitgeführt und sind an der Stelle ihrer Auffindung unzweideutig systematisch ermordet worden. Der beisammenliegende größere Haufen wies in der Mehrzahl schwere Zertrümmerungen teils des Gesichtsschädels, teils des Vorder- oder Hinterhauptes auf, die nach dem festgestellten Befund nur durch Schläge mit schweren, scharfkantigen Instrumenten, wie Spaten, Beil oder Pickel hervorgerufen sein können. Bestätigt wird diese Feststellung in einzelnen Fällen durch den Befund der Zertrümmerung der Armknochen, ebenfalls durch Einwirkung scharfkantiger Werkzeuge. Offenbar hatten die Opfer zum Schutz gegen die Schläge den Arm vor den Kopf erhoben. In einzelnen Fällen müssen die mit Spaten usw. geführten Hiebe ihr eigentliches Ziel, den Schädel, verfehlt haben, denn es fanden sich Leichen, denen durch Einwirkung der bezeichneten Werkzeuge der Hals bis auf die Wirbelsäule durchschlagen, Schulter oder Oberarm zertrümmert war. Manche Toten zeigten nebenher auch Schußverletzungen durch Nahschüsse in Brust oder Schädel, wobei letztere im Bereich des Ausschusses mitunter zum Platzen des Schädels geführt hatten. Die Leichen waren sämtlich durchsucht und ausgeplündert. In den meisten Fällen hing das Futter der geleerten Hosentaschen nach außen. Erkennungsmarken, Papiere, Soldbücher, teilweise auch deutsches Geld waren um die Toten verstreut. Es handelt sich wohl fast durchweg um Angehörige des II./S.R. 79. Die Stiefel waren den meisten Toten ausgezogen und in vielen Fällen mitgenommen worden. Bei zahlreichen Leichen hatten die Russen dafür ihr schlechtes Schuhwerk zurückgelassen.

Bei den aufgefundenen Toten war die Leichenstarre in Lösung begriffen und der Tod dürfte nach ihrem Zustand und nach den stattgefundenen Gefechtshandlungen vermutlich am Nachmittag des 15.8.41 stattgefunden haben.

Am Nachmittag begab ich mich zusammen mit meinem Adjutanten Oberarzt Börger nochmals hinaus und suchte im weiteren Umkreis das Gelände ab. Dabei fanden wir weitere 18 Leichen deutscher Soldaten (darunter 2 Leutnante), die ebenfalls völlig unbewaffnet und offensichtlich vom Feind in gleicher, hinterhältiger Weise, in diesen Fällen meist durch Nahschüsse durch den Schädel, ermordet waren und auch sie waren größtenteils ausgeplündert.

Hiermit ist einwandfrei erwiesen, daß die Russen am 15.8.1941 in der Nähe des Bahnhofs Greigowo in völkerrechtswidriger Weise mindestens 40 Deutsche und 1 Ungarn, die als Gefangene von ihnen mitgeführt wurden, bestialisch hingeschlachtet und die Leichen ausgeraubt haben. Als Anlage folgt eine Aufstellung, aus der die Art der tödlichen Verletzungen in jedem einzelnen Fall hervorgeht.

selbst gelesen, genehmigt und unterschrieben. Dr. Schaffert, Oberfeldarzt
Der Zeuge wurde vorschriftsmäßig vereidigt.
Beglaubigt: Sekretär

Anlage zur Vernehmungsniederschrift vom 18. August 1941

1.) Schütze: Nahschüsse durch Brust und Hals.
2.) Schütze: Einschlagen der vorderen Schädeldecke mit Spaten.
3.) Ungarischer Husar: Abschlagen der Halswirbelsäule von hinten mit Spaten.
4.) Schütze: Einschlagen des Gesichtsschädels mit Spaten.
5.) Schütze: Einschlagen des ganzen Schädels mit Spaten.
6.) Schütze: Einschlagen des Gesichtsschädels mit Spaten, linkes Auge ausgelaufen.
7.) Schütze: Schuß in den Hinterkopf.
8.) Schütze: Einschlagen des Schädels mit Spaten oder Kolben.
9.) Schütze: Spaltung des Schädels von vorne bis zur Nasenspitze mit Spaten.
10.) Schütze: Zertrümmerung des gesamten Vorderschädels.
11.) Schütze: Einschlagen des Schädels von hinten mit stumpfe[m] Instrument.
12.) Schütze: Einschlagen des Schädels von hinten mit Spaten oder Beil.
13.) Schütze: Einschlagen des Schädeldaches von oben mit stumpfe[m] Instrument.
14.) Feldwebel: Zertrümmerung des Schädels mit stumpfe[m] Instrument, Nahschuß unter dem rechten Schlüsselbein.
15.) Feldwebel: Herznahschuß, offenbar mit angelegter Pistole. Pulverring an Einschußöffnung.
16.) Schütze: Schuß ins linke Ohr, Verletzung mit scharfem Schlaginstrument (Spaten) an der rechten Schulter. Schlag gegen den Schädel, offenbar abgerutscht auf den rechten Arm. Oberarmknochenbruch.
17.) Stabsfeldwebel: Einschlagen des Schädels mit scharfkantigem Instrument (Spaten).
18.) Schütze: Spaltung des Halses vom rechten Kieferwinkel zum Brustbein bis auf die Wirbelsäule, scharfes Schlaginstrument, wahrscheinlich Beil. Durchschlag des linken Unterarmes (beide Knochen) an der Dorsal-Seite dicht oberhalb des Handgelenks, offenbar in Abwehrstellung.
19.) Schirrmeister-Uffz.: Zertrümmerung des Schädels von hinten. Genitalien bloßgelegt. Schnitt oberhalb des Schambeins mit Öffnung der Bauchhöhle und Austreten der Gedärme.
20.) Gefreiter: Einschlagen des Hirnschädels, Eröffnung der linken Schulterkapsel mit scharfem Instrument.
21.) Schütze: Kopfschuß von hinten.
22.) Gefreiter: Nahschuß von hinten durch den Brustkorb, größere Ausschußöffnung in der Mitte des Brustbeins.
23.) Schuß durch den Schädel.
24.) Nahschuß durch die rechte Brustseite.
25.) Nahschuß durch den Schädel von der rechten Nackenseite zur linken Schläfe.
26.) Schädelverletzung, anscheinend Weitschuß.

27.) Zertrümmerung der linken Schädelhälfte durch Schlag mit scharfem Werkzeug, desgleichen Durchschlag durch den rechten Unterarm mit Zertrümmerung beider Knochen.
28.) Leutnant: Nahschuß in die rechte Schläfe, Austritt des Geschosses Mitte der Stirn. Außerdem etwa 7 cm lang von oben nach unten verlaufende klaffende Wunde mit scharfem Instrument.
29.) Schütze: Einschuß linke Schulter, Ausschuß handtellergroß im oberen Brustbein.
30.) Gefreiter: Zwei Nahschüsse. Einschußöffnungen auf der linken Gesichtsseite, Ausschußöffnungen an der rechten Gesichtsseite und am rechten Hinterkopf. 3. Einschuß an der rechten Schulter.
31.) Uffz.: Zertrümmerung des Schädels oberhalb der rechten Schläfe mit stumpfe[m] Instrument (Kolbenschlag?).
32.) O. Gefr.: Schädeldurchschuß durch beide Schläfen, Zertrümmerung des vorderen Schädels durch mehrere Schläge mit schwerem scharfem Instrument (vermutlich Spaten).
33.) Gefreiter: Schädelschuß. Einschuß am Hinterkopf, Ausschuß faustgroße Öffnung linke Gesichtshälfte.
34.) Schütze: Einschuß Schädeldach hinten, Ausschuß fünfmarkstückgroß über dem rechten Ohr. Gehirnaustritt.
35.) Gefreiter: Verstümmelung der rechten Hand. Linkes Schädeldach klaffende Wunde mit scharfen Rändern. Einschuß linkes Ohr, Ausschuß rechte Wange. Einschuß rechte Schläfe, Ausschuß Hinterkopf.
36.) Uffz.: Einschuß Nahschuß oberhalb des rechten Ohrs. Ausschuß Gegend des linken Unterkiefers. Schnittwunde linke Halsseite (Seitengewehr).
37.) Schütze: Einschußöffnung oberhalb des Kehlkopfes. Ausschuß am Hinterkopf.
38.) Uffz.: Einschuß Hinterkopf, breiter klaffender Ausschuß linke Halsseite.
39.) Schütze: Breite Zertrümmerung der rechten Wange. Hinter dem linken Ohr Einschuß, breiter klaffender Ausschuß rechte Schläfe (Nahschuß, Pulverring noch zu sehen).
40.) Leutnant: Einschuß am Kinn, Ausschuß Hinterkopf.
41.) Uffz.: Einschuß unterhalb rechtes Auge, Sprengung des Schädeldaches mit Austritt der Gehirnmasse. Schnittwunden an den Armen.

selbst gelesen, genehmigt und unterschrieben, Dr. Schaffert, Oberfeldarzt, Beglaubigt: Sekretär

Fortgesetzt am 19. August 1941 in Nikolajew

2. Zeuge: Oberarzt Börger

Der Zeuge wurde mit dem Gegenstand seiner Vernehmung vertraut gemacht. Nach Belehrung über die Bedeutung des Eides und zur Wahrheit ermahnt wurde er in Abwesenheit der später zu hörenden Zeugen wie folgt vernommen:

Zur Person: Ich heiße Heinrich Börger, bin 29 Jahre alt, akt. Oberarzt, z.Zt. Adjutant des Div. Arztes der 16. Panzer-Division.

Zur Sache: Am 16.8.1941 nachmittags wurde mir durch Herrn Oberfeldarzt Dr. Schaffert mitgeteilt, daß in der Nähe des Div. Gef. Standes, der sich an dem Tage am Bahnhof Greigowo befand, eine größere Anzahl deutscher Gefangener befänden, die von den Russen ermordet worden seien. Er selbst habe schon am Morgen bei 21 den Befund aufgenommen. Ich habe mir dann diese 21 Ermordeten auch noch angesehen und dann mit Herrn Oberfeldarzt die Befunde bei weiteren 20 erhoben. Es handelte sich bei den 21, wie ich bestätigen konnte, um Soldaten, die offensichtlich mit Schlaginstrumenten scharfer und stumpfer Art sowie durch Pistolenschüsse getötet worden waren. Die weiteren 20 lagen in Richtung nach Nord-Westen fächerförmig auseinanderstrebend verteilt, so daß ich den Eindruck hatte, daß die Männer von der Stelle, wo die ersten umgebracht wurden, versucht hatten, zu entkommen. Die Leichen wiesen größtenteils Einschüsse in der rechten oder linken Schläfen- bzw. Ohrgegend und Schlagverletzungen durch scharfe und stumpfe Gegenstände in der Schulter- und Halsgegend und an den Unterarmen auf. Ich habe den Eindruck gewonnen, daß alle Gefangenen sich zusammenbefunden haben, als man begann, sie mit Pistolen, Spaten und Beilen umzubringen. Dem größeren Teil gelang es, ein Stück zu entweichen. Ich nehme an, daß man die Fliehenden mit Pferden verfolgte, worauf die Richtung der Schußkanäle hinweist. Die Richtung ist meistens von oben nach unten, z.B. vom Ohr links zum rechten Unterkieferwinkel oder vom Hinterhaupt zum Hals. Bei einem Mann waren Verletzungen der rechten Hand, die darauf hinweisen, daß er die Laufmündung umgriffen hat, als auf ihn angelegt wurde. Verschiedene Unterarmverletzungen weisen darauf hin, daß man zunächst auf die Fliehenden mit Schlaggegenständen einschlug und sie dann endgültig durch einen Pistolenschuß niederstreckte.

vorgelesen, genehmigt und unterschrieben, gez. Heinrich Boerger, Oberarzt

Der Zeuge wurde vorschriftsmäßig vereidigt.

3. Zeuge: Oberarzt Dr. Wengel.

Nachdem der Zeuge mit dem Gegenstand seiner Vernehmung vertraut gemacht, auf die Bedeutung des Eides hingewiesen und zur Wahrheit ermahnt worden war, wurde er in Abwesenheit der später zu hörenden Zeugen wie folgt vernommen:

Zur Person: Ich heiße Hans Wengel, bin 28 Jahre alt, akt. Oberarzt z.Zt. Batl. Arzt Pz. Pi. Batl. 16.

Zur Sache: Am 16.8.1941 wurden Herr Oberfeldarzt Dr. Schaffert und ich durch einen Husarenrittmeister der ung. Armee zu einem Platze, ungefähr 500 Meter nord-westlich des Bahnhofs Greigowo geführt, wo nach Aussage des Rittmeisters eine Anzahl deutscher Gefangener anscheinend von Russen ermordet aufgefunden worden war. Die Angaben des Rittmeisters fanden wir voll bestätigt. Sämtliche deutsche Soldaten, an einem Ort 21 Mann, waren ohne Waffen, ohne Koppel, teilweise ohne Schuhe, selbst Hosentaschen und Uniformtaschen waren nach außen gebeutelt, ein Zeichen, daß die Ermordeten beraubt waren. Da die Verwundungen, die zum Tode führten, in anderen Protokollen eingehend beschrieben worden sind, erübrigt es sich hier. Ich schließe mich der Erhebung des Tatbestandes durch Herrn Oberfeldarzt Dr. Schaffert und des Oberarztes Dr. Börger an, da es meinen Beobachtungen vollständig entspricht.

selbst gelesen, genehmigt und unterschrieben, gez. Dr. Hans Wengel, Oberarzt

Der Zeuge wurde vorschriftsmäßig vereidigt.

gez. Schulze-Krantz, Kriegsgerichtsrat, gez. Gefreiter, Beglaubigt: Sekretär

Fall 068

Der russische Oberleutnant Alexander Wlassow hat als Zeuge am 17. August 1941 bekundet, daß am 15. August 1941 der Kommandeur des russischen Schützenregiments 626, Major Maiski, die Erschießung von acht deutschen Soldaten befohlen habe, die in russische Gefangenschaft geraten waren. Der Befehl sei noch an demselben Tage bei der Ortschaft Ljubjanka südlich von Churawitschi ausgeführt worden.

Fall 069

Die Operationsberichte des deutschen Oberarztes Dr. Klages im Zusammenhang mit seiner eidlichen Vernehmung vom 17. August 1941 ergeben acht Fälle, in denen er als behandelnder Truppenarzt die nachträglich von russischer Seite erfolgte Verwundung bereits vorher verletzt gewesener deutscher Soldaten einwandfrei festgestellt hat.

Fall 070

Am 17. und 18. August 1941 wurden in Nikolajew vier tote deutsche Soldaten gefunden. Sie waren in russische Hand gefallen. Drei von ihnen waren durch Kopfschuß bzw. Zertrümmerung des Hinterkopfes getötet. Der vierte Soldat war durch Herausschneiden der Zunge gemartert und anscheinend lebend begraben worden, da typische Erstickungsmerkmale (Hervorquellen der Augäpfel aus den Augenhöhlen) von einem ärztlichen Sachverständigen festgestellt wurden.

Fall 071

Am 20. August 1941 gerieten der Oberleutnant V. und der Unteroffizier B. nach ihrer Verwundung in russische Hände. Am folgenden Tage wurden sie, der eine mit schwerem Kopfschuß, der andere mit Bajonettstich in der Brust, tot aufgefunden.

Fall 072

Am 27. August 1941 wurde bei Roslawl der Oberleutnant F. durch einen Schuß am Bauche verwundet und alsbald von dem Unterarzt Dr. Maleton ärztlich versorgt. Auch der Stabsarzt Huth hatte den Oberleutnant F. nach seiner Verwundung gesehen und keine Verletzung an seinen Augen festgestellt. Der Verwundete konnte infolge des feindlichen Angriffs nicht mehr abtransportiert werden; er geriet in Feindeshand. Bei einem Vorstoß, den das deutsche Regiment etwa drei bis vier Stunden später unternahm, wurde Oberleutnant F. tot aufgefunden. Sein linkes Auge war ihm inzwischen mit einem scharfen Gegenstand, wahrscheinlich einem Bajonett, ausgebohrt worden. Sein rechtes Auge war blutunterlaufen, was offensichtlich auf einen Schlag zurückzuführen war. Der Stabsarzt Huth stellt daher als Zeuge und Sachverständiger fest, daß die Ausbohrung des linken Auges nur auf eine Verstümmelung zurückgeführt werden kann und eine Verletzung des Auges durch Geschoß nicht in Betracht kommt.

Fall 073

Russische Soldaten und Partisanen überfielen in unübersichtlichem Waldgelände am 11. September 1941 einen deutschen Troß, töteten bestialisch sieben Männer des Trosses und plünderten die Toten aus. Einem Mann wurden die Augen ausgestochen, einem anderen die Geschlechtsteile verstümmelt und der Leib aufgeschlitzt, einem dritten ein waagerechter Schnitt über den Bauch versetzt. Wieder ein anderer wies Stichwunden im Unterleib und am linken Unterarm auf.

Fall 074

Der Leutnant der Luftwaffe H., der am 7. September 1941 aus einem durch Flakschuß in Brand geschossenen Flugzeug über Oesel mit Fallschirm abgesprungen war, wurde zunächst im russischen Lazarett Arensburg als Verwundeter behandelt. Wenige Tage vor der Einnahme der Stadt durch die Deutschen haben die Russen den Leutnant H., und zwar zusammen mit dortigen Zivilpersonen, erschossen. Stabsarzt Dr. Hagener berichtet hierüber folgendes:

„Nach der Einnahme von Arensburg sind in der Nähe des Bischofsschlosses zahlreiche Leichen von Zivilpersonen ausgegraben worden, die angeblich von russischen Soldaten umgebracht worden sind. Gestern, am 30. September 1941, kam ich an einer solchen Stelle vorbei, an der sich zahlreiche Menschen aufhielten. Ich ging hinzu und erkannte unter den Leichen einen deutschen Fliegeroffizier. Er hatte Fliegeruniform, gelbe Spiegel mit einer Schwinge und silbernes Eichenlaub, ein deutsches Diensthemd, Stiefelhose und deutsche Dienststrümpfe an. Am rechten Bein war die Hose in etwa 20 Zentimeter Länge an der Innennaht aufgetrennt, und ich sah, daß sich an dieser Stelle ein Verband befand. Die Augen waren mit einem dreieckigen weißen Tuch verbunden. Die Hände waren auf dem Rücken gefesselt. Ich habe darauf veranlaßt, daß die Leiche ausgezogen und gewaschen wurde. Danach war am Kopf an der linken Schläfe ein kalibergroßer Einschuß, an der rechten Schläfe ein etwa markstückgroßer Ausschuß zu sehen, aus dem die Kugel noch herausragte. Die Kugel habe ich entfernt und sichergestellt. Ich überreiche sie hiermit dem Gericht. Ich habe die Kugel mit russischer Pistolenmunition verglichen und dabei festgestellt, daß das von mir aufgefundene Geschoß mit der russischen Pistolenmunition übereinstimmt. Anschließend wurde die Leiche eingesargt und in die Leichenkammer des Feldlazaretts 161 geschafft. Ich will noch nachtragen, daß sich auf der Stirn eine etwa sechs Zentimeter lange, die Haut eben durchtrennende Schnittwunde und an der Rückseite des rechten Oberschenkels, etwa zehn Zentimeter oberhalb der Kniekehle, eine überschorfte, etwa erbsgroße Wunde befand.

Bei den umstehenden estnischen Zivilpersonen erkundigte ich mich, ob etwas über das Schicksal dieses deutschen Fliegers bekannt sei. Darauf meldete sich der estnische Arzt Dr. Tilk aus Arensburg und berichtete folgendes:

Dieser Fliegeroffizier sei vor etwa drei Wochen mit dem Fallschirm bei Aste abgesprungen und habe sich zu dem Bauern Alexander Ihanurm in Randvere geflüchtet. Dieser habe ihn aber an die Russen verraten. Der Flieger sei darauf in ein russisches Lazarett nach Arensburg gebracht worden. Wenige Tage bevor die Einnahme von Arensburg durch die deutschen Truppen erfolgt sein, wäre der Flieger aus dem Lazarett fortgeschafft worden. Weiteres war über das Schicksal des Fliegers nicht in Erfahrung zu bringen. Der estnische Bauer Alexander Ihanurm, der in der Zwischenzeit im Stadtgefängnis in Arensburg festgesetzt war, ist an die Leiche des deutschen Fliegers geführt worden. In meiner Gegenwart hat er sodann, wie mir von dem Arzt übersetzt wurde, die Leiche des Fliegers als den Mann erkannt, der vor einigen Wochen verwundet bei ihm Unterschlupf gesucht habe."

Fall 075

Ein Spähtrupp auf Krädern, der den Auftrag hatte, die Vormarschstraße der 25. motorisierten Infanteriedivision zu erkunden, kehrte trotz geringer Entfernung des zu erkundenden Geländes nicht zur befohlenen Zeit zurück. Am nächsten Tag wurden die Angehörigen des Spähtrupps aufgefunden. Sie waren grausam zugerichtet; die Leiche des Spähtruppführers war nur noch an ihren Uniformteilen erkennbar. Einer der Zeugen hat hierzu Aufnahmen angefertigt.

Dokument zu Fall 075

Gericht der 25. Inf. Div. (mot) **Div. St. Qu., 24. Sept. 1941**

Gegenwärtig:
1. Oberleutnant Dr. jur. Wagner
2. Obergefr. Döss als Protokollführer

Es erscheint Hauptmann Konrad Maurus, Kommandant des Stabsquartiers 25. Inf. Div. (mot), und erklärt, nachdem er mit dem Gegenstand der Vernehmung bekannt gemacht und auf die Bedeutung des Eides hingewiesen wurde, folgendes:

Z.P.: Konrad Maurus, 43 Jahre alt, katholisch, Hauptmann und Kommandant des Stabsquartiers 25. Inf. Div. (mot).

Z.S.: Am 19. September 1941 abends wurde durch Erkundungstrupp und eine am Westausgang von Skorobogatjki aufgestellte Feldwache beobachtet, daß Russen in Stärke von etwa zwei Bataillonen sich von den Höhen 155 bei Zerkownaja Dolina in Richtung Shdany bewegten. Offizierspähtrupps bestätigten am frühen Morgen des 20.9.41 diese Beobachtungen und stellten weiterhin fest, daß Gegner das ostwärtige Ufer des Ssuliza über die Brücke in Shdany erreichte und in nordostwärtiger Richtung auf Ssentscha abfloß. Ich befahl deshalb um 9 Uhr ein Spähtruppunternehmen auf Krädern. Es meldete sich hierzu Feldwebel E. als Führer, während die Obergefreiten M., K., R.

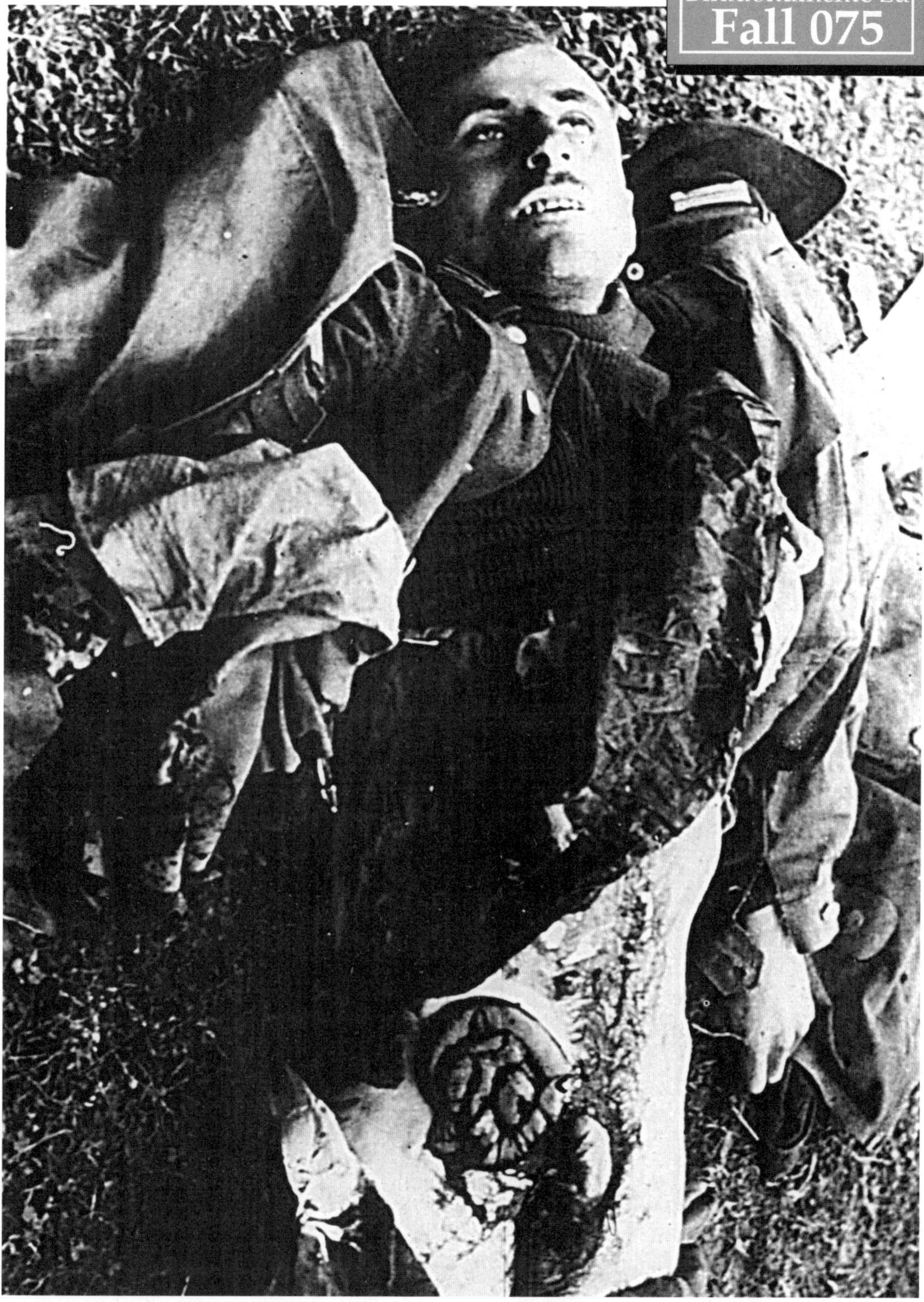

Angehöriger eines Spähtrupps auf Krädern. Außer den Bajonettstichen im Unterleib, die die Gedärme austreten ließen, war ihm auch noch der rechte Unterschenkel abgeschlagen

Bilddokumente zu
Fall 075

Feldwebel E.: Beide Augen ausgestochen, Gesicht und Schädel eingeschlagen, Bajonettstiche im Hinterkopf, Loch im Unterleib

und Sch. von mir bestimmt wurden. Der Auftrag lautete: „Spähtrupp E. erkundet, ob und wie weit Vormarschstraße der Division von Iskowzy-Ssentschanskije nach Ssentscha feindfrei."

Von dem Spähtrupp war bis 13 Uhr trotz der Kürze der Entfernung noch kein Mann zurückgekehrt. Der Feind drückte weiterhin mit erheblichen Kräften über Shdany nach Ssentscha, so daß ich mich im Einvernehmen mit dem Führer der Qu-Staffel, Hauptmann Lübbe, zum Ausweichen nach Iskowzy-Ssentschanskije entschloß. Am 22.9.41 fuhr ich mit den Obergefreiten Willy Stark und Erwin Wagner von Charssiki in die Gegend Ssentscha zurück und fand die Leichen der fünf Männer des Spähtrupps an den ersten Häusern, wo sie soeben von Angehörigen einer Kolonne des Flak-Regiments „General Göring" aus den umliegenden Maisfeldern zusammengetragen waren. Nach Aussagen dieser Soldaten lag Feldwebel E. an der obenbezeichneten Stelle, während die anderen vier Soldaten etwa 100 bis 200 Meter verstreut gelegen waren.

Ich stellte folgende Verstümmelungen fest:

Feldwebel E.: Nur mehr erkenntlich an seinen Uniformstücken, besonders dem Kradmeldermantel, die Augen ausgestochen, die linke Gesichts- und Schädelhälfte eingeschlagen, so daß die ganze Seite offen lag, mehrere Bajonettstiche im Hinterkopf, über der rechten Stirnseite vermutlich Kolbenschläge, und in der linken Weichteilseite des Unterleibs ein 6 bis 7 cm breites Loch, in das nach Aussagen der Flaksoldaten eine Gewehrmündung etwa 25 bis 30 cm tief quer durch den Leib gestoßen war.

Obergefr. K.: Bajonettstiche in der linken Kopf-, Hals- und Brustseite, sowie den rechten Fuß zerschlagen.

Obergefr. R.: Bajonettstiche an der linken Schläfe und Gesichtshälfte, Pistolenschuß im Unterleib, rechten Unterarm etwa 10 cm vom Handgelenk entfernt zerschlagen, so daß die Sehnen etwa 12 bis 15 cm offen lagen.

Obergefr. M.: Bajonettstiche in der rechten Unterleibshälfte, so daß die Gedärme mindestens 20 cm ausgetreten waren, den rechten Unterschenkel abgeschlagen und aufgerissen.

Obergefr. Sch.: Bajonettstiche in der Mitte der Brust und Herzgegend.

Hauptmann Sailer, der eben mit seiner Kolonne dazu kam, sowie die Obergefreiten Willy Stark und Erwin Wagner können diese Angaben ebenfalls bestätigen. Hauptmann Sailer hat Foto-Aufnahmen gemacht.

v. g. u., gez. Konrad Maurus, Hauptm. u. Kdt. des Stabsquartiers 25. I.D. (mot)
Der Zeuge wurde vorschriftsmäßig vereidigt.
gez. Dr. Wagner, gez. Döß, Beglaubigt: Sekretär

Fall 076

Am 20. September 1941 wurde bei dem Bahnhof Aselje an der Bahnstrecke Roslawlj-Suchenitschij die völlig entkleidete Leiche eines deutschen Obergefreiten gefunden, die von den Russen verstümmelt war. Als die Bergung der Leiche zum Zwecke ihrer Bestattung in Angriff genommen wurde, detonierte unter der Leiche eine geballte Ladung, die dort angebracht war, wodurch die Leichenteile und Eingeweide in die Luft gesprengt wurden. Der Feldwebel Steinkötter und der Pionier Dargel wurden im Gesicht bzw. an den Händen verwundet. Nach den Aussagen des Zeugen Leutnant Grünewald vom Eisenbahn-Pionierregiment 5 und des vorgenannten Gefreiten Dargel unterliegt es keinem Zweifel, daß die geballte Ladung von den Russen absichtlich so befestigt war, daß bei der Bergung der Leiche die Explosion erfolgen mußte.

Fall 077

Der schwerverwundete deutsche Gefreite N. wurde am 25. September 1941 bei Rastani von Russen aufgefunden und durch einen Schuß in die Brust, der mit seinem eigenen Gewehr abgegeben wurde, getötet.

Fall 078

Am 25. September 1941 wurden bei Komrat südlich Kromowka der Obergefreite S., der Gefreite St. und die Schützen J. und Sch., die verwundet in russische Hand gefallen waren, von den russischen Truppen getötet. Dem Gefreiten St. wurden beide Augen ausgestochen, dem Obergefreiten S. war der Kopf abgeschlagen. Auch die anderen waren verstümmelt.

Fall 079

Am 30. September 1941 wurden nach einem russischen Panzerangriff an der Desna elf in russische Gefangenschaft geratene deutsche Soldaten erschossen, drei andere wurden schwer verwundet. Sieben weitere Gefangene entgingen nur dadurch dem gleichen Schicksal, daß sie bei dem Beginn der Erschießung die Flucht ergriffen und zu den deutschen Truppen zurückfinden konnten. Ein russischer Kommissar hatte auch hier die Erschießung angeordnet und selbst die ersten Schüsse auf die deutschen Kriegsgefangenen abgegeben.

Fall 080

Der Gefreite Schinnen bekundet über seine Mißhandlung und Ausplünderung durch einen russischen Kommissar folgendes:

„Am 2. Oktober 1941 lagen wir bei Tscherwony-Step (Ukraine). Die Russen machten gegen zehn Uhr einen Gegenangriff. Es gelang ihnen, in unsere Stellung einzubrechen. Ich befand mich bei dem Halbzug der Panzerjäger, der der 2./Pionierbataillon 72 unterstellt war. Ich hatte einen Bauchschuß bekommen und konnte deshalb nicht rechtzeitig ausweichen. Ich blieb allein liegen. Die Russen kamen in hellen Scharen an. Ein Kommissar der russischen Armee kam auf mich zu. Ich erkannte ihn daran, daß er eine schwarze Litze am Kragen trug. Am Arm trug er das Abzeichen eines Kommissars mit Sichel und Hammer. Dieser Kommissar schlug mir, trotzdem er sah, daß ich verwundet war und blutete, eine deutsche Pistole 08, die in meiner Nähe lag, mehrfach an den Kopf. Außerdem zog er mir die Hose herunter. Ich schloß aus seinem Verhalten, daß er mich entmannen wollte. Ich sagte ‚Nicht schießen'. Er nahm mir dann mein Soldbuch und 150,- RM, die ich in meinem Soldbuch aufbewahrte, sowie meine Armbanduhr ab. Inzwischen hatte unsere Artillerie wieder angefangen zu schießen. Die Russen mußten deshalb wieder zurückgehen, so daß ich dadurch von weiteren Gewalttätigkeiten verschont blieb. Am Abend desselben Tages wurde ich dann von Pionieren gefunden und zum Hauptverbandplatz geschafft."

Fall 081

Der Unteroffizier Nauke fand bei dem Sturm auf Teplowka am 14. Oktober 1941, bei dem er selbst verwundet wurde, in dem Zimmer eines Hauses im Dorfe vier tote deutsche Artilleristen, die man offenbar in verwundetem Zustand dorthin geschafft hatte. Einigen von ihnen waren die Ohren, einem die Nase abgeschnitten und anderen die Augen ausgestochen. Nach der Art der Verletzung war anzunehmen, daß diese Verstümmelungen mit dem Bajonett erfolgt sind.

Fall 082

Der russische Kriegsgefangene Major Koslow, der am 23. Juli 1941 in deutsche Gefangenschaft geraten ist, hat folgendes ausgesagt:

„Die Regimentskommandeure müssen Kriegsgefangene an die Division, die Division an das Armeekorps, das Armeekorps an die GPU abgeben. Der Regimentskommandeur hat nicht das Recht, Gefangene erschießen zu lassen.

In der Praxis aber geschieht folgendes: Sind Gefangene auf dem Weg zum Bataillon oder zum Regiment, so geben meist die Kommissare den Soldaten den Befehl, die Gefangenen zu erschießen. Nur solche Gefangene, die, ohne von Kommissaren erblickt zu werden, bis zu den Kommandeuren kommen, sind vorläufig gerettet. – Auch politisch eifrige Kompanieführer lassen die Gefangenen oft auf eigene Faust erschießen. Es kommen infolgedessen nicht viele Gefangene zu den höheren Stellen. Große Lager, wie auf der deutschen Seite, gibt es nicht.

Die GPU untersucht die Gefangenen auf ihre politische Gesinnung. Solche, die sich kommunistenfreundlich geben, werden gut behandelt. Wer ‚kapitalistische' oder ‚faschistische' Gedanken ausspricht, wird sofort erschossen.

Auch vom Regiment 25 haben einige Offiziere und Mannschaften, beeinflußt durch die politische Propaganda, deutsche gefangene Offiziere und Mannschaften erschossen und dies dann dem Major erzählt. Er durfte das nicht verbieten, weil sonst die Kommissare ihn erschossen hätten. Von militärischen Stellen ist nie der Befehl zur Erschießung deutscher Gefangener gegeben worden. Dagegen ist kein Offizier in der Lage, die Weisungen der Kommissare zur Erschießung des Gefangenen zu verbieten."

Fall 083

Drei Soldaten eines deutschen Maschinengewehrtrupps wurden bei den Kämpfen am 19. Juli 1941 ostwärts Smolensk bei Propojesk vermißt. Sie wurden am nächsten Morgen von ihrer Truppe noch lebend aufgefunden. Sie waren bei den erbitterten Kämpfen um die Rollbahnen nach Einbruch der Dunkelheit durch eine russische Formation abgeschnitten worden und in russische Gefangenschaft geraten. Die Russen hatten den drei deutschen Soldaten die Augen, und zwar durch Einführen der Finger in die Augenhöhlen, ausgedrückt. Dies verlautet die eidliche Aussage des Leutnants Schinner, 8./Schützenregiment 12.

Fall 084

Anfang August 1941 fand der Gefreite Friedrich Hoffmann im Waldgefecht am Peipussee drei tote deutsche Soldaten, die am Boden lagen und denen die Augen ausgestochen waren.

Fall 085

Der Feldwebel Hirschbühler und seine Leute stießen bei der Säuberung des Luba-Kessels im September 1941 auf eine Gruppe von 27 toten Soldaten, die offenbar einer deutschen Maschinengewehrabteilung angehörten. Allen dort aufgefundenen Toten waren die Köpfe zertrümmert; sie wiesen keine Schußverletzungen auf. Aus der gleichmäßigen Art der Verwundung ergab sich, daß diese deutschen Soldaten von den Russen gefangengenommen und später, nachdem die Russen festgestellt hatten, daß sie aus dem Kessel nicht mehr entkommen konnten, erschlagen und ausgeplündert worden sind. Feldwebel Hirschbühler und seine Leute haben bei russischen Gefangenen, die bald darauf in demselben Abschnitt in ihre Hände fielen, Zubehörteile der Ausrüstung deutscher Soldaten vorgefunden, die offenbar den erschlagenen Deutschen abgenommen worden waren.

Fall 086

Der Gefreite Kurt Felsch fand Anfang September 1941 mit anderen Kameraden in der Nähe des Ilmensees 30 tote deutsche Soldaten, die im Walde nur notdürftig verscharrt waren. Die Leichen waren völlig entkleidet. Auch in der Nähe waren keine Uniformen zu finden, so daß anzunehmen ist, daß die Russen die Uniformstücke mitgenommen haben. Den Toten waren durchweg die Ringfinger abgeschnitten, einigen von ihnen war der Schädel – offenbar mit einem Spaten – eingeschlagen.

Fall 087

Ende Juli 1941 bei Witebsk geriet die Spitze der Marschkolonne des Infanterieregiments 77 infolge russischer Umzingelung in Gefangenschaft. Beim weiteren Vormarsch der deutschen Verbände fand man insgesamt 134 Gefallene. Diesen waren zumeist die Hände mit ihren eigenen Koppelriemen gefesselt. Die Leichen wiesen durchweg Stichverletzungen auf und waren in der Mehrzahl schwer verstümmelt. Einem Leutnant waren die Augen ausgestochen, einem Sanitäter, der gleichfalls durch Bajonettstiche in den Unterleib schwer verstümmelt war, war außerdem der Hinterkopf eingeschlagen; auch ihm waren die Augen ausgestochen.

Fall 088

Der Gefreite Salewski sah am 25. Juni 1941 die Dubno zwei deutsche Infanteristen, denen die Nasen und die Ohren abgeschnitten waren und deren Tod offenbar durch Stichverletzungen in die Brust herbeigeführt worden ist.

Fall 089

In der Gegend von Suraz (westlich Bialystok) wurden am 25. Juni 1941 zwölf tote deutsche Soldaten aufgefunden, die im Gefecht am Vortage verwundet worden waren. Auch diese Toten waren schwer verstümmelt. Einer von ihnen war an einen Baum genagelt worden, und zwar so, daß seine Arme nach hinten um den Baum gelegt und Nägel durch die Arme hindurchgetrieben waren. Außerdem hatte man ihm die Augen ausgestochen, die Zunge abgeschnitten und ein deutsches

Seitengewehr in die Brust getrieben. Auch anderen Toten waren die Augen ausgestochen und einigen die Zungen, anderen die Geschlechtsteile abgeschnitten.

Fall 090

In der zweiten Hälfte des Oktober 1941 wurde zwischen Orel und Mzensk der Körper eines toten deutschen Soldaten gefunden, dem beide Arme über dem Ellbogen und beide Beine über dem Knie abgehackt waren. In der Brust des Toten steckte ein Seitengewehr; die abgehackten Glieder lagen neben ihm.

Fall 091

Der Oberleutnant Küster und der Gefreite Kaluza (Stab Artilleriekommandeur 129) fanden in Tarnopol Anfang Juli 1941 außer 50 ermordeten Ukrainern die Leichen von sieben schwer verstümmelten deutschen Soldaten. Zweien von ihnen waren die Hände auf dem Rücken gefesselt, einigen waren die Augen ausgestochen, und die Zungen hingen so weit aus dem Halse heraus, daß sie offenbar ausgerissen sein mußten. Auch Würgemale am Halse waren deutlich erkennbar.

Dokumente zu Fall 091

Gericht des XIV. Armeekorps **O. U., den 22. September 1941**
AL 62/41 **Feldpostnummer 01876**

Gegenwärtig:
1. Feldkriegsgerichtsrat Dr. Seeber
2. Obgefr. Richter als Protokollführer allgemein verpflichtet

In Sachen betreffend Auffindung von 10 verstümmelten Leichen deutscher Wehrmachtsangehöriger im Gefängnis in Tarnopol zur Vernehmung bestellt, erscheint:

1. Oberleutnant Küster, Art.-Kdr. 129, 2. Gefreiter Kaluza, Art.-Kdr. 129

Die Erschienenen wurden mit dem Gegenstand der Vernehmung bekanntgemacht, auf die Bedeutung des Eides hingewiesen und wie folgt in Abwesenheit des später abzuhörenden Zeugen vernommen:

1. Zeuge Küster.

Zur Person: Ich heiße Siegfried Küster, bin 38 Jahre alt, evang.-luth. Religion, Oberleutnant d. Res. beim Stabe/Art.-Kdr. 129, im Zivilberuf Bürgermeister und Dr. jur.

Zur Sache: Ich bin beim Art.-Kdr. 129, Herrn Oberst Sander, Leiter der Art.-Nachrichtenstelle beim Stabe. Mein Chef war in der Zeit vom 4.-7.7.1941 mit der Leitung der Stadtkommandantur in Tarnopol beauftragt. Dem Stadtkommandanten wurde von Ukrainern gemeldet, daß in dem Gefängnis der Stadt eine große Anzahl von durch die Russen ermordeten und zu Tode gequälten Ukrainern lägen. Im Einverständnis mit der neueingesetzten ukrainischen Verwaltung sollten die im Gefängnis gefundenen Leichen nach Möglichkeit identifiziert und beerdigt werden. Ich war zur Kontrolle etwa vier bis fünf Mal im Gefängnis und habe dort die Vorgänge beobachtet. Als ich das erste Mal hinkam, waren etwa 50 Leichen von Ukrainern im Hofe hingelegt. Es wurde mir gesagt, daß unter diesen drei deutsche Soldaten gefunden seien. Ich kann nicht mehr mit Bestimmtheit sagen, ob ich mich bei der Identifizierung dieser drei Deutschen beteiligt habe. Über diese Gruppe werden der Sturmhauptführer Blum oder Angehörige seiner Kompanie, die die Arbeiten überwachten, nähere Angaben machen können.

Als ich am nächsten Tage wieder ins Gefängnis kam, waren die Leichen vom Vortage schon beerdigt. Wiederum lagen eine große Anzahl Leichen aufgestapelt im Hof; es mögen noch 150 Stück gewesen sein, die an diesem und in den nächsten Tagen aus dem Gefängnis geschafft wurden. An diesem Tage waren 7 Leichen getrennt aufgebahrt. Sie trugen, wovon ich mich selbst überzeugte, Hemden und Hosen der Luftwaffe. Eine genauere Identifizierung war nicht möglich wegen der Verunstaltung, der fortgeschrittenen Verwesung und wegen Mangels an Papieren oder Erkennungsmarken. Hauptmann Blum berichtete mir, ein Feldwebel Scheurig habe eine der Leichen als den Oberfeldwebel H., 8. Staffel 3./K.G. 51, wiedererkannt. Auf meine Veranlassung wurden die sieben Leichen in Särgen aufgebahrt und durch einen ortsansässigen Ukrainer in meiner Gegenwart fotografiert.

Alle sieben Leichen wiesen gröbste Verunstaltungen auf. Die Hände waren teilweise auf den Rücken gebunden. Sämtliche Gesichter waren fast vollständig blutunterlaufen und bis zur Unkenntlichkeit verquollen. Mindestens dreien waren die Augen ausgestochen. Bei zweien war die Gurgel völlig verquollen. Die Zunge ragte weit aus dem Munde heraus, so daß ich annehmen mußte, daß ihnen die Zunge aus dem Rachen gerissen worden war. Bei einigen war von den Händen, bei einem anderen von den Füßen die Haut vollständig abgelöst, so daß diese entweder mit kochendem Wasser oder ätzenden Flüssigkeiten vollständig verbrüht waren. Es hatte das Aussehen, daß diese Gefangenen offenbar mit den grausamsten Mitteln allmählich zu Tode gequält waren. Da wir zur kämpfenden Truppe gehören und mit unserem baldigem Weitermarsch rechnen mußten, konnten wir weitere Untersuchungen nicht mehr in die Wege leiten. Ob also die Körper auch noch sonstige Verunstaltungen aufwiesen, kann ich nicht sagen. Der kommissarisch eingesetzte ukrainische Bürgermeister berichtete mir, daß außerdem deutsche Soldaten in Zivilkleider oder russische Uniformen gesteckt worden seien, bevor man sie zu Tode quälte. Es ist also wahrscheinlich, daß unter den anderen Leichen noch weitere deutsche Soldaten waren. Die ersten drei Leichen wurden am 5.7., die zweite Gruppe am 6.7.1941 auf dem Südfriedhof in Tarnopol auf einem besonders hergerichteten Platz getrennt von den Ukrainern beigesetzt.

v. g. u., gez. Siegfried Küster, Oberleutnant
Der Zeuge leistete den Zeugeneid.

2. Zeuge Kaluza:

Zur Person: Ich heiße Walter Kaluza, bin 30 Jahre alt, katholischer Religion, Gefreiter beim Stabe/Art.-Kdr. 129, im Zivilberuf Dozent für Fotografie.

Zur Sache: Ich bin beim Stabe des Art.-Kdr. 129. Anfang Juli dieses Jahres – genauer kann ich die Zeit nicht mehr angeben – lagen wir in Tarnopol. Ich erfuhr durch Kameraden, daß in einem Gebäude der Stadt, welches mit Kriegsgericht bezeichnet wurde, eine Menge ermordeter Ukrainer gefunden worden seien. Ich ging daraufhin mit dem Uffz. Karl Heckhausen, dem Uffz. Heinz Binder sowie einem Kradmelder in das Gebäude. Im Hof lagen getrennt von anderen Leichen drei Leichen, die mit Blumen geschmückt waren. Es wurde mir gesagt, daß daß dies die Leichen dreier deutscher Soldaten seien. Das war auch daran zu merken, daß sie nicht das struppige oder kurzgeschorene Haar der Ukrainer oder Russen, sondern längeres und gescheiteltes Haar hatten. Ihre Uniform habe ich mir nicht näher angesehen, weil der Anblick der Leichen zu grauenhaft war. Am nächsten Tag erhielt ich von Herrn Oblt. Küster den Befehl, die Leichen der deutschen Soldaten zu fotografieren. Ich nahm einen ortsansässigen Ukrainer, der in Tarnopol ein Atelier hatte, zum Fotografieren mit. Im Hof des Gebäudes lagen aufgebahrt in Särgen sieben Leichen, die mir als deutsche Soldaten bezeichnet wurden. Diese Leichen hatten auch wieder den deutschen Haarschnitt und teils fliegerblaue, teils grüne deutsche Hosen an. Diese Leichen wiesen ebenso wie die drei Leichen vom Vortage starke Verunstaltungen auf, die auf einen gewaltsamen und qualvollen Tod schließen ließen. Die Gesichter waren blutunterlaufen und stark verquollen. Bei einigen waren die Augen ausgestochen. Bei einer Leiche fiel mir besonders auf, daß die Zunge weit herausragte. Von den Händen war teils die Haut völlig abgelöst, die Hälse und Gurgeln waren stark deformiert. Einige hatten die Hände auf den Rücken gebunden.

Der ukrainische Fotograf machte eine Gesamtaufnahme der sieben Leichen und weiter je eine Einzelaufnahme. Danach fotografierte ich mit meinem Apparat alle Köpfe und alle Hände der Leichen, zum Schluß machte ich auch noch eine Gesamtaufnahme. Den Film mit diesen Bildern habe ich noch nicht entwickelt. Ich werde den Film entwickeln lassen und ihn mit Abzügen direkt überreichen.

v. g. u., gez. Walter Kaluza, Gefreiter
Der Zeuge leistete den Zeugeneid.
gez. Dr. Seeber, Feldkriegsgerichtsrat, gez. Richter, Obergefreiter, Beglaubigt: Sekretär

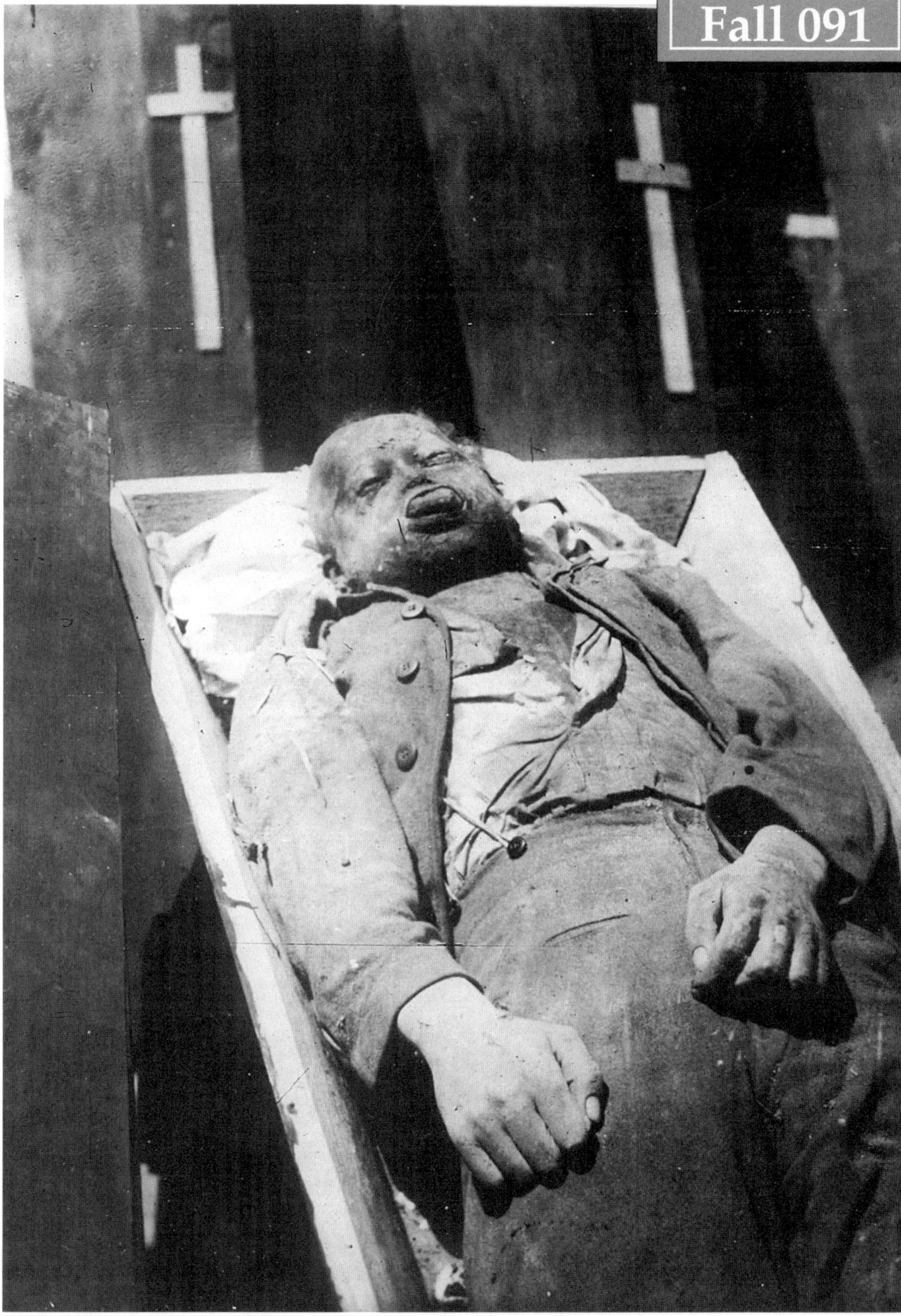

Toter deutscher Soldat mit ausgerissener Zunge

Bilddokumente zu Fall 091

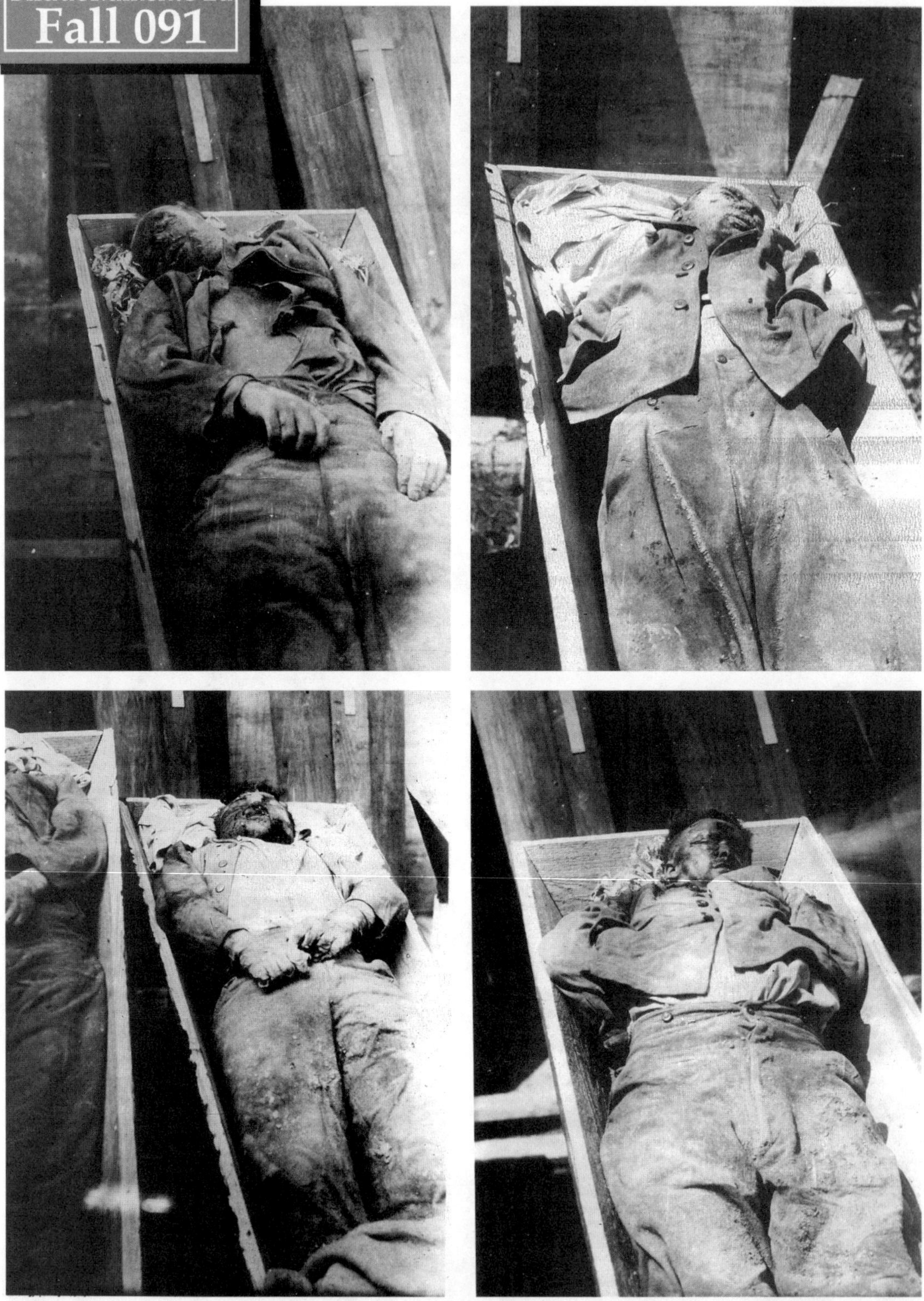

Leichen der entsetzlich mißhandelten deutschen Wehrmachtsangehörigen, die Anfang Juli 1941 im Gefängnis von Tarnopol aufgefunden wurden

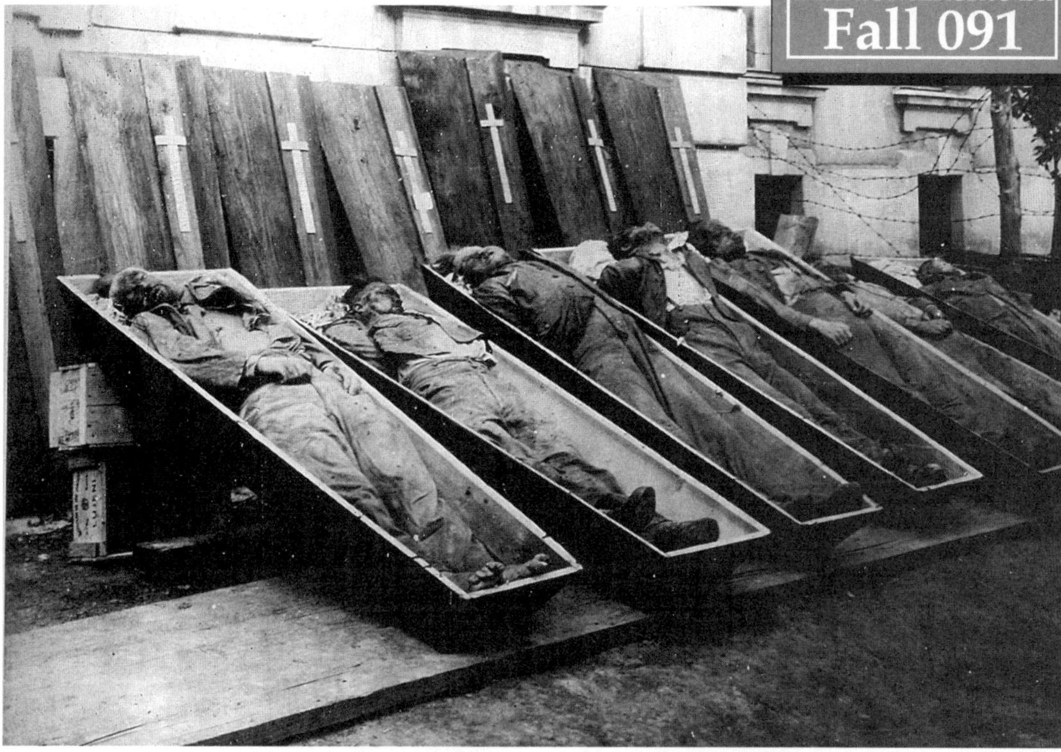

Die aufgebahrten sieben Toten, die am zweiten Tag gefunden worden waren

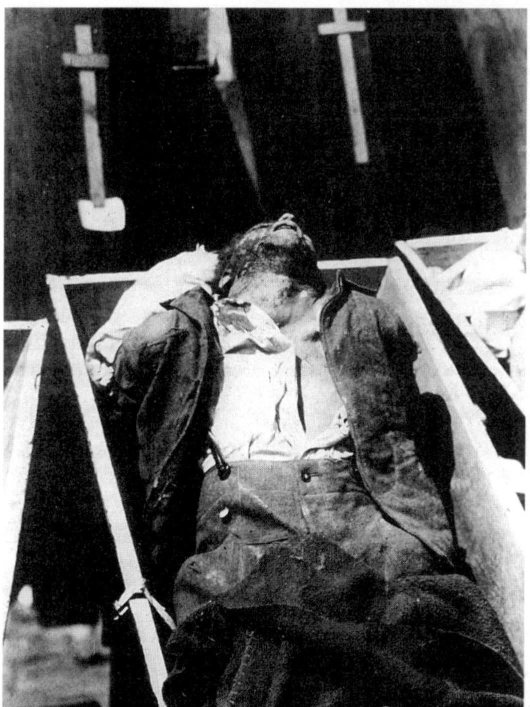

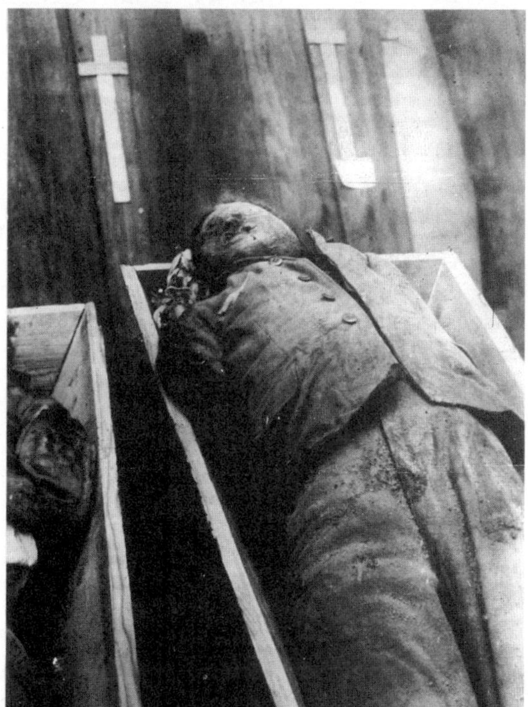

Leichen mit auf dem Rücken gefesselten Händen

SS- und Polizeigericht VI
Krakau
AL 6/42

Krakau, den 22. Januar 1942
Oleanderstraße 4
Fernsprecher 13425 Dr. Ja/D

Gegenwärtig:
1. SS-Untersturmführer d. R. Dr. Jansen, SS-Hilfsrichter
2. Dullien, Vertragsangestellte

In Sachen betreffend Auffindung von 10 verstümmelten Leichen deutscher Wehrmachtsangehöriger im Gefängnis in Tarnopol wurde im SS-Lazarett Krakau vernommen:

SS-Untersturmführer Lösken.

Lösken wurde mit dem Gegenstand der Vernehmung bekanntgemacht und auf die Bedeutung des Eides hingewiesen. Er erklärt:

1.) Zur Person: Ich heiße Wilhelm Lösken, bin 31 Jahre alt, gttgl., Untersturmführer – aktiv, bei 3./SS-Regt. „Nordland", z.Zt. SS-Lazarett in Krakau.

2.) Zur Sache: Ich führte seinerzeit den 1. Zug der 3. Komp. des SS-Regt. „Nordland". Wir hatten die Wachen für den Ort Tarnopol zu stellen. Ich hatte den Befehl, mit meinem Zuge den Ort selbst zu sichern. Von SS-Oberscharführer Mietz und Schnettler, die als Wachhabende im Gefängnis eingeteilt waren, erfuhr ich, daß dort eine große Anzahl verstümmelter Leichen von Ukrainern und auch von einigen deutschen Soldaten liegen sollten. Um mir die Dinge anzusehen, bin ich zum Gefängnis gefahren und habe mich selbst davon überzeugt, daß dort tatsächlich außer den ukrainischen Leichen auch 7 – sieben – Leichen von deutschen Soldaten lagen, die einwandfrei an den blauen Fliegerhemden und Hosen sowie an den graugrünen Infanteriehosen erkenntlich waren. Weiter konnte man am Haarschnitt erkennen, daß es sich um deutsche Soldaten handelte. Diese sieben Leichen hatten nämlich „gescheitelte Frisuren", während die ukrainischen Leichen das struppige oder kurzgeschnittene Haar der Russen oder Ukrainer hatten.

Die Leichen dieser Soldaten wiesen schwere Mißhandlungen auf. Ich erinnere mich mit Bestimmtheit, daß bei 2 – zwei – Leichen die Hände auf den Rücken gefesselt waren und zwar derart, daß sie nicht in den Sarg paßten. Ich ließ die Hände der Leichen durch Juden entfesseln.

Bei den meisten Leichen waren die Augen ausgestochen, die Zungen fast aller Leichen hingen unnatürlich weit aus dem Halse heraus und zwar soweit, daß unbedingt anzunehmen ist, daß sie ausgerissen worden sind. Fast sämtliche Leichen wiesen schwere Würgemale am Halse auf. Die Nägel an Händen und Füßen waren abgerissen: die Haut an Händen und Füßen hing in Fetzen herunter.

Einer der beiden genannten SS-Oberscharführer machte mir die Meldung, daß eine der deutschen Soldaten-Leichen als der Oberfeldwebel H., 8. Staffel 3. /K.G. 51 identifiziert worden sei. Er sei von einem anderen Soldaten erkannt worden.

Auf Befehl meines Kompanie-Chefs habe ich dann für die Einsargung der 7 Leichen, sowie für ihre Überführung und Beerdigung mit militärischen Ehren durch meinen Zug Sorge getragen.

Sie wurden auf dem „Südfriedhof" in Tarnopol in einem gemeinsamen Grabe beigesetzt.

Auf Befragen: Bei dem in der Vernehmung mehrfach genannten Gefängnis handelt es sich um das GPU-Haus.

vorgelesen und genehmigt.

Vermerk: Da SS-Untersturmführer Lösken wegen einer Granatsplitterverletzung am rechten Ellenbogen das Vernehmungsprotokoll selbst zu unterzeichnen nicht in der Lage ist, mußte die Unterschrift unterbleiben.

Er wurde auf seine Aussage vereidigt. gez. Dullien, Vertragsangestellte,
gez. Dr. Jansen, SS-Untersturmführer, SS-Hilfsrichter, Beglaubigt: Sekretär

Fall 092

Beim Vormarsch auf Klimowitschi am 9. August 1941 sah der Gefreite Rolfs (Stab 1./Flak-Abteilung 94) sieben deutsche Infanteristen liegen, die gerade beerdigt werden sollten; sie hatten keine Röcke mehr an. Vieren von ihnen war der Leib aufgeschnitten, und zwar je mit zwei Kreuzschnitten. Die Gedärme waren hervorgetreten. Es handelte sich um Angehörige eines Stoßtrupps, die den Russen in die Hände gefallen und von ihnen ermordet worden waren.

Fall 093

Im Juli 1941 fand der Obergefreite Bialek etwa 35 Kilometer südlich Dünaburg an dem Türpfosten eines Hauses einen deutschen Soldaten, der an den Füßen aufgehängt und völlig nackt war. Der Leib war aufgeschlitzt, das Gedärm hing heraus. In einem Zimmer des Hauses lagen weitere unbekleidete Leichen. In diesem Hause war die B-Stelle einer Artillerieformation untergebracht gewesen, die von den Russen überfallen worden war. Auch die im Zimmer liegenden Leute waren verstümmelt.

Fall 094

Am 14. Juli 1941 wurden bei Gomel der Zugführer der 11. Kompanie des Infanterieregiments 510 und zehn seiner Leute im Gefecht verwundet. Der Leutnant Fischer kam etwa zwei Stunden später mit Verstärkungen heran und fand die elf Verwundeten grausam verstümmelt vor: dem Oberleutnant (Zugführer) war der Leib aufgeschlitzt und die Waden aufgeschlagen, einem Soldaten die Augen ausgestochen, einem anderen das Gesicht zerschlagen, einem weiteren das eigene Seitengewehr in die Gurgel gestoßen. Auch andere Tote der 11. Kompanie lagen verstümmelt im Gelände.

Fall 095

Ende November 1941 wurde der tags zuvor durch Gewehrschuß verwundete Leutnant R. von einem Suchtrupp in der Nähe des Dorfes Trojanowo westlich Serpuchow ermordet aufgefunden. Man hatte ihm den Schädel eingeschlagen und einen Bajonettstich in die Halsschlagader versetzt.

Fall 096

Leutnant Peterhänsel berichtet über die Tötung eines vorher durch Bauchschuß verwundeten deutschen Infanteristen seitens russischer Truppen am 13. Dezember 1941 in einem Waldgelände südlich von Kalinin.

Fall 097

In der Nähe von Saredsche (hinter Pleskau) wurde im August 1941 die Formation, der der Unteroffizier Buchholz vom Infanterieregiment 410 angehörte, von einer

Nachrichtenabteilung zu Hilfe gerufen. Als der Hilfstrupp herankam, lagen etwa 80 tote deutsche Soldaten in einem Graben. Sie waren sämtlich grauenhaft verstümmelt.

Vielen waren die Köpfe, offenbar mit Sensen, abgeschlagen. Die Sensen lagen noch an Ort und Stelle. Vielen der Toten waren die Finger abgeschnitten, anderen die Augen ausgestochen. Die Offiziere lagen sämtlich nackt da. Alle Leichen waren ausgeplündert, insbesondere Uhren, Ringe und Geld geraubt. Der einzige Überlebende des Gemetzels, ein Unteroffizier, berichtete, daß es sich um Angehörige eines Korps-Nachrichtentrupps handelte, die eine Leitung zu bauen und angenommen hatten, daß die Gegend feindfrei sei. Bei plötzlichem Feuerüberfall hatten sie sich in den Graben geworfen, um Deckung zu suchen, und waren dort getötet und verstümmelt worden.

Fall 098

Beim Vormarsch auf Leningrad, etwa 80 km nordöstlich Strugi-Krasnije, hatte im Abschnitt der 269. Division im August 1941 eine SS-Einheit ein Waldstück aufgeben müssen. Es wurde von einer anderen Formation zurückerobert. Dabei fand man alle Verwundeten der SS-Formation tot und verstümmelt vor. Allen waren die Schädel eingeschlagen, vielen außerdem mit dem Bajonett der Leib aufgeschlitzt, der Hals durchschnitten, anderen die Augen ausgestochen und die Geschlechtsteile abgeschnitten.

Beim Vormarsch auf Moskau im Oktober 1941 wurden in der Gegend von Prisselje (Wjasma-Kessel) die Angehörigen einer Nachrichten-Kompanie unerwartet von russischer Übermacht angegriffen. Alle 124 Mann wurden von den Russen niedergemacht. Sie wiesen grauenhafte Verstümmelungen auf: die Schädel waren zerschlagen, die Körper völlig zerstochen und zerschlitzt.

Fall 099

In ähnlicher Weise wurden bei Kiew im September 1941 vier Mann eines Panzerspähtrupps mißhandelt und getötet. Den vier Männern waren die Augen ausgestochen sowie die Gesichter und die Körper durch Schlagverletzungen und in anderer Weise aufs schwerste verstümmelt.

Fall 100

Der Schütze Suikowski (Infanterieregiment 18) fand Anfang Dezember 1941 als Krankenträger in einem Dorf bei Kalinin einen am Tage zuvor verwundeten Kameraden seiner Kompanie tot auf. Außer der am Vortag erlittenen Verwundung hatte er einen Schnitt an der linken Halsseite; außerdem war ihm der Ringfinger der rechten Hand abgeschnitten.

Fall 101

Der Gefreite Wenk sah Anfang Dezember 1941 in der Nähe der Stadt Klin (zwischen Kalinin und Moskau) auf dem Marsch einen toten deutschen Soldaten, dem die Geschlechtsteile abgeschnitten waren.

Fall 102

Gefreiter Strobel vom Sturmboot-Kommando 906 berichtet eidlich über die Ermordung von fünf Kameraden, die südlich Reval verwundet in russische Hände gefallen waren. Sie wurden mit Seitengewehrstichen in Kopf und Hals aufgefunden. Die Leichen waren geplündert worden.

Fall 103

Am 29. Juni 1941 beobachtete der Feldwebel Baumhauer in der Gegend von Pienieazkie (westlich Warschau), wie einem wehrlosen deutschen Infanteristen, der sich ergeben hatte, von einem Russen der Hals durchgeschnitten wurde.

Fall 104

Leutnant Engelbrecht vom Artillerieregiment 29 (mot) fand am 30. Juni 1941 die Leichen des Obergefreiten W. und des Kanoniers B. nördlich der Straße Zelwa-Slonim bei Punkt 502. Beide waren verwundet gewesen und dann von den Russen durch Bajonettstiche in das Gesicht bzw. in den Körper getötet worden. Die Leiche des Kanoniers B. wies auch Stiche in die Geschlechtsteile auf.

Fall 105

Die Meldung des Majors Lenz (III./Infanterieregiment 164) vom 29. September 1941 und die Aussagen von weiteren Zeugen beweisen die Ermordung von mindestens 32 verwundeten Soldaten des III. Bataillons des Infanterieregiments 164 bei dem Dorfe Baryschewka ostwärts Kiew am 23. September 1941.

Dokumente zu Fall 105

III. Bataillon
Infanterieregiment 164

Btl. Gef. Std., den 29. September 1941

Dem Regiment

Betr.: Greueltaten der Bolschewisten

Über vollführte Greueltaten der Bolschewisten während [der Kämpfe] und nach den Kämpfen am 23.9.41 bei Baryschewka melde ich folgendes:

Die Leichen nachstehender Angehöriger des III. Btl. wiesen, außer tödlichen oder sie außer Gefecht setzenden schweren Schußverletzungen, noch nachstehende Verletzungen auf:

1.)	Uffz.	F., Walter	9. Kp.	zerschlagener Schädel
2.)	Schtz.	W., Hans	9. Kp.	Stichwunden im Hals
3.)	Uffz.	G., Robert	9. Kp.	zerschlagener Hinterkopf
4.)	Gefr.	V., Josef	9. Kp.	verbrannt (der Kampf selbst fand im Sumpf statt)
5.)	Gefr.	K., Ernst	9. Kp.	Stiche in linker Körperseite und zerschlagener Schädel
6.)	Gefr.	K., Johann	9. Kp.	Augen ausgestochen, Stiche im Kopf
7.)	Gefr.	J., Edmund	9. Kp.	gefesselte, völlig zerstochene Hände
8.)	Schtz.	B., Edmund	9. Kp.	gefesselte, völlig zerstochene Hände
9.)	Schtz.	Th., Kurt	9. Kp.	zerstochener linker Arm
10.)	Uffz.	N., Bernhard	9. Kp.	Stiche im Rücken
11.)	Gefr.	G., Johann	9. Kp.	zerstochener Kopf, ausgestochene Augen
12.)	Gefr.	G., Gustav	10. Kp.	Stiche im Kopf, Nase abgeschnitten
13.)	Schtz.	J., Georg	10. Kp.	Stiche im Kopf, Nase abgeschnitten
14.)	Gefr.	J., Rudolf	10. Kp.	eingeschlagener Schädel
15.)	Gefr.	J., Johann	10. Kp.	Stiche in Hals und Leib
16.)	Gefr.	K., Josef	10. Kp.	eingeschlagener Schädel
17.)	Ob.Gefr.	L., Albin	10. Kp.	eingeschlagener Schädel, Stiche am ganzen Körper
18.)	Gefr.	M., Otto	10. Kp.	Schnittwunden in Gesicht und Brust, blauangelaufene Schlagstellen am ganzen Körper
19.)	Gefr.	Ph., Reinh.	10. Kp.	Stiche in Hals und Gesicht, Augen ausgestochen
20.)	Gefr.	R., Johann	10. Kp.	Stiche im Kopf, Augen ausgestochen
21.)	Gefr.	Th., Wilhelm	10. Kp.	Stich- und Schlagwunden am Kopf
22.)	Gefr.	W., Heinrich	10. Kp.	eingeschlagener Schädel
23.)	Feldw.	M.,	11. Kp.	zertrümmerter Schädel
24.)	Ob.fw.	K.,	11. Kp.	Stiche im Kopf
25.)	Gefr.	Graf von G.,	11. Kp.	zertrümmerter Schädel
26.)	Gefr.	S., Gerhard	11. Kp.	Stiche im Kopf
27.)	Gefr.	B.,	11. Kp.	zertrümmerter Schädel
28.)	Gefr.	R.,	11. Kp.	zertrümmerter Schädel
29.)	Gefr.	W.,	11. Kp.	Stiche in Leib und Hals
30.)	Gefr.	S.,	11. Kp.	ausgestochene Augen, zermalmte Hände
31.)	Schtz.	Sch.,	11. Kp.	Stiche im Gesicht
32.)	Schtz.	G., Alois	12. Kp.	ausgestochene Augen

Nicht enthalten sind in obiger Aufstellung diejenigen Leichen, die Stich- und Schlagwunden, aber keine oder nur leichte Schußverletzungen aufwiesen, und wobei die Möglichkeit des Nahkampfes bestand.

Oberfeldwebel Eberhard Kraft, 10. Kp., verwundet abtransportiert, hat nach seinen Aussagen gesehen, wie Verwundete, die sich ergaben, ermordet wurden.

Gefreiter Herbert Moch, 9. Kp., fiel verwundet in Gefangenschaft und berichtete nach seiner Rückkehr, daß verwundete deutsche Soldaten, die in Gefangenschaft geraten waren, erschossen wurden. Oberfeldwebel Kraft und Gefr. Moch sind über den Tr.Verbandsplatz des III./I.R. 164 nach dem Hauptverbandsplatz 1./162 gebracht worden.

Ich halte es für angebracht, die beiden Vorgenannten verantwortlich zu vernehmen.

Die Häufigkeit der in einem kleinen Abschnitt und an einem Tage aufgetretenen Verstümmelungen läßt deutlich Vorbedacht und Absicht erkennen. Alle Leichen, auch die hier nicht aufgeführten, waren der Wertgegenstände beraubt.

Insgesamt werden noch 35 Soldaten des III./I.R. 164 vermißt.

Von der überwiegenden Mehrzahl oben angeführter Verstümmelungen habe ich mich selbst überzeugt.

gez. Lenz, Major, Beglaubigt: Sekretär

Bilddokument zu Fall 105

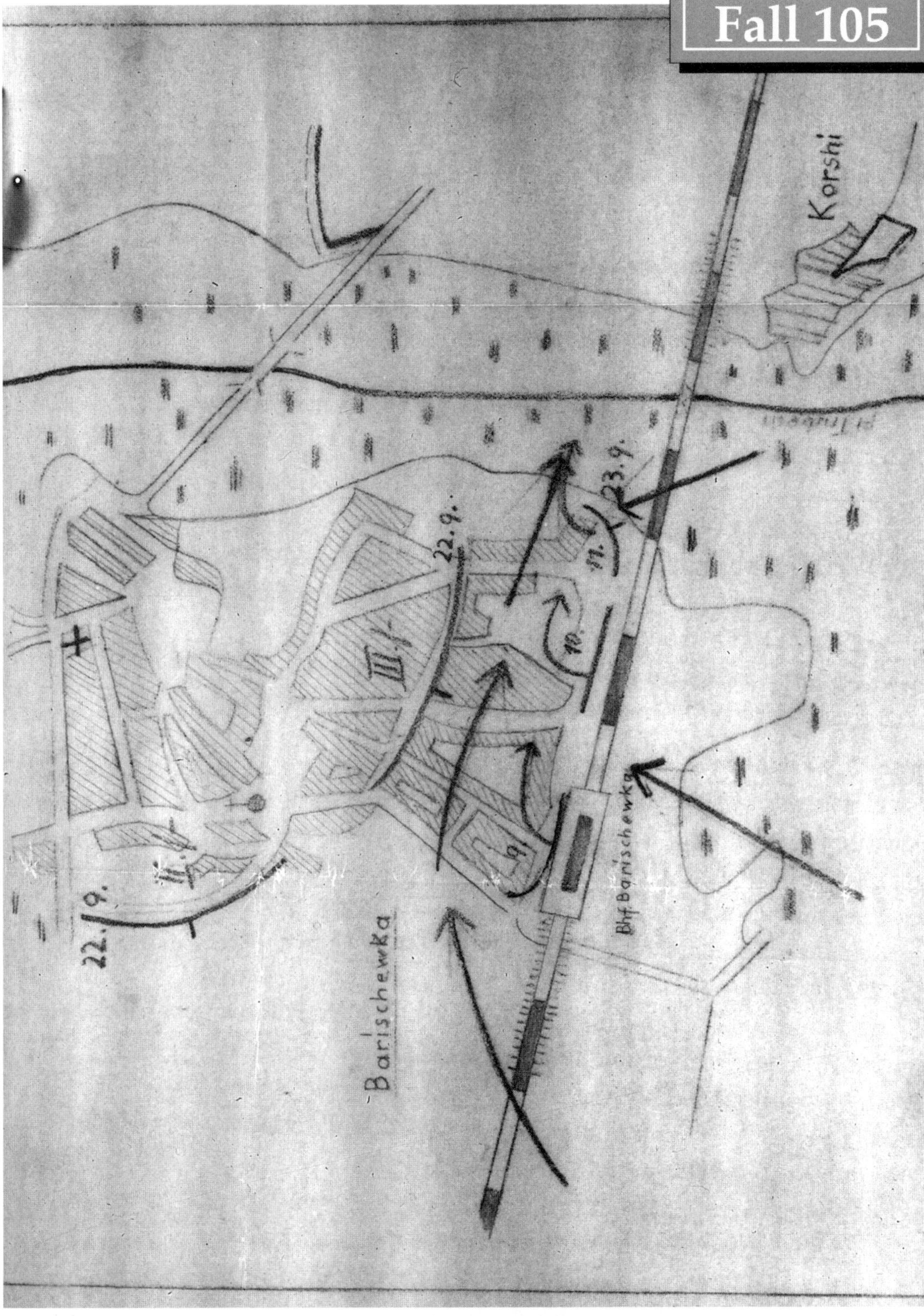

Gefechtsskizze des hart umkämpften Bahndamms bei Baryschewka. Die im Sumpf in russische Gefangenschaft geratenen deutschen Soldaten wurden beraubt und brutal erschlagen

Gericht der 62. Inf. Div. **Div. Stabsquartier, den 1. Dezember 1941**
AL 104/41

Gegenwärtig: 1. Feldkriegsgerichtsrat Dr. Witaschek
2. Uffz. Hendriock als Protokollführer allgem. verpflichtet

Es erschien der Feldwebel Grosche, Stab III./Inf.Rgt. 164 und erklärt, nachdem er mit dem Gegenstand der Vernehmung bekanntgemacht, zur Angabe der Wahrheit ermahnt und auf die Bedeutung des Eides hingewiesen war, folgendes:

1. Zeuge:

Ich heiße Dr. Rudolf Grosche, Feldwebel, seit dem 1.7.1940 Soldat (vor Ausbruch des Krieges 2 Übungen), seit dem 1.6.1941 bei dem III./I.R. 164, evangelisch, von Beruf Legationssekretär (fr. Gerichtsassessor).

Dem Zeugen wurde zunächst seine zu Protokoll des III./I.R. 164 am 25.10.1941 gemachte Aussage, in der im folgenden wiedergegebenen Übertragung, vorgelesen.

„Am 22.9.1941 gegen 18 Uhr erhielt das III./I.R. 164 den Befehl, den Südteil des an diesem Tage heiß umkämpften Ortes Baryschewka bis zum Bahndamm zu nehmen. Nach Feuerunterstützung durch die Nebelwerferabteilung II/54 trat III./I.R. 164 um 19 Uhr, nach Einbruch der Dunkelheit, mit 9. und 10. Kompanie und unterstellten Teilen der 12. und 14. Kompanie zum Angriff an und erreichte unter Führung des Batl.-Kommandeurs das befohlene Angriffsziel Bahndamm Baryschewka. Beim Vorgehen wurden trotz der Dunkelheit etwa 25 Gefangene gemacht, so daß angenommen werden mußte, daß der Südteil von Baryschewka nicht gesäubert sei.

Am 23.9.41 wurde [die] 11. Kompanie bis zum Bahndamm nachgezogen und verlängerte die nach Süden gerichtete Front des Batl. nach links.

9. Kompanie und 10./I.R. 164 meldeten um 5.15 Uhr bzw. 6 Uhr feindliche Kräfte in der linken Flanke und im Rücken.

Ein Angriff aus der linken Flanke wurde abgeschlagen; den Russen gelang es jedoch, mit stark überlegenen Kräften in der zwischen III. und II./I.R. 164 klaffenden Lücke durchzubrechen und mit starken Kräften in den Rücken des III. Batl. zu kommen. Versuche des I. Batl., den eingebrochenen Feind zurückzuwerfen, scheiterten. Ab 9 Uhr sahen sich deshalb die Kompanien des III./- gezwungen, [dem] sie umfassenden Feind auszuweichen. Einigen wenigen Teilen gelang es noch rechtzeitig, bis in die Mitte des Ortes Baryschewka sich zurückzuziehen, die Masse des Batl. wurde im Rücken umgangen und abgeschnitten. Als letzter Ausweg blieb vielen [nur] der im Osten [sich] an den Abschnitt anschließende, z.T. mehrere Meter tiefe Sumpf; in dem eine große Anzahl ertrunken ist.

Versuche, die eingeschlossenen Teile des Batl. zu befreien, scheiterten. Um 10.48 Uhr erhielt das Batl. den ersten und um 13.45 Uhr den zweiten Befehl durch das Regt., sich vom Feinde zu lösen. Das Batl. wich befehlsgemäß nach Passeschna aus. Am folgenden Tage wurde das Gebiet am Bahndamm Baryschewka zurückerobert von anderen Teilen der Division. Es ergab sich nunmehr die Möglichkeit, die gefallenen Kameraden, soweit sie in dem sumpfigen Gelände aufgefunden werden konnten, zu bestatten. Das Batl. hatte an Ausfällen am 23.9.41: gefallen 92, verwundet 32, vermißt 26, insgesamt 150 Ausfälle.

Bei der Bestattung der Gefallenen stellte sich heraus, daß eine große Anzahl Verstümmelungen aufwies. Ich habe mich selbst bei der Aufbahrung der Gefallenen [auf dem] im Nordostteil [von] Baryschewka angelegten Kriegerfriedhof davon überzeugt. Der Armeeführer, Generalfeldmarschall von Reichenau, hat seinem am 26.9. in Baryschewka stattgefundenen Besuch die verstümmelten Angehörigen des III. Batl. in Augenschein genommen.

Die Bergung der Leichen und die Bestattung auf dem Kriegerfriedhof erfolgte durch die damaligen Hauptfeldwebel der einzelnen Kompanien nach meinen Anweisungen. Ich wurde hierbei unterstützt durch Feldwebel Stolpe, damals Stab III. Batl., heute 12. Kompanie.

Außer den 4 Hauptfeldwebeln wird von jeder Kompanie je ein Angehöriger, der an den Kämpfen am Bahndamm in Baryschewka teilgenommen hat, über die Kampfesweise der Russen Aussagen machen."

Er erklärte:

Die mir vorgelesene Niederschrift ist richtig. Ich mache sie vollinhaltlich zum Gegenstand meiner heutigen Aussage. Ich füge noch folgendes hinzu:

Ich war während des Einsatzes in Rußland nacheinander bei der 9., 10. und 11./I.R. 164. Etwa Ende Juli 1941 kam ich dann zum Stab III./I.R. 164. Deshalb kannte ich von den Toten, die das Batl. in den Kämpfen um Baryschewka hatte, verschiedene Soldaten persönlich. Da ich damals als Ordonnanzoffizier zugleich auch Gräberoffizier des Batl. war, habe ich mir die in Baryschewka geborgenen und zur Beerdigung bereitgelegten Leichen der Angehörigen des Batl. angesehen. Dabei bin ich kritisch vorgegangen, um nicht etwa Verletzungen, die durch Hieb- oder Stichwunden im Handgemenge entstanden sein konnten, ohne weiteres als Greueltaten anzusprechen. Desgleichen habe ich bei der von mir auf Ersuchen des Gerichts getätigten Vernehmung der als Zeugen für Greueltaten der Russen in Frage kommenden Soldaten jeden Zeugen darauf hingewiesen, daß nicht jede im ersten Augenblick besonders auffallende Verletzung bald als Greueltat angesehen werden dürfte. In diesem Zusammenhang möchte ich auf folgendes hinweisen: Auch der Herr Generalfeldmarschall von Reichenau hatte zunächst vor Besichtigung der am Tage seines Besuchs an der Stelle des Friedhofs zur Beerdigung zusammengetragenen Toten darauf hingewiesen, daß bei der Beurteilung von Greueltaten eine gewisse Vorsicht am Platze sei. Als er dann aber selber die dort liegenden etwa 50 Toten in Augenschein genommen hatte, bemerkte er, daß es sich hier doch nicht um Kampfesverletzungen, sondern um Greueltaten handelte.

Aus eigener Erfahrung und aus Berichten der Kampfesteilnehmer kann ich übrigens sagen, daß es am 23.9.1941, welcher Tag in diesem Zusammenhang hauptsächlich eine Rolle spielt, zu einem Handgemenge mit den Russen überhaupt nicht gekommen ist. Ich selber habe mir die Toten vor der Bestattung angesehen und bin dabei zu der Überzeugung gelangt, daß die Verletzungen nicht im Augenblick des Kampfes, sondern nachher entstanden sein müßten. Ich bin der Ansicht, daß die betreffenden Soldaten im Sumpf sich nicht zur Wehr setzen konnten und deshalb einen Widerstand aufgegeben haben. Aus Berichten von Angehörigen des Batl., die damals zurückgekommen sind, war zu entnehmen, daß die im Sumpf steckenden Soldaten des Batl. das Aufgeben eines Widerstandes gegenüber der russischen Übermacht durch Aufheben der Hände angezeigt haben. Bei der Durchsicht der Toten sind mir insbesondere einige aufgefallen, die ich auf Grund meiner früheren Kompaniezugehörigkeit selber kannte. So hatte der Gefreite Graf G., 11./I.R. 164, den Schädel eingeschlagen. Auch dessen Verletzung habe ich als eine Greueltat angesehen. Weiter sah ich den Gefreiten G., 11./I.R. 164, der die Augen ausgestochen hatte. Der mir ebenfalls bekannte Oberfeldwebel K., 11./I.R. 164, wies Stichverletzungen an Hals, Kopf und Gesicht auf, die nach meiner Ansicht ebenfalls nicht im Augenblick des Kampfes beigebracht worden sein konnten. Zurückgelangte Soldaten hatten insbesondere berichtet, daß K. nach Aufgeben des Widerstandes im Sumpf unverwundet, waffenlos [und] mit erhobenen Händen auf die Russen zugegangen war. An andere, einzelne Soldaten, insbesondere an deren Verletzungen im einzelnen, kann ich mich heute nicht mehr entsinnen. Ich hätte im übrigen genauere Angaben in dieser Hinsicht auch nicht machen können, wenn ich verhältnismäßig kurze Zeit nach diesem Erlebnis vernommen worden wäre. Bei der Fülle der greulichen Eindrücke hätte ich damals spezialisierte Angaben aus dem Gedächtnis bzgl. der Verletzungen der vielen einzelnen Soldaten nicht machen können. Der Gesamteindruck, den ich damals bei Besichtigung der vielen Toten gewonnen habe, ist der: Wenn auch einzelne der damals besichtigten Verletzungen durch Schüsse auf nahe Entfernung hervorgerufen sein mochten und auch ein Teil der übrigen Verletzungen vielleicht die Folgen von Nahkämpfen waren, so mußte doch der erheblich größte Teil aller Verletzungen von den Russen nach Einstellung der Kampfhandlungen beigebracht worden sein.

v. g. u. und selbst gelesen, gez. Dr. Rudolf Grosche Fw.
Der Zeuge leistete den Zeugeneid.

Es erschien der Zeuge Unteroffizier Hajok und erklärt, nachdem er mit dem Gegenstand der Vernehmung bekanntgemacht, zur Angabe der Wahrheit ermahnt und auf die Bedeutung des Eides hingewiesen war, folgendes:

2. Zeuge:

Ich heiße Josef Hajok, geboren 6.11.1914 in Gleiwitz O./S., von November 1935 bis Oktober 1937 aktiv gedient, seit 1.9.1939 wieder im Heeresdienst. Bis zum 15. Oktober 1941 bei der 9./I.R. 164, seitdem bei der 11. Kompanie, gottgläubig, im Zivilberuf Kaufmann.

Dem Zeugen wurde zunächst seine Aussage vom 25.10.1941 zu Protokoll des III./I.R. 164, in der im folgenden wiedergegebenen Übertragung, vorgelesen.

„Ich war am 23./24.9.41 Hauptfeldw.-Diensttuer der 9. Kp. und stellte befehlsgemäß zur Bergung der gefallenen Kameraden ein Bergungskommando zusammen. An den Kämpfen selbst habe ich nicht teilgenommen. Von den Angehörigen der 9. Kp. fanden wir in der Zeit vom 25.9. bis 1.10.41 folgende Kameraden, die Verstümmelungen aufwiesen:

1.	Uffz.	G., Robert	Schlag am lk. Hinterkopf,
2.	Uffz.	N.	Bajonettstich am Rücken,
3.	Gefr.	G.	Kopf durchstochen,
4.	Gefr.	V.	verbrannt,
5.	Gefr.	K.	Stich an der linken Körperseite und Schlag am Kopf,
6.	Gefr.	K.	Stich im Kopf und Augen ausgestochen,
7.	Gefr.	J.	Bajonettstiche in Brust, Hals und rechte Hand,
8.	Schtz.	W., Hans	Bajonettstiche im Hals,
9.	Schtz.	B.	Hand zerstochen, 3 Stiche,
10.	Schtz.	Th.	linker Arm 2 Bajonettstiche.

Zu den einzelnen Verstümmelungen kann ich folgende näheren Angaben machen:

Zu Gefr. G.: G. wies einen Herzschuß auf, der offenbar zu seinem sofortigen Tod geführt hat. Außerdem wies er Stichverletzungen am Kopf auf, die mit seinem neben ihm liegenden, aus der Scheide herausgezogenen Seitengewehr beigebracht worden sind. Ich schließe dies daraus, da G.s Kopfwunden nicht mehr geblutet haben, also offenbar bereits vorher durch den eingetretenen Tod das Blut geronnen war.

Zu Gefr. J.: J. hatte schwerverwundet beim Zurückgehen (Bauchschuß) liegengelassen werden müssen. Bei Bergung wies die Leiche die oben angegebenen Verletzungen auf. Das Seitengewehr des Gefr. J. lag aus der Scheide gezogen neben ihm, es war, wie ich mich genau entsinnen kann, noch blutbefleckt. Ich bin bereit, meine Aussagen unter Eid zu wiederholen."

Er erklärte: Die mir vorgelesene Aussage ist richtig. Ich mache sie daher vollinhaltlich auch zum Gegenstand meiner heutigen Vernehmung. Ich habe mich damals selber bei der Bergung der Toten aus dem Sumpfe bei Baryschewka mit beteiligt. Bei meiner damaligen Vernehmung bin ich von Feldwebel Grosche auch darauf hingewiesen worden, daß bei der Frage, ob eine gewissen Verletzung eine Greueltat sei, eine gewisse Vorsicht am Platze ist und daß solche Verletzungen, die im Nahkampf oder im Handgemenge entstehen, nicht als Greueltaten angesehen werden können. Vor der Beerdigung haben wir auch bei jedem Toten eingehend geprüft, woran er gestorben sein konnte. Die in meiner früheren Vernehmung aufgeführten Zeugen waren mir als Angehörige der 9. Kp. sämtlich bekannt. Außer den Verletzungen, die bei den genannten Soldaten in meiner früheren Vernehmung angegeben sind, wiesen die genannten Toten alle noch andere Verletzungen auf, von denen ein Teil vielleicht durch Kampfhandlungen hervorgerufen worden sein mochten. Dagegen waren die einzeln aufgeführten Verletzungen nach meiner Ansicht keine Kampfhandlungen; denn nach den Berichten von Kampfesteilnehmern ist es damals am und im Sumpf von Baryschewka zu einem Handgemenge nicht gekommen. Wie ich von Augenzeugen damals gehört habe, mußte der Gefreite V. mit einer schweren Verletzung von der zurückgehenden Kompanie liegengelassen werden. Er soll dann nach den Berichten von Kampfesteilnehmern – nähere Angaben kann ich hierüber heute nicht mehr machen – von den Russen an ein Haus herangeschleppt worden sein, welches – vermutlich durch Brandanlegung seitens der Russen – dann in Flammen aufgegangen ist.

Ich habe mir damals auch die zu anderen Kompanien gehörenden Toten vor der Beerdigung in Baryschewka angesehen. Dabei bin ich jedenfalls zu der Überzeugung gelangt, daß der größte Teil ihrer Verletzungen als Greueltaten anzusehen waren. So wies z.B. der mir persönlich bekannte Feldwebel M., 11. Kp., einen eingeschlagenen Hinterschädel auf. Auch das war m.E. keine Kampfesverletzung, weil sie ja nach Abnahme des Stahlhelms beigebracht worden sein mußte. Besonders auffallend war die Verletzung eines Angehörigen der 12. Kp., der eine ganze Anzahl von Stichen im Unterleib aufwies.

v. g. u. und selbst gelesen, gez. Josef Hajok Uffz.
Der Zeuge leistete den Zeugeneid.

[...]

4. Zeuge: Es erschien der Zeuge Unteroffizier Grun, Roman, geboren am 24.4.04 in Tarnowitz O./S. kath., nach drei Vorkriegsübungen Soldat, seit 26.8.1939, Uffz. seit Mai 1940, jetzt bei der 9./I.R. 164, von Beruf zuletzt Gendarmeriewachtmeister.

Dem Zeugen wurde zunächst seine Aussage vom 25.10.41, zu Protokoll des III./I.R. 164, in der im folgenden wörtlich wiedergegebenen Übertragung vorgelesen.

„Ich habe an den Kämpfen am Bahndamm in Baryschewka teilgenommen. Gegen 9 Uhr mußte sich die Kompanie unter dem starken Druck der in den Rücken der Kompanie gelangten Russen zurückziehen. Wir wichen zunächst mit unserem Zuge nach Osten und später nach Norden aus. Als wir in den Sumpf gekommen waren, waren die Russen so nahe an uns herangekommen, daß ich nicht mehr hoffen konnte, ihnen zu entgehen. Ich legte mich hinter einen Baumstumpf; die Russen zogen auch zunächst an mir vorbei. Ich stand wieder auf und versuchte, den Russen zu entkommen. Ich traf hierbei den schwerverwundeten Kameraden Gefr. J., den ich liegenlassen mußte. Die Russen kehrten jedoch zurück, ich versuchte, mich tot zu stellen, ein Russe trat jedoch an mich heran und stellte fest, daß ich noch lebte. Er forderte mich auf, ihm zu folgen; ich konnte die russische Aufforderung verstehen, da ich polnisch spreche. Der russische Offizier sagte mir dem Sinne nach, ich solle ihm folgen, sie wollten mir jetzt etwas zeigen. In meiner unmittelbaren Nähe befanden sich etwa 15 bis 20 Russen, die von einem Offizier geführt wurden. Wir gingen nunmehr zu den einzelnen dort liegenden deutschen verwundeten und unverwundeten Kameraden. Es mögen etwa 10 bis 12 gewesen sein, darunter zwei unverwundete. Die Unverwundeten hoben die Hände, Waffen hatten sie bereits vorher wegwerfen müssen oder im Sumpf verloren. Die Russen forderten die Deutschen auf, ihnen ihre Wertgegenstände zu geben mit folgenden Worten: ‚Tscho dej!' Was dem Sinne nach etwa heißt: ‚Was hast Du zu bieten?' Die deutschen Kameraden händigten daraufhin den Russen ihre Wertgegenstände, wie Uhr, Geldbörsen aus. Anschließend wurden sie von den Russen erschossen und erstochen, obwohl sie, vor allem auch die Verwundeten, um ihr Leben baten. Ich stand bei dieser Exekution der Russen jeweils in unmittelbarer Nähe und mußte alles mit ansehen. Sobald die Russen einen der unseren erledigt hatten, brüllte die ganze Rotte ‚Hurräh'.

Später gelang es mir dann, mich der russischen Gefangenschaft zu entziehen.

Zu Nahkämpfen mit dem Bajonett, durch die es etwa zu Stichverletzungen hätte kommen können, ist es in meiner Gegenwart nirgends gekommen.

Am Vormittag, während ich mit den Russen durch den Sumpf ziehen mußte, rief einer der Russen dauernd die Worte ‚Kamerad Hilfe!' auf deutsch, so die Stimme eines deutschen Verwundeten nachahmend. Die Russen wollten hierdurch die weiter im Sumpf steckenden deutschen Kameraden veranlassen, sich zu melden und sich zu ergeben.

Ich bin bereit, die Aussagen unter Eid zu wiederholen."

Er erklärte:

Die mir vorgelesene Aussage ist richtig. Ich mache sie mir daher auch heute zu eigen. Berichtigen möchte ich sie dahin, daß der mich mitnehmende russische Offizier, soweit ich ihn verstanden habe, zu mir dem Sinne nach wohl gesagt hat, mit mir habe man etwas Besonderes vor. Was ich dann als erlebt bekundet habe, entspricht alles der Wahrheit. Allerdings habe ich mit eigenen Augen lediglich gesehen, wie zwei deutsche Soldaten stehend, obwohl sie ihre Hände aufgehoben hatten, erschossen wurden; wie die anderen Kameraden von den Russen getötet wurden, habe ich selber nicht gesehen. Außer diesen beiden Schüssen fielen aber von seiten der Russen um mich herum auch noch andere; außerdem hörte ich Wutschreie der Russen und Schmerzensschreie der deutschen Soldaten. Ich wagte mich nicht umzublicken, weil in meiner unmittelbaren Nähe der russische Offizier mit einer ganzen Anzahl seiner Leute stand. Auch schlugen Granaten zu dieser Zeit in der fraglichen Gegend ein. Die Russen schleppten mich dann in ziemlicher Eile vom Rande des Sumpfes weg über eine Wiese zu einem Hause am Rande der Dorfes. Vor diesem Wegschleppen war es aber bereits an der Stelle, an welcher sie unter Wutschreien Schüsse – nach meiner Ansicht auf unsere Kameraden – abgegeben hatten, stille geworden. Mir gelang es dann nach einem Granateinschlag in das oben bezeichnete Haus, aus diesem Hause zu entkommen. Ich mag vielleicht eine Stunde in der Hand der Russen gewesen sein. Nach meiner Annahme wollte wohl der eine Russe, der dauernd auf deutsch: „Kamerad Hilfe!" rief, wohl erreichen, daß sich weitere deutsche Soldaten aus dem Sumpfe zur Ergebung stellten.

Soweit ich beobachten konnte, haben die damals in den Sumpf gedrängten deutschen Soldaten ihre Waffen bald von sich getan, weil mit den Waffen in der Hand in dem tiefen Sumpf ein Vorwärtskommen nicht möglich war und an einen Widerstand in dieser Sachlage nicht zu denken war.

Ich habe nachher die aus dem Sumpf geborgenen Leichen auf dem Friedhof in Baryschewka liegen sehen. Ich war durch meine persönlichen Erlebnisse damals außerordentlich stark beeindruckt, so daß ich mir auf dem Friedhof lediglich ein Gesamtbild verschafft habe, ohne mir etwa, ins einzelne gehend, die verschiedenen Soldaten anzusehen. Da es im Sumpf zu einem Handgemenge nicht gekommen war und, wie bereits gesagt, die im Sumpf steckenden deutschen Soldaten beim Herankommen der Russen auch gar keine Waffen mehr hatten, muß man nach meiner Ansicht die an den Toten festgestellten Verletzungen als Greueltaten ansprechen.

Ich habe an den Toten verschiedentlich ausgestochene Augen, Bajonettstiche in der Brust, im Gesicht, im Kopf, ins Ohr hinein und Schädelzertrümmerungen gesehen.

v. g. u. und selbst gelesen, gez. Roman Grun

Der Zeuge leistete den Zeugeneid.

gez. Dr. Witaschek, gez. Hendriock, Uffz., Beglaubigt: Sekretär

Gericht der 62. Inf. Div. **Div. Stabsquartier, den 2. Dezember 1941**

Gegenwärtig: Feldkriegsgerichtsrat Dr. Witaschek,
als Protokollführer allgemein verpflichtet Gefreiter Münnich

[...]

2. Zeuge: Feldwebel Potyka. Nach Ermahnung zur Angabe der Wahrheit und nach Hinweis auf den zu leistenden Eid:

Ich heiße Viktor Potyka, geboren am 22.3.11. in Beuthen O./S.; kath., nach aktiver Dienstzeit seit dem 26.8.39 bei der 10./I.R. 164, Zivilberuf Arbeitsamtangestellter, seit 1.6.41 Feldwebel.

Dem Zeugen wurde zunächst seine Aussage vom 25.10.1941, zu Protokoll des III./I.R. 164, in der im folgenden wiedergegebenen Übertragung vorgelesen.

„An den Kämpfen selbst habe ich nicht teilgenommen. Ich war in der Zeit vom 23.9. bis 1.10.41 Hauptfeldwebel-Diensttuer der 10. Kp. und stellte befehlsgemäß zur Bergung der gefallenen Kameraden ein Bergungskommando zusammen. Von den Angehörigen der 10. Kp. fanden wir in der Zeit vom 25.9. bis 1.10.41 folgende Kameraden, die Verstümmelungen aufwiesen.

1.	Gefr.	G.	durch Bajonettstiche am Kopf, [an] Nase und Schläfe erstochen,
2.	Schtz.	J.	wie vor,
3.	Gefr.	J.	Brustschuß, Schädeldecke vermutlich mit Gewehrkolben eingeschlagen,
4.	Gefr.	J.	durch Bajonettstiche durch Hals und Bauch erstochen,
5.	Gefr.	K.	Kopfschuß, Schädeldecke vermutlich mit Gewehrkolben eingeschlagen,
6.	Obgefr.	L.	leichte Armverwundung, nach vermutl. Gefangennahme mit Gewehrkolben erschlagen und durch Bajonettstiche erstochen,
7.	Gefr.	M.	Herzschuß, Schnittwunden im Gesicht und [an] Brust, Körper durch Mißhandlung vollständig blau angelaufen,
8.	Gefr.	Ph.	durch Bajonettstiche im Hals und Gesicht erstochen,
9.	Gefr.	R.	Hüftschuß, Bajonettstiche im Kopf und Gesicht,
10.	Gefr.	Th.	Knieschuß, Hieb- und Stichwunden am Kopf,
11.	Gefr.	W.	Schädeldecke vermutl. mit Gewehrkolben eingeschlagen.

Bei den Gefr. G., J., J., Ph., W. habe ich keinerlei Schußverletzungen feststellen können, die ihren Tod herbeigeführt haben könnten.

Bei den Gefr. Th. und R. sind die Schußverletzungen so leichter Natur gewesen, daß dadurch ihr Tod nicht eintreten konnte. Der Gefr. Th. hatte einen Knieverband, den er sich vermutlich noch selbst angelegt hatte.

Der an den Kämpfen der 10. Kp. als Zugführer eingesetzte Oberfeldwebel Kraft, der damals verwundet wurde und sich z.Zt. im Lazarett befindet, hat mir bei seiner Rückkehr aus den Kämpfen um Baryschewka noch folgendes berichtet.

Er habe gesehen, wie die Russen den Gefreiten Leopold W., der im Sumpf sich verstecken wollte, aufgefunden und mit Fußtritten, vor allem in den Unterleib und dem Geschlechtsteil, mißhandelt haben. W. wurde später noch lebend geborgen, ist aber inzwischen seinen Verletzungen, ohne das Bewußtsein wiedererlangt zu haben, auf dem Verbandsplatz erlegen. Oberfeldwebel Kraft hat noch angegeben, daß der Gefreite W. vor Schmerzen so stark geschrien habe, daß er glaubte, W. habe seinen Verstand verloren."

Er erklärte darauf:

Meine mir vorgelesene Aussage vom 25.10.41 ist richtig. Ich mache sie daher auch heute zu der meinigen. Ich bemerke noch, daß ich als verstümmelt nur diejenigen Leute angegeben habe, an denen zweifelsfrei Greueltaten der Russen vorgenommen worden sind. Etwaige Verletzungen, die irgendwie im Nahkampf entstanden sein konnten, habe ich nicht mit angegeben.

v. g. u., gez. Viktor Potyka, Feldwebel
Der Zeuge leistete den Zeugeneid.

[...]

4. Zeuge: Feldwebel Smigelski. Nach Ermahnung zur Angabe der Wahrheit und nach Hinweis auf die Bedeutung des zu leistenden Eides.

Ich heiße Gottfried Smigelski, geboren am 5.5.1913 in Ratibor, kathl., nach Vorkriegsübungen wieder Soldat seit 26.8.39, seit 1.5.41 bei der 11./I.R. 164, seit 1.6.41 Feldwebel, Zivilberuf Kaufmann.

Dem Zeugen wurde zunächst seine Aussage vom 25.10.1941, zu Protokoll des III./I.R. 164, in der im folgenden wiedergegebenen Übertragung vorgelesen.

„Ich habe an den Kämpfen selbst nicht teilgenommen. In der Zeit vom 23.9. bis 1.10.1941 war ich Hauptfeldwebel-Diensttuer der 11. Kp. und stellte befehlsgemäß zur Bergung der gefallenen Kameraden ein Bergungskommando zusammen und habe mich selbst an den Bergungsarbeiten beteiligt. Von den Angehörigen der 11. Kp. fanden wir in der Zeit vom 25.9. bis 1.10.41 folgende Kameraden, die Verstümmelungen aufwiesen:

Feldwebel	M.	zertrümmerte Schädeldecke,
Oberfeldw.	K.	Bajonettstiche im Kopf,
Gefreiter	von G.	zertrümmerte Schädeldecke,
Gefreiter	S., Gerh.	Bajonettstiche am Kopf,
Gefreiter	B.	zertrümmerte Stirn,
Gefreiter	R.	zertrümmerte Schädeldecke,
Gefreiter	W.	Bajonettstiche im Bauch und Hals,
Gefreiter	G.	Stich oder Schlag ins linke Auge und verstümmelte Finger (wahrscheinl. b. Abwehr),
Schütze	Sch.	Bajonettstiche im Gesicht.

Die Verletzungen waren meist durch Bajonett oder Schläge mit einem stumpfen Gegenstand herbeigeführt worden; ich nehme an, daß sie in der Mehrzahl der Fälle mit dem Gewehrkolben beigebracht wurden."

Er erklärte darauf: Die mir vorgelesene Aussage ist richtig. Ich habe ihr nichts hinzuzufügen. Ich mache sie auch heute zu der meinigen.

v. g. u., gez. Gottfried Smigelksi, Feldw. Der Zeuge leistete den Zeugeneid.

[...]

6. Zeuge: Gefreiter Haberkamm. Nach Ermahnung zur Angabe der Wahrheit und nach Hinweis auf die Bedeutung des zu leistenden Eides:

Ich heiße Fritz Haberkamm, geboren 20.2.1914 in Gelsenkirchen, evgl., Stahlgießer, Soldat seit 14.2.40, seit 14.3.41 bei der 12./I.R. 164.

Ich habe bei der Bergung der toten Kameraden mitgewirkt. Bei der Bergung stießen wir auf den Gefreiten Kloss, 12. Kp., der verwundet war. Kloss berichtete uns, daß er gesehen habe, wie die Russen dem Gefreiten G. die Augen mit dem Bajonett ausgestochen hätten. Der Gefreite Kloss befindet sich z.Zt. im Lazarett; es ist bisher nicht bekannt, in welchem Lazarett er sich befindet.

v. g. u., gez. Fritz Haberkamm, Gefr.
Der Zeuge leistete den Zeugeneid.
gez. Dr. Witaschek, gez. Münnich, Gefr., Beglaubigt: Sekretär

Fall 106

Der Obergefreite Begenat schildert in seiner eidlichen Aussage vom 3. Februar 1942 die Auffindung der am 1. November 1941 bei der Ortschaft Jarylatsch am Westufer der Krim in russische Gefangenschaft geratenen Kanoniere V., W. und G., wie folgt:

„Am darauffolgenden Tage, Sonntag, den 2. November 1941, gingen wir gegen die Küstenbatterie vor, um sie zu nehmen. Unsere Abteilung nahm zunächst den Ort Jarylatsch, um der Batteriebesatzung den Weg abzuschneiden, und dann die russische Küstenbatteriestellung selbst. Es handelte sich um eine stark befestigte betonierte Stellung mit starken Bunkern und schwenkbaren, einbetonierten Geschützen; die Batteriestellung war bereits von den Russen geräumt, die Geschütze waren gesprengt. Wie wir später von Einwohnern erfuhren, war die Besatzung in der Nacht mit Hilfe eines Bootes auf das Schwarze Meer geflüchtet. Als ich, sowie die Unteroffiziere Eikenkötter und Simanek meiner Batterie, die sowjetrussische Batteriestellung näher untersuchten, fanden wir einen runden, brunnenartigen, ausgemauerten Schacht von etwa zweieinhalb Meter Durchmesser und etwa zwei bis drei Meter Tiefe, in dem eine Leiter stand. Auf dem Grund dieses Schachtes, der trocken war und kein Wasser enthielt, sahen wir schon von oben die kreuz und quer übereinanderliegenden Leichen von drei deutschen Soldaten. Alle lagen mit dem Gesicht nach unten, und zwei davon waren nur mit Unterwäsche, und zwar Hemd, Unterhosen und Strümpfen, bekleidet, während der dritte einen blauen Arbeitsanzug anhatte.

Ich stieg in den Schacht hinunter, drehte den obersten Toten um und erkannte sofort den Oberkanonier V. von meiner Batterie. Die beiden anderen Leichen wurden später von mir und den Unteroffizieren Eikenkötter und Simanek als die unserer beiden Kameraden W. und G. erkannt.

Die Körper der drei Toten wiesen auf den Rücken und Schenkeln blaue und rotunterlaufene Striemen, wie durch das Schlagen mit Peitschen oder Stöcken entstanden, auf. Bei dem Oberkanonier V. war der Schädel auf der einen Seite vollständig zertrümmert und geöffnet; in dem Schädel befand sich kein Gehirn mehr. Gehirnspritzer hatten wir schon oben vor der Schachtöffnung festgestellt. Der Schädel des V. war wie ausgelöffelt. Er war mit einem schweren stumpfen Gegenstand zerschlagen.

Die Leiche des Oberkanoniers W. wies noch Körpertemperatur auf, er ist offenbar zuletzt getötet worden. Die Oberkanoniere G. und V. waren schon leichenstarr. Das Gesicht des Oberkanoniers W. war völlig mit Blut unterlaufen; sein Schädel war auch zerschlagen. Auch der Kopf der Leiche von G. war zerschlagen. Ich persönlich habe an keiner der Leichen Schußverletzungen festgestellt. Ich und die beiden genannten Unteroffiziere Eikenkötter und Simanek waren aufgrund der getroffenen Feststellungen der Überzeugung, daß unsere drei von den Sowjetrussen gefangengenommenen Kameraden, Oberkanonier W., G. und V., mißhandelt und von den Sowjetrussen qualvoll ermordet worden sind."

Fall 107

Am 15. November 1941 wurden zwei Soldaten des Infanterieregiments 80 bei Tarotino an der Nara nach ihrer Gefangennahme auf Befehl einer russischen Dienststelle von zwei russischen Soldaten mit einer Maschinenpistole erschossen.

Fall 108

Am 24. Juli 1941 erhielt der Gefreite Rüdiger bei Smolensk, als er ohne Munition, verwundet und völlig wehrlos, am Boden lag, von einem russischen Kommissar aus einer Entfernung von etwa einem halben Meter eine Kugel unterhalb der rechten Schläfe. Das Geschoß ist ihm später operativ entfernt worden.

Fall 109

Im Juli 1941, bei den Kämpfen um Smolensk, blieben 28 Mann von der 12./Panzerpioniere 32 verwundet auf dem Kampffeld zurück, da die Kompanie von den Russen umgangen war und sich zurückziehen mußte. Am nächsten Tage, beim erneuten Vormarsch der Kompanie, wurden die 28 Verwundeten tot aufgefunden. Sie waren in der Zwischenzeit von den Russen durch Kolbenschläge auf die Schädel und durch Bajonettstiche ermordet worden. Die Verwundeten hatten vor der Ankunft der Russen versucht, ihre Wunden selbst zu verbinden, wie sich aus den deutschen Verbandpäckchen deutlich ergab.

Fall 110

Der Obergefreite Martin Wagner fand Ende Juni 1941 an einem Brückenkopf in der Gegend von Bialystok mehrere tote deutsche Soldaten, denen die Geschlechtsteile abgeschnitten worden waren. Sie gehörten einer Vorausabteilung an, die von den Russen umgangen war. Einem von ihnen waren auch die Augen ausgestochen. Mehreren anderen steckten die eigenen Seitengewehre im Körper.

Fall 111

Unteroffizier Plötzing von der 9./Infanterieregiment (mot) 8 sah am 18. oder 19. Juli 1941 bei Borosdina drei von fünf Kameraden, die tags zuvor seit einem Spähtruppunternehmen vermißt waren, tot in einem Waldstück liegen. Die drei Kameraden wiesen alle Anzeichen bestialischer Tötung auf: die Köpfe bzw. Gesichter waren durch Kolbenhiebe und auf andere Weise bis zur Unkenntlichkeit verstümmelt, dem Unteroffizier St. waren die Goldzähne ausgebrochen.

Fall 112

Leutnant Krügel und Leutnant Menzel sowie Oberleutnant Hartig, ferner Leutnant Olsinski, Hauptfeldwebel Raimund und Hauptfeldwebel Sieböck berichten eidlich über einen Fall schwerer russischer Greueltaten am 11. Juli 1941 bei Adamovka, denen mindestens neun wehrlose, im vorangegangenen Kampfe verwundete Soldaten der dort eingesetzten Pionierkompanien zum Opfer fielen.

Fall 113

Sanitätsunteroffizier Eichinger erstattet eidlichen Bericht über die Ermordung von vier Kameraden seiner Batterie, die am 8. Juli 1941 vor Tolpino an ihrem Geschütz verwundet worden waren und am nächsten Tage durch Stiche in die Brust bzw. in den Kehlkopf getötet aufgefunden wurden.

Fall 114

Das ärztliche Gutachten des Dr. Josef Lamplmayr vom 21. Juli 1941 beweist die völkerrechtswidrige Tötung des im Kampfe verwundeten Wachtmeisters H. von der 7. Batterie/Artillerieregiment 98 bei Turow im Juli 1941.

Fall 115

Ein in russische Hände gefallener deutscher Soldat wurde im November 1941 bei Karganowitscha, offenbar auf dem Abtransport in die russische Etappe, ermordet. Der Feldwebel Esch fand am 17. November 1941 in einem Bezirk, der erstmalig von deutschen Truppen betreten wurde, die Leiche eines ermordeten deutschen Soldaten. Sein Körper wies mehrere Bajonettstiche auf, und außerdem war ihm ein Auge ausgestoßen worden.

Fall 116

Der Gefreite Hermann Meier hat in einem Berliner Reservelazarett folgendes ausgesagt:

„Meine Truppe kämpfte im Januar 1942 in der Gegend von Juchnow. Dort habe ich folgendes beobachtet: Ein zu meiner Kompanie gehörender Kamerad fuhr einen Lkw und geriet mit diesem in die russische Linie. Die Russen haben ihn aus dem Führersitz herausgeholt, ihn unter den Wagen geworfen und mit Bajonetten zu Tode gebracht. Als wir nach Abzug der Russen an den Tatort kamen, bemerkten wir unseren Kameraden unter dem Lkw liegend, die Hose heruntergezogen und das Gesäß mit mehreren Bajonettstichen durchstochen. Er war fürchterlich zugerichtet. Soldbuch und sonstige Papiere haben wir bei der Leiche nicht mehr gefunden. Der Zustand der Leiche und die Tatsache, daß die Hose des Kameraden abgezogen war, lassen keinen Zweifel daran, daß die Russen den Wehrlosen ermordet haben."

Fall 117

Auch der Gefreite Holdinghausen (4./Infanterieregiment 181) sagt über einen am 26. Oktober 1941 in dem Dorfe Wolkowkoje verwundeten deutschen Soldaten aus, der von den Russen durch fünf Bajonettstiche in den Hals getötet worden ist.

Fall 118

Einen gleichen Fall der Ermordung eines Regimentskameraden schildert der Unteroffizier Häcker in seiner eidlichen Aussage vom 5. Februar 1942.

Fall 119

Ein anderer Regimentskamerad des Unteroffiziers Häcker, der in der Gegend von Perilessi in Rußland an Schulter, Armen und Oberschenkeln verwundet worden war, ist gleichfalls von den Russen nach seiner Auffindung ermordet worden. Sein Körper war völlig zerstückelt, der Kopf lag gesondert etwa zwei Meter vom Körper entfernt. Beide Arme und beide Füße waren ihm abgeschlagen.

Fall 120

Einen ähnlichen Fall des Vorgehens russischer Truppen schildert der Schütze Friedrich Günther in seiner eidlichen Aussage vom 5. Februar 1942. Sie lautet:

„Am 22. Juni 1941 kämpfte meine Truppe bei Jaworow. Ich bekam mit einem Kameraden den Befehl, Wasser aus einem benachbarten Dorfe zu holen. Dabei bekamen wir feindliches Feuer. Mein Kamerad wurde durch einen Oberschenkelschuß verwundet und blieb liegen. Da ich nichts machen konnte, flüchtete ich in ein Haus. Ich sah russische Soldaten aus einem Waldstück herauskommen, die sich in Richtung des verwundeten Kameraden und unserer Maschinengewehrnester bewegten. Als ich nach etwa einer halben Stunde, als die Russen durch unser Maschinengewehrfeuer zurückgetrieben waren, meinen verwundeten Kameraden aufsuchen wollte, fand ich ihn als Leiche vor. Er lag auf dem Rücken. Die Uniform war vorne aufgerissen und die ganze Brust und ein Teil des übrigen vorderen Oberkörpers war[en] mit einem scharfen Gegenstand buchstäblich herausgeschnitten. Der ganze Oberkörper war eine blutige Masse. Es besteht keine andere Möglichkeit, als daß die Russen meinen verwundeten wehrlosen Kameraden ermordet haben."

Fall 121

Auch der Gefreite Gamers (11./Infanterieregiment 240) bekundet eidlich über die Ermordung von Angehörigen seiner Kompanie am 29. Juli 1941 bei Smolensk:

„Am 29. Juli 1941 wurde der 3. Zug unserer Kompanie – etwa 25 Mann – in der Gegend von Smolensk von den Russen, die sich in großer Übermacht befanden, gefangengenommen. Der 2. Zug unserer Kompanie, dem ich angehörte, sollte nun die Sicherung übernehmen. Ich war M.G.-Schütze 1 und habe aus einer Entfernung von etwa 50 Metern beobachtet, daß die Russen den Gefangenen die Waffen abnahmen und diese dann einzeln mit Pistolen oder Gewehren niederschossen.

Wir mußten zurückgehen und konnten zu der Stelle, wo die Ermordung stattgefunden hatte, nicht mehr vorgehen. Nur einem Stoßtrupp gelang es noch, vier bis fünf Mann von den Kameraden des 3. Zuges zu bergen. Diese Kameraden lebten noch. Einer von ihnen hatte einen Herzstreifschuß, ein anderer einen Lungenschuß erhalten, ein dritter hatte eine schwere Beinverletzung davongetragen. Das Bein hing nur noch an einem Fleischstück am Körper. Die Verletzung machte den Eindruck, als sei der Versuch gemacht worden, das Bein mit einem scharfen Gegenstand vom Rumpfe zu trennen. Die Kameraden konnten über den Hergang nichts mehr berichten und sind wenige Stunden später verstorben."

Fall 122

Über die Tötung von mindestens 15 Mann der 8./Schützenregiment 111, das in der Nacht vom 2. zum 3. Juli 1941 den Übergang über den Dnjepr zu erzwingen versuchte, berichtet eidlich der Gefreite Peters. Etwa 15 bis 20 Angehörige der Kompanie wurden bei Rogatschew durch Brust-, Schulter- und Beinschüsse verletzt und blieben verwundet in russischer Hand. Bei einem erneuten Vorstoß der Kompanie fand man die Verwundeten tot, und zwar sämtlich durch Kopfschüsse erledigt, auf.

Fall 123

Der Gefreite Kiethe berichtet über die Tötung verwundeter deutscher Soldaten im September 1941 bei den Waldai-Höhen.

Fall 124

Der Unteroffizier Herber, der am 12. August 1941 infolge eines Lungendurchschusses und eines Schusses durch den linken Unterarm südlich Smolensk am Flusse Sosh bewußtlos liegengeblieben war, wurde kurz darauf von russischen Truppen aufgefunden. Er schildert seine Erlebnisse in der insgesamt nur etwa eine viertel bis eine halbe Stunde währenden Gefangenschaft, wie folgt:

„Infolge eines Lungendurchschusses und eines Durchschusses durch den linken Unterarm war ich bewußtlos. Als ich wieder zu mir kam, stand eine Gruppe von rund 20 russischen Soldaten um mich herum. Ich wurde hochgerissen, man nahm mir das Koppel ab und zog mir die Feldbluse aus. Als ich wieder lag, trat ein Soldat zur Stütze mit dem Fuß auf meinen Unterleib und riß mir auf diese Weise mit Gewalt die Uhr nebst Kette von dem Ring los, mit dem sie an der Hose befestigt war. Sodann durchsuchten die Soldaten meine Hosentaschen und nahmen mir die Geldbörse, die Feldmütze und einige Ei-Handgranaten weg. Die angegebenen Teile nahmen die Russen mit. Einer von den Russen, der meine Tressen sah, sagte ‚Sergeant'. Daraufhin traten einige andere Russen mich ins

Kreuz, andere schlugen mich mit Gewehrkolben ins Kreuz sowie auf Brust und Bauch. Ein weiterer Russe schlug mich mit einer Ei-Handgranate, die er mir abgenommen hatte, auf den Kopf. Ein weiterer Russe kam mit angeschlagenem Gewehr auf mich zu und drückte die anderen zur Seite. Ich merkte, daß er mich erschießen wollte. Im Liegen trat ich ihm an seine Gewehrmündung. Im gleichen Augenblick ging der Schuß los. Das Geschoß durchschlug meine rechte Stiefelspitze, ohne mich jedoch zu verletzen. Ich machte ihm daraufhin durch Gebärden klar, daß ich bereits zwei Verwundungen hätte. Daraufhin drückte ein anderer russischer Soldat seinen Kameraden, der geschossen hatte, weg.
Ich wurde alsdann von zwei russischen Soldaten in einen nahegelegenen Wald geschleppt und auf die Erde gelegt. Dieses Schleppen geschah in der Weise, daß die beiden Soldaten in meine Stiefelschäfte hineingriffen und mich mit hochgehobenen Beinen wegschleppten, so daß ich mit dem Rücken und dem Kopf auf der Erde schleifte. Der in dieser Weise zurückgelegte Weg betrug nach meiner Schätzung etwa 300 Meter. Als ich nun im Walde lag, schlugen unmittelbar neben mir deutsche MG-Geschosse ein. Daraufhin ließen die beiden Russen von mir ab und entfernten sich. Kurze Zeit darauf erreichten mich Kameraden meiner im Angriff befindlichen Kompanie. Ich habe mich im ganzen etwa eine viertel bis eine halbe Stunde in russischer Gefangenschaft befunden, so schnell folgten die Ereignisse aufeinander."

Fall 125

Drei deutsche Soldaten, die sich am 11. Januar 1942 zwischen Suchinitschi und Kirow einer russischen Übermacht ergeben hatten, wurden unmittelbar nach ihrer Gefangennahme von etwa 30 bis 40 Rotarmisten erschossen. Im Anschluß daran überfielen die Russen deutsche Verwundete, die auf einigen Schlitten lagen, mit denen sie zurückgeschafft werden sollten. Der Zeuge Gefreiter Kiso hat aus geringer Entfernung mit angesehen, wie die verwundeten deutschen Soldaten durch Kolbenschläge getötet wurden.

Fall 126

Bei den Kämpfen Ende Juli oder Anfang August 1941 an der Düna wurden 30 bis 40 Leichtverwundete des Infanterieregiments 78, die durch Schußverletzungen bewegungsunfähig geworden waren, mit grauenhaften Verstümmelungen aufgefunden: Die Russen hatten ihnen die Geschlechtsteile abgeschnitten bzw. die Augen ausgestochen und die Leiber aufgeschlitzt.

Fall 127

Das Infanterieregiment 456 hatte am 19. Oktober 1942 bei Mologinow zahlreiche Verwundete, die bei vorübergehender Aufgabe der Stellung nicht mitgeführt werden konnten. Wenige Tage später fand man beim Vormarsch die Verwundeten als Leichen vor, und zwar 60 Mann. Den Toten waren die Ohren abgeschnitten, die Augen ausgestochen, einigen der Mund aufgeschnitten und vereinzelt waren Toten auch die Geschlechtsteile abgeschnitten.

Fall 128

Der Gefreite Narzinski wurde am 10. Oktober 1941 in der Schlacht von Wjasma von den Russen vom Pferde heruntergerissen. Etwa 20 russischen Soldaten fielen über ihn her; einer von ihnen schlug ihm mit dem Gewehrkolben über den Kopf, so daß er ganz benommen und völlig wehrlos war. In dieser Lage versetzte ihm ein anderer Russe einen Bajonettstich unter das Kinn, wieder ein anderer einen Stich unter den Arm. Dann ließ man ihn zunächst liegen. Einer der russischen Soldaten machte aber nochmals kehrt, trat an den Gefreiten heran, hielt seinen Gewehrlauf an das linke Knie des Gefreiten und schoß. Das Knie war so schwer getroffen, daß das linke Bein amputiert werden mußte.

Fall 129

Derselbe Zeuge hatte Ende Juni 1941 bei Bialystok einen deutschen Feldwebel tot aufgefunden, der zuvor verwundet in russische Gefangenschaft geraten war. Dem Feldwebel war der Schädel eingeschlagen.

Fall 130

Beim Durchkämmen eines Waldgebietes bei Bialystok im Juli 1941 traf der Gefreite Rudolf Schulz (6./Infanterieregiment 9) auf vier tote deutsche Soldaten, denen die Finger und die Ohren abgeschnitten waren.

Fall 131

Das in eidlicher Vernehmung vom 2. September 1941 erstattete ärztliche Gutachten des Oberarztes Dr. Wittmann beweist die grausamen Verstümmelungen von vier Angehörigen eines Spähtrupps eines motorisierten Pionier-Bataillons, die am 11. August 1941 am Fluß Sossenka bei dem Orte Tarassowitschi in russische Hand gefallen waren.

Fall 132

Schwere Verstümmelungen eines Obergefreiten vom Infanterieregiment 41, der bei dem Nachtgefecht bei Titowka am 10./11. August 1941 in russische Gefangenschaft geraten war, sind durch die eidlichen Aussagen des Leutnants Wiesner und des Hauptfeldwebels Emmert vom Infanterieregiment 41 (mot) festgestellt worden.

Fall 133

Auch der Hauptfeldwebel Stadler berichtet über die Verstümmelung zweier gefallener deutscher Soldaten am 25. Juli 1941 in Gorka. Die Toten waren vollkommen ausgeplündert. Einem Obergefreiten waren die Innenseiten beider Oberschenkel völlig durchstochen. Es müssen mehrere Stiche gewesen sein. Die Fleischfetzen hingen ihm an der Hose. Sein Hals war auf der rechten Seite gleichfalls durch mehrere Stiche zerfetzt. Bei dem anderen Toten stellte er fest, daß ihm ein Auge ausgestochen und der Augapfel herausgeschnitten worden war. An der Stirn hatte er einen großen blauen Fleck. Schußverletzungen waren bei beiden Toten nicht festzustellen.

Fall 134

Der Schirrmeister Hermann Müller war am 6. August 1941 durch einen Kopfstreifschuß, den er in dem Gefecht bei Golowanesk erhalten hatte, bewußtlos geworden. Als er wieder zur Besinnung kam, standen zwei Russen zu seinen Füßen, die damit beschäftigt waren, ihm die Stiefel auszuziehen. An seinem blutüberströmten Gesicht mußten sie sehen, daß er verwundet war. Hinter den beiden Russen stand ein dritter, der nun herantrat. Der Zeuge hielt ihn dem Gesamteindruck nach für einen Kommissar oder Offizier. Er trug eine Schirmmütze. In der Hand hielt er eine Pistole. Dieser russische Kommissar oder Offizier durchsuchte persönlich die Taschen des Verwundeten und nahm ihm die Brieftasche ab. Als er die gesamte Kleidung des Verwundeten durchsucht hatte, erhob er die Pistole und schoß aus etwa einem Meter Entfernung auf den verwundeten Zeugen. Ein Schuß durchschlug einen Arm und die Lunge, der zweite Schuß ging durch den Rücken und brach das Rückgrat am fünften Lendenwirbel. Bei der späteren Operation ist das letztere Geschoß als ein Dum-Dum-Geschoß identifiziert worden.

Fall 135

Der Unteroffizier Wittenbrock (3./Schützenregiment 64) fand am 7. Juli 1941 einen Unteroffizier seines Regiments, der nur während weniger Stunden vermißt worden war, bei einer Suchaktion nach Kämpfen um den Ort Werbowze tot auf. Diesem Unteroffizier waren, offenbar mit einem Seitengewehr, beide Augen ausgestochen; die Augenhöhlen waren bis auf die Knochen bloßgelegt, das Gehirn quoll aus den Höhlen. Sonst wies der Tote keine Verwundungen auf. Sein Trauring und seine Geldbörse waren geraubt worden.

Fall 136

Der russische Kriegsgefangene Raskatow bekundet, nachdem er am 16. Oktober 1941 bei Smolensk in deutsche Gefangenschaft geraten war:

„Unsere Abteilung lag am 14. Oktober 1941 in Ilinskoje. Gegen 16 Uhr sah ich, daß zwei Kompaniechefs einen gefangenen deutschen Offizier vorbeiführten. Dabei war ein deutscher Soldat, wie ich später von meinem Zugführer hörte, als Dolmetscher. Der gefangene Offizier wurde zu unserem Abteilungsstab geführt. Wegen der großen Entfernung konnte ich nicht erkennen, ob der Offizier Sterne auf seinen Schulterstücken hatte. Er trug einen grauen Uniformmantel, eine Offizier-Feldmütze (Krätzchen), und hatte keine Waffen mehr bei sich. Der Offizier hatte, wie ich mich zu entsinnen glaube, dunkles Haar und war von großer, kräftiger Erscheinung. Ich selbst habe den Offizier dann nicht mehr gesehen. Von Kameraden hörte ich, daß er etwa eine halbe Stunde später vom Abteilungs-Gefechtsstand zum Divisions-Gefechtsstand in einem Lkw gebracht worden ist. Der Divisionsstab der 53. Schützendivision lag zwischen Malojaroslavetz und Ilinskoje, und zwar auf der linken Seite, d.h. südlich der Straße.

Gegen 20 Uhr kam unser Kompaniechef zur Kompanie zurück und erzählte uns, daß der Offizier auf dem Divisions-Gefechtsstand erneut vernommen worden sei und die Aussage verweigert habe. Er habe lediglich erklärt, daß er Chef einer Pionierkompanie sei. Der gefangene Offizier soll sich eine Bedenkzeit von 24 Stunden ausgebeten haben, was abgelehnt worden sei. Ihm sei lediglich eine Bedenkzeit von 20 Minuten gewährt worden. Nach Ablauf dieser 20 Minuten habe der Offizier gesagt, er habe seinen Entschluß nicht geändert, die Russen sollten mit ihm machen, was sie wollten. Er bitte lediglich, einen Brief an seine Angehörigen schreiben zu dürfen. Der Offizier habe daraufhin den Brief geschrieben. Was mit dem Brief geschehen ist, wisse er, unser Kompaniechef nicht. Der Offizier sei dann abgeführt und erschossen worden. An sich habe er, der Kompaniechef, den gefangenen Offizier selbst erschießen wollen, dies habe ihm jedoch der Chef des Stabes (Ia) nicht gestattet, vielmehr habe der Chef des Stabes den Offizier selbst erschossen.

Über die näheren Umstände der Gefangennahme weiß ich nichts.

Noch am gleichen Abend wurde unsere Kompanie mit Lkw in die Gegend von Nikolskoje gefahren. Dort verbrachten wir die Nacht. Am 15. Oktober früh wurde ich mit fünf anderen zu einem Spähtrupp angesetzt, kehrte unversehrt zurück und brachte einige deutsche Flugblätter mit. Am Abend des 15. Oktober verlor ich meine Kompanie, die im Walde übernachtete, während ich im Dorf blieb. Am Morgen des 16. Oktober waren meine Kameraden abgerückt und die Deutschen im Dorf. Ich begab mich darauf in Gefangenschaft."

Die Aussage des russischen Kriegsgefangenen Raskatow wird durch die Meldung der 3. Infanteriedivision (mot) vom 18. Oktober 1941 bestätigt. Zugleich wird in dieser Meldung festgestellt, daß es sich bei dem von den Russen ermordeten Offizier nur um den am 12. Oktober 1941 in Gefangenschaft geratenen Hauptmann Sch. handeln kann, der, um eine weit ostwärts gelegene gesprengte Brücke genau zu erkunden, unter Zurücklassung seines Kradschützen sich im Feuer sprungweise vorarbeitete und plötzlich von sechs Russen umringt war, die ihn überwältigten.

Fall 137

Am 22. Juli 1941 wurden bei dem Dorf Wasykowo südostwärts Beshanizy 16 Leute einer Pionierabteilung, die verwundet worden waren, vermißt und dann tot und verstümmelt aufgefunden. Dem Protokoll vom 2. Januar 1942 über die Vernehmung des Oberleutnants Mulfinger und anderer Angehöriger seiner Kompanie, die über diesen Vorgang als Zeugen ausgesagt haben, ist eine Liste beigefügt, in der die ursprünglichen Verwundungen und ferner die Art und Weise der Ermordung dieser Verwundeten aufgeführt sind.

Dokumente zu Fall 137

Gericht II. A.K. **K.H.Qu., den 2. Januar 1942**
RHL Nr. 107/41

Gegenwärtig: 1. Kriegsgerichtsrat Dr. Mattinger als Richter
2. Uffz. Müller, als Protokollführer

Zur Wahrheit ermahnt und belehrt wurden vernommen:

Z.P.: Ernst Mulfinger, 28 Jahre alt, ledig, kath., Zahnarzt in München, Oberleutnant und Komp.-Führer der 3./Pi. 671.

Z.S.: Am 22. Juli 1941 waren die 3. und 2. Komp. Pi. 671 zum Brückenbau und Entminen bei dem

Dorfe Wasykowo an der Straße Beshanizy-Dworzy eingesetzt. Durch eine zurückkommende Munitionskolonne wurde gemeldet, daß sie von einer stärkeren russischen Abteilung überfallen worden seien und diese im Anmarsch zu uns sei. Ich schickte sofort einen Zug meiner Kompanie zur Sicherung vor und meldete dem Bataillonskommandeur. Der Batl.-Kdr. schickte von sich aus einen Spähtrupp aus der 2. Komp. gegen den heranrückenden Feind. Kurz nach dem Abrücken bekam der Spähtrupp von den Russen Feuer. Ohne daß noch die Stärke des heranrückenden Feindes hätte festgestellt werden können, setzte der Batl.-Kdr. die 2. und 3. Komp. zum Angriff an. Unsere rechte Flanke, die 2. Kompanie, wurde von stärkeren russ. Kräften angegriffen und auch zurückgedrängt. Bei dieser Komp. stellte sich auch mit der Zeit Munitionsmangel ein. Durch das Zurückgehen der 2. Kompanie wurde allmählich auch die 3. Komp. in der Flanke bedroht und war so ebenfalls gezwungen zurückzugehen. Im Zurückgehen nahmen wir unsere Verwundeten mit. Durch das russische Flankenfeuer bekamen wir noch eine Reihe von Verwundeten, die nicht mehr mit zurückgenommen werden konnten. Diese Leute müssen es auch gewesen sein, die wir dann später, nachdem wir die Russen wieder zurückgeworfen hatten, tot und verstümmelt auffanden. Es waren 16 Angehörige der 3. Kompanie, die tot wieder vorgefunden wurden. In der anschließenden Liste finden sich ihre Namen und auch die Verletzungen, die ihnen durch die Russen weiterhin zugefügt wurden.

Ich schätze die Anzahl der Russen, die damals angegriffen haben, auf etwa 600 Mann. Nachdem uns zwei Geschütze zur Unterstützung zugewiesen worden waren, wurden die Russen im Gegenangriff wieder zurückgeworfen. Durch das Bataillon wurden 200 gefallene Russen gezählt.

Unsere Leute waren alle vollkommen ausgeplündert gewesen. Es fehlten nicht nur Sachen wie eiserne Rationen, sondern auch Privatsachen, Geldbörsen, Brieftaschen, Ringe, Uhren usw.

gez. Mulfinger

Z.P.: Süßmaier, Alfons, 31 Jahre alt, verh., kath., Bauingenieur in München, Uffz. der 3./Pi. 671.

Z.S.: Bei den Getöteten handelt es sich um Leute, die verwundet waren und entweder selbst nicht zurückgehen konnten oder die nicht mehr zurückgebracht werden konnten. Nachdem die Russen wieder zurückgeschlagen waren, habe ich den größten Teil der Getöteten gesehen. Ich habe dabei besonders den Gefr. M. in Erinnerung. Er hatte eine Verwundung am rechten Knöchel und war durch mehrere Bajonettstiche im Hals getötet worden. Verschiedene Kameraden waren dadurch getötet worden, daß ihnen die Russen den Schädel eingeschlagen hatten. Verschiedene waren dadurch so zugerichtet gewesen, daß die Gehirnmassen im Stahlhelm oder am Boden lagen.

gez. Alfons Süßmaier

Z.P.: Engkofer, Max, 23 Jahre alt, ledig, kath., Bäckergehilfe in München, Gefr. bei der 3./Pi. 671.

Z.S.: Von der Begebenheit des 22. Juli habe ich folgende Kameraden besonders in Erinnerung:

1.) den Gefr. K.: Beim Zurückgehen sah ich ihn verwundet am Boden sitzen. Er hatte einen Oberschenkelschuß und konnte nicht mehr gehen. Mitnehmen konnten wir ihn nicht, da der Russe schon zu nah an uns herangekommen war. Später fanden wir den K. tot wieder vor, er hatte einen Bajonettstich durch den Hals.

2.) der Oberpionier R. wurde beim Zurückgehen verwundet durch einen Fußschuß. Später wurde er tot aufgefunden. Er hatte einen weiteren Schuß durch den Kopf und einen Bajonettstich durch den Hals. Ob er diesen Kopfschuß noch im Kampf bekommen hat, kann ich nicht sagen.

3.) der Pionier G. wurde im Zurückgehen unterhalb der rechten Kniescheibe durch einen Schuß verwundet. Wir haben ihn etwa 100 m mit zurückgezogen, mußten ihn dann aber liegen lassen, da uns der Russe zu sehr bedrängte. Später sah ich den G. wieder, mit einem Bajonettstich durch den Kehlkopf.

4.) über die Verwundung des Oberpioniers W. kann ich selbst nichts sagen. Als wir ihn später tot zurückbrachten, war die Schädeldecke eingeschlagen und die Gehirnmasse lag im Stahlhelm.

Sonst kann ich nähere Angaben nicht mehr machen.

gez. Max Engkofer

Z.P.: Reiter, Alois, 32 Jahre alt, verh., kath., Schachtmeister in München, Gefr. bei der 3./Pi. 671.

Z.S.: Zu meiner Gruppe gehörten H. und B. Nachdem wir vom Walde zurückgegangen waren, gingen wir an der Ecke eines Hauses in Wasykowo in Stellung. Dort wurde zuerst B. verwundet, und zwar durch einen Brustschuß. Wir schleppten ihn noch in ein Kornfeld, damit ihn die Russen nicht finden sollten. Dort ist er auch gestorben. Wir blieben so lange bei ihm, bis er tot war. Die Russen haben ihn in diesem Versteck nicht gefunden, er zeigte später auch keine weiteren Verletzungen. Fast zu gleicher Zeit wie B. ist der Gefr. H. durch den gleichen Schuß verwundet worden. Er fiel nach vorn über, das Blut schoß ihm am Rücken durch den Rock. Ob er durch den Schuß schon getötet war, als er den Russen in die Hände fiel, ist wohl anzunehmen, doch kann ich es bestimmt nicht sagen. Er zeigte noch zwei Bajonettstiche, einen durch den Hals und einen durch den Unterleib. Beide Stiche wurden vollkommen durchgestoßen.

gez. Alois Reiter

Z.P.: Pölzl, Leopold, 30 Jahre alt, verh., kath., Lagerist in München, Oberpionier bei der 3./Pi. 671.

Z.S.: Nachdem die Russen zurückgeschlagen waren, war ich mit tätig, die Getöteten zusammenzutragen. Dabei sind mir besonders die Oberpioniere B. und H. aufgefallen. Welche Verletzungen die beiden vorher hatten, kann ich nicht sagen. Dem B. war mit einem Bajonett durch den Magen gestochen worden, so daß die Mittagskost beim Einstich vorne herausquoll. Es war ein großes rundes Loch, so daß ich annehme, daß der Täter das Bajonett im Körper des B. umdrehte.

Dem Oberpionier H. war der Schädel bis Augenhöhe vollkommen eingeschlagen und zertrümmert. Der Stahlhelm lag neben ihm auf der Erde.

gez. Pölzl, Leopold

Die Zeugen wurden nach eingehender Eidesbelehrung einzeln gesetzlich beeidigt.

Fortsetzung der Vernehmungen, belehrt:

Z.P.: Dr. Ach, Robert, 27 Jahre alt, verh., evgl., Ass.-Arzt in München, Ass.-Arzt d.B. beim Pi.-Btl. 671.

Z.S.: Während der fraglichen Kampfhandlungen war ich damit beschäftigt, zurückgebrachte Verwundete zu versorgen. Nach dem Gegenstoß durch das Bataillon kam ich auch mit nach vorne. Ich hatte dort bei den Kompanien noch Verwundete zu versorgen gehabt. Es waren dort schon eine Reihe von Toten zusammengetragen gewesen und ich hörte dabei, daß Verstümmelungen und Greueltaten vorgekommen seien.

Die Toten selbst habe ich mir nicht näher angesehen, da es schon Abend war und ich auch vollauf mit der Versorgung von Schwerverletzten beschäftigt war. Meinen damaligen Bericht und die Liste der Verstümmelten habe ich auf Grund des mir von der Kompanie zugegangenen Materials gefertigt.

gez. Dr. Ach

Z.P.: Heindl, Rudolf, 27 Jahre alt, verh., kath., Hauptfeldwebel bei der 3./Pi. 671.

Z.S.: An dem fraglichen Kampftage führte ich selbst den 2. Zug. Auf eine Meldung durch eine Munitionskolonne hin, wurden die 2. und 3. Kompanie gegen die herannahenden Russen eingesetzt. Ich selbst habe die Masse der Russen auf etwa 500 Mann geschätzt. Am stärksten wurde die 2. Kompanie bedrängt, die sich auch als erste etwas zurückziehen mußte. Dadurch wurde unsere rechte Flanke offen und durch die Russen sehr bedroht. Auch die 3. Kompanie mußte zurückgehen, ohne daß es möglich gewesen wäre, alle Verwundeten mit zurückzubringen. Nachdem wir durch 2 Geschütze von der Artillerie Unterstützung hatten, wurden die Russen erneut angegriffen und zurückgeworfen. Wir hatten die Hoffnung, unsere Verwundeten wieder in die Hände zu bekommen. G. war der erste, der gefunden wurde. Er war tot und hatte Bajonettstiche im Hals und in der Brust. Wir befürchteten nunmehr, daß auch die übrigen zurückgelassenen Verwundeten nicht mehr am Leben seien, was sich später tatsächlich als richtig erwiesen hat. Ich habe die Getöteten alle gesehen. Zum größten Teile waren sie ausgeplündert; Geld, Uhren, Ringe und ihre sonstigen Sachen waren ihnen genommen gewesen. Zum Teil waren nur noch die Soldbücher vorhanden. Die Getöteten, die an verschiedenen Plätzen gefunden wurden, wurden dann von Angehörigen der Kompanie zusammengetragen. An Hand des selbst von mir Gesehenen und auch der erstatteten Meldungen fertigte ich eine Liste über die Namen, Verwundungen und Verletzungen an. Es handelt sich um die zu den Akten gegebene Liste. Am gleichen Abend wurden die Getöteten in einem Kameradengrab beigesetzt.

gez. Rudolf Heindl

Z.P.: Büchner, Arthur, 28 Jahre alt, verh., evgl., Eisendreher in Ulm/Donau, San.-Gefr. bei der 3./Pi. 671.

Z.S.: Ich war während der ganzen Kampfhandlungen an jenem Tage vorne bei der Kompanie. Beim Zurückgehen war es nicht möglich, alle Verwundeten mitzunehmen. Ich bin der einzige Sanitätsdienstgrad in der Kompanie. Eine Unterstützung durch Krankenträger hatte ich nicht. Ich konnte nur noch dafür sorgen, daß neun Schwerverwundete zurückgekommen sind. Bei dem späteren Gegenstoß hofften wir die Verwundeten wiederzufinden. Es stellte sich aber heraus, daß 16 Kameraden von den Russen ermordet worden waren. Die Möglichkeit besteht, daß der eine oder andere schon tot war, als die Russen ihn verstümmelten. Lediglich bei der 2. Kompanie fand ich 2 Verwundete, die in einem Graben gedeckt lagen und anscheinend von den Russen nicht gesehen wurden. Unsere Toten zeigten die Verletzungen, wie sie in der Liste aufgeführt sind.

gez. Arthur Büchner

Die Zeugen wurden nach Belehrung einzeln gesetzlich beeidigt.

gez. Dr. Mattinger, Kriegsgerichtsrat, gez. Müller, Uffz., Beglaubigt: Sekretär

Liste der Verwundeten der 3./Pi. 671, die durch die Russen erschossen, erschlagen, erstochen und verstümmelt wurden:

Uffz.	Z.	verwundet durch Oberschenkelschuß, ermordet durch Kolbenschläge, Schädeldecke eingeschlagen und Bajonettstiche durch Hals, Arme und Beine und Geschlechtsteile ausgeschnitten,
OGefr.	H.	vermutlich gefallen durch Kopfschuß, Bajonettstiche durch die Brust,
Gefr.	H.	gefallen durch Lungenschuß, Stiche durch die Brust,
Gefr.	K.	verwundet durch Wadenschuß, ermordet durch Kolbenschläge auf Schädeldecke und Bajonettstiche im Leib,
Gefr.	M.	verwundet durch Knöchelschuß, ermordet durch Bajonettstiche im Hals,
OPion.	R.	verwundet durch Kopfschuß, ermordet durch Bajonettstiche durch die Brust,
OPion.	W.	verwundet durch Beckenschuß, ermordet durch Bajonettstiche durch die Brust,
OPion.	S.	verwundet durch Knieschuß, ermordet durch Bajonettstiche im Gesicht,
OPion.	K.	verwundet durch Lungenschuß, ermordet, Schädeldecke eingeschlagen,
Gefr.	Sch.	verwundet durch Lungenschuß, ermordet durch Bajonettstiche, Schädel eingeschlagen,
OPion.	W.	verwundet durch Bauchschuß, ermordet durch Kolbenschläge, Schädeldecke eingeschlagen,
Gefr.	P.	verwundet durch Oberschenkelschuß, ermordet durch Bajonettstiche, ein Auge durchstochen,
Gefr.	P.	verwundet durch Bauchschuß, ermordet, Schädeldecke eingeschlagen, Bajonettstiche,
Gefr.	B.	gefallen durch Kopfschuß, nachträglich Schädeldecke eingeschlagen,
OPion.	B.	verwundet durch Knieschuß, Schädeldecke eingeschlagen,
OPion.	H.	verwundet durch Oberschenkelschuß, Bajonettstiche durch Brust und Kopf,
Pion.	G.	verwundet, Schuß rechtes Knie und Bajonettstiche im Kopf, Hals und Brust.

Die Grabstelle der aufgeführten ehemaligen Kompanieangehörigen befindet sich 100 m südlich der Straßengabel von Wasykowo, 5 km südostwärts Beshanizy (Kameradengrab).

Fall 138

Nach den Kämpfen Ende August 1941 bei Jarzewo an der Autobahn Smolensk-Moskau sind zwölf deutsche Pioniere aufgefunden worden, die nach vorheriger Verwundung sämtlich durch Zertrümmerung ihrer Schädel getötet worden sind.

Fall 139

Am 20. August 1941 wurden am Beloge-See bei Beloge während eines Spähtruppunternehmens der Gefreite T. und der Schütze G. verwundet und noch am gleichen Tage aufgefunden. Der eine hatte einen Oberschenkel-, der andere einen Kopfschuß erhalten. In diesem Zustand waren sie von den Russen ermordet worden, und zwar Gefreiter T. durch Zertrümmerung der Schädeldecke und Ausstechen beider Augen sowie durch Stichverletzungen an Brust und Hals, der Schütze G. durch eine große Wunde am Leib, die nur durch eine Handgranate hervorgerufen worden sein kann.

Fall 140

Das ärztliche Gutachten des Truppenarztes III./SS.-Regiments „Deutschland" vom 13. November 1941 berichtet über die Verstümmelung von sieben Soldaten des III./SS-Regiment „Deutschland", die während eines Spähtruppunternehmens am 9. November 1941 verwundet worden waren.

Fall 141

Am 24. Juni 1941, nach dem Übersetzen des Flakregiments 66 über die Memel, wurden in einem Abendgefecht der Unteroffizier R. und der Unteroffizier R. gefangengenommen, und zwar R. nach Verwundung am Oberschenkel. Sie mußten sich bis auf Hose und Stiefel entkleiden, alles andere wurde ihnen abgenommen. Dann wurden sie zum Lager der Russen geführt, wo sich schon mehrere deutsche Kriegsgefangene befanden. Diesen waren Hände und Füße gefesselt. Auch Unteroffizier R. wurde zu diesen Gefangenen geführt, während R. infolge seiner Verwundung an einem Baum liegenblieb. In der Morgendämmerung rückten die Russen mit den deutschen Gefangenen in Richtung auf die deutschen Linien ab. Dabei mußten die Deutschen mit gefesselten Händen vor den Russen hermarschieren. Ein Russe gab plötzlich vier Schüsse aus etwa zehn Metern Entfernung auf Unteroffizier R. ab. Dieser erhielt einen Schulter- und einen Kopfschuß, so daß er besinnungslos hinstürzte. Er wurde am Nachmittag von deutschen Soldaten gefunden. Über das Schicksal seiner Kameraden ist er nicht unterrichtet.

Fall 142

Eine das russische Verhalten kennzeichnende Aussage enthält das Protokoll vom 12. Dezember 1941. Der Wehrmachtspfarrer Frommberger (Stab 252./Infanterieregiment) berichtet darin über die Auffindung eines von den Russen ermordeten deutschen Soldaten, etwa 500 Meter südostwärts Iwanowskoje, zwischen Fabrik und Krankenhaus; er hat an diesem deutschen Soldaten folgende Verletzungen festgestellt:

Weit über 25 Bajonettstiche an Brust, linker Körperseite, Hals und Stirn; die Pulsadern an beiden Handgelenken waren geöffnet worden. Die Wunden machten den Eindruck von Messerschnitten. Um den Unterleib trug der Leichnam einen Verband, der unversehrt war. Bekleidet war er nur mit Unterhose, Hose und Drillichrock. Die Feldbluse und der Mantel waren ohne Dienstgradabzeichen neben ihm gefunden worden. Die Stiefel, übrige Ausrüstung und Erkennungsmarke fehlten. Eine Identifizierung war daher nicht möglich. Im Drillichrock wurden die überreichten Briefschaften vorgefunden.

Fall 143

Leutnant Hundrieser (6./Infanterieregiment 311) berichtet eidlich über die Tötung eines verwundeten Unteroffiziers seines Bataillons am 22. Juni 1941 beim Einmarsch in Litauen und ferner darüber, daß neun weitere Verwundete, obwohl sie wehrlos waren, gleichfalls von den Russen Bajonettstiche erhalten haben.

Fall 144

Am 27. Juni 1941 fand bei Prawe-Mosty der Zeuge Feldwebel Bunk etwa 30 Mann seines Bataillons, die am Vortage auf der Kampfstätte verwundet zurückgeblieben waren, ermordet vor. Sie waren zumeist erschlagen, einige aber auch durch Bajonettstiche getötet worden.

Fall 145

Leutnant von Kleist (Panzerjägerabteilung 22) sah am 18. Juli 1941 in dem Dorfe Gretschuchi südwestlich Lokina einen toten deutschen Soldaten auf einer Wiese, der an der linken Schläfe und an der linken Schulter Schußwunden hatte. Außerdem war ihm der Unterleib vom Nabel abwärts aufgeschlitzt und die Geschlechtsteile mit einem Seitengewehr zerstochen. Sämtliche Taschen waren entleert.

Fall 146

Kriegsverwaltungsrat Brügmann (14. Panzerdivision) fand am 27. Juni 1941 in Luck, im Hof eines GPU-Gebäudes im Nordteil der Stadt, eine Stelle mit frisch aufgeworfenem Erdreich. Beim Nachgraben ergab sich, daß dort vier deutsche Flieger bzw. Fliegeroffiziere verscharrt waren. Die Körper waren grausam verstümmelt. Einer Leiche fehlte der Unterschenkel, einer anderen beide Beine. Einem der Toten hatte man mit einem Lötkolben Einbrände von vier Zentimetern Tiefe auf der Brust zugefügt. Der Lötkolben befand sich in demselben Grabe und paßte genau in die Einbrandstellen. Offenbar waren die Marterungen der deutschen Flieger in der Mauerecke des Hofes erfolgt, worauf ein ukrainischer Ortsbewohner hinwies und was sich auch aus Blutspritzern an dieser Mauerecke ergab. Eine andere dieser Fliegerleichen, die Spiegel und Achselstücke eines Oberleutnants der Luftwaffe erkennen ließ, zeigte einen tellerförmigen Ausschnitt an der Bauchseite und Verletzungen am Kinn. Daß Leichenteile abgehackt waren, ergab sich aus der Tatsache, daß die Wundstellen Einschläge zeigten und zersplitterte Knochen aus dem Fleisch herausragten. Der Name des einen der Fliegerleutnants und seine Personalien ergaben sich aus Papieren, die in der Brieftasche des Toten gefunden worden sind.

Im Hof des GPU-Gebäudes in Luck verscharrte Fliegeroffiziere. Einem waren die Füße abgehackt, einem das rechte Bein und der linke Unterschenkel. Mit einem Lötkolben wurden ihnen Sowjetsterne vier Zentimeter tief in die Brust eingebrannt. Die dritte Leiche hatte einen tellerförmigen Ausschnitt am Bauch, der vierten fehlten die Unterschenkel und waren die Hoden zerquetscht

Dokument zu Fall 146

Gericht der 14. Panz.-Division
RHL Nr. 154/41

O. U., den 1. 10. 1941
Feldpostnummer 28 125

Gegenwärtig: Kriegsgerichtsrat Herrmann als Richter,
Unteroffizier Helmut Winkler als Protokollführer.

Gestellt erscheint der Kriegsverwaltungsrat Brügmann und erklärt, nachdem er über die Eidespflichten belehrt worden war, folgendes:

Z.P.: Ich heiße Herbert Brügmann, bin 41 Jahre alt, evangelischen Glaubens und techn. Kriegsverwaltungsrat bei der Werkstatt-Gruppe 4 (mot) der 14. Panz.-Division.

Z.S.: Am 27.6.1941 belegte die Werkstatt-Gruppe 4 (mot) mit einer Kfz.-Sammelstelle im Nordteil der Stadt Luck ein größeres Grundstück mit Hof und Garten. Nach Besichtigung stellte sich heraus, daß es sich um ein GPU-Gebäude der Stadt Luck handelte. Daß es sich um ein solches GPU-Gebäude handelte, ergab sich aus den vorgefundenen Schriftstücken, Aussagen der Zivilbevölkerung, sowie aus vorgefundenen Waffen und Uniformstücken. Ich kam etwa morgens gegen 4 Uhr in dem GPU-Gebäude an.

Etwa gegen 5 Uhr erschien ein Zivilist, der sich als Ukrainer ausgab, der uns durch Zeichensprache und unverständliche Worte zu verstehen gab, daß hier deutsche Soldaten gemartert und vergraben worden seien. Der Ukrainer gebrauchte dabei auch einzelne Worte, wie z.B.: „Russky-Bolschewist-germansky Offizier-tot" und ähnliches. Hierbei führte er mich an eine Hausecke, die mit Blut bespritzt war und an einen in der Nähe befindlichen Platz, an dem Reste von Papier und verkohltem Holz zu sehen waren. Ich hielt [es] zunächst nicht für möglich, daß den Worten und Gebärden des Russen allzuviel Glauben zu schenken sei. Aus dem Haufen verkohlter Überreste zerrte er jedoch einen Schuh, in dem ein menschlicher Fuß steckte, hervor. Danach zeigte er mir eine Stelle im Hof mit frisch aufgeworfenem Erdreich und bezeichnete dies als die Begräbnisstätte der gemarterten deutschen Soldaten.

Ich gab ihm sofort einen Spaten in die Hand und ließ ihn die bezeichnete Stelle ausgraben. Nachdem er etwa 30 cm tief gegraben hatte, machte sich ein Verwesungsgeruch bemerkbar. Nach 60-70 cm stieß er auf die erste Leiche. An dem Fliegerdress erkannte ich einen deutschen Flieger. Beide Füße waren abgehackt. An einem Bein befand sich ein breiter Brandring. Wenig tiefer wurde die zweite Leiche geborgen. Diese war entsetzlich verstümmelt, das rechte Bein fehlte ganz, von dem linken Bein fehlte der Unterschenkel. In der Brust befanden sich keilförmige Einbrände, etwa 4 cm tief, die offenbar von einem später aufgefundenen Lötkolben herrührten, der ebenfalls im Grab gefunden wurde. Die Löcher waren etwa in der Form eines Sowjet-Sternes eingebrannt. Ich ließ den Lötkolben von dem Ukrainer in die Wunden einführen und konnte die Feststellung machen, daß dieser genau in die Löcher einpaßte. Die dritte ausgegrabene Leiche trug einen Fliegerdress, auf dem sich die Rangabzeichen durch Spiegel und Achselstücke eines Oberleutnants der Luftwaffe erkennen ließen. Diese Leiche hatte einen tellerförmigen Ausschnitt an der Bauchseite und das Gesicht zeigte am Kinn Verletzungen. Der Mund war aufgetrieben, Lippen und Nase waren stark geschwollen. Sodann wurde aus dem Grab ein Bein geborgen. Die vierte Leiche, die dann ausgegraben wurde, war ohne Unterschenkel. Der Hoden war zerquetscht, während das Geschlechtsteil, soweit erkennbar, unversehrt war. Ich nehme an, daß diese Verwundungen auf einer Marterung beruhen, da der Ukrainer mich besonders durch Zeichen daraufhinwies. Der Ukrainer führte uns ständig zu der vorher erwähnten Mauerecke, zeigte auf die Blutspritzer, wodurch ich annehmen mußte, daß hier eine Marterung der Offiziere stattgefunden habe. Es ist noch zu bemerken, daß die vierte Leiche fast nackt war. Brandwunden waren bei der letzten Leiche nicht zu sehen. Daß Leichenteile abgehackt worden sind, entnehme ich daraus, daß die Wundstellen Einschläge zeigten und zersplitterte Knochen aus dem Fleisch herausragten. Einer der Offiziere trug das E.K. I. Wir ließen nach Papieren suchen und fanden bei einem der Offiziere eine Brieftasche. In dieser befanden sich Papiere, wodurch der Leutnant als Fliegerleutnant Emil St., geboren 1910 in P., identifiziert wurde. In der Brieftasche befanden sich ferner: 1 10-Mark-Schein, 1 deutsche Urlauberlebensmittelkarte, die sichergestellt wurden.

Anliegende Fotoaufnahmen, die durch Lt. Schönfelder, Feldpostnummer 17 391, gemacht wurden, füge ich meiner Vernehmung bei.

v. g. u., gez. Brügmann, techn. Kriegsverwaltungsrat
Der Zeuge wurde beeidigt.
gez. Herrmann, Beglaubigt: Sekretär

Fall 147

Der Oberarzt Dr. Jüttner erstattet in seiner eidlichen Aussage vom 6. November 1941 zugleich ein Gutachten über die Ermordung des in Vipinga bei Rositten (Lettland) im Juli 1941 aufgefundenen Oberleutnants der Luftwaffe H., der nach einem Absturz verwundet in die Hände der Russen gefallen und, nach erfolgter Fesselung, durch Kolbenschläge auf den Kopf ermordet worden ist. Die Leiche lag bei der Auffindung noch gefesselt im Grabe. Einige Tage vor der Auffindung der Leiche hatte der Stabsarzt Dr. Rademacher bei Vipinga einen toten Gefreiten der Luftwaffe, gleichfalls mit eingeschlagenem Schädel und gefesselt, aufgefunden.

Fall 148

Der Unteroffizier Zaborowski (2./Artillerieregiment 291) wurde beim Angriff auf das Dorf Jaagupi bei Are in Estland am 29. Juli 1941 durch Knieschuß schwer verwundet. Das Bein war völlig zertrümmert. Vor ihm lag ein Infanterist, dem durch Pak-Geschoß beide Beine abgeschossen waren. Er sah 30 bis 40 Russen herankommen und schildert seine weiteren Beobachtungen wie folgt:

„Meiner Meinung nach waren es alles Frauen. Sie hatten Uniformen an und trugen auch Gewehre mit Bajonetten. Daß es Frauen waren, erkannte ich daran, daß sie lange Haare hatten, die hinten unter der Mütze hervorkamen. Außerdem hatten sie eine vollere Brust. Zu welcher Formation sie gehörten, weiß ich nicht. Bevor sie an mich herangekommen waren, hatte ich meine Hand in mein Blut getaucht und damit mein Gesicht beschmiert, denn ich wollte mich tot stellen. Das tat ich dann auch und schloß die Augen. Nur ab und zu öffnete ich sie ein wenig und konnte daher beobachten, was um mich her geschah. Zunächst kamen mehrere dieser weiblichen Soldaten an mich heran, versetzten mir Kolbenstöße in die Magengegend und Fußtritte mit ihren Stiefeln ins Gesicht. Auch meine Finger versuchten sie rückwärts überzubiegen, ohne daß sie mir aber gebrochen wurden. Dann wurden meine Taschen durchsucht, wobei sie mich auch herumdrehten. Sie nahmen mir mein Soldbuch weg, in dem sich 60,- RM in Papiergeld befanden, ferner mein Koppel, an dem sich meine Pistole, Seitengewehr, Kartentasche, Brotbeutel und Flasche befanden. Weitere Mißhandlungen haben die russischen Soldatenweiber an mir nicht vorgenommen, offenbar, weil sie mich für tot hielten. Dagegen konnte ich beobachten, daß sie an den vorher von mir erwähnten, in drei Metern Entfernung von mir liegenden Infanteristen herantraten, der noch lebte und schrie und jammerte. Zunächst erhielt er einen Stich mit dem Bajonett in den Hals, während er auf der Erde auf dem Rücken lag. Dann sah ich, daß eines von den Soldatenweibern ein gebogenes Messer etwa in Höhe seines Brustbeines ansetzte und ihm mit einem Schnitt den Leib aufschlitzte, nachdem sie ihm die Bluse geöffnet hatte. Ob daraufhin seine Eingeweide herausgetreten sind, habe ich nicht gesehen. Ob er in diesem Augenblick noch gelebt hat, weiß ich nicht. Er gab nur, als er den Stich in den Hals bekam, einen röchelnden Laut von sich und war danach still."

Fall 149

Am 27. Juni 1941 wurde in der Nähe von Grodno der Obergefreite Hertrampf verwundet (Infanteriegewehrschuß durch beide Oberschenkel). Er schildert seine Beobachtungen eidlich in dem Protokoll vom 22. Oktober 1941:

„Von einem Pionier wurde ich in Deckung unter ein Gebüsch gezogen, wo ich mehrere Stunden liegenblieb. Von hier aus konnte ich das Gelände und einen in der Nähe vorbeilaufenden Bahndamm gut beobachten. Auf dem Bahndamm zog ein Trupp von etwa 30 bis 50 Mann russischer Soldaten entlang. Sie führten ein bespanntes Pak-Geschütz mit sich. An dem Bahndamm lagen zwei deutsche Verwundete. Die beiden Verwundeten wurden von zwei bei der oben genannten Kolonne befindlichen russischen Kommissaren durch Pistolenschüsse ermordet. Der Schuß erfolgte in die obere Körperhälfte; soweit ich es beobachten konnte, waren es Kopfschüsse.

Ich habe die russischen Kommissare an der Mütze und an den Ärmelabzeichen genau erkannt. Zwischen mir und dem Bahndamm lag ein Getreidefeld, der Bahndamm war etwas erhöht, so daß ich den Vorgang genau beobachten konnte.

Die beiden russischen Kommissare zogen sodann mit der übrigen Kolonne weiter den Bahndamm entlang. Die Entfernung von mir bis zu der Stelle, wo die beiden Verwundeten ermordet wurden, betrug etwa 100 bis 150 Meter."

Fall 150

Aus der eidlichen Aussage des Leutnants Leveloh (1./Pionierbataillon 21) vom 14. Oktober 1941, in Verbindung mit der Aussage des Assistenzarztes Dr. Engel (1. (H.) 12) vom 15. Oktober 1941 und der Aussage des Sanitäts-Unteroffiziers Schneider (1. (H.) 12) vom gleichen Tage, ergibt sich die gewaltsame Tötung und Verstümmelung des Gefreiten der Luftwaffe Sch., und vermutlich auch die des Flugzeugführers Unteroffizier Sch. durch die Russen am 23. August 1941. Ein deutsches Kampfflugzeug, zu dessen Besatzung außer den vorgenannten beiden Fliegern auch Leutnant Fischer als Beobachter gehörte, war in der Nähe von Mantkoschewo bei Grijatka zum Absturz gebracht worden. Leutnant Fischer hatte nach dem Absturz des Flugzeugs die beiden durch den Absturz verletzten Kameraden zunächst verbunden und war dann gegangen, um Hilfe zu suchen. Die Leiche des Obergefreiten Sch. ist später, nämlich am 16. September 1941, von Pionieren südwestlich von Babino mit schweren Verstümmelungen aufgefunden worden. Nur Leutnant Fischer ist am 28. August 1941 zu seiner Truppe zurückgekehrt. Sch., der nach dem Absturz nur Verletzungen an den Beinen gehabt hatte, wies bei der Auffindung seiner Leiche eine breite Stichwunde am Oberarm auf. Sein Unterkiefer war, offenbar durch Kolbenhiebe, völlig zertrümmert, außerdem waren beide Ohren abgeschnitten.

Fall 151

Am 6. September 1941 wurden drei Leute des Infanterieregiments 415, die bei Tschaschtschiwez in russische Gefangenschaft geraten waren, durch Kolben- und Spatenhiebe bzw. durch Genickschuß getötet, aufgefunden.

Fall 152

Die eidliche Aussage des Leutnants Chaplinski und das Gutachten des Oberarztes Dr. Schmidt vom 6. Oktober 1941 ergeben, daß in der Kaserne des Flugplatzes in Orel am 5. Oktober 1941 im Keller ein höchstens zwei Tage zuvor von den Russen dort eingebrachter deutscher Fliegerleutnant durch Genickschuß getötet worden ist.

Fall 153

Am 12. September 1941 bei Lytschkowa wurden drei von überlegenen russischen Kräften gefangengenommene Leute des Schützenregiments 73 von den Russen durch Schüsse und Bajonettstiche getötet. Der verwundet auf dem Kampffeld zurückgebliebene Unteroffizier Sch. wurde von einem Russen erschossen (eidliche Aussage des Hauptmanns Jobst von Frankenberg).

Fall 154

Der Gefreite Hartwigsen (4./Infanterieregiment 501) wurde nach der Gefangennahme durch russische Kavallerie am 3. Oktober 1941 an eine Hauswand gestellt. Dann schlugen die russischen Soldaten, so viele nur an ihn herankommen konnten, mit Säbeln auf ihn ein. Als ihm bereits eine Hand abgeschlagen war und er außerdem mehrere Hiebe in Gesicht und Nacken erhalten hatte, warf er sich zu Boden. Dann kamen andere russische Soldaten heran und brachten ihm Stiche in den Rücken bei. Er wurde von deutschen Pionieren befreit und zum Verbandplatz geschafft.

Fall 155

An der Autobahn Minsk fand der Gefreite Budde (Flak-Transportbatterie 4./41) einen toten deutschen Fliegerleutnant, dem die Stiefel ausgezogen und die Hände mit einem fingerdicken Seil auf dem Rücken zusammengebunden waren. Die Taschen des Toten waren entleert. Offenbar war er mit einem noch um seinen Hals liegenden Leinentuch, das im Genick geknüpft war, nach seiner Fesselung erwürgt worden.

Fall 156

Im August 1941 wurden auf einer Straße unweit Uman zwei verwundete deutsche Offiziere (Leutnants der Infanterie) und ein deutscher Militärarzt tot aufgefunden, denen die Kehlen durchschnitten waren. Offenbar waren die beiden Offiziere verwundet liegengeblieben; denn der eine hatte einen Oberschenkelschuß, der andere einen Armschuß. Der Militärarzt hatte sich offensichtlich der Verwundeten angenommen, um sie zu behandeln und zu verbinden. Der Arzt und die Verwundeten wurden aber von russischen Soldaten umgebracht.

Fall 157

In der Nähe von Simenowa griffen die Russen in der Zeit vom 10. bis 12. Juli 1941 die Stellung des Infanterieregiments 508 in einem großen Kampfeinsatz an. Hierbei beobachtete der Gefreite Gohla, wie eine um etwa 400 Meter vorgeschobene Maschinengewehrgruppe von Russen umzingelt wurde. Die acht Mann erhoben die

Hände, um sich zu ergeben. Die Russen stachen trotzdem auf die wehrlosen Soldaten mit Bajonetten ein und ermordeten sie.

Fall 158

Der Beschlagmeister Kraft war im September 1941 bei der Beerdigung von Gefallenen in der Nähe von Desna zugegen. Zwei der zu bestattenden Infanteristen waren offenbar von den Russen hingemordet bzw. verstümmelt worden: Sie hatten Bajonettstiche in der Brust und beiden waren die Geschlechtsteile abgeschnitten.

Fall 159

Eine aufschlußreiche Schilderung über die grausamen Methoden der Gefangenenbehandlung durch russische Truppen auf dem Abtransport von der Front enthält die eidliche Aussage des Reiters Karl Morawetz, der am 26. Juni 1941 in der Nähe des Bug in russische Gefangenschaft geriet. Er sagt folgendes aus:

„Am 26. Juni 1941 erhielt mein Zug den Auftrag, zu erkunden, ob eine Ortschaft vor uns feindfrei sei. Bei diesem Auftrag kamen wir über eine russische Rückzugstraße, die zur Zeit noch feindfrei war. Als wir die Ortschaft erreicht hatten, schickte unser Wachtmeister eine Meldung zur Schwadron zurück. Wir blieben einstweilen noch in der Ortschaft. Bald darauf belebte sich jedoch die Straße durch sich zurückziehende Russen. Wir wurden entdeckt, und der größte Teil von uns wurde nach einem Feuergefecht gefangengenommen. Unser Zug war mit Fahrrädern ausgerüstet. Bei der Gefangennahme bestand er aus Wachtmeister Sch., Unteroffizier S., Unteroffizier Z. und etwa 20 bis 25 Mann. Wir wurden von etwa 500 Russen zurückgeschleppt, mußten den Russen Munitionskästen tragen und bekamen dabei deutsches sowie russisches Infanterie- und Artilleriefeuer. In den nächsten Tagen wurden einzelne von uns – ohne ersichtlichen Grund – erschossen bzw. angeschossen. Wir hatten keinerlei Widerstand mehr geleistet, auch ist keiner von uns vernommen worden. Unsere Wertsachen hatte man uns bereits, ebenso wie das Soldbuch und die Erkennungsmarke, bei der Gefangennahme abgenommen. Die Waffen wurden uns ebenfalls vorher abgenommen. Ich selbst habe gesehen, wie zwei russische Kavalleristen von ihren Pferden herunter den Reiter B. erschossen. Er lag mit uns zusammen während einer Rast auf der Erde und wurde durch einen Brustschuß aus fünf bis sechs Metern Entfernung getötet. Auch auf Unteroffizier Z. wurde in meiner Gegenwart mit Pistolen geschossen. Ich sah, wie er einen Beinschuß erhielt. Schließlich habe ich noch selbst gesehen, wie sich ein gefangengenommener deutscher Infanterieoffizier mit dem Gesicht gegen einen Baum stellen mußte und dann von hinten von einem russischen Offizier mit der Pistole niedergeschossen wurde. Auch dieser hatte keine Waffen mehr bei sich. Hin und wieder wurden wir von den Begleitmannschaften ohne jeden Grund mit Gewehrkolben gestoßen. Unsere Kleider und Unterkleider wurden uns abgenommen, ein russischer Soldat zerschnitt auch meine Stiefel und warf sie weg. Wir mußten völlig nackt mitmarschieren und lagen in den Marschpausen nackt auf dem bloßen Boden. Andere Erschießungen habe ich nicht selbst gesehen. Ich schließe jedoch aus dem plötzlichen Verschwinden meiner Kameraden, daß auch sie erschossen wurden.

Am 29. bzw. 30. Juni gab ein russischer Offizier während des Marsches ein Kommando, das offenbar ‚Halt' bedeutete; denn alles blieb sofort stehen. Er befahl einigen russischen Soldaten, einen Baum zu fällen, so daß ein übermannsgroßer Stumpf stehenblieb. Auf diesem Stumpf wurde ein Querbalken befestigt. Nunmehr bedeutete mir der Offizier, daß ich mich mit dem Gesicht vor diesen Stumpf stellen solle. Während ich diesem Befehl nachkam, ging er kurz hinter mir her und ich hörte, wie er seine Pistole durchlud. Ich überzeugte mich auch mit eigenen Augen, weil ich mich umsah. Kaum stand ich vor dem Baumstumpf, als ein Schuß fiel. Er drang mir in den Rücken durch die Lunge und trat vorne links wieder heraus. Ich ließ mich sofort fallen, und als ich auf dem Erdboden lag, spürte ich, wie das Blut austrat. Bald darauf wurde ich bewußtlos. Nach längerer Zeit kam ich wieder zu mir und merkte, daß die Russen abgezogen waren."

Fall 160

In einem Dorf vor Polozk wurden die Leichen zweier Soldaten der Nachrichtentruppe gefunden. Dem einen war der Hals durchschnitten, dem anderen die Augen ausgestochen, die Zähne eingeschlagen und die Pulsadern durchschnitten.

Fall 161

Der Oberst der Luftwaffe von G. und der Obergefreite P. waren am 24. Juni 1941 mit einem Fieseler-Storch-Flugzeug zur Landung in der Nähe der Eisenbahnlinie Linowo-Bereza-Kartuska, unweit des Bahnhofes Pawlowicze gezwungen. Die Landung erfolgte in der Nähe einer russischen Feldstellung. Die Leiche des Obersten von G. zeigte, außer einer handtellergrossen Verletzung am Hinterkopf, eine Verletzung des rechten Auges, das ausgelaufen war. Die Verletzung kann nur durch Stich oder Stoß hervorgerufen worden sein. Die linke Oberlippe war abgeschnitten. Am linken Mundwinkel befand sich eine Brandnarbe. Der linke Ringfinger war gebrochen. Die Leiche des Obergefreiten P. zeigte eine, vermutlich durch Bajonettstich herbeigeführte, Brust- und Bauchwunde, und außerdem eine Schußverletzung über der Mitte des Nasenrückens. Die Flieger waren nach Aussage eines in der Nähe des Landeplatzes wohnenden Zivilisten sofort nach ihrer Landung, die sich normal vollzog, von etwa 100 russischen Soldaten, darunter mindestens zehn Offizieren, umringt worden. Der Zeuge hat dann einige Schüsse gehört. Die fünf Tage später durch einen deutschen Arzt festgestellten Verletzungen machen die gewaltsame Ermordung und die Verstümmelung der beiden Flieger, mindestens aber die des Obersten von G., zur Gewißheit. Die Taschen beider Flieger waren entleert.

Fall 162

Die eidliche Aussage und das Gutachten des Oberarztes Dr. Löbbert vom 23. September 1941 beweisen die grausame Ermordung des Bordschützen Unteroffizier E. (I./Kampfgeschwader 77), der am 22. Juni 1941 nach Absprung mit dem Fallschirm aus seinem brennenden Flugzeug in der Nähe des Bahnhofes Kedania von den Russen zu Tode gequält worden ist. Seine Grabstelle wurde am 4. Juli 1941 geöffnet. Die Äußerung des Gutachters lautet zusammenfassend dahin:

„Der Unteroffizier E. wurde nicht erschossen, sondern erschlagen oder erwürgt, wenn überhaupt vor der Verscharrung der Tod eingetreten ist. Die Stichverletzung am rechten Oberschenkel (der Größe und Form nach ein Seitengewehrstich) muß ihm beigebracht worden sein, als er am Boden lag, da sich die Stichverletzung nur an der Vorderseite und die Blutbeschmierung nur an der Rückseite befinden. Die Goldkappe im Oberkiefer wurde herausgebrochen. Sämtliche Bekleidungs- und Ausrüstungsgegenstände wurden dem Toten (oder Wehrlosen) bis auf Hemd, Unterhose, Socken und Halstuch abgenommen. Er wurde dann mit entblößten Genitalien und mit dem Gesicht nach unten in den Abwassergraben geworfen. Die darübergeschaufelte Erde wurde über dem Kopf mit großen Steinen beschwert und wahrscheinlich mit Benzin übergossen."

Fall 163

Am 2. August 1941 wurde im Vormarschgelände der 6./Gebirgsjägerregiment 136 ein toter deutscher Soldat gefunden, dem auf der Brust ein großer Sowjetstern und am Bauch ein noch größeres Hakenkreuz eingebrannt waren. Seine Augenhöhlen waren leer. Auch einem in nächster Nähe liegenden anderen deutschen Soldaten waren die Augen ausgestochen.

Fall 164

Oberfeldwebel Zyball fand am 21. Juli 1941 an einem Waldrand, etwa zehn Kilometer ostwärts Minsk, an der Autobahn Moskau-Minsk, in einem Schützenloch die Leiche eines deutschen Fliegerleutnants, dem die Hände mit Bindedraht auf dem Rücken gefesselt waren.

Fall 165

Die Protokolle vom 9. Oktober, 28. November und 8. Dezember 1941 enthalten die Vernehmungen über den Mord an dreizehn deutschen Wehrmachtsangehörigen (elf Fliegern und zwei Heeresangehörigen), die Ende Juni 1941 in das GPU-Gefängnis in Proskurow eingeliefert worden waren. Die Angaben der Zeugen über die Zahl der dort untergebrachten deutschen Soldaten und über die Zeit ihrer Einlieferung stimmen nicht genau überein. Fest steht aber, daß mindestens dreizehn deutsche Soldaten im Kellerraum des GPU-Gefängnisses durch Nahschüsse ermordet worden sind, und zwar wenige Tage vor der Räumung Proskurows durch die Russen, unter Leitung des Stellvertretenden Chefs der NKHB in Proskurow und in Anwesenheit dreier weiterer jüdischer Beamter des Gefängnisses.

Dokumente zu Fall 165

Proskurow, den 9.10.41

Gegenwärtig: 1. Oberstabsarzt Dr. Golla, Wb.-San.-Offz. beim Lg. VIII Fp.Nr. 37863 Lg.Pa. Breslau
2. Oberarzt Dr. Ulrich Knak, Tr.-Arzt des Lw.Bau-Batls. 21/XVII L 29811 Lg.Pa. Breslau

Auf Anordnung des Gerichtes beim Befehlshaber der Ukraine haben wir am heutigen Tage, in der Zeit von 9.45 - 12.30 Uhr, in dem Sektionsraum des Ukrainischen Krankenhauses Proskurow, die Leichen der 13 Wehrmachtsangehörigen, welche am 4.10.41 im Keller des GPU-Gefängnisses in Proskurow aufgefunden wurden, besichtigt und an ihnen eine Teilsektion vorgenommen und geben über den Befund das nachstehende Protokoll ab.

Sämtliche Leichen befanden sich bereits in einem vorgeschrittenen Zustand der Verwesung, so daß technisch eine vollständige Sektion sich nicht hat ausführen lassen. Da die Todesursache bei 12 Leichen einwandfrei, und bei der 13. mit einem an Sicherheit grenzenden Grad von Wahrscheinlichkeit festzustellen war, konnte im übrigen auch aus diesem Grunde von einer vollständigen Sektion abgesehen werden.

Sämtliche Leichen wiesen keine Anhaltspunkte auf, welche auf Verstümmelungen, Verbrühungen oder andere Mißhandlungen vor dem Tode schließen ließen.

- Leiche Nr. 1: Leiche eines mittelgroßen Mannes, mit Fliegeruniform bekleidet, mit den Abzeichen eines Oberleutnants. Der rechte Fuß ist mit einem Verband umwickelt. Nach Entfernung desselben ist in der Gegend des Gelenkes, mehr nach hinten zu, ein größerer Bluterguß sichtbar, der auf dem Durchschnitt die Anzeichen eines Blutaustrittes in das Gewebe vor dem Tode aufweist. Wahrscheinlich hat es sich um eine Distorsion gehandelt. Das rechte Scheitelbein weist nach Durchtrennung und Ablösung der Kopfschwarte eine Einschußöffnung auf. Die entsprechende Ausschußöffnung befindet sich am linken Scheitelbein. Die Einschußöffnung ist etwa kalibergroß, die Ausschußöffnung mißt 2,5 x 1 cm. Die Umgebung ist zersplittert. – Todesursache: Kopfschußverletzung (Nahschuß).
- Leiche Nr. 2: Leiche mit Fliegeruniform bekleidet, mit den Abzeichen eines Oberfeldwebels. Die Kopfschwarte wird durchtrennt und abgelöst. Ziemlich in der Mitte des linken Schläfenbeines befindet sich eine Einschußöffnung mit Splitterung der Umgebung. Eine Ausschußöffnung ist nicht zu finden. – Todesursache: Kopfschußverletzung (Nahschuß).
- Leiche Nr. 3: Leiche mit Fliegeruniform bekleidet, mit den Abzeichen eines Oberfeldwebels. Die Kopfschwarte wird abgetrennt und abgelöst. Ziemlich in der Mitte des linken Schläfenbeines befindet sich eine Einschußöffnung mit Splitterung der Umgebung. Eine Ausschußöffnung ist nicht zu finden. – Todesursache: Kopfschußverletzung (Nahschuß).
- Leiche Nr. 4: Leiche mit Fliegeruniform bekleidet, mit den Abzeichen eines Oberfeldwebels. Die Kopfschwarte wird durchtrennt und abgelöst. Auf dem Scheitelbein, ziemlich in Scheitelhöhe, erscheint eine 2 x 1,5 cm große, gesplitterte Frakturstelle, an deren vorderem Rand ein etwa kalibergroßer Defekt sichtbar ist. In dem Umfang der Frakturstelle läßt sich ein Teil des linken Scheitelbeines abheben. Eine große Fissur führt von da abwärts bis in die Hinterhauptschuppe hinein. – Todesursache: Wahrscheinlich Kopfschußverletzung, die Einwirkung stumpfer Gewalt kann nicht mit Sicherheit ausgeschlossen werden.
- Leiche Nr. 5: Leiche mit Fliegeruniform bekleidet, mit den Abzeichen eines Feldwebels. Der linke Unterschenkel ist mit einer Kramerschiene geschient. Die Kopfschwarte wird durchtrennt und abgelöst. Am rechten Scheitelbein befindet sich nahe am Schläfenbein eine Einschußöffnung. Eine Ausschußöffnung wurde nicht gefunden. – Todesursache: Kopfschußverletzung (Nahschuß).
- Leiche Nr. 6: Leiche in Fliegeruniform, mit den Abzeichen eines Feldwebels. Die Kopfschwarte wird durchtrennt und abgelöst. Am rechten Scheitelbein befindet sich in der Nähe des Schläfenbeines eine Einschußöffnung. Die Ausschußöffnung wird am linken Scheitelbein in der Nähe der Hinterhauptschuppe gefunden. – Todesursache: Kopfschußverletzung (Nahschuß).
- Leiche Nr. 7: Leiche in Fliegeruniform, mit den Abzeichen eines Oberfeldwebels. Die Kopfschwarte wird durchtrennt und abgelöst. An der rechten Schläfe befindet sich eine Einschußöffnung. Eine Ausschußöffnung wurde nicht gefunden. – Todesursache: Kopfschußverletzung (Nahschuß).
- Leiche Nr. 8: Leiche mit Fliegeruniform bekleidet, mit den Abzeichen eines Fliegerunteroffiziers. Die Kopfschwarte wird durchtrennt und abgelöst. An der Grenze des rechten Schläfenbeines zum Scheitelbein befindet sich eine Einschußöffnung. Eine Ausschußöffnung wird nicht gefunden. – Todesursache: Kopfschußverletzung (Nahschuß).
- Leiche Nr. 9: Leiche mit Fliegeruniform bekleidet, mit den Abzeichen eines Fliegerunteroffiziers. Die Kopfschwarte wird durchtrennt und abgelöst. Am rechten Scheitelbein befindet sich in der Nähe der Hinterhauptschuppe eine Einschußöffnung. Eine Ausschußöffnung wird nicht gefunden. – Todesursache: Kopfschußverletzung (Nahschuß).
- Leiche Nr. 10: Leiche in Fliegerkombination gekleidet, Dienstgrad nicht erkennbar. Die Kopfschwarte wird durchtrennt und abgelöst. In der Mitte des Stirnbeines befindet sich eine Einschußöffnung. Eine Ausschußöffnung wird nicht gefunden. – Todesursache: Kopfschußverletzung (Nahschuß).
- Leiche Nr. 11: Leiche mit Heeresuniform bekleidet, mit den Abzeichen eines Unteroffiziers. Die Kopfschwarte wird durchtrennt und abgelöst. Im linken Schläfenbein befindet sich eine Einschußöffnung. Eine Ausschußöffnung wird nicht gefunden. – Todesursache: Kopfschußverletzung (Nahschuß).
- Leiche Nr. 12: Leiche bekleidet mit Heeresuniform, mit den Abzeichen eines Gefreiten. Die Kopfschwarte wird durchtrennt und abgelöst. Im linken Schläfenbein befindet sich eine Einschußöffnung. Eine Ausschußöffnung wird nicht gefunden. – Todesursache: Kopfschußverletzung (Nahschuß).

– Leiche Nr. 13: Leiche bekleidet mit einer Fliegerhose. Dienstgrad nicht erkennbar. Der Kopf trägt einen Verband, mit einer Kompresse in der Gegend der rechten Wange. Etwa über dem Jochbogen, dem Verlauf des Jochbogens entsprechend, erscheint ein 4 - 5 cm langer Defekt, bis auf das Jochbein reichend, dessen Entstehungsmechanismus infolge vorgeschrittener Verwesung nicht mehr erkennbar ist. Der Jochbogen ist frakturiert, und der Unterkiefer aus seiner Gelenkverbindung gelöst. Die Kopfschwarte wird durchtrennt und abgelöst. Etwa an der Grenze von Stirn- und Schläfenbein (links) befindet sich eine Einschußöffnung, die von 2 Projektilen, die dicht nebeneinander eingedrungen waren, herrührt. – Todesursache: Kopfschußverletzung (Nahschuß).

Es ist mit einem an Sicherheit grenzenden Grade der Wahrscheinlichkeit anzunehmen, daß der Tod bei allen Wehrmachtsangehörigen unmittelbar nach der Verletzung eingetreten ist.

gez. Dr. Knak, Oberarzt (Kr.O.), gez. Dr. Golla, Oberstabsarzt d. R. z. V., Beglaubigt: Sekretär

[...]

Gericht der Feldkommandantur 183 **z.Zt. Proskurow, den 28.11.1941**
RHL 10/41

Vernehmender Richter: KGR Dr. Reinlein, als Schreiber: Gefr. Kaufmann

Zeugenvernehmung: Auf Vorladung erscheint der Zeuge Ukrainitz, Boris. Er wird auf die Bedeutung des Eides und die Folgen der Eidesleistung verwiesen und vernommen wie folgt:

Zur Person: Ich heiße Ukrainitz, Boris, wohne in Proskurow, Realischgasse Nr. 4, bin 48 Jahre alt, ukrainisch-orthodoxer Religion.

Zur Sache: 5 Tage, bevor die Bolschewisten abrückten – soweit ich mich erinnere, war es am 3.7.41 –, sah ich gegen 12 Uhr auf der Hauptstraße 3 deutsche Flieger, die die Hände auf dem Rücken gefesselt und die Augen verbunden hatten. Sie wurden von 5 russischen Soldaten eskortiert. Die Bolschewisten hatten das Gewehr mit aufgepflanztem Bajonett griffbereit in der Hand. Irgendwelche Verwundungen konnte ich bei den deutschen Soldaten nicht feststellen, habe aber lange sie nicht ansehen können, da das streng verboten war und ich als Ukrainer schon zu den Verdächtigen gehörte.

Bei diesen 3 gefangenen deutschen Soldaten handelt es sich um eine Flugzeugbesatzung, die am 2.7. 2,5 km von Proskurow, bei dem Dorf Hrecana, notgelandet war. Die Maschine hatte gegen 16 Uhr Proskurow in niedriger Höhe überflogen. Es handelte sich um eine dreimotorige Maschine, die offenbar Motordefekt hatte, denn die Besatzung versuchte nach der Notlandung, wie ich von einem Hügel bei meinem Haus deutlich sehen konnte, die Maschine wieder zu reparieren. Schon bald kamen aber mehrere Autos mit Bolschewisten, die Maschinengewehre bei sich führten, um die Besatzung gefangenzunehmen. Die Besatzung verteidigte sich aber mit ihrem Maschinengewehr – es mögen auch mehrere gewesen sein – etwa 2 Stunden, bis ihre ganze Munition verschossen war. Dann wurde sie gefangengenommen.

Bevor die Bolschewisten kamen, hatte die Maschine übrigens noch einmal versucht zu starten, was ihr aber nicht gelang. Sie hob sich nur etwas vom Boden ab und blieb dann wieder stehen. Sonst kann ich nichts sagen.

Diese Aussage ist richtig, ich habe ihr nichts mehr hinzuzufügen.

gez. Unterschrift, als Dolmetscher: gez. Unterschrift, gez. Dr. Reinlein, Kriegsgerichtsrat

Der Zeuge leistet hierauf den vorschriftsmäßigen Zeugeneid.

gez. Herbert Kaufmann, Schreiber, gez. Dr. Reinlein, Kriegsgerichtsrat, Beglaubigt: Sekretär

Gericht der Feldkommandantur 183 **z.Zt. Proskurow, den 28.11.1941**
RHL 10/41

Vernehmender Richter: KGR Dr. Reinlein, als Schreiber: Gefr. Kaufmann

Zeugenvernehmung: Auf Vorladung erscheint der Zeuge Kasprik, Pjotr (Peter). Er wird auf die Bedeutung des Eides und die Folgen der Eidesleistung verwiesen und vernommen wie folgt:

Zur Person: Ich heiße Pjotr (Peter) Kasprik, bin 28 Jahre alt, griechisch-orthodox, von Beruf Fahrdienstleiter bei der Eisenbahn, wohne in Proskurow, Rote Marinestraße 45.

Zur Sache: Ich wiederhole meine Aussage vom 8.10.1941, die lautet wie folgt: Ich selber habe etwa 6 Monate im GPU-Gefängnis gesessen, da ich als Fahrdienstleiter in Starakonstantinow mit einem NKWD-Angehörigen Streit bekommen hatte. Bis zum 5.7.41 war ich in Proskurow inhaftiert und wurde dann mit rund 1500 Zivilgefangenen nach Winniza überführt. Die Anwesenheit deutscher Soldaten habe ich bei diesem Gefangenentransport nicht bemerkt.

Einen oder zwei Tage vor unserem Transport nach Winniza sah ich aus dem Fenster des Zimmers, in dem ich mit 90 anderen Gefangenen untergebracht war und das im I. Stock mit der Aussicht zur Einfahrt in das Gefängnis lag, daß ein Lastkraftwagen mit 6 bis 7 (gefangenen) deutschen Soldaten in das Gefängnistor kam. Neben den Soldaten lagen auf dem Lastkraftwagen einige Uniformstücke, darunter auch eine Mütze mit Schirm und silberner Kordel. Die gefangenen deutschen Soldaten standen mit verbundenen Augen und auf dem Rücken gefesselten Händen auf dem Fahrzeug. Ein bolschewistischer Major fotografierte diese Gruppe. Darauf riß ein Soldat, ich weiß nicht mehr, ob es ein Offizier oder Sergeant war, den Gefangenen die Achselstücke von den Uniformen, nahm ihnen die Binde von den Augen, worauf der Major eine zweite fotografische Aufnahme machte. Ich sah dann, daß die Gefangenen von dem Wagen herunterstiegen und einem ihrer Kameraden herunterhalfen. Von den Gefangenen waren 2 am Kopf, 1 am Arm und einer am Oberschenkel verwundet. Ich nahm das jedenfalls an, da ich blutige Stellen und bei den am Kopf Verwundeten Verbände sah.

Mitgefangene, die mit mir, wie oben erwähnt, zusammen waren, haben an dem gleichen Tag, etwa gegen 15 Uhr, noch 2 weitere Lastkraftwagen beobachtet, die Gefangene in das Gefängnis brachten. Um wieviele Gefangene es sich dabei handelte, weiß ich nicht. Sonst kann ich zur Sache nichts sagen.

Diese Aussage ist richtig, ich habe ihr nichts mehr hinzuzufügen.

gez. Unterschrift, als Dolmetscher: gez. Unterschrift, gez. Dr. Reinlein, Kriegsgerichtsrat

Der Zeuge leistet hierauf den vorschriftsmäßigen Zeugeneid.

gez. Herbert Kaufmann, Schreiber, gez. Dr. Reinlein, Kriegsgerichtsrat, Beglaubigt: Sekretär

[...]

Gericht der Feldkommandantur 183 **z.Zt. Proskurow, den 28.11.1941**
RHL 10/41

Vernehmender Richter: KGR Dr. Reinlein, als Schreiber: Gefr. Kaufmann

Zeugenvernehmung: Vorgeführt erscheint der Zeuge Kolomyjetz, Nikolai. Er wird auf die Bedeutung des Eides und die Folgen der Eidesleistung verwiesen und vernommen wie folgt:

Zur Person: Ich heiße Nikolai Kolomyjetz, bin Ukrainer, 1913 in Karpowce geboren und dortselbst wohnhaft.

Zur Sache: Ich war von 1937 bis 1939 als Aufseher und bis 3. Juli 1941 als Magazineur im GPU-Gefängnis in Proskurow angestellt. Am 27. oder 28. Juni 1941, der Tag ist mir nicht mehr genau in Erinnerung, wurden um 15 Uhr mit einem Lastkraftwagen 12 deutsche Flieger, darunter 1 Offizier, in das Gefängnis gebracht. Diese Soldaten waren ohne Mütze, hatten die Augen verbunden, und einer von ihnen hatte einen Verband um den Kopf. Ich kann mich genau erinnern, daß auch einer eine längere Ordensschnalle an der Brust hatte. Ein zweiter hatte das Eiserne Kreuz an der Brust und ein Band im Knopfloch. Letzterer wurde gleich vom Kraftwagen in das Wachzimmer gebracht, wo man ihm das Kreuz von der Brust nehmen wollte. Er wehrte sich dagegen. Er sprach etwas russisch, und als man ihm das Kreuz von der Brust riß, sagte er „Hitler gibt mir ein anderes!" Ich schätzte diesen Soldaten auf 34-36 Jahre. Der am Kopf verbundene Flieger wurde in das Sanitätszimmer gebracht, die anderen 11 in den jetzt noch als Gefängnis verwendeten Gebäudeteil geführt. Beim Abführen der 11 Flieger war ich selbst nicht zugegen und kann daher auch nicht angeben, ob einer von ihnen eine Fußverletzung hatte und einen Verband trug. Beim Durchsuchen der Uniformen wurde ihnen alles abgenommen und in einer eisernen Kasse in der Buchhaltung verwahrt.

Am 3. Juli gingen größere Transporte von Zivilgefangenen, darunter 2 Soldaten in braunen Uniformen, es waren keine Deutschen, mittels Bahn über Winniza nach Zolotonoscha am linken Ufer des Dnjepr. Die 12 deutschen Soldaten und mit ihnen eine Frau und zwei Zivilisten (Ukrainer) blieben im Gefängnis zurück. Ich war mit einem dieser Transporte nach Winniza gekommen und traf dort den Aufseher Buhera, Peter aus Andychowce, der mit einem späteren Transport nachgekommen war. Dieser erzählte mir nun folgendes: In der Nacht zum 4. Juli kam der stellvertretende Chef des NKHB in Proskurow, ein Name ist mir nicht bekannt, in das Gefängnis und ließ die deutschen Soldaten und die drei Zivilpersonen einzeln in den kleinen Keller (Fundstelle der Ermordeten) bringen. In diesem Keller brannte nur ein ganz schwaches Licht. Jeder einzelne mußte sich niederknien, und der Jude selbst tötete jeden durch einen Kopfschuß mit Nahanrevolver. Von Mißhandlungen hörte ich nichts. Bei der Ermordung waren im Keller noch anwesend der Jude Kasanschi Jankil Lwowitsch, Wachkommandant und Stellvertreter des Gefängnisdirektors, ca. 40 Jahre alt (war während der Überwachung der Flieger immer Wachführer), Jude Wassermann, Aufseher, ca. 35 Jahre alt, der Jude Machnewitsch Schloma Lebowitsch, Aufseher, ca. 27 Jahre alt und der Ukrainer Lubtschak Wasil Markowitsch aus Nischni-Wolkowce, Aufseher, 37 Jahre alt.

Später erzählte man auch, daß am 25. Juni bei Hrecana ein deutsches Flugzeug zur Landung gezwungen wurde, und die Mannschaft nach Proskurow in das GPU-Haus in der Hauptstraße gebracht worden sei. Ebenso sollte es der Besatzung eines angeblich zur selben Zeit über den Flugplatz Proskurow abgeschossenen deutschen Flugzeuges ergangen sein. Was weiter mit diesen Fliegern geschehen ist, konnte ich nicht mehr erfahren.

Diese meine Aussage ist richtig, ich habe ihr nichts hinzuzufügen.

gez. Unterschrift, als Dolmetscher: gez. Unterschrift, gez. Dr. Reinlein, Kriegsgerichtsrat

Der Zeuge leistet hierauf den vorschriftsmäßigen Zeugeneid.

gez. Herbert Kaufmann, Schreiber, gez. Dr. Reinlein, Kriegsgerichtsrat, Beglaubigt: Sekretär

Fall 166

Der russische Staatsangehörige Landwirt Kantenko bezeugt eidlich die auf Befehl eines russischen Kommissars erfolgte Erschießung zweier deutscher Verwundeter, die der Zeuge in seinem Unterstand beherbergt hatte.

Fall 167

Unteroffizier Kirchner wurde, obwohl durch Kopfschuß verwundet und wehrlos, von einer Gruppe russischer Soldaten mit Füßen getreten. Sie rissen ihm den Kopfverband ab und schlugen mit dem Gewehrkolben auf seine Brust, wodurch er einen Brustbeinbruch davontrug. Ein russischer Offizier schlug ihm mit dem Kolben seiner Pistole ins Gesicht, weil er auf die Frage, ob deutsche Panzer in der Nähe seien, nicht antwortete. Unteroffizier Kirchner sah, als er von der Frontlinie weggeführt wurde, daß russische Soldaten um einen Leutnant seiner Kompanie, der gleichfalls verwundet war, herumstanden und hörte sein lautes Schreien. Die Leiche dieses Leutnants ist später ohne Kopf aufgefunden worden. Unteroffizier Kirchner ist zwei Tage lang in russischer Gefangenschaft ohne jede Verpflegung geblieben, auch ein Verband ist ihm nicht angelegt worden. Wenn er um etwas bat, wurde nach ihm gestoßen oder getreten. Bei der Gefangennahme hatte man ihn seiner Privatsachen beraubt.

Fall 168

Am 23. Juni 1941 fielen in einem Waldgefecht der Leutnant T., der Oberschütze B. und der Obergefreite T. Am folgenden Tage wurden ihre Leichen in schwer verstümmeltem Zustand aufgefunden. Dem Oberschützen B. hatte man sein Seitengewehr in den Leib gestoßen. Die Gesichter der Gefallenen waren durch Stich- und Hiebwunden zerstoßen und zerschlagen, die Toten beraubt.

Fall 169

Das gewaltsame Vorgehen russischer Kommissare gegen deutsche Kriegsgefangene wird in der eidlichen Aussage des Gefreiten Prier vom 23. November 1941 von neuem bestätigt. Prier, ein Unteroffizier und ein Soldat, sahen sich am 28. Juni 1941 während eines Spähtruppunternehmens in der Morgendämmerung unvermutet einer überlegenen russischen Gruppe gegenüber, die von einem Kommissar geführt wurde. Sie ergaben sich der Übermacht und legten die Waffen nieder. Der Kommissar untersuchte zunächst den Unteroffizier, riß ihm das E.K.-Band und die Schulterklappen ab und veranlaßte ihn und die beiden anderen, das Koppel abzulegen. Dann trat er einige Schritte zurück, gab seinen Leuten ein Zeichen mit der Hand und eröffnete gleichzeitig mit seinen Leuten, er selbst aus seiner Maschinenpistole, das Feuer auf die drei Gefangenen. Der Unteroffizier und der Soldat wurden tödlich getroffen. Dem Zeugen gelang es durch Zurückspringen in den Wald, dem gleichen Schicksal zu entgehen.

Fall 170

Am 10. Oktober 1941 ermordeten russische Truppen in dem Dorfe Gorki bei Kalinin nach einem Überfall auf das Dorf 15 Artilleristen, die in ihre Hand gefallen waren. Die Toten wiesen grausame Verstümmelungen auf: Einigen von ihnen waren die Augen ausgestochen, anderen die Zunge, die Ohren oder die Geschlechtsteile abgeschnitten worden.

Fall 171

Einen ähnlichen Vorfall schildert der Zeuge SS-Schütze Schröter: Am 5. oder 6. Juli 1941 eroberte das Bataillon, dem der Zeuge angehörte, ein Dorf zwischen Rowno und Ostrog zurück. Es war vorher von einer Radfahr-Schwadron besetzt, die durch nächtlichen Überfall der Russen zurückgeworfen worden war. Das neu einrückende Bataillon fand etwa 80 tote Angehörige der Radfahr-Schwadron vor. Auch hier wurde festgestellt, daß einigen der Gefangenen die Augen ausgestochen, die Ohren oder das Geschlechtsteil abgeschnitten, anderen der Leib aufgeschlitzt war. Manche der Toten wiesen mehrere Verstümmelungen dieser Art auf.

Fall 172

Auch die Aussagen des Fahnenjunker-Unteroffiziers von der Decken und des Gefreiten Siewek behandeln ähnliche Ermordungen und Verstümmelungen aus der Zeit von Anfang bzw. Ende Juli 1941.

Fall 173

Hauptmann Schnüll, Panzerlehrregiment, schildert eidlich folgenden Fall bestialischer Grausamkeit:

„Eines Tages im September 1941 fuhr ich mit meinem Kraftwagen – ich gehörte damals dem Stabe des 39. Korps an – in das hart und wechselvoll umkämpfte Dorf Jazewo (bei Duchaczewo, nordöstlich von Smolensk) hinein. Im Dorf wurde mir plötzlich von deutschen Soldaten zugerufen: ‚Nicht weiterfahren, Russen sind da!' Ich hielt an, stieg aus und habe nun folgendes beobachtet: Deutsche Soldaten umstanden einen toten deutschen Kradfahrer, dessen Krad zerschossen war. Die Hände des toten Kradfahrers waren auf dem Rücken zusammengebunden. Er hatte in der Nackengegend einen tiefen Schnitt; die Kopfhaut war abgerissen und etwa bis zu den Augenhöhlen über den Kopf gezogen. Der Mann war also geradezu skalpiert worden."

Fall 174

Unterscharführer Weixer fand in der Gegend von Stary-Dorohy (Abschnitt Baronowitschi-Sluk) im Juli 1941 die Leichen von zwei deutschen Soldaten, die folgende Verletzungen aufwiesen: die Schädel völlig zerhackt, die Augen ausgestochen, die Hände abgehackt. Die Verletzungen rührten offenbar von Kosakensäbeln her, denn kurz darauf wurden Kosaken in dieser Gegend festgestellt.

Fall 175

Den Beweis der Ermordung wehrloser Verwundeter und schwerer Verstümmelungen erbringt auch das Protokoll des Bataillonsarztes des Jäger-Bataillons des Infanterieregiments 15 (mot) vom 28. November 1941 über die Untersuchung von sechs im Gefecht von Nowaja Jakowiewka (nördlich des Bahnhofs Jepitan) am 27. November 1941 verwundet zurückgelassenen Offizieren und Mannschaften.

Fall 176

Der Schütze Rehfeld und der Gefreite Düwel berichten eidlich über die in der Nacht vom 1. zum 2. Dezember 1941 erfolgten Gegenangriffe der Russen auf ein Dorf an der Nara (etwa 60 Kilometer westlich von Moskau) und über die Erschießung der in einer Scheune des Dorfes befindlichen deutschen Verwundeten. Der Hauptteil der Aussage des Zeugen Rehfeld sei hier wiedergegeben:

„Es blieben in der Scheune gegen 30 Schwerverwundete und Tote und etwa 30 Leichtverwundete und Gesunde zurück. Der Brand griff immer mehr um sich. Unsere Munition ging aus. Die russische Infanterie kam auf etwa 100 Meter an die Scheune heran. In dieser Lage schickte ein Unteroffizier zwei russische Gefangene, die wir bei uns hatten, mit weißen Tüchern zu den Russen, zum Zeichen, daß wir uns ergeben wollten. Gleich darauf erschienen die Russen am Eingang der Scheune. Alles, was laufen konnte, mußte die Scheune verlassen. Zu uns Verwundeten kamen Russen unter der Führung unserer Gefangenen herein, nahmen uns unsere Waffen ab und begannen, unsere Taschen nach Wertsachen zu durchsuchen. Als die Russen hereinkamen, erschossen sich einige von uns. Ich habe überlegt, ob ich das auch tun sollte, konnte aber die Hoffnung nicht aufgeben, noch mal nach Hause zu kommen.

Während die Russen uns durchsuchten, kam ein russischer Offizier in die Scheune. Ich erkannte ihn als Offizier daran, daß er Befehle gab und auch sonst nach seinem Auftreten den Eindruck eines Offiziers machte. Er ging einige Male in der Scheune auf und ab und musterte uns. Die russischen Soldaten fuhren fort, unsere Taschen nach Wertsachen zu durchsuchen.

Einer meiner Kameraden konnte polnisch sprechen. Er unterhielt sich einen Augenblick mit den russischen Soldaten. Er sagte uns dann, er habe die Russen gefragt, ob wir erschossen würden; sie hätten geantwortet, uns würde nichts geschehen, wir würden verbunden und zurückgebracht werden.

Inzwischen verließ der Offizier die Scheune. Da sah ich, daß ein russischer Soldat, der an dem Ausgang der Scheune stand, sein Gewehr anlegte und einen von uns an der Erde liegenden Verwundeten erschoß. Darauf gingen die Russen durch unsere Reihen und erschossen einen Verwundeten nach dem anderen. Ich lag zwischen zwei Schwerverwundeten und hatte schon vorher wegen der von dem Dach herabfallenden Glut den Stahlhelm ins Gesicht gezogen. Als das Erschießen losging, rührte ich mich nicht mehr. Die Russen hielten mich offensichtlich für tot, denn sie übergingen mich. In mehreren Fällen schossen sie schlecht, denn ich hörte meine Kameraden aufschreien. Auch mein linker Nachbar wurde nicht gleich tödlich getroffen; er schrie furchtbar auf. Erst der zweite Schuß löschte sein Leben.

Als das vorbei war, verließen die Russen die Scheune.

Ich hatte die Hoffnung [auf] Hilfe immer noch nicht aufgegeben. Wenn ich aber nicht verbrennen wollte, mußte ich versuchen, ins Freie zu gelangen. Nach einer Weile wälzte ich mich zum Ausgang, der aber inzwischen durch herabfallende Trümmer verschüttet war. Mit Hilfe eines Fernsprechkastens, auf den ich den gesunden Fuß aufsetzen konnte, gelang es mir, den Schutt soweit wegzustoßen, daß ich das Freie gewann. Ich mußte dabei allerdings noch eine ganze Weile in der Scheune verharren, weil sich der Russe noch draußen zeigte.

Draußen wälzte ich mich hinter einen Holzstoß, als ich auch schon deutsches Maschinengewehrfeuer vernahm. Ich wurde dann von meinen Kameraden gefunden."

Fall 177

Mißhandlungen und Beraubungen von Verwundeten, Erschießung der in russische Hand gefallenen deutschen Soldaten und systematische Ermordung der auf dem Kampffeld liegenden Verwundeten ist auch das Thema der in den Protokollen des Gerichts der 13. Panzerdivision vom 27. Juni bis zum 1. Juli 1941 enthaltenen Aussagen derjenigen Zeugen, die durch glückliche Fügung diesen blutigen Aktionen der Sowjettruppen zu entgehen vermochten.

Fall 178

Am 21. September 1941 zwangen die Russen bei Kandybowka einen auf einem Strohhaufen liegenden deutschen Verwundeten, aufzustehen, zerrten ihm das Hemd vom Leibe, drückten es ihm in die linke Hand und stießen ihn nach vorn, auf die deutsche Linie zu. Ein Russe faßte den linken Arm des Verwundeten, an dessen rechter Brustseite stark fließendes Blut zu erkennen war und machte mit dem linken Arm des Deutschen winkende Bewegungen, so daß das Hemd flatterte. Der Verwundete weigerte sich offensichtlich, sich in dieser Weise mißbrauchen zu lassen; er drehte sich ab und wollte nicht mehr vorwärts. Nach mehrmaligem vergeblichen Versuch der Russen, ihn vorwärts zu treiben, stieß der Russe ihn in eine Getreidepuppe und ein anderer stach mit seinem Bajonett nach ihm. Der Vorgang ist von dem Kompanieführer der gegenüber kämpfenden 13./Infanterieregiment 372 in allen Einzelheiten beobachtet worden. Er war dadurch zeitweise gezwungen, das Feuer einzustellen bzw. zu verlegen, um den verwundeten Kameraden nicht zu gefährden.

Fall 179

Der Gefreite Huger (2./Panzerjägerabteilung 113) wurde im Gefecht vom 25. September 1941 bei Malja-Beresaunka von einer russischen Übermacht gefangengenommen. Die Russen versuchten sofort, von ihm Auskunft über seinen Truppenteil, Zusammensetzung, Stärke und Bewaffnung zu erhalten. Als er die Antwort hierauf verweigerte, schoß ein Russe mit der Pistole auf ihn. Er wurde an Schulter und Hals schwer verwundet und ist später aufgefunden und in ein deutsches Lazarett eingeliefert worden.

Fall 180

Der Obergefreite Sch. (12./Infanterieregiment 123), der am 4. Juli 1941 nördlich Tiraspol, bei dem Dorf Wischina, durch Oberschenkelschuß verwundet worden war, wurde am folgenden Tage mit einem Genickschuß tot aufgefunden. Bei den Kämpfen desselben Regiments am 24. Oktober 1941, südlich Perekop, blieben einige Verwundete zeitweilig auf dem Kampfplatz zurück. Als das Regiment am nächsten Morgen von neuem angriff, fand man den tags zuvor verwundet zurückgebliebenen Feldwebel R. tot auf. Er lag völlig nackt auf der Erde und hatte einen Strick um den Hals, war also wahrscheinlich erwürgt und dann beraubt worden. Auch einem anderen Feldwebel, der einen Kopfschuß erhalten hatte, war die Uniform weggenommen worden.

Fall 181

Feldwebel Klemke (6./Infanterieregiment 28) berichtet eidlich:

„Als Anfang August 1941 mein Regiment nordöstlich Smolensk in der Nähe des Dnjeprbogens zum Angriff vorging, wurde meine Kompanie zeitweilig abgeschnitten und mußte etwas zurückgehen. Bei dieser Gelegenheit mußten wir verwundete Kameraden zurücklassen. So blieb auch der Obergefreite H. meines Zuges verwundet liegen. Er schrie uns noch nach, wir sollten ihn doch mitnehmen. Das war aber nicht möglich. Als wir etwa eine halbe Stunde später zum Gegenstoß vorgingen, kam ich an dieselbe Stelle, wo H. lag. Er war jetzt tot, und ich konnte feststellen, daß ihm die Augen ausgestochen waren. Sonstige Verletzungen am Kopfe hatte er nicht. Die Umgebung der Augenhöhlen war mit Blut beschmiert."

Fall 182

Feststellungen über Ermordungen bzw. Verstümmelungen ergeben sich auch aus der eidlichen Aussage des SS-Sturmmannes Brandt vom 29. Juni 1941:

„Als meine Standarte am 11. Juli 1941, im Vormarsch auf Kiew in der Gegend von Shitomir war, habe ich in einem Straßengraben zwei tote deutsche Wehrmachtangehörige gesehen, von denen dem einen das Geschlechtsteil und zwei Finger abgeschnitten waren. Dem anderen waren die Augen ausgestochen, außerdem hatte er ein Loch im Schädel, das offenbar von der Einwirkung mit einem stumpfen Gegenstand herrührte.
Als mein zweites Bataillon am 16. August 1941 im Vormarsch auf Nowodanzig war, kamen wir an einen Fluß – es kann der Ingulez gewesen sein. Dort habe ich zwei tote deutsche Pioniere liegen sehen, die zu einem Pioniertrupp gehört hatten, der eine Brücke sprengen sollte. Der eine von ihnen

lag mit bloßem Oberkörper da. Ihm fehlten ein Ohr und eine Hand. Der andere Pionier lag etwa 50 Schritte entfernt und war noch bekleidet. Das Gesicht war blutverschmiert und die Augen fehlten. Außerdem waren ihm Ring- und Mittelfinger einer Hand abgeschnitten."

Fall 183

Feldwebel Büchner (5. Kradschützenbataillon 18) berichtet über zwei Kradmelder seines Bataillons, die Anfang Oktober 1941 etwa fünf Kilometer östlich Karatschew, wo die Russen vorübergehend eingebrochen waren, in russische Gefangenschaft geraten waren. Auf die Nachricht von der Auffindung der beiden Kradmelder begab sich Feldwebel Büchner im Auftrage des Kompaniechefs an Ort und Stelle. Seine Feststellungen seien hier wiedergegeben:

„Als ich an den Ort des Überfalles gekommen war, sah ich dort am Waldrand unsere beiden Kradmelder liegen. Der eine war tot, während der zweite noch lebte. Die Namen der beiden Kradmelder sind mir nicht bekannt. Der tote Kradmelder wies eine schwere Bauchverletzung auf, die ihm offensichtlich mit einem Messer beigebracht worden ist, wie es die asiatischen Truppen bei den Russen mit sich zu führen pflegen. Der Schnitt war durch den Rock hindurch dem deutschen Soldaten beigebracht worden. In der Gegend des Schnittes war die Uniform stark blutdurchtränkt. Außerdem waren die beiden Augen dieses Kradmelders ausgestochen, die Augenhöhlen waren vollkommen leer. Weitere Verletzungen, insbesondere Schußverletzungen, habe ich bei der Besichtigung der Leiche nicht feststellen können. Der tote Kradmelder wurde mit noch anderen deutschen Soldaten, die in der dortigen Gegend im Kampf gefallen waren, an Ort und Stelle beigesetzt. Der zweite Kradfahrer hatte ebenfalls eine schwere Augenverletzung, die ihm offensichtlich während der kurzen Zeit, in der er in russischer Gefangenschaft war, von russischen Truppen beigebracht wurde. Das eine Auge war vollkommen ausgestochen und hing nur noch an einer schwachen Sehne aus der Augenhöhle heraus. Bei dem andern Auge sah ich einen über den ganzen Augendeckel verlaufenden Einschnitt, das Auge befand sich aber noch in der Augenhöhle. Dieser Kradfahrer konnte vor Schmerzen nicht stehen, er schrie und wimmerte ununterbrochen. Ich lieferte ihn auf dem schnellsten Wege auf dem Hauptverbandsplatz der 18. Panzerdivision ab. Was aus diesem Kradfahrer geworden ist, weiß ich nicht."

Fall 184

Anfang Juli 1941 bei Suprasl (unweit Slonim) geriet die Spitze einer deutschen Marschkolonne in einen Hinterhalt der Russen. Dabei wurde auch der Unteroffizier F. (7./Infanterieregiment 68) gefangengenommen. Beim weiteren Vormarsch des Regiments fand man die Leiche des Unteroffizier F. Ihm waren beide Augen ausgestochen.

Fall 185

Am 15. Dezember 1941 gerieten bei Donskoje am Don der Schütze Mack und der verwundete Schütze S. in russische Gefangenschaft. Sie wurden von sechs oder sieben Sowjetarmisten mit aufgepflanzten Seitengewehren umstellt, als Mack den verwundeten S. bergen wollte. Die Russen schleiften den Verwundeten, der einen Oberschenkelschuß erhalten hatte, zunächst etwa 15 Meter über den Erdboden, um ihn dann völlig auszuplündern. Der Zeuge Mack beobachtete dann aus nächster Entfernung, wie ein russischer Feldwebel ein Infanteriegewehr ergriff und dem auf dem Boden halb knienden Schützen S. aus einer Entfernung von ein bis zwei Metern einen Genickschuß gab. Der Schuß war tödlich. Mack hörte S. noch etwa zwei oder drei Minuten lang rufen, bis der Tod eintrat. Gleich darauf faßte ein russischer Offizier den Schützen Mack an der Schulter und stieß ihn auf ein in der Nähe gelegenes Haus zu, so daß das Gesicht der Hauswand zugekehrt war. Dann schoß der russische Offizier aus nächster Nähe von hinten mit der Pistole auf ihn. Der Schuß traf Mack in die rechte Schulter. Er stürzte nach vorn und erhielt gleich darauf einen zweiten Pistolenschuß von demselben Offizier. Dieser zweite Schuß traf ihn am unteren Hinterkopf. Mack blieb etwa vier bis fünf Stunden an derselben Stelle im Schnee liegen. Die Russen hatten ihn offenbar für tot gehalten. Es herrschte eine Kälte von etwa 25 Grad. Mehrfach kamen, während er dort lag, noch weitere Russen an ihn heran und durchsuchten seine Taschen, die aber bereits entleert waren. Erst gegen zehn Uhr abends konnte er auf allen vieren in einen in der Nähe befindlichen Schuppen kriechen, hinter dem ein russisches Maschinengewehr mit zwei Mann Besatzung aufgestellt war. Am Morgen des folgenden Tages wurde er von deutschen Pionieren gefunden, die das Dorf im Gegenstoß genommen hatten.

Fall 186

Über zwei grausame Massenmorde an deutschen Kriegsgefangenen, nämlich an 74 Soldaten (1 Offizier, 8 Unteroffizieren und 65 Mann) des II./Infanterieregiment (mot) 53, die in den Kämpfen um den Brückenkopf bei Dzisna an der Düna am 8. Juli 1941 in russische Hand gefallen waren, und an etwa 30 Männern des Kradschützenbataillons 54, die am 18. Oktober 1941 ostwärts Sztaritza vermißt gemeldet waren, berichtet die eidliche Aussage des Stabsarztes Dr. Sachs vom 9. November 1941. Auch hier waren russische Befehle offenbar die Grundlage der mit brutalster Grausamkeit durchgeführten Ermordungen. Überwiegend wurden typische Nackenschüsse, Stiche in den Brustkorb oder Kolbenschläge in das Gesicht bzw. auf die Schädeldecke festgestellt. Einem Toten war das Gesicht mit dem Kolben zertrümmert worden. Der Abdruck der Kolbenplatte war deutlich zu sehen. Das Gesicht muß von oben her zerstampft worden sein, während das Opfer am Boden lag.

Das Gesamtbild der aufgefundenen Toten vom 8. Juli 1941 erweckte, wie der ärztliche Sachverständige feststellt, den Eindruck, daß die deutschen Soldaten planmäßig, auf gegebenen Befehl ermordet worden sind.

Fall 187

Bei Waldkämpfen am Peipussee Mitte Juli 1941 waren 17 verwundete Angehörige des Infanterieregiments 272 im Walde zurückgeblieben, weil das Bataillon infolge des Einbruchs der Dunkelheit aus dem Walde zurückgezogen werden mußte. Erst am Spätnachmittag des folgenden Tages konnte das Bataillon wieder zu den Verwundeten vordringen. Alle 17 Verwundeten wurden tot aufgefunden. Sämtlichen 17 Toten waren die Augen ausgestochen, auch die Ohren und die Geschlechtsteile abgeschnitten waren worden. Außerdem waren alle entweder mit einer Gewehrreinigungskette oder mit dem Halstuch stranguliert worden. Außerdem hatte man die Toten noch durch Bajonettstiche in den Hals und in die Brust verstümmelt.

Fall 188

Die Schilderung des Schützen Heiss (6./Infanterieregiment 35) vom 26. November 1941 stellt sich als eine Ergänzung und ein Teilausschnitt zu der bestialischen Ermordung von mindestens 130 deutschen Kriegsgefangenen dar (vgl. Fall 30). Der Zeuge sollte auch seinerseits, nachdem man ihn ausgeplündert und ihm seine Uniform und sonstigen Kleidungsstücke ausgezogen hatte, in brutaler Weise zu Tode gequält werden: Man fesselte ihm zunächst die Hände auf dem Rücken; dann erhielt er einen Bajonettstich in die Brust und weiterhin sieben Bajonettstiche in den Rücken. Als man ihn tot glaubte, ließ man von ihm ab. Beim Erwachen aus seiner Ohnmacht sah er, daß inzwischen seinem Nachbarn der Schädel gespalten war.

Fall 189

Am 25. Juni 1941 fanden Leute des Infanterieregiments 36 die sämtlichen Angehörigen eines am Vormittag ausgeschickten Spähtrupps in einem Dorfe des ehemaligen polnischen Gebietes ermordet vor. Zwei Soldaten waren an Bäume gebunden. Jedem von ihnen war ein Arm und das Geschlechtsteil abgeschnitten, andern die Augen ausgestochen oder Bajonettstiche in die Brust, die Arme und die Beine versetzt worden. Aus der Art, wie diese Soldaten in der Mitte des Dorfes dicht nebeneinander lagen, war zu schließen, daß sie nach ihrer Gefangennahme auf dem Platze zusammengetrieben und wehrlos ermordet worden sind.

Fall 190

Der Operationsbericht der 26. russischen Division, der in deutsche Hand gefallen war, meldet als Ergebnis der schweren Kämpfe im Abschnitt Kurgan-Nisowka die Vernichtung einiger deutscher Truppenteile. Weiter wird berichtet, daß 80 deutsche Soldaten, die sich ergeben hatten, erschossen wurden.

Dokumente zu Fall 190

Operationsbericht Nr. 11, 13. Juli 1941, 10 Uhr,
Stab der 26. Division, nördlicher Waldrand,
1 km westlich von Slastjena, Karte 50 000.
(Übersetzung aus dem Russischen)

[...] Das Ergebnis des Kampfes im Abschnitt Kurgan-Nisowka war die Vernichtung eines Bataillons des Pionierregimentes, eines Verbindungsbataillons sowie anderer nachrückender Teile der deutschen Division, eines Pionierregimentes und anderer kleiner Unterabteilungen sowie Nachhuten. Mit Flak-Maschinengewehren wurden zwei leichte Bomber des Gegners abgeschossen. Auf dem Schlachtfelde ließ der Gegner ungefähr 400 Tote zurück. Etwa achtzig Mann hatten sich ergeben, die erschossen wurden. [...]

Kommandeur des Stabes der 26. Panzerdivision Kimbar, Oberstleutnant,
Kommandeur der 1. Abteilung Chrapko, Major, Beglaubigt: Sekretär

Fall 191

Am 28. Juni 1941 haben Bürger der Stadt Slobodka im Gefängnis die Leichen zweier deutscher Flieger, und zwar eines Oberleutnants und eines Oberfeldwebels, liegen sehen, die durch Kopfschüsse ermordet worden waren. Sie haben diese Feststellungen in einem in russischer Sprache aufgesetzten Protokoll vom gleichen Tage niedergelegt. Auch ein polnischer Arzt hat diese Feststellungen in dem Protokoll vom 7. Juli 1941 bestätigt und, wie folgt, ergänzt:

„Kurz nach dem Abrücken der Bolschewisten betrat ich das Gefängnis neben der Kaserne. Dort sah ich in einer Zelle einen deutschen Soldaten. Er lag entkleidet auf einem Bettgestell, den Kopf herunterhängend gegen die Wand gelehnt. Er hatte einen Kopfschuß durch die Schläfe. Ein Ausschuß war nicht festzustellen. An der Wand und auf dem Fußboden befanden sich in der Nähe des Kopfes Blutlachen. Die Uniform lag ungeordnet auf der Erde. Auf den Schulterklappen waren zwei silberne Sterne. Mir wurde später gesagt, daß es ein Oberwachtmeister sei. In einer anderen Zelle lag ein weiterer deutscher Soldat, gleichfalls ohne Uniform. Er lag auf der Erde, der Kopf auf der Tragbahre. Die Arme waren verkrampft und angewinkelt, die Fäuste geballt. Er hatte einen Kopfschuß, und außerdem waren im Gesicht an zwei Stellen die Abdrücke eines russischen Revolvergriffes zu sehen. Insgesamt machte er den Eindruck, als ob er sich kurz vor seinem Tode gewehrt hätte. Auf der Tragbahre und daneben auf der Erde war eine große Blutlache zu sehen. Auf den Schulterstücken der Uniform war ein goldener Stern. Die Schulterstücke hatten die gleiche Form wie die des vernehmenden Richters. Es soll ein Oberleutnant gewesen sein. Die Farbe der Uniform war bei beiden Soldaten blaugrau, anders als die der hier durchziehenden Soldaten. Papiere oder Erkennungsmarken waren bei beiden Soldaten nicht vorhanden. Ein Zeichen sonstiger Verwundung wiesen die Leichen nicht auf."

Fall 192

Am 29. Juni 1941 wurde bei Holoby ein toter, verstümmelter deutscher Soldat aufgefunden. Der Oberarzt Dr. Dittrich hat die Leiche ärztlich untersucht und in dem Protokoll vom 27. Oktober 1941 sein ärztliches Gutachten, wie folgt, niedergelegt:

„Der Schädel war vom Scheitel bis zum Munde keilförmig auseinandergeborsten, das Gehirn lag in einzelnen Fetzen verspritzt auf der Uniform, am Halse befanden sich rechts und links Schnittwunden von einem bis zwei Zentimetern Länge. An der rechten Hand war das Endglied des Daumens abgeschnitten. Von den restlichen vier Fingern standen nur noch die Grundglieder. Die Schnitte an den Fingergelenken waren scharf und glatt. Pulverschmauch war an den Händen nicht zu sehen. Da auch kein Blutaustritt aus den Fingergelenken festzustellen war, besteht die Möglichkeit, daß die Finger erst nach eingetretenem Tode abgeschnitten wurden. Die starke Zertrümmerung des Schädels ist mit größter Wahrscheinlichkeit auf einen Schuß in den Mund mit Richtung Gehirn zurückzuführen."

Textdokument zu **Fall 190**

Серия " Б" .

ОПЕРСВОДКА № II. к 10.00.13.7.41.ШТАДИВ 26. СЕВ.ОПУШКА ЛЕСА I КЛМ.ЗАПАД.СЛАСТЕНЫ, КАРТА 50000.

I. В течении 7-9.7.41 противник закончил окружение дивизии с выходом в район Хоново-Уголья.

2. В результате боя развед.органов установлено,что противник проявляя пассивность перед фронтом дивизии на р.Друть в течении 7:9.7.41 и выходом на фланги перерезая пути отхода на Хоново-Уголья.

В 12.00 9.741 высланный сильный отряд с задачей уничтожить разведчасти противника в районе Хоново.При выходе из Хоново отряд был встречен ружейно-пулеметным огнем из района опушек леса сев.вост.Хоново, из заранее подготовленных позиций. Завязался бой,в результате которого:

С нашей стороны- ранено 2 красноармейца и командир батареи ПТО.

Со стороны противника-уничтожено I пулеметовоз и до 3 легких пулеметов.

До наступления темноты противник упорно удерживал район обороны.

В 4.00 9.7.41. [redacted] разведкой было установлено-движение дивизии "СС" на северо-восток в направлении Хоново-Вендорож. Неподвижным разведывательным отрядом по маршруту следования дивизии" СС" были установлены мины в результате чего было взорвано 3 танка противника; одновременно пешей разведывательной партией действующие в районе в направлении Хоново-Уголье, установили продвижение мотопехоты и танкеток противника на северо-восток.

В 17.30. разведкой было установлено,что противник перерезал пути отхода дивизии занимая главным образом пункты: Уголье,Первомайский,Хоново-Коцне и Бакатовка.

В 19.00 был получен приказ штакора согласно которого дивизия должна выйти в новый район обороны на линию Гуслище, Салтановка.

В 23.30. выполняя приказ корпуса дивизия выступила по маршруту- Старая Ляда,Бокатовка,Курган,Демашковка,Заболоть,Жабин,Гуслище.

В 3.45.10.7.41. штаб дивизии следуя с головным 51 ТП у села Курган был внезапно обстрелян ружейно-пулеметным и минометным огнем противника ,который занимал заблаговременно подготовленную позицию по вост.опушке леса I клм.зап.Курган.

Высланной разведкой было установлено,что противник до батальона пехоты с артиллерией и минометами занимает оборону вост. опушка леса в I клм. зап. Кургана Низовка.

В 5.00. начали подходить 52 ТП и мото-стрелковый полк, которым была поставлена задача- ударом в юго-восточном направлении и во взаимодействии с 51 ТП уничтожить противника в районе Низовка,после чего следовать по маршруту согласно приказа дивизии.

В результате боя в районе Курган-Низовка было уничтожено:I батальон инженерного полка,батальон связи и др. подходящие части имперской дивизии инженерного полка и др. мелких подразделений тылов.

- 2 -

Зенитными пулеметами было сбито 2 легких бомбардировщика противника.

На поле боя противником было оставлено до 400 трупов. Сдалось в плен до 80 человек,которые были растреляны.

Атака 52 и мото-стрелкового полка во фланг и тыл противника была для него совершенно неожиданной, вследствии чего остальные части противника бежали в юго-западном направлении на Забродье/5-7 клм. югозападнее Курган./

Кроме того действиями артиллерии было уничтожено: 2 танка,I радиостанция и около 50 пулеметовозов и 30 транспортных машин с инженерным имуществом.Особенно отлично действовала гаубичная артиллерия,которая своим огнем совершенно заставила замолчать минометы и артиллерию противника действующую в направлении Кучин /6 клм.югозападнее Курган/.

Дивизия продолжая дальнейшее движение в период с 9 до 16.00 10.7.41. подверглась ожесточенной бомбардировке авиацией противника.

В результате прошедших боев и атаки с воздуха в дивизии имеются потери:

Убито 7 человек,

ранено II "

3. [redacted] В течении II-I2 7 41. дивизия занимая последовательную оборону в районе Тумановка-Гольнец и в рощах вост. и южнее Кочурино приводила себя в порядок.К 5.00 13.7.41г, [redacted] части дивизии заняли район обороны на рубеже Хорошки,мал. Бушково, согласно при сем прилагаемой схеме.

НАЧАЛЬНИК ШТАБА 26 ТД
ПОДПОЛКОВНИК /КИМБАР/

НАЧАЛЬНИК I.ГО ОТДЕЛЕНИЯ
МАЙОР /ХРАПКО/

Отп. 6 экз.
разосл. по списку № I.
отправл.делег.св.

экз.№ 2

в " "
Получ. 18⁰⁰ 13Д

Dieser russische Operationsbericht bestätigt die Erschießung von 80 deutschen Soldaten, die sich ergeben hatten

Fall 193

Am 26. oder 27. Juni 1941 stürzte ein deutsches Flugzeug (Ju 88) in der Nähe von Socho-Wola brennend ab. Von der Besatzung waren zwei Mann tot, ein Oberleutnant schwer, ein anderes Besatzungsmitglied leichter verwundet. Von den herbeigeeilten russischen Soldaten trat ein Chargierter an den schwerverletzten Oberleutnant heran und schoß ihm mit der Bemerkung „Du Hund verfluchter wirst keine Bombe mehr werfen" in die linke Schläfe. Der Schuß hat offenbar sofort den Tod herbeigeführt. Der leichter verletzte Deutsche wurde in einem Panje-Wagen abbefördert. Über sein Schicksal konnten die russischen Zeugen nichts berichten. Sämtlichen Besatzungsmitgliedern waren die Taschen ausgeplündert worden.

Fall 194

Ein weiterer Fall einwandfrei erwiesener Niedermetzelung einer ganzen Gruppe verwundeter und unverwundeter wehrloser deutscher Kriegsgefangener ergibt sich aus den Vernehmungen der Zeugen Stabsfeldwebel Nötzold und Oberfeldwebel Wieder. Diese mit allen Kennzeichen der Brutalität durchgeführte Ermordung hat sich bereits am 22. Juni 1941, und zwar nach dem Waldgefecht bei Jagodzin, zugetragen. Abgesehen von allen sonstigen Beweisen der völkerrechtswidrigen Hinschlachtung dieser Männer, ergibt sich die schematische Tötung schon aus der Tatsache, daß zehn von den 27 Toten Brustschüsse durch die linke Brusttasche aufwiesen und in allen diesen zehn Fällen das Soldbuch durchschossen war.

Fall 195

Leutnant Labitzke (7./Infanterieregiment 234), Unteroffizier Hans Richter (2./Infanterieregiment 234) und Hauptmann Henzel (Stab/79. Infanterieregiment) berichten über die in ihrem Truppenbereich Ende Juni 1941 bei Borki und bei Luboml sowie Anfang Juli 1941 nördlich Horochow festgestellten Kriegsrechtsverletzungen der Russen gegenüber verwundeten und wehrlosen deutschen Offizieren und Soldaten.

Fall 196

Ostwärts Beresowka sollten am 3. Oktober 1941 21 deutsche Kriegsgefangene auf freiem Felde erschossen werden, hauptsächlich Angehörige des Infanterieregiments 499 und der 15. Infanteriedivision, aber auch ein Unteroffizier der Luftwaffe, und zwar während des Transports nach Wjasma. Vorgesehen war dies auf die Meldung hin, daß Wjasma bereits von deutschen Truppen besetzt sei. Die Kriegsgefangenen wurden in einer Linie aufgestellt, ihnen gegenüber zehn Mann der russischen Wachmannschaft. Ein russischer Kommissar, der die beabsichtigte Erschießung leitete, setzte dem Unteroffizier der Luftwaffe die Pistole auf die Brust;

er drückte dreimal ab, hatte aber jedesmal Ladehemmung. Diese Gelegenheit benutzten die Kriegsgefangenen zur Flucht. Sie wurden mit Gewehren und Maschinengewehren beschossen, dennoch gelang es acht von ihnen, zu entkommen und sich zu deutschen Truppen durchzuschlagen. Sechs Soldaten des 499. Infanterieregiments wurden später tot aufgefunden. Das Schicksal der anderen ist unbekannt.

Fall 197

Unteroffizier Gröck (damals 2. Batterie/Beobachtungsabteilung 21) wurde am 16. Juli 1941 bei Winniza von russischen Truppen gefangengenommen. Er wurde drei Tage lang in einem Tierkäfig in Winniza untergebracht, am Morgen des vierten Tages aber mit drei anderen Kriegsgefangenen aus dem Hofraum seines bisherigen Aufenthaltsortes herausgeführt. Dort wurden die vier deutschen Soldaten in geringen Abständen voneinander aufgestellt. Ihnen gegenüber standen acht russische Soldaten, die das Feuer auf die Deutschen eröffneten. Drei von diesen wurden tödlich getroffen. Unteroffizier Gröck hatte dagegen nur einen Schuß in die Schulter erhalten und war umgefallen. Die russischen Soldaten zogen ab, offenbar weil sie alle vier für tot hielten. Als nach einiger Zeit Unteroffizier Gröck wegzukriechen versuchte, bemerkte dies ein russischer Soldat und versetzte ihm vier Bajonettstiche in den Rücken. Der Unteroffizier wurde dann eine Nacht hindurch von einem russischen Zivilisten auf dem Hausboden versteckt und am folgenden Tage von deutschen Truppen befreit.

Fall 198

In dem Waldgefecht vom 1. August 1941 am Treduschovka-Bachgrund sind, wie das Vernehmungsprotokoll vom 1. Oktober 1941 überzeugend ergibt, der Gefreite W., der Obergefreite B. und der Leutnant B. (Infanterieregiment 520) nach ihrer Verwundung durch Spaten oder Kolbenhiebe bzw. durch Erdrosselung ermordet und beraubt worden.

Fall 199

Den Beweis für die Verstümmelung eines gefallenen deutschen Kämpfers am 2. August 1941 erbringt in schlüssigster Form das Protokoll über die Vernehmung der Unteroffiziere Hanig und Henze (3./Infanterieregiment 18) vom 12. November 1941.

Fall 200

Über die Ermordung des schwerverwundeten Unteroffiziers B. (11./Infanterieregiment 227) am 6. August 1941, die östlich von Uman auf Befehl eines russischen Kommissars erfolgte, und die völkerrechtswidrige Verwundung des Gefreiten

Weinand, der dem Unteroffizier B. Hilfe geleistet und sich ergeben hatte, berichtet das Protokoll vom 11. Dezember 1941.

Fall 201

Am 22. Juni 1941 war der Gefreite B. (6./Infanterieregiment 190) in der Nähe von Rymacze durch Oberschenkelschuß, der den Bruch des Schenkels zur Folge hatte, schwer verwundet auf dem Kampffeld liegengeblieben. Am 25. Juni fanden ihn russische Soldaten und brachten dem wehrlos am Boden liegenden Verwundeten fünf Bajonettstiche in den Hals, die Brust und den Unterleib bei.

Fall 202

Ein gleichartiger Fall ereignete sich am 26. Juni 1941 in der Nähe des Dorfes Skiwi bei der Festung Kowel. Der Gefreite Karra war durch einen Schuß in den Rücken verwundet worden, der sogleich Lähmungserscheinungen verursachte. Der Verwundete war infolge der Verletzung bewußtlos geworden. Plötzlich erwachte er durch ein ätzendes Gefühl aus seiner Ohnmacht. Er sah zwei russische Soldaten sich entfernen, die sich offenbar mit ihm „beschäftigt" hatten. Später stellte er fest, daß er blutverkrustete Handgelenke hatte und der ganze linke Unterarm gleichfalls blutverkrustet war. An der Innenseite beider Handgelenke waren ihm Schnittwunden beigebracht worden, ebenso an der Innenseite des linken Ellenbogengelenkes und an der linken Halsseite.

Fall 203

84 Angehörige des I./Infanterieregiment 90 fielen am 5. November 1941 bei einem Vorstoß nach Borowik tot oder verwundet in sowjetische Hände. Die Leichen von 70 Angehörigen dieser Aufklärungsformation sind einer eingehenden gerichtsärztlichen Untersuchung unterzogen worden, über die das gerichtliche Beweisprotokoll vom 17. November 1941 verlautet.

Dokumente zu Fall 203

Gericht der 20. Inf.-Div. (mot)
AL Nr. 142/41

Div. Gef. Std. Budogoschtschj
den 17.11.1941

Gegenwärtig:

1. Kriegsgerichtsrat Koch,
2. Oberfeldarzt Dr. Mauß, Div. Arzt der 20.Inf.-Div.(mot), Facharzt für Psychiatrie, gerichtsmedizinisch ausgebildet,
3. Stabsarzt Dr. Burchard, Truppenarzt I./I.R. 90,
4. Oberleutnant Stoldt, Sachbearbeiter Ic der 20. I.D.(mot),
5. Heeresjustizinspektor Wiediger, als Urkundsbeamter der Geschäftsstelle.

Von der Heeresfilmstelle:
Oberleutnant Appel und Obergefreiter Lommersheim.

Zur Identifizierung der Leichen:
1. Hauptfeldwebel Stegmann, U.Stab/I.R. 90,
2. Hauptfeldwebel Wegner, 1./I.R. 90,
3. Hauptfeldwebel Macherschedt, 2./I.R. 90,
4. Oberfeldwebel von Allwörden, 3./I.R. 90,
5. Hauptfeldwebel Peters, 4.(M.G.)/ I.R. 90.

Die 70 Leichen von Angehörigen des I./I.R. 90 und eines Angehörigen der 6./I.R. 20, die am 15.11.41 im Rahmen einer Aufklärung von dem 3. Zug der 3./I.R. 90 in und bei Borowik geborgen worden sind, sind im Freien aufgebahrt.

Das I./I.R. 90 wurde am 5.11.41 in den frühen Morgenstunden bei einem Vorstoß nach Borowik dort von zahlenmäßig überlegenen sowjetrussischen Kräften der 92. Schützen-Division, die Ende Oktober-Anfang November, aus dem Gebiete von Wladiwostock kommend, hier eingetroffen war, angegriffen und in die Zange genommen, so daß es sich vom Feinde lösen mußte. Dabei gerieten 84 Angehörige des I./I.R. 90, die teils gefallen, teils lediglich verwundet waren, in sowjetrussische Hand.

Der Zustand der Leichen und die Art der Verletzungen machten es erforderlich, eine jede einer eingehenden fachärztlichen Besichtigung durch den Oberfeldarzt Dr. Mauß im Rahmen einer richterlichen Leichenschau zu unterziehen. Auffallende Todesursachen und der Zustand einiger Leichen wurden im Lichtbild festgehalten. Die Bilder (Nr. 2-17) sind als Anlage angefügt. Auf sie wird in der folgenden Aufstellung jeweils unter Nummernangabe verwiesen.

Die Besichtigung der Leichen ergab:

A.) Stab I./I.R. 90:
- 1.) Oberleutnant L., Todesursache: 2 Bauchschüsse,
- 2.) San.-Feldwebel M., Todesursache: Bauchschuß,
- 3.) Obergefreiter Hans B., leichte Beinverwundung links, Todesursache: schwere Schädelverletzung rechte Seite, Schädelzertrümmerung durch Kolbenschlag,
- 4.) Unterarzt Sch., Todesursache: Wirbelsäulenschuß,
- 5.) Unteroffizier M., Todesursache: Brustschuß.

B.) 1./I.R. 90:
- 6.) Schütze B., Todesursache: Brustschuß,
- 7.) Leutnant Sch., – Bild Nr. 15 – Todesursache: Kopfschuß,
- 8.) Obergefreiter B., Todesursache: Brustschuß, Halsschuß,
- 9.) Schütze R., Todesursache: Bauchschuß.

C.) 2./I.R. 90:
- 10.) Gefreiter B., – Bild Nr. 3. – Unterschenkelverletzung links, anscheinend leichter Art, Todesursache: schwere Schädelzertrümmerung durch Kolbenschlag,
- 11.) Obergefreiter Walter P., Todesursache: Halsschuß,
- 12.) Gefreiter E., Todesursache: Bauchschuß,
- 13.) Gefreiter Konrad P., – Bild Nr. 4 – Brustschuß linke Seite, Todesursache: Kolbenschlag rechte Gesichtsseite mit Zertrümmerung des Ober- und Unterkiefers bei völlig heilem Kopfschützer,
- 14.) Gefreiter D., Todesursache: Nackenschuß,
- 15.) Oberschütze St., Todesursache: Leberschuß,
- 16.) Gefreiter M., Todesursache: Kopfschuß,
- 17.) Gefreiter B., Todesursache: Kopfschuß,
- 18.) Unteroffizier L., Todesursache: Kopfschuß,
- 19.) Unteroffizier N., – Bild Nr. 5 – Todesursache: Kopfschuß,
- 20.) Gefreiter G., – Bild Nr. 6 – Beinverletzung rechts, Todesursache: Bajonettstich oder Kolbenschlag rechte Seite mit Freilegung des Schädeldaches und Abtrennung der Nase,
- 21.) Unteroffizier C., Durchschuß rechter Fuß, Todesursache: Rückenschuß,
- 22.) Gefreiter W., – Bild Nr. 7 – Knieschuß rechts, leichter Art, Todesursache: Kolbenschlag linke Schädelseite mit weitgehender Ablederung der Haut,
- 23.) Schütze W., Arm zerfetzt (offenbar M.G.-Feuer), Todesursache: Bauchschuß,
- 24.) Feldwebel V., Fußdurchschuß rechts, Todesursache: Kopfschuß,
- 25.) Gefreiter Th., Fußschuß, Brustschuß, Todesursache: Kopfverletzung (M.G.?),

26.) Gefreiter D., Todesursache: Brustschuß, M.G.-Schüsse am ganzen Körper,
27.) Gefreiter R., Todesursache: Brustschuß,
28.) Obergefreiter M., Beinschuß links, Todesursache: Bauchschuß,
29.) Obergefreiter V., Todesursache: Brustschuß,
30.) Gefreiter M., Todesursache: Kopfschuß,
31.) Leutnant J., – Bild Nr. 8 – Todesursache: Bauchschuß,
32.) Gefreiter U., – Bild Nr. 9 – Todesursache: Schädeldach zertrümmert (Schuß oder Kolbenschlag?),
33.) Obergefreiter W., – Bild Nr. 10 – Todesursache: Bauchschuß. Postmortale: rechte Hand durch Schnitte zerfetzt, Ringfinger mit Ehering abgeschnitten,
34.) Unteroffizier H., Todesursache: Brustschuß rechts,
35.) Gefreiter N., Oberschenkelschuß links, Todesursache: Kolbenschlag linker Schädel,
36.) Schütze F., Todesursache: Brustschuß,
37.) Obergefreiter D., Todesursache: Brustschuß,
38.) Gefreiter B., Todesursache: Brustschuß.

D.) 3./I.R. 90:
39.) Gefreiter B., – Bild Nr. 11 – Brustschuß, Todesursache: Schädelzertrümmerung durch Kolbenschlag,
40.) Schütze H., linke Armverletzung, Todesursache: Schuß durch beide Augen,
41.) Gefreiter G., – Bild Nr. 12 – Todesursache: Kopfschuß,
42.) Obergefreiter M., Handschuß rechts, Todesursache: Brustschuß,
43.) San.-Uffz. R., – Bild Nr. 13 – Beinschuß (Oberschenkel links), Todesursache: Kopfnahschuß im Hinterkopf,
44.) Gefreiter Paul M., Todesursache: Brustschuß.

E.) 4. (M.G.) /I.R. 90:
45.) Schütze K., Todesursache: Kopfschuß,
46.) Obergefreiter K., Todesursache: Brustschuß,
47.) Obergefreiter Sch., Unterschenkelschußbruch links, Todesursache: Schädelnahschuß,
48.) Obergefreiter B., Todesursache: Kopfschuß mit Schädelzertrümmerung,
49.) Gefreiter H., Todesursache: Brustschuß,
50.) Obergefreiter B., Todesursache: Stirnschuß,
51.) Obergefreiter F., Todesursache: Bauchschuß,
52.) Unteroffizier O., Todesursache: Hüftschuß,
53.) Schütze J., Todesursache: Brustschuß,
54.) Obergefreiter H., Armverletzung links, Todesursache: wahrscheinlich Erfrierung,
55.) Obergefreiter R., Todesursache: Brustschuß,
56.) Obergefreiter M., Todesursache: Brustschuß,
57.) Obergefreiter U., Todesursache: Oberschenkelschuß,
58.) Obergefreiter M., – Bild Nr. 16 – Todesursache: Schädelzertrümmerung durch Kolbenschlag,
59.) Obergefreiter K., – Bild Nr. 17 – Brustschuß, Todesursache: Kolbenschlag Stirn und Schädel.

F.) 6./A.R. 20:
60.) Obergefreiter Hans P., – 2 Bilder Nr. 2, – linker Unterschenkelschuß (war bereits durch Stabsarzt Burchardt mit Schienenverband versorgt), Todesursache: Schläfennahschuß links.

G.) Unbekannt:
II./I.R. 90:
61.) Todesursache: Kopfschuß,
62.) Todesursache: Kopfschuß rechte Gesichtsseite,
63.) Todesursache: Brustschuß,
64.) Todesursache: Brustschuß,
65.) Unterschenkelverletzung links, Todesursache: Schwere Gesichtszertrümmerungen, Schuß durch Stahlhelm,
66.) Oberflächliche Verletzung linke Hüfte, Todesursache: Schädel eingedellt durch Kolbenschlag,
67.) Fußschuß links, – Bild Nr. 14 – Todesursache: klaffende Wunde rechte Schädelseite,
68.) Schuß linke Gesichtsseite, Todesursache: Kolbenschlag linkes Stirnbein,
69.) Todesursache: Brustschuß,
70.) Obergefreiter Th., Todesursache: Brustschuß.

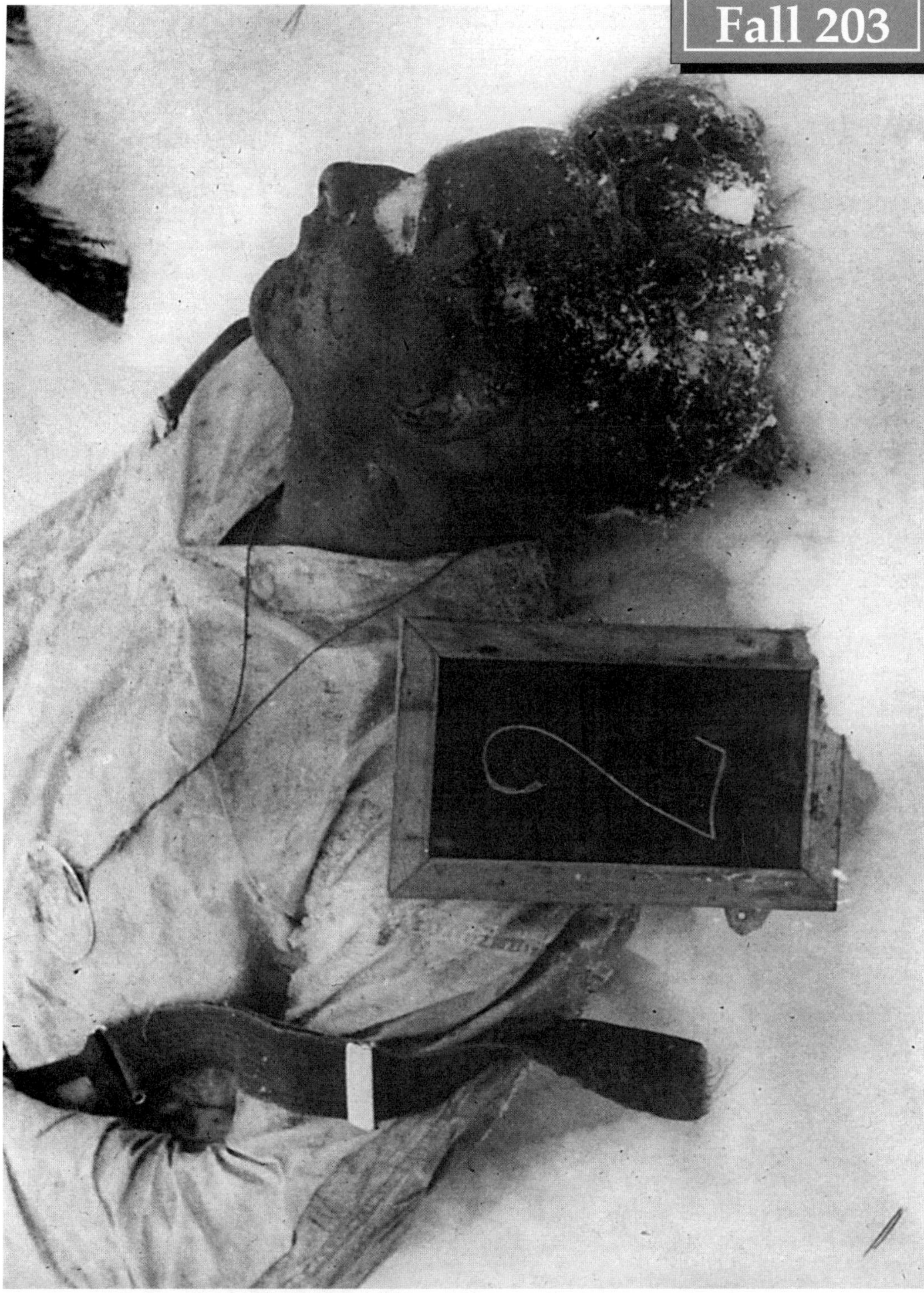

Von den 84 Angehörigen des I. Bataillons des Infanterieregiments 90, die am 5. November 1941 tot oder verwundet in sowjetische Hände gefallen waren, wurden 70 einer eingehenden fachärztlichen Untersuchung unterzogen. Leichen mit auffallender Todesursache wurden im Lichtbild festgehalten

Bilddokumente zu
Fall 203

Schwere Schädelzertrümmerung durch Kolbenschlag

Kopfschuß

Kolbenschlag rechte Gesichtsseite mit Zertrümmerung des Ober- und Unterkiefers

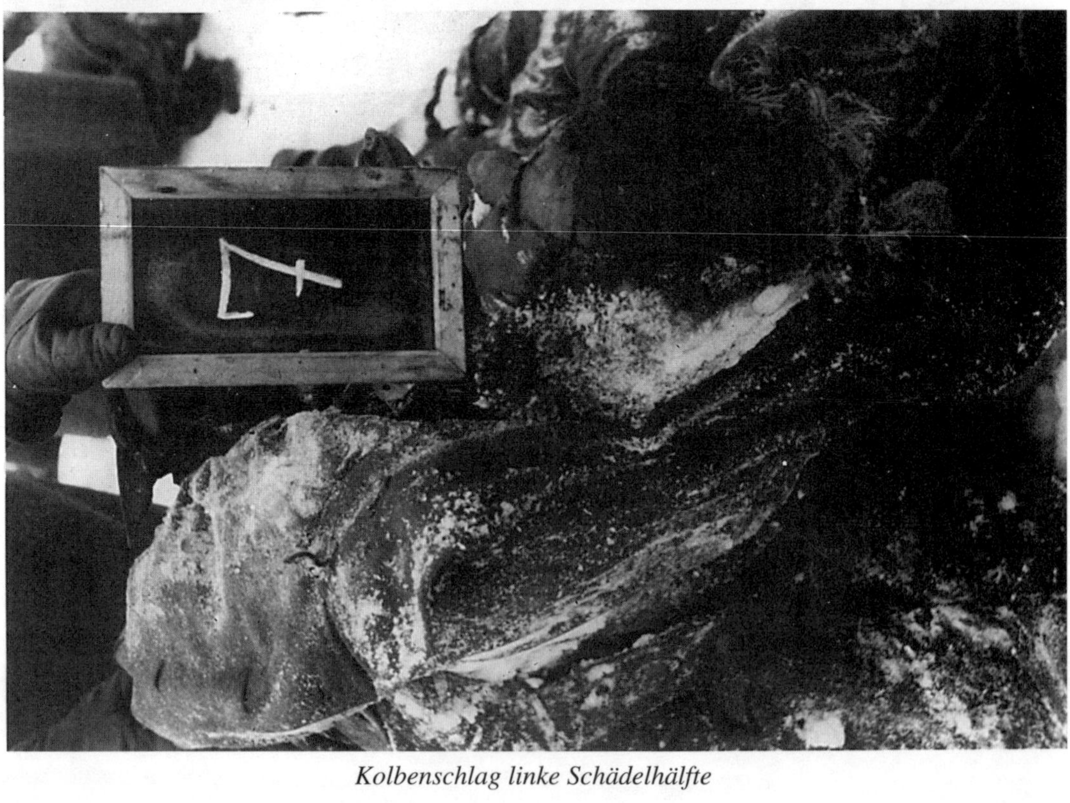

Kolbenschlag linke Schädelhälfte

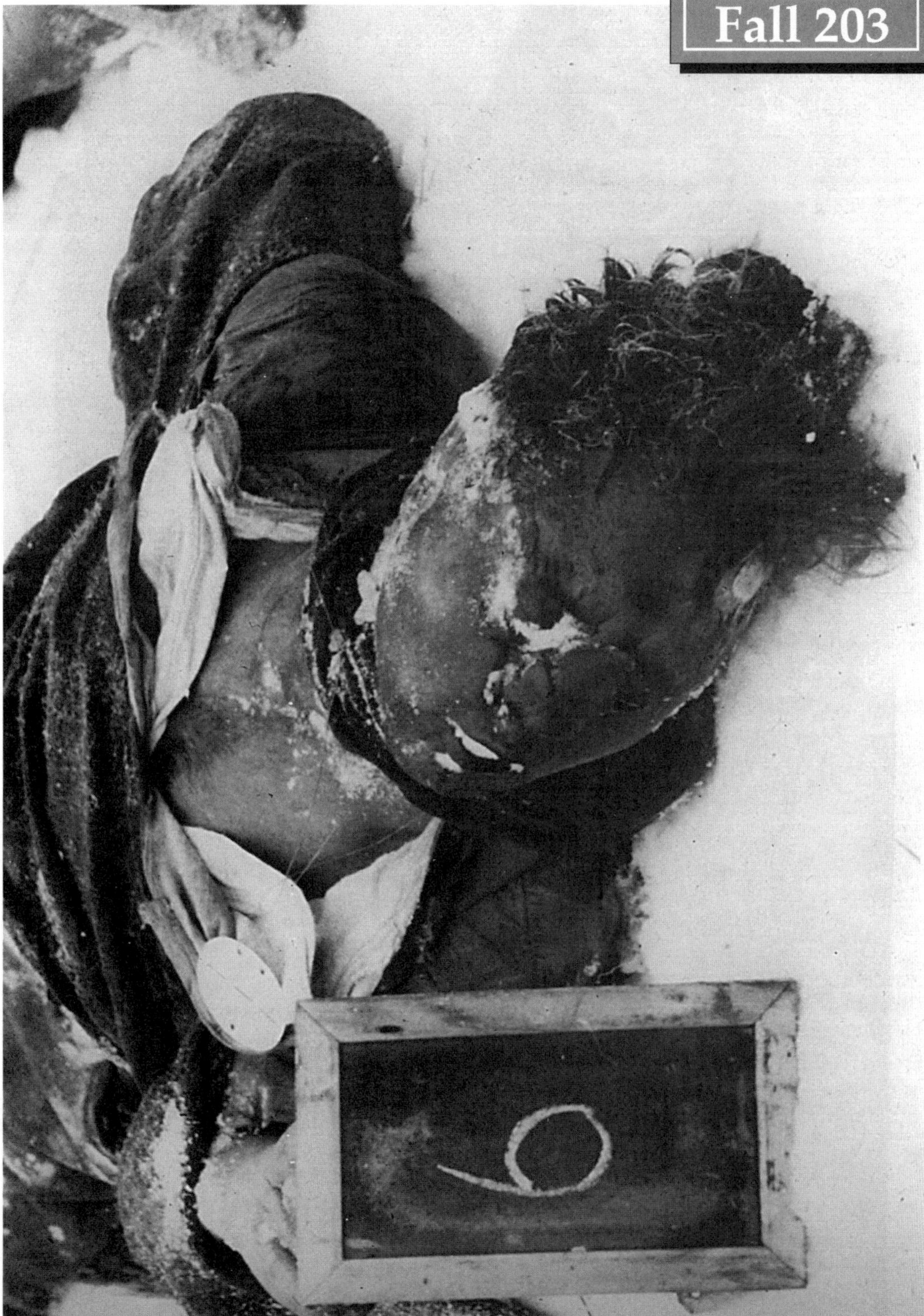

Bajonettstich oder Kolbenschlag rechte Seite mit Freilegung des Schädeldaches und Abtrennung der Nase

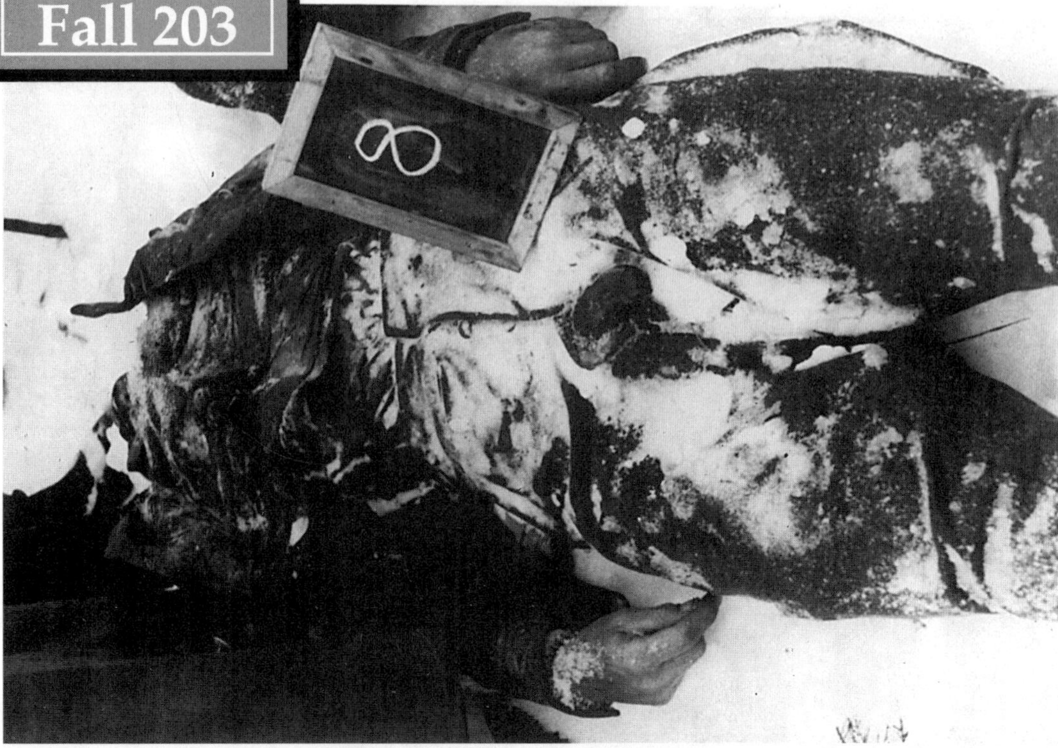

Bauchschuß

Schädeldach zertrümmert

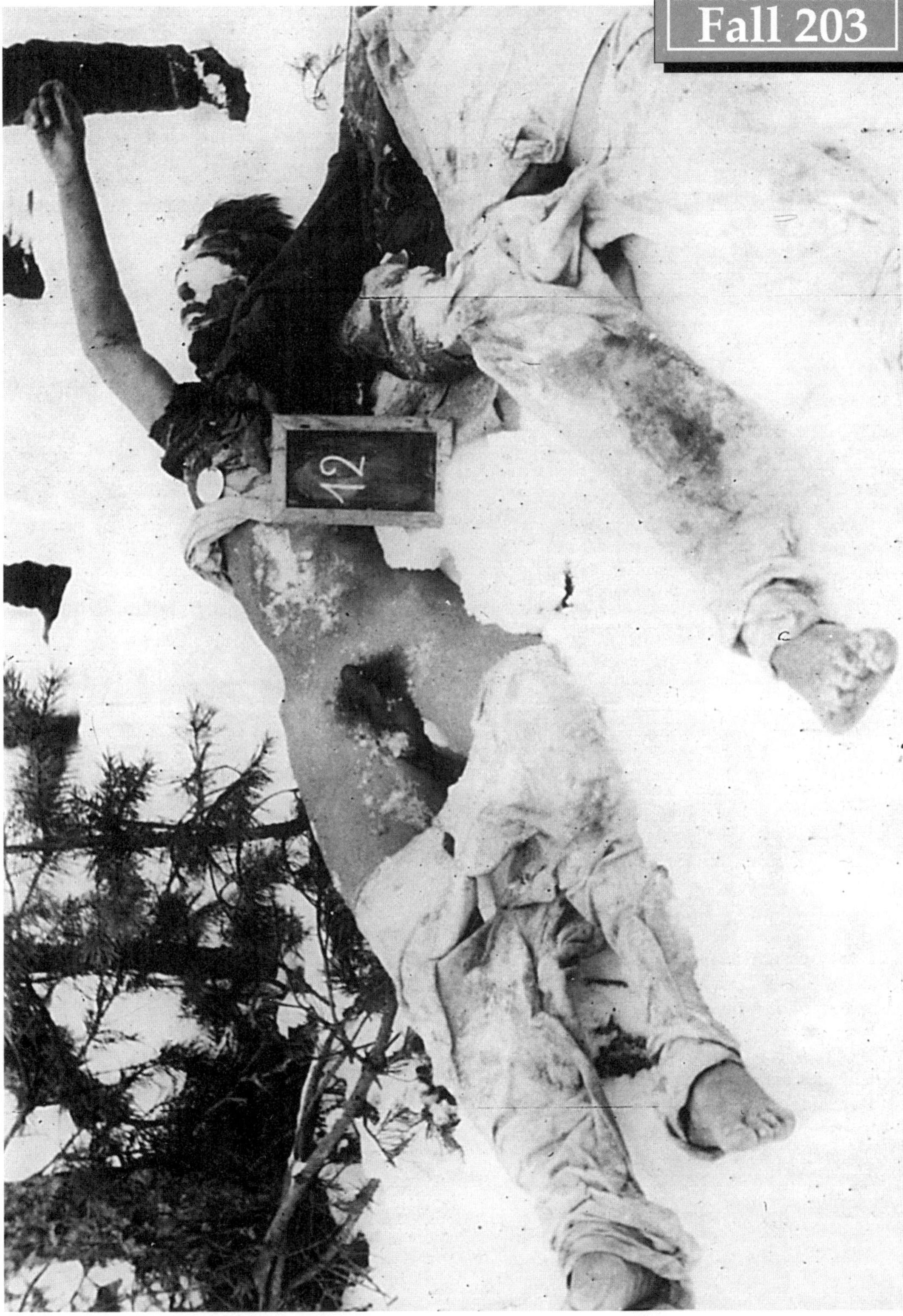

Kopfschuß

Bauchschuß. Nach Todeseintritt wurde der Leiche die rechte Hand durch Schnitte zerfetzt und der Ringfinger mit Ehering abgeschnitten

Schädelzertrümmerung durch Kolbenschlag

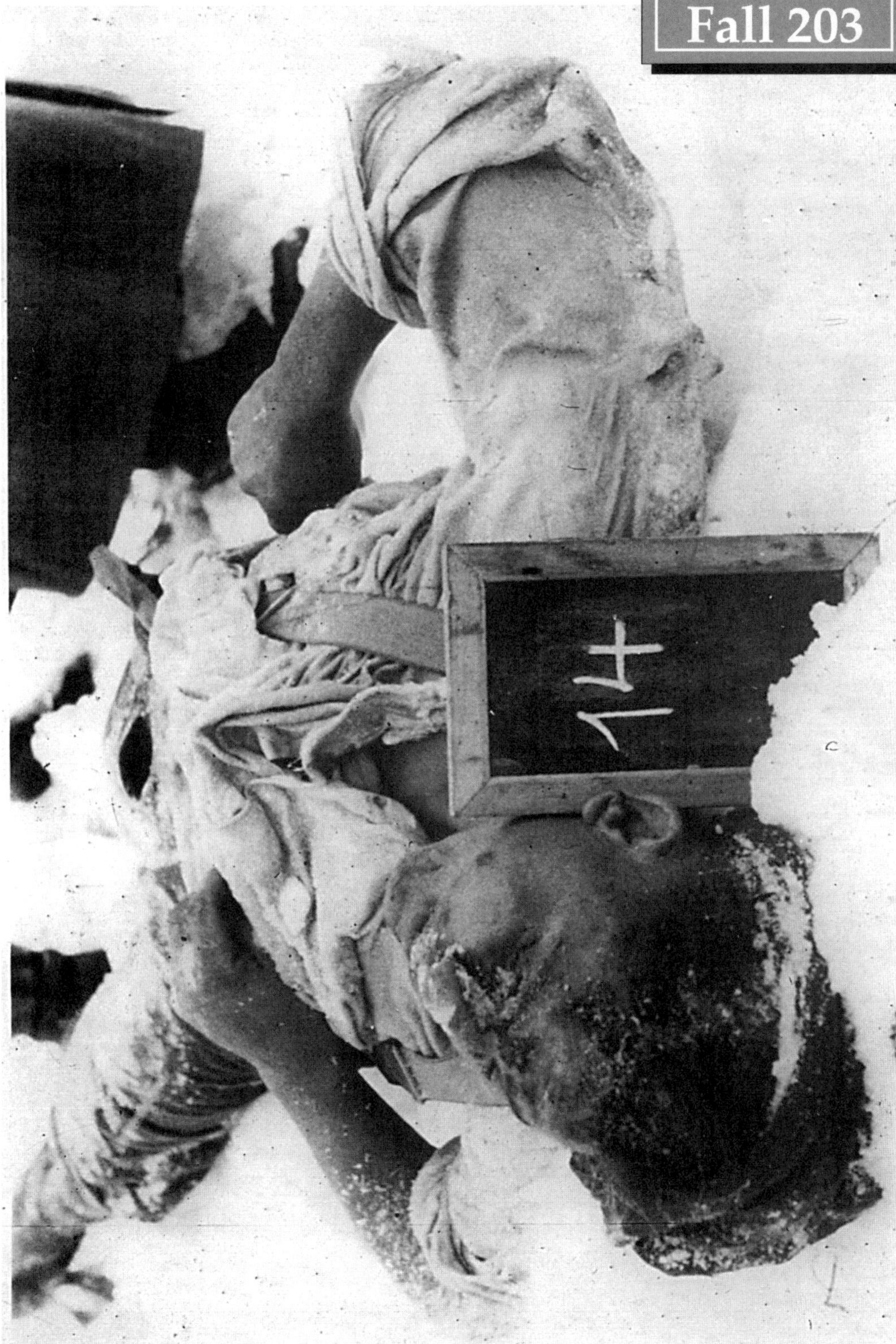

Klaffende Wunde an der rechten Schädelhälfte

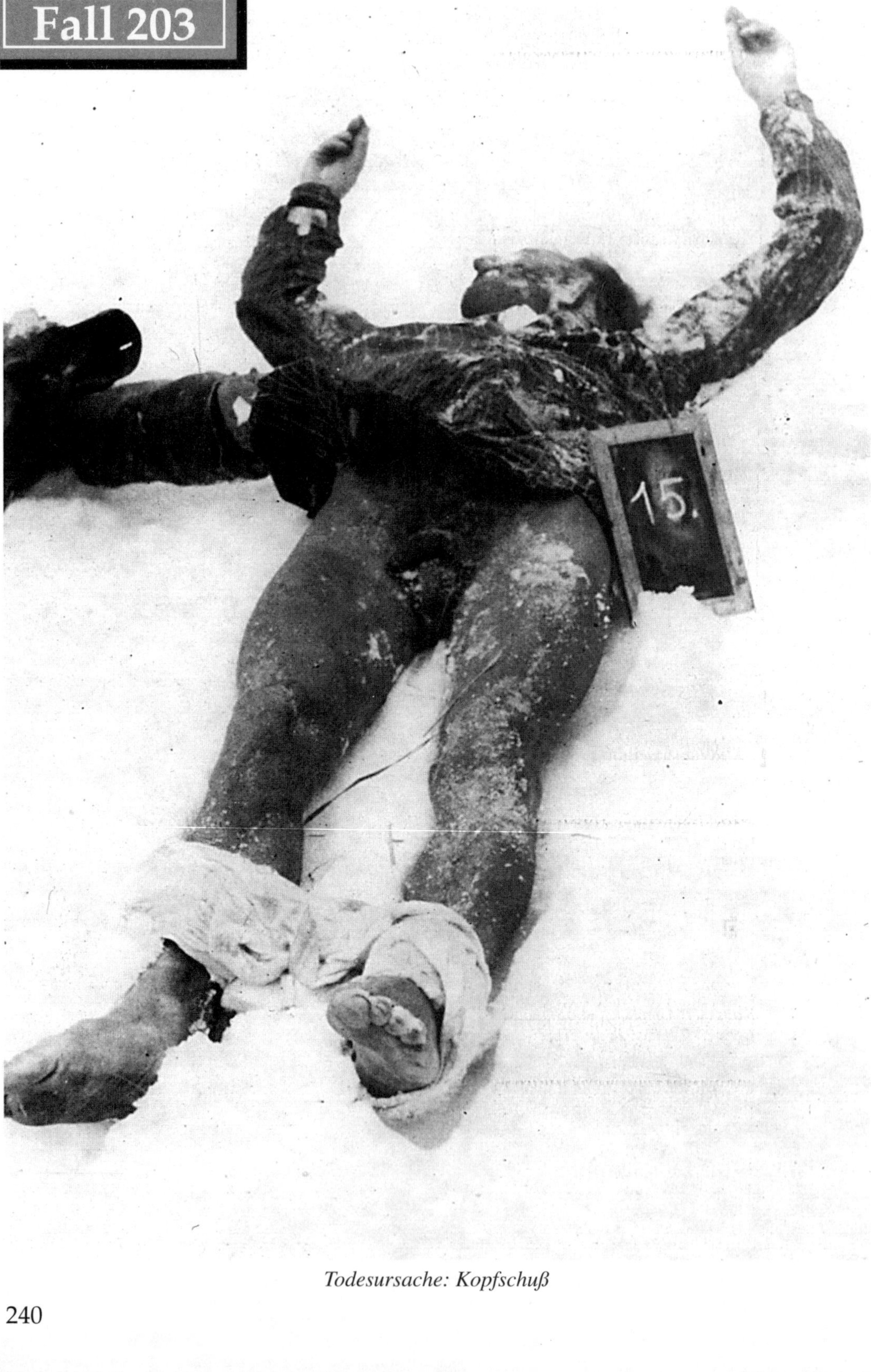

Todesursache: Kopfschuß

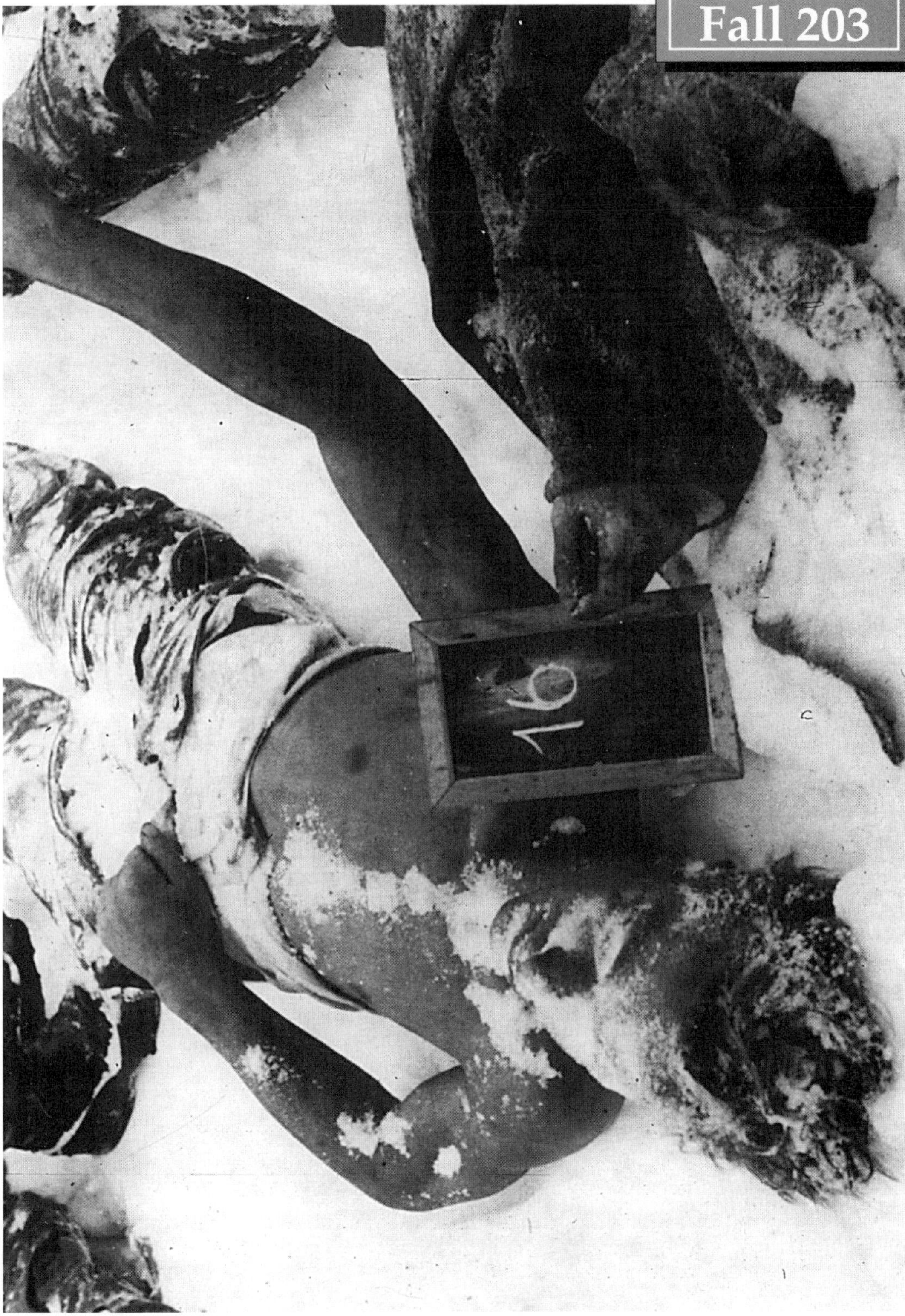

Schädelzertrümmerung durch Kolbenschlag

Kopfnahschuß in den Hinterkopf

Kolbenschlag auf Stirn und Schädel

Zusammenfassende Betrachtung:

Alle Leichen sind ohne Stiefel und Mäntel, über die Hälfte ohne Strümpfe. Fünf Leichen sind völlig entkleidet, die meisten teilweise ausgezogen (Bilder Nr. 5, 12, 15). Besonders auffallend ist, daß bei einigen die Geschlechtsteile bloßgelegt sind, so in zwei Fällen aus sonst geschlossener Hose (vgl. Ziff. 31 u. 59, Bild Nr. 8). Alle Taschen sind entleert, vielfach die Erkennungsmarken und Ringe entwendet, in einem Falle mittels Verstümmelung der Hand (vgl. Ziff. 33, Bild Nr. 10).

Nach der in die Augen springenden Beschädigung und Verlagerung der Kleidungsstücke, ist es in sehr vielen Fällen beim Versuche des Ausziehens geblieben.

Abschließendes ärztliches Gutachten:

Oberfeldarzt Dr. Mauß erstattete folgendes Gutachten, nachdem er über die Bedeutung des Eides belehrt worden ist:

1.) Zur Person: Ich heiße Dr. med. Wilhelm Mauß, bin 42 Jahre alt, evang., Oberfeldarzt, Divisionsarzt der 20.Inf.-Div.(mot)

2.) Zur Sache: Die 70 Leichen waren sämtlich in gefrorenem Zustand, die Glieder waren erstarrt, insbesondere waren die Arme in den meisten Fällen in Ausziehhaltung über den Kopf erhoben. Man sah, daß hier Versuche gemacht waren, die Pullover auszuziehen. Die Kleidungsstücke waren, soweit vorhanden, weitgehend am Körper festgefroren. Verwesung war in keinem Falle eingetreten. Weichteildeformierung an einzelnen Leichen durch Gesichtslage war festzustellen. Der gefrorene Zustand der Leichen ließ eine Sektion nicht zu. Ebensowenig gaben die örtlichen Verhältnisse und die Einsatzlage der Division die Möglichkeit, die Leichen aufzutauen und dann die Leichenöffnungen durchzuführen. Wesentliche, über die bereits durch äußere Besichtigung feststellbare, hinausgehende Erkenntnisse würde andererseits auch eine Sektion nicht ergeben haben.

Die Todesursache war in 69 Fällen ohne weiteres als gewaltsam festzustellen. Nur in dem Fall 54 kann die äußere Verletzung allein nicht als Todesursache angesehen werden, da sie nur aus einer verhältnismäßig leichten Armverletzung links bestand. Hier ist der Tod wahrscheinlich infolge Erfrierung des wohl bewußtlos liegengebliebenen Mannes eingetreten. Auch bei einer Reihe von anderen Fällen, insbesondere von Brust- und Bauchschüssen, besteht weitgehend die Möglichkeit, daß diese schweren Verletzungen noch hätten erfolgreich behandelt werden können, wenn sie rechtzeitig in ärztliche Behandlung gekommen wären. Da sie jedoch von den Russen einfach liegengelassen worden sind, muß angenommen werden, daß Verletzung und Erfrierung gemeinsam den Tod verursacht haben. Wieviele Fälle und welche das im einzelnen sind, läßt sich aus dem Leichenbefund nicht sagen.

Bei im ganzen 19 Fällen (3, 10, 13, 20, 21, 22, 24, 25, 35, 39, 40, 43, 47, 59, 60, 65, 66, 67, 68) bestand neben einer leichteren Verletzung, meistens an den unteren Gliedmaßen, eine zum Tode führende Verletzung durch Kolbenschlag oder Nahschuß auf den Schädel. In 17 Fällen von diesen kann mit Sicherheit angenommen werden, daß die Toten zunächst durch den M.G.-Beschuß die leichteren Verletzungen erhalten haben. Durch diese waren sie unfähig weiterzulaufen und blieben liegen. Sie sind dann in ihrem hilflosen Zustand von den nachfolgenden Russen entweder durch Kolbenschlag, Seitengewehrstich oder Nahschuß getötet worden. Am charakteristischsten in dieser Hinsicht ist der Fall 60. Er war bereits auf dem Truppenverbandsplatz nach Unterschenkelschuß durch den Truppenarzt versorgt worden. Beim Rückzug wurde er eine kurze Strecke noch mit zurückgetragen, mußte dann aber liegengelassen werden. Er ist, obwohl er auch dem primitivsten Russen durch seinen teilweise durchbluteten Schienenverband als Verwundeter auffallen mußte, durch Nahschuß in die linke Schläfe getötet worden. Nicht ganz mit Bestimmtheit läßt sich bei den Fällen 24 und 25 sagen, ob die tödliche Verletzung noch im Kampf oder nachträglich erworben wurde, da es sich hier nicht um ausgesprochene Nahkampfschüsse handelt. Die Möglichkeit aber, daß auch bei ihnen die Kopfschüsse auf den Verwundeten abgegeben wurden, liegt durchaus vor.

3 weitere Fälle weisen als Todesursache lediglich schwere Schädelzertrümmerungen auf (32, 48, 58). Die Möglichkeit, daß es sich bei diesen Fällen um Leute handelt, die durch Erschöpfung liegengeblieben sind und von den herankommenden Russen durch Nahschuß oder Kolbenschlag getötet wurden, ist gegeben. Bei normalen Gefechtshandlungen rechnet man im allgemeinen 3-4 Verwundete auf einen Toten. Die Zahlen können sich bei schweren, insbesondere Nahkämpfen zu Ungunsten der Verwundeten erheblich verschieben. Selbst wenn man hier ein sehr ungünstiges Verhältnis annimmt und außerdem berücksichtigt, daß 38 marschfähige Verwundete noch zurückgekommen sind, geht das Verhältnis von 70 Toten zu 38 Verwundeten bei der Art des Gefechts, das ohne eigentlichen Nahkampf verlief, weit über sonstige Verhältniszahlen hinaus. Auch dies ist wiederum nur dadurch erklärbar, daß die Verwundeten nachträglich von den Russen getötet worden sind.

Zu Fall 33 ist noch zu sagen, daß mit Sicherheit festgestellt werden kann, daß der Ringfinger der rechten Hand erst nach dem Tode durch Messerschnitte abgetrennt worden ist, anscheinend rein aus der Absicht heraus, sich den Ehering anzueignen.

v. g. u., gez. Dr. Mauß, Oberfeldarzt

Oberfeldarzt Dr. Mauß leistete den Sachverständigeneid.

Geschlossen: gez. Koch, Kriegsgerichtsrat, gez. Wiediger, Heeresjustizinspektor, Beglaubigt: Sekretär

Fall 204

Soldat Ludes (III./Infanterieregiment 463) erhielt am 7. Oktober 1941 südlich Wjasma einen Schuß in die linke Hand und wurde nach Umzingelung durch russische Truppen gefangengenommen. Am nächsten Tage begann ein fluchtartiger Rückzug der Russen, auf dem der Verwundete zunächst mitgeführt wurde. Als aber bei Eintritt der Dunkelheit die Russen merkten, daß sie ihrerseits umgangen waren, befahl der Kommissar dem deutschen Soldaten, aus der Marschordnung herauszutreten. Unmittelbar darauf fielen zwei Schüsse, die ihn zu Boden warfen und ihn bewußtlos machten. Als er erwachte, war er allein. Die Russen hatten ihn offenbar für tot gehalten.

Fall 205

Oberarzt Dr. Günther R. fiel am 6. August 1941 bei Tschelowka in russische Gefangenschaft. Seine Leiche wurde später aufgefunden. Das eidlich erstattete Gutachten des Unterarztes Dr. Stock (I./Infanterieregiment 171) stellt folgenden Befund fest:

„Die Leiche wies folgende Verletzungen auf, die nach meiner Überzeugung dem Oberarzt R. bei Lebzeiten durch die Russen beigebracht worden sind, da am Körper Blutspuren festzustellen waren: Beide Augen waren ausgestochen, die Nase war abgeschnitten, die Oberlippe durch stumpfe Gewalt zerfetzt. In der rechten Brustseite vorn habe ich einen ca. drei Zentimeter breiten Einstich festgestellt. Der linke Darmbeinkamm vorn war vermutlich durch Spatenhieb gespalten. Rechts in der Achselhöhlenlinie zwischen elfter und zwölfter Rippe und links neben der Wirbelsäule befanden sich je ein ca. fünf Zentimeter breiter Einstich.
Die Geschlechtsteile waren abgeschnitten. Am linken Arm war die Haut vom Ellbogen bis zu den Fingerspitzen abgetrennt und nicht mehr vorhanden. Es ist möglich, daß die Leiche auch noch weitere Verletzungen auswies, die aber infolge der Verwesung und Verschmutzung durch Sand nicht einwandfrei festgestellt werden konnten.
Ob eine dieser Verletzungen (insbesondere die Stiche) den Tod R.s verursacht hat oder ob er an allgemeiner Verblutung gestorben ist, kann ich heute nicht mehr sagen, da ich auch die Reihenfolge der Verletzungen nicht mehr mit Sicherheit feststellen konnte.“

Fall 206

Die Verstümmelung von Gefallenen oder Verwundeten in dem Gefecht der 1. Schwadron der Aufklärungsabteilung 11 am 24. Juli 1941 bei Pup ist der Inhalt des eidlichen Protokolls vom 27. Oktober 1941.

Fall 207

Der Unteroffizier Seeling berichtet über die Tötung der verwundeten Angehörigen einer Kolonne der Bäckerei-Kompanie 59 am 26. August 1941 auf der Fahrt von Wolna nach Wollossowo. Hauptmann F., Leutnant N. und Feldwebel P. wurden, nachdem sie infolge ihrer vorher erlittenen Verwundungen wehrlos am Boden lagen, von den Russen durch Kolbenschläge in das Gesicht oder durch Treten mit Stiefeln bzw. durch Stiche in den Rücken mißhandelt. Sie sind sämtlich ihren Wunden erlegen.

Fall 208

Hauptfeldwebel Appel und Gefreiter Riese (7./Infanterieregiment „Großdeutschland") fanden am 14. August 1941 bei Woroschilowo die Leiche eines deutschen Unteroffiziers, dem die Hosen bis auf die Knie heruntergestreift, die Augen ausgestochen, der Hodensack abgeschnitten und der linke Arm in Ellbogenhöhe abgeschnitten war. Eine Verwundung, die durch Kampfhandlung stattgefunden haben könnte, lag nicht vor.

Fall 209

Gefreiter Ochs (3. motorisiertes Pionierbataillon 72) war beim Angriff auf Kamary am 21. November 1941 – an Kopf, Bein, Gesäß und Arm verwundet – in russische Gefangenschaft geraten. Er und einige andere Kameraden wurden zunächst nach Kamary gebracht, aber ärztlich nicht behandelt. Am Abend des 21. November 1941 wurden sie weiter auf die Straße nach Sewastopol geführt. Aus dem Verhalten der Russen war zu schließen, daß sie erschossen werden sollten. Kurz hinter Kamary fiel ein Schuß, und ein Kamerad brach mit Aufschrei zusammen. Ochs ergriff trotz seiner schweren Verwundung die Flucht. Es gelang ihm, sich in dem dichten Wald verborgen zu halten. Er hörte hinter sich noch weitere Schüsse fallen und den Aufschrei seiner Kameraden, so daß anzunehmen ist, daß sie erschossen wurden.

Fall 210

Am 9. November 1941 wurden in dem Dorfe Toy-Tebe zwei tote deutsche Soldaten gefunden, deren Ermordung durch die Russen einwandfrei festgestellt werden konnte. Der eine von ihnen lag bei der Auffindung mit auf dem Rücken gefesselten Händen am Boden. Er war durch Kopfschuß von hinten getötet und völlig beraubt worden. Der andere Soldat hatte eine Verwundung am Oberschenkel, die vorschriftsmäßig verbunden worden war. Auch bei ihm ist der Tod durch Schuß in den Hinterkopf herbeigeführt worden.

Fall 211

Der Sonderführer Welke berichtet in dem Protokoll vom 25. November 1941 über die bestialische Ermordung eines Unteroffiziers und eines Gefreiten der Luftwaffe, etwa vier Kilometer von Kamischnia, deren Leichen er am 21. Oktober 1941 aufgefunden hat, ferner über die Ermordung des Obersten Z., sowie eines Unteroffiziers und eines Soldaten, die in derselben grausamen Art in dem Hause eines ukrainischen Arztes getötet worden sind. In beiden Fällen waren Partisanen die Täter.

Fall 212

Die Besatzung eines deutschen Kampfflugzeuges, das am 12. September 1941, etwa sechs Kilometer südlich des Dorfes Pronosowka, südlich der Straße Krementschug-Skownino notlanden mußte, ist noch an demselben Tage – mit Ausnahme des Leutnants Meyeringh, der sich wieder zu seiner Truppe durchschlagen konnte, und des verwundeten Unteroffiziers Meier, den die Russen bei ihrem Rückzug mitgeführt haben – von russischen Soldaten und Zivilisten des Dorfes Pronosowka ermordet worden. Der Leutnant Meyeringh hat bei der Besichtigung der Leiche des Kommandanten des Flugzeugs, Leutnant O., etwa am 25. September 1941, folgende Feststellungen getroffen:

Am Rücken der Leiche waren deutliche Spuren von Schlägen zu sehen, die mit Peitschen und Stöcken geführt worden waren. Das linke Handgelenk war plattgeschlagen oder (vielleicht mit einem Stiefelabsatz) plattgetreten, der Knöchel der linken Hand völlig zermalmt. Dem Leutnant war außerdem die Nase abgeschnitten; sein Schädel wies am Hinterkopf ein faustgroßes Loch auf, das nicht durch einen Schuß, sondern offensichtlich durch Schlag herbeigeführt worden ist. Schließlich hatte Leutnant O. noch einen Schuß durch das Schulterblatt in das Herz erhalten. Aus den Gesamtumständen, besonders auch aus dem Umstand, daß ihm die Kombination an der Gürtellinie abgeschnitten war und Fliegerbluse, Schuhe und Strümpfe fehlten, ist zu entnehmen, daß man dem Überfallenen die Kombination hochgezogen und ihn, wie aus dem Befund ersichtlich, grausam mißhandelt hat, bevor man ihm schließlich den tödlichen Schuß durch die Schulter in das Herz beibrachte. Außer dem Leutnant O. sind auch der Flugzeugführer und der Bordschütze von den Rotarmisten und Partisanen getötet worden.

Fall 213

Am 2. November 1941 mußte der Oberfeldwebel Makuschewitz einen Mann seines Stoßtrupps, der schwer verwundet worden war, zunächst zurücklassen. Als die feindliche Gruppe geworfen war, fand er diesen Mann, der vorher nur eine Schußverletzung gehabt hatte, durch Bajonettstiche bis zur Unkenntlichkeit verstümmelt, vor. Außerdem hatte man ihm mit Stiefelabsätzen den Kopf zertreten. Zwei andere Angehörige des Stoßtrupps, die im Kampf durch Schüsse getötet worden waren, wurden gleichfalls verstümmelt aufgefunden, und zwar der eine durch Bajonettstich in das rechte Auge, der andere durch Stiche in den Rücken.

Fall 214

Leutnant Furch (4./Jagdgeschwader 51) wurde nach seiner Gefangennahme am 13. Juli 1941, ostwärts Orscha, von russischen Soldaten ausgeplündert und mit Kolbenstößen traktiert. Die Hände wurden ihm mit seinem eigenen Unterschnallkoppel gefesselt. Ein höherer russischer Dienstgrad versuchte mit vorgehaltener Pistole, Angaben über militärische Dinge von ihm zu erpressen. Bei einer größeren russischen Dienststelle wurde wiederum versucht, militärische Informationen von ihm zu erhalten. Daran beteiligten sich anscheinend ein jüdischer Emigrant als Dolmetscher und eine bewaffnete Frau, die ihm die Pistole vor die Brust hielt und die Namen der Kommandeure der 17. und 18. Panzerdivision von ihm wissen wollte, wobei sie sich der deutschen Sprache bediente. Er wurde dann in ein Gefängnis in Smolensk (in der Kiewer Straße) eingeliefert, wo er und ein anderer deutscher Soldat in einer völlig verschmutzten Zelle ohne Tisch, Bett und Stuhl untergebracht wurden und beide zusammen nur eine völlig verschmutzte Matte zur Verfügung hatten. Eine Schüssel mit warmen Wasser und ein Stück Brot waren das einzige, was ihnen in dreitägiger Gefangenschaft an Verpflegung gereicht worden ist. Er wurde am 16. Juli 1941 von einrückenden deutschen Truppen befreit.

Fall 215

Die Protokolle vom 30. und 31. Oktober 1941 über die Vernehmung des Feldwebels Wernert, des Oberschützen Dellwig und des Schützen Hachenberg sowie des Feldwebels Theussen, behandeln einen weiteren Fall der Verstümmelung, und zwar von gefallenen Angehörigen des Infanterieregiments 412 am 12. Oktober 1941 in der Gegend des Bahnhofs Maluksa.

Fall 216

Leutnant Reimann berichtet als Zeuge in dem Protokoll vom 27. August 1941 eidlich über die schwere Verstümmelung des Oberleutnants von G. und des Gefreiten K. durch russische Truppen.

Fall 217

Der Jäger Erwin Kaufmann (III./Gebirgsjägerregiment 137) beobachtete am 4. Juli 1941 im Gebiete von Lica (in der Gegend von Petsamo) bei den Kämpfen um den Herzberg, wie die Russen auf ihrem Rückzug einen deutschen Verwundeten aufhoben, anscheinend, um ihn mitzuführen. Die Russen schlugen jedoch unmittelbar darauf den deutschen Verwundeten mit dem Gewehrkolben nieder und brachten ihm dann noch einige Schüsse bei. Über das Schicksal des Verwundeten konnte der Zeuge weitere Feststellungen nicht treffen, da er durch die Kampfhandlungen daran gehindert war.

Fall 218

Der Unterarzt Dr. Sonnleitner befand sich am 4. Oktober 1941 mit der 2. Sanitätskompanie der 23. Division auf dem Marsch in Richtung auf Wjasma. In einer Ortschaft ihrer Marschrichtung lag eine Vorausabteilung der Artillerie, die aus einem Walde heraus von den Russen überfallen wurde, wobei zahlreiche Leute verwundet wurden. Viele von den Verwundeten wurden von den Russen auf Lastkraftwagen geworfen. Dann zündeten die Russen die Lastkraftwagen an, außerdem auch eine Scheune, in der deutsche Verwundete untergebracht waren. Alle dort liegenden Verwundeten verbrannten, insgesamt etwa 60 Mann. Der Unterarzt Dr. Sonnleitner hat persönlich die Leichen dieser Verwundeten gesehen, die bei seiner Ankunft bereits in einem Massengrab lagen, das aber noch nicht zugeschaufelt war.

Etwa Anfang November 1941 sah Dr. Sonnleitner wenige Kilometer hinter Wjasma an einem Waldrand einen nackten Mann liegen, der nach seinen Gesichtszügen und an seinem Haarschnitt unzweifelhaft als Deutscher zu erkennen war. Dem Manne waren die Zunge, die Ohren und die Geschlechtsteile abgeschnitten worden.

Am 8. oder 9. Dezember 1941 fand der Unterarzt Dr. Sonnleitner in Schebrino hinter einem Haus einen toten deutschen Soldaten, dem der Schädel gespalten und die Ohren abgeschnitten waren.

Kapitel A. 2

Erster Bericht über die Behandlung deutscher Kriegsgefangener im russischen Hinterland

Da die Sowjetregierung jede Auskunft über die in russische Gefangenschaft geratenen deutschen Wehrmachtangehörigen und ebenso die Besichtigung der in Rußland eingerichteten Kriegsgefangenenlager durch Vertreter der deutschen Schutzmacht oder des Internationalen Roten Kreuzes verweigert hat, andererseits kriegsgefangenen deutschen Wehrmachtangehörigen die Rückkehr aus dem russischen Hinterland (im Gegensatz zu dem engeren Kampfgebiet) noch nicht gelungen war, gewinnt die Aussage des Gefreiten Strobel, der am 8. oder 9. August 1941 als Meldekradfahrer in russische Hände fiel und nach etwa zweieinhalbmonatiger Gefangenschaft aus einer größeren Stadt des russischen Hinterlandes wieder zur deutschen Truppe zurückfinden konnte, besonderes Gewicht.

Das Licht, das dieser erste ausführliche Bericht über die Schicksale des Gefreiten Strobel und seiner Kameraden verbreitet, läßt auch für die Behandlung anderer deutscher Kriegsgefangener im russischen Hinterland nichts Gutes erwarten.

Dokument

Gericht der 132. Inf. Div.
RHL Nr. 16/1942

Div. St. Qu., den 9.III.1942

Gegenwärtig: Kriegsgerichtsrat Dr. Lungwitz als vernehmender Richter,
Feldw. Brinz als stellv. Urkundsbeamter

Betreff: Erlebnisse des Gefr. Philipp Strobel in russischer Gefangenschaft

Niederschrift

Gestellt erscheint der Gefr. Strobel, ausgewiesen durch Vorlegung des Soldbuchs. Mit dem Gegenstand seiner Vernehmung bekanntgemacht und auf die Bedeutung und Heiligkeit des Eides hingewiesen, sagt er aus wie folgt:

1. Zur Person: Ich heiße Philipp Strobel, bin am 4.1.1913 zu Berg im Gau geboren, im Zivilberuf Maschinist und wohnhaft in Hohenbrunn bei München. Ich bin gegenwärtig Gefr. bei der Dienststelle FP-Nr. 19 373.

2. Zur Sache: Am 8. oder 9. VIII. 1941, ich weiß jetzt das Datum nicht mehr genau, geriet ich als Meldefahrer bei der Fahrt vom Divisionsstab zu meiner Einheit in russische Gefangenschaft. Ich hatte mich in der Dunkelheit verfahren und in einem mir unbekannten Dorf, in dem ich mit meinem

Krad im Morast steckenblieb, an ein Haus gepocht, in dem ich vorher Licht gesehen hatte. Die Gefangennahme erfolgte vor diesem Haus durch einen russischen Offizier und 4 Soldaten. Der Offizier sprach deutsch. Von ihm und den 4 Soldaten habe ich keinerlei Mißhandlungen erdulden müssen. Noch in derselben Nacht wurde ich von den 4 Soldaten weiter nach hinten geführt und in einem einzelstehenden Haus zwei russischen Kommissaren übergeben. Bei diesen befand sich ein Mann in Uniform, offenbar ein Jude, der gebrochen deutsch sprach. Die Kommissare verhörten mich nunmehr und wollten [N]äheres über die deutsche Stellung, insbesondere auch die Lage des Divisionsstabes, wissen. Als ich bewußt einen falschen Ort angab, der auf der Karte gar nicht zu finden war, versetzte mir der eine Kommissar eine Ohrfeige, daß ich gleich zu Boden stürzte. Nach kurzem Verhör, bei dem ich nach Dingen gefragt wurde, die ich gar nicht wissen konnte, wurde ich in einen im Freien liegenden Keller gesperrt. Ich will noch bemerken, daß mir der Offizier, durch den ich gefangengenommen worden war, außer meinen Waffen auch meine Feldbluse abgenommen hatte, so daß ich nur noch mit Unterwäsche, Hose und Stiefeln bekleidet war. Meine Decke hatte man mir gelassen. In dieselbe hatte ich die mir vom Divisionsstab übergebenen Befehle eingewickelt. Sie waren von den Russen nicht gefunden worden, und ich habe sämtliche Befehle in dem Kellerloch zerrissen und eingegraben.

Noch am selben Vormittag wurde ich auf einem Lkw auf das ostwärtige Ufer des Dnjepr transportiert und wieder zu einer russischen Befehlsstelle gebracht. Ich wurde wieder nach allem [M]öglichen gefragt. Einmal wurde ich dabei durch einen russischen Offizier mit dem Dolch bedroht, ohne allerdings verletzt zu werden. Man riß mir aber im Laufe dieser Vernehmung mein Hoheitsabzeichen von meiner Feldmütze ab, spuckte darauf und klebte es mir auf den bloßen Kopf. Zugleich gab mir der russische Offizier eine derbe Ohrfeige. Die im Zimmer anwesenden Offiziere spuckten mich während der Vernehmung wiederholt an, was dann auch die russischen Soldaten im Zimmer nachmachten.

Anschließend an die Vernehmung mußte ich unter Aufsicht von russischen Soldaten an einer Straßenkreuzung und bei einer kleinen Brücke Minen legen. Das verminte Gelände mußte ich dann wieder mit Erde überziehen und künstliche Wagenspuren darauf anbringen. Ein russischer Soldat machte dann einem russischen Offizier eine Meldung, die offenbar dahin ging, daß ich die Arbeit nicht gut verrichtet hätte. Dieser Soldat kam dann mit einer Stahlfeder, die offenbar von einem Fahrzeug stammte, auf mich zu und schlug mich mit dieser Stahlfeder auf den Kopf, so daß ich blutende Wunden bekam. Ich mußte die künstlichen Wagenspuren nochmals ziehen. Nach Verrichtung der Arbeit wurde ich mit dem LKW wieder weiter nach Osten transportiert. In einem kleinen Ort trafen wir auf drei andere deutsche Gefangene. Der eine davon hieß Johann Grimm und stammte, soweit ich mich noch besinne, von der 294. Div., was ich aber nicht mehr genau weiß. Die Namen der anderen habe ich vergessen. Die Kameraden waren auch ganz teilnahmlos und hatten keinerlei Lebensmut mehr, so daß es zu eingehenderen Gesprächen zwischen uns nicht gekommen ist. Mit diesen drei Kameraden mußte ich Minen auf einen LKW laden. Besonderheiten sind dabei nicht vorgekommen.

Am Nachmittag desselben Tages wurden wir 4 Gefangene in einen Güterwagen verladen. Vor der Verladung bekamen wir eine Art Maisbrei und jeder 1 Haferbrot, das etwa 1 Pfund gewogen haben mag. In dem Güterwagen waren Ersatzteile von Fahrzeugen drinnen. Die Tür wurde von außen verschlossen. Licht kam aus einem vergitterten Loch in das Wageninnere. Die Fahrt dauerte 3 Tage und 3 Nächte, während welcher Zeit die Tür des Wagens nicht geöffnet wurde. Wir bekamen weder etwas zu essen noch zu trinken. Ich hatte meine Decke noch mit, während die drei Kameraden nichts hatten. Sie waren aber noch im Besitz ihrer Feldbluse.

Nach 3 Tagen wurden wir auf dem Bahnhof einer Stadt aus dem Wagen herausgelassen. Wir wurden in den Keller eines Lagerhauses auf dem Bahnhofsgelände geführt, wo wir 16 weitere deutsche Kriegsgefangene vorfanden. Der Boden des Kellers war mit einer schwachen Strohschicht bedeckt, die allerdings schon ganz zusammengetreten war. Etwa eine halbe Stunde nach der Ankunft, es war inzwischen Abend geworden, wurde von russischen Soldaten ein Topf mit Suppe in den Keller gebracht. Es war eine Art Reissuppe, die aber auch Krautteile und Hafer enthielt. Die Suppe machte einen unsauberen Eindruck. Es waren noch Haferschalen darin. Gefäße gab es nicht dazu. Wer von uns Gefangenen ein Gefäß hatte, bekam da etwas hinein. Ich hatte nichts und war darauf angewiesen, aus dem Gefäß eines Kameraden mitzuessen. Der Topf, in dem die Suppe gebracht worden war, wurde von dem Soldaten wieder hinausgenommen. Löffel wurden uns nicht gegeben. Zum Glück hatten einige Kameraden Löffel bei sich. Außerdem bekam jeder von uns wieder so ein Haferbrot im Gewicht von etwa 500 g.

An den folgenden Tagen mußten wir auf dem Bahnhofsgelände arbeiten. In der Hauptsache wurden wir zum Verladen von Munition verwendet. Teilweise mußten wir auch Schienen ausbessern.

Dabei ist es wiederholt vorgekommen, daß vorbeigehende Zivilisten uns anspuckten. Die Bewachungsmannschaften spuckten auch wiederholt nach uns und verabreichten uns auch Stöße mit den Gewehrkolben. Es kam auch vor, daß sich die russischen Soldaten damit amüsierten, daß sie einem Kameraden, der arbeitend auf dem Bahnkörper kniete, einen Fußtritt ins Gesäß versetzten, so daß der Kamerad den Bahndamm hinabkullerte. Mir selbst ist das allerdings nicht passiert, ich habe es aber bei anderen Kameraden gesehen. Die Verpflegung war in dieser Zeit außerordentlich dürftig. Wir bekamen nur jeden dritten Tag etwas Warmes, und zwar immer eine Art dicke Suppe, immer ohne Fleisch. Jeden zweiten oder auch dritten Tag gab es für jeden Mann ein Haferbrot. Zu trinken gab es nur Wasser, das wir ziemlich weit herbeischleppen mußten. An den Tagen, an denen es weder Suppe noch Brot gab, erhielten wir aus einer schmierigen stinkigen Tonne gesalzene Heringe, und zwar je nach Vorhandensein 1 bis 3 Stück pro Mann. Waschwasser gab es überhaupt keines.

Wir haben in diesen Tagen auch Getreide verladen und russische Verwundete ausladen müssen.

Als ich etwa 1 Woche auf dem Bahnhof gearbeitet hatte, wurde ein Bewachungssoldat auf meinen Trauring aufmerksam, den ich noch an der Hand trug. Er verlangte mir den Ring ab. Als ich mich weigerte, holte der Bewachungssoldat einen anderen Bewachungssoldaten herbei. Dieser zweite Bewachungssoldat war mir schon als Rohling bekannt. Er hatte mir bereits einmal ohne Grund eine Ohrfeige verabreicht. Er packte mich am Daumen der linken Hand und stülpte den Daumen nach hinten, so daß ich vor Schmerz auf den Boden fiel. Als ich sah, daß weiteres Sträuben zwecklos war, gab ich zu verstehen, daß ich den Ring hergeben wollte. Man ließ mich nun los und ich zog meinen Trauring freiwillig vom Finger und gab ihn her. Meine Kameraden mußten mir am Abend erst wieder den ausgerenkten Daumen einrenken.

Als wir eines Tages Munition aus einem Güterzug in den anderen luden, fiel plötzlich ein Gewehrschuß, und ein Kamerad, der etwa 7 m von mir entfernt arbeitete, wurde von dem Geschoß in den Bauch getroffen. Er stürzte hin und blutete sehr stark. Da ich ihm helfen wollte und auch den Eindruck hatte, daß er noch etwas sagen wollte, machte ich Miene, zu ihm hinzugehen. Ein russischer Wachtposten gab mir aber mit dem Stiefel einen Stoß in die Seite und nahm drohende Haltung gegen mich an. Ich mußte sofort weiterarbeiten. Auch die anderen Kameraden durften sich nicht um den Getroffenen kümmern. Erst abends nach Arbeitsschluß wurde die Leiche des inzwischen verstorbenen Kameraden auf Weisung der Wachmannschaft beiseite getragen und neben dem Bahndamm verscharrt.

2 oder 3 Tage nach diesem Vorfall wurde ein zweiter Kamerad erschossen. Durch den Bahnhof, auf dem wir arbeiteten, fuhr ein russischer Transportzug. Aus einem Abteil wurde eine leere Konservenbüchse geschleudert. Ein Kamerad, der kein Eßgeschirr hatte, wollte die in einer Entfernung von etwa 30 m rollende Büchse holen. Noch ehe er die Büchse erreichte, erhielt er von einem Wachtposten einen Schuß in den Rücken und blieb liegen. Wir durften uns auch um diesen Kameraden, der nach meiner Beobachtung etwa noch eineinhalb Stunden lebte, überhaupt nicht kümmern. Abends mußten wiederum vier deutsche Gefangene die Leiche des Kameraden am Bahndamm verscharren.

Einige Tage später gelang es mir, mich bei einem Angriff deutscher Stukas durch einen Keller mit 2 Eingängen zu einer in der Nähe befindlichen Ziegelei zu flüchten. Dort habe ich mich bis zur Nacht versteckt und bin sodann in etwa 12 Tagen zur deutschen Front zurückgekehrt. Beobachtungen im Sinne meiner Vernehmung konnte ich auf dieser Flucht zu den deutschen Linien natürlich nicht machen.

Vorgelesen, genehm. u. unterschr., gez. Dr. Lungwitz, Kriegsgerichtsrat, gez. Philipp Strobel
gez. Brinz, Feldwebel
Gefr. Strobel wird zu seiner Aussage beeidigt.

Kapitel A.3

Beraubung von Kriegsgefangenen, von Toten und Verwundeten

Die Beraubung gefallener oder verwundeter deutscher Soldaten gehört, wie die Mehrzahl der vorerwähnten Protokolle ergibt, zum Handwerk der russischen Truppen. Schon bei der Schilderung der Ermordung und Verstümmelung zahlloser deutscher Soldaten ist wiederholt auch die Ausplünderung bzw. Beraubung erwähnt worden. Daß sich sogar russische Offiziere und Kommissare persönlich und zu eigenem Nutzen an solchen Schandtaten beteiligt haben, ist gleichfalls bereits wiederholt festgestellt worden. Überaus zahlreiche, bei der Wehrmacht-Untersuchungsstelle vorliegende Urkunden enthalten Beweise der Beraubung und Plünderung. Der russische Hang hierzu hat sogar vor den Krankenwagen der Sanitätsformationen und den darin beförderten Verwundeten nicht Halt gemacht.

Kapitel A. 4

Grabschändungen

Beweise für Grabschändungen, die von russischen Soldaten in Uniform und – offenbar noch häufiger – von sogenannten Partisanen vorgenommen worden sind, ergeben sich aus den Dokumenten.

In Fall 220 hat sich sogar ein russischer Offizier, wie die Aussage der russischen Zeugin Maria Suschkow vom 12. September 1941 ergibt, nicht gescheut, von dem aus dem Grabe gehobenen deutschen Soldaten die Armbanduhr zu entfernen und sie sich anzueignen.

Fall 219

Zwei Kriegspfarrer der 28. Division fanden am 8. Oktober 1941 auf einem Gefechtsfeld Gräber, von denen die Kreuze entfernt worden waren.

Dokument zu Fall 219

Gericht der 28. Division **O.U., den 9.10.41**

Gegenwärtig: Feldkriegsgerichtsrat Löhr als Richter
Uffz. Jeretzky als Protokollführer

In der Untersuchungssache über Völkerrechtsverletzungen durch Bolschewisten erschienen als Zeugen die Nachbenannten. Nachdem sie auf die Bedeutung des Eides hingewiesen worden waren, wurden sie wie folgt vernommen:

1. Zeuge Kriegspfarrer Dr. Stelzenberger

Z.P.: Ich heiße Professor Dr. Johannes Stelzenberger, kath. Kriegspfarrer bei 28. Division, 43 Jahre alt, kath.

Z.S.: Am 8.10.41 fuhr ich mit Pfarrer Bedorf, Leutnant Görlitz und einem Zug der 3./Pi.28 auf die Kampffelder der 3./Pi.28 4 km nord nord-östlich Jarzewo, zwischen Cholm und Nowosselje-Süd, um 64 Vermißte der 3./Pi.28 zu suchen. Wir fanden [durch] Hilfe von Augenzeugen der Kämpfe vom 3. bis 5.9.41 sofort den Gefechtsstand des Komp.-Führers der 3./Pi.28 in einer Schlucht, etwa 2 km süd-östlich Cholm und etwa 100 m südlich davon in der gleichen Schlucht die Gräber von damals beerdigten Pionieren der 3./Pi.28, die Leutnant Görlitz und die Leute der 3./Pi.28 sofort als die Gräber von damals erkannten. Bei sämtlichen Gräbern waren die Kreuze weggenommen und keine Spur davon mehr zu finden. Es fehlten auch mit einer Ausnahme (O.Gefr. Z.) die an den Kreuzen angebrachten Schilder mit den Namen der Gefallenen. Ich habe eine Lichtbildaufnahme der Gräber erstellt, die später zur Verfügung gestellt werden kann.

v. g. u., gez. Dr. Johannes Stelzenberger, (im Stenogramm unterschrieben)

2. Zeuge Kriegspfarrer Bedorf.

Z.P.: Ich heiße Theo Bedorf, evgl. Kriegspfarrer 28. Division, 31 Jahre alt, evgl.

Z.S.: Die Vernehmung des Professors Stelzenberger ist mir vorgelesen worden. Ich schließe mich der Vernehmung an.

v. g. u., gez. Theo Bedorf, (im Stenogramm unterschrieben)
Die Zeugen wurden vorschriftsmäßig vereidigt.
gez. Löhr, gez. Jeretzky, (im Stenogramm unterschrieben)

3. Zeuge Dr. Pittler.

Z.P.: Ich heiße Dr. Arnold Pittler, Oberstabsveterinär bei Stab 28. Division, 43 Jahre alt, evgl.

Z.S.: Am 3.10.41 befand ich mich auf einem Dienstritt zur Truppe mit dem Ziel Kanjutino (ca. 4 km westlich des Wopj im Planquadrat 20/85 der Karte 1:100 000, Smolensk, Blatt-Nr. N-36-V). Auf dem Rückwege bemerkte ich, ca. 400 m westlich des Ortes an einer Anhöhe, ungefähr 6 bis 7 Gräber deutscher Soldaten. Einige Meter entfernt von den Grabhügeln lagen Holzkreuze, an denen die Aufschriften durch Abkratzen bzw. durch Überstreichen zum größten Teil unkenntlich gemacht waren. Man erkannte, daß diese Kreuze herausgerissen und planlos in die Gegend geworfen waren. Die Grabhügel waren im [w]esentlichen zerstört. An den teilweise noch unbeschädigten Rändern der Grabhügel konnte man sie als solche erkennen. Im übrigen war deutlich zu sehen, daß man versucht hatte, die Grabhügel einzuebnen. Die Grabhügel sind einige Meter abseits vom Wege an einem mit Gras bewachsenen Hange eingebettet und lagen somit geschützt. Ich halte es für ausgeschlossen, daß die beschriebenen Zerstörungen durch Feindeinwirkung oder durch Fahrverkehr entstanden sind. Die Art der Zerstörungen, insbesondere die herumliegenden Kreuze, lassen nur darauf schließen, daß die Gräber mutwillig zerstört wurden. Die Gräber bargen deutsche Soldaten, die bei der ersten Inbesitznahme dieses Geländes gefallen waren. Das Gelände ist dann später dem Feinde aus taktischen Gründen im September wieder überlassen worden und wurde erst bei dem am 2.10. beginnenden Vormarsch wiedergewonnen.

v. g. u., gez. Dr. Arnold Pittler, (im Stenogramm unterschrieben)
Der Zeuge wurde beeidigt.
gez. Löhr, gez. Jeretzky (im Stenogramm unterschrieben),
Die Übertragung stimmt mit dem Stenogramm überein. O.U., den 9.10.41, gez. Jeretzky Uffz.
Protokollführer, Beglaubigt: Sekretär

Fall 220

Von Ortseinwohnern wurde gemeldet, daß ein neben der Kirche bestatteter Leichnam eines deutschen Soldaten von Russen ausgegraben worden war. Unter den russischen Soldaten waren auch zwei Offiziere, von denen einer dem Toten die Armbanduhr raubte.

Dokumente zu Fall 220

Gericht der 10. Inf.-Div. (mot) **Div.-Stabsqu., 12. Sept. 1941**
AL Nr. 38/41

Vermerk:

I. Am 12.9.1941 wird dem Gericht von Angehörigen des Stabes der 10. Inf.-Div. (mot) folgendes gemeldet:

Ortseinwohner hätten soeben erzählt, daß sich in unmittelbarer Nähe der Kirche, wo zur Zeit die Fahrzeuge des Divisions-Stabes stehen, das Grab eines deutschen Soldaten befindet, welches von russischen Soldaten ausgegraben worden sei. Der deutsche Gefallene sei beraubt worden.

II. Die daraufhin von dem Unterzeichneten vorgenommene Augenscheinseinnahme ergab folgendes: An der bezeichneten Stelle wurde, etwa 60 cm tief, der Leichnam eines deutschen Soldaten, oberflächlich in eine Zeltbahn gehüllt, vorgefunden. Nachdem die Leiche dem Grab entnommen war, wurde festgestellt, daß sämtliche Taschen der Uniform des Soldaten (Feldbluse und Hose) nach auswärts gestülpt waren. Es wurde einwandfrei festgestellt, daß es sich bei diesem Soldaten um einen Sanitätsunteroffizier handelt. Die Erkennungsmarke war nicht mehr vorhanden.

Daraufhin erstatteten Oberfeldarzt Dr. Schmidt, Divisionsarzt 10. Inf.-Div. (mot), und, nachdem der Vorgenannte dienstlich abberufen worden war, Oberarzt Dr. Hollstein, Adjutant des Divisionsarztes 10. Inf.-Div. (mot), an Ort und Stelle mündlich folgende Gutachten:

Die Leiche wies eine große Splitterverletzung des rechten Oberarms und der rechten Brustkorbhälfte auf.

Die Verletzung dürfte als Todesursache anzusehen sein. Die Leiche war bereits in Verwesung übergangen, so daß sich am ganzen Körper, vor allen Dingen an den Händen, die Haut im ganzen ablöste. Verstümmelungen waren an der Leiche nirgends festzustellen. Die Deformierung des Schädels beruhte auf Quellungserscheinungen der Weichteile infolge der Verwesung.

gez. Schmidt, Oberfeldarzt, gez. Dr. Hollstein, Oberarzt

III. Hierauf wurde die anliegende gerichtliche Zeugenvernehmung durchgeführt.

gez. Dr. Arnold, Kriegsgerichtsrat, Beglaubigt: Sekretär

Gericht der 10. Inf.-Division (mot) **Div.-Stabsquart., den 12. September 1941**
AL Nr. 38/41

Gegenwärtig: 1. Kriegsgerichtsrat Dr. Arnold,
2. Unteroffizier W. Stöhr als Urkundsbeamter

In der Untersuchungssache wegen Völkerrechtsverletzung erschien als Zeuge die Untengenannte. Außerdem ist gegenwärtig der Kriegsgefangene Russe Gabriel Ballach, im Dienst der deutschen Wehrmacht bei dieser Einheit. Ihm wird wahrheitsgetreue Verdolmetschung befohlen.

Die Erschienene wurde mit dem Gegenstand der Untersuchung bekanntgemacht. Hierauf wurde sie wie folgt vernommen:

Ich heiße Maria Suschkow, geboren am 6. Februar 1923, ohne Glauben, (Dienstgrad, Beruf) ledige Kollektivarbeiterin, (Truppenteil, Wohnort) Adjuscha/bei Korop.

Ich erkläre zu dem Gegenstand meiner Vernehmung:

Als sich die Deutschen aus diesem Ort zurückzogen, sah ich, daß in unmittelbarer Nähe der Kirche ein neuerrichtetes Grab eines deutschen Soldaten vorhanden war. Das Grab war ordentlich hergerichtet. Darüber stand ein weißes Birkenkreuz. Auf dem Grab lag ein deutscher Stahlhelm. Das Grab war auch mit Blumen geschmückt.

An demselben Tag, an dem sich die Deutschen zurückgezogen hatten, näherten sich mehrere russische Soldaten diesem Grab. Drei dieser russischen Soldaten begannen, den deutschen gefallenen Soldaten auszugraben. Zwei andere russische Soldaten standen daneben. Die letzteren [b]eiden waren russische Leutnants. Es standen mit mir noch mehrere Zivilpersonen dort herum. Diese wurden von den russischen Soldaten zunächst aufgefordert, das Ausgraben vorzunehmen. Da sich die Zivilpersonen weigerten, dem nachzukommen, wurden sie, darunter auch ich, von diesem Platz vor der Kirche, auf dem sich das Grab befindet, fortgetrieben.

Von dem Rande dieses Platzes aus, wo die Zivilpersonen, darunter auch ich, stehen blieben, sah ich, daß einer von den beiden Leutnants dem Toten von der Hand die Armbanduhr entfernte. Der Betreffende steckte diese Uhr in seine Tasche. Ich sah ferner, daß sie diesem Soldaten etwas von der Brust wegnahmen, was sie, in der Hand vor sich haltend, genau betrachteten. Was es war, weiß ich nicht. Es kann vielleicht ein Kreuz gewesen sein, das dieser Soldat auf der Brust trug.

Der Zeugin wird hierauf eine Erkennungsmarke vorgezeigt. Auf Vorhalt erklärt sie hierzu: Ich glaube nicht, daß dasjenige, was dem gefallenen Deutschen von der Brust genommen wurde, eine Erkennungsmarke war.

Nachdem die russischen Soldaten Armbanduhr und dasjenige, was sich auf der Brust des Gefallenen befand, an sich genommen hatten, gruben sie die Leiche wieder ein.

Woher diese russischen Soldaten kamen, weiß ich nicht. Sie warteten auf ihre Pferde, mit denen sie dann auf Korop zu ritten.

Andere Fälle derartiger Leichenausraubung habe ich nicht wahrgenommen.

Beim Eingraben habe ich noch gesehen, daß die Russen das Birkenkreuz in das Grab obenauf warfen; den Stahlhelm dagegen nahmen sie mit. Unter den Zivilpersonen, die aufgefordert wurden,

den Gefallenen auszugraben, befand sich auch mein Bruder. Als dieser das Ansinnen ablehnte, sagten die Russen zu ihm: „Du bist wohl nicht auf der Seite der Russen."

Vorgelesen. Der Dolmetscher erklärt, das Vorgelesene verstanden zu haben. Er erklärt weiter, daß das ihm Vorgelesene genau den Aussagen der Zeugin entspreche.
Unterschrift der Zeugin: gez. Maria Suschkow, Unterschrift des Dolmetschers: gez. Gabriel Ballach
Die Zeugin konnte nicht vereidigt werden, weil sie weder wußte, was ein Eid oder ein Schwur ist, noch hierüber auch von dem Dolmetscher, der selbst nicht weiß, was ein Eid ist, belehrt werden konnte. Geschlosse: gez. Dr. Arnold, Kriegsgerichtsrat, gez. W. Stöhr, Unteroffizier

Fall 221

Ein weiterer Fall von Grabschändungen verlautet aus der Vernehmung des Hauptfeldwebels Gnädig. Drei deutsche Gefallene waren von Russen beraubt worden. Sie wurden dann durch Angehörige ihres Truppenteils bestattet. Einige Tage später wurde festgestellt, daß ihre Gräber geschändet worden waren. Auch bei diesem Vorfall waren zwei russische Offiziere beteiligt.

Dokument zu Fall 221

Gericht der 29. Division (mot) **O.U., den 13. November 1941**
RHL Nr. 129/1941

Gegenwärtig: Kriegsgerichtsrat Dr. Mewes als Richter
Unteroffizier Ander als Protokollführer

Der Hauptfeldwebel Gnädig, 2./Aufkl.-Abt. 29 (mot), erklärt nach Eidesbelehrung:

Beim Kampf um Jampolj (südostwärts Nowgorod-Ssewersk), am 13.9.1941, sind der Feldwebel M., Unteroffizier B., Obergefreiter R., 2./Aufkl.-Abt. 29 (mot), mit einem Krad in einen Hinterhalt gefallen. Sie wurden abgeschossen. Als die Leichen kurz darauf bei dem Angriff der Kompanie gefunden wurden, fehlte[n] bei dem Obergefreiten R. das Geld und die Uhr. Dies habe ich festgestellt, als ich mit dem Leutnant Fuchs herankam. Die Taschen des Obergefreiten R. waren herumgedreht. Wir haben dann die Gefallenen im Südostteil des Ortes auf einem freien Platz bestattet. Über den Gräbern befanden sich Grabhügel, die mit ausgestochenen Rasenplatten festgelegt waren. Hinter jedem Grab stand ein Birkenkreuz mit einer Namenstafel. Auf dem mittleren Kreuz war ein Stahlhelm. Wir mußten am anderen Morgen den Ort räumen. Er wurde erst am 17.9.1941 wieder besetzt. Bei der Besichtigung der Gräber stellte ich fest, daß der Stahlhelm fehlte, die Namensschilder abgerissen waren, die 3 Grabhügel zertrampelt waren, die Rasenplatten waren zum Teil in die Erde hereingetreten, zum Teil lagen sie um die Grabstätte herumgeworfen; 2 Blumensträuße, die sich auf jede[m] Grabhügel befanden, herausgerissen und zertreten; die Büchsen, in den[en] sie gestanden hatten, auch weggetreten.

2 Frauen, die an dem Platz wohnten, ließ ich durch einen Dolmetscher vernehmen. Sie gaben an, daß sich die russischen Soldaten nach unserem Abzuge auf die Grabhügel gestürzt und sie mit Geschrei zertreten hätten. 2 Offiziere hätten sich daran beteiligt.

Nach dem Zustand der Gräber war ohne weiteres klar, daß sie nicht während des Kampfes beschädigt, sondern absichtlich zerstört worden sind. Die Eindrücke von genagelten Stiefeln bewiesen, daß die Angabe der Ortseinwohner richtig [war] und daß die Zerstörungen von russischen Soldaten vorgenommen worden sind.

Vorgelesen, genehmigt, unterschrieben, gez. Martin Gnädig
Der Zeuge wurde vereidigt.
Geschlossen: gez. Mewes, gez. Ander, Beglaubigt: Sekretär

Die folgende Zeugenaussage bestätigt eine Grabschändung, bei der offensichtlich planvoll die am Kreuz angebrachten Personalien der Gefallenen entfernt wurden.

Fall 222

Dokument zu Fall 222

Oberkommando der Wehrmacht
Wehrmacht-Untersuchungsstelle
für Verletzungen des Völkerrechts

Berlin, den 30. Januar 1942

Gegenwärtig: Kriegsgerichtsrat d.B. der Luftwaffe Dr. Hofmann als richterlicher Militärjustizbeamter
Angestellte Marie Jaedicke als Protokollführer besonders verpflichtet

In der völkerrechtlichen Untersuchungssache Rußland wurde der Sanitätsunteroffizier Max Kersten im Reservelazarett 133, Berlin-Buch, Lindenbergerweg 68-88 aufgesucht. Er wurde mit dem Gegenstand seiner Zeugenvernehmung bekanntgemacht und über seine Wahrheitspflicht als Zeuge unter Hinweis auf die Bedeutung des Eides besonders belehrt.

Er erklärte:

Zur Person: Ich heiße Max Kersten, bin 31 Jahre alt, verheiratet, San.- Unteroffizier, 3./Pi.Batl. 291, zur Zeit Reservelazarett 133, Berlin-Buch.

Zur Sache: Im Dezember 1941 war ich mit meiner Kompanie in der Gegend von Schlüsselburg an der Bahnlinie Maluxa-Olomna und zwar im Dorf Pogostje eingesetzt. [...]

Bei der Wiedereroberung des Dorfes Pogostje stellten wir bei sechs deutschen Soldatengräbern fest, daß die russischen Truppen an den Holzkreuzen die Querbalken, auf denen die Personalien aufgezeichnet waren, abgesägt hatten, um offensichtlich eine Nachforschung nach dem Verbleib dieser Kameraden unmöglich zu machen. Unter den sechs Gräbern befand sich auch das Grab des Gefreiten K. von meiner Kompanie.

v. g. u., gez. Max Kersten, Sanitäts-Unteroffizier
Der Zeuge wurde beeidigt.
gez. Dr. Hofmann, gez. Marie Jaedicke, Beglaubigt: Sekretär

Kapitel A. 5

Freischärlerei

Ein russischer Aufruf, der im Bereich eines deutschen Armeekorps aufgefunden worden ist und hier in Fotokopie und in deutscher Übersetzung wiedergegeben wird, gibt genaueste Anweisungen an die Zivilbevölkerung des russischen Gebietes, wie sie sich während ihres Kampfes zu verhalten habe. Der Aufruf erbringt einen vollständigen Beweis für die zentrale Organisation des Freischärlertums (Partisanentätigkeit) im russischen Kriegsgebiet:

Dokument

Abschrift

Übersetzung
eines im Bereiche des A.O.K. 2 aufgefundenen sowjetrussischen Handzettels

„Anweisungen für Partisanen in der Etappe des Feindes.
Genossen! Partisanen!
Während Eures Kampfes denkt an folgendes:

1.) Der Feind, der die Erde unserer Heimat betreten hat, muß auf ihr zugrunde gehen.

2.) Organisiert Abteilungen in der Etappe des Feindes, und versetzt dem Feind unerwartete tödliche Schläge, indem Ihr Euch in Wäldern und Sümpfen versteckt. Zerschneidet die Leitungen, verbrennt die Brücken, zerstört die Eisenbahnlinien, veranlaßt Eisenbahnzusammenstöße, vernichtet Lebensmittel und Brennstoffvorräte, verbrennt Niederlassungen und Magazine, vernichtet feindliche Streitkräfte, besonders die Offiziere, vernichtet einzelne und kleine Gruppen, beschießt unerwartet aus dem Hinterhalt auch größere Abteilungen.

3.) Verbrennt Tanks. Das beste Mittel ist eine Flasche Benzin mit einem Flachspfropfen. Zündet den Flachs an und werft ihn auf den Tank. Noch leichter kann man auf diese Weise einen Kraftwagen verbrennen.

4.) Arbeitet unauffällig, schnell und bestimmt. Darin liegt die Gewähr des Erfolges. Mit dem Feind verfahrt nach Feindesart. Möge der Feind spüren, wie unter ihm unsere Erde brennt. Möge er einsehen, daß es die Kraft nicht gibt, die in der Lage wäre, unser Sowjetvolk zu bezwingen."

Für die Richtigkeit der Abschrift: gez. Unterschrift, Leutnant, Beglaubigt: Sekretär

Textdokument

Памятка партизана, дейс
в тылу у врага.

Товарищи партизаны! В своей борьбе помните следующее:

1. Враг, вступивший на землю нашей родины, должен погибнуть на ней.

2. Организуйте отряды в тылу у врага и, укрываясь в леса и болота, наносите врагу неожиданный смертельный удар:

режьте провода,

сжигайте мосты,

разрушайте железно-дорожные пути,

устраивайте крушения поездов,

уничтожайте запасы продовольствия и горючего,

сжигайте склады и магазины,

уничтожайте живую силу врага, особенно офицеров,

уничтожайте одиночек и небольшие группы,

неожиданно обстреливайте из засады и большие отряды.

3. Сжигайте танки. Верное средство для этого—бутылка с бензином, заткнутая паклей. Зажги паклю, бросай на танк. Еще легче сжечь таким способом автомобиль.

4. Действуйте незаметно, быстро, решительно. В этом залог успеха. С врагами поступайте по-вражески. Пусть почувствует враг, как горит под ним наша земля. Пусть узнает, что нет той силы, которая могла бы покорить наш советский народ.

Nr. 292/7 19 41 geh. H.Wes.Abt.I.Gen.St.d.H. – Ü 778.41 –

Russischer Aufruf, der entgegen sowjetischer Geschichtslegenden die zentrale Organisation des Partisanenwesens beweist

Fälle der Freischärlerei, die durch zentrale Organisation seitens der russischen Behörden ins Leben gerufen und durch lobende Erwähnungen in den russischen Heeresberichten ständig gefördert wird, sind bereits anläßlich der vorstehend geschilderten Völkerrechtsverletzungen mit berücksichtigt worden. In dieser Beziehung wird insbesondere auf die Vernehmungsprotokolle Welke, die Ermordung des Obersten Z. und anderer Wehrmachtangehöriger (Fall 223) betreffend, und auf die Ermordung einer deutschen Flugzeugbesatzung, am 12. September 1941 bei Pronosowka (Fall 224), Bezug genommen. Überfälle russischer Freischärler oder Partisanen auf Einzeltransporte in unübersichtlichem Gelände hinter der deutschen Front, insbesondere auf Sanitätstransporte oder kleinere Verbandsplätze, sind wiederholt gemeldet und belegt worden.

Fall 223

Folgendes eidesstattliche Protokoll berichtet von der sadistischen Ermordung eines Soldaten durch eine 25 Mann starke Partisanenbande.

Dokument zu Fall 223

Im Felde, den 25. November 1941

Gegenwärtig:
1.) Ltn. Heinze (Assessor) Gerichts-Offizier des I.R. 183, als Vernehmender
2.) Uffz. Weiss, I.R. 183, als Protokollführer

Vorgeladen erscheint der Bezirkslandwirt Sonderführer Fritz Welke. Der Erschienene wurde über die Bedeutung des Eides belehrt. Er erklärte:

a) zur Person: Ich heiße Fritz Welke, geb. am 22.5.1901 in Schneidemühl, wohnhaft ebenda, Roonstraße 8, von Beruf Landwirt, seit 26.8.1939 im Wehrdienst, z.Zt. als Sonderführer Bezirkslandwirt in Mirgorod.

b) zur Sache: Am 21.10.1941 erhielt ich vom Kreislandwirt-Sonderführer Haffmann in Mirgorod den Auftrag, den Bezirk Kamischnia zu übernehmen. Um diesem Auftrag nachzukommen, fuhr ich am gleichen Tage gegen 14.00 Uhr in Begleitung der Sonderführer Siebers, Reim, Appel, Blütner und Bastheimer mit einem Lkw nach dem genannten Ort. Etwa 4 km vor Kamischnia begegneten wir einem ukrainischen Agronom, der uns berichtete, daß 300 m weiter, an einer gesprengten Brücke, 2 tote Soldaten liegen. Wir näherten uns nunmehr vorsichtig der bezeichneten Stelle und stellten folgendes fest:

Die Brücke war durch eine Mine gesprengt worden. Aus den Umständen konnte man schließen, daß die zur Sprengung verwendete Mine durch einen Zugdraht ausgelöst worden war. Links von der Straße, in einer Entfernung von etwa 6 bis 8 m, lag ein Krad mit Beiwagen, das nur geringe, durch Gewehrschüsse hervorgerufene, Beschädigungen auswies. Auf der rechten Seite der Straße, unmittelbar an der Böschung, lagen die Leichen von 2 deutschen Soldaten der Luftwaffe. Der eine der beiden Ermordeten hatte einen Durchschuß durch den Kopf, der sofort tödlich gewirkt haben muß. Weitere Schußverletzungen ließen sich mit Sicherheit nicht feststellen. Die andere Leiche hatte gleichfalls nur eine Schußverletzung, und zwar auf der rechten Brustseite, die jedoch meines Erachtens niemals tödlich gewirkt haben kann. Beide Leichen wiesen aber zahlreiche Stichverletzungen in der Brust auf. Aus der Anzahl der Stichverletzungen konnte man nur schließen, daß die betreffenden Partisanen, die die Tat verübt hatten, sich in geradezu sadistischer Mordgier auf die Überfallenen gestürzt hatten. Die Leiche des Soldaten, der den Partisanen offenbar noch lebend in die Hände gefallen war, hatte außerdem auf der rechten Halsseite in der Nähe der Schlagader eine tiefe Stich- bzw. Schnittwunde, die von einem Arzt, dem ich einige Tage später den Zustand der aufgefundenen Leichen schilderte, als Schächtschnitt bezeichnet wurde. Beiden Ermordeten war fernerhin die Gesichtshaut abgezogen worden; ebenso hatte man ihnen die Augen ausgehöhlt und die

Ohren abgeschnitten. Diese Verstümmelungen waren in kunstgerechter Weise, man kann sagen mit medizinischer Genauigkeit, ausgeführt. Darüber hinaus war bei einer der Leichen die Mundpartie eingeschlagen. Ich vermutete, daß der Überfallene geschrien hatte und auf diese bestialische Weise zum Schweigen gebracht worden war. Beiden Ermordeten waren die Stiefel, Socken und Handschuhe geraubt worden. Ob darüber hinaus noch andere Sachen fehlten, konnten wir nicht feststellen. Die bei den Leichen und in der Beiwagen-Maschine vorgefundenen Wertgegenstände und Ausweispapiere habe ich der Ortskommandantur in Mirgorod übergeben. Die Namen der Ermordeten kann ich nicht mehr angeben. Ich weiß nur noch, daß es sich um einen Unteroffizier und einen Obergefreiten der Luftwaffe gehandelt hat.

Nach Aussagen von Dorfbewohnern muß die Tat eine Partisanenbande in Stärke von etwa 25 Mann verübt haben.

Vor etwa 8 Tagen hatte ich Gelegenheit, die Leichen des Oberst[en] Z. und seiner beiden Begleiter, eines Uffz. und eines Soldaten, sowie eines ukrainischen Arztes, in dessen Haus Oberst Z. von Partisanen überfallen worden war, zu sehen. Die Leichen des Arztes, des Uffz. und des Soldaten wiesen dieselben furchtbaren Verstümmelungen auf wie die beiden von mir aufgefundenen Angehörigen der Luftwaffe. Der Leiche des Oberst[en] Z. waren 2 Finger abgeschnitten, an denen er offenbar Ringe getragen hatte. Allen Ermordeten hatten die Partisanen sämtliche Sachen, einschließlich der Uniformen, geraubt.

v. g. u., gez. Fritz Welke
Der Zeuge wurde auf seine Aussage beeidigt.
gez. Heinze, gez. Weiß, Beglaubigt: Sekretär

Fall 224

Die Ermordung einer notgelandeten deutschen Flugzeugbesatzung durch Angehörige der Roten Armee sowie des von ihnen aufgestellten zivilen „Selbstschutzes" wird durch die Protokolle der Geheimen Feldpolizei sowie die Aussage des Leutnants Meyeringh bewiesen.

Dokumente zu Fall 224

GFP Gru. 13 **O.U., den 25.9.1941**
1. Komm. 262/41

Bericht: Im Verfolg der Angaben des Fedor Sergiejovitsch Skrelj aus Krementschug, Lenenska 39/II, wurden am 24.9.41 in dem Dorfe Pronosowka durch ein Kommando der GFP-Gruppe 13 Ermittlungen durchgeführt. Diese ergaben folgendes:

Am 12.9.41 (der genaue Tag ließ sich nicht feststellen) mußte in den Nachmittagsstunden ein deutsches Flugzeug etwa 12 km südwestlich des Dorfes in der Steppe notlanden. Dieser Vorgang war vom Dorf aus beobachtet worden. Sofort machten sich noch im Dorf liegende Rotarmisten zusammen mit einigen Angehörigen des von ihnen im Dorf aufgestellten zivilen „Selbstschutzes" auf den Weg, um zu dem Flugzeug zu gelangen. Gegen 17.00 Uhr wurde auf einem Panjewagen der Liegeort des Flugzeuges von ihnen erreicht. Was sich im einzelnen nun hier abgespielt hat, läßt sich heute mit Bestimmtheit nicht mehr feststellen, da naturgemäß alle Beteiligten leugnen, Mittäter bzw. Mitwisser zu sein. Die im Dorf angestellten Befragungen, sowie die Angaben der Beschuldigten, lassen jedoch vermuten, daß nun folgendes geschah: Die Besatzung der notgelandeten Maschine, die sich angeblich in unweit befindlichem Gebüsch verborgen hatte, wurde von roter Kavallerie aus ihrem Versteck hervorgeholt und anscheinend zum Flugzeug zurückgeschafft. Hier wurde ein Mitglied der Besatzung erschossen. Von wem, läßt sich nicht feststellen. Anschließend wurden die übrigen 2 Besatzungsmitglieder mit zum Dorf genommen, wo im Hause des Semen Jefdokimowitsch Skrelj der eine von ihnen erschlagen wurde. Das dritte Besatzungsmitglied, das am Arm verwundet war, wurde nach übereinstimmenden Angaben der Dorfbewohner von den am selben Tag sich aus dem Dorf zurückziehenden Rotarmisten mitgeschleppt.

Am nächsten Tag wurde angeblich das Dorf kampflos von deutschen Truppen besetzt.

Das Kommando der Gruppe 13 nahm als erstes alle vom Anzeiger genannten angeblichen Täter fest, was auch gelang, mit Ausnahme des Pawlow Ewowitsch Skrelj, der mit den Rotarmisten geflüchtet ist. Da durch Nachfragen festgestellt wurde, daß, außer den fünf vom Anzeiger Genannten, weitere Dorfbewohner in die Sache verwickelt waren, bzw. von ihr wußten, wurden insgesamt 15 männliche Personen festgenommen und im Gebäude der Kolchose inhaftiert. Weiter wurde der Liegeplatz der deutschen Maschine aufgesucht. Die Maschine ist mit einer Bauchlandung in der Steppe niedergegangen. Sie liegt, wie bereits gesagt, etwa 12 km südwestl. des Dorfes. Das Fahrgestell fehlt. Die Schrauben sind zerbrochen. Es handelt sich um eine Kampfmaschine vom Typ He 111. Die Bugkanzel ist teilweise zerstört. Was an Instrumenten fehlt, konnte wegen nicht genügender fachlicher Kenntnis nicht festgestellt werden. Rumpf und Tragflächen sind, abgesehen von einigen durch Beschuß verursachten Treffern, unbeschädigt. Die Maschine trägt an den Seiten die Bezeichnung G I D C. Das Seitenruder weist die Nr. 4323 auf. An der Seite befindet sich in einem gelb umrandeten Dreieck die Zahl 87. Einige Meter vor der Bugkanzel der Maschine befand sich eine frische Grabstelle. Beim Nachgraben wurde darin die Leiche eines Leutnants der Luftwaffe gefunden. Erkennungsmarke und Papiere ließen sich nicht finden. Feststellbar war eine Schußverletzung, die genau das Herz getroffen hat. Der Grabhügel wurde wieder aufgeschichtet und am Kopfende durch abgebrochene Flugzeugteile ein Kreuz errichtet. Das Grab des im Dorf zu Tode gekommenen zweiten Besatzungsmitgliedes befand sich auf dem Friedhof des Ortes. Der Tote, ein Gefreiter der Luftwaffe, trug die Erkennungsmarke Nr. 202 der Fl.H.Kdtr. (E) Biblis. Dieser Tote war regelrecht beerdigt. Auf seiner Leiche befanden sich sogar Blumen.

Nach langwierigen und schwierigen Befragungen (es stand nur ein Sprachmittler zur Verfügung) schälten sich als vermutliche Mittäter bei der Ermordung der Flugzeugbesatzung folgende 5 Personen heraus:

1.) Taranez, Petro Iwanowitsch, geb. am 26.7.1900 in Podoroshnoje, Kreis Kiew, Landwirt, ukrainischer Nationalität, wohnhaft in Pronosowka,

2.) Chudik II, Fanasy Iwanowitsch, geb. am 2.12.98, in Pronosowka, Landwirt, ukrainischer Nationalität, wohnhaft in Pronosowka,

3.) Kabak, Kusjma Machtejewitsch, geb. am 12.10.05 in Pronosowka, Landwirt, ukrainischer Nationalität, wohnhaft in Pronosowka, zuletzt als Traktorenführer tätig gewesen,

4.) Ljysenko, Petro, geb. 1905 in Pronosowka, Landwirt, Ukraine, wohnhaft in Pronosowka,

5.) Skrelj, Pawlow Ewowitsch aus Pronosowka.

Während die ersten vier festgenommen sind, war eine Festnahme des zu 5. Genannten nicht möglich, da er zusammen mit den Roten Truppen den Ort verlassen hat. Die unter 1. bis 4. aufgeführten Personen sind durch Zeugenaussagen und gegenseitige Belastung überführt, am fraglichen Tage bewaffnet an der Unfallstelle des Flugzeuges zusammen mit den Rotarmisten gewesen zu sein. Alle 4 waren Angehörige des von den Roten aufgestellten „Selbstschutzes". Außerdem waren alle, mit Ausnahme des unter 2. Aufgeführten, Mitglieder der Kommunistischen Partei. Dem Semen Jefdokimowitsch Skrelj und dem Iwan Ewowitsch Skrelj ließ sich eine Beteiligung an der Sache nicht nachweisen. Der Hauptschuldige unter den Zivilisten dürfte der geflüchtete Pawlow Ewowitsch Skrelj gewesen sein, der sich im Dorf sogar der Erschlagung der deutschen Flieger gerühmt hatte.

Am 14.9.1941 wurde durch die Einheit Feldpostnummer 33 030 zum Dorfältesten der Jakiw Andrejewitsch Tschumak bestimmt. Da dieser Tschumak es unterlassen hat, den ihm gerüchteweise bekannten Vorfall den deutschen Truppen zur Kenntnis zu bringen, er außerdem bis zum Jahre 1935 Mitglied der Kommunistischen Partei war und wegen Trunksucht in diesem Jahr aus ihr ausgeschlossen wurde, wurden ihm die von der Einheit 33 030 ausgestellten Bestätigungen als Dorfältester abgenommen. Der jetzige Kollektivvorsteher Nikita Fedosiewitsch Demtschenko erscheint für das Amt des Dorfältesten geeignet.

Die Festgenommenen wurden nach Krementschug überführt und befinden sich im Gewahrsam der GFP-Gruppe 13.

gez.: Unterschrift, Feldpolizeisekretär, f.S.R. S.A., gez. Unterschrift, Leutnant, Beglaubigt: Sekretär

Gericht der Feldkommandantur 242 **O.U., den 21.11.1941**
RHL Nr. 29/41

Gegenwärtig: Kriegsgerichtsrat Dr. Ziehen, Uffz. Krause als Protokollführer

Es erscheint der Leutnant der Luftwaffe Meyeringh, II./Kampfgeschwader 55, und erklärt, nach Ermahnung zur Wahrheit und unter Hinweis auf die Bedeutung der Eidespflicht:

1. Zur Person: Ich heiße Heinz Meyeringh, 23 Jahre alt, Leutnant.

2. Zur Sache: Am 12. Sept. 1941 mußte unsere Maschine nach einem Luftkampf, etwa 6 km südlich des Dorfes Pronosowka (südlich der Straße Krementschug-Shownino), auf einem Steppengelände notlanden. Die Besatzung des Flugzeugs bestand aus Leutnant O. als Kommandant, Feldwebel Seuthe als Flugzeugführer, Unteroffizier Meier, Gefreiter R. und mir. Uffz. Meier war bei dem Luftkampf durch Arm- und Beinschüsse schwer verwundet worden.

Nach der Landung brachten wir Meier aus der Maschine heraus und machten ihm einen Notverband. Wir konnten an Ort und Stelle nicht bleiben, weil unsere Landung zweifellos bemerkt worden war. Ich wurde vorausgeschickt, um die Sicherung nach vorn zu übernehmen. Mir folgten der Flugzeugführer und der Bordschütze mit dem Verwundeten. Der Kommandant übernahm mit einem M.G. die Rückendeckung. Schon bald wurden wir beschossen, offenbar aus Pistolen, Militär- und Schrotgewehren, ferner auch aus Maschinenwaffen. Die Schützen habe ich bis auf einen, den ich durch einen Pistolenschuß erledigte, nicht sehen können. Unser eigenes Maschinengewehr gab 2 Feuerstöße ab, dann verstummte es. Im Verlauf dieses Gefechts kamen der Flugzeugführer und ich wieder auseinander, nachdem der Flugzeugführer mich zunächst eingeholt hatte. Die anderen Kameraden habe ich während des Feuerkampfes und auch nachher nicht mehr gesehen.

Nach dreitägigem Umherirren erreichte ich die deutsche vordere Linie. Über meine Erlebnisse in dieser Zeit habe ich einen eingehenden schriftlichen Bericht am 20.9.41 meiner Truppe eingereicht.

Über das Schicksal meiner Kameraden O., Meier und R. z.Zt. ihrer Überwältigung durch die Roten kann ich aus eigener Kenntnis nichts bekunden. Der Flugzeugführer Seuthe ist nach mehrtägiger Irrfahrt zur Truppe zurückgekehrt. Er ist z.Zt. abkommandiert. Seine Vernehmung wird durch meine Einheit noch veranlaßt werden.

Etwa 10 Tage nach meiner Rückkehr zur Truppe bin ich wieder an Ort und Stelle unserer Notlandung gewesen. Vor der Glaskanzel der Maschine befand sich ein Grab, auf dem sich ein Kreuz aus Flugzeugteilen befand. In meiner Gegenwart und in Gegenwart des Feldpolizeikommissars Miller der GFP-Gruppe 13, sowie eines Arztes der Luftwaffe wurde aus diesem Grabe die Leiche des Leutnants O. freigelegt. Wie sich später herausstellte, war das Grab von deutschen Soldaten gegraben und hergerichtet worden, die den Leutnant O. in halb ausgezogenem Zustand tot beim Flugzeug gefunden hatten.

Wir selbst konnten bei der Leiche des Leutnants O. feststellen, daß ihm die Kombination an der Gürtellinie abgeschnitten worden war. Der untere Teil der Kombination, Fliegerhose, Schuh und Strümpfe, war ausgezogen. Offenbar hat man O. nun die Kombination hochgezogen und ihn schwer mißhandelt. Denn auf seinem Rücken waren deutlich viele Spuren von Schlägen zu entdecken. Wir, auch der genannte Arzt, nahmen nach Art dieser Spuren an, daß O. mit Stöcken und mit Peitschen geschlagen worden ist. Sein linkes Handgelenk war, anscheinend mit einem stumpfen Gegenstand, plattgeschlagen worden. Der Knöchel der linken Hand war völlig zermalmt. Es handelte sich offensichtlich um eine richtige Schlagwunde, nicht etwa um eine Schußwunde. Ferner war dem Leutnant O. die Nase abgeschnitten worden. Der Schädel des Leutnants wies am Hinterkopf ein faustgroßes Loch auf. Auch nach Meinung des bei der Besichtigung anwesenden Arztes war dem Leutnant offensichtlich der Schädel irgendwie eingeschlagen worden. Zertrümmerung des Schädels durch Schuß hat nicht vorgelegen. Andernfalls hätten wir irgendeine Einschußstelle entdecken müssen.

Die Leiche des O. wies einen Schuß auf, den er von hinten durch das linke Schulterblatt ins Herz erhalten hatte. Der Ausschuß war auf der linken Seite deutlich zu erkennen. An dem unterem Teil des Körpers waren Verletzungen nicht zu erkennen.

Ich überreiche anliegend eine Abschrift eines Berichtes der GFP-Gruppe 13. Dabei bemerke ich ausdrücklich, daß von dieser GFP-Gruppe ein eingehenderer Bericht in Aussicht gestellt war, der an meine Einheit gehen sollte, dort aber noch nicht eingetroffen ist. Ich rege an, diesen Bericht [anzu]fordern, falls er von der GFP-Gruppe noch nicht nach Berlin eingereicht worden sein sollte.

Der Gefreite R. lag auf dem Friedhof des Dorfes begraben. Ich selbst habe das Grab jedoch nicht gesehen und bin auch bei Freilegung der Leiche nicht dabei gewesen. Der Kommissar Miller von der GFP-Gruppe 13 wird darüber näheren Bescheid wissen. Ich hatte ihn damals gebeten, die Freilegung der Leiche durchzuführen, da ich selbst wegen Einbruch der Dämmerung mit der Maschine zum Einsatzhafen zurück mußte. Nach Mitteilung des Kommissars Miller ist der Gefreite R. von Rotgardisten und Kommunisten erschlagen worden. Wo der Unteroffizier Meier verblieben ist, ließ sich nicht feststellen. Er soll nach Feststellung von Kommissar Miller von Rotgardisten mitgeschleppt worden sein. Der Name des erwähnten Arztes ist mir nicht bekannt. Er war bestellt worden durch den Fliegerverbindungsoffizier beim 17. A.O.K.

v. g. u., gez. Heinz Meyeringh, Leutnant
Der Zeuge wurde beeidigt.

Geschlossen: gez. Dr. Ziehen, Kriegsgerichtsrat, gez. Krause, Uffz., Beglaubigt: Sekretär

Kapitel A. 6

Verwendung von Dum-Dum- und Explosivgeschossen (völkerrechtswidrige Munition)

Die Russen haben in den verschiedensten Abschnitten der Ostfront Infanteriemunition verwendet, die durch behelfsmäßiges Abkneifen oder Abfeilen der Geschoßspitzen Dum-Dum-Charakter erhalten hatte.

Fall 225

Ein Angehöriger eines deutschen Divisionsstabes fand Ende Juni 1941 bei Sopockinie in russischen Stellungen ganze Patronentaschen, gefüllt mit derartiger Munition.

Fall 226

In einem russischen Werkstattschuppen am Bahnhof in Dubno wurden etwa 30 russische Patronen gefunden, bei denen die Spitzen der Geschosse einige Millimeter abgefeilt waren. Neben der Kiste, in der sich diese Patronen befanden, stand eine andere Kiste mit etwa 150 Patronen, die offenbar in gleicher Weise bearbeitet werden sollten. Beide Kisten standen auf einer Werkbank dicht nebeneinander. Zwischen beiden Kisten befand sich ein Schraubstock; neben dem Schraubstock lagen verschiedene Werkzeuge, besonders Feilen, so daß den Umständen nach kein Zweifel besteht, daß die Patronen in den Schraubstock eingespannt wurden, um ihnen durch Abfeilen Dum-Dum-Wirkung zu geben.

Fall 227

Der Stabswachtmeister Ollesch hat unter seinem Eide ausgesagt, daß er bei gefallenen Russen Patronen gefunden habe, bei denen die Geschoßspitze etwa einen bis anderthalb Millimeter frisch abgefeilt war. Er hat auch andere Geschosse dort gesehen, die von vornherein ohne Spitze gewesen sind. Diese Aussage wird von dem Oberleutnant und Kompaniechef Walter Hübener unter Eid bestätigt. Er fügt noch hinzu, daß gefallene deutsche Soldaten Einschußwunden gehabt hätten, die nicht von einem normalen Infanterie- oder Maschinengewehrgeschoß herrühren konnten. Die Einschußlöcher seien durchweg so groß wie ein Fünfmarkstück und teilweise noch größer gewesen.

Fall 228

Auch Patronen tschechischer Herkunft, die behelfsmäßig durch Abfeilen der Spitzen zu Dum-Dum-Geschossen gemacht worden waren, sind Mitte Juli 1941 in einem Nebengebäude der Polizeistation Slawuta gefunden worden.

Fall 229

Aus dem Bericht einer Pionierkompanie geht hervor, daß man gelegentlich der Durchsuchung russischer Gefangener bei einem Soldaten ein Geschoß fand, das ebenfalls durch Abfeilen Dum-Dum-Charakter erhalten hatte.

Fall 230

Die Russen haben auch von ihnen verwendete englische Munition durch behelfsmäßiges Abfeilen der Spitzen bzw. durch Freilegen des Bleikernes zu Dum-Dum-Geschossen umgearbeitet. Munition dieser Art ist von einem deutschen Infanterieregiment sichergestellt worden.

Fall 231

Auch Geschosse mit Explosivwirkung sind in vielen Fällen von den Russen gegen deutsche Truppen verwendet worden. So berichtet am 13. Juli 1941 eine Infanteriedivision, daß bei dem Tiefangriff eines Sowjetflugzeuges auf eine deutsche Marschkolonne russische Munition – sogenannte B-Munition – mit Sprengwirkung verwendet worden ist, die im vorderen Teil des Geschosses eine Sprengladung enthält. Diese Sprengladung wird beim Auftreffen des Geschosses zur Entzündung gebracht, so daß das Geschoß beim Eindringen in den Körper auseinanderreißt, wodurch verheerende Wunden verursacht werden. Auch in der Beutesammelstelle in Krzemieniecz ist derartige Munition festgestellt worden. Desgleichen berichtet ein Armeeoberkommando von solcher Munition, die bei rumänischen Truppen auffallend schwere Verletzungen hervorgerufen hatte.

Fall 232

Gleichartige Explosivmunition ist nach dem Bericht eines Korpskommandos auch bei einem russischen Tieffliegerangriff am 16. Juli 1941 bei Kropiwna von den Russen gebraucht worden. In allen diesen Fällen sind die Geschosse nicht gegen Luft- oder Panzerziele oder ähnliche bewegliche oder feste Erdziele, sondern völkerrechtswidrig gegen deutsche marschierende oder kämpfende Truppen verwendet worden.

Fall 233

Der Schütze Zimbal (SS-Polizeidivision) stellte bei den Kämpfen an der Einschließungsfront südlich Leningrad bei Krasnogwardaisk die häufige Benutzung von Explosivgeschossen durch die Russen fest, über die auch von anderen Abschnitten der Front Berichte vorliegen. Diese Geschosse, die von der russischen Heeresverwaltung systematisch hergestellt und anweisungsgemäß auch in Erdkämpfen, also im Kampf auf lebende Ziele, verwendet werden, sind besonders daran zu erkennen, daß sie beim Auftreffen mit leichtem Knall explodieren und ungewöhnlich große Verwundungen hervorrufen. Der Zeuge Zimbal hat diese Munition auch bei russischen Gefangenen und in den Patronentaschen der russischen Toten vorgefunden. Diese Munition hat eine schwarze Geschoßspitze, dagegen besitzt das Geschoß selbst am unteren Teil einen roten Kreis. Die Verwendung dieser Explosivgeschosse im Erdkampf stellt einen schweren Verstoß gegen die „Erklärung, betreffend das Verbot von Geschossen, die sich leicht im menschlichen Körper ausdehnen oder plattdrücken, vom 29. Juli 1899“ dar.

Dokument zu Fall 233

Oberkommando der Wehrmacht
Wehrmacht-Untersuchungsstelle
für Verletzungen des Völkerrechts

Berlin, den 30. Januar 1942

Gegenwärtig:
Kriegsgerichtsrat d.B. der Luftwaffe Dr. Hofmann als richterlicher Militärjustizbeamter,
Angestellte Marie Jaedicke als Protokollführer besonders verpflichtet.

In der völkerrechtlichen Untersuchungssache Rußland wurde der Schütze Zimbal im Reservelazarett 133, Berlin-Buch, Lindenbergerweg 68-88 aufgesucht. Er wurde mit dem Gegenstand seiner Zeugenvernehmung bekanntgemacht und über seine Wahrheitspflicht als Zeuge unter Hinweis auf die Bedeutung des Eides besonders belehrt.

Er erklärte:

Zur Person: Ich heiße Schütze Ernst Zimbal, bin 32 Jahre alt, verheiratet, SS-Polizeidivision, z.Zt. Reservelazarett Berlin-Buch.

Zur Sache: Anfang September 1941 war ich mit meiner Formation südlich von Leningrad bei Krasnogwardaisk an der Einschließungsfront eingesetzt. Beim Durchkämmen der Wälder wurde eines Tages mein Kamerad Peter H. von einem russischen Explosivgeschoß in den Kopf getroffen und getötet. Der tödliche Schuß traf meinen Kameraden zwischen den beiden Augen oberhalb der Nase. Durch den Schuß wurde die ganze Stirnseite aufgerissen, eine Verletzung, die bei Verwendung eines normalen Infanteriegeschosses niemals in dieser Größe und Ausdehnung entstanden wäre. Wie ich mit meinen anderen Kameraden feststellte, lag der russische Schütze, der den tödlichen Schuß abgegeben hatte, etwa 25-30 Meter von uns ab, als er den Schuß abfeuerte. Da der tödliche Schuß in direktem Beschuß abgegeben war, kommt auch ein Querschläger nicht in Betracht. Bei dem weiteren Durchkämmen der Wälder stellte ich mit meinen Kameraden ebenfalls wiederholt fest, daß die russischen Infanteristen bei diesen Waldkämpfen fast ausschließlich Explosivgeschosse im Erdkampf verwandten. Diese Explosivgeschosse sind besonders daran zu erkennen, daß sie beim Auftreffen auf einen Widerstand mit einem leichten Knall explodieren. Sie sind dadurch leicht von der Verwendung normaler Infanterie-Munition zu unterscheiden. Ich habe auch bei russischen Gefangenen oder bei russischen Toten in dieser Gegend derartige russische Explosivmunition in den Patronentaschen vorgefunden. Diese Munition hat eine schwarze Geschoß-Spitze, das Geschoß selbst trägt einen roten Kreis.

v. g. u., gez. Ernst Zimbal, Schütze
Der Zeuge wurde beeidigt.
gez. Dr. Hofmann, gez. Marie Jaedicke, Beglaubigt: Sekretär

Fall 234

Das Protokoll vom 12. September 1941 über die Vernehmung des Leutnants Werner Fett und das Gutachten des Oberstabsarztes Dr. Panning, des Leiters des Gerichtlich-medizinischen Instituts der Militärärztlichen Akademie in Berlin, erbringt einen weiteren Beweis für die Verwendung und die völkerrechtswidrige Beschaffenheit des von den russischen Truppen im Kampfe auf lebende Erdziele befehlsmäßig verwendeten Infanterie-Explosivgeschosses, dessen Wirkung in der besonders starken und gefährlichen Zerreißung der Innenteile des Körpers besteht.

Dokumente zu Fall 234

Bericht des A.O.K. 6 **den 12. September 1941**
AL-Nr. 401/41

Gegenwärtig: KGR Hermann

In einer Untersuchungssache suchte ich im Kriegslazarett 3/541 zu Slitornic den Leutnant Fett auf, der nach Bekanntgabe des Untersuchungsgegenstandes u. Belehrung über die Bedeutung des Eides wie folgt vernommen wurde:

Z.P.: Werner Fett, geb. 22.3.20 in Clausthal-Zellerfeld, ledig, evang., Lt. bei II./Schützen-Rgt. 93 (13. Pz.-Div.).

Z.S.: Ich glaube, es war am 20. Juli 1941, als unser Batl. eine Stadt angriff, um dort einen Brückenkopf zu bilden. Das Gelände war ziemlich eben und ohne Deckung. Mitten durch den Btls.-Abschnitt lief eine Straße auf die Stadt zu, mit verhältnismäßig tiefen Böschungen. Wir griffen hinter den Panzern an; wir stießen auf erheblichen Widerstand. Die Russen hatten sich in schmalen und tiefen Panzerdeckungsgräben verschanzt und schossen in der Hauptsache Einzelfeuer auf den Mann. In Höhe der Kompanie ging ich als Btls.-Adjutant an der Seite des Kdrs. Oberstlt. Leroux, im linken Straßengraben vor. Es schoß von überall und plötzlich bekam ich, offenbar aus nächster Nähe, den Schuß. Es war, als erhielte ich einen starken Faustschlag gegen den Oberkörper. Ich fiel sofort auf den Rücken. Nach dem Auftreffen habe ich, außer einer allgemeinen Schmerzempfindung, nichts [A]uffälliges verspürt. Insbesondere habe ich nicht im Körper noch eine Zerreiß- oder Zerknallwirkung bemerkt.

Der Kdr. erhielt etwa 1 Minute später einen glatten Oberschenkeldurchschuß. Er erzählte mir auch, daß man darauf in 4 m Entfernung das Loch mit dem Schützen entdeckt und ihn überwältigt habe. Ob dabei Munition sichergestellt wurde, weiß ich nicht.

v. g. u., gez. Werner Fett
Der Zeuge leistete den Zeugeneid.
gez. Hermann, KGR, Beglaubigt: Sekretär

Gerichtlich-medizinisches Institut
der Militärärztlichen Akademie

Berlin NW 40, den 3.11.1941
Scharnhorststr. 35

In der Ermittlungssache wegen Völkerrechtsvergehen betr. den Lt. Fett, II./Schtz.Regt.93, Az. St.L. 401/41, wird auf Ersuchen des Gerichtes des A.O.K. 6 folgendes Gutachten über die Frage erstattet, ob die Verwundung des Lt. Fett durch ein völkerrechtswidrig verwendetes Explosivgeschoß verursacht ist. Das Gutachten stützt sich auf die Kenntnis der dortigen Akten, insbesondere auf das Krankenblatt und auf eigene Besichtigung der in Vernarbung befindlichen Wunde des Lt. Fett am 11.9.41.

Aus den Unterlagen geht hervor, daß Lt. Fett am 19.7.41 (Datum nach dem Krankenblatt), beim Vorgehen gegen den Feind verwundet wurde. Er spürte den erlittenen Brustschuß nach seiner eidlichen Bekundung vom 12.9.41 wie einen starken Faustschlag und fiel sofort auf den Rücken. Von einem Zerreißen oder Zerknallen des Geschosses im Körper habe er nichts bemerkt. Nach Mitteilung seines gleich darauf verwundeten Kommandeurs sei der Schütze etwa 4 m entfernt gewesen.

Das Krankenblatt des Kriegslazaretts 3/541, unter der Hauptkrankenbuch-Nr. 481, berichtet einen Einschuß über dem Brustbein links, nahe unter Schlüsselbeinhöhe, halbbohnengroß und von rundlicher Form. Im Ausschußbereich bestand am Berichtstag, den 25.7.1941, im linken Achsel-Oberarmgebiet eine 12 cm weit klaffende Operationswunde. Nach mündlicher Mitteilung des Operateurs an den Unterzeichneten Anfang September war die Wunde am 19.7.41 vor der operativen Ausschneidung der Ränder auch bereits handflächengroß gewesen; der Operationsbefund ist unter den drängenden Verhältnissen eines großen Verwundetenanfalles nicht notiert worden; vielmehr konnte die erste Eintragung erst am 25.7.41 erfolgen.

Aus dem sonstigen Inhalt des Krankenblattes ist zu erwähnen, daß frühzeitig (26.7.41) ein Haemo-Pneumothorax links (Blut- und Lufteintritt in den Brustfellspalt) als Ausdruck einer Lungenverletzung festgestellt und entsprechend bekämpft wurde. Über den Verlauf wird dem Krankenblatt entnommen, daß in der Folgezeit Eiterung im Brustfellspalt auftrat und der Gesamtzustand lange Zeit völlig hoffnungslos erschien. Erst am 22.9.41 war Transportfähigkeit in liegendem Zustand erreicht.

Eine Röntgenaufnahme vom 13.9.41, die von Unterzeichnete[m] veranlaßt worden ist, ergab im Wundbereich keine Aussaat von Geschoß-Stecksplittern.

Bei eigener Besichtigung der Wundverhältnisse am 11.9.41 sah ich eine reichlich 14 cm lange, weitgehend vernarbte Wunde im Ausschußbereich, die sich von der Achselhöhlengegend links auf den linken Oberarm hinzog. Die Einschußwunde an der linken Oberbrust war eine unscheinbare, linsengroße Narbe.

Gutachten

Erfahrungsgemäß neigen die Verwundeten, aber auch die Sanitätsoffiziere, dazu, schwere Infanterieschußverletzungen von vornherein auf illegale Geschosse zu beziehen. Das ist in dieser Allgemeinheit zweifellos nicht berechtigt. Die legalen Infanteriegeschosse aller Staaten können unter bestimmten Voraussetzungen gewaltige Gewebszerstörungen ausrichten. Die Voraussetzungen dafür können auf seiten des Geschosses liegen, wenn es sich nämlich um einen Querschläger oder um einen durch vorheriges Aufschlagen beschädigtes Geschoß (Aufschläger) handelt. Sie können auch in Gegebenheiten der getroffenen Körperstelle bestehen, so beim Treffer auf starke Knochen oder den Hirnschädel. Die Schlußfolgerung auf ein normwidriges Geschoß kann mit dem Wundbefund demnach nur dann begründet werden, wenn alle oben bezeichneten Voraussetzungen auszuschließen sind.

Für den vorliegenden Fall ist zunächst einmal mit hinreichender Sicherheit zu verneinen, daß es sich um einen Querschläger oder um ein durch vorherigen Aufschlag bereits beschädigtes Geschoß gehandelt haben könne; dem widerspricht das klar beschriebene Verhalten des Einschusses, der klein und rund war, wie es dem Geschoßeintritt im Geradeausflug entspricht.

Was die Wundvergröberung bei schweren Knochentreffern angeht, so wirken hier einmal die Splitter des weitgehend zertrümmerten Knochens als sekundäre Geschosse; zum anderen kann das Geschoß als solches durch Flugbahnstörung zu vermehrter Wirkung gelangen, teilt sich vielfach auch in mehrere, je für sich wirksame Teile. I[m] wesentlichen kommen hier nur die Treffer der großen Röhrenknochen in Betracht. Im vorliegenden Falle sind nur einige Rippenteile in der Schußbahn gelegen und sonst nur, wie das Krankenblatt zeigt, Lungenteile verletzt worden. Vielfältige fremde u. eigene Beobachtungen haben bei Rippentreffern niemals eine derartige Wundvergröberung nach dem Ausschuß zu ergeben, wie bei Lt. Fett festgestellt. Das gilt auch dann noch, wenn man sich klar macht, daß die Ausschußstelle – die Achselhöhle am Übergang zum Arm – einen Spitzbogen darstellt, und daß ein auf Wölbungshöhe dieses Spitzbogens austretender Schußkanal von der Gegenseite noch ein Stück mitreißen konnte. Mag ein Teil der Größe des Ausschußloches auf das Konto der Formbesonderheit des Ausschußortes zu setzen sein, so ist das Gesamtausmaß mit Handflächengröße doch ungeheuerlich.

Nach der oben geschehenen Bereinigung der sonstigen Voraussetzungen muß demnach als überwiegend wahrscheinlich bezeichnet werden, daß die Verwundung des Lt. Fett von einem normwidrigen, illegalen Infanteriegeschoß herrührt.

Als illegale Infanteriegeschosse kommen einmal die verschiedenen Formen der Dumdumgeschosse in Betracht, deren Prinzip im allgemeinen in einer Unterbrechung des Mantels an der Spitze mit Freilegung des Bleikernes liegt. Die Wirkungsweise besteht in einer groben, auch bei reinen Weichteilschüssen verwirklichten Gewebszerreißung nach dem Ausschuß zu; sie erklärt sich mit einem explosionsartigen Zerschellen des Geschosses durch Austritt des Bleikernes an dem offenen vorderen Geschoßende.

Zum anderen muß im Ostraum auch an eigentliche Infanterie-Sprenggeschosse gedacht werden, die nach sicheren Feststellungen von den Russen kriegsmäßig eingesetzt und auch auf das menschliche Ziel verschossen werden. Es handelt sich dabei um eine durch rote Lackierung von Spitze und Zündhütchen gekennzeichnete Munition, die in kriegsmäßiger Bereitstellung bei russischen Fronteinheiten vielfältig angetroffen worden ist. Die Steckgeschoßsammlung der Mil. Ak. besitzt auch bereits eine Anzahl von Beweisstücken, die aus deutschen Verwundeten operativ entfernt sind.

Die Geschosse sind im vorderen Drittel mit Sprengmasse, hinten mit Blei gefüllt. Dazwischen enthalten sie eine Zündapparatur mit einem eisernen Schlagbolzen, der bei Anhaltung der Spitze durch den Zielwiderstand nach vorne aufläuft und die Sprengmasse zur Explosion bringt. Die Konstruktion ähnelt derjenigen der von mehreren Staaten zu Ausbildungszwecken friedensmäßig verwendeten „Beobachtungsgeschosse". Ihre Verwendung im Kriege und auf das menschliche Ziel widerspricht sowohl der Petersburger Konvention vom 11.12.1868, die Sprengladungen für Geschosse von weniger als 250 g verbietet, als auch den Bestimmungen der Haager Konferenz vom 29.7.1899, nach der Geschosse verboten sind, die sich im menschlichen Körper „ausdehnen oder plattdrücken".

Nach Untersuchungen des Unterzeichneten bei Leichenöffnungen und bei Versuchsschüssen auf ausgeschlachtete Pferdeteile tritt bei der Explosivmunition eine starke Wirkungsvergröberung der gewöhnlichen Geschoßarbeit auf, die sich in der Ausbildung einer umfangreichen, unvermittelt beginnenden Höhlenbildung nach dem Ausschuß zu äußert. Maßgeblich dafür ist nicht, wie bei den gewöhnlichen DumDum-Geschossen, die Vergrößerung der Oberfläche durch weitgehenden Geschoßzerfall, sondern der Druckstoß der Explosion. Das Geschoß seinesteils wird nur aufgerissen oder in einige grobe Stücke zerlegt, die kennzeichnende Konstruktionsteile aufzuweisen pflegen.

Beweiskräftig für die Herstammung einer Wunde von einem Explosionsgeschoß ist, abgesehen von etwaigen Steckgeschoßstücken, eine kräftige pulverschmauchartige Ablagerung von Rückständen der Sprengmasse auf den Höhlenwänden.

Kehren wir nach diesen allgemeinen Ausführungen zu dem besonderen Fall zurück, so können die durch die neuen Untersuchungen bekanntgewordenen Beweismerkmale des Explosivschusses nicht voll zur Verwendung kommen. Es ist nur die Höhlenbildung nach dem Ausschuß zu durch das Krankenblatt berichtet; die Schmauchablagerung muß im lebenden, durch ständige Blutung verschleierten Wundgewebe besonders aufgesucht werden, was natürlich nur geschehen kann, wenn man auf diesen Befund gefaßt ist.

Hiernach scheint es zunächst so, als müßte man sich für den Fall des Lt. Fett mit der allgemeinen Feststellung begnügen, daß die ungewöhnliche Größe des Ausschusses unter Berücksichtigung der oben bezeichneten Voraussetzungen die Verwendung eines illegalen Geschosses überwiegend wahrscheinlich macht, ohne daß man aber zwischen banalem Dum-Dum-Geschoß und Explosivgeschoß unterscheiden könnte. Das wäre insoweit nicht unwesentlich, als die völkerrechtliche Bedeutung der Explosivgeschosse zweifellos die höhere ist; denn bei dem Einsatz dieser Munition liegt eine Handlung des russischen Staates vor, während es sich bei banalen Dumdumgeschossen im Einzelfall oft nicht ausschließen läßt, daß eine vom einzelnen Soldaten selbständig, durch Abkneifen oder Abfeilen der Spitze legaler Geschosse, hergestellte Dumdum-Munition verwendet worden ist.

Es ist aber in diesem Zusammenhang daran zu erinnern, daß, wie oben ausgeführt, die gewöhnlichen Dumdumgeschosse durch eine weitgehende Zerlegung, insbesondere ihres Bleikörpers, wirken. Dem entspricht eine reiche Einsprengung von feinverteiltem Blei im Wundgewebe, die sich auch röntgenologisch erkennen läßt. Nun hat eine Röntgenaufnahme des Wundgebietes bei Lt. Fett die Abwesenheit derartiger Geschoßteile ergeben. Man kann aufgrund dieser Feststellung ein banales Dumdumgeschoß mit an Sicherheit grenzender Wahrscheinlichkeit ausschalten und damit den Schluß auf ein Explosivgeschoß durch Ausschließung begründen.

Der Vollständigkeit halber sei noch bemerkt, daß die fehlende Knallwahrnehmung auf Seiten des

Lt. Fett in keiner Weise gegen [ein] Explosivgeschoß als Verwundungsursache spricht. Zwar steht aus eigener Beobachtung bei Schießversuchen fest, daß das Geschoß im Ziel laut knallt; die subjektive Knallwahrnehmung durch den Verwundeten unterbleibt aber nicht selten, wie aus mehreren hier vorliegenden, durch Steckgeschosse eindeutig beglaubigten Fällen hervorgeht. Die Begründung dafür ergibt sich einfach genug aus der Kampferregung und dem allgemeinen Lärm der Kampfszene; zu dem vorliegenden Fall hat der Kommandeur des Lt. Fett, Oberstleutnant Leroux, dem Unterzeichneten bei einer informatorischen Unterhaltung gesagt, er habe sich zwar unmittelbar neben dem Lt. Fett befunden; an eine Knallwahrnehmung sei aber wegen des allgemeinen Lärmes gar nicht zu denken gewesen.

Es ergeben sich folgende Schlüsse:

Die durch das Krankenblatt und durch eigene Wahrnehmung des Unterzeichneten bekannten Wundverhältnisse bei Lt. Fett lassen [unter] Berücksichtigung aller Voraussetzungen die Annahme nicht zu, daß die Verletzung von einem legalen Infanteriegeschoß herrührt.

Gegen ein gewöhnliches Dumdumgeschoß spricht das Fehlen von Bleieinsprengung im Röntgenbild.

Es ist demnach überwiegend wahrscheinlich, daß die Verwundung durch das bekannte Infanterieexplosivgeschoß verursacht worden ist.

Doz. Dr. med. hab[il]., gez. Unterschrift, Oberstabsarzt,
Leiter des Gerichtlich-medizinischen Institutes der Militärärztlichen Akademie, Beglaubigt: Sekretär

Fall 235

Der Unteroffizier Kersten (3./Pionierbataillon 291) hat gleichfalls in der Gegend von Schlüsselburg die Verwendung von Explosivgeschossen seitens der russischen Infanterie festgestellt und darüber folgendes ausgesagt:

Dokument zu Fall 235

Oberkommando der Wehrmacht
Wehrmacht-Untersuchungsstelle
für Verletzungen des Völkerrechts

Berlin, den 30. Januar 1942

Gegenwärtig:
Kriegsgerichtsrat d.B. der Luftwaffe Dr. Hofmann als richterlicher Militärjustizbeamter,
Angestellte Marie Jaedicke als Protokollführer besonders verpflichtet.

In der völkerrechtlichen Untersuchungssache Rußland wurde der Sanitätsunteroffizier Max Kersten im Reservelazarett 133, Berlin-Buch, Lindenbergerweg 68-88 aufgesucht. Er wurde mit dem Gegenstand seiner Zeugenvernehmung bekanntgemacht und über seine Wahrheitspflicht als Zeuge unter Hinweis auf die Bedeutung des Eides besonders belehrt.

Er erklärte:

Zur Person: Ich heiße Max Kersten, bin 31 Jahre alt, verheiratet, San. Unteroffizier, 3./Pi. Batl. 291, zur Zeit Reservelazarett 133, Berlin-Buch.

Zur Sache: Im Dezember 1941 war ich mit meiner Kompanie in der Gegend von Schlüsselburg an der Bahnlinie Maluxa-Olomna, und zwar im Dorf Pogostje, eingesetzt. In meiner Eigenschaft als Sanitäts-Unteroffizier stellte ich beim Verbinden von unseren Verwundeten fest, daß die uns gegenüberliegende russische Infanterie an diesem Frontabschnitt im Erdkampf Explosivgeschosse verwendete. Die durch die Explosivgeschosse verursachten Verletzungen waren durch ihre Schwere, insbesondere durch Zertrümmerung der Knochenteile, ohne weiteres auch für mich erkennbar. Ich entsinne mich bestimmt, daß ein Kamerad meiner Kompanie, dessen Name mir eben nicht erinnerlich ist, durch ein russisches Explosivgeschoß unterhalb des rechten Knies eine sehr schwere Verletzung mit Knochenzertrümmerung davongetragen hat. Um die gleiche Zeit stellte ich noch drei weitere Fälle von schwerwiegenden Verwundungen deutscher Soldaten durch russische Explosivgeschosse fest. Da auch diese Verwundeten in der gleichen Gegend wie mein Kamerad von der 3./Pi.Batl. 291 im Erdkampf gegen die Russen eingesetzt waren und russische Fliegerangriffe um diese Zeit auf unseren Abschnitt nicht erfolgten, können diese Verletzungen nur auf die Verwendung russischer Explosivgeschosse zurückgeführt werden. Diese russischen Explosivgeschosse sind daran besonders zu erkennen, daß sie eine schwarze Geschoß-Spitze haben, und daß das Geschoß selbst mit einem roten Streifen versehen ist. Auf unserem Kompanie-Gefechtsstand habe ich auch gesehen, daß unser Hauptmann einzelnen gefangenen Russen, die in unserem Abschnitt gefangengenommen worden waren, größere Mengen derartiger Explosivgeschosse abnahm. [...]

v. g. u., gez. Max Kersten, Sanitäts-Unteroffizier
Der Zeuge wurde beeidigt.
gez. Dr. Hofmann, gez. Marie Jaedicke, Beglaubigt: Sekretär

Fall 236

Der Unteroffizier Schilling (7./Infanterieregiment 234) schoß bei einem Spähtruppunternehmen am 27. Juni 1941 bei Borki einen russischen Offizier im Kampfe nieder, der einen Trommelrevolver bei sich trug, aus dem er während des Gefechtes geschossen hatte. Bei der näheren Untersuchung der Munition dieses Revolvers stellte sich heraus, daß der Russe Dum-Dum-Munition verwendet hat. In der Trommel befanden sich noch drei Patronen, die keine Spitze aufwiesen. Das Geschoß war völlig in der Hülse. Der vordere Teil war ebenso flach wie der hintere Teil des Geschosses. Der Zeuge hatte den Eindruck, daß diese Patronen fabrikmäßig hergestellt waren. Trommelrevolver mit gleichartigen Patronen hat der Zeuge noch mehrmals bei gefallenen russischen Offizieren festgestellt, letztmalig in der Gegend von Brjansk.

Dokument zu Fall 236

Gericht der 56. Inf.-Div. **Div. St. Qu., den 13. Nov. 1941**
AL Nr. 122/41

Gegenwärtig: Kriegsgerichtsrat Fischer als Richter
Obgefr. Rudolph als Protokollführer

Es erscheint Leutnant Labitzke.

Er wird zur Wahrheit ermahnt und erklärt nach Hinweis auf die Bedeutung des Eides folgendes:

Z.P.: Ich heiße Ernst Kurt Labitzke, 30 Jahre alt, ev. luth., Leutnant und Kp.-Führer der 7./I.R. 234.

Z.S.: Im Juni 1941 war ich noch Kompanie-Offizier der 13./I.R. 234. An einem Tage Ende Juni 1941 – wohl am 26.6.1941– befand ich mich nach Beendigung des Gefechtes bei Borki auf dem Wege zum III./I.R. 234. Etwa 300 m nordwestlich Borki stieß ich auf einige Sanitätssoldaten, die im Begriff waren, einen Verwundeten zu versorgen. Als ich vorbeiging, fragte ich, was hier los gewesen sei. Der Verwundete antwortete mir selbst, daß er durch einen Schuß mitten in die Brust während des Gefechtes verwundet worden sei. Kurz danach seien drei russische Soldaten auf ihn zugetreten. Von diesen Soldaten erhielt er mehrere Stiche mit dem Seitengewehr in Brust und Leib. Ich selbst habe gesehen, daß er je eine Stichverletzung unter dem Herzen und an der rechten Hüfte (Nierengegend) aufwies. Da ich keine Zeit hatte, habe ich mich nicht weiter mit der Sache befaßt. Der Soldat erzählte ferner, daß er nach den Stichen von den Russen völlig entkleidet worden sei und nackt in die pralle Sonne gelegt worden sei. Die Kleidungsstücke, Feldbluse, Hose, Hemd usw. lagen abseits von dem Verwundeten. Das Getreide in der Umgebung des Verwundeten war von den Russen niedergetreten worden. Der Name des Verwundeten ist mir nicht bekannt. Ich weiß auch nicht, ob er seinen Verletzungen erlegen ist.

v. g. u., gez. Kurt Labitzke
Der Zeuge wird vereidigt.

Weiter erscheint der Uffz. Schilling.

Er wird zur Wahrheit ermahnt und erklärt nach Hinweis auf die Bedeutung des Eides folgendes:

Z.P.: Ich heiße Oskar Werner Schilling, 20 Jahre alt, ev.luth., Uffz. 7./I.R. 234.

Z.S.: Ende Juni 1941 gehörte ich noch als Schütze zur Gruppe des Uffz. Teichmann, 7./I.R. 234. Am Tage nach dem Gefecht bei Borki, am 27.6.1941, gehörte ich zu einem Spähtrupp, den Uffz. Teichmann führte. Das war nach meiner Erinnerung nordöstlich von Borki. Auf einem Geländestück zwischen einem einzeln stehenden Gehöft und einem Waldrand sah Uffz. Teichmann, der etwa 30 m vor uns ging, einen Russen laufen. Er schoß sofort mit seiner Maschinenpistole. Der Russe erwiderte das Feuer auf etwa 50 m Entfernung mit einer Pistole. Als Teichmann Ladehemmung hatte, ging ich auf seinen Befehl mit dem M.G. in Stellung. Ich schoß auf den Russen, der inzwischen Deckung genommen hatte. Nach einem Feuerstoß bin ich aufgestanden und auf den Russen zugegangen, der inzwischen tot war. Es war ein russischer Offizier. In der Hand hielt er noch einen größeren Trommelrevolver, den ich ihm abgenommen habe. Bei der Untersuchung der Munition, die sich im Trommelrevolver befand, stellte ich fest, daß der Russe Dum-Dum-Geschosse benutzt hatte. In der Trommel befanden sich noch drei Patronen, die sämtlich keine Spitze aufwiesen. Das Geschoß befand sich völlig in der Hülse; der vordere Teil war so flach wie der hintere Teil des Geschosses. Ich hatte den Eindruck, daß die Spitzen der Patronen nicht erst abgeschnitten [worden] waren, sondern daß diese Patronen fabrikmäßig so hergestellt worden sind. Das Fabrikat des Trommelrevolvers weiß ich nicht.

Trommelrevolver mit derartigen Patronen habe ich im Laufe des Feldzuges noch mehrmals bei gefallenen russischen Offizieren festgestellt, letztmalig in der Gegend von Brjansk.

v. g. u., gez. Werner Schilling

Der Zeuge wird vereidigt.

gez. Fischer, Kriegsgerichtsrat, gez. Rudolph, Obgefr. als Protokollführer, Beglaubigt: Sekretär

Kapitel A. 7

Verbotene Kampfmittel und Kriegslisten

Wie auf allen Gebieten der Kriegsführung, beweist die Leitung der Sowjetarmee auch hinsichtlich der Verwendung von Mitteln zur Täuschung des Feindes eine unbegrenzte Skrupellosigkeit.

Fall 237

Bereits anläßlich der Darstellung der völkerrechtswidrigen Mißhandlung und Tötung verwundeter deutscher Soldaten fand ein Fall Erwähnung, in welchem die Russen bei Kandybowka am 21. September 1941 einen deutschen Verwundeten zwangen, sein eigenes weißes Hemd in die Hand zu nehmen und mit diesem Hemd zu winken, um auf diese Weise die Einstellung des deutschen Feuers zu erreichen. Als der Verwundete, über dessen rechte Brustseite das Blut aus seiner Wunde floß, sich weigerte, sich in dieser Weise zu Ungunsten seiner eigenen Truppe mißbrauchen zu lassen, wurde er von den Russen nach nochmaligem vergeblichen Versuch, ihn vorwärts zu treiben, mit dem Bajonett gestochen und zu Boden geworfen.

Dokumente zu Fall 237

Gericht der 239. I.D. **Bogoduchoff, d. 17.12.41**

Gegenwärtig: Kriegsgerichtsrat Schumann als Richter,
Gefreiter Czwienk als Protokollführer

Es erschien der Oberleutnant Lux, Franz, Komp.-Führer 13./I.R. 372. Er wurde mit dem Gegenstand seiner Vernehmung bekanntgemacht, zur Wahrheit ermahnt und auf die Bedeutung des Eides hingewiesen. Danach erklärte er

Z.P.: Ich heiße Franz Lux, bin 26 Jahre alt, kath., verh., (Übernahme in die Wehrmacht schwebt).

Z.S.: Am 21.9.41 war ich als Zugführer des schweren Zuges der 13./I.R. 372 in Krassenowka eingesetzt. Das I./ und das III./I.R. 372 sowie Teile der 13./ und 14./I.R. 372, des Regimentsstabes und ein Artilleriegeschütz, ferner Teile der Div. Nachr. Staffel waren im Nachbarort Kandybowka eingeschlossen. Von meiner B-Stelle aus sah ich, daß die Russen zunächst Kandybowka angriffen, dort aber zurückgeworfen wurden. Sie sammelten sich in einem Wäldchen und erhielten Verstärkungen aus dem Kessel von Kiew. Dann griffen sie mit starken Kräften Krassenowka an, wo sich die Artillerie und mein Zug ohne Infanterieschutz befanden. Wir warfen alle entbehrlichen Schützen, einschl. Fahrer, Köche, Schreiber usw. nach vorn, um einen schwachen Infanterieschutz für unsere Geschütze zu haben. Ich selbst veranlaßte, daß auch die Männer der Trosse herbeigeholt wurden und ließ währenddessen Leutnant Espach vom Art. Rgt. an der B-Stelle. Als ich wieder zur B-Stelle zurückkam, war Ltn. Espach gefallen. Ich leitete das Feuer meines Zuges im direkten Beschuß auf die Angreifer. Meine Männer mußte ich zurücknehmen, weil die Übermacht zu groß war und Munitionsmangel sich bemerkbar machte. Während des Angriffes der Russen sah ich plötzlich, daß 2 Russen auf einen Strohhaufen zuliefen, einen Soldaten hochzerrten und sich an ihm zu schaffen machten. Plötzlich leuchtete ein weißes Hemd auf. Jetzt erst wurde meine Aufmerksamkeit besonders auf ihn gelenkt und ich erkannte, daß es sich um einen deutschen Soldaten handelte. Ich erkannte seine graue Hose und die „Knobelbecher". Die beiden Russen zerrten dem Soldaten dann das Hemd vom Leibe, drückten es ihm in die linke Hand und stießen ihn nach vorn, auf unsere Linien zu. Ich ließ jetzt das Feuer einstellen und wartete ab, was geschehen würde. Währenddessen hatte der eine Russe den Arm des Deutschen erfaßt und machte damit winkende Bewegungen, so daß das Hemd flatterte. Der andere stieß den Soldaten dabei mehrere Schritte nach vorn. Dann bemerkte ich, daß die Russen hinter dem deutschen Soldaten weiter auf uns schossen und eröffnete sofort wieder das Feuer. Ich legte es so, daß der Deutsche dabei nicht gefährdet werden konnte. Ich selbst behielt ihn weiter im Auge und merkte, daß er sich weigerte, weiterzugehen und nicht mehr mit dem Hemd winken wollte. Er drehte sich von uns ab und wollte nicht mehr weiter vorwärts. Die beiden Russen versuchten noch mehrmals, ihn vorwärts zu stoßen. Als sie einsahen, daß es vergeblich war, stieß der eine der beiden Russen ihn so in eine Getreidepuppe, daß er mit dem Gesicht nach unten zu liegen kam. Währenddessen stieß der andere mit dem Bajonett nach seinem Rücken. Ich habe den deutschen Soldaten dann nicht mehr sehen können.

Da es sich bei dem deutschen Soldaten nur um einen Angehörigen der Artillerie handeln konnte, habe ich dann – nachdem wir durch das I.R. 327 entsetzt worden waren – nach dem Soldaten unter den Toten gesucht. In dem allgemeinen Durcheinander des sofortigen Abrückens war es mir nicht mehr möglich, ihn zu finden und mich persönlich davon zu überzeugen, was mit ihm geschehen war.

Ich habe zu Beginn meiner Vernehmung folgendes anzugeben vergessen: Als der deutsche Soldat von den beiden Russen aus dem Strohhaufen emporgezerrt wurde und ihm das Hemd vom Leibe gerissen war, bemerkte ich an seiner rechten Brustseite stark fließendes Blut. Er muß also vorher schon verwundet gewesen sein.

v. g. u., gez. Franz Lux
Der Zeuge wurde vorschriftsmäßig beeidigt.
Geschlossen: gez. Schumann, gez. Czwienk
Für die Richtigkeit der Stenogramm-Übertragung: gez. Czwienk, Gefreiter, Beglaubigt: Sekretär

Gericht der 239. I.D. **Bogoduchoff, 17.12.41**

Gegenwärtig: Kriegsgerichtsrat Schumann als Richter,
Gefreiter Czwienk als Protokollführer.

Es erschien der San. Uffz. Kylla, 9./I.R. 444. Er wurde mit dem Gegenstand seiner Vernehmung bekanntgemacht, zur Wahrheit ermahnt und auf die Bedeutung des Eides hingewiesen. Danach erklärte er:

Z.P.: Ich heiße Martin Kylla, bin 41 Jahre alt, evang., im Zivilberuf Schuhmachermeister, z. Zt. San. Unteroffizier bei der 9./I.R. 444.

Z.S.: Beim Angriff am Psjoll, am 7.9.41, auf die in den Dünen gelegene Bunkerstellung, waren 35 Mann meiner Kompanie verwundet worden. Als ich mich um die Versorgung der Verwundeten bemühte, stieß ich auch auf den Gefreiten Josef Swierczy, der an einem Zaun in einem Gehöft lag. S. hatte einen Schuß durch den Oberkörper. Der Einschuß lag auf dem Rücken, der Ausschuß an der vorderen Brustseite. Er hatte ferner 2 Wunden in der Bauchdecke, die meiner Erinnerung nach auf einen Bajonettstich zurückzuführen waren. S., der zuerst sehr schwach war, dann aber etwas zu sich kam, gab mir auch an, daß er mit einem Bajonett gestochen worden sei. Der Stich muß von der Seite her gekommen sein, aber nicht recht getroffen haben, da der Einstich und der Ausstich nur etwa eine Handspanne voneinander entfernt auf der Bauchdecke lagen. Außerdem hatte S. noch eine Beinverletzung, die aber bereits versorgt war. S. erzählte mir, daß er mit noch anderen Kameraden zusammen auf dem Wege zum Verbandsplatz gewesen sei. Plötzlich seien 20-30 Russen dagewesen, in deren Begleitung sich ein Kommissar befunden habe. Die leichter verwundeten Kameraden seien sofort weggelaufen. Der Kommissar habe S. aufgefordert, weiterzugehen und habe dann aus nächster Nähe mit einer Pistole auf ihn geschossen. Er habe vor Schmerzen geschrien. Hierauf sei er von einem anderen Russen mit einem Bajonett durch die linke Bauchseite gestochen worden. Die Russen hätten ihn dann liegengelassen und seien weitergegangen. S. erzählte mir noch weiter, daß der Schütze Johann W. erschossen worden sei. Genaueres hat S. mir nicht erzählt, da er sehr schwach war. Er bat mich nur noch, seine Familie zu grüßen, da er es sicher nicht überstehen werde.

Eine Todesnachricht ist vom Lazarett bisher nicht eingegangen. S. muß daher noch am Leben sein. Den von S. erwähnten W. habe ich ganz in dessen Nähe neben einer Haustür aufgefunden. Er hatte einen Herzschuß.

Auf einem anderen Gehöft fand ich den Schützen Albert Mrosek. Neben ihm lag ein verwundeter Russe. Mrosek selbst hatte einen Oberarmschuß. An eine weitere Verwundung kann ich mich nicht erinnern. Der Oberarmschuß (Knochensplitterung) hatte einen Notverband, der nach der Erzählung Mroseks von einem Kameraden angelegt war. Während ich den Arm schiente und einen neuen Verband anlegte, erzählte mir M., daß Russen vorbeigekommen seien und ihn nach den deutschen Truppen ausgefragt hatten. Davon, daß er hierbei von Russen angeschossen worden sei, hat M. mir meiner Erinnerung nach nichts erzählt. Auch über S. hat er mir nichts erzählt. Vor mir waren allerdings schon andere Kameraden und der Kompanieführer bei M. gewesen. Es mag sein, daß er ihnen mehr erzählt hat.

S. habe ich tot aufgefunden. Sein Kopf war vollständig verbunden. Als ich festgestellt hatte, daß er bereits tot ist, habe ich nicht mehr den Verband gelöst, um die genaue Todesursache festzustellen. Es kann daher zutreffend sein, daß er keinen Kopf-, sondern einen Halsschuß hatte.

K. habe ich ebenfalls gesucht. Ich habe ihn aber nicht gefunden und kann über seine Verwundung aus eigener Anschauung keine Angaben machen. In den Papieren ist als Todesursache Herzschuß angegeben.

Die übrigen Kameraden, die über die Todesursache bzw. über die Verwundung und deren Entstehung Angaben machen könnten, befinden sich nicht mehr bei der Kompanie. Der San. Gefr. Berthold und der Gefr. Stanislaus Walla sind zur 1./I.R. 444 versetzt und zu einer neuen Division in Marsch gesetzt worden. Die Anschrift ist bisher noch nicht bekannt. Der Kompanieführer, Oltn. Pasewaldt und die jetzigen Unteroffiziere Wilhelm Vogt und Albert Rehbein sind am 15.10.41 hier in Bogoduchoff verwundet worden und in ein Lazarett gekommen. In welchem Lazarett sie sich befinden, ist mir nicht bekannt. Der Gefr. Max K. ist am 7. Oktober gefallen.

v. g. u., gez. Martin Kylla Uffz.
Der Zeuge wurde vorschriftsmäßig beeidigt.
Geschlossen: gez. Schumann, gez. Czwienk
Für die Richtigkeit der Stenogramm-Übertragung: gez. Czwienk, Gefreiter, Beglaubigt: Sekretär

Fall 238

Am 15. Juli 1941, bei den Kämpfen nordwestlich Woltschiniz, hoben die Russen hinter einem Panzer, der offensichtlich eine Panne hatte, deutlich eine weiße Flagge. Als daraufhin Leute der deutschen Panzerjägerabteilung 111 herankamen, nachdem sie mit Rücksicht auf die weiße Flagge das Feuer aus ihrem eigenen Geschütz eingestellt hatten, schossen die Russen aus nächster Entfernung unerwartet eine Sprenggranate, durch die ein Oberfeldwebel, zwei Obergefreite und ein Gefreiter des deutschen Geschützes getötet wurden.

Fall 239

Auch bei der Einnahme von Stroniatyn am 30. Juni 1941 winkten die Russen zum Zeichen der Übergabe des Ortes mit einem weißen Tuch. Als sich daraufhin die deutschen Angreifer erhoben und somit unbedeckt im Gelände standen, verschwanden die Russen von der Höhe, von der sie gewinkt hatten. Erneut eröffneten sie ein schweres Feuer mit Gewehren und Maschinengewehren auf die anrückende deutsche Schwadron, die durch diesen Feuerüberfall einen Toten und sechs Verwundete hatte.

Fall 240

Im Zuge der Abwehrkämpfe ostwärts von Duchowschtschiena, am Wopj bei Mukschewo, hatten die Russen Panzer des Fabrikats Christie eingesetzt, die mit einer 4,7 cm-Kanone bestückt sind. Während des Gefechtes fuhren einige Panzer in einer Entfernung von etwa 100 bis 150 Metern an der Stellung der 10. Kompanie des deutschen Schützenregiments 25 vorbei, die ein weißes Balkenkreuz trugen. Der Führer der deutschen Kompanie war zunächst der Überzeugung, daß es sich um deutsche Panzer handelte. Erst mit Hilfe seines Fernglases stellte er fest, daß es russische Panzer waren. Der Geschützführer des Pakgeschützes, der an der Vernichtung der Panzer beteiligt war, war durch diese russische Tarnung getäuscht worden und hat infolge dieser Täuschung das Feuer auf die russischen Panzer erst aus einer Entfernung von 50 Metern eröffnet. Nach dem Gefecht wurden am Westausgang von Mukschewo vier russische Panzer festgestellt, von denen zwei völlig ausgebrannt, einer halb verbrannt und der vierte äußerlich unversehrt war. Auch dieser unversehrte Panzer trug am Turm an beiden Seiten je ein weißes Balkenkreuz. Das Kreuz war aus weißen Mullbinden hergestellt, die leicht aufgeklebt waren. Auch an den verbrannten Panzern wurden Reste von solchen Mullbinden festgestellt.

Fall 241

Der Unteroffizier Roos (3./Fla-Regiment 66) geriet am 24. Juni 1941 nach dem Übergang über die Memel verwundet in russische Gefangenschaft. Mit ihm waren auch einige unverwundete deutsche Soldaten in russische Gefangenschaft geraten. Diese wurden an Händen und Füßen gefesselt. In der Morgendämmerung des folgenden Tages marschierte Roos in Richtung auf die deutsche Linie ab. Die unverwundeten Gefangenen mußten antreten und wurden gezwungen, trotz ihrer Fesselung vor den Russen herzumarschieren. Ihre Handgelenke waren übereinander gekreuzt. Die Russen bedienten sich also dieser wehrlosen und gefesselten Gefangenen als eines Feuerschutzes beim Angriff auf die deutschen Truppen. Das weitere Schicksal dieser deutschen Kriegsgefangenen ist ungeklärt, weil der Zeuge Roos selbst gleich nach dem Abmarsch der Russen von einem russischen Soldaten, aus einer Entfernung von etwa zehn Metern, zwei Schüsse erhielt, und zwar einen Kopfschuß und einen Schulterschuß, durch die er besinnungslos wurde.

Fall 242

Eine besonders schimpfliche Kampftaktik der Russen, nämlich die Verwendung von Uniformen deutscher Gefallener oder Kriegsgefangener bei ihren Angriffen auf die deutschen Truppen, hat sich in den letzten Monaten des Jahres 1941 und in verstärktem Maße in den ersten Monaten des Jahres 1942 herausgebildet. Bereits Anfang September 1941 wurden bei dem Angriff einer deutschen Aufklärungsabteilung auf Roshostwenne von einem Soldaten in deutscher Uniform, aus etwa sechs Metern Entfernung, zwei geballte Ladungen vor das Führerfahrzeug geworfen. Nachdem dieser Soldat die geballten Ladungen ausgelegt hatte, sprang er sofort wieder zurück und verschwand hinter der Kirche des Dorfes. Die geballte Ladung explodierte zum Glück erst, als der Funkwagen des Spähtruppführers bereits darüber hinweggefahren war. Der russische Soldat, der die geballte Ladung gelegt hatte, trug eine graue Feldbluse und eine graue Hose; er hatte die Hose in den Stiefeln und trug einen deutschen Stahlhelm. Der Zeuge, Unterfeldwebel Mocker, der diesen Vorgang deutlich beobachtet hatte, war zunächst, bevor der Angriff erfolgte, der Annahme, daß es sich um einen deutschen Soldaten handele. Erst durch den Angriff auf den deutschen Führerwagen erkannte er, daß ein Russe, durch die Uniform getarnt, sich vermöge dieser Tarnung herangeschlichen hatte. Die russische Herkunft der geballten Ladung konnte einwandfrei festgestellt werden, da die Handgranaten die bekannte grüne Färbung hatten und die Form der Ladung derjenigen entsprach, die die Russen verwenden, nämlich die einer ineinander übergehenden Ladung mit zwei Stielen. Auch der Gefreite Bickel hat diesen russischen Soldaten in deutscher Uniform gesehen und die deutsche Uniform einwandfrei erkannt. Auch er ist durch die deutsche Uniform des Russen davon abgehalten worden, das Feuer auf ihn zu eröffnen.

Fall 243

Nach einer Meldung des Oberkommandos des Heeres, vom 20. März 1942, werden immer weitere Fälle des Auftretens russischer Soldaten in deutscher Uniform bekannt. So haben unter anderem am Morgen des 27. Februar 1942 etwa 50 Russen in deutscher Uniform im Abschnitt der 50. Infanteriedivision bei Sewastopol angegriffen. Am Tage zuvor hat sich ein ähnlicher Vorgang im Raume der 24. Infanteriedivision ereignet. Am 15. Februar 1942 bekundet ein russischer Überläufer, daß er in der Gegend von Shelanje etwa 40 russische Soldaten in deutschen Uniformen gesehen habe. Es handelte sich nach Angabe des russischen Überläufers um russische Fallschirmtruppen, die die deutschen Uniformen mitgebracht hatten.

Fall 244

Auch die Meldung eines deutschen Generalkommandos, vom 9. Januar 1942, betrifft das Auftreten russischer Truppen in deutschen Uniformen bei den Angriffen am 20., 22. und 25. Dezember 1941, etwa fünf Kilometer südlich Narofominsk. Die im Bereich dieses Generalkommandos erfolgten Vernehmungen ergaben, daß die

Russen zum Teil in Schneehemden, zum Teil in feldgraue Mäntel gekleidet waren, deutsche Stahlhelme trugen, und anscheinend führten sie auch deutsche Gewehre mit aufgepflanzten Seitengewehren mit sich. Ein Gefallener, der seinem Verhalten nach einwandfrei als Gegner festgestellt wurde, trug nur deutsche Bekleidung (Unterfeldwebel-Abzeichen), einschließlich deutscher Unterwäsche und am Hosenträger eine deutsche Erkennungsmarke. Russische Soldaten mit Schneehemden und deutschen Stahlhelmen sind auch bei dem Angriff auf Sowjaki am 7. Januar 1942 aufgetreten. Bei dem russischen Angriff auf Sowjaki handelte es sich bestimmt, bei den russischen Truppen südlich Narofominsk wahrscheinlich, um die Mitte Dezember 1941 neu zum Angriff angesetzte 338. russische Schützendivision.

Das ständig vermehrte Auftreten russischer Abteilungen in deutschen Uniformen steht sicherlich mit einem russischen Befehl, nach welchem deutschen Gefallenen die Uniformen auszuziehen und einzuschicken seien, in engem Zusammenhang.

Fall 245

In einem der Wehrmacht-Untersuchungsstelle in Urschrift vorliegenden Befehl vom 2. Februar 1942 wird der Mißbrauch der Uniform befohlen.

Dokument zu Fall 245

Oberkommando des Heeres Hauptquartier OKH, den 26.2.1942
General z.b.V. b. OKH
Az. 454 Gr R Wes
Tgb. Nr. 258/42

Betr.: Völkerrechtsverletzungen der russischen Wehrmacht.

Es mehren sich die Fälle, in denen russische Soldaten in deutscher Uniform auftreten. Nach einer Meldung des A.O.K. 4 vom 14.2.1942 z. B. war ein großer Teil der im Kampfe mit dem Polizei-Regiment Mitte gefallenen 90 Russen mit deutschen Uniformen und deutschen Waffen versehen.

Dieser Mißbrauch der Uniform wird selbst von höheren Kommandostellen befohlen, wie sich aus einem russischen Beutebefehl vom 2.2.1942 an den Kommandeur des russischen Schützen-Regiments 1238 ergibt, in dem es u. a. heißt: „Am 2.2.1942 erfolgt eine Aufklärung der 92. Schtz.-Division in deutscher Uniform."

I.A., gez. Dr. Lattmann

Kapitel B

Verletzungen des Roten Kreuzes sowie Angriffe auf Sanitätsformationen und Lazarette

Die unter dem Schutze des Zeichens des Roten Kreuzes stehenden deutschen Sanitätsformationen und Lazarette sowie die Angehörigen dieser Formationen sind in dem gegenwärtigen deutsch-russischen Kriege, und zwar gleichfalls vom ersten Tage des Krieges an, von den russischen Truppen gegen alle völkerrechtlichen Bestimmungen in planmäßiger Weise angegriffen und schwer geschädigt worden. Aus der großen Zahl der hierüber vorliegenden Beweisdokumente werden hier die folgenden, besonders kennzeichnenden Fälle hervorgehoben.

Fall 246

Während eines Gefechtes am 22. Juni 1941, in der Gegend von Kukarske, war der Unteroffizier Preiss durch einen Kopfstreifschuß an der rechten Seite verwundet worden. Der Sanitätsunteroffizier P., der durch die Hilferufe des Getroffenen aufmerksam gemacht worden war, begab sich zu ihm, um ihm seine Wunde zu verbinden. Er legte sich neben den Verwundeten, und zwar so, daß seine Armbinde mit dem Roten Kreuz, die er vorschriftsmäßig am linken Arme trug, deutlich sichtbar war. Während sich Sanitätsunteroffizier P. nunmehr um den Verwundeten bemühte und im Begriff war, ihm einen Verband anzulegen, erhielt er einen gezielten Schuß in den Kopf, der ihn sofort tötete. Unter den gegebenen Umständen unterlag es keinem Zweifel, daß der feindliche Schütze absichtlich auf den Sanitäter gezielt hatte.

Fall 247

Am 23. Juni 1941 wurde ein deutscher Sanitätskrankenwagen auf der Straße von Mariampol nach Kowno, etwa 16 Kilometer hinter Mariampol, an einem Waldrand von einem russischen Offizier und von russischen Soldaten beschossen, obwohl der Wagen weithin sichtbar das Zeichen des Roten Kreuzes trug. Einige

Schüsse gingen durch die Schutzscheibe des Wagens. Die Fahrer des Wagens sprangen heraus und suchten Deckung. Die Russen traten dann an den Wagen heran und rissen alles, was nicht niet- und nagelfest war, aus dem Wagen heraus.

Fall 248

Der Sanitätsunteroffizier Fromm befand sich am 25. Juni 1941 nachmittags um zwei Uhr mit einem Krankenwagen auf der Fahrt zum Hauptverbandplatz nach Kleszczele, um dorthin einen durch Oberschenkelschuß verwundeten Mann zu bringen. Als er etwa zwei Kilometer von dem Ort Stary entfernt war, bekam sein Wagen plötzlich von vorn aus einem Kornfeld lebhaftes Infanterie- und Pakfeuer. Sein Beifahrer und er selbst sprangen in den Graben in Deckung und versuchten, zum Schutze ihres Krankenwagens und des Verwundeten, die Russen durch Erwiderung des Feuers zurückzudrängen. Durch die große Übermacht der Russen waren die beiden Sanitäter gezwungen, sich in das Dorf Stary zurückzuziehen. Von dort aus griff ein Bataillon zum Schutz des Sanitätswagens ein, so daß die Russen nach zweistündigem Feuerkampf getötet oder zersprengt wurden. Der Unteroffizier Fromm kehrte daraufhin zu seinem Wagen zurück. Dieser zeigte ungefähr 100 Einschüsse, besonders viele in dem weißen Feld des Roten Kreuzes. Der mit einem Oberschenkelsteckschuß im Krankenwagen liegende Soldat hatte, über den ganzen Körper verteilt, zehn neue Einschüsse und außerdem eine große Fleischwunde an der rechten Halsseite erhalten, bezüglich deren der Zeuge sich nicht erklären konnte, ob sie durch Gewehrschuß oder durch Bajonett verursacht worden war. Der Verwundete war durch die neuen Schüsse so schwer getroffen, daß er kurze Zeit darauf starb. Zudem hatten die Russen aus dem Krankenwagen Benzin und Decken entwendet.

Dokument zu Fall 248

O.U., den 11.9.1941

Vernehmung: Auf meinen Befehl erscheint der Uffz. Alfred Fromm, Krkw.-Zug 2/292, und sagt, mit dem Gegenstand der Vernehmung vertraut gemacht und zur reinen Wahrheit ermahnt, folgendes aus:

a) Zur Person: Ich heiße Alfred Fromm, bin geboren am 21.8.1915, evgl., Soldat seit März 1940 (1 Jahr gedient von 1934-1935).

b) Zur Sache: Am 25.6.1941, nachm. 2.00 Uhr, bekam ich den Befehl, einen Verwundeten mit Oberschenkelsteckschuß vom II./ Inf. Regt. 508 zum Hauptverbandplatz nach Kleszczele zu bringen.

Als ich ca. 2 km von dem Ort Stary/Rußl. entfernt war, bekam ich aus einem Kornfeld von vorn rechtsseitig lebhaftes Infanterie- und Pakfeuer. Während dieses Feuerüberfalls kam mir der Troß vom II./I.R. 508 entgegen. Ein Ausweichen war auf der schmalen Straße nicht möglich. Mein Beifahrer und ich, und auch die Soldaten vom Troß, sprangen sofort in den Graben in Deckung. Wir setzten uns erst zur Wehr, mußten uns aber wegen der feindlichen Übermacht in das Dorf Stary zurückziehen. In dem Dorf machten wir sofort Meldung, daß Russen in [einer] Stärke von 2 Kompanien das Dorf angriffen.

Das Batl. entwickelte sich sofort, und nach zweistündigem Feuerkampf waren die Russen getötet oder zersprengt. Ich kehrte darauf zu meinem Wagen zurück und fand ihn zwischen anderen umgestürzten Wagen stehen. Mein Wagen zeigte ungefähr 100 Einschüsse, besonders viele im weißen Feld des Roten Kreuzes.

Der mit einem Oberschenkelsteckschuß im Krkw. liegende Soldat zeigte, über den ganzen Körper verteilt, zehn neue Einschüsse und eine große Fleischwunde an der rechten Halsseite, von der

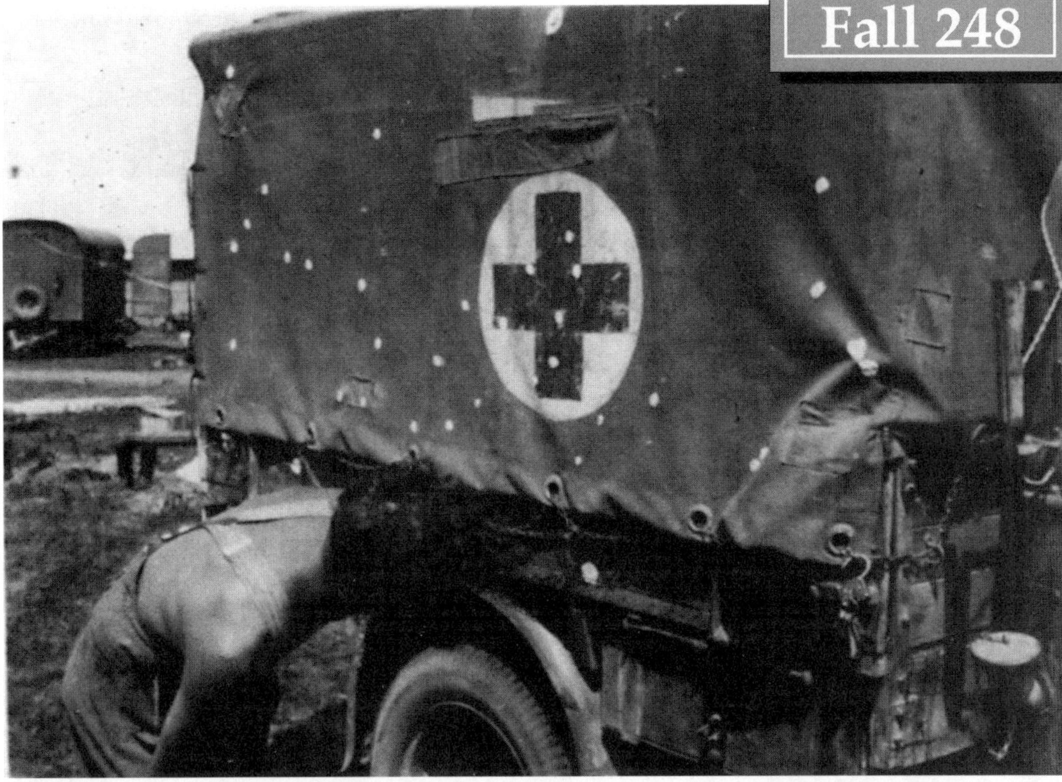

Insgesamt wurden an diesem Krankenwagen ungefähr 100 Einschüsse gezählt. Der darin transportierte Verwundete konnte bei dem Überfall nicht mehr geborgen werden, er wurde von zehn Schüssen getroffen und starb kurze Zeit darauf

ich nicht sagen kann, ob sie durch Bajonett oder durch Gewehrschuß verursacht worden war. Er war so schwer verwundet, daß er kurze Zeit darauf starb.

Benzin und Decken waren aus dem Krkw. entwendet. Da Motor und Reifen an dem Krkw. unbeschädigt waren, luden wir andere Verwundete auf und brachten sie zum Hauptverbandplatz.

Weiter habe ich nichts hinzuzufügen.

v. g. u. gez. Alfred Fromm, Unteroffizier
Der Zeuge leistete den Zeugeneid.

Geschlossen: gez. Hans-Helmut Schnelle, Ass.-Arzt, gez. Dr. Wünschmann, Kriegsgerichtsrat, 20.9.41, Beglaubigt: Ministerialregistrator

Fall 249

Fünf wehrlose deutsche Verwundete, die sich unter dem Schutz eines deutschen Sanitäters befanden und in einem Haus des Dorfes Dabrowka untergebracht waren, wurden am 25. Juni 1941 von russischen Soldaten in grauenhafter Weise getötet. Sie legten auch auf den Sanitäter an, um ihn zu erschießen. Dieser konnte sich nur durch schnelle Flucht retten. Er hörte noch an den Schreien der Verwundeten, wie sie regelrecht niedergemacht wurden. Die Russen warfen sogar noch eine Handgranate in das Haus und verfolgten dann den Sanitäter, der jedoch zwei Tage später unverletzt zu seiner Kompanie zurückkehrte.

Fall 250

Während desselben Gefechtes, am 25. Juni 1941 bei Dabrowka, hatte der Assistenzarzt Dr. Menke einen Truppenverbandplatz eingerichtet. Plötzlich stürmten drei Russen auf den Verbandplatz, auf dem außer deutschen Verwundeten auch zwei verwundete Russen lagen. Durch den Angriff der Russen wurden zwei deutsche Verwundete nochmals durch Schüsse bzw. Bajonettstiche verwundet und zwei Pferdehalter schwer verletzt.

Fall 251

Während desselben Kampfes leitete der Oberarzt Raegener in Zlawiyschka einen Truppenverbandplatz. Ihm fiel dort auf, daß keine Verwundeten mit Beinschüssen gebracht wurden. Am nächsten Tag begab er sich auf das Gefechtsfeld, um Verwundete zu bergen; es wurde aber kein einziger gefunden. Er stellte jedoch bei den dort liegenden etwa hundert toten Soldaten fest, daß sie verwundet und verbunden worden waren und hinterher getötet worden sind. Bei einigen der Toten stellte er außer ihrer ursprünglichen Verwundung, Bajonettstiche in die rechte oder linke Halsseite fest. Etwa fünfzehn Tote hatten, neben ihrer Verwundung, einen völlig zertrümmerten Schädel und Bajonettstiche im Bauch. Diese Schädelverletzungen müssen durch Spaten oder durch sonstige scharfe Instrumente bewirkt worden sein. Im Dorf fand er einen Kartoffelstampfer, der mit Blut bespritzt war, und der offenbar zur Niedermetzelung der Verwundeten Verwendung gefunden hatte. Auf Grund seiner Beobachtungen gelangte er zu der Annahme, daß im ganzen etwa 60 Prozent der dort liegenden Toten nachträglich niedergemetzelt worden sind.

Unter den Hingemordeten befanden sich u. a. der Sanitätsunteroffizier B., der Sanitätsunteroffizier M., der Sanitätsunteroffizier T. und der Krankenträger R. Die Leichen dieser Sanitäter hatte Stabsarzt Dr. Raegener besonders genau untersucht, dabei hatte er Einschüsse aus nächster Nähe sowie Zertrümmerungen des Schädels und Bajonettstiche in den Hals festgestellt.

Fall 252

Am 28. Juni 1941 erfolgte auf der Straße Stolpe-Baranowice, westlich Mir, ein Überfall auf einen deutschen Krankenkraftwagenzug, der Verwundete nach Baranowice bringen sollte. Der Krankenzug war deutlich gekennzeichnet. Auf sämtlichen Wagen befanden sich links und rechts an der Seite je ein Rotes Kreuz und hinten zwei Rote Kreuze. Außerdem hatten die Wagen vorn je eine Rote Kreuz-Flagge, die gleichfalls deutlich sichtbar war. Trotz der Dämmerung, die zur Zeit des Überfalls bereits herrschte, waren diese Kennzeichen deutlich zu erkennen. Der Überfall erfolgte durch russische Lastkraftwagen, aus denen mit Zwillings-Maschinengewehren auf den Krankenwagenzug geschossen wurde. Wenn wirklich anfänglich der Überfall auf den Krankenzug irrtümlich erfolgt wäre, so hätte die Beschießung sofort eingestellt werden müssen, nachdem sich die Russen in unmittelbarer Nähe der Krankenwagen befanden. Sie setzten aber auch von diesem Zeitpunkt an ihr allem Kriegsrecht und aller Menschlichkeit widersprechendes Verhalten fort, indem sie die Krankenwagen mit Gewalt erbrachen, die Tragbahren mit den darauf liegenden Verwundeten aus den Wagen herausrissen und den Krankenwagenzug planmäßig beraubten, nachdem die deutschen Begleitmannschaften zum Teil getötet und verwundet waren und der Rest sich in ein nahegelegenes Kornfeld zurückgezogen hatte. Von den in dem Krankenwagenzug beförderten Verwundeten sind 26 von den Russen erschossen oder durch Bajonettstiche oder Handgranatenwürfe getötet worden. Auch vier Sanitäts-Begleitmannschaften wurden aus den Wagen gezerrt und ermordet. Dieser schändliche Überfall ist durch die eidlichen Aussagen der Unteroffiziere Seebecher und Singer, Frankl, Baumann, Nussbaumer, des Soldaten Geiselberger, des Unteroffiziers Wittmann sowie des Gefreiten Uhle bewiesen. Der letztgenannte Zeuge hat selbst zwanzig Opfer dieses Überfalls begraben. In einem anderen Krankenkraftwagen wurden dann noch weitere sechs Tote gefunden.

Fall 253

Bei Tolpino erfolgte am 8. Juli 1941, am Mittag und bei klaren Sichtverhältnissen, durch einen russischen Panzer ein Angriff auf einen deutschen Krankenkraftwagen, in welchem sich vier Verwundete befanden. Der Wagen war deutlich gekennzeichnet und hatte überdies die Rote Kreuz-Flagge gehißt. Der russische Panzer beschoß den Krankenwagen aus einer Entfernung von nur 150 bis höchstens 200 Metern. Der Fahrer des Krankenwagens versuchte angesichts des Beschusses, die im Wagen liegenden Verwundeten aus dem Wagen herauszuschaffen, um sie in Deckung zu bringen. Dies gelang ihm jedoch nicht, weil der Beschuß zu heftig war. Die Russen drangen dann bis unmittelbar zu dem Krankenwagen vor, rissen die Tür des Wagens auf und schossen sogar mit Sprengmunition in den Wagen hinein. Der Obergefreite Ertel fand, als er sich später wieder zum Wagen zurückbegeben konnte, ein Stück Sprengmunition darin. Daraus folgerte er, daß Schüsse mit Sprengmunition erst abgefeuert wurden, nachdem die Russen die Tür des Krankenwagens aufgerissen hatten. Von den vier Verwundeten im Innern des Wagens waren zwei durch neue Verletzungen getötet worden. Auch ein weiterer Krankenwagen, der in gewissem Abstand dem ersten Wagen gefolgt war, erhielt von dem russischen Panzer Feuer. Der Fahrer dieses zweiten Wagens fand dabei den Tod.

Fall 254

Die Sanitätskompanie 1/4 befand sich am 28. Juni 1941 auf dem Marsch von Luck nach Rowno. Sie fuhr auf der Panzerstraße Nord. Etwa um 15 Uhr und bei besten Sichtverhältnissen erhielt der Krankenwagenzug zunächst Feuer von leichten Maschinengewehren, später jedoch außerdem Gewehrfeuer. Der Angriff erfolgte durch etwa 400 bis 500 russische Infanteristen, und zwar aus einer Entfernung von etwa 400 bis 500 Metern. Die Infanterie hatte sich regelrecht zum Angriff entfaltet und ging gegen den Krankenkraftwagenzug vor. Zwei russische Panzerspähwagen unterstützten gleichfalls mit Kanonen- und Maschinengewehrfeuer den Angriff. Insbesondere der eine der beiden russischen Panzerspähwagen schoß aus einer Entfernung von nur 15 bis 20 Metern auf die ihm gegenüberstehenden Krankenwagen, und zwar bezeichnenderweise unmittelbar in die Zeichen des weißen Untergrundes des Roten Kreuzes hinein. Ein Krankenkraftwagen und ein Lastkraftwagen wurden vollständig unbrauchbar gemacht. Acht weitere Fahrzeuge des Krankenkraftwagenzuges waren schwer beschädigt. Zwei Sanitätssoldaten fielen und acht wurden verwundet. Die Begleitmannschaften des Krankenkraftwagenzuges hatten angesichts dieses unverkennbar völkerrechtswidrigen Angriffs von ihrem Recht auf Verteidigung Gebrauch gemacht und das Feuer nach Kräften erwidert, ohne aber den Überfall abwenden zu können.

Zu bemerken ist, daß auch hier die sämtlichen Wagen des Zuges deutlich als Krankenwagen gekennzeichnet waren: Sie hatten erst kurze Zeit vorher einen neuen Anstrich bekommen, so daß die Farben Rot und Weiß besonders deutlich erkennbar waren.

Fall 255

Am 13. Juli 1941 wurden das Feldlazarett 113 und ein Teil der Sanitätskompanie 113 bei Peremyszel von feindlicher Infanterie und Kavallerie angegriffen, obwohl auch in diesem Falle die Zeichen des Roten Kreuzes an sämtlichen Wagen in einem Durchmesser von etwa 50 Zentimetern, für den Feind deutlich erkennbar, angebracht waren. Die Wagen waren auch nicht etwa verschmutzt, sondern vollkommen sauber, so daß die Zeichen des Roten Kreuzes durch nichts überdeckt waren. Es war frühmorgens und vollkommen hell, so daß auch hier ein bewußt rechtswidriger Angriff von russischer Seite festzustellen ist. Die Mannschaften der Sanitätskompanie trugen sämtlich am linken Oberarm die weiße Binde mit dem Roten Kreuz. Es handelte sich um einen offensichtlich vorbereiteten Überfall, der wahrscheinlich auf die Meldung hin erfolgte, daß das Feldlazarett und die Sanitätskompanie am Tage zuvor in Peremyszel eingetroffen waren. An dem Angriff nahmen außer russischer Infanterie und Kavallerie auch Pak-Geschütze teil. Zehn Mann der Sanitätskompanie wurden bei diesem Angriff getötet, einer blieb vermißt, zwei Leute waren schwer, der andere leicht verwundet. Das Feldlazarett hatte 19 Tote. Viele von den Toten wurden schwer verstümmelt aufgefunden; unter anderem war einem Fahrer die Stirn mit dem Absatz eingetreten worden, zwei anderen Leuten des Personals waren die Schädel eingeschlagen worden, andere waren infolge des Beschusses im Wagen verbrannt. Ein Transportwagen, der die gesamte Sanitätsausrüstung enthielt, war von den Russen angezündet worden und verbrannte, der überwiegende Teil der übrigen Wagen war durch schwere Geschoßeinwirkung vernichtet. Die Toten waren ausgeplündert worden, sogar die Stiefel waren ihnen ausgezogen.

Als besonders gravierend ist hier noch zu bemerken, daß die Russen bei diesem Angriff Leuchtspurmunition verwendet haben, die offenbar zum Teil die schwere Brandwirkung verursacht hat.

Fall 256

Der Sanitätsgefreite Czaika berichtet eidlich über den Angriff von fünf russischen Flugzeugen am 14. Juli 1941 zwischen Cornesti und Kischinew, wo er sich auf der Fahrt mit einem Sanitätskraftwagen befand, dem ein Wagen des Instandsetzungszuges folgte. Beide Wagen waren vorschriftsmäßig mit dem Roten Kreuz-Zeichen gekennzeichnet. Es war um die Mittagszeit. Die russischen Flugzeuge kamen in einer Höhe von etwa 30 Metern unmittelbar auf die beiden Sanitätswagen zu und warfen auf diese sieben Bomben ab. Andere Fahrzeuge befanden sich nicht in der Nähe. Außerdem wurden die beiden Sanitätswagen auch mit Bordwaffen beschossen. Nach dem ersten Angriff drehten die Flugzeuge ab, um nach zwei Minuten im Tiefflug erneut mit Bordwaffen anzugreifen. Dabei wurde ein Fahrer des Instandsetzungswagens am rechten Unterschenkel verwundet. Der Sanitätsgefreite Czaika schaffte seinen verwundeten Kameraden sofort zum Hauptverbandplatz. Bei seiner dortigen Ankunft erfuhr er, daß wenige Minuten vor seinem Eintreffen auch dort fünf russische Flugzeuge (Ratas) den Hauptverbandplatz mit Bomben und Bordwaffen angegriffen hatten, obwohl auch dieser vorschriftsmäßig mit den Zeichen des Roten Kreuzes versehen war. Der Zeuge berichtet, daß der Feind mit Bestimmtheit die Roten Kreuz-Zeichen, sowohl der Krankenwagen als auch des Hauptverbandplatzes, gesehen haben muß, denn die Angriffe ereigneten sich am Mittag bei klarem, sonnigen Wetter und sogar während eines Haltes der Kraftwagen auf der Straße.

Fall 257

Am 18. Juli 1941 wurden südlich der Straße von Rabowitschi nach Mohilew drei deutsche Krankenwagen, die sich ungedeckt und mit ihren Kennzeichen deutlich sichtbar auf einer Wiese befanden, von russischen Panzerwagen angegriffen. Der Chefarzt des Feldlazaretts befand sich in unmittelbarer Nähe seines Krankenkraftwagens und bemerkte, wie dieser Wagen plötzlich von einem Einschlag getroffen wurde, der den Wagen sofort in Brand setzte. Es wurden insgesamt etwa 18 bis 20 Schüsse abgegeben. Der Chefarzt des Feldlazaretts sah deutlich das Mündungsfeuer. Die russischen Panzerwagen drehten dann in westlicher Richtung ab. Bei dem Beschuß wurde Munition des Kalibers 7,5 cm verwendet, wie an Hand eines aufgefundenen Geschoßbodens festgestellt werden konnte. Außer den Krankenkraftwagen wurden zwei Lastkraftwagen und ein Anhänger zerstört. Ein Sanitätssoldat war verwundet worden und starb infolge seiner Verletzungen; weitere fünf Soldaten waren leichter verletzt worden. Der Beschuß hatte auch sonstige Beschädigungen von Wagen des Feldlazaretts sowie von Ausrüstungs- bzw. Bekleidungsvorräten des Lazaretts und der Mannschaften zur Folge.

Fall 258

Laut Meldung des Bataillonsarztes Dr. Türk vom 22. Juli 1941 wurden zwischen Tscherikoff und Propoisk am 20. Juli 1941 der Hilfsarzt Sanitätsfeldwebel Dr. Söntgerath und der Fahrer eines Krankenkraftwagens von den Russen angegriffen, obwohl die Zeichen des Roten Kreuzes an dem Krankenkraftwagen deutlich sichtbar waren. Der Fahrer des Wagens wurde erschossen am Boden aufgefunden, der Sanitätsfeldwebel Dr. Söntgerath lag mit Schüssen durch Handgelenk und Unterschenkel verwundet am Wagen. Er berichtete, daß ein Russe auf dem Wagen zugesprungen sei und den Fahrer aus etwa drei Metern Entfernung erschossen habe; dann habe er sich gegen ihn selbst gewandt und gleichfalls auf ihn geschossen.

Fall 259

Das Protokoll über die eidliche Aussage des Oberarztes Dr. Schwarze berichtet über die Beschießung eines vorschriftsmäßig gekennzeichneten und mit Roter Kreuz-Flagge versehenen Sanitätskraftwagens, auf der Fahrt von Moshok zum Hauptverbandplatz in Blagowitschi, am 26. Juli 1941. Der Wagen erhielt bei der Fahrt über freies Gelände, also deutlich sichtbar, Maschinengewehrfeuer aus etwa 100 Metern Entfernung.

Fall 260

Russische Flugzeuge belegten am 1. August 1941 gegen 14 Uhr, mithin bei hellem Tageslicht, eine bespannte deutsche Sanitätskompanie auf dem Marsch von Mustvee (am Peipussee) nach Torma mit Bomben mittleren Kalibers. Der Angriff erfolgte aus einer Höhe von etwa 400 Metern, obgleich sämtliche Fahrzeuge der Kompanie durch das Genfer Rote Kreuz weithin sichtbar gekennzeichnet waren. Der Angriff blieb glücklicherweise erfolglos.

Fall 261

Oberleutnant Bohn bekundet eidlich einen besonders schändlichen Überfall auf einen Verwundetentransport.

„Am 3. August 1941 fuhr ich Streife auf der Straße Jojeva-Rakke. In der Gegend Vaimastvere fand ich an der Straße zwei Gräber, und zwar ein Doppelgrab und ein halbfertiges Grab. In dem Doppelgrab lagen, wie aus der Aufschrift des Kreuzes hervorging, zwei Kraftfahrer eines Sanitätskraftwagens. Um das Grab herum lagen vier Leichen. Nach dem halbfertigen Grab zu schließen, waren diese Soldaten überfallen worden, während sie ihren toten Kameraden das Grab bereiteten. In dem halbfertigen Grab stand noch ein Spaten. Von den Soldaten, die als Leichen herumlagen, waren mindestens zwei Insassen des Sanitätskraftwagens, die ins Lazarett befördert wurden, denn sie trugen noch Verbände. Sämtliche Soldaten waren von den Russen überfallen und getötet worden. Wahrscheinlich ist dabei einem der Kopf abgeschnitten und einem andern das Augenlicht geraubt worden. Die übrigen Soldaten hatten mehrere Stiche im Leib. Der Sachlage nach bestand kein Zweifel daran, daß ein Transport Verwundeter von den Russen überfallen und getötet worden ist, wobei mit größter Wahrscheinlichkeit die Soldaten auch verstümmelt worden sind. Ich bemerke noch, daß der Soldat, den ich ohne Kopf vorfand, noch den Krankenzettel trug, den er auf dem Hauptverbandplatz erhalten hatte. Die gelbe Ausfallflagge mit dem schwarzen Kreuz war auch noch vorhanden, sie wies eine Unzahl von Einschüssen auf."

Fall 262

Auch bei einem Überfall am 9. August 1941 auf der Straße von Demidowska nach Annatoljiewka wurde ein deutscher Sanitätskraftwagen aus 20 Metern Entfernung mit Maschinengewehr- und Gewehrfeuer stark beschossen. Dann sprangen sieben Russen an den Wagen heran und öffneten die hinteren Wagentüren. Sie rissen die Tragbahren mit fünf verwundeten deutschen Soldaten und zwei verwundeten Russen aus dem Wagen heraus. Nachdem sie den Wagen durchstöbert hatten, entfernten sie sich wieder. Beim Herannahen eines deutschen Panzers wurde festgestellt, daß einer deutschen Verwundeten, der nur eine leichte Verletzung gehabt hatte, einen Schuß durch den Arm und einen Schuß durch den Fuß neu erhalten hatte. Ein durch Bauchschuß verwundeter deutscher Soldat, den man, wie die anderen Insassen des Wagens, mit der Tragbahre herausgerissen hatte, war tot; ihm war mit einem harten Gegenstand das Gesicht zerschlagen. Ein Fahrer des Sanitätskraftwagens, ein verwundeter deutscher Unteroffizier sowie zwei weitere deutsche Verwundete und die beiden verwundeten Russen, waren nicht mehr aufzufinden.

Fall 263

In dem Protokoll vom 3. September 1941 berichtet der Oberarzt Dr. Allmeling eidlich über den organisierten russischen Angriff auf den Hauptverbandplatz der Sanitätskompanie 292 in dem Dorfe Lysowka am 25. August 1941. An diesem Angriff, der am frühen Morgen erfolgte, waren sogar ein russischer 32-Tonnen-Panzer und andere russische Panzer beteiligt.

Der Zeuge schildert den Vorgang selbst und das Erlebnis dieses Überfalls:

„Das Gewehr- und Maschinengewehrfeuer näherte sich unmittelbar dem Hauptverbandsplatz, gemischt mit nunmehr deutlichen Detonationen von Panzergeschossen. Auch das Nebenhaus mit einem dort abgestellten Krankenkraftwagen wurde durch einen Treffer in Brand geschossen. In den weiteren Minuten wurden Krankenkraftwagen herbeigeholt, Verwundete verladen und abgefahren, während die feindlichen Panzer den Hauptverbandsplatz-Komplex unter heftiges Feuer nahmen. Das unmittelbare Feuer dieser Infanteristen auf Männer des Hauptverbandsplatzes wurde jetzt von einigen unserer Leute durch Gewehrschüsse erwidert.

Zu dieser Sekunde standen wiederum zwei Krankenkraftwagen vollbeladen abfahrbereit, bevor einer gerade im Abrollen war. Noch nicht verladene Verwundete wurden noch in dem Augenblick noch in Splittergräben geborgen, als der erste Panzer schießend um die Hausecke bog, und ich volle Deckung befahl. Alles versuchte sich jetzt, nach verschiedenen Richtungen in Sicherheit zu bringen. Ich lief mit einigen Männern in Richtung der Ortskommandantur, um dort die Lage zu erfragen. Dort stieß auch Assistenzarzt Dr. Krautberger zu mir, der inzwischen durch einen Schuß am rechten Oberschenkel verwundet wurde. Auch Unterarzt Dr. Hartke und einige weitere Kompanieangehörige traf ich dort wieder. Die Panzer, die nach dem Überfall auf den Hauptverbandsplatz noch einige Hundert Meter durch das Dorf gerollt waren, kehrten wieder um und hielten die ganze Umgegend wahllos unter Beschuß, so daß ich mit den mit mir zusammengetroffenen Kameraden in einem nahen Waldstück Deckung nehmen mußte.

Nach Abrollen der Panzer kehrten wir zum Hauptverbandsplatz zurück, wo sich uns ein gräßliches Bild blindwütiger Zerstörung bot. Ein beladener und durch das Rote Kreuz gekennzeichneter LKW der Kompanie, schon im Abfahren begriffen, war durch direkten Schuß aus der Panzerkanone von rückwärts getroffen, wobei die darauf liegenden, auf Krankentragen gelegten Verwundeten, so schwer verletzt wurden, daß drei sofort tot waren und der vierte auf dem Transport zum Feldlazarett verstarb. Nicht genug damit, hatte der Panzer den Wagen auch noch gerammt und auf einen neben ihm stehenden leeren LKW hinaufgeschoben, so daß ein Toter hinter einem Hinterrad und einem zersplitterten Aufbau eingeklemmt wurde, während die anderen Toten und der Schwerverwundete mit gräßlichen Verletzungen auf dem blutüberströmten Aufbau umherlagen. Der Fahrer des Wagens lag knapp neben seinem Wagen mit geborstenem Schädel. Hierzu muß noch bemerkt werden, daß auf dem Wagen auch noch abgeschossene Gewehrkugeln gefunden wurden, so daß anzunehmen ist, daß mit allen den russischen Panzermännern zur Verfügung stehenden Waffen auf diesen Verwundetenwagen geschossen wurde. Neben dem Wagen lag noch ein russisches Gewehr mit aufgepflanztem Seitengewehr. Dem zweiten abfahrbereiten Krankenwagen, der nicht mehr abfahren konnte, da er sonst mit dem um die Hausecke kommenden Panzer zusammengestoßen wäre, war der Panzer mit einer Raupe über den Motor gefahren und hatte diesen völlig zertrümmert. Unser neben diesem Wagen stehender PKW wurde vom Panzer gegen die Hauswand gedrückt und der ganzen Länge nach zusammengequetscht. Ein Mannschaftszelt war durch Überfahren plattgewalzt, ein weiteres von der auf den Panzern liegenden russischen Infanterie, die auf dem Hauptverbandsplatz zum Teil abgestiegen war, durch Stiche mit dem aufgepflanzten Seitengewehr zerstochen. Die Verwundetenzelte waren mehrfach durchschossen und aus einem war die Verpflegung für die Verwundeten geraubt worden. Neben seinem Zelt lag, mit dem Gewehr im Anschlag, einer unserer Sanitäts-Dienstgrade, der uns bis zum Schluß beim Verladen der Verwundeten geholfen hatte, durch Kopfschuß getötet. Hinter dem Zelt lag ein Leichtverwundeter, der sich wohl selbst in dem um das Zelt gezogenen Graben in Sicherheit bringen wollte, ebenfalls erschossen. Weiter wurde während des Überfalls von den Bolschewisten nach Verwundeten, die durch Verbände deutlich als solche gekennzeichnet waren und die in ihrer Angst aus den Splittergräben, in denen man sie geborgen hatte, weiter flüchten wollten, geschossen.

Außerdem wurden noch vier weitere, teils LKWs der Sanitätskompanie, teils Krankenkraftwagen, durch Rammung oder Inbrandschießung zerstört. Einer der Fahrer, der sich flüchtend in Sicherheit bringen wollte, wurde hinterrücks durch Herzschuß getötet.

Das Hauptverbandplatzgebäude selbst, welches zur Straßenseite hin durch eine neben dem Eingang befestigte Schultafel mit dem Roten Kreuz gekennzeichnet war, ganz abgesehen von einer unmittelbar an der Straße querstehenden zweiten Tafel mit dem Roten Kreuz und der Rot Kreuz-Flagge, war auch noch unter direkten Beschuß genommen worden. Man sah Einschläge in den Hausbalken; und im Operationsraum und in dem Aufenthaltsraum der Sanitätsoffiziere lagen Gewehr- und Maschinengewehrprojektile umher.

Nach diesem schauerlichen Überfall auf den Hauptverbandsplatz wurden die im Nebenhaus liegenden, und zum Glück von den Russen übersehenen, Schwerverwundeten sowie die restlichen Verletzten, von welchen sechs durch den Überfall neu und zum Teil sehr schwer verwundet waren, schnellstens abtransportiert, da mit einer Rückkehr von Panzern gerechnet werden mußte. ...

Aus diesem Tatsachenbericht geht deutlich hervor, daß die Bolschewiken den in jeder Weise und nach allen Richtungen hin deutlich als Sanitäts-Einrichtung gekennzeichneten Hauptverbandsplatz unter gröbster Verletzung des Genfer Abkommens absichtlich hinterrücks überfallen und in bestialischer Weise hilflose Verwundete, Sanitäts-Dienstgrade und Sanitätsmaterial gemordet und vernichtet haben, ohne vorher unsererseits irgendwie beschossen oder sonstwie angegriffen worden zu sein. Die russischen Panzermänner wurden von den Dorffrauen vorher aufmerksam gemacht, daß sich im Dorfe nur ein Lazarett befände, aber die Panzer unternahmen den Überfall trotzdem oder vielleicht eben deshalb in der Überzeugung, hier einmal rauben und morden zu können, ohne auf irgendwelchen militärischen Widerstand zu stoßen."

Fall 264

Etwa zehn Sowjetbomber verübten am 30. August 1941 auf 20 deutsche, gut gekennzeichnete Krankenwagen auf der Rollbahn zwischen Aleksejewka und Ogorotniki einen Überfall. Die Sowjetbomber kreisten in 100 bis 200 Meter Höhe über der Krankenwagenkolonne. Das Wetter war klar und die Sicht gut. Die Flugzeuge hielten sich so niedrig, daß sie die Kennzeichen der deutschen Sanitätsfahrzeuge einwandfrei erkennen mußten. Die russischen Flugzeuge begannen alsbald, die Kolonne zu beschießen. Auch mehrere Bomben wurden abgeworfen, von denen die Mehrzahl in das Dorf Ogorotniki fiel. Der Angriff dauerte etwa 15 Minuten; er fand nachmittags um drei Uhr deutscher Zeit statt. Die Fahrzeuge waren sämtlich sowohl oben auf dem Fahrzeugdach als auch an den beiden Seiten, vorschriftsmäßig durch ein Rotes Kreuz im weißen Kreis als Sanitätsfahrzeuge gekennzeichnet und diese Kennzeichen waren nicht etwa durch Fliegertücher oder dergleichen verdeckt. Vor und hinter der Kolonne war die Straße frei. Auch hier handelt es sich um einen einwandfrei erwiesenen völkerrechtswidrigen Angriff auf eine deutsche Sanitätskolonne.

Fall 265

Am 12. September 1941 bei Ropscha – 30 Kilometer südwestlich Petersburg – wurde der Sanitätsgefreite S., der durch den Äskulapstab am Ärmel als Sanitäter gekennzeichnet war und außerdem die beiden Sanitätertaschen mit dem Verbandszeug trug, als er einem verletzten Kameraden Hilfe bringen wollte, von den Russen getötet. Als man ihn fand, waren beide Augen ausgestochen. Das rechte Auge fehlte ganz, der linke Augapfel hing noch im Winkel der Augenhöhle. In dieses Auge muß mit einem breiten Instrument hineingestochen worden sein. Ferner war seine linke Wange vom Mundwinkel bis zum Ohr aufgeschnitten; seine Zunge fehlte. Sein verwundeter Kamerad, dem S. Hilfe bringen wollte, hatte 10 bis 15 Pistolenschüsse in Kopf, Hals und Brust erhalten. Vorher hatte er nur Verwundungen am linken Bein gehabt. Die tödlichen Verwundungen sind ihm erst später beigebracht worden. Die beiden Toten waren von den Russen beraubt worden.

Fall 266

Am 15. September 1941 wurde bei Marmosovka ein deutscher Sanitätskraftwagen, der einen Schwerverletzten und zwei Leichtverwundete nach Kletnja transportieren sollte, von russischen Soldaten zunächst beschossen und dann mit einer Handgranate beworfen. Aus dem Sanitätskraftwagen schlug infolge dieses Handgranatenwurfes eine Stichflamme hoch. Auch Zivilisten beteiligten sich an diesem Überfall. Der Fahrer des Sanitätskraftwagens wurde durch drei Schüsse getroffen und getötet. Der Sanitätskraftwagen war durch die vorgeschriebenen Markierungen einwandfrei als solcher gekennzeichnet.

Fall 267

Am 28. Juli 1941 überfielen russische Truppen in der Gegend von Minsk einen deutschen Verwundetentransport. Der Transport bestand aus sieben Krankenkraftwagen. In den Wagen lagen etwa 50 Schwer- und Leichtverwundete. Mit jedem Wagen fuhren außerdem ein Kraftfahrer und ein Beifahrer. Sämtliche Krankenkraftwagen waren deutlich und vorschriftsmäßig mit den Zeichen des Roten Kreuzes versehen, ebenso trugen Fahrer und Beifahrer die Armbinde mit dem Roten Kreuz. Der Überfall erfolgte allerdings während der Nacht. Nach den Umständen des Falles aber unterliegt es keinem Zweifel, daß die Russen spätestens bei dem Herannahen an den Krankentransport diese sieben Wagen als Krankenwagen und auch die Zeichen des Roten Kreuzes deutlich erkennen mußten, denn der Angriff dauerte etwa eine Stunde. Sie richteten unter den Verwundeten und auch unter den Begleitern des Transports ein grausames Gemetzel an. Der Zeuge, Gefreiter Magnus Schlosser, der einen dieser Krankenkraftwagen gesteuert hat, wurde selbst bei dem Überfall verwundet und hat, nachdem er infolge der Verwundung das Bewußtsein verloren hatte, später erfahren, daß nur etwa neun bis zehn Mann dieses Verwundetentransportes am Leben geblieben waren. Mindestens 40 Verwundete sind bei dem Überfall getötet worden.

Fall 268

Am 3. Juli 1941 wurde in der Nähe von Lida der deutsche Krankenträger N. von einem Russen aus etwa fünf Meter Entfernung, und zwar am Vormittag bei klarer Sicht, erschossen, während er dem vorher verwundeten Krankenträger Jursch Hilfe leistete. Beide Krankenträger, sowohl N. als auch Jursch, waren durch die weiße Armbinde mit dem Roten Kreuz deutlich gekennzeichnet.

Fall 269

Ein deutscher Sanitätsunteroffizier der 7. Kompanie des Infanterieregiments 527 wurde am 26. oder 27. Juni 1941 am Usch bei Roszitsche, in der Höhe von Kiew, von russischen Soldaten grausam getötet. Der Sanitätsunteroffizier hatte, wie sich aus den zurückgelassenen Verbänden ergab, gerade einem anderen Kameraden Hilfe leisten wollen, als er von den Russen angegriffen wurde. Ihn selbst fand man mit durchschnittenem Hals vor, während der von ihm betreute Kamerad verblutet ist.

Fall 270

Im hellen Morgenlicht des 27. September 1941 warf ein russisches Bombenflugzeug auf das damals im Gutshaus Moschtschinki (etwa 30 Kilometer nordostwärts Smolensk) untergebrachte deutsche Feldlazarett eine Bombe ab. Die Bombe verfehlte zwar ihr Ziel; sie explodierte etwa 300 Meter hinter dem Gutshaus. Da aber andere Ziele, insbesondere andere Gebäude, in weiter Umgebung nicht vorhanden waren, unterliegt es keinem Zweifel, daß das russische Bombenflugzeug das deutsche Feldlazarett zum Ziele genommen hatte, obwohl dieses durch eine Rote Kreuz-Flagge in der Größe von anderthalb auf anderthalb Meter deutlich gekennzeichnet war.

Fall 271

Einen ruchlosen Überfall der Russen am 30. Juni 1941 auf den von ihm geführten Krankenkraftwagenzug 29 schildert der Hauptmann Flucke. In dem eidlichen Protokoll über seine Vernehmung vom 5. November 1941 sagt er folgendes aus:

„Am 30. Juni hatte ich meinen Zug zum Infanterieregiment 71 zu führen. An der Straße Zelwa-Slonim wurden wir von Russen angegriffen. Ich befahl den Fahrern der Krankenkraftwagen, zu wenden und zurückzufahren. Sie fuhren auf der Straße Zelwa-Slonim in Richtung Zelwa zurück. Es war bei Driekowcze. Ich selbst übernahm mit einigen Männern die Sicherung. Drei Wagen gelang es, durch russische Kavallerie hindurchzukommen, drei Wagen wurden von den Russen angehalten. Als wir etwa zehn Minuten später zu den Fahrzeugen kamen, fanden wir die Fahrer sämtlich mit Kopfschuß tot auf. Es waren dies die Sanitätssoldaten M., B., D., Sch., sowie der Gefreite K. Bereits in der Nacht war K. beim Angriff durch eine starke russische Kavalleriepatrouille am Oberschenkel verwundet worden. Es war nur ein Streifschuß. Er war in einen Wagen auf eine Trage gelegt worden. Als wir zu den Fahrzeugen zurückkamen, sahen wir, daß die Füße nach hinten herunterhingen, mit den Händen hatte er sich noch an die Trage geklammert; er war durch Genickschuß getötet worden. Aus der Stellung war einwandfrei zu ersehen, daß die Russen versucht hatten, ihn herauszuzerren und ihn durch Genickschuß ermordet hatten. Die vier Fahrer wiesen Stirnschüsse auf, sie lagen auf der Straße und im Graben und hatten keine Waffen neben sich liegen. Ich schließe aus der Art der Einschüsse und der Lage bei der Auffindung, daß sie, ohne Widerstand zu leisten, von den Russen ermordet worden sind.

Wir schlugen uns dann zur 3./Infanterieregiment 71 durch. In dem Augenblick, als wir sie erreichten, setzten die Russen links von uns zum Einbruch an. Der ostwärtige Flügel der Kompanie, der von der Flanke her angegriffen wurde, wurde zurückgenommen auf die Waldstellung. Dabei blieben der Sanitäts-Unteroffizier H. und der Sanitätssoldat G. zurück. Beide fanden wir nach Beendigung des Gefechts tot auf. Dem Unteroffizier H. war der Schädel so zerschlagen, daß das Gehirn frei lag; er hatte sechs bis sieben Bajonettstiche durch Brust, Leib und Gliedmaßen. Bei ihm wurden keine Wertsachen mehr gefunden, außer einem Ring. Die Leiche des Sanitätssoldaten G. wies ebenfalls zahlreiche Bajonettstiche durch Brust, Leib und Gliedmaßen auf. Auch bei ihm fehlten die Wertsachen. Beide Soldaten hatten keine Schußverletzung, sie lagen in einem Erdloch, ich nehme an, daß sie dort körperlich erschöpft zurückgeblieben und ohne Gegenwehr getötet worden sind."

Fall 272

Am 23. Juli 1941 erfolgte ein Überfall russischer Truppen auf eine deutsche Krankensammelstelle in Protasy. Die russischen Truppen drangen mit Maschinengewehren und Handgranaten in diese Sammelstelle ein, in welcher zwei Sanitätsoffiziere, darunter ein Stabsarzt und 15 Sanitäter, tätig waren. Die beiden Sanitätsoffiziere sowie drei oder vier Sanitäter und eine Anzahl Verwundeter wurden aus dem Hause der Krankensammelstelle herausgerissen und durch Kopfschüsse getötet, unter ihnen auch Verwundete, die mit Verbänden versehen waren, und ein weiterer Verwundeter, dessen Bein geschient war.

Fall 273

Aus der Aussage und dem ärztlichen Gutachten des Stabsarztes Dr. Kecht vom 4. November 1941 ergibt sich, daß der Sanitätssoldat Karl M. (2./Gebirgssanitätskompanie 99), nachdem er bei einem Überfall russischer Truppen am 17. Juli 1941 auf einen Krankenkraftwagenzug der vorgenannten Kompanie durch Oberschenkelschuß nicht lebensgefährlich verwundet worden war, später, als er wehrlos am Boden lag, von den Russen ermordet worden ist. Die Russen haben ihm, trotz seiner Verwundung, durch Kolbenhiebe oder in anderer Weise, die Schädeldecke zertrümmert.

Fall 274

Am 8. August 1941 wurden von Leutnant Eckert (3./Gebirgspioniere 54), an der Straße Trojanka-Naljewajka, die Leiche eines Fahrers und Beifahrers eines Sanitäts-Omnibusses und weiterer 17 Soldaten gefunden, die als Verwundete in diesem Omnibus befördert worden waren. Russische Truppen haben diesen Omnibus überfallen und sämtliche Insassen getötet. Die Verwundeten sowie Fahrer und Beifahrer, waren durch Kopfschüsse, Bajonettstiche, Brust- und Halsschüsse und – in zwei Fällen – durch völlige Schädelzertrümmerung ermordet worden. Daß es sich um ein schimpfliches Blutbad an einem Sammeltransport von wehrlosen Verwundeten handelte, ergibt sich – ganz abgesehen von der deutlich erkennbaren Art des Beförderungsmittels – aus der Tatsache, daß alle Getöteten, mit Ausnahme des Fahrers und des Beifahrers, die Lazarettzettel umgehängt hatten und daß sie in der überwiegenden Mehrzahl Verbände trugen, die sie als Verwundete kennzeichneten. Keiner der Verwundeten hatte umgeschnallt, keiner trug Waffen bei sich. Sie waren sämtlich ihrer Wertsachen beraubt.

Fall 275

In der Zeit um den 20. Dezember 1941 ist in der Nähe des Dorfes Pogostje, in der Gegend von Schlüsselburg, ein russischer Überfall auf einen deutschen Sanitätskraftwagen erfolgt. In diesem Sanitätskraftwagen sollten vier deutsche Verwundete nach dem Hauptverbandsplatz befördert werden. Der Sanitätsunteroffizier Kersten sagt hierüber eidlich folgendes aus:

„Um etwa den 20. Dezember 1941 stellte ich, nachdem der Ort Pogostje durch uns wieder erobert worden war, fest, daß auf der Dorfstraße ein Sanka von uns leer dastand. In unmittelbarer Nähe dieses Wagens standen auf der Straße, und zwar im Straßengraben, vier Tragbahren mit vier deutschen Soldaten. Wie ich von einem Militärarzt hörte, waren diese vier Soldaten mit schweren Verwundungen in den Sanka eingeladen worden und sollten auf den Hauptverbandsplatz gebracht werden. Durch einen Angriff der Russen fielen diese Schwerverwundeten in russische Hand. Bei der Besichtigung der deutschen Soldaten mußte ich feststellen, daß alle vier tot waren. Ich habe aber genau gesehen, daß die Wunden dieser vier Soldaten, die sie im regulären Kampfe erlitten hatten, ärztlich versorgt waren, und daß bei sämtlichen vier Soldaten mehrere Stichverletzungen im Gesicht oder in der Brust hinzugekommen waren. Es besteht also kein Zweifel daran, daß diese vier schwerverwundeten deutschen Soldaten in ihrem wehrlosen Zustand von den Russen mit dem Seitengewehr erstochen worden sind. Die Namen der vier Toten kann ich nicht angeben, es waren aber Infanteristen von der 291. Infanteriedivision."

Fall 276

Der am 8. Januar 1942 südlich von Borowsk verwundete Unteroffizier Walter Schmidt (11./Infanterieregiment 479) bekundet eidlich:

„Als ich mich am nächsten Mittag auf einem Hauptverbandsplatz in einem kleinen Dorfe zwischen Borowsk und Wereja befand, kamen etwa sechs russische Flieger und haben aus einer Höhe von ungefähr 100 Metern mit ihren Bordwaffen die auf dem Flugplatz stehenden und mit einem Roten Kreuz sichtbar gekennzeichneten Sanitätskraftwagen beschossen."

Fall 277

Der Schütze Schiemann (Stab Infanterieregiment 477), der mit einer Fußverletzung am 4. bzw. 5. August 1941 zu einem Hauptverbandsplatz in der Gegend von Uman geschafft wurde, fand bei der Ankunft auf diesem Verbandplatz alles verwüstet vor. Fünf oder sechs tote deutsche Soldaten, die offenbar ermordet worden waren, lagen vor dem Hause. Ärztliche Instrumente waren auf dem Boden verstreut. Einem der toten Soldaten waren beide Arme dicht unter der Schulter abgehackt oder abgeschnitten; einem fehlte der Kopf, einem andern steckte ein Seitengewehr im Rücken. Wie der Zeuge später hörte, hatten russische Panzer kurz vor seiner Ankunft den deutschen Hauptverbandsplatz überfallen und alles niedergemacht.

Fall 278

Am 13. August 1941 wurden bei Jelnja drei deutsche Sanitätskraftwagen, die deutlich mit dem Roten Kreuz gekennzeichnet waren und in denen Verwundete zum Kriegslazarett geschafft wurden, von drei russischen Fliegern mit Bomben angegriffen. Der Angriff kann nur den Sanitätswagen gegolten haben, da sich andere Fahrzeuge oder auch Truppen nicht in der Nähe befanden. Die Bomben explodierten im nächsten Umkreis, ohne allerdings Schaden anzurichten.

Fall 279

Am 24. Juni 1941 wurde bei Chelm-Lubomil der Sanitätsunteroffizier Haupt, als er gerade vier oder fünf deutsche Verwundete auf dem Gefechtsfeld verbunden hatte, bei hellem Tageslicht und einwandfreien Sichtverhältnissen aus etwa 25 Metern Entfernung von einem Russen beschossen, obwohl er vorschriftsmäßig mit der Genfer Binde versehen war. Der Schuß traf ein Auge. Das Auge ist dadurch verloren gegangen. Unmittelbar darauf, als er zu Boden gesunken war, kamen mehrere Russen heran, schlugen auf ihn ein und stachen ihn mit dem Bajonett in die linke Seite. Als er später von deutschen Soldaten gefunden und zurückgeschafft wurde, machte er sie auf die zuvor von ihm verbundenen deutschen Verwundeten aufmerksam. Von seiner Kompanie erfuhr er jedoch, daß diese Verwundeten, als man sie auffand, sämtlich tot gewesen seien.

Fall 280

Auf zwei mit den vorschriftsmäßigen Kennzeichen des Genfer Kreuzes versehene deutsche Sanitätskraftwagen erfolgte am 9. September 1941, auf dem Wege vom Hauptverbandsplatz Gorochowski zum Feldlazarett in Krolewiec, ein Angriff seitens eines russischen Bombenflugzeuges, und zwar fast genau um die Mittagsstunde. Das Flugzeug warf zwei Bomben ab, die dicht bei den Sanitätskraftwagen links und rechts der Straße explodierten, aber glücklicherweise keinen Schaden verursachten. Andere Ziele waren in weitem Umkreis nicht vorhanden, so daß der Angriff ausschließlich den Sanitätskraftwagen galt.
Auch ein anderer Krankenkraftwagen derselben Sanitätsabteilung wurde am 9. September 1941 von zwei russischen Bombern, und zwar um 14.30 Uhr, mit Maschinengewehren im Tiefflug angegriffen.

Fall 281

Der Gefreite Dickmann (11./Infanterieregiment 240) sah beim Durchkämmen eines Waldes in der Nähe des Dnjepr in Richtung Wjasma eine Krankenwagenkolonne von acht Wagen auf der Straße stehen. Die acht Krankenwagen waren in der vorhergehenden Nacht von russischen Truppen überfallen worden. Als Dickmann und seine Kameraden beim Durchkämmen des Waldes auf die Krankenwagenkolonne stießen, waren die bei dem Überfall getöteten Verwundeten der Krankenwagenkolonne bereits von einer Nachschubkolonne abbefördert worden. Die Krankenwagen wiesen Spuren von Infanteriegeschossen auf.

Fall 282

Der Unteroffizier Bartl (8./Infanterieregiment 19) wurde am 17. November 1941 aus der Waldstellung nordwestlich von Brykino infolge seiner Erkrankung zum Truppenarzt geschickt, dessen Stelle sich in einem Forsthaus zwischen Brykino und Jumatowo befand. Von dort wurde er zusammen mit zwei leichtverwundeten Kameraden in einem bespannten Krankenwagen in Richtung auf den Hauptverbandplatz Jastrebowo befördert. Der Kranke und die beiden Verwundeten saßen in dem Krankenwagen auf einer Bank. Auf dem Bock des zweispännigen Wagens saßen der Fahrer und der Beifahrer, hinter dem Wagen folgten zwei Leute seiner Kompanie als Begleiter, die Gefreiten Z. und S. Der Wagen trug außerdem sichtbar das Zeichen des Roten Kreuzes. Nach etwa halbstündiger Fahrt wurde der Wagen plötzlich von Russen überfallen. Der Zeuge hörte in unmittelbarer Nähe des Wagens Gewehrschüsse und bemerkte, wie jemand an der Rückseite des Wagens die Plane beiseite schob und der Lauf einer russischen Maschinenpistole sichtbar wurde. Ein Feuerstoß aus dieser Pistole in das Innere des Wagens tötete den einen der beiden Leichtverwundeten durch Kopfschuß. Der andere Verwundete sprang zum Fahrzeug hinaus. Bartl selbst legte sich auf die Bank nieder. Nach einigen weiteren Schüssen trat wieder Stille ein. In der Annahme, daß die Gelegenheit gekommen sei, sich aus dem Wagen zu retten, stieg auch Bartl aus dem Wagen und sprang in den Wald hinein. Während des Herausspringens bemerkte er, daß sich von seinen beiden Begleitern keiner mehr rührte. Z. und S. lagen hinter dem Wagen auf der Erde; der Verwundete, der aus dem Wagen herausgesprungen war, lag ebenfalls leblos im Straßengraben. Auch Fahrer und Beifahrer rührten sich nicht mehr, ebensowenig die Pferde. Bartl gelangte durch den Wald nach Jastrebowo. Später im Lazarett erfuhr er, daß alle andern Insassen des Wagens, auch die beiden Begleitmannschaften, mit Ausnahme von Z. tot aufgefunden worden waren und daß auch letzterer infolge eines Kopfschusses bald nach dem Überfall seiner Verletzung erlegen ist.

Fall 283

Einen weiteren Überfall auf einen vorschriftsmäßig gekennzeichneten deutschen Sanitätskraftwagen schildert der Obergefreite Dressler in dem Vernehmungsprotokoll vom 12. Februar 1942 wie folgt:

„Am 28. Juni 1941 wurde ich in der Gegend von Busk (in Litauen) durch rechten Schulter- und Gesichtsschuß verwundet. Ich wurde dann mit einem Sanitätskraftwagen, der deutlich durch ‚Rotes Kreuz' in üblicher Form gekennzeichnet war, abtransportiert. Ich war allein hinten im Wagen, auf einer Tragbahre liegend, während vorn ein Fahrer und ein Beifahrer waren. Der Wagen wurde aus nächster Nähe von russischen Truppen angegriffen, die auf Fahrer und Beifahrer schossen. Beide wurden verwundet, was ich dadurch merkte, daß ich sie stöhnen hörte. Der Wagen fuhr dann in einen Graben, etwa drei Meter tief, und legte sich auf die Seite. Ich dachte, der Wagen brennt. Ich öffnete die Seitentür, um herauszukriechen. Die Russen schossen nun wieder auf den Wagen, wodurch ich nochmals verwundet wurde. Sie räumten dann den Wagen aus. Mich legten sie auf eine Tragbahre; ich stellte mich besinnungslos, bemerkte aber alles. Ich sah von meiner Tragbahre aus, wie die Russen den verwundeten Fahrer und Beifahrer mit dem Seitengewehr erstachen. Litauische Bauern haben die beiden Soldaten beerdigt. Nachher hat die Truppe festgestellt, daß der Wagen 197 M.G.-Einschläge bekommen hatte. Bei dem ganzen Vorfall war es taghelle Mittagszeit. Die Russen haben selbstredend deutlich erkannt, daß es sich um einen Verwundetentransport handelte."

Fall 284

Alle bisher geschilderten schweren Verstöße der Russen gegen die Genfer Konvention werden noch überboten durch die grausame Behandlung der deutschen Soldaten, die bei der vorübergehenden Rückeroberung der Stadt Feodosia am 29. Dezember 1941 verwundet in den dortigen Lazaretten lagen, die infolge der überraschenden Landung der Russen nicht mehr rechtzeitig mit deutschen Krankenwagen abtransportiert werden konnten. Die einrückenden Russen haben die von ihnen vorgefundenen, besonders die in dem deutschen Hauptlazarett untergebrachten, deutschen Verwundeten mit brutalster Grausamkeit ermordet. Es handelte sich durchweg um Schwerverwundete, die bei der Räumung von Feodosia wegen ihres Zustandes nicht mitgenommen werden konnten. Der Leutnant Döring, der nach der Wiedereinnahme Feodosias durch deutsche Truppen am 30. Januar 1942 als Korps-Nachschubführer in Feodosia anwesend war, schildert die ergreifenden Eindrücke, die er dort gehabt hat, in seiner eidlichen Vernehmung vom 31. Januar 1942 wie folgt:

„In dem früheren deutschen Lazarett, welches in einem moscheeähnlichen Gebäude untergebracht war, liegen in zwei großen Räumen die Leichen von etwa 50 deutschen Soldaten. Es sind meiner Ansicht nach Schwerverwundete, die bei der Räumung von Feodosia am 29. Dezember 1941 wegen ihres Zustandes nicht mitgenommen werden konnten, oder solche Verwundete, die den Russen sonst in die Hände gefallen waren. Einige tragen den roten Lazarettzettel, bei einigen sieht man, daß ihnen ein Bein amputiert worden war. Die Leichen sind alle, zum Teil grauenhaft, verstümmelt. Bei einigen ist der Kopf zu einer unförmigen Masse mit stumpfen Gegenständen, wahrscheinlich Kolbenhieben, zerschlagen. Einigen sind die Ohren abgeschnitten, anderen die Nase, einigen, denen der Mund aufsteht, ist die Zunge herausgerissen oder herausgeschnitten. Einigen sind die Hände abgehackt, die Augen ausgestochen oder der Leib entweder durch Messerstiche oder Messerschnitte verletzt, einigen ist das Geschlechtsteil abgeschnitten. Bei vielen zeigen sich mehrere der bezeichneten Verstümmelungen. Einige Leichen sind völlig unbekleidet, andere sind mit einem Hemd bekleidet. Einige haben volle Uniform an.

Unmittelbar neben dem Lazarett, und zwar rechts vom Haupteingang, befindet sich eine Mauernische, die nach oben zu offen ist. In dieser liegen die Leichen einer Anzahl deutscher Soldaten, zum Teil nackt, zum Teil mit einem Hemd bekleidet. Die Leichen liegen genau nebeneinander in mehreren Reihen. Einigen von ihnen sind Hände und Füße mit Verbandstoff gefesselt, anderen sind die Hände durch eine über den Leib hinweggebundene Fessel an den Körper festgebunden worden. Die Leichen befinden sich unter einer Eisschicht. Offensichtlich sind die Verwundeten lebend dort hingelegt, dann mit Wasser übergossen worden. Der Tod ist dann durch Erfrieren eingetreten. An diesen Leichnamen waren Verstümmelungen, wie sie oben beschrieben sind, nicht zu sehen. Der Anblick war grauenerregend."

Der Stabsarzt Burkhardt, der gleichfalls am Tage nach der Wiederbesetzung Feodosias durch die deutschen Truppen dort anwesend war, berichtet, daß bei der Besetzung Feodosias durch die Russen etwa 60 bis 70 Schwerverwundete in dem Ortslazarett Feodosia zurückgelassen werden mußten, von denen nach der Wiederbesetzung Feodosias keiner mehr anwesend war. Ihm wurde berichtet, daß sich am Strande ein großer Hügel befinde. Er begab sich zu dem Hügel und bemerkte, daß aus ihm eine Hand mit einer Kramerschiene herausragte. Er ließ hierauf den Hügel öffnen und stellte fest, daß unter einer dünnen Sandschicht aufeinandergehäufte Leichen lagen. Es wurden insgesamt 55 Leichen gezählt, die am folgenden Tage aus dem Hügel herausgenommen wurden. Stabsarzt Burkhardt konnte einwandfrei feststellen, daß es sich bei den Leichen um Schwerverwundete dieses Lazaretts handelte. Einige von diesen Leichen konnte er sogar infolge der Art ihrer Kriegsverletzungen persönlich identifizieren. Die Leichen trugen zum

Teil noch Gipsverbände und Schienen. An einigen Leichen konnte er sogenannte Waschhaut feststellen. Daraus und aus dem Umstand, daß bei vielen Leichen Erfrierungen ersten, zweiten und auch dritten Grades an den unbedeckten Gliedmaßen vorhanden waren, ist nach seiner Überzeugung zu folgern, daß die Schwerverwundeten noch lebend am Strande gelegen haben müssen und der Kälte ausgesetzt gewesen sind, da Erfrierungen in diesem Ausmaße nach seiner Überzeugung an Leichen nicht entstehen können. Die Leichen wiesen überdies zum größten Teil Kopf- und Brustschüsse auf. Bei manchen fehlten Stücke des Hinterkopfes infolge Ausschusses auf nahe Entfernung. Bei anderen Leichen war der Kopf vermittels eines stumpfen Gegenstandes zertrümmert. Die Gipsverbände waren z. T. zerbrochen; aus den Bruchspalten waren Blut und Eiter herausgetreten. In der Nähe des Hügels lag ein Enterhaken, der möglicherweise bei der Erschlagung der Verwundeten verwendet worden war. Landwärts des Hügels, unmittelbar hinter ihm, befand sich eine Mauer, an der Blut- und Gehirnspuren deutlich erkennbar waren. Etwa 50 Meter von dem Hügel entfernt lag die Leiche eines deutschen Verwundeten, die von Sand überspült war. Zehn Meter davon lag eine weitere deutsche Leiche, die durch fortgesetztes Überspülen mit Meerwasser in eine Glasschicht gehüllt war.

Dokumente zu Fall 284

Gericht des AOK 11 **A.H.Qu., den 2.2.1942**
AL 23/42

Kriegsgerichtsrat Dr. Jahn als Richter,
Obgefr. Wanitschek als allg. verpfl. Protokollführer.

Es erscheint der Stabsarzt Rudolf Burkhardt und erklärt, mit dem Sachverhalt vertraut gemacht, zur Wahrheit ermahnt und auf die Bedeutung des Eides hingewiesen, auf Befragen folgendes:

Zur Person: Ich heiße Rudolf, Maximilian, Kossuth Burkhardt, 31 Jahre alt gewesen, Stabsarzt bei der Dienststelle Feldpostnummer 42320, evang. Bekenntnisses.

Zur Sache: Am Tage nach der Wiederbesetzung Feodosias kam ich nach Feodosia. Ich war bereits vor der Besetzung Feodosias durch die Russen mit meinem Lazarett, dem Lazarett der Sanitätskompanie 715, in Feodosia. Bei der Besetzung Feodosias durch die Russen war ich selbst nicht anwesend, da ich zu dieser Zeit dienstlich vor Sewastopol war. Durch meinen Oberarzt Dr. Schwerin habe ich erfahren, daß bei der Besetzung Feodosias durch die Russen ca. 60 bis 70 Schwerverwundete im Ortslazarett Feodosia zurückgelassen werden mußten. Als ich nach der Wiederbesetzung Feodosias durch deutsche Truppen dorthin zurückkam, befanden sich im Ortslazarett keine deutschen Verwundeten mehr. In dem Ortslazarett waren früher elf kriegsgefangene Russen beschäftigt gewesen. Diese waren bei der Räumung des Lazarettes ebenfalls zurückgeblieben. Von den elf Russen traf ich noch fünf an. Diese erzählten mir folgendes: Den deutschen Schwerverwundeten, die im Lazarett zurückgelassen werden mußten, sei an den beiden ersten Tagen der russischen Besetzung Feodosias nichts geschehen. In der Nacht vom zweiten zum dritten Tage seien betrunkene russische Matrosen gekommen und hätten in dem Lazarett wild herumgeschossen, dabei seien sechs der russischen Kriegsgefangenen erschossen worden. Die restlichen fünf seien geflohen und hätten sich versteckt. Während sie sich entfernt hätten, hätten sie noch fürchterliches Geschrei der deutschen Verwundeten gehört. Was mit den deutschen Verwundeten zunächst weiter geschehen sei, hätten sie nicht beobachten können. Am Morgen des übernächsten Tages seien sie am Strand gewesen und hätten dort die deutschen Verwundeten teils im Wasser tot herumliegen sehen. Über die Art der Verletzungen konnten sie nähere Angaben nicht machen. Der eine Kriegsgefangene behauptete allerdings, daß die deutschen Verwundeten noch lebend an den Strand in der Nähe des Wassers geworfen worden seien. Er hatte das aber nicht selbst gesehen. Inzwischen war mir berichtet worden, daß sich am Strande ein großer Hügel befinde. Ich begab mich zu dem Hügel und stellte fest, daß aus ihm eine Hand mit einer Kramerschiene herausragte. Ich ließ hierauf den Hügel öffnen. Nach der

Entfernung einer schmalen, etwa handbreiten Sandschicht stellte ich fest, daß darunter aufeinandergehäufte Leichen lagen. Nach Aussagen der Bevölkerung sollten es insgesamt 55 sein, was sich nach den getroffenen Feststellungen als richtig erwies. Am folgenden Tage habe ich die Leichen aus dem Hügel herausnehmen lassen. Ich konnte einwandfrei feststellen, daß es sich bei den Leichen um Schwerverwundete meines Lazaretts handelte. Ich konnte auch einige Leichen infolge der Art ihrer Kriegsverletzungen identifizieren. Die Leichen trugen zum großen Teil noch Gipsverbände und Schienen. An einigen Leichen konnte ich sogenannte Waschhaut feststellen. Daraus kann man allerdings nicht einwandfrei feststellen, daß die Leichen noch bei Lebzeiten mit Wasser in Berührung gekommen sind, weil mitunter Waschhaut durch Wasserberührung auch bei frischen Leichen entsteht. Ich schließe aber daraus, daß bei vielen Leichen Erfrierungen 1., 2. und 3. Grades an den unbedeckten Gliedmaßen festzustellen waren, daß die Schwerverwundeten bei Lebzeiten am Strand gelegen haben müssen und der Kälte ausgesetzt gewesen sind. Erfrierungen in diesem Ausmaße können meines Erachtens an Leichen nicht entstehen. Die Leichen wiesen zum größten Teil Kopf- und Brustschüsse auf. Bei manchen fehlten Stücke des Hinterkopfes infolge des Einschusses auf nahe Entfernung. Bei manchen Leichen war der Kopf vermittels eines stumpfen Gegenstandes zertrümmert. Zum Teil ohne Durchblutung, zum Teil mit Durchblutung. Daraus, daß die Zertrümmerung mit Durchblutung erfolgt ist, kann man den Schluß ziehen, daß die Zertrümmerung des Schädels bei Lebzeiten erfolgt ist. Die Gipsverbände waren zum Teil zerbrochen. Aus den Bruchspalten war Blut und Eiter herausgetreten. Daraus ergibt sich ebenfalls der Schluß, daß der Schwerverwundete, bei dem diese Merkmale festgestellt wurden, noch gelebt haben muß, als der Bruch des Gipsverbandes eintrat. In der Nähe des Hügels lag ein Enterhaken. Ob dieser bei der Erschlagung der Verwundeten benutzt worden ist, ließ sich nicht feststellen. Landwärts des Hügels, unmittelbar hinter ihm, befand sich eine Mauer, an der Blut- und Gehirnspuren deutlich erkennbar waren. Etwa 50 Meter von dem Hügel entfernt lag die Leiche eines Verwundeten, die von Sand überspült war. 10 Meter weiter lag eine weitere deutsche Leiche, die durch fortgesetztes Überspülen mit Meerwasser in eine Glasschicht gehüllt war. Eine genaue Verletzung war infolge ihres Zustandes nicht zu erkennen. Ob die Leiche bei Lebzeiten bereits dorthin gebracht worden war, ließ sich nicht feststellen. Auf einem russischen Friedhofe wurden noch über 100 Leichen deutscher Soldaten gefunden, die in ein Haus zusammengetragen und von mir besichtigt wurden. Dabei waren ca. 60 bereits ärztlich behandelte Verwundete, was man an den Verbänden und Schienen erkannte. Diese ca. 100 Leichen wiesen deutlich Merkmale auf, die den Schluß rechtfertigen, daß sie mit stumpfen Gegenständen erschlagen worden sind. Die Zertrümmerung eines Schädels konnte ich hierbei nicht feststellen. Nur bei einigen Leichen konnte ich feststellen, daß sie mit scharfen Gegenständen, offenbar mit Spaten, erschlagen worden waren.

Bemerken möchte ich noch folgendes: Eine deutschsprechende Frau in Feodosia erzählte mir, daß während der Besetzung Feodosias durch die Russen auf der Straße, nahe ihrem Hause, ganz in der Nähe des russischen Krankenhauses, ein verwundeter deutscher Soldat mit schwerer Oberschenkelverletzung gelegen hat, dem sie ab und zu etwas Wasser gebracht habe. Er habe sich beide Hände erfroren und Tag und Nacht gewimmert. Nach drei Tagen sei eine uniformierte Russin vorbeigekommen. Ob das eine Ärztin oder Kommissarin sei, wisse sie nicht. Diese Frau habe russischen Matrosen Bescheid gegeben, die den deutschen Verwundeten dann durch Schüsse in das Gesicht getötet hätten.

Leichen, bei denen ganz einwandfrei festgestellt wurde, daß ihnen die Augen bei Lebzeiten eingedrückt oder ausgestochen worden waren, habe ich nicht gesehen.

Ein deutschsprechender russischer Zivilarzt, den ich schon früher kennengelernt hatte, erzählte mir auf mein Befragen, warum die deutschen Verwundeten erschossen worden seien, folgendes: Er habe den Kommissar des 9. Schützenkorps gefragt, warum die deutschen Verwundeten erschossen würden. Dieser habe ihm erklärt, das sei eine Selbstverständlichkeit auf Grund des maßgeblichen Befehls Stalins vom 7. Nov. 1941. Es sei deshalb planmäßig auf seine (des Kommissars) Veranlassung durchgeführt worden.

v. g. u., gez. Rudolf Burkhardt, Stabsarzt und Kp.-Chef
Der Zeuge wurde vorschriftsmäßig beeidigt.
gez. Dr. Jahn, gez. Wanitschek

Der russische Zivilarzt J. L. Dimitrijew hat bei seiner Vernehmung am 25. Januar 1942 und bei seiner wiederholten Vernehmung am 14. Februar 1942 das völkerrechtswidrige und brutale Verhalten der russischen Besatzungstruppen bestätigt.

Bei der vorübergehenden Rückeroberung der Stadt Feodosia auf der Krim durch die Russen fielen die schwerverwundet in den dortigen Lazaretten liegenden etwa 160 deutschen Soldaten in die Hände der Roten Armee. Diese ermordete sie mit brutalster Grausamkeit

Das Lazarett von Feodosia unmittelbar an der Schwarzmeer-Küste

Am Strand von Feodosia. Hier wurde ein großer Hügel gefunden, in dem 55 Leichen nur dünn mit Sand bedeckt lagen. Die Schwerverwundeten waren noch lebend an den Strand gelegt worden, wo sie erfroren

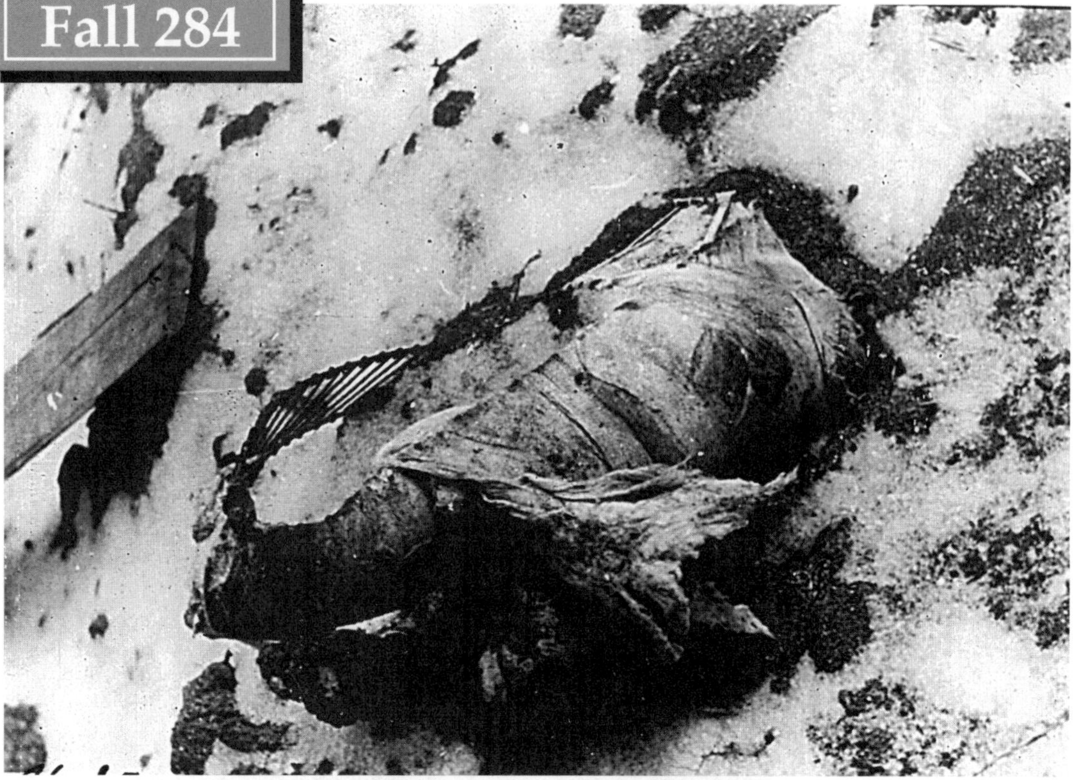

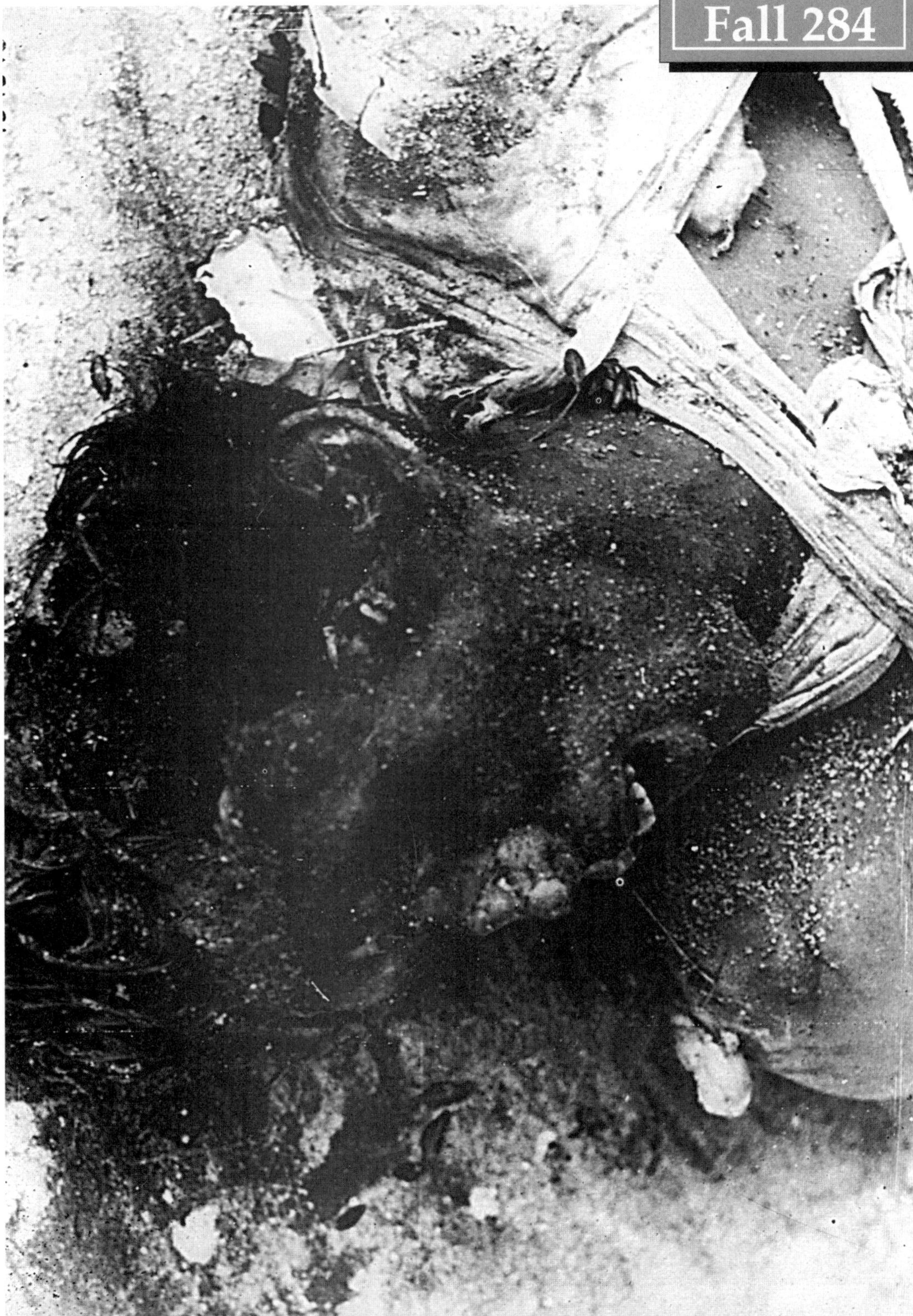

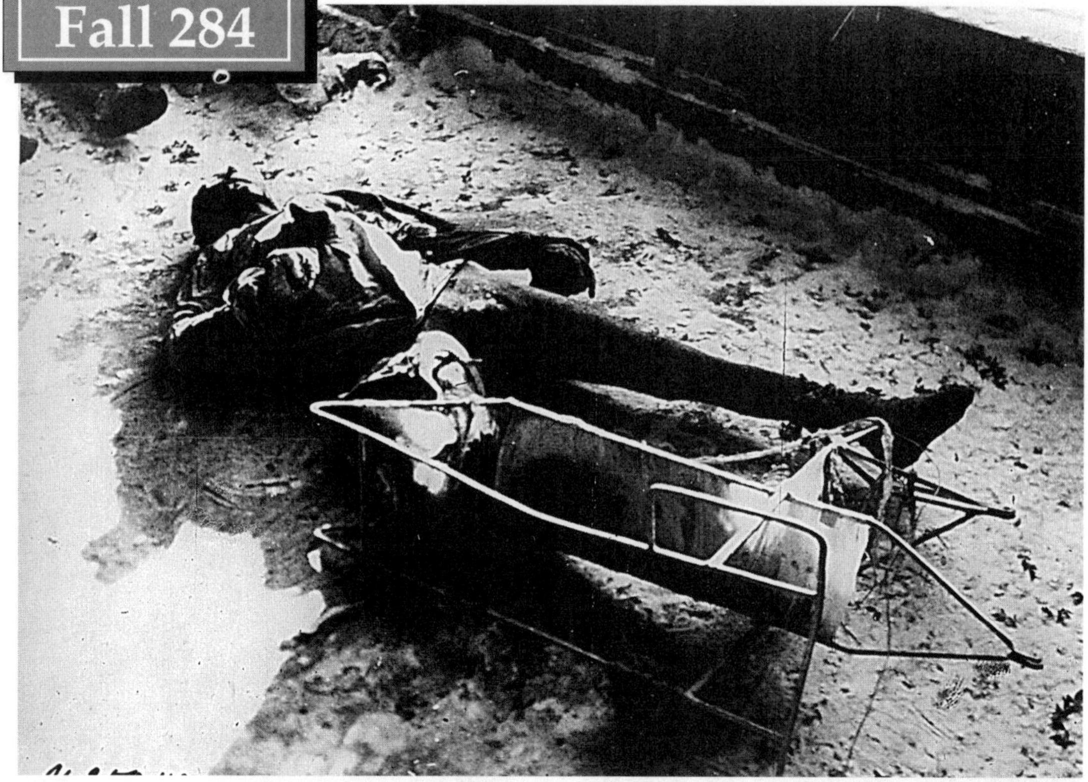

Auch vor Schwerstverwundeten mit Arm- oder Beinschienen machten die Mörder der Roten Armee keinen Halt

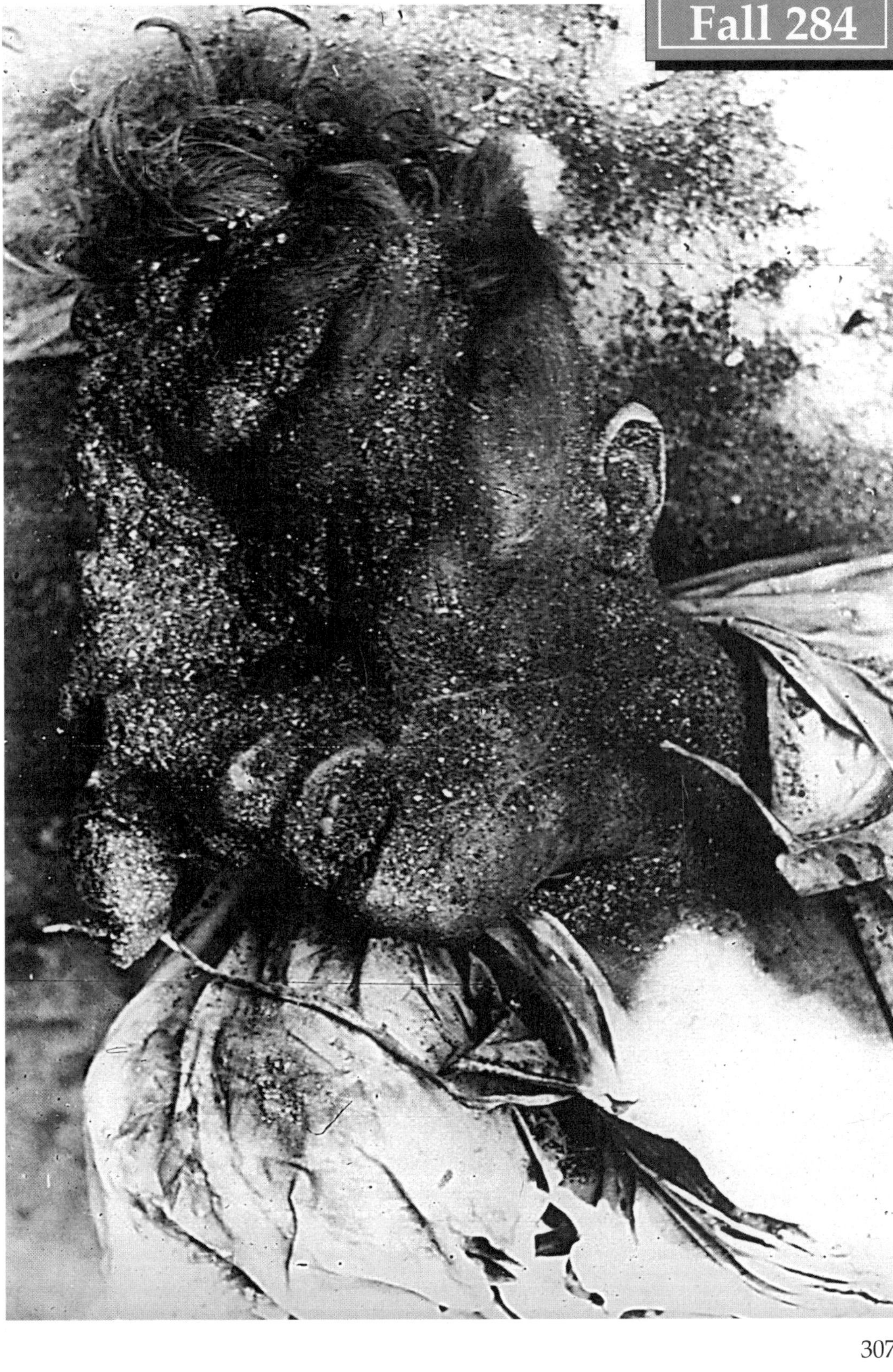

Erbarmungslos hingemordete deutsche Schwerverwundete

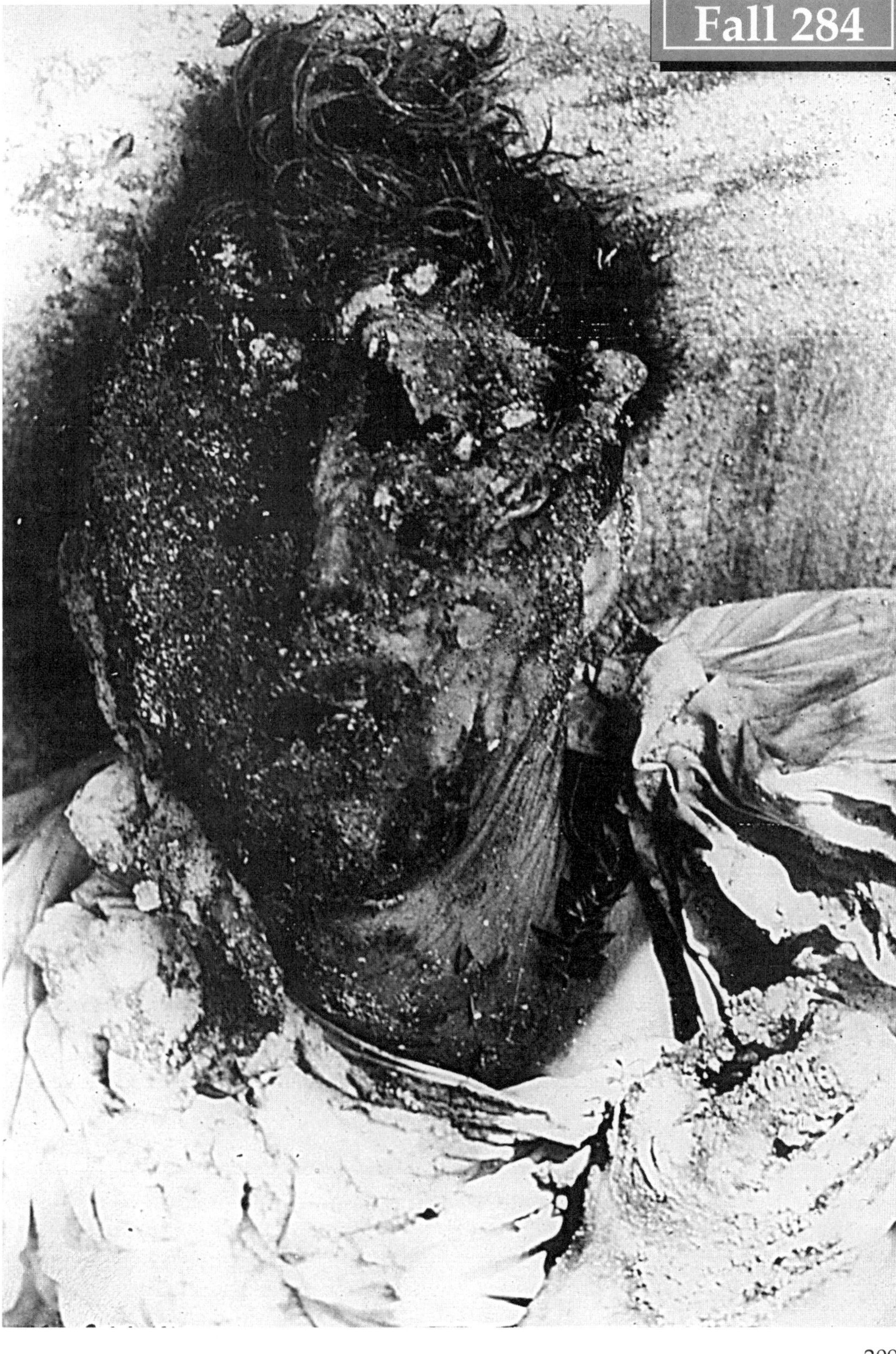

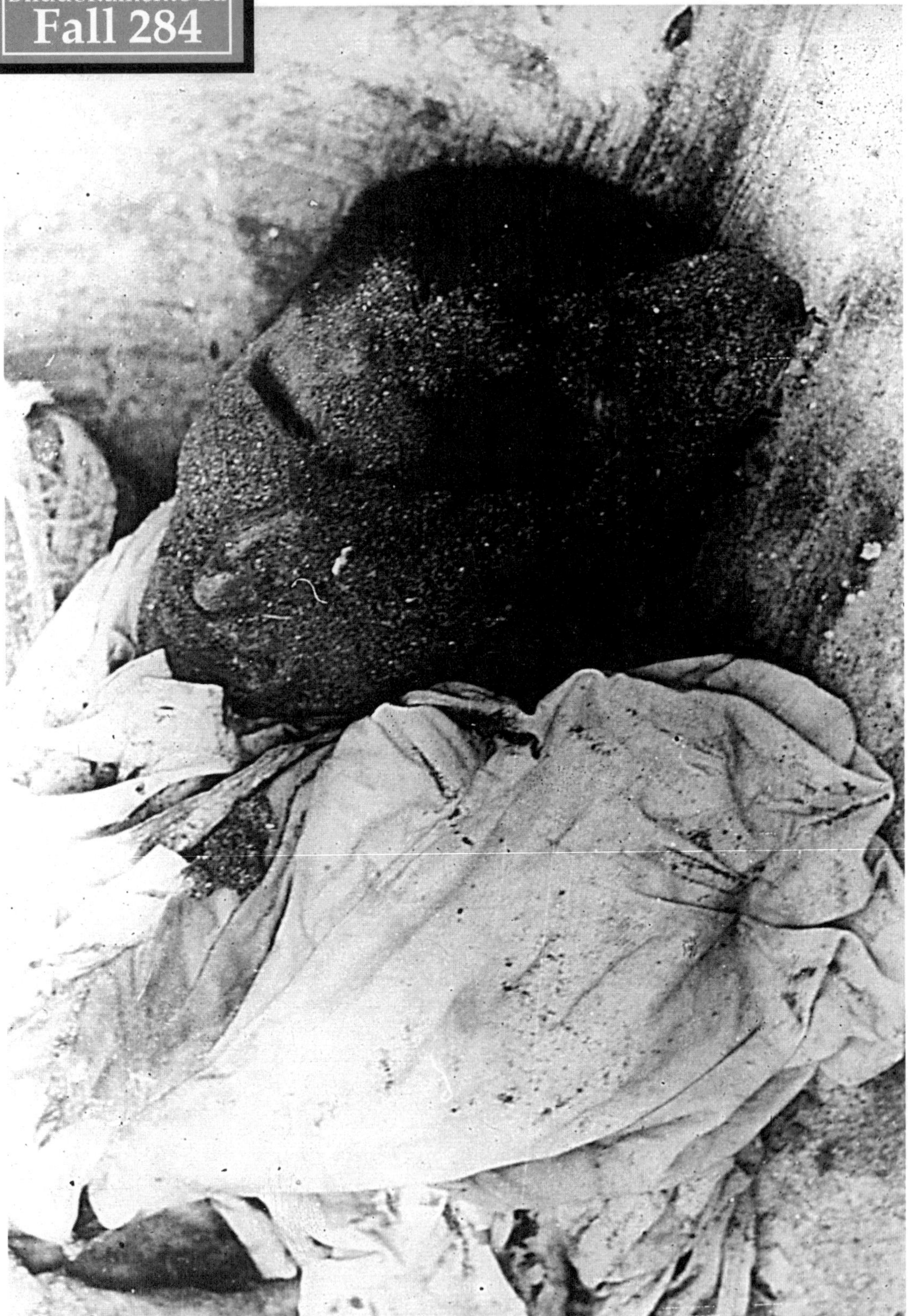

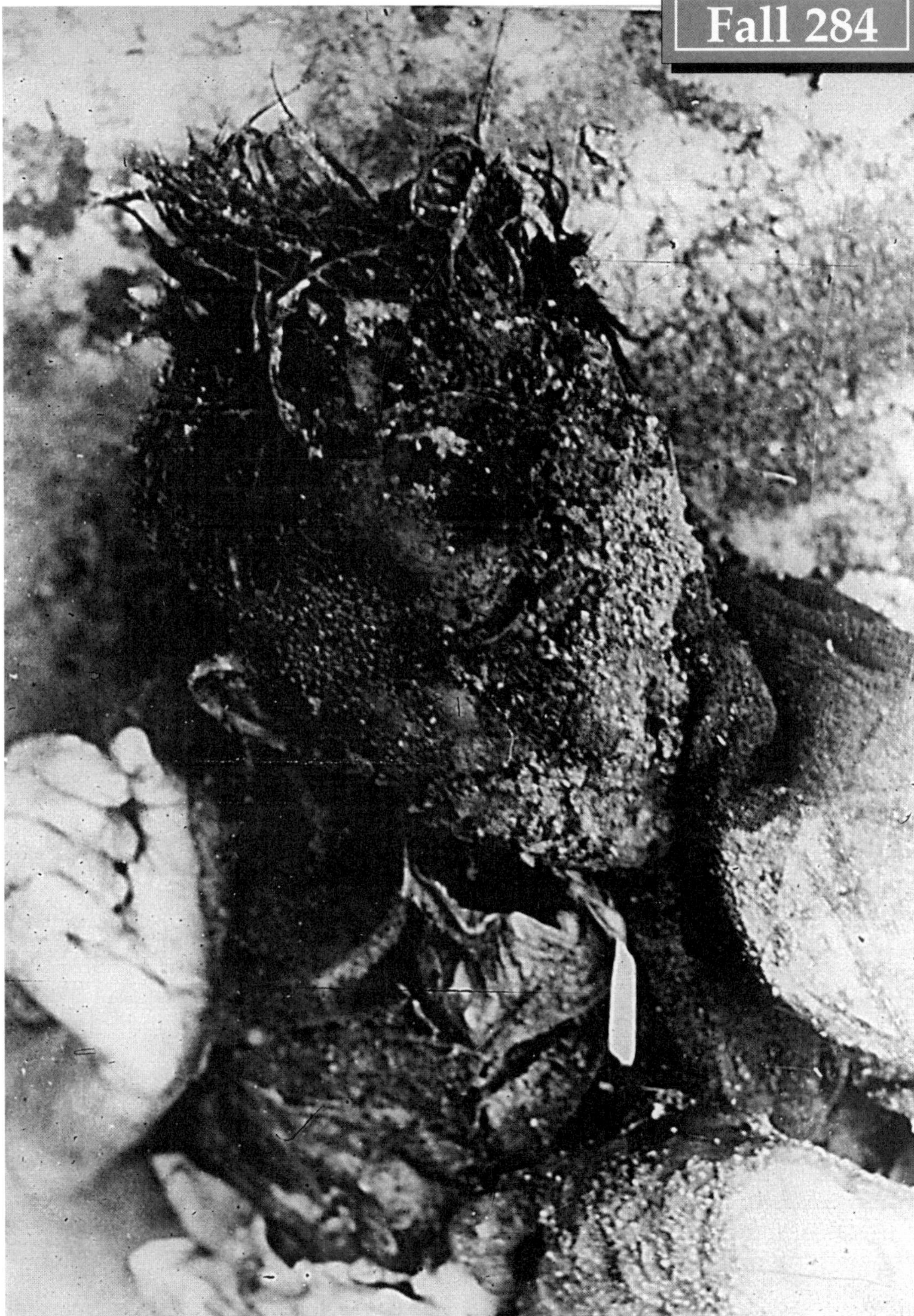

Bilddokumente zu
Fall 284

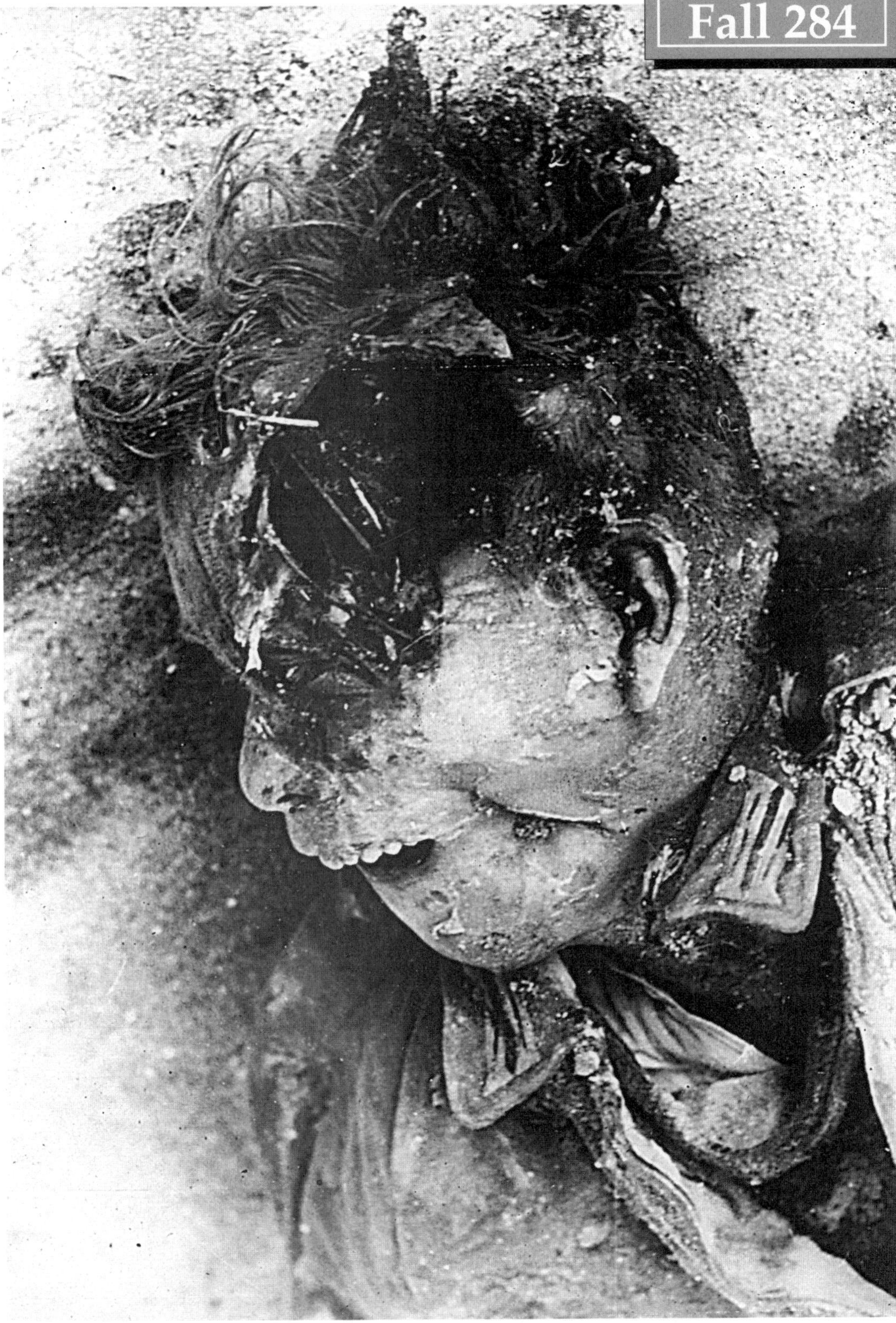

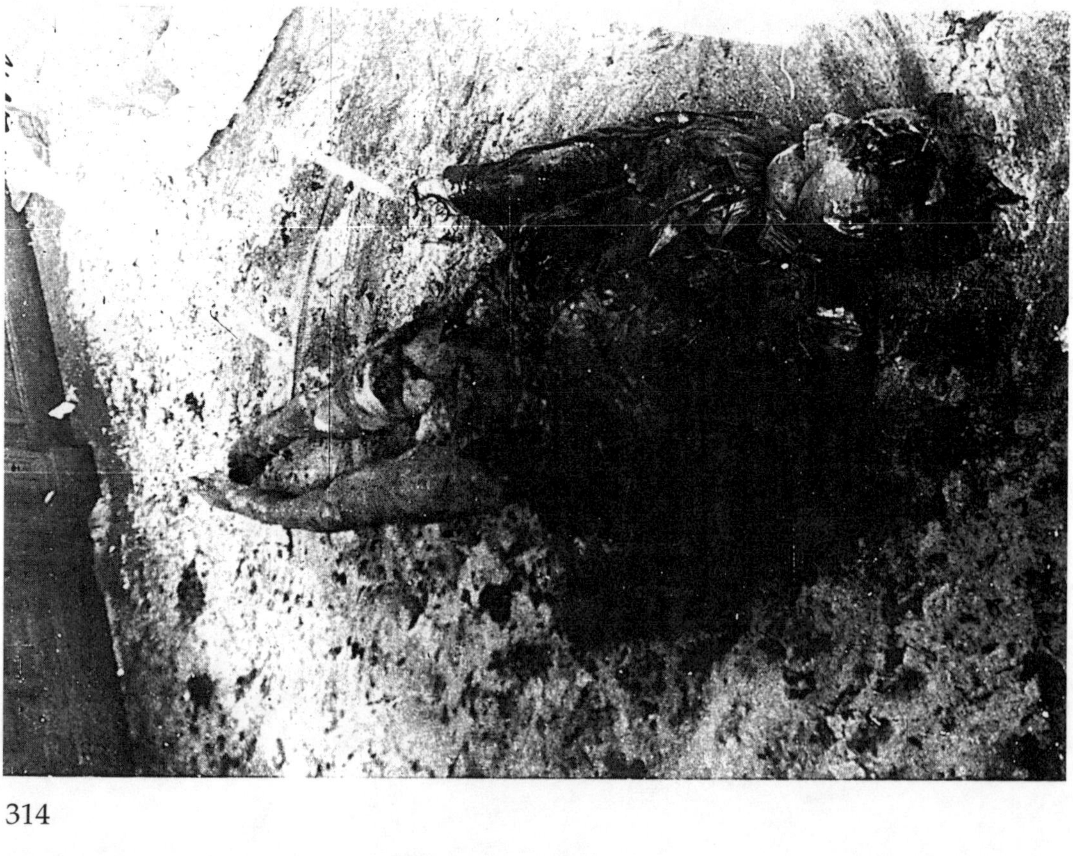

Er war sogleich nach dem ersten Einmarsch der deutschen Truppen in Feodosia von der deutschen Ortskommandantur beauftragt worden, zunächst die im russischen Lazarett zurückgebliebenen russischen Verwundeten zu betreuen. In der folgenden Zeit hat er sich dann aber auch um die deutschen Verwundeten bemüht. Nach der Aufgabe der Stadt Feodosia durch die Deutschen am 29. Dezember 1941 kamen zunächst russische Marinesoldaten und später auch Infanteristen der Roten Armee. Die Marinesoldaten liefen in vollkommen betrunkenem Zustande durch die Stadt. Sie begaben sich noch am ersten Tage zu dem Lazarett gegenüber dem Schloß und erschossen die dort untergebrachten deutschen Verwundeten, nach seiner Schätzung etwa 30 bis 35 deutsche Soldaten. Am dritten Tage der Besetzung, also am 1. Januar 1942, erging der allgemeine Befehl, daß alle Deutschen im wiedergewonnenen Gebiet zu erschießen seien. Daraufhin wurden von den Kommissaren und des NKWD Kommandos eingesetzt, die auch in den übrigen Lazaretten und Krankensammelstellen die dort untergebrachten deutschen Verwundeten erschossen haben. Im städtischen Krankenhaus lagen etwa 60, im Schloß 25 und im Technikum etwa 30 bis 40 deutsche Verwundete. Nach seiner Schätzung sind in Feodosia während der Wiederbesetzung der Stadt durch die Russen etwa 160 deutsche Soldaten, zumeist Verwundete, erschossen worden. Später sind die Erschossenen wahllos ins Freie gebracht worden, eine Beerdigung war in keinem Falle vorbereitet. Ein großer Teil der Toten lag noch mehr als zwei Wochen auf den Plätzen herum, bevor man sie notdürftig bestattete.

Die russischen Militärärzte haben, nach der Bekundung des russischen Zivilarztes Dimitrijew, gegenüber den hilflosen Verwundeten nicht das geringste Erbarmen gezeigt, sondern waren ohne weiteres zur Unterstützung dieser Erschießungsaktion bereit. Dimitrijew hat den Kommissar des 9. russischen Korps, der nach der Besetzung Feodosias durch die Russen einmal in das von ihm ärztlich betreute Lazarett kam, vorsichtig dahin sondiert, aus welchem Grunde denn alle deutschen Verwundeten umgebracht worden seien. Dieser Kommissar gab ihm in Gegenwart anderer politischer Kommissare, die mit ihm gekommen waren, zur Antwort, dieses Vorgehen beruhe auf der Rede Stalins vom 7. November 1941, in der Stalin erklärt habe, daß alle Deutschen bzw. alle Kombattanten auf russischem Boden vernichtet werden müßten. Der Kommissar brachte noch zum Ausdruck, daß auf Grund dieser Rede Stalins die Kommissare den Soldaten die Anweisung gegeben hätten, alle Kombattanten zu vernichten; der Kommissar fand es deshalb vollkommen in Ordnung, daß die deutschen Verwundeten ermordet worden wären.

Der russische Krankenpfleger Assan Kalafatow, der nach der ersten Besetzung Feodosias durch die deutschen Truppen als Krankenpfleger in dem deutschen Lazarett in der Villa Stamboli tätig war und auch nach dem Wiederabzug der Russen dort verblieb, berichtet seinerseits als Zeuge, daß im Lazarett Villa Stamboli nach dem Abzug der Deutschen 26 Verwundete zurückgeblieben seien. Nach dem Einzug der Russen habe dieses Lazarett zunächst unter Aufsicht eines russischen Infanterieoffiziers gestanden; während seiner Anwesenheit seien die deutschen Verwundeten in diesem Lazarett noch ordnungsmäßig verpflegt und versorgt worden. Nach etwa vier Tagen sei jedoch dieser Infanterieoffizier durch einen russischen Marineoffizier abgelöst worden. Als dieser Marineoffizier in das Lazarett kam, sei er sogleich darüber ungehalten gewesen, daß die deutschen Verwundeten noch versorgt würden. Am 6. Januar 1942, gegen vier Uhr nachmittags, sei dann dieser russische Marineoffizier mit zwölf Marinesoldaten erschienen, die zunächst zwei Leute von dem russischen Sanitätspersonal des Lazaretts erschossen hätten, weil sie die deutschen Verwundeten gepflegt hatten. Der Zeuge Kalafatow und zwei andere russische Krankenpfleger konnten sich vor demselben Schicksal nur dadurch bewahren, daß sie aus dem Lazarett flüchteten. Als er am 7. Januar gegen zwei Uhr nachmittags nochmals in die Villa Stamboli gegangen sei, um zu sehen, was sich ereignet habe, habe er keinen der Verwundeten mehr in dem Kellerraum vorgefunden, in dem sie vorher (wegen der Beschießung der Stadt) mit ihren Betten untergebracht gewesen seien, vielmehr habe er alle Verwundeten in einem anderen Kellerraum erschossen aufgefunden. Mehrere von ihnen hätten noch Lebenszeichen von sich gegeben, ein Verwundeter habe nach Wasser gerufen. Er und ein anderer Krankenträger hätten ihn infolgedessen in den als Lazarett eingerichteten Keller zurückgeschafft, ihn auf sein Lager gelegt und ihm auch Wasser zu trinken gegeben. Dann hätten sie sich wieder entfernen müssen, weil die Rückkehr der Matrosen zu befürchten war. Einige Stunden später aber stellte sich heraus, daß auch dieser von ihnen behandelte deutsche Verwundete inzwischen zusammen mit den anderen Erschossenen aus dem Gebäude weggeschafft worden war. Der Zeuge glaubt, daß man sie alle in die Nähe des Friedhofs gebracht hat, wo später viele deutsche Soldaten gelegen hätten.

Auch ein weiterer russischer Zeuge, der Arbeiter Konstantin Bursud aus Feodosia, schildert in Übereinstimmung mit den Aussagen des Arztes Dimitrijew und des Krankenpflegers Kalafatow die Brutalität der russischen Besatzungstruppen. Er hat aus einem Versteck persönlich die Ermordung von ungefähr zwölf deutschen Verwundeten mit angesehen, die mit einem Lastkraftwagen auf den Platz hinter dem Lazarett gebracht worden waren und dort mit Hieb- und Stichwaffen getötet wurden. Er bekundet mit Bestimmtheit, daß an dieser Stelle kein Schuß gefallen ist und daß er die furchtbaren Schreie der Deutschen mitangehört hat, die in dieser grauenvollen Weise ermordet wurden. Die russischen Matrosen haben sich nach der Bekundung dieses Zeugen selbst gerühmt, eine Anzahl deutscher Schwerverwundeter aus den Fenstern geworfen und sie dann mit Wasser übergossen zu haben, damit sie in der Kälte erfrieren sollten.

Zwei deutsche Zeugen, der Gefreite Niedermair und der Schütze Scheid, schildern in dem Protokoll vom 24. Januar 1942 ihre eigenen Erlebnisse nach der Einnahme Feodosias durch die Russen. Beide haben in einem engen Gefängnisraum, mit vielen anderen Gefangenen zusammen, tagelang damit rechnen müssen, daß sie von den russischen Besatzungstruppen erschossen werden würden, und sie sind tatsächlich nur durch glücklichen Zufall dem Schicksal ihrer Ermordung entgangen. Der Zeuge Niedermair gibt eine Schilderung von der Erschießung von etwa 23 deutschen Kameraden, die auf Befehl eines russischen Kommissars in einem Kellerraum des Gefängnisses in Feodosia durch Genick- und Schulterschüsse getötet worden sind.

Gericht des A.O.K. 11 **A.H.Qu., den 24. Januar 1942**
RHL 13/42

Übertragung aus dem Stenogramm

Gegenwärtig: Oberkriegsgerichtsrat Dr. Hagemann als Richter
Gefreiter Engelmann als allg. verpfl. Protokollführer

Die Nebenstehenden begaben sich in das Kriegslazarett (mot) 2/610 – Chirurgische Abt. I –. Sie trafen dort an den Gefr. Anton Niedermair und den Schützen Johann Scheid. Diese wurden, nach Belehrung über die Bedeutung des Eides, wie folgt vernommen.

1. Gefr. Anton Niedermair.

Z.P.: Ich heiße Anton Niedermair, 36 Jahre alt, kath. Religion, im Zivilberuf Gastwirt in München.

Z.S.: Ich bin Koch bei der 2./Kr.Transp.Abt. 551 und befand mich Ende Dezember 1941 bei unserer Krankensammelstelle in Feodosia. Am 29.12. hatte ich auch die Aufgabe, auf die Gefangenen aufzupassen, die auf der Sammelstelle arbeiten. Es waren 6 Mann. Als die Russen frühmorgens landeten und die Schießerei begann, holte ich die Gefangenen aus dem Raum, in dem sie sich aufhielten, und lief mit ihnen in den Schutzgraben. Der Feind schoß auch mit Artillerie. Es waren 6 Gefangene. Wir haben dort bis etwa 1/2 10 Uhr in dem Graben gesessen. Um diese Zeit kamen eine Menge russischer Soldaten. Einer von unseren Gefangenen ging auf sie zu. Die Russen machten Anstalten, uns zu erschießen. Sie machten mit dem Gewehr und mit dem Bajonett Bewegungen. Unsere Gefangenen redeten auf sie ein. Sie sagten ihnen offenbar, daß wir sie gut behandelt hätten und daß sie uns nicht erschießen sollen. Mit mir war noch der Schütze Frebel und der Gefr. Rauch, beide von meinem Zug. Wir wurden dann nach dem Hafen gebracht und von dort nach der Kommandantur. Unterwegs wurde uns nichts angetan. Dort wurden wir von einem stark jüdisch aussehenden Mann in Matrosenuniform vernommen. Er sprach ein gutes Deutsch. Dieser Jude war nur der Dolmetscher, die Vernehmung leitete ein Offizier oder Kommissar. Sie fragten uns, was für deutsche Truppen bei Feodosia lägen. Ich habe ihnen gesagt, ich wüßte es nicht. Tatsächlich wußte ich auch nicht, welche Truppen in Feodosia lagen. Sie fragten, ob der deutsche Soldat zufrieden sei. Ich habe gesagt, man merke bis jetzt noch nicht, daß der deutsche Soldat unzufrieden sei. Frebel wurde vor mir vernommen. Der Jude und der Kommissar behandelten uns nicht schlecht. Sie haben keinen Druck auf uns ausgeübt. Nach der Vernehmung wurden wir in eine Garage gebracht und abends in das Haus, wo die SS gelegen hatte. Wir wurden in eine Zelle eingesperrt. Es war eine Zweimannzelle. Zunächst lagen wir zu viert darin. Es war eine breite Pritsche in dem Zimmer, auf der wir zu viert liegen konnten. Der russische Posten brachte uns Decken, für jeden eine. Am nächsten Tag kamen wir in eine andere Zelle und am übernächsten Tag in eine gleichgroße Zelle, wo noch zahlreiche Zivilisten, auch Frauen, waren. Die Zelle war vielleicht 4 x 4 m breit. Wir lagen dort zu 39 Mann. Liegen konnten wir natürlich nicht alle. Wir saßen auf der Erde. Die ersten Tage gaben uns die Posten etwas aus ihren Konserven zu essen. Später bekamen wir gemeinsam mit den Zivilisten einmal am Tage eine Wassersuppe. Die Posten waren nicht schlecht zu uns. Im Anfang wurden wir hinausgeführt, um unsere Notdurft zu verrichten, später, als die Zivilisten herausgebracht wurden, erhielten wir einen Kübel. Durch das Fenster habe ich gesehen, daß deutsche verwundete Soldaten in das Gefängnis geführt wurden. Was mit ihnen geschehen ist, weiß ich nicht genau. Es war in den Tagen, als die Schüsse in dem Gefängnis fielen. Ich nehme daher an, daß die Verwundeten erschossen worden sind. Der Gefreite Rauch wurde hinausgebracht, um Verwundete zu verbinden.

Schließlich waren wir nur noch 13 Mann in der Zelle. Die Zivilisten waren herausgeschafft worden. Wir waren nur noch deutsche Gefangene. Die anderen Kameraden kannte ich nicht. Am 16.1. abends wurden mir und 2 Kameraden die Stiefel fortgenommen. Wir hatten sie schon vorher ausgezogen. Gegen 23 Uhr wurden der Soldat Anton Müller und ein Automechaniker aus der Zelle geholt. Sie und der Schütze Frebel waren schon vorher in russische Uniformen, Hose und Jacke, gekleidet worden. Ich nehme an, daß die Russen das getan haben, weil sie diese Kameraden bei der Reparatur von Autos beschäftigt haben. Sie wurden in einem Lastwagen abtransportiert. Es ist nur eine Vermutung von mir, daß sie nach dem Kaukasus gebracht sind. Wahrscheinlich werden sie auch nicht mehr leben. Um 23 Uhr wurden ich und Frebel und die übrigen Kameraden geholt. Wir hörten in kurzen Zeitabständen Schüsse. Wir wurden einzeln von je 2 russischen Soldaten herausgebracht. Ich als 11ter. Ich mußte den Flur nach rechts gehen, dann einige Stufen hinunter in den Keller, in einen mit Brennholz gefüllten Raum. Ich sah dort im Schein einer Taschenlampe, daß dort schon erschossene deutsche Soldaten lagen. Ein Russe in einer blauen Uniform, offensichtlich ein

Kommissar, trat auf mich zu, setzte eine Pistole auf meinen Nacken und schoß. Ich fühlte einen starken Schlag und verlor die Besinnung, aber nur für ganz kurze Zeit. Als ich wieder zu mir kam, hörte ich, wie oben in der Zelle Schüsse fielen. Offenbar hatte der Kommissar die letzten Kameraden gleich oben in der Zelle erschossen. Ich habe die ganze Nacht hindurch und auch noch bis in den nächsten Tag hinein, etwa 17 bis 18 Stunden, in dem Kellerraum gelegen. Es wurde dann so kalt in dem Raum, daß ich es nicht mehr aushielt. Ein Kamerad war auch noch am Leben. Wir merkten, daß die Russen verschwunden waren. Der Kamerad ging nach oben, um nach den Decken zu suchen. Ich schleppte mich auf allen vieren die Treppe hinauf. Durch den Blutverlust war ich sehr geschwächt. Schließlich waren wir noch 7 Mann, die am Leben geblieben waren. Etwa 23 Kameraden waren erschossen worden. Sie hatten Genickschüsse, Schulterschüsse und andere. Wir blieben dann noch die nächste Nacht in unserer Zelle. Am 18. früh kamen Zivilisten. Sie brachten uns auf unsere Bitten Wasser. Wir waren vollständig erschöpft. Wir wurden dann von deutschen Truppen herausgeholt.

Zweimal wurden wir auch auf dem Hof gefilmt. Wir mußten mit erhobenen Händen vorbeimarschieren.

v. g. u., Anton Niedermair

Der Zeuge wurde vorschriftsmäßig vereidigt.

2. Schütze Johann Scheid.

Z.P.: Ich heiße Johann Scheid, 27 Jahre alt, im Zivilberuf Landwirt in Berg bei Euresburg in Oberbayern, kath.

Z.S.: Ich gehöre der 1./I.R. 97 an. Mein Bataillon lag in und bei Feodosia. Am 31.12. war ich an Durchfall erkrankt und hatte mich mit Genehmigung meines Leutnants in einen Strohschober gelegt. Ich fühlte mich sehr elend und schlief ein. Als es schon dunkel war, stand ich auf. Auf einmal kamen 3 Russen. Meine Kameraden hatten mich anscheinend vergessen oder mich nicht gefunden. Die Kompanie hatte vorher in Stellung gelegen. Die Russen nahmen mir meine Wertsachen und meine Papiere ab. Irgendwie mißhandelt haben sie mich nicht. Sie führten mich ins Dorf und von dort mit mehreren Zivilisten, darunter einer Frau, in eine Ortschaft. Weswegen die Zivilisten abgeführt wurden, weiß ich nicht. Ich konnte mich mit ihnen nicht unterhalten. Zuerst wurden wir in dem Stall untergebracht, nachher brachten die Russen die Zivilisten und mich in die Wohnung. Dort lagen wir auf der bloßen Erde. Zu Essen bekamen wir nichts. Nach 1 1/2 Tagen wurden wir nach Feodosia gebracht. Geschehen ist mir auf diesem Marsch nichts. Den Zivilisten wurde auch nichts angetan. In Feodosia wurde ich in einere Zelle untergebracht, in der schon andere Kameraden lagen. Wir waren noch 32 Menschen in der Zelle. Die Zelle war etwa 4 x 4 m groß. Wir konnten nicht alle gleichzeitig liegen, z. T. mußten wir sitzen. Decken haben wir nicht gehabt. Wir lagen oder saßen auf der bloßen Erde. Meinen Mantel hatte ich mit. Wir bekamen täglich einmal eine warme Suppe. Zuerst war sie ganz gut mit Fett, nachher wurde sie immer dünner. Wir wurden auch zu Arbeiten herangezogen, zum Wasserholen und zum Ausräumen der Zimmer. 4 Kameraden, Otto Frebel, Anton Müller, Rauch und ein Automechaniker, dessen Namen ich nicht kenne, wurden in russische Uniformen gekleidet. Was mit ihnen gemacht worden ist, weiß ich nicht. Wir nahmen an, daß sie nach dem Kaukasus transportiert werden.

Am 16. abends wurden wir einzeln aus der Zelle herausgeholt. Bevor ich geholt wurde, hörte ich draußen Schüsse. Ich wurde in einen Kellerraum gebracht, in dem das Wassser 30 cm hoch stand. In dem Wasser lag schon die Leiche eines Kameraden. Plötzlich erhielt ich einen Schuß ins Genick und verlor für kurze Zeit die Besinnung. Wer auf mich geschossen hat, kann ich nicht sagen. Ich kam bald wieder zu Bewußtsein und merkte, daß in demselben Raum noch ein Kamerad erschossen wurde, und aus dem andern Kellerraum hörte ich auch Schüsse. Ich blieb bis morgens 7 Uhr dort liegen und schleppte mich dann nach oben in die Zelle, wo ich vorher untergebracht war. Die Russen waren nicht mehr da. In der Zelle habe ich dann bis nachmittags geschlafen, bis russische Zivilisten erschienen, die uns Keks, Tee und eine Linsensuppe brachten. Ein Kamerad starb in der Zelle, während wir oben lagen. Am nächsten Tage wurden wir von deutschen Truppen aufgefunden. Der Einschuß ist bei mir direkt in der Mitte des Genicks, das Geschoß sitzt noch in der linken Backe.

v. g. u., gez. Schütze Scheid, Johann

Der Zeuge wurde vorschriftsmäßig vereidigt.

gez. Gefr. Engelmann, gez. Dr. Hagemann, Oberkriegsgerichtsrat

Für die Richtigkeit der Übertragung: gez. Gefr. Engelmann

Gericht der 22. Division **Div. Gef. Std., den 24. Jan. 1942**

Gegenwärtig: 1. Feldwebel Dr. Diderichs, Heeresrichter k. A.
2. Gefr. Lehmann als Protokollführer, allg. verpfl.

In der Untersuchungssache Völkerrechtswidrige Kampfesweise russischer Truppen wurde im Lazarett aufgesucht als Zeuge der Nachbenannte. Der Zeuge wurde mit dem Gegenstand der Untersuchung bekanntgemacht und auf die Bedeutung des etwa zu leistenden Eides hingewiesen. Hierauf wurde er wie folgt vernommen:

Ich heiße Wilhelm Törber, geb. am 11.1.1906 in Bremen, evangl. Glaubens, Gefreiter, Feldlazarett 22, verneine die übrigen Glaubwürdigkeitsfragen.

Ich erkläre zu dem Gegenstand meiner Vernehmung:

Am 26. Dezember 1941 hatte ich, mit dem Uffz. Rüter als Fahrer eines Pkw, eine Dienstfahrt nach Kertsch auszuführen. In Feodosia kamen wir mit dem Pkw nicht weiter. Der Uffz. Rüter fuhr deshalb mit einem Kübelwagen nach Kertsch, während ich in Feodosia blieb. Ich ließ mir von der Ortskommandantur in Feodosia ein Quartier anweisen bei Russen, die einen anständigen Eindruck machten, aber kein Deutsch sprachen.

In der Nacht zum 29. Dezember hörte ich plötzlich draußen starkes Schießen. Ich nahm an, daß es sich um einen Fliegeralarm handele, und begab mich deshalb in den Keller des Hauses. Dort habe ich mich bis morgens gegen 7 oder 8 Uhr aufgehalten. Als ich um diese Zeit nach draußen ging, konnte ich nicht mehr das Haus verlassen, weil die Straße unter Artl.Feuer lag. Gegen 9 Uhr kamen die Russen durch die Straßen. Ich blieb dann während des Tages in der Wohnung. Die Hausbesitzer hatten sich inzwischen entfernt.

Am nächsten Tag, am 30. Dezember, wurde ich gegen 9 Uhr morgens aus dem Hause herausgeholt und von den Russen zur Ortskommandantur gebracht. Dort war ein Dolmetscher, der stark jüdisch aussah. Dieser erklärte, daß alle Offiziere, Unteroffiziere sofort erschossen würden. Die Vernehmung auf der Ortskommandantur war sehr kurz. Ich wurde gefragt, wieviel[e] Truppen sich in Feodosia befänden, von welcher Einheit ich sei und ob ich geschossen hätte. Ich habe erklärt, daß ich keiner Einheit angehöre, da ich Sanitäter sei, daß ich nicht geschossen hätte und nicht wisse, wieviel[e] Truppen in Feodosia seien.

Nach dem Verhör wurde ich in eine Garage geführt. Dort lagen schon zwei tote deutsche Soldaten, die offenbar, wie aus der Verletzung zu sehen war, erschossen worden waren. In der Garage waren noch etwa 15-20 Mann. Diese erzählten mir, daß die dort liegenden beiden deutschen Soldaten von den Russen einen Genickschuß erhalten hätten. Wir wurden dann aus der Garage unter starker Bewachung zum Ortsgefängnis gebracht. Dort wurden wir alle zusammen in einer Zelle untergebracht, die 2-3 m breit und 5-6 m lang war. An der Querseite des Raumes befand sich eine Pritsche. Wir erhielten kein Stroh und keine Decke, und der Raum war ungeheizt. In diesem Raum mußte ich mich 2 Tage lang aufhalten. Danach wurden wir nach Berufen ausgesondert. Ich kam mit 5-6 anderen Kraftfahrern in eine andere, etwa 4 x 5 m große Zelle. Wir waren dort zusammen mit Tataren, Griechen, Rumänen, Russen und zwei Frauen untergebracht. Der Raum war so eng im Verhältnis zu den darin untergebrachten Personen, daß ich während der ganzen folgenden Tage nur im Stehen schlafen konnte. Verpflegung gab es unregelmäßig, und zwar meist nur einmal am Tage eine dünne Wassersuppe mit Mehlklumpen. Brot gab es überhaupt nicht. Am ersten Tage unserer Gefangennahme mußten wir Schnee essen, da das Wasser gefroren war. Wenn ich austreten wollte, wurde ich mit drei Mann Bewachung nach draußen geführt. Etwa 8-10 Tage nach meiner Gefangennahme wurden wir alle zusammen nach draußen geführt und mußten mit erhobenen Händen auf der Straße entlang marschieren. Dabei wurden wir zweimal gefilmt. Bei dieser Gelegenheit hatten die Russen einen dort stehenden Wehrmachtswagen mit Wäsche und Pelzmänteln angefüllt, um auch diesen Wagen zu filmen. Im übrigen waren die russischen Soldaten, insbesondere die Marinesoldaten, anständig und brachten uns ab und zu Zigaretten. Die Offiziere und Juden dagegen ließen ihren Haß gegen uns merken.

Im Laufe des 16. Januar 1942 bemerkten wir beim Heraussehen aus dem Fenster des Gefängnisses eine gewisse Unruhe unter den Russen auf der Straße. In der Nacht zum 17. Januar wurden erst einigen, dann uns allen, die Stiefel abverlangt. Etwa eine Stunde danach wurden die Gefangenen einzeln aus den Zellen herausgeführt. Ich selbst war einer der letzten. Ich wurde zum K[e]ller geführt. An der Treppe, die zum Keller hinunterführte, packte mich einer am Kragen. Unten im Keller erhielt ich dann von hinten mit der Pistole einen Schuß, der von rechts oberhalb des Halses und vorne durch die rechte Backe durchging. Im ersten Moment war ich besinnungslos, erholte mich aber nach wenigen Sekunden. Nach mir wurde noch ein anderer Soldat in den Keller gebracht und auf ähnliche Weise mit ihm verfahren. Es kam niemand, der sich davon überzeugte, ob wir tot waren. In dem Keller, in dem ich mich befand, waren ein deutscher Soldat und ein Rumäne tot. Fünf andere Soldaten lebten noch. Ich bin dann zunächst im Keller geblieben und begab mich erst später, als alles ruhig war und ich mich notdürftig verbunden hatte, nach oben, um mir eine Decke wegen der Kälte zu suchen. Russische Zivilisten brachten uns dann etwas zu trinken. Von den 40-50 Mann, die nach meiner Schätzung im Anfang dagewesen waren, sind im ganzen 8 Mann übrig geblieben. Ich kann die Namen der einzelnen Soldaten nicht angeben. Am 18. Januar gegen 15 Uhr kamen die deutschen Truppen in die Stadt. Ich wurde dann ordnungsmäßig verbunden und nach Simferopol in das Feldlazarett 22, dem ich angehöre, abtransportiert.

Bei der Gefangennahme sind mir meine sämtlichen Sachen, Trauring, Brieftasche, Uhr, Messer und Fotoapparat abgenommen worden.

d. g. u. gez. Törber, Gefr.
Der Zeuge wurde vorschriftsmäßig beeidigt.
Geschlossen: gez. Dr. Diderichs, gez. Lehmann

Fall 285

In Jewpatoria auf der Krim wurde das deutsche Lazarett von den Russen angegriffen. Die hierzu vernommenen vier Zeugen bekunden des weiteren die Verstümmelung von Schwerverwundeten.

Dokumente zu Fall 285

Gericht der 50. Inf. Div. **O. U., den 10.1.1942**
AL 4/42

Mitwirkend: Kriegsgerichtsrat Dr. Herzog, als Richter
Gefr. K. Roleff, als Urkundsbeamter

Auf Befehl erscheinen: Uffz. Alfons Bartussek, Ogefr. Geiswinkler, Gefr. Behlich, Soldat Haberland

Es wird ihnen bekanntgegeben, worüber sie als Zeugen vernommen werden sollen. Sie werden zur Wahrheit ermahnt und über die Bedeutung des Eides sowie über die Strafbarkeit einer Eidesverletzung belehrt.

Sie werden einzeln vernommen und sagen aus:

1.) Uffz. Bartussek.

Zur Person: Alfons Bartussek, 28 Jahre alt, kath., Uffz. bei Schlächterkp. 150.

Zur Sache: Ich hatte von der Kompanie den Auftrag, Vieh für die 50. Inf. Div. aus Akmetschek, etwa 70-80 km nördlich Jewpatoria auf der Krim, heranzuschaffen. Ich hatte die drei heute erschienenen Soldaten mit. Am 1.1.1942 waren wir mit unserer Viehherde am Meer beschossen worden, kamen aber ungehindert nach Jewpatoria. Dort suchten wir uns Quartier in der Nähe des Theaters und blieben dort, um der Herde Rast zu gönnen. In der Nacht vom 4. zum 5.1.1942 war Alarm. Die Russen landeten unter dem Schutz von Kriegsschiffen. Ich habe mich bis 8.1.42 mit meinen Leuten an den Kämpfen und später an der Sicherung beteiligt. In der Nacht vom 4. zum 5.1.42 konnte ich von meinem Standpunkt [aus] das große deutsche Lazarett sehen, das von den Russen angegriffen wurde. Ich sah, wie die Verwundeten, die laufen konnten, flüchteten. Ich habe auch gesehen, daß Lkw mit Verwundeten abfuhren. Am 6.1.42, als deutsche Infanterie in die Stadt eingedrungen war, habe ich in der Nähe des Theaters einen solchen Lkw stehen sehen. Auf dem Wagen waren Schwerverwundete gewesen. Die Russen hatten sie von dem Wagen heruntergezerrt. Sie lagen in der Gegend verstreut umher. Sie waren schwer verstümmelt worden. Man hatte ihnen Augen ausgestochen, Nase und Ohren abgeschnitten. Einen habe ich gesehen, dem war der ganze Leib aufgeschnitten. Einem anderen war der Schädel völlig zerspalten. Im Park am Theater lag ein deutscher Verwundeter, dem der Schädel zerspalten war, so daß das Gehirn herausgetreten war und daneben lag. Im ganzen habe ich mindestens 15 grausam verstümmelte deutsche Soldaten gesehen, die aus dem Lazarett stammten, was man daran erkennen konnte, daß sie nur mit Unterwäsche bekleidet waren und Verbände hatten.

v. g.

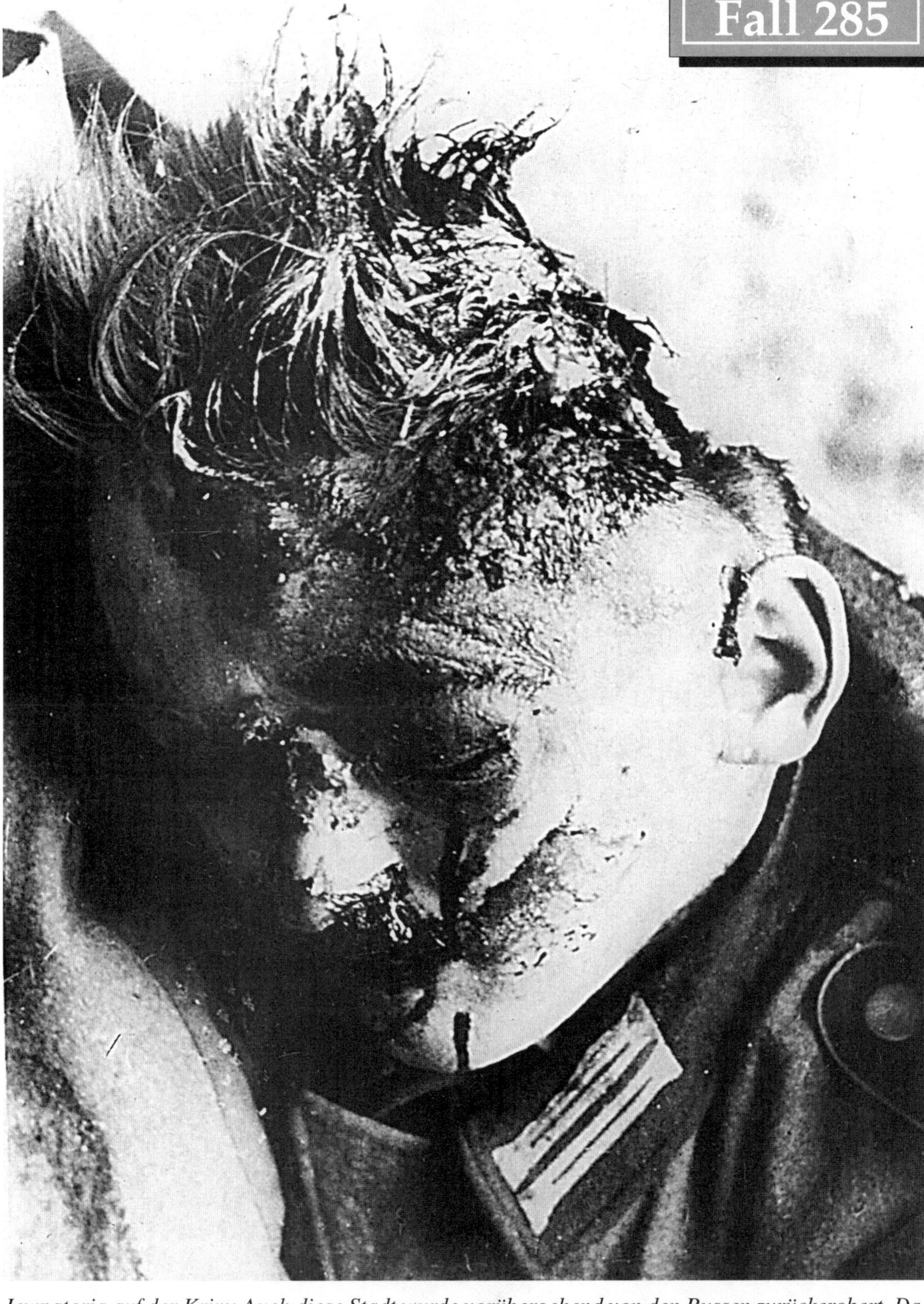

Jewpatoria auf der Krim: Auch diese Stadt wurde vorübergehend von den Russen zurückerobert. Dabei wurden unter anderem Schwerverwundete von einem LKW heruntergezerrt und grausam verstümmelt

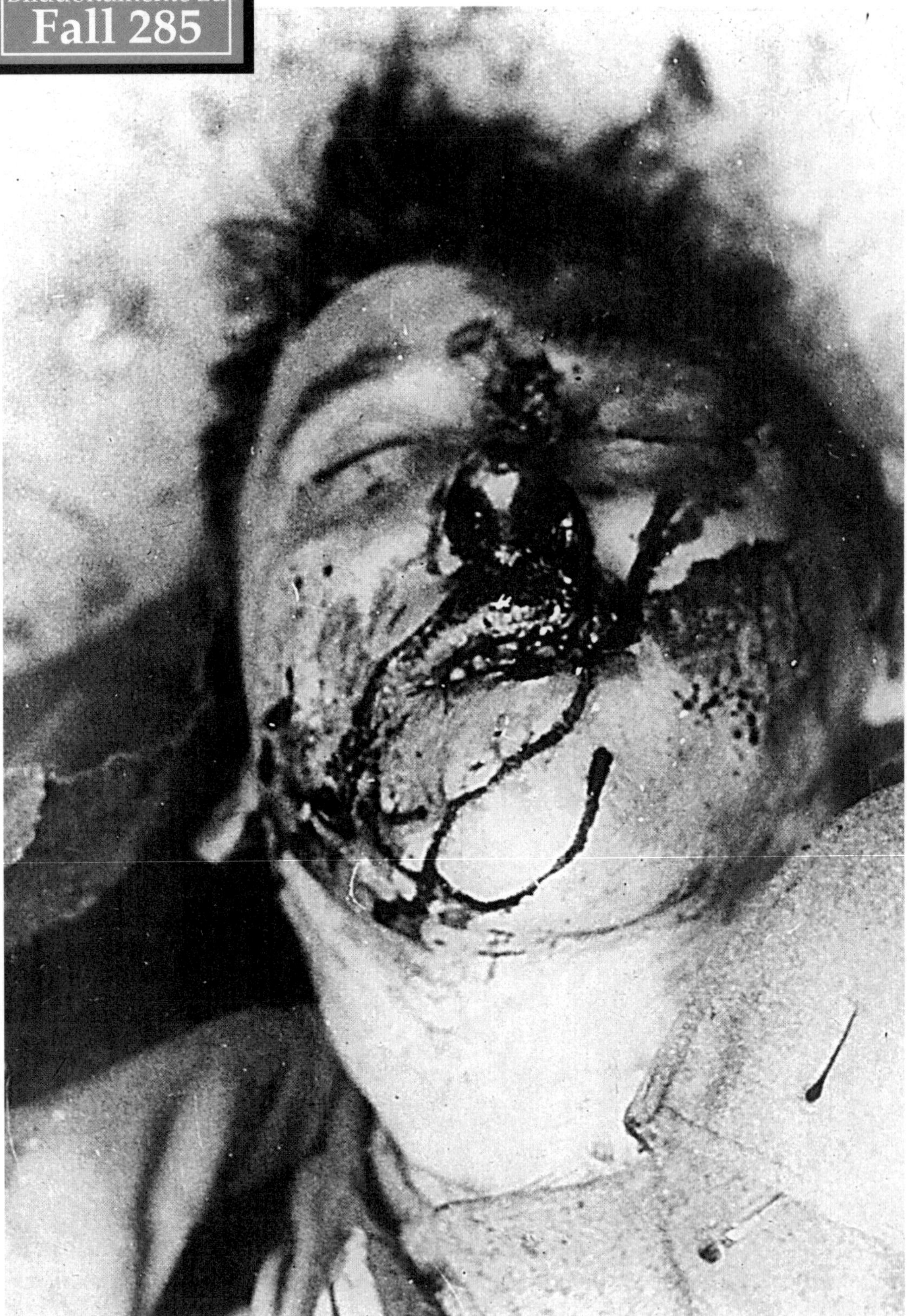

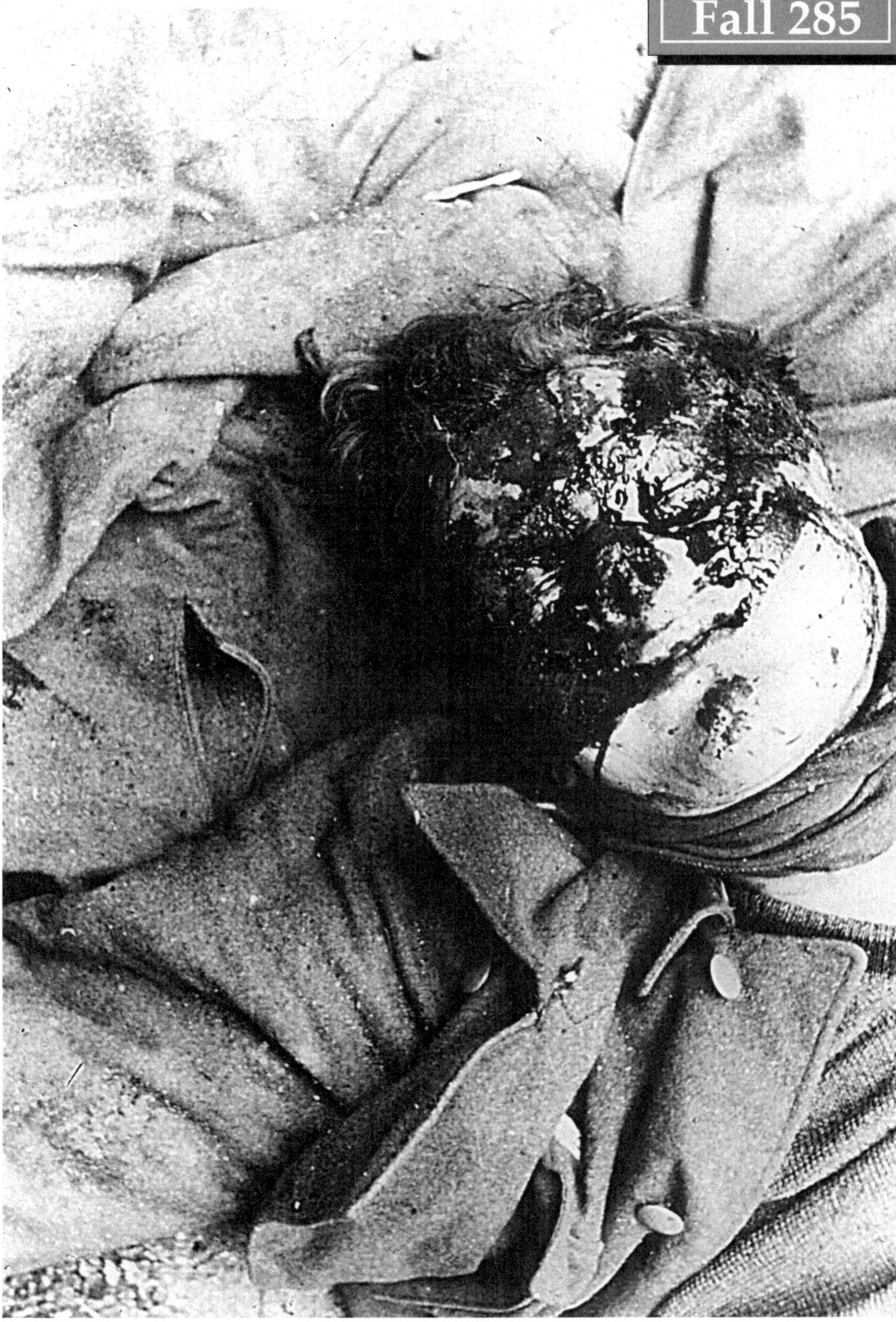

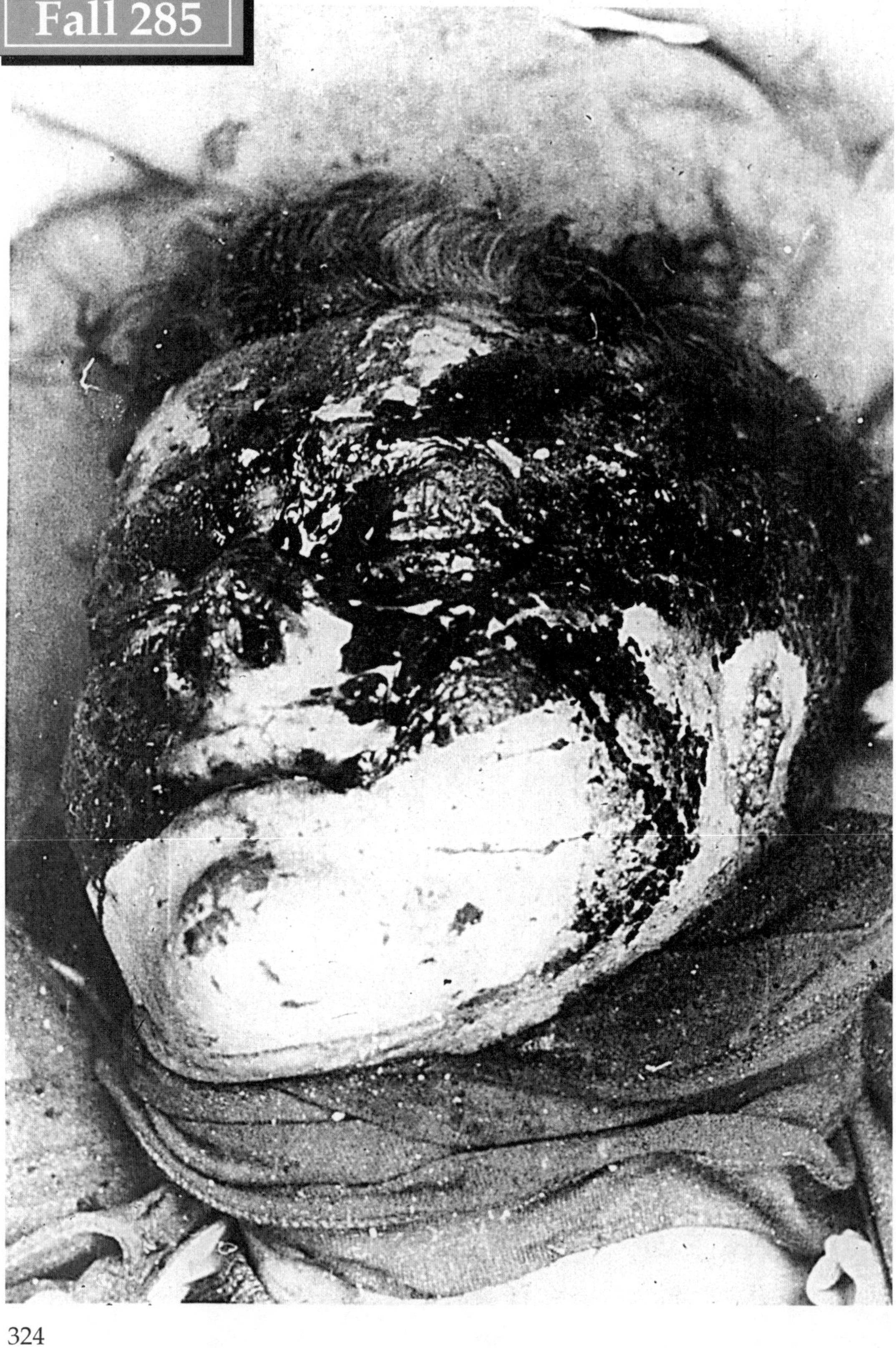

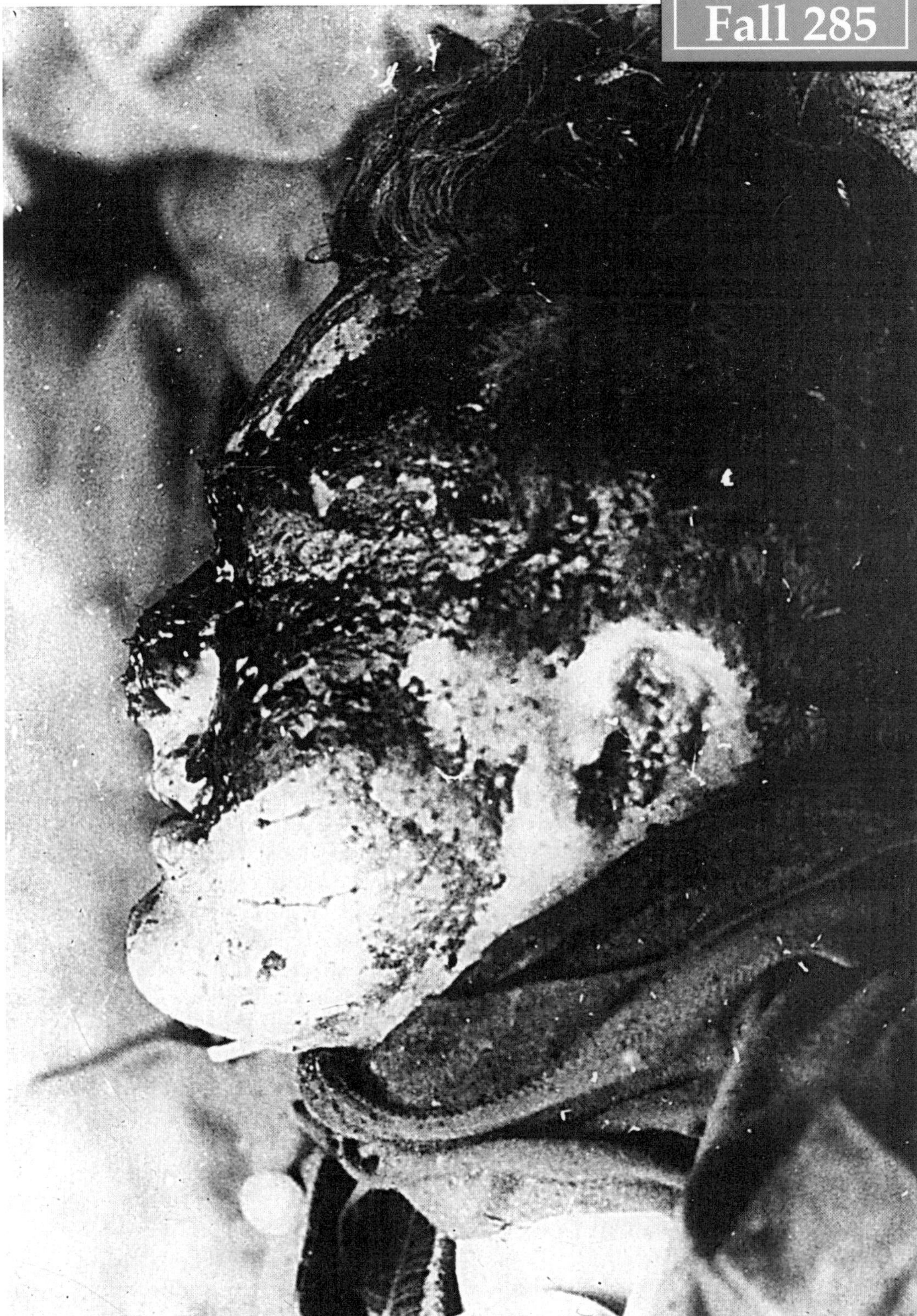

2.) Ogefr. Geiswinkler.

Zur Person: Anton Franz Karl Geiswinkler, 25 Jahre alt, kath., OGefreiter bei Schlächterkp. 150.

Zur Sache: Er macht die gleichen Angaben wie Uffz. Bartussek, diese werden ihm vorgelesen, und er erklärt: Diese sind richtig, ich habe die gleichen verstümmelten deutschen Soldaten in der Nähe des Lkw gesehen. Der Anblick war fürchterlich. Der ganze Lkw war voll Blut. Daß es Verwundete aus dem Lazarett waren, erkannte man an ihrer Lazarettkleidung. Meiner Schätzung nach waren es 12-15 Mann.

v. g.

3.) Gefr. Behlich.

Zur Person: Walter Otto Behlich, 33 Jahre alt, ev., Gefreiter bei Schlächtereikp. 150.

Zur Sache: Er macht die gleichen Angaben wie Uffz. Bartussek und OGefr. Geiswinkler. Sie werden ihm vorgelesen. Er erklärt: Wir vier waren immer zusammen. Ich habe das gleiche gesehen. Die Angaben von Uffz. Bartussek und OGefr. Geiswinkler sind richtig, ich schließe mich ihnen an. Es war ein schauderhafter Anblick.

v. g.

4.) Soldat Haberland.

Zur Person: Otto Herrmann Kurt Haberland, 35 Jahre alt, ev., Soldat bei Schlächtereikp. 150.

Zur Sache: Er macht die gleichen Angaben wie die drei vorher vernommenen Zeugen. Diese werden ihm vorgelesen. Er erklärt: Diese Aussagen sind richtig. Ich habe das auch gesehen. Der Anblick war kaum zu ertragen.

v. g.

Die Zeugen werden vereidigt.

gez. Dr. Herzog, gez. K. Roleff, Gefr., Beglaubigt: Sekretär

Fall 286

Über einen brutalen Bruch des Völkerrechts berichtet der Oberarzt Dr. Gericke (Sanitätskompanie 1/32). Er war am 16. Januar 1942 als Chirurg auf dem Hauptverbandsplatz in Watolino tätig. An diesem Tage befanden sich noch etwa 20 Verwundete dort, unter ihnen nur ein nichtchirurgischer Patient. Bei den anderen Verwundeten waren Bauchoperationen, Amputationen, Brust-, Schultergelenk- und Gliedmaßen-Operationen wegen Schußverletzungen durchgeführt worden. Aus taktischen Gründen mußten die Verwundeten nach Iljina-Gorka verlegt werden. Sie wurden auf zehn Schlitten verladen und verließen den Ort. Einige hundert Meter hinter ihnen folgten drei Schlitten mit Geräten und dem restlichen Personal. In Msticha schob sich zwischen die Schlitten mit den Verwundeten und die Geräteschlitten eine Veterinärkolonne mit erholungsbedürftigen Pferden. Die Schlitten mit den Verwundeten wurden von dem Feldwebel Gayko geführt. Außer den mit einem Karabiner bewaffneten Fahrern der Schlitten war eine besondere Begleitmannschaft nicht vorhanden. Die Schlittenkolonne war zwar nicht durch eine Rote Kreuz-Flagge gekennzeichnet, aber gut durch die leuchtend weißen Verbände der Verwundeten als Verwundetentransport zu erkennen. Nur ein Teil der Verwundeten war der Kälte wegen ganz zugedeckt.

Gegen neun Uhr vernahm Oberarzt Dr. Gericke plötzlich Infanteriefeuer aus nördlicher Richtung. Kurz darauf erstattete der Feldwebel Gayko Meldung, daß die vorderen Schlitten überfallen worden seien. Der Oberarzt stellte sofort einen Sicherungstrupp aus seinem eigenen Personal und dem Personal der Veterinärkolonne zusammen, ließ den niedrigen Wald zu beiden Seiten des Weges absuchen und begab sich an die Stelle des Überfalls. Dort stellte er fest, daß von den zehn Verwundeten der ersten vier Schlitten, die infolge der vorangegangenen Operationen völlig hilflos waren, neun durch Kopfschuß ermordet worden waren. Der zehnte Verwundete blieb nur dadurch am Leben, daß sein sterbend zusammenbrechender Kamerad über ihn fiel und er somit auf dem engen Schlitten verborgen blieb. Auch die Fahrer der ersten drei Schlitten waren durch Kolbenschläge oder Bajonettstiche getötet. Dem einen der Toten war die deutsche Uniform völlig ausgezogen worden. Statt dessen fand man in einiger Entfernung im Schnee eine russische Uniform. Der Wachtmeister Hilgenfeldt, der eine Schulteroperation wegen beginnenden Gasbrandes durchgemacht hatte und einen großen Verband trug, hatte eine frische Stichverletzung in der Brust.

Kapitel C. 1

Greueltaten der Bolschewisten gegen die Zivilbevölkerung in der Ukraine

Das bei der Wehrmacht-Untersuchungsstelle für Verletzungen des Völkerrechts vorhandene Beweismaterial über die russischen Greueltaten an Ukrainern stellt nur einen Ausschnitt aus den Vorfällen dar, die sich tatsächlich ereignet haben. Diese Unterlagen beweisen, mit welchem systematischen Terrorismus die Russen sogar gegen die eigene Bevölkerung vorgegangen sind, daß der Mord als politisches Aushilfsmittel im eigenen Lande ebenso gewütet hat wie gegen Verwundete und Wehrlose an der Front.

Fall 287

Im Gefängnis von Tarnopol wurden über 200 ermordete Ukrainer und außerdem drei deutsche Heeresangehörige und sieben deutsche Angehörige der Luftwaffe aufgefunden. Möglicherweise befanden sich auch noch weitere deutsche Soldaten unter den ermordeten Ukrainern.

Dokument zu Fall 287

Artillerie-Kommandeur 129 — **Tarnopol, den 7.7.41**
Stadtkommandant Tarnopol — **Feldpostnummer 27 750**

An die Wehrmachtsauskunftsstelle für Kriegsgräber
und Kriegerverluste, Berlin W 35, Tirpitzufer 72-76

Bei der Aufräumung des Gefängnisses in Tarnopol wurden, außer einer größeren Anzahl getöteter Ukrainer, ermordete deutsche Soldaten aufgefunden. Es handelt sich um 2 Gruppen.

1.) Die erste Gruppe besteht aus 3 Angehörigen des Heeres, von denen einer, nach Hose und Gamaschen zu urteilen, Gebirgsjäger war. Die beiden anderen wiesen keine besonderen Merkmale auf. Ihre Identifizierung war nicht möglich. Als Anhaltspunkt kann ev. die anliegend übersandte Erkennungsmarke Nr. 717 J.Pz.Jäg. E.K.75 dienen, die im Gefängnis (nicht bei dem Toten) gefunden wurde.

2.) Bei der 2. Gruppe handelt es sich um 7 Angehörige der Luftwaffe. Sie trugen sämtlich Hemden und Hosen der Luftwaffe. Ihre weitere Identifizierung durch die Kommandantur war ebenfalls ausgeschlossen. Erkennungsmarke oder Papiere wurden nicht mehr vorgefunden. Durch einen Angehörigen der Luftwaffe, und zwar durch einen Feldwebel Scheurig, wurde jedoch ein Gefallener als Oberfeldwebel H., 8. Staffel 3./K.G. 51, durch Leichenbeschau wiedererkannt. Im übrigen ergab die Leichenschau keine weiteren Anhaltspunkte. Fotografische Aufnahmen der Gruppe 2 werden beigefügt. Weitere Anhaltspunkte zur Identifizierung sind nicht vorhanden.

3.) Es besteht die Möglichkeit, daß sich unter den Ermordeten, mehr als 200 Ukrainern, noch weitere deutsche Soldaten befinden. Ukrainer erzählen, daß deutsche Soldaten in Zivilkleider oder russische Uniformen gesteckt [worden] seien, bevor man sie zu Tode quälte, so daß die Tatsache, daß der Tote Zivilkleider trug, nicht als sicherer Anhaltspunkt gelten kann, daß es nicht deutsche Soldaten waren.

Da jedoch ein Teil der Leichen bereits stärker in Verwesung überging, waren weitere Feststellungen in irgendeiner Richtung unmöglich, sind auch nach diesseitiger Ansicht gänzlich ausgeschlossen.

Die Gruppe 1 ist am 5.7.41 auf Veranlassung der Kommandantur auf dem Südfriedhof in Tarnopol (an der nach Süden führenden Chaussee gelegen), und zwar auf einem besonders für deutsche Soldaten hergerichteten Platz, beigesetzt worden.

Die Gruppe 2 ist am 6.7.41 am selben Platz bestattet worden. Die ermordeten Ukrainer sind auf dem Südteil desselben Friedhofes, weit abgesetzt von den deutschen Kriegsgräbern, durch die kommissionare Stadtverwaltung beerdigt worden.

gez. Sander, Beglaubigt: Sekretär

Fall 288

Nach einer Meldung der Panzergruppe 1 vom 29. Juni 1941 wurden am 23. Juni 1941 im Gefängnis in Luck 1.000 bis 1.200 ukrainische Gefangene, Angehörige der O. U. N. (Organisation Ukrainischer Nationalisten), ermordet.

Fall 289

Nach der Besetzung von Stalino (Jusowka) durch deutsche Truppen wurden in zwei Gefängnissen der Stadt die Leichen von 247 ermordeten Männern und Frauen gefunden. Die Leichen wiesen zahlreiche schwere Hieb- und Stichverletzungen auf. Einigen Männern waren die Beine zusammengeknotet und die Schädel eingeschlagen. Unter den Ermordeten wurden auch die Leichen zweier deutscher Soldaten gefunden.

Dokument zu Fall 289

Oberkriegsgerichtsrat Dr. Wilke **O. U., den 29.10.41**
beim Gericht des XXXXIX. (Geb.) A.K.

Bericht über die Auffindung zweier ermordeter deutscher Kriegsgefangener in Stalino (Jusowka).

Nach der Besetzung Stalinos (Jusowka) durch deutsche Truppen wurden in 2 Gefängnissen der Stadt die Leichen von 247 ermordeten Personen (Männer und Frauen) gefunden. Die Leichen wiesen zum Teil schwere Verletzungen durch Hieb und Stich auf. Bei einigen Männern waren die Beine zusammengeknotet und die Schädel eingeschlagen.

Unter diesen Ermordeten wurden die Leichen zweier deutscher Soldaten gefunden. Wie aus beiliegendem Protokoll des Assistenzarztes Dr. Schultze-Jena, Adjutant Korpsarzt XXXXIX. (Geb.)A.K., hervorgeht, sind diese beiden durch Stich- und Schlagverletzungen getötet worden. Die Leichen waren mit deutscher Militärwäsche, Hemden, Unterhosen, Strümpfen und feldgrauen Hosen bekleidet. Bei den Leichen befand sich eine Feldbluse (Mannschaftsdienstgrad) und ein Mantel. Papiere, die Anhaltspunkte für die Persönlichkeit der Getöteten gegeben hätten, befanden sich weder bei den Leichen noch im Gefängnis selbst. An den Uniformstücken war auch die Waffenfarbe nicht mehr ersichtlich. Die Leichen sind im Stadtpark von Stalino (Jusowka) an der Regierungsstraße beigesetzt worden.

gez. Dr. Wilke, Beglaubigt: Sekretär

Fall 290

Im August 1941 wurde im Hof des früheren russischen Zentralgefängnisses in Winniza ein Massengrab entdeckt, in dem sich 96 Leichen (83 männliche und 13 weibliche) befanden. Die Besichtigung der Leichen ergab, daß sie eines gewaltsamen Todes (Zertrümmerung des Schädeldaches) gestorben sind. In einem anderen Hof dieses Gefängnisses wurde nachträglich noch ein zweites Massengrab entdeckt, das jedoch nicht geöffnet wurde, um der einheimischen Bevölkerung weitere Aufregungen zu ersparen.

Fall 291

Während der Kämpfe um Brzezany am 3. Juli 1941 wurden durch Angehörige eines Gebirgsjägerregiments in dem Keller eines Hauses in Brzezany etwa zehn bis zwölf Leichen von Ukrainern gefunden. Sämtliche Leichen wiesen außerordentlich starke Kopfverletzungen auf. Der Kopf glich bei allen einer blutigen Masse. Die Kleider waren vielfach stark zerrissen. Die über diese Vorfälle eidlich vernommenen deutschen Wehrmachtsangehörigen hatten den Eindruck, daß die Leute in dem Keller zuerst in eine Ecke gedrängt und dort rücksichtslos zu Tode geprügelt wurden. Nach Angaben des Bürgermeisters von Brzezany sollen im Gefängnis in Brzezany 150 bis 180 tote Ukrainer gelegen haben. Auch vor dem Friedhof und vor der Toreinfahrt des Friedhofes in Brzezany fanden die Angehörigen des Gebirgsjägerregiments die Leichen von Ukrainern, darunter die eines Kindes im Alter von acht bis zwölf Jahren. Allen Leichen war auch hier der Kopf derart zerschlagen, daß dieser eine einzige blutige Masse bildete. Den Toten waren die Kleider vom Leibe gerissen; die Körper wiesen hauptsächlich Stichwunden auf. Einer Frau waren die Kleider von oben bis unten vom Leibe gerissen, beide Brüste waren ihr abgeschnitten und hingen am Körper herunter.

Fall 292

Im Keller des ehemaligen GPU-Gefängnisses in Proskurow wurden elf Leichen von Ukrainern und 13 von Wehrmachtangehörigen aufgefunden.

Dokument zu Fall 292

Gericht des
Wehrmachtbefehlshabers Ukraine
AL 60/41

O.U., den 11.10.1941

An den Herrn Reichsminister der Luftfahrt und Oberbefehlshaber der Luftwaffe - LP -, Berlin, Leipzigerstraße 7

Betr.: Auffindung der Leichen von Wehrmachtangehörigen
Bezug: Fernschreiben vom 7. und 10.10.41 und Schreiben vom 7.10.41

Am 3.10.1941 wurden auf Grund penetranten Leichengeruches in dem Keller des ehemaligen GPU-Gefängnisses in Proskurow Grabungen vorgenommen, bei denen die Leichen von 13 Wehrmachtangehörigen und 11 Ukrainern zutage gefördert wurden. Im Zuge der angeordneten gerichtlichen Ermittlungen wurden die bereits feierlich beigesetzten Leichen der Wehrmachtangehörigen exhumiert, um bei Besichtigung der Leichen und durch angeordnete Teilsektion die Todesursache feststellen zu können. Zu diesem Zwecke wurde von dem Luftgau VIII Oberstabsarzt Golla zur Verfügung gestellt, der zusammen mit dem Oberarzt Knak des Luftwaffen-Bau-Batl. 21/XVII die Untersuchung der Leichen durchführte. Diese ergab, daß sämtliche Wehrmachtangehörige, unter denen sich 11 – und nicht wie es ursprünglich hieß nur 10 – Angehörige der Luftwaffe befinden, durch Kopfnahschuß zu Tode gekommen sind.

Irgendwelche Anhaltspunkte dafür, daß die Leichen vor ihrem Tode mißhandelt wurden, haben sich nicht ergeben.

Durch Vernehmung von Ukrainern wurde lediglich festgestellt, daß die Soldaten nach ihrer Gefangennahme durch Rotarmisten gefesselt und mit verbundenen Augen durch die Stadt transportiert und in das GPU-Gefängnis eingeliefert worden sind. Bei einem Transport von 5-6 Soldaten hat sich ferner feststellen lassen, daß diesen durch Rotarmisten die Schulterstücke heruntergerissen wurden.

An Hand des mit Schreiben vom 7.10.41 übersandten Nachlaßverzeichnisses in Verbindung mit den bereits festgestellten Namen der Luftwaffenangehörigen Obltn. O., Obfdw. K. und Obfdw. N. dürften sich auf Grund der Aussage des Zeugen Ukrainitz, der am 2.7.41 die Notlandung einer dreimotorigen Maschine bei dem Ort Hrecana 2 1/2 km von Proskurow beobachtet hat, möglicherweise noch weitere Personenfeststellungen treffen lassen.

Die Protokolle über die Vernehmung der ukrainischen Zeugen werden in der Anlage in Abschrift beigefügt.

Über die Angehörigen des Heeres haben sich weitere Feststellungen nicht treffen lassen.

gez. Unterschrift, Oberkriegsgerichtsrat der Luftwaffe, Beglaubigt: Sekretär

Fall 293

Nach einem Bericht der Geheimen Feldpolizei haben Beamte des Kommissariats der GPU in Miedzyzecz, bevor sie am 28. Juni 1941 die Flucht ergriffen, sechs Ukrainer und einen Juden bestialisch ermordet, und zwar waren diesen Personen die Schädel mit einem spitzen Gegenstand eingeschlagen, die Finger und Zehen gliedweise gebrochen und die Haut von den Füßen abgezogen.

Fall 294

In einem stillgelegten Schacht der Salzgrube Lazko bei Dobromil wurden nach dem Einzug der deutschen Truppen etwa 600 Leichen von Ukrainern aufgefunden, die nur zum Teil Schußwunden (Genickschüsse), überwiegend aber Stichverletzungen durch Bajonettstiche und viele Verstümmelungen aufwiesen. Im Gefängnis in Dobromil wurden weitere 68 ermordete Ukrainer mit zerschlagenen Schädeln und zerbrochenen Gliedern gefunden. Unter diesen Leichen befand sich ein griechisch-katholischer Geistlicher aus Makowa, der mit zertrümmertem Schädel und zerbrochenen Gliedmaßen aufgefunden wurde. Nach der eidlichen Zeugenaussage des Kreisverwalters Turko sind aus Dobromil über 100 Personen, aus dem Kreise Dobromil mehrere 1000 Personen durch die Russen verschleppt und auf diese Weise ganze Dörfer entvölkert worden. Bei den Verschleppten handelt es sich nicht um Verbrecher, sondern um Leute, die politisch mißliebig waren, obwohl sie sich nicht politisch betätigt haben. Die eidlich vernommenen Zeugen Dwulit, Krenta und Pysarak sind sämtlich kurz nach Kriegsausbruch durch Angehörige der GPU verhaftet und in das Gefängnis in Dobromil eingesperrt worden. Der Zeuge Dwulit gibt über seine Behandlung im Gefängnis in Dobromil folgendes an:

„Außer mir waren in der großen Gefängniszelle 31 Verhaftete. Die Verpflegung war dürftig und schlecht. Unter den Verhafteten waren viele Bekannte von mir. Sie wußten nicht, weshalb sie ins Gefängnis gebracht waren. Zum Teil waren sie unter Schlägen und vorgehaltenen Revolvern über ukrainische Verhältnisse vernommen worden. Am Morgen des 26. Juni 1941 konnten wir durch einen Blick aus dem Gefängnisfenster feststellen, daß im Hof eine Grube gegraben wurde. In der folgenden Nacht zwischen elf und zwölf Uhr hörten wir, wie aus anderen Zellen Verhaftete in den Hof gebracht und dort erschossen wurden. Wir hörten auch die Schreie und das Jammern der Opfer. Dann kamen die GPU-Leute in unsere Zelle und zwangen uns mit vorgehaltenem Revolver, mit dem Blick nach der Wand auf den Hof zu gehen. Im Hof mußten wir uns in kurzer Entfernung von der Grube mit dem Gesicht nach unten niederlegen. Hernach wurden die einzelnen Opfer von hinten erschossen und in die Grube geworfen. Ich erhielt nur einen Streifschuß in den Hinterkopf, wurde aber dann in die Grube geworfen. Auf mich wurde noch eine Reihe Ermordeter geworfen. Ich hörte auch das Brechen von Knochen. Als ich in der Grube lag, konnte ich auch hören, daß andere Verhaftete, die offenbar aus Angst nicht mehr in den Hof kommen wollten, schon innerhalb des Gefängnisses erschossen wurden."

Der Zeuge Krenta bekundet über seine Behandlung im Gefängnis in Dobromil folgendes:

„Am Abend des 26. Juni 1941 erhielten wir eine ungenießbare Suppe. Gegen elf Uhr wurden die einzelnen Häftlinge von GPU-Leuten aus der Zelle in den Hof gebracht und dort erschossen. Als ich in den Hof kam, erkannte ich einen GPU-Mann und sagte zu meinem Begleitmann: „Der Genosse ist mir bekannt!" Kaum, daß ich dieses gesagt hatte, erhielt ich einen Schuß in den Hinterkopf und sank ohne Bewußtsein zu Boden. Ich berichtige mich dahin, daß der Schuß auf mich schon innerhalb des Gefängnisses abgegeben worden ist. Als ich wieder zu Bewußtsein kam, lag ich auf dem Gefängnishof. In diesem Augenblick war dieser von GPU-Leuten frei, weil sie sich im Gefängnis zu schaffen machten. Es gelang mir, mit Hilfe einer Stange über die Hofmauer zu entkommen, und ich habe mich in einem Nachbargarten versteckt gehalten."

Der Zeuge Pysarak wurde am 24.6.1941 unter dem Verdacht, daß er ein ukrainischer Nationalist sei, von zwei russischen politischen Kommissaren verhaftet und in das Gefängnis in Dobromil eingeliefert. Über seine Erlebnisse im Gefängnis in Dobromil berichtet er wie folgt:

„Wir lagen auf dem Boden und erhielten einmal täglich eine schlechte Suppe mit einem Stückchen Brot. Gegen Mitternacht des 26. Juni 1941 wurden Gruppen von vier und zwei Personen aus der Gefängniszelle auf den Hof gebracht und dort erschossen. Hernach geschah dasselbe mit dem oben erwähnten Dobromiler Einwohner. Wir übrigen Häftlinge weigerten uns, aus der Zelle zu gehen, und suchten uns zu wehren. Darauf wurde blindlings auf uns losgeschossen. Neben mir wurde einer getroffen, und durch das ausspritzende Blut wurde ich so befleckt, daß die GPU-Leute zunächst glaubten, ich sei bereits erledigt. Während sie weiterwüteten, gelang es mir, mich aus der Tür nach dem Gefängnisgang zu wälzen. Da ich hörte, daß von unten Leute nach oben kamen, bin ich rasch nach dem Dachboden heraufgeflüchtet und habe mich dort bis fünf Uhr morgens verborgen gehalten. Dann wurde es im Gefängnis ruhig."

Fall 295

Im Gerichtsgefängnis Kremenez befand sich der Zeuge Theodor Serafyn, der am 29. Dezember 1940 wegen des Verdachts der Zugehörigkeit zur O. U. N. verhaftet worden war, als Gefangener. Durch Urteil vom 29. Mai 1941 wurde er aufgrund der Angaben von Mitangeklagten zu zehn Jahren Gefängnis oder Zuchthaus verurteilt. Am 27. Juni 1941 gelang es ihm, als die ersten deutschen Panzer in Kremenez einrückten und das Gefängnispersonal flüchtete, aus der Haft zu entfliehen. Über seine Behandlung im Gerichtsgefängnis Kremenez machte er unter Eid folgende Angaben:

„Am ersten Tage wurde ich im Auftrage des Chefs der politischen Polizei in Wisnowitz, Saporoschetz, von zwei Beamten, Tomasch und Bondarenko, vernommen. Ich mußte sofort meine Zunge zeigen, einer umfaßte mit Taschentuch und Fingern die Zunge, der andere band einen Bindfaden darum und hielt dann einige Minuten die Zunge außerhalb der Rachenhöhle. Danach wurde ich nach meiner politischen Tätigkeit befragt. Als ich keine Auskunft gab, nahmen die beiden Beamten mein Geschlechtsteil aus der Hose und schlangen einen Bindfaden um die Hoden, zogen die Schlinge ziemlich straff an und verließen mich einige Minuten. Obwohl ich allein war, fühlte ich mich doch beobachtet und wagte nicht, mich zu befreien. Danach wurde ich erneut vernommen und leugnete erneut meine Zugehörigkeit zur Organisation. Während der Vernehmung wurde ich mit einem Gummiknüppel auf Beine und Rücken geschlagen."

In demselben Gerichtsgefängnis befand sich auch der Zeuge Katschan. Über seine Vernehmung durch die politischen Kommissare in Wisnowitz und im Gerichtsgefängnis Kremenez bekundet er unter Eid folgendes:

„Am 6. Januar 1941 wurde ich aus politischen Gründen verhaftet und durch Tomasch und Bondarenko vernommen. Die Vernehmung erfolgte durch die beiden Beamten abwechselnd drei Tage und drei Nächte, ohne Unterbrechung und ohne Verabfolgung von Essen, mit Ausnahme von etwas Brot und Tee, das ich nach der dreitägigen Vernehmung erhielt. Ich saß auf einem Stuhl und wurde von drei Milizsoldaten bewacht. Die Polizeibeamten schlugen [mich] mit einem Gummiknüppel auf den Rücken und mit dem Handrücken in den Nacken, außerdem mit dem Gummiknüppel auf die Fersen. Mir wurde auch eine Schere ins Haar eingedreht und der Kopf durch Weiterführen der Schere gegen die Wand gestoßen. Die Hauptfragen zielten darauf ab, ob die ukrainische Organisation mit deutschen Stellen in Verbindung stehe. Nach der dreitägigen Vernehmung brach ich kraftlos zusammen. Nach 24 Stunden wurde die Vernehmung fünf Tage fortgesetzt, und zwar immer in der Nacht, jetzt allerdings mit Unterbrechungen. Dann kam ich ins Gerichtsgefängnis Kremenez. Dort wurde ich bei polizeilichen Vernehmungen mit der Hand und einem Gummiknüppel geschlagen, außerdem mit der Pistole ins Gesicht und auf den Hinterkopf."

Fall 296

In Zolkiew richteten die Russen sogleich nach ihrem Einzug eine Stelle des NKWD (früher GPU) ein. Unmittelbar darauf begann nach der eidlichen Aussage des Zeugen Zariwnyj eine Welle von Verhaftungen. Die meisten der zum NKWD vorgeladenen Ukrainer kehrten nicht mehr zurück. Die Verhaftungen fanden immer in der Nacht statt und wurden zunächst geheimgehalten, so daß kaum der nächste Nachbar etwas davon wußte. Kurz nach Kriegsausbruch nahmen die Russen erneut eine Reihe von Verhaftungen vor. Auch in diesem Falle wurden die Ukrainer unter irgendeinem Vorwand aus ihrer Wohnung oder von ihrer Arbeitsstelle weggelockt und kehrten nicht mehr zurück. Nach dem Eindringen der deutschen Truppen in Zolkiew wurden im Hofe des Gerichtsgefängnisses in Zolkiew zwei Gräber entdeckt und im ganzen 29 Leichen ausgegraben. Nach den eidlichen Angaben der Zeugen war bei den meisten Leichen das Gesicht unkenntlich. Einigen Leichen fehlten die Augen, der Mehrzahl der Getöteten die Schädeldecke. Das Gehirn war ausgetreten. Bei zahlreichen Leichen stellten die Zeugen gebrochene Finger fest, bei vielen anderen waren die Kleider in Fetzen gerissen, ein deutlicher Beweis dafür, daß die unglücklichen Opfer sich in ihrer Todesqual zur Wehr gesetzt haben.

Fall 297

Das größte Ausmaß nahmen die Ermordungen von Ukrainern in Lemberg an. Nach zuverlässigen Schätzungen glaubwürdiger Zeugen sind in Lemberg rund 3.500 Ukrainer von den Russen in den Gefängnissen ermordet worden. Die Schergen der GPU haben hier tatsächlich im Blute gewatet. In den drei Gefängnissen der Stadt Lemberg lagen in den Kellern die Leichen schichtweise übereinander. Bei diesem Massenmord sind die Sowjets mit tierischer Bestialität vorgegangen.

Aus dem das Lemberger Blutbad betreffenden Beweismaterial seien nur einige Ausschnitte aus den eidlichen Protokollen mitgeteilt. Diese Angaben sprechen für sich selbst:

Der Zeuge, Unterfeldmeister Dittrich, hat am 1. Juli 1941 in dem Hof eines Hauses in Lemberg an einem Bretterzaun 10 bis 15 Leichen (Männer und Frauen) liegen sehen. An den Bretterzaun selbst waren nach der Bekundung dieses Zeugen drei Kinder (im Alter von etwa 10 bis 14 Jahren, zwei Knaben und ein Mädchen) durch die Handgelenke an den Zaun genagelt, und zwar in der Weise, daß sich die Füße etwa 20 Zentimeter über dem Erdboden befanden. Entmenschte Sowjets haben also diese Kinder an dem Zaun gekreuzigt.

Der Zeuge Fedoruk, der bereits am 17. März 1941 wegen Verdachts der Zugehörigkeit zur O.U.N. durch das NKWD verhaftet und später nach Lemberg ins Gefängnis eingeliefert worden war, wurde bei Verhören wiederholt durch Schläge mit der Faust und mit dem Revolver sowie mit dem Gummiknüppel und durch Treten mit Schuhabsätzen mißhandelt. Eines Nachts wurde er mit einem anderen ukrainischen Gefangenen im Gefängniswagen auf ein Feld gefahren. Dort mußten sie sich beide ein Grab graben und sich dann vor dem Grab aufstellen. Dann wurde auf die beiden geschossen. Der Mitgefangene fiel tödlich getroffen um, während der Zeuge Fedoruk nicht getroffen worden war. Dieser mußte dann den Mitgefangenen begraben. Der Zeuge Fedoruk hatte nur dem Umstand, daß sein Name auf der Liste der zu erschießenden Personen nicht richtig geschrieben war, zu verdanken, daß er nicht durch die Sowjets im Gefängnis erschossen wurde.

Der Zeuge Matla, der bereits am 7. August 1940 wegen seiner Zugehörigkeit zur O.U.N. von Angehörigen des NKWD verhaftet worden war, wurde bei Verhören in den Gefängnissen von Lemberg wiederholt aufs Schwerste mißhandelt. Über diese Mißhandlungen hat er unter Eid folgendes bekundet:

„Wie in den anderen Gefängnissen, wurde ich bei den Vernehmungen mit der Faust geschlagen, wobei ich vier Zähne verlor. Ich wurde ferner mit dem Gummiknüppel geschlagen, erhielt Schläge über den Kopf, über die Fersen, überhaupt auf den ganzen Körper. Es sind dabei die Sehnen an Ober- und Unterschenkel zerschlagen worden. Ich trug von den Schlägen eine chronische Nierenentzündung davon, so daß sich heute noch Blut in meinem Urin befindet. Ich wurde am Hals gepackt und mit dem Kopf gegen die Wand geschlagen. Durch die Schläge ins Gesicht verlor ich nicht nur die Zähne, sondern das innere Gewebe des Mundes wurde dabei blutig geschlagen. Man warf mich auf den Fußboden und bearbeitete mich am ganzen Körper mit Stiefelabsätzen. Oft wurde ich mit einem Löscher auf der Brust bearbeitet, mit der höhnischen Bemerkung, daß man mir die Schwindsucht beibringen wolle. Die Mißhandlungen wurden immer von zwei Personen zu gleicher Zeit vorgenommen. Oft kam es vor, daß wir uns bei der Vernehmung auf einen Stuhl setzen mußten, jedoch nur auf den vorderen Rand. Wenn ich nicht das aussagte, was man von mir hören wollte, zog eine der beteiligten Personen plötzlich den Stuhl weg, so daß ich nach hinten fiel. Wenn ich dann am Boden lag, wurde ich mit Absätzen und Gummiknüppeln bearbeitet. In der Hauptsache schlug man uns hinten ins Genick. Die Folterer achteten genau darauf, an welcher Stelle wir bei den Mißhandlungen am empfindlichsten waren. Auf diese Stellen schlugen sie dann in der Folgezeit mit beson-

In Lemberg in der Ukraine wurden rund 3.500 Menschen umgebracht. Bei diesem Massenmord an Männern, Frauen und Kindern, die aus politischen Gründen durch das NKWD verhaftet worden waren, kam es sogar zu Kreuzigungen von Kindern

Verzweifelte Ukrainer suchen unter den Opfern der Roten Armee und des NKWD nach Angehörigen

derer Lust. Häufig schlug man uns mit der Faust unter das Kinn, so daß wir nach hinten taumelten, und im selben Augenblick versetzte man uns dann einen Tritt mit dem Fuß gegen die Geschlechtsteile. Bei anderer Gelegenheit nahmen uns drei Leute in die Mitte und schlugen uns mit der Faust ins Gesicht, so daß wir von einer Person zur anderen taumelten. Jeder schlug uns dann wieder dem anderen zu. Dann kam es vor, daß wir uns auf den Fuß eines umgekehrt aufgestellten Hockers setzen mußten. Plötzlich erschienen dann von hinten mehrere Personen, ergriffen uns, und stießen uns mit aller Kraft auf das Hockerbein und trieben uns dieses in den After. Wir mußten stundenlang in tiefer Kniebeuge sitzenbleiben. So erfand man alle möglichen Foltern, um uns zu quälen. Die schlimmste Folterung habe ich am 30. Mai durchgemacht."

Kurz nach Kriegsausbruch erschienen eines Tages sieben NKWD-Leute unter Führung eines Gefängnisdirektors in der Zelle des Zeugen Matla. Den Gefangenen rief man zu: „Legt euch nieder, ihr Huren!" Gleich darauf fielen Schüsse. Durch die Schießerei wurden zwölf Gefangene getötet und zwei schwer verletzt. Der Zeuge entging nur deshalb dem Gemetzel, weil ein tödlich getroffener Gefangener über ihn fiel.

Als Ukrainer nach der Flucht der Russen in den Gefängnissen in Lemberg nach ihren verhafteten Angehörigen suchten, bot sich ihnen ein grauenhaftes Bild der Hinschlachtung wehrloser Menschen.

Die Zeugin Warwara Soziada hat eidlich folgendes berichtet:

„Am Montag, dem 30. Juni 1941 ging ich in der Frühe gegen vier bis fünf Uhr in das NKWD-Gefängnis. Ich ging zunächst auf den Gefängnishof. Dort sah ich schon gleich mehrere Leichen liegen, darunter drei Männer, die schon völlig schwarz angelaufen waren und eine Frau, die restlos entkleidet war. Der Anblick war so gräßlich, daß ich nicht länger hinsehen konnte. Ich schaute dann noch einmal durch ein Fenster in das Gefängnisinnere. In dem Raum sah ich eine Menge von Leichen, auf einem Tisch hingeschlachtet, liegen. Die Leichen machten den Eindruck, als wenn die betreffenden Personen an dem Tisch zusammengehauen worden waren. Eine männliche Leiche saß in einem Sessel. In den Mund hatte man ihr ein russisches Bajonett hineingetrieben. Die Hand, überhaupt die Arme, hingen schlaff, wie mehrere Male gebrochen, herab. Als ich in ein anderes Fenster hineinsah, sah ich an der Deckenlampe erhängt die Leiche eines kleinen Mädchens von etwa acht Jahren hängen. Die Leiche war unbekleidet. Erhängt war das Kind mit einem Handtuch. Der Anblick war so grauenvoll, daß ich einer Ohnmacht nahe war. Ich mußte von mehreren Personen nach Hause gebracht werden."

Der Zeuge Pisarek bekundet unter Eid folgendes über seine Feststellungen in dem NKWD-Gefängnis in Lemberg:

„Ich betrat das Gefängnisinnere und sah in die einzelnen Zellen. Es bot sich mir überall ein grauenvoller Anblick. Die Zellen waren durchweg mit Leichen Ermordeter angefüllt. In einem großen Zimmer von etwa zehn auf fünf Meter waren die Leichen bis zu einem halben Meter übereinander geworfen. Ich gewann den Eindruck, daß man sie dort später nach der Ermordung hineingeschafft hatte. Die Lage und Stellung mancher Leichen ließen erkennen, daß man sie noch lebend dort hingeworfen hatte. Man konnte deutlich aus den Stellungen erkennen, daß sie versucht hatten, sich wieder aus dem Leichenberg zu befreien."

Die Zeugin Loesch ist auf der Suche nach ihrer verhafteten Mutter ebenfalls Ende Juni in dem NKWD-Gefängnis gewesen. Sie bekundet eidlich:

„Ich ging in das Gefängnisinnere und sah gleich in der ersten Zelle viele Ermordete liegen, die meisten waren auch verstümmelt. Unter anderem sah ich eine Frau, der man die eine Brust abgeschnitten hatte, die andere war zerfleischt. Einer anderen Frau hatte man den Leib aufgeschnitten, sie war schwanger. Aus dem Leib ragte der Kopf eines Kindes hervor. Einer männlichen Leiche waren die ganzen Zähne herausgeschlagen. Ein kleines Mädchen war, oben bekleidet, unten entkleidet und völlig mit Blut besudelt, besonders in der Gegend der Geschlechtsteile, so daß für mich kein Zweifel besteht, daß an ihr ein Sexualverbrechen begangen worden ist. In dieser Zelle lagen etwa 30 Ermordete, darunter mehrere Frauen. Sie waren ausnahmslos entkleidet. Fast bei allen sah man blutunterlaufene Stellen, die auf schwerste Mißhandlungen hindeuteten. Der Anblick war so grauenvoll, daß ich das Suchen nach meiner Mutter aufgab und das Gefängnis wieder verließ."

Sowohl die Zeugin Domin als auch der Zeuge Chruslicki haben unter Eid bezeugt, daß in einer Zelle des ersten Stocks des NKWD-Gefängnisses in Lemberg an der Wand ein Priester gekreuzigt worden war. Der Zeuge Chruslicki schildert seine Beobachtungen hierüber wie folgt:

„An einem der ersten Tage der Befreiung Lembergs ging ich in das NKWD-Gefängnis. In einer Zelle des ersten Stocks sah ich an der Wand einen Priester genagelt. Er war regelrecht gekreuzigt worden. Man hatte ihm durch die Hände und die Füße, die gekreuzt waren, Nägel geschlagen. Zu seinen Füßen hing ein rotes Tuch mit der russischen Aufschrift ‚Christus soll Dich erretten!' Ich selbst spreche russisch und konnte daher die Inschrift übersetzen. Ich habe diese Person als Priester daran erkannt, daß sie eine Tonsur hatte. Im übrigen war die Leiche vollkommen entkleidet, über der Schulter hing ein Stück Soutane, auf der Stirn hatte man ein Kreuz ausgeschnitten, und zwar dadurch, daß man die Haut herausgelöst hatte. Als einige Leute die Leiche von der Wand etwas abschoben und etwas umdrehten, konnte man auf dem Rücken ein großes, aus der Haut herausgeschnittenes, Kreuz feststellen. Den Leib des Priesters hatte man aufgeschnitten, die Eingeweide hingen nach unten, und in die Bauchhöhle hatte man ein ungeborenes Kind hineingelegt, das man offensichtlich einer Frau aus dem Leib geschnitten hatte. Denn in der Zelle lag eine weibliche Leiche, der man den Leib aufgeschnitten hatte. In derselben Zelle hing an derselben Wand noch ein gekreuzigter Priester. Auch ihn konnte man an der Tonsur erkennen. Die Augenhöhlen dieses Priesters machten den Eindruck, als wenn sie leer seien. In der Zelle lagen noch viele Leichen herum, die zum Teil gräßlich verstümmelt waren. Ich habe eine Frau gesehen, der man die Brust abgeschnitten hatte, einer anderen waren die Ohren abgerissen. Bei anderen Leichen konnte man sehen, daß man ihnen im Gesicht einen Streifen Haut herausgerissen hatte, andere lagen mit gebrochenen Gliedern da. Bei einer anderen Leiche konnte ich feststellen, daß ihr der Mund mit grobem Zwirn zugenäht worden war. Ich will noch ergänzen: Ich habe es nicht nur bei einer Leiche, sondern bei dreien festgestellt. Nachdem ich soviel Grausamkeiten gesehen hatte, bin ich nicht mehr weitergegangen, sondern habe vor Entsetzen das Gefängnis wieder verlassen. Einen Vorfall möchte ich noch schildern, den ich in der betreffenden Zelle gesehen habe: Ein Mädchen im Alter von etwa zwölf Jahren, das sich im Firmungskleid befand, hatte man mit der rechten Hand und mit dem linken Bein an die Wand geschlagen. Das Bein hatte man ganz hochgezogen. Der Unterleib war fast bis zur Brust aufgerissen."

In einem in der Kadecka-Gasse befindlichen Waisenhaus Lembergs sah der Zeuge Chruslicki in einem Zimmer etwa 30 Kinderleichen hängen. Es handelte sich um Kinder im Alter von 6 bis 15 Jahren. Die Kinder hatte man mit einem Haken im Mund aufgehängt. Sie hingen an den Wänden und an der Decke. Sie waren teilweise bekleidet und teilweise entkleidet. Bei den entkleideten Kindern konnte man feststellen, daß sie vorher mißhandelt worden waren.

Die Zeugin Sobonkiewicz bekundet über ihre Feststellungen in dem NKWD-Gefängnis folgendes unter Eid:

„Am Montag, dem 30. Juni und auch am folgenden Dienstag ging ich in das NKWD-Gefängnis, um Nachforschungen nach meiner Freundin Olga Baliska anzustellen, die drei Tage vor Kriegsausbruch aus politischen Gründen vom NKWD festgenommen worden war. Ich habe auch die Leiche meiner Freundin gefunden. Ich fand sie in einem furchtbaren Zustand. Der Hinterkopf war zerschmettert, so daß die Gehirnmasse heraussah. Die rechte Gesichtshälfte war blau verfärbt, die linke blutüberströmt. Der rechte Oberschenkel war gänzlich blau verfärbt. Neben der Leiche meiner Freundin lag eine andere weibliche Leiche. Um Hüften und Leib herum war diese blau verfärbt. Man hatte den Eindruck, daß sie um den Leib herum gequetscht worden sei. Dieselben Merkmale wiesen auch die Oberschenkel auf. Weiter lag dort noch eine dritte weibliche Leiche. Diese wies auf dem Oberschenkel Brandmerkmale auf. Die linke Brust war abgeschnitten. Auf der Wunde befand sich ein Verband, der offensichtlich aus einem zerrissenen Hemd hergestellt worden war. Denselben Verband wiesen auch die Oberschenkel auf. Wir suchten nach Schußwunden, konnten jedoch solche nicht erkennen. Wir fanden vielmehr auf der Schädeldecke eine Verletzung, als wenn sie mit einem Meißel geschlagen worden wäre. Ich sah weiter eine männliche Leiche, der man die Hosen heruntergezogen hatte. Man hatte dieser Person das Geschlechtsteil abgeschnitten. Eine Frau, die diese Leiche identifizieren wollte, griff in die Tasche des Mantels, mit dem die Leiche bekleidet war, in der Annahme dort Dokumente zu finden. Sie holte ein kleines Päckchen, in Zeitungspapier gewickelt, heraus. Als sie das Päckchen öffnete, lagen darin die Geschlechtsteile des Mannes. Dieselbe Leiche wies im Nacken eine tiefe Schnittwunde auf. Im Keller des Gefängnisses sah ich ein zwölf Jahre altes Mädchen hängen. Man hatte ihr einen Schinkenhaken in den Mund getrieben und sie daran an einer eisernen Stange, die aus der Wand herausragte, aufgehängt. Das Kleid der Leiche war vollkommen mit Blut besudelt. Auch das Gesicht war blutüberströmt. Ich sah hunderte von Leichen. Sie wiesen mehr oder minder Mißhandlungsmerkmale auf."

Der Zeuge Czucha hat am 1. Juli in dem NKWD-Gefängnis, unter anderen grausamen Bildern, die Leichen von zwei Knaben im Alter von acht bis zwölf Jahren gesehen, die mit den Händen zusammengebunden waren. Dem einen hatte man ein Bein in der Hüfte ausgerissen, dem anderen den linken Arm aus der Schulter. Die Augenhöhlen beider Knaben waren leer. Dem einen Knaben war der Hinterkopf zertrümmert, die Leiche des anderen Knaben wies lange Schnittwunden im Rücken auf. In derselben Zelle lagen etwa 90 Leichen aufeinander getürmt.

Kapitel C. 2

Greueltaten der Bolschewisten gegen die Zivilbevölkerung im Baltikum

Neben den Ukrainern hatten die Bewohner der drei baltischen Republiken Litauen, Lettland und Estland besonders unter den Verfolgungen der Bolschewisten zu leiden. Folgende Fälle stellen nur einen kleinen Ausschnitt aus den grausamen Ereignissen dar, die sich im Baltikum abspielten.

Fall 298

Am 25. Juni 1941 erschien in dem russischen Konzentrationslager Rumschischke (bei Kowno), in dem sich zeitweise 450 Litauer befanden, ein russischer Panzerwagen. Auf Befehl des Führers des Panzerwagens mußten alle Insassen des Lagers auf den Hof hinaustreten, auch die litauische Lagerbewachung. Auf diese Leute wurde dann aus dem Panzerwagen das Maschinengewehrfeuer eröffnet. Nach der Bekundung des Zeugen Dr. med. Garmus aus Kowno sind auf diese Weise ungefähr 300 Litauer hingemordet worden. Die Bolschewisten warfen dann noch Handgranaten auf ihre Opfer. In einer Zelle wurde die Leiche eines durch Bajonettstiche ermordeten Mannes gefunden. Unter den Ermordeten lag auch eine im neunten Monat schwangere Frau. Die Bolschewisten versuchten dann noch, die Leichen mit Dynamit in die Luft zu sprengen, was ihnen jedoch nicht gelang.

Fall 299

In Schaulen wurden am 29. Juni 1941 insgesamt 72 verscharrte Leichen von Litauern aufgefunden. Der Zeuge Dr. Bruss, Unterarzt einer Sanitätskompanie, nahm eine Leichenschau vor. Über deren Ergebnis hat er folgendes berichtet:

„Als ich um 10.45 Uhr am Tatort eintraf, fand ich ein Bild unvorstellbarer menschlicher Roheit vor. Es lagen dort 72 männliche Leichen nebeneinander in vier Reihen. Sämtlichen waren die Hände auf dem Rücken zusammengebunden, im Mund stak ein Knebel, die Haut konnte abgehoben werden und es waren überall an den Körpern, teilweise vom Kopf bis zu den Füßen, Hautfetzen abziehbar, die als sichere Verbrennungen oder Verbrühungen zweiten Grades anzusehen waren. Die wenigen Bekleidungsstücke, die die Leichen noch anhatten, waren zerrissen und durchblutet. Bei der Inspektion der Leichen konnte man überall am Körper Hämatome größeren Ausmaßes, herrührend von Kolbenschlägen, feststellen. Die Schultergelenke waren teilweise exartikuliert. An einer Hand fand ich den Daumen herausgerissen, an einem Scrotum eine ödematöse bläulich verfärbte Schwellung, an dem der Penis blutig zerhackt war. Das Grauenvollste aber sah man an den vollkommen geschändeten Schädeln. Sämtliche der 72 Leichen waren aufs Grauenvollste verstümmelt. Ich sah ausgestochene Augen, vollkommen deformierte Unterkiefer, zerbrochene Nasenbeine, abgerissene Ohren und größere Defekte am Halse. Schädeldecken waren größtenteils vollkommen zertrümmert. Ich sah doppelfaustgroße Höhlen von zertrümmerten Schädeln, aus denen das Gehirn vollkommen fehlte oder blutig zerfetzt heraushing. Andere wieder zeigten Einschüsse von Kleinfingernagelgröße an den Stirnpartien mit Ausschuß von Handtellergröße in der Okzipitalgegend, andere wieder mit Einschüssen an der zuletzt beschriebenen Stelle und als Ausschußstellen fand ich Zertrümmerungen der Stirnpartien, als typische Genickschüsse. Die Gesichtsvorderteile waren blutig verquollen und verschmiert."

Fall 300

Nach einem Bericht der Geheimen Feldpolizei wurden am 22. Juni 1941 die drei litauischen Prieser Balsys, Petrikas und Dabrila aus dem Kirchdorf Laukelischkai von fünf russischen Soldaten in einem Lkw verschleppt und später im Wald, drei Kilometer von Bartininkai, beraubt und ermordet aufgefunden. Die Leichen der Priester wiesen zahlreiche Schuß- und Stichwunden auf. In den letzten Tagen vor dem Einmarsch der deutschen Truppen in Rositten (Lettland) fanden unter der lettischen Intelligenz Massenverhaftungen statt. Nach dem Einzug der deutschen Truppen wurden die Leichen von 34 Letten, die bis zur Unkenntlichkeit verstümmelt waren, aufgefunden. Nach Angaben des Zeugen Pilsums waren den unglücklichen Opfern die Haut von den Händen und die Fingernägel von den Fingern abgezogen, die Zungen, Nasen und Ohren abgeschnitten. Schußverletzungen wurden an den Leichen nicht gefunden, so daß anzunehmen ist, daß die verhafteten Letten durch Schläge und andere Folterungen zu Tode gequält worden sind.

Fall 301

Auf der Halbinsel Sorve auf Ösel wurden von Angehörigen einer schweren Artillerie-Abteilung am 28. September 1941 bei der Einrichtung einer Befehlsstelle die Leichen von verschiedenen Esten mit schwersten Wunden aufgefunden. So waren einer männlichen Leiche die Geschlechtsteile abgeschnitten. Der Este war offenbar an dieser Verletzung verblutet. Eine ältere Frau wurde mit eingeschlagenem Schädel aufgefunden. Die Leiche eines zwölfjährigen Knaben wies schwere Verletzungen an Brust, Bauch und Rücken durch Schüsse und Bajonettstiche auf. Brust und Rücken des Kindes waren völlig zerfetzt. In einem Nachbargehöft wurden zwei weitere Leichen durch die deutschen Soldaten entdeckt. Die eine Leiche war vollständig verkohlt, die zweite Leiche in der Gegend der Geschlechtsteile stark mit Blut besudelt. In einem Bunker wurden die Leichen einer älteren Frau und in der Nähe dieses Bunkers die Leichen einer etwa 30jährigen Frau mit einer tödlichen Verletzung am Hinterkopf und eines achtjährigen Kindes aufgefunden, das offensichtlich durch Bajonettstiche in die Brust getötet worden war.

Kapitel D

Kannibalismus unter russischen Kriegsgefangenen sowie an deutschen Gefallenen

Von den vorstehend geschilderten unmenschlichen und schimpflichen Brutalitäten der russischen Wehrmacht ist es kaum noch ein Abstieg zu dem Kannibalismus, den russische Kriegsgefangene in deutschen Sammellagern untereinander bewiesen haben.

In der Anlage werden die Protokolle vom 11. bis 16. November 1941 über Menschenfresserei im Stalag 360, vom 28. November, 8. und 14. Dezember 1941 über Menschenfresserei im Stalag 357 und ferner die Protokolle vom 29. November sowie 6. und 8. Dezember 1941 über Menschenfresserei im Stalag 305 vorgelegt. Das besonders grauenvolle kannibalische Unwesen im letztgenannten Lager ist durch Lichtbildaufnahmen der Opfer und der Täter belegt. Fall 305 berichtet von Kannibalismus an gefallenen deutschen Soldaten.

Fall 302

Über Kannibalismus im Stalag (Kriegsgefangenen-Mannschaftslager) 360 berichten die folgenden Protokolle.

Dokumente zu Fall 302

Gericht des Wehrmachtbefehlshabers Ukraine
Tl. 4/41

O. U., den 25.11.1941

An das Oberkommando der Wehrmacht
– Wehrmacht-Untersuchungsstelle für Verletzungen des Völkerrechts –

Betrifft: Kannibalismus in russischen Kriegsgefangenenlagern.

In der Anlage werden unter Zeugeneid aufgenommene Vernehmungen über Fälle von Kannibalismus im Stalag 360, Lager II und III, in Rowno übersandt. Die Fälle haben sich in der Zeit von Ende Oktober bis 10.11.1941 ereignet. Die in je zweifacher Ausfertigung beigefügten 6 Lichtbildvergrößerungen beziehen sich auf die aus den Aussagen der Zeugen Oberstarzt Dr. Kritzler-Kosch und Lagerarzt Dr. Prost (14. bzw. 7. Zeuge in der Vernehmungsniederschrift) sich ergebenden vier Fälle.

Im Lager III des Stalag 360 haben sich die Fälle von Kannibalismus fortgesetzt. Auch treffen aus anderen Stalags laufend Meldungen über das Auftreten solcher Fälle ein. Es wird angefragt, ob auch diese Fälle in derselben Weise wie die vorliegenden behandelt, ob also insbesondere über jeden Fall eidliche Zeugenvernehmungen durchgeführt werden sollen.

Bei der zu treffenden Entscheidung wird gebeten, die oft außerordentlichen Schwierigkeiten, die sich aus den winterlichen Verhältnissen und dem mit der Transportfrage zusammenhängenden Problem der Raumüberwindung ergeben, zu berücksichtigen.

[Anlage:] 15 Lichtbilder.

gez. Allminghoff, Oberkriegsgerichtsrat der Luftwaffe, Beglaubigt: Ministralregistrator

Gericht des Wehrmachtbefehlshabers Ukraine **O. U., den 11. November 1941**

Gegenwärtig: 1.) Feldkriegsgerichtsrat Schulte
2.) Gefr. Fiedler als Protokollführer verpflichtet gem. §§ 104 Abs. 3, 22 Abs. 2 MStGO

Nach Besprechung des Sachverhalts mit dem Lagerkommand[anten], Sonderführer Kühn, werden folgende Zeugen vernommen, nachdem sie mit dem Gegenstand der Vernehmung bekanntgemacht, zur Wahrheit ermahnt und auf ihre Beeidigung unter Hinweis auf die Folgen eines Meineids oder Falscheids hingewiesen waren:

1. Zeuge Alfred Kühn, Sonderführer, Lagerkommandant

Zur Person: Ich heiße Alfred Kühn, 40 Jahre alt, Kommandant des Russen-Kriegsgefangenenlagers Stalag 360, Lager III, Rowno, von Zivilberuf Landwirt, verheiratet.

Zur Sache: Es war erstmals am 30. Oktober 1941, als mir Wachtmannschaften meldeten, daß man unter den in der Nacht verstorbenen Kriegsgefangenen Leichen gefunden hätte, denen Fleischteile fehlten, und daß wahrscheinlich ein Fall von Menschenfresserei vorliege. Ich ging mit ihnen hinaus und fand 2 Leichen vor. Diesen Leichen fehlten Fleischstücke im Ober- und Unterschenkel. Ich hatte den Eindruck, daß sie herausgetrennt waren.

Ich habe darauf bekanntgemacht, daß jeder, der Menschenfleisch fräße oder handelte, erschossen werde.

Am andern Morgen waren wieder angeschnittene Leichen da, es waren 7-8. Auch bei ihnen fehlten Fleischteile an den Ober- und Unterschenkeln, an einigen fehlte auch die Bauchdecke. Auch waren einige Leichen regelrecht ausgew[e]idet, indem man sie aufgeschnitten und Herz und Lunge herausgenommen hatte.

Diese Vorfälle wiederholten sich in den folgenden Nächten.

Ich nahm darauf Untersuchungen vor und fand in Eßgeschirren, Manteltaschen und Brotbeuteln Leichenteile. An einigen Feuerstellen, wo sich die Gefangenen ersparte Lebensmittel zuzubereiten pflegten, entdeckten wir in den Kochgeschirren, die auf dem Feuer standen, Menschenfleisch.

Die Kriegsgefangenen erklärten zumeist, sie hätten das Fleisch von anderen Kriegsgefangenen erhandelt. Zum Teil waren nach ihren Aussagen etwa 250 Rubel für ein handtellergroßes Stück gefordert und gegeben worden.

Diese Funde von Leichenstücken wurden zumeist in solchen Quartieren gemacht, wo Asiaten lagen, insbesondere Usbeken. Es wurden aber auch Leichenteile bei Ukrainern gefunden.

Ich selbst war Zeuge folgenden Vorfalls: Bei Besichtigung der Leichen an einem Morgen trat plötzlich ein Kriegsgefangener, der meines Erachtens kein Asiate war, an den Leichenhaufen heran und schlug mit einem stumpfen Gegenstand einer Leiche den Kopf ab und entnahm daraus das Gehirn und steckte es in seinen Kochgeschirrdeckel.

Die Fälle von Menschenfresserei nahmen nach Maßregelung der asiatischen Kriegsgefangenen ab, es traten aber immer noch vereinzelte Fälle auf. Etwa alle 2 Tage waren erneute Einzelfälle festzustellen. Der letzte Fall wurde noch gestern, 10. November 1941, festgestellt. Es wurden 2 Leichen aufgefunden, denen wieder Herz und Lunge fehlten.

Ob die Kriegsgefangenen ihre Mitgefangenen zum Zweck des Auffressens getötet oder sich nur Stücke aus Leichen bereits Verstorbener herausgeschnitten haben, weiß ich nicht. An den angeschnittenen Leichen war hierüber nichts feststellbar. Es ist mir allerdings bei einer Leiche aufgefallen, daß sie blaurote Würgemale am Halse hatte. Ferner ist mir bekannt, daß ein Wachtposten auf das Schreien eines Kriegsgefangenen nachts in ein Quartier eingedrungen ist und dann im Schein seiner Taschenlampe sah, wie mehrere asiatische Kriegsgefangene sich an einer Leiche zu schaffen machten und Fleischstücke aus ihr herausschnitten. Den Namen dieses Wachtsoldaten kann ich nicht angeben. Er war von der 1./302 Wach-Btl. gestellt. 2 von den Asiaten hat der Wachposten auf der Stelle erschossen. Wegen der übrigen ließ ich die im Quartier befindlichen Kriegsgefangenen auffordern, sie uns binnen einer bestimmten Frist auszuliefern. Als nach Ablauf dieser Frist eine Auslieferung nicht erfolgte, ließ ich eine neue Frist setzen und bekanntgeben, daß jeder zehnte Mann des Quartiers erschossen werde, wenn nicht binnen der neuen Frist die Auslieferung erfolgte. Darauf wurden uns 7 Asiaten als Täter gebracht. Die Belegschaft dieses Quartiers betrug etwa 1.100 Mann, es waren zumeist Ukrainer. Diese wagten aus Furcht vor den 7 Asiaten nicht, gegen sie vorzugehen, sondern konnten erst durch Androhung des Erschießens hierzu gebracht werden.

Unter den asiatischen Kriegsgefangenen waren Usbeken, Armenier, Kirgisen, Turkmenen, Kasachen. Es hat sich nicht feststellen lassen, ob Angehörige aller dieser oder nur einzelner Stämme an den Menschenfressereien beteiligt waren. Geständig war niemand. Die ukrainischen Kriegsgefangenen bezeichnen die Asiaten ausnahmslos als Menschenfresser (sie nennen sie das „schwarze Volk"). Beim Verhör erklärte mir ein Usbeke, sie seien zu Hause ein Nomadenvolk und lebten nur von Fleisch, das sie unzubereitet (roh) äßen. Er fügte hinzu, es sei schade, daß hier das gute Fleisch vergraben werde. Hiermit meinte er die Leichen der Kriegsgefangenen.

v. g. u., gez. A. Kühn
Der Zeuge leistete den Zeugeneid.

2. Zeuge Obergefr. Alfred Weigel.

Zur Person: Ich heiße Alfred Weigel, 44 Jahre alt, Obergefreiter, Verpflegungsunteroffizier bei Stalag 360, Lager III, in Rowno, im Zivilberuf Schlosser, geschieden.

Zur Sache: Ich habe in der Zeit ab 30. Oktober 1941 des Morgens an den Leichen in der Nacht verstorbener Kriegsgefangener an mehreren Tagen festgestellt, daß aus den Leichen Fleischstücke herausgeschnitten waren. Es handelte sich um Entfernung von Fleischstücken aus Ober-, Unterschenkel, Gesäß, um Brust- und Bauchteile. Auch waren einzelne Leichen regelrecht ausgew[e]idet, indem man sie aufgeschnitten und Herz und Lunge herausgenommen hatte. Bei Untersuchungen wurde dann – wie ich selbst gesehen habe – festgestellt, daß in Kochgeschirren, Brotbeuteln und Manteltaschen von Kriegsgefangenen Fleischteile von Leichen waren. Bei den Feststellungen haben wir auch Kriegsgefangene angetroffen, die gerade an ihren Feuerstellen dabei waren, Fleischstücke von Leichen zuzubereiten. Sie hatten diese Fleischstücke auf einen Stock gespießt und rösteten sie über dem Feuer. In 2 Fällen haben wir Kriegsgefangene festgestellt, die solche geröstete[n] Fleischstücke an andere verkauften.

Die ukrainischen Kriegsgefangenen beschuldigten die asiatischen der Täterschaft. Es wurden aber auch Leichenteile bei Ukrainern vorgefunden. Ob diese nun selbst das Fleisch aus den Leichen geschnitten oder nur gehandelt haben, kann ich nicht sagen. Es kam auch vor, daß die Ukrainer die Leichenteile weiterverkauften. Ob ukrainische Kriegsgefangene Leichenfleisch gefressen haben, kann ich nicht sagen. Gemaßregelt [worden] sind wegen Menschenfresserei asiatische Kriegsgefangene [...] und solche Ukrainer, bei denen man Fleisch vorgefunden hat.

Ob die beteiligten Kriegsgefangenen ihre Mitgefangenen zum Zwecke des Auffressens getötet oder aber nur aus Leichen bereits Verstorbener sich Stücke ausgeschnitten haben, kann ich nicht angeben. Irgendwelche Anzeichen an den Leichen, die nach der einen oder anderen Richtung gedeutet hätten, habe ich nicht bemerkt.

v. g. u., gez. A. Weigel
Der Zeuge leistete den Zeugeneid.

3. Zeuge Karl Rau.

Zur Person: Ich heiße Karl Rau, bin 21 Jahre alt, Dolmetscher bei Stalag 360, Lager III, Volksdeutscher aus Saratow in Rußland, im Zivilberuf Bauer, verheiratet, lutherischer Konfession.

Zur Sache: Es waren bereits Untersuchungen wegen Fälle[n] von Menschenfresserei eingeleitet worden, als eines Vormittags gegen 10 Uhr ein deutscher Wachtposten mich und einen anderen Dolmetscher und den Obergefreiten Weigel, der vor mir als Zeuge vernommen worden ist, herbeirief und uns sagte, er habe in einem von ihm bewachten Quartier soeben einen Fall von Menschenfresserei aufgedeckt. Wir liefen in das Quartier hinein und sahen noch gerade, wie ein Kriegsgefangener an einer Leiche sich zu schaffen machte und ihr Stücke aus Ober- und Unterschenkel ausschnitt. Auf Befragen bezeichnete er uns alle jene Mitgefangenen, die ebenfalls von dieser Leiche bereits Fleischstücke ausgeschnitten hatten. Eine Durchsuchung in den Eßgeschirren dieser Gefangenen förderte Menschenfleisch zutage. Der Kriegsgefangene, den wir bei der Leiche überrascht hatten, war ein Asiate, meines Erachtens ein Usbeke. Auch die anderen Gefangenen, bei denen wir Menschenfleisch vorfanden, waren mit einer Ausnahme (Russe) Asiaten, meines Erachtens Usbeken.

Auch sonst habe ich noch morgens bei den Leichen festgestellt, daß in einigen Fällen Fleischstücke aus Ober-, Unterschenkel und aus dem Gesäß herausgeschnitten waren. Ob ausgew[e]idete Leichen, denen Herz und Lunge fehlte, aufgefunden worden sind, weiß ich nicht. Ich habe nur erlebt, daß eines Morgens auch eine Leiche dort lag, der die Haut etwa ab Brusthöhe nach unten abgezogen war. Wo die Haut war, weiß ich nicht.

Ob die Menschenfresser ihre Mitgefangenen zum Zweck des Auffressens geschlachtet oder nur aus Leichen bereits Verstorbener sich Stücke herausgeschnitten haben, kann ich nicht sagen. Auf unsere Frage haben die Kriegsgefangenen stets geantwortet: sie hätten die Stücke nur aus Leichen bereits Verstorbener herausgeschnitten. Irgendwelche Merkmale an den Leichen, die nach der einen oder anderen Richtung hätten gedeutet werden können, habe ich nicht bemerkt. Die Leichen waren bis auf die Einschnitte unbeschädigt. Ob die Asiaten in ihrer Heimat Menschenfresser sind, kann ich nicht sagen. Ich kann auch nicht den Grund angeben, warum hier die Fälle von Menschenfresserei vorgekommen sind.

Ich beherrsche die deutsche Sprache gut, ich bin Volksdeutscher aus dem Wolgagebiet. Ich habe jede Frage gut verstanden und habe sie auch ohne Schwierigkeiten beantworten können.

v. g. u., gez. Rau

Der Zeuge leistete den Zeugeneid.

[...]

Gericht des Wehrmachtbefehlshabers Ukraine **O. U., den 12.November 1941**

Gegenwärtig: 1.) Feldkriegsgerichtsrat Schulte
2.) Gefr. Fiedler als Protokollführer verpflichtet gem. § 104 III, 22 II MStGO

Auf Ersuchen erschienen nachstehende Zeugen. Sie wurden mit dem Gegenstand ihrer Vernehmung bekannt gemacht, zur Wahrheit ermahnt, auf ihre Beeidigung und die Folgen eines Meineids oder Falscheids hingewiesen und sodann wie folgt vernommen:

5. Zeuge Uffz. Johannes Winkler.

Zur Person: Ich heiße Johannes Winkler, bin 42 Jahre alt, Unteroffizier, 1./Ld.Schtz.Batl. 303, im Zivilberuf Tuchweber, verh.

Zur Sache: Ich bin im Stalag 360, Lager III, in Rowno ab und zu als Wachhabender eingesetzt. Am 8. November 1941 kam ein Angehöriger der dortigen ukrainischen Wachmannschaften zu mir und forderte mich auf, mit ihm zu einem Gefangenenquartier zu gehen, vor dem ein Haufen von Leichen lag, die von den Kriegsgefangenen am Morgen aus dem Quartier herausgeschafft worden waren. Unter diesen zeigte mir der Ukrainer mehrere, denen Fleischstücke fehlten. Und zwar waren aus Unter- und Oberschenkel Stücke herausgeschnitten. Der Anblick war so ekelhaft, daß ich nicht näher hingesehen habe. Sonstige Verletzungen an den Leichen habe ich nicht festgestellt. Ich kann daher auch nicht sagen, ob die Kriegsgefangenen ihre Mitgefangenen eigens zum Zwecke der Menschenfresserei getötet oder aber nur die Leichen bereits Verstorbener angeschnitten haben. Über sonstige Fragen, ob europäische Russen oder nur Asiaten sich der Menschenfresserei hingeben und welche Gründe die Kriegsgefangenen zur Menschenfresserei gebracht haben mögen, habe ich mir keine Gedanken gemacht und weiß es auch nicht.

Ab und zu bin ich Wachhabender im Lager II des Stalag 360. Am 4. oder 5. November 1941 wurde mir von einem russischen Sanitätssoldaten dort die Leiche eines Kriegsgefangenen gezeigt, der ebenfalls Fleischstücke im Unter- und Oberschenkel fehlten. Sonstige Schnitte an der Leiche habe ich nicht bemerkt. Ich erinnere mich allerdings, daß auf der Stirn der Leiche sich Blut befand. Ob der Schädel ein Loch oder eine andere Beschädigung aufwies, habe ich nicht festgestellt. Ich habe mich darum auch nicht gekümmert. Auch in diesem Falle kann ich nicht sagen, was der Grund für die Menschenfresserei gewesen ist. Ich weiß auch hier nicht, ob die Menschenfresser den Kriegsgefangenen vorher getötet oder nur dessen Leiche angeschnitten hatten.

v. g. u., gez. Uffz. Winkler

Der Zeuge leistete den Zeugeneid.

[...]

Auf Ersuchen erschien der Assistenzarzt Dr. Josef Prost und wurde nach Hinweis auf seine spätere Vereidigung wie folgt vernommen.

7. Zeuge Dr. Josef Prost.

Zur Person: Ich heiße Josef Prost, bin Assistenzarzt und Lagerarzt beim Stalag 360 in Rowno, 33 Jahre alt, im Zivilberuf praktischer Arzt, verheiratet.

Zur Sache: Als Lagerarzt erhielt ich etwa vor 14 Tagen die Meldung, daß man im Lager III, Stalag 360, vier Leichen von Kriegsgefangenen aufgefunden habe, an denen Fleischstücke entfernt worden seien und die zum Teil regelrecht ausgew[e]idet wären. An Ort und Stelle fand ich diese 4 Leichen vor. An 3 Leichen fehlten an Unter- und Oberschenkel sowie am Gesäß Fleischstücke, an der vierten Leiche waren dieselben Erscheinungen zu beobachten, außerdem war ihr der Brustkorb geöffnet, Herz, Lunge und Leber waren herausgenommen. Bei den Leichen lag ein Kochgeschirr, teilweise gefüllt mit Gehirn. U[nd] zw[ar] habe ich des näheren folgende Beobachtungen gemacht, die ich entsprechend meinen damaligen Aufzeichnungen nunmehr diktiere:

„4 Leichen:

1. Leiche: Gastrocnemius rechtes Bein, Oberschenkelmuskulatur rechts.
2. Leiche: Oberschenkelmuskulatur beiderseits.
3. Leiche: Brusthöhle leer: Lunge, Herz, Leber, Milz, Magen, Oberschenkelmuskulatur beiderseits.
4. Leiche: Oberarmmuskulatur und Oberschenkelmuskulatur beiderseits bis auf die Knochen.

Kochgeschirr mit Speiseresten (Fleisch, Gehirn)."

Meine damaligen Aufzeichnungen gebe ich hiermit zu den Akten.

In der folgenden Zeit, u[nd] zw[ar] bis in die letzten Tage wurden mir immer wieder vereinzelte Fälle von Menschenfresserei gemeldet. Im ganzen mögen es im Stalag 360 etwa 20 Fälle gewesen sein, die mir gemeldet worden sind. Die Besichtigung der Leichen ergab ähnliche Erscheinungen, wie ich sie oben beim ersten Mal beobachtet habe.

Ob die Kriegsgefangenen ihre Mitgefangenen zu dem Zweck der Menschenfresserei eigens getötet oder aber erst die Leichen bereits Verstorbener angeschnitten haben, kann ich nicht sagen. Ich habe an den Leichen auch nicht irgendwelche deutlichen Merkmale beobachtet, die eine Deutung in diesem Sinne einwandfrei zugelassen hätten. Meine persönliche Ansicht ist allerdings, daß die Menschenfresser Kameraden, die durch Hunger schon sehr erschöpft waren, noch den letzten Rest gegeben haben, um sie dann zu verzehren. Tatsächliche Anhaltspunkte für meine Ansicht habe ich, wie bereits gesagt, nicht. Soviel ich weiß, sind als Täter zumeist Angehörige asiatischer Stämme bezeichnet worden, u[nd] zw[ar] vor allem Usbeken. In Frage sollen kommen: Usbeken, Asmanen und Kasachen. Bei einer Unterhaltung mit Usbeken wiesen diese darauf hin, daß nicht sie in der Heimat Menschen schlachteten, sonder[n] nur die Kasachen.

Als Grund für den Kannibalismus im Stalag 360 nehme ich keinesfalls religiöse bzw. rituelle Motive an. Vielmehr führe ich das auf den Hunger, insbesondere auf den Fleischhunger gerade der asiatischen Stämme zurück. Wie mir bekannt ist, leben diese asiatischen Nomadenstämme in der Heimat zum Teil von rohem Fleisch. Ich nehme deshalb an, daß sie bei dem völligen Fleischmangel, den sie hier im Lager haben, nicht die nötigen Hemmungen aufbringen können, um sich an ihren Mitgefangenen kannibalisch zu betätigen.

Rituelle Motive für Menschenfresserei, insbesondere für die Ausw[e]idung der Leichen durch Entnahme von Brust- und Baucheingeweiden möchte ich schon deshalb verneinen, weil – wie mir ebenfalls gemeldet wurde – mit dem Menschenfleisch auch Handel unter den Kriegsgefangenen getrieben worden ist.

v. g. u., gez. Dr. Prost

Der Zeuge leistete den Zeugeneid.

Unter Bezugnahme auf den bereits geleisteten Eid erklärte der Zeuge noch folgendes:

Ich habe bei den besichtigten Leichen nur Angehörige der weißen Rasse (europäischen) gesehen, niemals einen Angehörigen der asiatischen Nomadenstämme. Schon daraus geht meines Erachtens hervor, daß als Täter nur Angehörige der asiatischen Stämme in Frage kommen.

v. g. u., gez. Dr. Prost

[...]

O.U., den 13. November 1941

Gegenwärtig: 1.) Feldkriegsgerichtsrat Schulte
2.) Sonderführer Lebedeff als Dolmetscher
3.) Gefr. Fiedler als Protokollführer verpflichtet gem. §§ 104 Abs. 3, 22 Abs. 2 MStGO

Nach Besprechung des Sachverhaltes mit dem Lagerkommandanten, Sonderführer Lebedeff, erscheinen auf Befehl folgende Zeugen. Sie werden mit dem Gegenstand ihrer Vernehmung bekanntgemacht, auf ihre Vereidigung hingewiesen, zur Wahrheit ihrer Aussage ermahnt und dann wie folgt vernommen:

9. Zeuge Leonti Kapanadze, Revierarzt.

Zur Person: Ich heiße Leonti Kapanadze, bin russischer Militärarzt (Kriegsarzt III. Rang). Im Zivilberuf Assistenzarzt beim Krankenhaus in Charkow, 29 Jahre alt, Dr. chir., verheiratet.

Zur Sache: Ich bin im Stalag 360, Lager II, russischer Revierarzt. Am 6. November 1941 suchte ich wie alltäglich die Unterkünfte der Kriegsgefangenen nach Leichen inzwischen Verstorbener ab. Hierbei kam ich an dem Keller einer Unterkunft vorbei, in der sich auch Kriegsgefangene befanden, und fand in dem Keller liegend die Leiche eines russischen Kriegsgefangenen. Es war nicht die Leiche eines Asiaten. Ich trat hinzu und bemerkte, daß aus der Leiche Fleischstücke herausgeschnitten waren. U[nd] zw[ar] fehlten Stücke an Ober- und Unterschenkel sowie am Gesäß. Aufgeschnitten war die Leiche nicht. Die Leiche hatte um den Hals ein Tuch gewickelt. Ich konnte jedoch nicht feststellen, daß Strangulationsmerkmale vorhanden waren. Dagegen wies die Leiche auf der Schäde[l]decke in der Gegend des Temporale zwei längliche Löcher auf. Die Schädeldecke war an dieser Stelle also zertrümmert. Ich überreiche eine Zeichnung hierüber zu den Akten. Der Kopf der Leiche lag auf der linken Seite. Der Kopf war mit Blut übersudelt. Die Löcher in der Schädeldecke weisen darauf hin, daß sie von Schlägen mit einem stumpfen länglichen Gegenstand herrühren, etwa einem Eisenstab.

Von dem Fund machte ich dem Lagerführer sofort Meldung. Anschließend sind die Unterkünfte der Kriegsgefangenen auf Fleischstücke durchsucht worden; es ist aber nichts gefunden worden. Meines Erachtens war der Tod bei der Leiche bereits etwa vor 24 Stunden eingetreten.

Nach Lage der Sache nehme ich an, daß der Kriegsgefangene getötet worden ist, um ihn zu verzehren. Dabei glaube ich nicht so sehr, daß der oder die Täter selbst das Fleisch gegessen haben. Vielmehr nehme ich an, daß der oder die Täter den Gefangenen getötet haben, um mit seinem Fleisch Handel zu treiben. Denn aus Hunger brauchten sie sich an Kriegsgefangenen nicht zu vergreifen, da die Lagerportionen ausreichen, um die Kriegsgefangenen vor Hunger zu schützen. Angehörige asiatischer Volksstämme allerdings haben einen solchen Fleischhunger, der mit der Lagerkost nicht befriedigt werden kann. In Ausnützung dieses Umstandes haben meines Erachtens der oder die Täter den Kriegsgefangenen getötet, um sein Fleisch an fleischhungrige Kriegsgefangene zu verkaufen, ohne vielleicht dabei die Tatsache, daß es sich um Menschenfleisch handelte, zu erwähnen. Der Verkauf von Fleisch und anderen Lebensmitteln ist ohne weiteres möglich, da die Kriegsgefangenen noch im Besitze von Geldmitteln sind.

Mir ist nicht bekannt, daß asiatische Volksstämme in der Heimat Kannibalismus trieben. Ich bin selbst Grusiner (geboren bei Tiflis) und kenne neben den Grusinen noch die Armenier und Tataren. Von allen 3 Volksstämmen kann ich sagen, daß Menschenfresserei bei ihnen nicht vorkommt. Ich habe aber auch nicht gehört, daß andere Volksstämme dort dem Kannibalismus huldigten, insbesondere habe ich das auch nicht von den Usbeken und Asmanen gehört. Ich weiß daher auch nichts darüber, ob religiöse bzw. rituelle Motive bei ihnen in dieser Hinsicht eine Rolle spielen. Richtig ist, daß die Angehörigen asiatischer Volksstämme einen großen Fleischhunger haben, der sich eben daraus erklärt, daß sie zumeist Nomadenvölker sind und von ihren Viehherden leben. Ich habe nicht gehört, daß diese Stämme etwa rohes Fleisch äßen, vielmehr bereiten sie das Fleisch vor dem Genuß zu. Die Tataren verabscheuen sogar Schweinefleisch, während allerdings umgekehrt Usbeken und Asmanen gerade fettes Fleisch bevorzugen.

Weitere Fälle als dieser eine oben geschilderte Fall sind im Lager II nicht vorgekommen.

Ich habe von den Fällen im Lager III gehört und weiß auch, daß dort Menschenfleisch gehandelt worden sein soll. Hierauf gründet sich meine oben wiedergegebene Vermutung, daß der Mord an dem Kriegsgefangenen hier im Lager deshalb erfolgt sei, um mit dem Leichenfleisch zu handeln.

Im übrigen möchte ich noch bemerken, daß im Winter 1932/33 anläßlich einer Hungersnot in der Ukraine Fälle von Menschenfresserei vorgekommen sind. Viele Dörfer wurden von ihren Bewohnern verlassen und man fand unter den zurückgebliebenen Leichen angefressene (angeschnittene) Stücke. Ich habe damals gerade in Odessa studiert und dort waren diese Vorgänge bekannt.

Leichen von Kriegsgefangenen, aus denen Fleischstücke zum Verzehr herausgeschnitten wurden

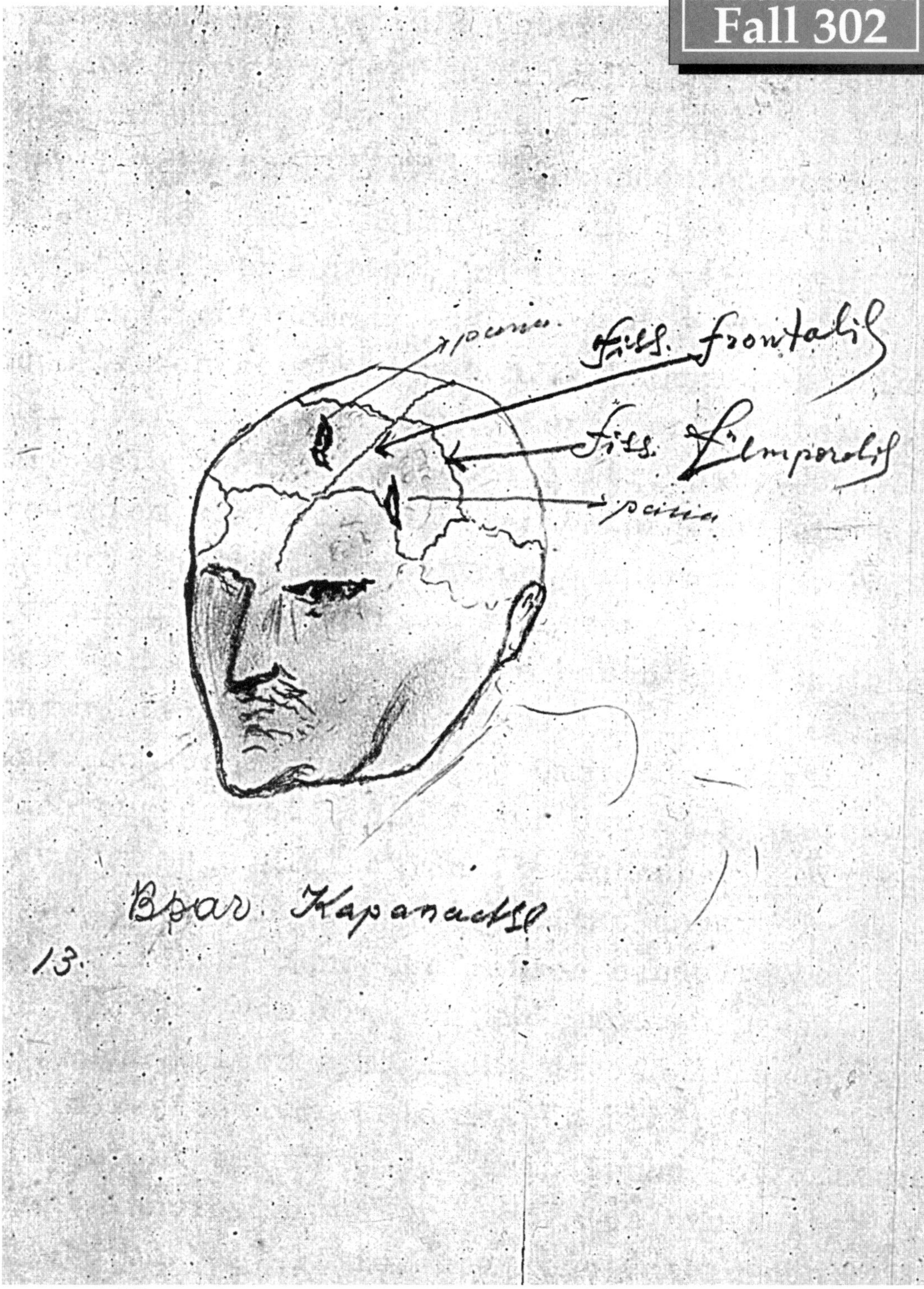

Skizze des Schädels einer Leiche, der mit einem stumpfen länglichen Gegenstand eingeschlagen worden war – vermutlich, um die Leiche zu verzehren. Die Skizze wurde durch Leonti Kapanadze, den russischen Revierarzt, angefertigt

Meine Erklärung, daß die Lagerportionen genügten, um die Kriegsgefangenen vor Hunger zu schützen, stehen nicht im Widerspruch mit der Tatsache, daß täglich im Lager Kriegsgefangene an Entkräftung sterben. Denn diese Lagergefangenen sterben nicht wegen unzureichender Lagerkost, sondern deswegen, weil sie bereits als völlig unterernährte und widerstandsunfähige Menschen in das Lager eingeliefert worden sind. Man muß bedenken, daß die Jahrgänge, aus denen sich der größte Teil der Kriegsgefangenen zusammensetzt, sich aus den Jahren 1918-1921 zusammensetzen, aus Jahren also, wo im Anschluß an den Zusammenbruch des Zarenreiches und der Aufrichtung der Sowjetrevolution Hungersnöte im ganzen Lande herrschten. Die Menschen dieser Jahrgänge sind daher bereits von Geburt an vermindert widerstandsfähig. Bereits der Anblick der völlig ausgemergelten Leichen, die nur noch aus Haut, Knochen und Bändern bestehen, lehrt ohne weiter[e]s, daß dieser Zustand nicht durch den Lageraufenthalt herbeigeführt sein kann, da diese Kriegsgefangenen bisher nur 1 Monat hier sind und in dieser Zeit selbst bei knapper Lagerkost nicht auf diesen völlig unterernährten Zustand heruntergewirtschaftet sein könnten.

Mir ist die Niederschrift meiner Vernehmung vorgelesen und sodann Satz für Satz von dem Dolmetscher, dem Lagerführer, übersetzt worden, ich habe alles Wort für Wort verstanden.

v. g. u., gez. Kapanadze

Der Zeuge leistete den Zeugeneid.

10. Zeuge Iwan Petritschenko.

Zur Person: Ich heiße Iwan Petritschenko, 23 Jahre alt, aktiver Feldscher in der Sowjetarmee, ledig.

Zur Sache: Ich habe an jenem Tage, als die Leiche gefunden wurde, mit dem russischen Revierarzt, dem Vorzeugen, zusammen die Unterkünfte der Kriegsgefangenen nach Leichen abgesucht und habe bei dieser Gelegenheit zusammen mit dem Revierarzt auch die angeschnittene Leiche gefunden. Der Leiche fehlten Fleischstücke in Oberschenkel und Unterschenkel sowie am Gesäß. Ferner war unterhalb der Rippen quer über den Leib ein Schnitt gezogen. Die Leiche war nicht aufgebrochen. Am Kopf wies die Leiche auf der Schädeldecke 2 Löcher auf. Der Kopf der Leiche war mit Blut besudelt. Ich habe nicht festgestellt, ob die Löcher die Schädeldecke durchbrachen.

Ich hatte den Eindruck, daß der Kriegsgefangene von Mitgefangenen umgebracht worden ist. Ob es zu dem Zweck geschah, um die Leiche zu verwerten, weiß ich nicht. Ob der oder die Täter die Leichenteile selbst verzehrt haben, kann ich nicht sagen. Sämtliche Nachforschungen verliefen ergebnislos. Ich nehme aber an, daß der oder die Täter nicht unbedingt selbst das Fleisch gefressen zu haben brauchen, vielmehr ist es durchaus möglich, daß sie es an Mitgefangene weiterverkauft haben, ohne selbst davon zu essen, u[nd] zw[ar] brauchen sie bei dieser Gelegenheit nicht unbedingt gesagt zu haben, daß es sich um Menschenfleisch handelt. Es ist möglich, daß es sich bei den Tätern um Angehörige asiatischer Stämme gehandelt hat, denn diese handeln bei jeder Gelegenheit und mit jedem Gegenstand, der ihnen in die Finger gerät. Sie verhandeln dabei zum Teil ihre eigenen Tagesportionen. Mir ist auch bekannt, daß man im Lager III Fälle von Handel mit Menschenfleisch aufgedeckt haben soll. Bemerken möchte ich noch, daß der Getötete nicht ein Asiate, sondern ein Europäer gewesen war.

Ob bei asiatischen Stämmen Fälle von Menschenfresserei vorkommen, weiß ich aus persönlicher Anschauung nicht. Ich selbst bin Ukrainer und zwar aus Uman. In der Schule allerdings ist uns gesagt worden, daß einige asiatische Stämme der Sowjetunion sich noch auf sehr niedriger Kulturstufe befänden und Menschen fräßen.

Richtig ist, daß auch in der Ukraine in dem Hungerwinter 1932/33 Fälle von Menschenfresserei vorgekommen sind. Damals wurde bekannt und stand auch in den Zeitungen zu lesen, daß vor allem Handel mit Menschenfleisch blühte.

Es ist sehr unwahrscheinlich, daß die, die darum wußten, daß es sich um Menschenfleisch handelte, selbst davon gegessen hätten. Vielmehr brachten diese Leute das Fleisch in den Handel und verkauften es an Ahnungslose, die also annahmen, sie kauften Tierfleisch. Zu diesem Zweck wurde das Fleisch nicht roh verkauft, sondern zubereitet, und zwar insbesondere als Fleisch in Gelee, in Aspik, in Sulzform u. dergl. In der Bevölkerung ging damals das Gerücht, daß insbesondere Juden diesem Handel mit Menschenfleisch oblagen, und zwar in Kenntnis des Umstandes, daß es sich nicht um Tier-, sondern eben um Menschenfleisch handelte.

Der Vorwurf, sie seien selbst die Täter, die entweder zu Fleischverkaufszwecken Menschen töteten oder aber Menschenleichen anschnitten, wurde den Juden nicht gemacht. Daß die angeblichen Fälle von Menschenfresserei bei asiatischen Stämmen auf religiöse oder rituelle Motive zurückgingen, wurde uns in der Schule nicht gesagt.

Ich glaube nicht, daß der im Lager II vorgekommene eine Fall von Menschenfresserei auf Hunger zurückzuführen ist. Die von mir angenommene Ursache habe ich bereits oben wiedergegeben.

Es ist richtig, daß im Lager täglich Kriegsgefangene an Unterernährung sterben. Das ist aber nicht auf unzureichende Lagerkost zurückzuführen, sondern auf folgende Umstände: einmal sind die Kriegsgefangenen bereits völlig unterernährt in das Lager gekommen, dann sind die Leute so verschmutzt und verdreckt, daß ihr Organismus notwendig hierunter leiden muß. Die Lagerkost reicht unter so unglücklichen, also in der Person der Kriegsgefangenen begründeten Verhältnissen nicht aus, die Menschen am Leben zu erhalten. Sie würde völlig ausreichen, wenn es sich um ordentlich ernährte Menschen handeln würde.

Mir ist die Niederschrift meiner Vernehmung vorgelesen und sodann Satz für Satz von dem Dolmetscher, dem Lagerführer, übersetzt worden. Ich habe alles genau verstanden und es ist richtig.

v. g. u., gez. Petritschenko

Der Zeuge leistete den Zeugeneid.

gez. Johann Lebedeff, Lagerführer als Dolmetscher, gez. Schulte, Feldkriegsgerichtsrat

gez. Gefr. Fiedler, Protokollführer, Beglaubigt: Ministerialregistrator

[...]

Gericht des Wehrmachtbefehlshabers Ukraine **O. U., 16. November 1941**

Gegenwärtig: 1.) Feldkriegsgerichtsrat Schulte,
2.) Gefr. Fiedler als Protokollführer verpflichtet gem. §§ 104 Abs. 3, 22 Abs. 2 MStGO

Auf Ersuchen erschienen nachstehende Zeugen. Sie wurden mit dem Gegenstand ihrer Vernehmung bekannt gemacht, zur Wahrheit ermahnt, auf ihre Beeidigung und die Folgen eines Meineids oder Falscheids hingewiesen und sodann wie folgt vernommen:

12. Zeuge ObGefr. Otto Zühlke

Zur Person: Ich heiße Otto Zühlke, bin 42 Jahre alt, Obergefreiter in der 1./Lds. Schtz. Batl. 303, im Zivilberuf Schneidermeister, verheiratet.

Zur Sache: Ich bin im Lager III des Stalag 360 als Streifenposten eingesetzt. In der ersten Novemberwoche, also ab 3. November 1941, bemerkte ich nach Übernahme der Streife um 23 Uhr, daß die Leiche eines Kriegsgefangenen, die ich bei meiner 4 Stunden vorher erfolgten Ablösung noch hatte vor einem Quartier liegen sehen, verschwunden war. Ich ging in das Quartier hinein und überraschte im Vorraum des Quartiers einen Kriegsgefangenen, der sich an der Leiche zu schaffen machte. Er hatte bereits aus der Leiche Fleischstücke aus den Oberschenkeln herausgeschnitten, er war gerade dabei, den Brustkorb zu öffnen. Er hatte die Ärmel bis zum Ellbogen aufgekrempelt, die Hände waren bis über das Handgelenk mit Blut übersudelt. Das blutige Messer hielt er in den Händen, er sah aus wie ein Schlächter. Ich habe ihn befehlsgemäß sofort erschossen.

Einige Tage später bemerkte ich bei einem Rundgang, daß einige Gefangene in ihren Kochgeschirren etwas am Feuer sich zubereiteten. Ich rief einen von ihnen an und befahl ihm, mit dem Kochgeschirr zu mir zu kommen. Denn ich hatte gehört, daß Kriegsgefangene Menschenfleisch sich zubereiteten. Er kam auf mich zu und hielt sein Kochgeschirr über meinen Kopf, so daß ich nicht hineinsehen konnte, und beteuerte dabei, er habe nur Wasser darin. Ich habe ihm darauf das Kochgeschirr aus der Hand gestoßen, so daß der Inhalt sich auf den Boden ergoß. Dabei stellte es sich heraus, daß das Kochgeschirr neben Wasser auch Fleischstücke enthielt, die in Gulaschform zugeschnitten waren. Die Fleischstücke sahen wie (mageres) Schweinefleisch aus. Da die Kriegsgefangenen keine Möglichkeit haben, Fleischwaren zu erwerben, so nehme ich an, daß es sich um Menschenfleisch gehandelt hat, zumal der Kriegsgefangene sich bemüht hat, mir den Einblick in das Kochgeschirr zu nehmen. Als ich ihn festnehmen wollte, entkam er in der Dunkelheit.

v. g. u., gez. Obgf. Zühlke

Der Zeuge leistete den Zeugeneid.

Unter Bezugnahme auf seinen Zeugeneid erklärte der Zeuge noch folgendes: Ich kann nicht genau sagen, ob die Leiche und der Täter in dem ersten Fall, über den ich vernommen worden bin, (europäische) Russen oder Asiaten waren. Ich möchte aber auf Grund der Erinnerung, die ich von dem Aussehen der Leiche sowohl wie des Täters noch habe, sagen, daß es sich nicht um asiatische, sondern um europäische Russen gehandelt hat. Weitere Beobachtungen habe ich über Fälle von Menschenfresserei nicht gemacht.

v. g. u., gez. Obgf. Zühlke

[...]

Gericht des Wehrmachtbefehlshabers Ukraine **O. U., den 16. November 1941**

Gegenwärtig: Feldkriegsgerichtsrat Schulte (ohne Protokollführer)

Nachstehender Zeuge wurde nach Hinweis auf seine Beeidigung wie folgt vernommen:

14. Zeuge Oberstarzt Dr. Kritzler-Kosch.

Zur Person: Ich heiße Hans Kritzler-Kosch, 53 Jahre alt, Oberstarzt, Leitender San.-Offz. beim Wehrmachtbefehlshaber Ukraine, verheiratet.

Zur Sache: Ich habe am 1.11.1941 auf Befehl des Oberquartiermeisters beim W B[fh.] Ukraine, Oberstleutnant im Generalstab Sichting, die am 31.10.1941 im Stalag 360 in Rowno gemeldeten 4 Leichen russischer Kriegsgefangener, die dem Kannibalismus usbekischer Kriegsgefangener zum Opfer gefallen waren, in Gegenwart meines San.Offz. z.b.V. Oberstab[s]arzt Dr. Holland und des Lagerarztes Ass.Arzt Dr. Prost ärztlich besichtigt.

Ich habe bei der Besichtigung ebenso wie der Ass.Arzt Dr. Prost die 4 Leichen fotografiert. Die Aufnahmen waren infolge des trüben Tages und des zur Zeit bestehenden Regens und Schneeschauers erschwert.

Befund:

Es handelt sich um 4 nackte, stark abgemagerte männliche Leichen, die zur späteren Beerdigung an einem abgelegenen Ort des Lagers (neben dem Sammelplatz für Verschrottungsgut) zusammengetragen worden waren.

Leiche 1: Die beiden Oberschenkel waren gänzlich von ihrer Muskulatur entblößt, so daß die Oberschenkelknochen völlig frei sichtbar waren.

Leiche 2: Die Bauchhöhle war durch einen Längsschnitt eröffnet. Der Bauchhöhle und Brusthöhle waren sämtliche Eingeweide (Lunge, Herz, Zwerchfell, Leber, Milz, Nieren und Därme) entnommen. Neben dem Kopf der Leiche lag ein Kochgeschirrdeckel mit einem halben menschlichen Großhirn, das einer 5. nicht vorhandenen Leiche angehören mußte, da die Schädel der 4 besichtigten Leichen unverletzt waren.

Leiche 3: Der Gesäßgegend waren beträchtliche Muskelfleischteile entnommen.

Leiche 4: Es fehlten Muskelfleischteile am vorderen rechten Oberschenkel in der Gegend von der Leiste bis zum unteren Schenkeldrittel.

An allen 4 Leichen fanden sich keine sonstigen Verletzungen wie Stiche, Würgemale oder dergleichen.

Gutachten:

Die entnommenen Leichenteile betrafen nur solche Körperteile, die sich zum Verzehren eignen (größere Muskelmassen, Bauchdrüsen, Eingeweide).

Ob die besichtigten Kriegsgefangenen vor der Fleisch- und Eingeweideberaubung eines unnatürlichen Todes gestorben sind oder ob die Entfernung der fehlenden Teile erst nach einem natürlichen Tod stattgefunden hat, ließ sich mangels entsprechender Mordverletzungen nicht entscheiden.

Es ist nicht ausgeschlossen, wenn auch nachträglich nicht zu beweisen, daß die Entnahme der mit höchster Wahrscheinlichkeit zum Verzehr bestimmten Teile bei noch bestehendem Leben wehrloser, dem Tode naher Menschen vorgenommen ist, daß also eine Schlachtung an Lebenden stattgefunden hat und daß dieser Eingriff den Tod herbeigeführt hat.

v. g. u., gez. Dr. Kritzler-Kosch, Oberstarzt
Der Zeuge leistete den Zeugeneid.
gez. Schulte, Feldkriegsgerichtsrat, Beglaubigt: Ministerialregistrator

Fall 303

Auch im Lager Szepetowka kam es zu Fällen von Kannibalismus. Dies geschah in der Hauptsache an Leichen bereits Verstorbener, in Einzelfällen wurden aber auch Gefangene eigens zum Zweck des Auffressens getötet.

Gericht des Wehrmachtbefehlshabers Ukraine **O.U., den 14. Dezember 1941**

An das Oberkommando der Wehrmacht,
Wehrmachtuntersuchungsstelle für Verletzungen des Völkerrechts, Berlin W 35, Tirpitzufer 72-76

Betr.: Menschenfresserei.
Auszug: StL. 33/41, Verfügung v. 3.11.41, Az. 2 f 28 WR (U) U 1210/41. Hierzu: 5 Dokumente.
In der Anlage werden zu vorstehendem Bezug die Urschriften der Protokolle über die Vernehmungen von 4 Wachmannschaften und 10 russischen Kriegsgefangenen über die im Stalag 357 in Szepetowka vorgekommenen Fälle von Menschenfresserei überreicht.

Bemerkt wird, daß nach den getroffenen Feststellungen im erwähnten Lager in etwa 100 Fällen Leichen aufgefunden wurden, an denen Fleischteile, besonders an den Beinen, Armen und an der Brust herausgeschnitten waren. Darüber hinaus sind in 8 bis 9 Fällen Leichen festgestellt worden, von denen alles Fleisch, einschließlich der inneren Organe, bis auf das Knochengerüst abgeschnitten bzw. herausgeschnitten oder abgekratzt war. In der Mehrzahl der Fälle ist dies an Leichen bereits Verstorbener geschehen. Nur in Einzelfällen werden die Russen ihre Mitgefangenen getötet haben. Eine einwandfreie Feststellung in dieser Richtung hat sich nur in zwei Fällen treffen lassen (vgl. die Vernehmung des Feldwebels Rosenthal). Dagegen beträgt die Zahl der Kriegsgefangenen, die in der Zeit von Mitte September bis Mitte Oktober 1941 aus den Leichen ihrer verstorbenen bzw. getöteten Mitgefangenen Fleisch herausgeschnitten haben, nach vorsichtiger Schätzung 400 bis 500.

Ursprünglich waren es hauptsächlich Asiaten und Kaukasier, die das Fleisch ihrer Mitgefangenen verspeisten. Dieser Umstand und die Tatsache, daß unter diesen Völkern die Usbeken die zahlenmäßig stärkste Gruppe bildeten, führte zu dem Schluß, daß die Menschenfresserei allgemein den Usbeken zur Last gelegt wurde. Bei der Überprüfung der im Stalag 357 vorgekommenen Fälle stellt sich jedoch immer mehr heraus, daß fast alle im Lager vertretenen sowjetischen Völker, insbesondere auch die Russen, aber auch die Ukrainer, Menschenfleisch aus den Leichen der verstorbenen bzw. getöteten Mitgefangenen herausschnitten, damit Handel getrieben und es in gekochtem oder gebratene[m] Zustand genossen haben. Am geringsten beteiligt erscheinen die Tataren und die strenggläubigen moham[m]edanischen Kaukasier.

I.A. gez. Dr. Petzke, Kriegsgerichtsrat, Beglaubigt: Sekretär

Gericht des Wehrmachtbefehlshabers Ukraine **Szepetowka, den 28. November 1941**

Gegenwärtig: Feldkriegsgerichtsrat Dr. Petzke
Gefreiter Fiedler als Protokollführer verpflichtet gem. §§ 104 Abs. 3, 22 Abs. 2 MStGO

Zum Zwecke der Aufklärung der im Stalag 357 in Shitomir vorgekommenen Fälle von Menschenfresserei begaben sich die vorstehend verzeichneten Gerichtspersonen am 27. November 1941 teils mittels Kraftwagens, teils mittels Eisenbahn nach Szepetowka. Dort wurden in der Kommandantur des Stalag 357 heute die nachfolgenden Zeugen vernommen.

Als Dolmetscher war Uffz. Kintzi beim Gericht des Wehrmachtbefehlshabers Ukraine zugezogen. Er erklärt, nachdem er auf die Bedeutung des Eides hingewiesen war:

Ich heiße Kintzi, Gustav, bin Unteroffizier, 20 Jahre alt gewesen, zur Zeit beim Gericht des Wehrmachtbefehlshabers Ukraine.

Hierauf leistete er den Dolmetschereid.

Auf Befehl erscheint 1. der Zeuge Korobka. Er erklärt, nachdem er auf die Bedeutung des Eides hingewiesen worden ist:

Zur Person: Ich heiße Korobka, Matwej Semjonowitsch, 33 Jahre alt gewesen, von Beruf Arzt (Psychiater), Russe, war erst 10 Tage zur Truppe eingezogen und 2 Tage als Arzt tätig, zur Zeit Leiter des Lazaretts im Kriegsgefangenen-Nebenlager Ostrog.

Zur Sache: Am 24. September 1941 wurde ich bei Borispol gefangen; nach Aufenthalt in anderen Lagern kam ich zunächst in das Kriegsgefangenenlager Szepetowka, später in das Lager Ostrog, in dem ich Leiter des Lazaretts bin. Wann ich nach Ostrog kam, kann ich heute nicht mehr angeben.

Vor längerer Zeit, es kann Anfang November 1941 gewesen sein, kam ein russischer Sanitäter zu mir und meldete, daß er festgestellt habe, daß an einer Leiche an deren Oberschenkel ein Stück

Fleisch herausgeschnitten worden sei. Ich habe die Wahrheit dieser Meldung festgestellt und diese Feststellung weiter an die Lagerleitung gemeldet. Meinem Personal habe ich aufgegeben, auf die Leichen genau aufzupassen und mir jede Schändung sofort zu melden. Ich habe auch Ansprachen an meine Mitgefangenen des Inhalts gehalten, daß es für Russen unwürdig sei, Menschenfleisch zu essen. Mitgefangene erklärten sich daraufhin auch bereit, mir die Täter zu nennen. Als solche wurden der ukrainische Veterinärfeldscher Bondarenko und der Mitgefangene Manko festgestellt. Beide erklärten auf Befragen, daß sie das Menschenfleisch sich beschafft hätten, um es zu kosten. Manko gab an, daß er das Stück Fleisch aus dem Oberschenkel der Leiche schnitt, lediglich auf Veranlassung Bondarenkos.

Mir gegenüber hat Bondarenko nicht erklärt, daß er sich das Menschenfleisch habe deshalb besorgen lassen, „weil es so nützlich sei".

Ich habe nicht mit eigenen Augen festgestellt, daß das Fleisch aus dem rechten Oberschenkel herausgeschnitten worden war, sondern ein Hilfsarzt im Lazarett. Die Tat ist aber an einer Leiche begangen worden, nicht an einem Menschen, der zuvor erst getötet worden ist, wie mir der Arzt meldete.

Die Tat ist mir deshalb unverständlich, weil alle Gefangenen täglich zweimal warme Kost erhielten und daher ausreichend verpflegt wurden. Manko hat auf Befragen erklärt, daß er auch an dem Tage der Tat ausreichend satt gewesen sei.

Ich bin der Ansicht, daß Bondarenko und Manko sich das Fleisch in der Hauptsache deshalb beschafft haben, um es zu verkaufen. Gefangene haben erzählt, daß er ihnen das Menschenfleisch für 50 Rubel oder für Wäsche angeboten habe.

Die vorstehende Niederschrift wurde dem Zeugen vom Dolmetscher in russischer Sprache vorgelesen, vom Zeugen genehmigt und von ihm, wie folgt, unterschrieben:

gez. M. Korobka
Der Zeuge leistete den Zeugeneid.
gez. Dr. Petzke, FKgRt., gez. Gefr. Fiedler

[...]

Auf Befehl erscheint 3. der Zeuge Fomin, er erklärt, nachdem er auf die Bedeutung des Eides hingewiesen worden ist:

Zur Person: Ich heiße Fomin, Wassil Iwanowitsch, 29 Jahre alt gewesen, von Beruf Traktorenführer, Ukrainer, seit dem 23. Juni 1941 Soldat beim 10. Inf. Rgt., seit Juli 1941 in Gefangenschaft.

Zur Sache: Ich befinde mich seit dem dritten Monat in Gefangenschaft im Waldlager Szepetowka. Ich gehöre jetzt der ukrainischen Hilfswachmannschaft (HiWa) an und bin als Mitglied dieser HiWa Hilfspolizist im Waldlager. Vorher war ich nur als Gefangenen-Lagerpolizist tätig. Unter anderem hatte ich den Auftrag vom Fw. Rosenthal, Gefangene zu beobachten, ob sie Menschenfleisch zu sich nähmen. Mit zwei anderen Kameraden habe ich in diesem Lager einmal hinter der Tür gestanden und dabei beobachtet (es war im 2. Stock), wie zwei Usbeken sich an einer Leiche zu schaffen machten. Die Leiche war nackt. Sie wurde von ihnen gedreht und gewendet. Schließlich schnitten sie mit einem gewöhnlichen Messer in den Oberschenkel ein. Einer schnitt sogar ein Stück Fleisch heraus und steckte es auf ein Stück Holz. Wir betraten sofort den Raum, nahmen die Gefangenen fest und übergaben sie dem Lagerkommandanten.

Weitere Fälle habe ich nicht gesehen.

Dieser Vorgang spielte sich im ersten Monat meiner hiesigen Gefangenschaft ab.

Die vorstehende Niederschrift wurde dem Zeugen vom Dolmetscher in russischer Sprache vorgelesen, vom Zeugen genehmigt und von ihm, wie folgt, unterschrieben:

gez. Wassil Fomin
Der Zeuge leistete den Zeugeneid.
gez. Dr. Petzke FKgRt., gez. Gefr. Fiedler

[...]

Auf Befehl erscheint 5. der Zeuge Martschenko. Er erklärt, nachdem er auf die Bedeutung des Eides hingewiesen worden ist:

Zur Person: Ich heiße Martschenko, Hrihori, 29 Jahre alt gewesen, von Beruf Bauer, Ukrainer, Soldat seit dem 23. Juni 1941 beim Inf. Rgt. 10 in Bjelaja Zerkow, seit dem 13. Juli in Gefangenschaft, zuletzt in der Stellung eines Sergeanten.

Zur Sache: Etwa 10 Tage nach meiner Gefangennahme wurde ich in das Kriegsgefangenenlager in Szepetowka überführt. Zunächst war ich Sanitätsgehilfe, jetzt gehöre ich der ukrainischen Hilfswachmannschaft an und bin Lagerpolizist. Vor einiger Zeit, einen näheren Zeitpunkt kann ich nicht mehr angeben, beobachtete ich einen Mitgefangenen, der mittels eines Messers aus dem Oberschenkel einer Leiche Fleischstücke herausschnitt. Ob der Gefangene zu diesem Zweck erst totgeschlagen worden war oder schon gestorben war, kann ich nicht angeben. Der Mitgefangene spießte das herausgeschnittene Fleisch auf einen Holzspan und hielt es über die Flamme eines Eisenherdes im Aufenthaltsraum. Dieser Anblick ekelte mich. Ich verließ sofort den Aufenthaltsraum und erzählte meine Beobachtungen deutschen Soldaten, die diesen Gefangenen und 2 andere, die auch Menschenfleisch gegessen haben sollten, festnahmen. Bei diesen Gefangenen handelte es sich um Nasmenen.

Die vorstehende Niederschrift wurde dem Zeugen vom Dolmetscher in russischer Sprache vorgelesen, vom Zeugen genehmigt und von ihm, wie folgt, unterschrieben:

gez. Martschenko Hrihori
Der Zeuge leistete den Zeugeneid.
gez. Dr. Petzke, FKgRt., gez. Gefr. Fiedler

[...]

Auf Befehl erscheint 7. der Zeuge Gotscherga. Er erklärt, nachdem er auf die Bedeutung des Eides hingewiesen worden ist:

Zur Person: Ich heiße Gotscherga, Alexei Pawlowitsch, 22 Jahre alt gewesen, von Beruf Arbeiter in einer Schuhfabrik, Ukrainer, Soldat seit Ende 1939 im Art. Rgt. 203 in Odessa, seit dem 7. Juli 1941 in Gefangenschaft.

Zur Sache: Ich bin Angehöriger der ukrainischen Hilfswachmannschaft. Ehe ich noch zur ukrainischen Hilfswachmannschaft gehörte, beobachtete ich, daß Kriegsgefangene im Ofen ihrer Unterkunft Fleisch kochten. Ich fragte sie, da ich wußte, daß es im Gefangenenlager kein Fleisch gab, woher sie das Fleisch hätten. Hierauf wurde mir von anderen Kriegsgefangenen (Ukrainern), die sich im Hintergrunde des Raumes aufhielten, zugerufen, das sei Menschenfleisch. Ich habe darauf diese beiden Gefangenen dem Kommandanten zugeführt.

Bei beiden handelte es sich um Usbeken, die selbst nicht zugaben, Menschenfleisch zu kochen.

Auf Vorhalt: Als ich die Gefangenen fragte, woher sie das Fleisch hätten, wurde mir gleichfalls aus dem Hintergrund von anderen Gefangenen zugerufen: „Wenn Du welches haben willst, schneide Dir welches ab, draußen liegen Tote."

Die vorstehende Niederschrift wurde dem Zeugen vom Dolmetscher in russischer Sprache vorgelesen, vom Zeugen genehmigt und von ihm, wie folgt, unterschrieben:

gez. Gotscherga Alexei Pawlowitsch
Der Zeuge leistete den Zeugeneid.
gez. Dr. Petzke, FKgRt., gez. Gefr. Fiedler

[...]

Auf Befehl erscheint 9. der Zeuge Bondarew. Er erklärt, nachdem er auf die Bedeutung des Eides hingewiesen worden ist:

Zur Person: Ich heiße Bondarew, Alexei Iwan, 20 Jahre alt gewesen, von Beruf Tischler, Russe, Soldat seit 15. September 1940 bei der Fallschirmspringerbrigade 204 in Borispol, als Infanterist eingesetzt, Wachangehöriger in einem Flugzeugwerk, seit 11. Juli 1941 in Gefangenschaft.

Zur Sache: Seit September 1941 bin ich dem Kriegsgefangenenlager Waldlager in Szepetowka zugeteilt. Ich bin Sanitäter im Lazarett des Waldlagers und habe als solcher auch die Aufgabe, Tote zu bestatten. [Unter] den Leichen, die ich Ende September 1941 beerdigt habe, waren etwa 8 bis 9, die jedes Fleisches, einschließlich der inneren Organe, entledigt waren. Von diesen Leichen waren nur noch der Kopf und die Knochen übrig geblieben. Darüber hinaus habe ich noch etwa 100 Leichen gesehen, an denen Fleischteile, besonders an den Beinen, Armen und an der Brust herausgeschnitten waren. Nicht gesehen habe ich dagegen, daß auch diesen Leichen innere Organe herausgenommen worden wären.

Die vorstehende Niederschrift wurde dem Zeugen vom Dolmetscher in russischer Sprache vorgelesen, vom Zeugen genehmigt und von ihm, wie folgt, unterschrieben:

gez. Bondarew Alexei Iwan
Der Zeuge leistete den Zeugeneid.
gez. Dr. Petzke, FKgRt., gez. Gefr. Fiedler

Auf Befehl erscheint 10. der Zeuge Sapelawow. Er erklärt, nachdem er auf die Bedeutung des Eides hingewiesen worden ist:

Zur Person: Ich heiße Sapelawow, Jakob Wladimirowitsch, 25 Jahre alt gewesen, von Beruf Arbeiter, war von 1936 bis 1938 Soldat, wieder Soldat seit 28. Juni 1941 bei dem Telegraphenbataillon 476, seit 8. August 1941 in Gefangenschaft.

Zur Sache: Seit Mitte September 1941 bin ich im Lager Szepetowka untergebracht. Ich bin als Lagerpolizist Kommandant der gesamten Russen gewesen, zur Zeit im Lazarett. Einige Zeit nach meiner Einlieferung in das hiesige Gefangenenlager beobachtete ich mit eigenen Augen, wie 8 Kriegsgefangene mittels eines selbstgefertigten Messers aus Blech aus einem Leichnam mehrere Fleischstücke herausschnitten, insbesondere aus dem Oberschenkel, ferner die Ohren und die Nase. Aus einer zweiten daneben liegenden Leiche waren diese Fleischstücke bereits herausgeschnitten. Diese Stücke spießten sie auf einen Holzspan und brieten sie am Feuer. Ein Kriegsgefangener nur hatte die Fleischstücke in seinem Kochgeschirr. Ich habe auch noch andere äußerlich verstümmelte Leichen gesehen, aus denen Fleischteile herausgeschnitten waren. Leichen, aus denen auch die inneren Organe herausgenommen worden waren, habe ich nicht gesehen.

Die vorstehende Niederschrift wurde dem Zeugen in russischer Sprache vorgelesen, von ihm genehmigt und, wie folgt, unterschrieben:

gez. Sapelawow
gez. Dr. Petzke, FKgRt., gez. Gefr. Fiedler, Beglaubigt: Sekretär

Gericht der Feldkommandantur 811 **Shitomir, den 8. Dezember 1941**
RHL Nr. 35/41

Gegenwärtig: 1. Dr. Uhlig, Kriegsgerichtsrat
2. Uffz. Ullrich als Protokollführer verpfl. gem. § 104 Abs. 3 und § 22 Abs. 2 MStGO

Zum Zwecke der Aufklärung der im Stalag 357 in Szepetowka unter den daselbst verwahrten Kriegsgefangenen vorgekommenen Fälle von Menschenfresserei erscheint heute an Amtsstelle der Schütze Erich Kuntzsch der 3./Ld. Schtz. Batl. 351 und wird nach Hinweis auf die Bedeutung des Eides als Zeuge wie folgt vernommen:

Zur Person: Ich heiße Erich Kuntzsch, bin geboren am 4.3.1904 in Radebeul bei Dresden, von Beruf Buchdrucker in Dresden, wohnhaft in Freital 1 bei Dresden, bin Soldat seit dem 16.12.1940, bei der dritten Kompanie Landesschützen Batl. 351 seit dem 30.1.41.

Zur Sache: Meine Kompanie hatte im September 1941 im Stalag 357 in Szepetowka Wachdienst zu leisten. Noch in der ersten Hälfte des September war ich eines Nachts als Doppelstreife vor einem Hause des Stalag eingeteilt, worin russische Kriegsgefangene verwahrt wurden. Mein Streifenkamerad war der Gefreite Bruno Heil von meiner Kompanie. Zwischen 1 und 3 Uhr nachts hörten wir einen furchtbaren Schrei aus dem Hause. Nach unserer Instruktion durften wir nicht in das Haus eintreten. Wir gingen so nahe heran als zulässig. Ein als Hilfspolizist eingeteilter Gefangener mit einer weißen Armbinde machte uns durch lebhafte Zeichen begreiflich, daß hier eine Untat geschehe. Wir sahen durch ein Fenster im Erdgeschoß in einem großen Saal Gefangene um ein Feuer herumsitzen, woran sie auf Holzstäbe gesteckte Stücke Fleisch brieten. Wir hatten einige Tage zuvor gehört, daß Leichen Kriegsgefangener ausgeschlachtet worden waren. Ich habe selbst die Leiche eines Gefangenen gesehen, deren Rumpf bis auf das Rückgrat vollständig ausgeschlachtet war. Man sah den Knochen des Rückgrats an, daß das Fleisch durch Schnitte abgetrennt worden war. Heil und ich besprachen uns daraufhin, daß es sich wieder um Menschenfresser handle. Wir ließen uns durch den Hilfspolizisten die Schuldigen durch das Fenster herausbringen. Es waren etwa sechs oder sieben Mann, die wir sofort festnahmen und in besondere Bewachung abführten. Einer von diesen Leuten hatte einen Beutel bei sich. Wir beide stellten fest, daß er darin eine Leber und ein Herz und Fleischstücke hatte. An letzteren war noch menschliche Haut. Aus Abbildungen bin ich über Größe und Form einer menschlichen Leber und eines menschlichen Herzen im Bilde. Die Leber und das Herz in dem Beutel stammten bestimmt von einem Menschen. Wir haben den Fall bei unserer Ablösung um drei Uhr gemeldet. Was dazu weiter geschehen ist, weiß ich aus eigener Wahrnehmung nicht. Die Hände und Gesichter der Festgenommenen waren mit Blut beschmiert.

Am nächsten Morgen war ich außer Dienst mit zugegen, als das Russenquartier durchsucht und mehrere geschändete Leichen von Kriegsgefangenen herausgebracht wurden. Sie waren vollkommen nackt. Bei einer Leiche war am Gesäß ein handgroßes flaches Stück Fleisch herausgeschnitten, bei einer anderen Leiche war der Bauch aufgeschnitten, die Därme hingen heraus und der Brustkorb war leer.

Vorgelesen, vom Zeugen genehmigt und unterschrieben, gez. Erich Kuntzsch, Schütze
Der Zeuge leistete den Zeugeneid. gez. Dr. Uhlig, gez. Uffz. Ullrich, Beglaubigt: Sekretär

Gericht der Feldkommandantur 811 **Shitomir, den 8. Dezember 1941**
RHL Nr. 35/41

Gegenwärtig: 1. Dr. Uhlig, Kriegsgerichtsrat
2. Uffz. Ullrich als Protokollführer verpfl. gem. § 104 Abs. 3 und § 22 Abs. 2 MStGO

Zum Zwecke der Aufklärung der im Stalag 357 in Szepetowka unter den daselbst verwahrten Kriegsgefangenen vorgekommenen Fälle von Menschenfresserei erscheint heute an Amtsstelle der Schütze Emil Rudolf der 3./Lds. Schtz. Batl. 351 und wird nach Hinweis auf die Bedeutung des Eides als Zeuge wie folgt vernommen:

Zur Person: Ich heiße Emil Gustav Rudolf, bin geboren am 10.5.1905 in Reichenberg, Sudetengau, bin Fabrikarbeiter in Katharinenberg bei Reichenberg Sud., Soldat seit 29.5.41, bei der dritten Kompanie Landesschützen Batl. 351 seit 8.7.41.

Zur Sache: Ich bin Anfang September 1941 zum Wachdienst im Stalag 357 in Szepetowka eingesetzt worden. Ich hatte als Posten den Drahtkäfig zu bewachen, worin im Anfang, als es noch warm war, festgenommene Kriegsgefangene behelfsmäßig verwahrt wurden. Etwa zwei oder drei Tage nach Antritt dieses Dienstes fand ich, als ich eines Morgens gegen 7 Uhr als Posten aufzog, neben dem Drahtkäfig einige nackte Leichen, von denen am Knie, an der Wade und am Gesäß etwa faust- oder handgroße Stücke Fleisch herausgeschnitten waren. Während ich auf Posten stand, wurde aus einem Gefangenenquartier eine Leiche herangebracht, von der außer dem Kopf, den Händen und den Füßen nur noch das blutige Skelett vorhanden war. Vor dem Drahtkäfig lagen, als ich aufzog, einige Stücke Fleisch. Der Posten, den ich ablöste, sagte mir, daß diese Fleischstücke Gefangenen in dem Käfig abgenommen seien. Ein Lagerpolizist (ein als Hilfspolizist verwendeter Gefangener) zeigte mir, daß ein im Käfig verwahrter Gefangener in der Hosentasche ein großes Stück Fleisch hatte. Diese Fleischstücke konnten nur von menschlichen Leichen stammen, denn Fleisch erhielten die Gefangenen damals nicht zur Verpflegung.

Die Leichen, die ich beim Aufziehen als Posten vorfand, waren aus dem Quartier (der Kaserne) der russischen Kriegsgefangenen herausgetragen worden. Das sagte mir der abgelöste Posten.

Vorgelesen, vom Zeugen genehmigt und unterschrieben, gez. Emil Rudolf, Schütze
Der Zeuge leistete den Zeugeneid. gez. Dr. Uhlig, gez. Uffz. Ullrich, Beglaubigt: Sekretär

Gericht der Feldkommandantur 811 **Shitomir, den 8. Dezember 1941**
RHL Nr. 35/41

Gegenwärtig: 1. Dr. Uhlig, Kriegsgerichtsrat
2. Uffz. Ullrich als Protokollführer verpfl. gem. § 104 Abs. 3 und § 22 Abs. 2 MStGO

Zum Zwecke der Aufklärung der im Stalag 357 in Szepetowka unter den daselbst verwahrten Kriegsgefangenen vorgekommenen Fälle von Menschenfresserei erscheint heute an Amtsstelle der Schütze Amsel der 3./Lds. Schtz. Batl. 351 und wird nach Hinweis auf die Bedeutung des Eides als Zeuge wie folgt vernommen:

Zur Person: Ich heiße Hermann Paul Amsel, bin geboren am 6.7.1904 in Ludwigsdorf Kreis Goldberg in Schlesien, Landwirtschaftsgehilfe, zuletzt in Jesau bei Kamenz in Sachsen, Soldat seit dem 16.12.1940, bei der dritten Kompanie des Landesschützen Batl. 351 seit dem 9.7.1941.

Zur Sache: Im September 1941 hatte meine Kompanie im Stalag 357 in Szepetowka Wachdienst. Anfang September 1941 gegen 5 oder 6 Uhr morgens war ich als Streife zur Bewachung derjenigen Häuser eingeteilt, in denen die Kriegsgefangenen russischer Nationalität lagen. Aus einem Zimmer des Erdgeschoßes hörte ich Hilferufe. Ich sah darin etwa sechs kriegsgefangene Russen im Kampfe miteinander. Vier von ihnen hielten zwei fest und schleiften sie zu mir ans Fenster. Einer von den Vieren drückte mir durchs Fenster ein würfelförmiges Stück Fleisch im Gewichte von etwa 250 Gramm in die Hand, an dem noch an einer Seite menschliche Haut zu sehen war. Das Fleisch zeigte Spuren, daß begonnen worden war, es auf offenem Feuer zu braten. Die vier machten mir durch Zeichen begreiflich, daß die beiden anderen einen Menschen getötet hätten und das Fleisch Menschenfleisch sei. Ich entsinne mich noch, daß einer mit der Hand eine schneidende Bewegung an seinem Halse machte. Ich habe die beiden Verdächtigen festgenommen und abgesondert. Die beiden Verdächtigen waren bei dem ganzen Auftritt ganz still. Die Vorderseite ihrer Jacken und ihrer Hände waren blutbesudelt.

Vorgelesen, vom Zeugen genehmigt und unterschrieben, gez. Schütze Paul Amsel
Der Zeuge leistete den Zeugeneid. gez. Dr. Uhlig, gez. Uffz. Ullrich, Beglaubigt: Sekretär

Gericht der Feldkommandantur 811 **Shitomir, den 8. Dezember 1941**
RHL Nr. 35/41

Gegenwärtig: 1. Dr. Uhlig, Kriegsgerichtsrat
2. Uffz. Ullrich als Protokollführer verpfl. gem. § 104 Abs. 3 und § 22 Abs. 2 MStGO

Zum Zwecke der Aufklärung der im Stalag 357 in Szepetowka unter den daselbst verwahrten Kriegsgefangenen vorgekommene Fälle von Menschenfresserei erscheint heute an Amtsstelle der Feldwebel Rosenthal der 3./Lds. Schtz. Batl. 351 und wird nach Hinweis auf die Bedeutung des Eides als Zeuge wie folgt vernommen:

Zur Person: Ich heiße Hans Rosenthal, bin 46 Jahre alt, im bürgerlichen Beruf Werkmeister in Halle an der Saale, Soldat seit dem 26.8.1939, Feldwebel seit 1.7.1940, seit 1.9.1940 bei der dritten Kompanie des Landesschützen-Batl. 351.

Zur Sache: Ich bin in der Zeit vom 1. September 1941 bis zum 15. November 1941 im Kriegsgefangenenlager, Stalag 357, in Szepetowka kommandiert gewesen und habe die Verpflegung und den Arbeitseinsatz der Kriegsgefangenen unter Aufsicht des Stalagkommandanten Oberstleutnant Westphal zu verwalten gehabt.

Wenige Tage nach Beginn des Kommandos wurden in das Lager etwa 10.000 kriegsgefangene sowjetische Soldaten eingeliefert und nach Völkerschaften in Usbeken, Tataren, Grusinier, Russen und Ukrainer gesondert untergebracht, in den dem Stalag zur Verfügung stehenden Kasernenräumen. Einige Tage nach dem Eintreffen dieser Gefangenen wurde ich eines Morgens bei Anbruch der Dämmerung geweckt mit der Meldung, aus dem Quartier der Usbeken drängen Hilfeschreie. Ich ging sofort hin und sah in einem Raume die Leiche eines russischen Gefangenen, völlig entkleidet, und traf einen usbekischen Gefangenen dabei an, wie er aus dem rechten Oberschenkel der Leiche ein flaches Stück Fleisch in der Größe eines Handtellers und im Gewicht von etwa 250 Gramm herausschnitt. Ich beherrsche die ukrainische Sprache und kann mich auch russisch verständigen. Ich fragte den Usbeken, was er mit dem Fleische tun wolle. Er erklärte lachend, er wolle es braten und essen. Ich ließ den Usbeken sofort festnehmen und absondern. Bei weiterer Durchsicht des usbekischen Quartiers traf ich unmittelbar danach einen kriegsgefangenen Russen dabei an, wie er sich an der völlig entkleideten Leiche eines russischen Gefangenen mit einem Messer zu schaffen machte. Von dieser Leiche war das Fleisch über dem Brustkorb schon bis auf die Rippen abgekratzt. Der Russe öffnete rasch den Leib und holte außer den Eingeweiden des Unterleibes Leber, Herz und Lunge heraus und legte sie in eine große Blechbüchse. Ich stellte ihn zur Rede. Er gab zu, daß er sich diese Teile zubereiten und sie essen wollte. Auch diesen Mann ließ ich sofort von den anderen Gefangenen absondern.

Gegen 7 Uhr am selben Morgen ließ ich anläßlich des Antretens der Gefangenen zum Essenfassen alle durch die kriegsgefangenen Dolmetscher auf den Besitz von Menschenfleisch durchsuchen. Bei sieben Russen wurde je ein etwa handgroßes Stück Fleisch, das auf der einen Seite noch menschliche Haut trug, in der Hosen- oder Manteltasche oder in einer Blechbüchse festgestellt. Ich habe das Fleisch besichtigt. Die Fleischstücke waren offenbar von menschlichen Leichen in der Weise abgeschnitten, wie ich das in der Morgendämmerung an einer russischen Leiche gesehen hatte. Die sieben Kriegsgefangenen bestritten auf Befragen, gewußt zu haben, daß es sich um Menschenfleisch handle. Es war aber offensichtlich, daß sie logen, denn die menschliche Haut war an jedem Stück noch vorhanden. Ich habe auch im Laufe des Tages noch andere Leichen von Kriegsgefangenen gesehen, die in entsprechender Weise durch Herausschneiden flacher Fleischstücke verstümmelt waren.

Einige Tage später begleitete ich den Stalagkommandanten, als er gegen 18 Uhr abends das Quartier der Usbeken besichtigen wollte. Noch außerhalb des Gebäudes hörte ich einen Hilferuf aus einem Fenster des Erdgeschoßes. Ich sprang hinein und sah, wie zwei Usbeken über einen Russen hergefallen waren. Der eine Usbeke zog gerade eine kurze Ahle, die er sich offenbar aus einem Stück Holz und einem Nagel selbst gefertigt hatte, aus dem Schädeldach des Überfallenen heraus, die er ihm offenbar unmittelbar zuvor in das Schädeldach gestoßen hatten, und der andere Usbeke begann das noch aus der Wunde hervorquellende Blut zu saugen. Der überfallene Russe schrie. Ich nahm sofort den Usbeken mit der Ahle fest. Währenddessen entschlüpfte mir der andere. Der Festgenommene gab mir zu, daß er ebenfalls Blut hätte absaugen wollen. Der Russe starb infolge der Verletzung. Ich vermute, daß in den von mir oben berichteten Fällen die Gefangenen von ihren Mitgefangenen in derselben Weise getötet worden sind, weil diese Leichen ausgeblutet waren.

Am nächsten Nachmittage bemerkte ich bei einem Rundgang um das Quartier der Usbeken durch ein Fenster des Erdgeschoßes, wie ein Usbeke mit einem Stück Eisen, anscheinend dem Teil eines Ofenrostes, einen russischen Gefangenen, der offenbar zu einem Tauschzwecke hereingekommen war, an die Schläfe schlug, so daß er umsank. Ich bin sofort durchs Fenster hineingesprungen. Ehe ich den Täter im Gewühl erreichen konnte, hatte er den Russen schon entkleidet und war im Begriff, mit einem selbstgefertigten Messer vom Oberschenkel Fleisch abzuschneiden. Er hatte schon begonnen einzuschneiden. Ich nahm ihn fest. Er war so erschrocken, daß er auf meine Frage nicht antworten konnte. Ich ließ ihn absondern.

Einige Tage danach bemerkte ich beim Durchgehen des Quartiers der russischen Gefangenen in einem Raume des dritten Stockes einen Russen damit beschäftigt, daß er aus dem gespaltenen Schädel eines toten Russen mit einem metallenen Werkzeug, anscheinend hergestellt aus einem Kochgeschirrstiel, Gehirn herauskratzte und in eine Blechbüchse tat. Er bestritt auf Befragen, den anderen Gefangenen getötet zu haben, gab aber zu, daß er sich das Gehirn braten und es essen wollte.

An einem der folgenden Tage stellte ich unter den zur Verpflegung angetretenen Russen einen Mann fest, der ein Stück rohes Menschenfleisch, an dem noch Haut war, in der Hand verborgen hielt und daran kaute. Auf meine Frage, wo er das Fleisch her hätte, antwortete er nicht, sondern kaute grinsend weiter. Ich ließ ihn absondern.

Vorgelesen, vom Zeugen genehmigt und unterschrieben, gez. Hans Rosenthal Feldw.

Der Zeuge leistete den Zeugeneid. gez. Dr. Uhlig, gez. Uffz. Ullrich, Beglaubigt: Sekretär

Fall 304

Auch in diesem Fall wurden Gefangene ermordet, um aus den Leichnamen Fleischstücke zu entnehmen.

Dokumente zu Fall 304

Der Lagerarzt Stalag 305 Kirowograd, den 29. November 1941

Der Kommandantur Stalag 305 Kirowograd.
Betr.: Meldung über besondere Vorkommnisse im Lager 1a

Am 29. November wurde von dem Gefr. Gass, dem Führer des Beerdigungskommandos im Lager 1a, gemeldet: Unter den Toten befanden sich 6 Mann, denen die Augen ausgestochen seien.

Die sofort vorgenommene Besichtigung ergab: Im Hofe lagen 6 total abgemagerte Leichen, bei allen 6 Leichen konnte festgestellt werden, daß die Augen gewaltsam aus ihren Höhlen ausgedrückt oder auch eingedrückt waren, vermutlich wurde diese Tat mit einem stumpfen Gegenstand, wahrscheinlich mit dem Daumen ausgeführt. Irgendwelche Würgezeichen oder sonstige gewaltsame Tötungsanzeichen wurden nicht vorgefunden. Mein Dolmetscher, ein Volksdeutscher, gibt zu diesen Leichenbefunden folgendes an:

Die Gefangenen, die besonders heruntergekommen sind, werden von ihren Mitgefangenen während der Nacht um die Ecke gebracht, um so in den Besitz der Stiefel und Kleidungsstücke zu gelangen. Sehr oft werden diesen Schwächlingen einfach Mund und Nase zugehalten, damit sie langsam ersticken. Solche Leichen werden stets vollkommen nackt aus den Unterkünften herausgebracht. Stiefel und Kleidungsstücke werden von den Toten nie aufgefunden. So ist auch zu erklären, daß manche[r] Gefangene zwei bis drei Kleidungsstücke auf dem Leibe trägt.

Der Lagerarzt, gez. Unterschrift, Oberstabsarzt (d.R.), Beglaubigt: Sekretär

Gericht des Kriegsgef. Bez. Kdt. X O.U., den 6.12.1941

Gegenwärtig: Feldkriegsgerichtsrat Scheuler als Richter
Schütze Mahlich als Protokollführer

Weiterhin erscheint der russische Kriegsgefangene Iwan Schingarew und erklärt, mit dem Gegenstand der Vernehmung vertraut gemacht und zur Wahrheit ermahnt, folgendes, wobei zu der Vernehmung der Lagerfeldwebel Peter Koldajeff als Dolmetscher hinzugezogen wurde, der über seine Pflichten als Dolmetscher belehrt wurde und die Erklärung abgab, daß er die Übertragung richtig vornehmen werde:

Zur Person: Ich heiße Iwan Schingarew, bin am 27.3.1914 im Dorf Nowaja Beresetnja, Bezirk Mstislawskii, Kreis Mogilewskii geboren, ledig, seit 24.9.1941 in deutscher Kriegsgefangenschaft. Ich bin Arzt, habe Medizin studiert und bin jetzt Chefarzt des Krankenreviers des Lagers 1b des Stalags 305.

Zur Sache: Über die Fälle des Kannibalismus im Lager 1b kann ich folgende Angaben machen:

1. Am 23.10.1941. An diesem Tage wurde die Leiche eines russischen Kriegsgefangenen aufgefunden, die ich selbst untersucht habe. Bei der Leiche fehlten die Gesäßbacken, die abgeschnitten waren. Die Leiche war noch ganz frisch, so daß die Tat in der vergangenen Nacht ausgeführt worden sein mußte. Das Fleisch war sehr sorgfältig abgeschnitten. Auf Grund meiner ärztlichen Erfahrungen bin ich zu der Überzeugung gekommen, daß der betreffende Kriegsgefangene erst ermordet worden ist und daß ihm dann das Fleisch abgeschnitten worden ist.

2. Am 7.11.1941. An diesem Tage wurden 9 Leichen russischer Kriegsgefangener aufgefunden. Ich habe sämtliche Leichen untersucht und festgestellt, daß bei 6 dieser Kriegsgefangenen die Brusthöhle aufgeschnitten war, doch kann ich nicht mehr genau sagen, welche Teile herausgeschnitten waren. Bei den übrigen 3 Leichen waren die Fleischteile von den Knien bis zur Brust abgeschnitten. Die Leichen waren noch frisch. Zu der Tat war ein scharfes Messer benutzt worden, ebenso wie am 23.10.1941. Bei den 3 Leichen, bei denen die Fleischteile ganz abgeschnitten waren, war das Herausschneiden nicht so kunstgerecht erfolgt wie bei der am 23.10.1941 aufgefundenen Leiche. Als Arzt bin ich auf Grund der Untersuchung zu der Feststellung gekommen, daß bei den 3 Leichen, bei denen sämtliche Fleischteile fehlten, sowie bei 2 der übrigen Leichen einwandfrei festzustellen war, daß diese Kriegsgefangenen erst ermordet sein müssen, bevor die Fleischteile herausgeschnitten wurden. Bei den übrigen 4 Leichen war eine genaue Feststellung nicht möglich, da sie zu verschmutzt waren. Ich halte es für ausgeschlossen, daß die betreffenden Kriegsgefangenen während der Nacht infolge Krankheit verstorben waren und daß erst dann die Fleischteile herausgeschnitten waren. Die Schwerkranken wurden nämlich in das Krankenrevier eingeliefert und es können nur Kriegsgefangene als Opfer in Frage kommen, die schwächlich oder entkräftet waren und sich deshalb nicht zur Wehr setzen konnten, bei denen aber ein plötzlicher Tod während der Nacht nach meiner Ansicht vollkommen unwahrscheinlich ist.

3. Am 18.11.1941. An diesem Tage wurde die Leiche eines Gefangenen gefunden, deren Fleischteile fast gänzlich abgeschnitten waren. Die Leiche war noch ganz frisch. Zu der Tat war wieder ein scharfes Messer benutzt worden. Die Fleischteile waren sehr sorgfältig abgeschnitten worden, so daß die Knochen vollkommen freigelegt waren. In diesem Falle kann ich auf Grund der ärztlichen Untersuchung mit aller Bestimmtheit sagen, daß der betreffende Kriegsgefangene [noch] gelebt hatte und daß er ermordet sein muß und daß erst dann die Fleischteile abgeschnitten worden sind.

v. g. u., gez. Schingarew, Iwan

Geschlossen. gez. Scheuler, gez. Schütze Mahlich, Beglaubigt: Sekretär

Gericht des Kriegsgef. Bez. Kdt. X **O.U. den 8.12.1941**

Gegenwärtig: Feldkriegsgerichtsrat Scheuler als Richter
Schütze Mahlich als Protokollführer

Bestellt erscheint der Oberleutnant Frank vom Stalag 305, Lager 2 in Novo Ukrainka und erklärt, mit dem Gegenstand der Vernehmung vertraut gemacht und auf die Bedeutung des Eides hingewiesen, folgendes:

Zur Person: Ich heiße Oskar Frank, bin am 15.6.1893 in Stuttgart geboren, ev., verheiratet, Oberleutnant und Lageroffizier des Gefangenenlagers 2 in Novo Ukrainka.

Zur Sache: Ich führe seit dem 29.10.1941 das Gefangenenlager 2 in Novo Ukrainka-Adabasch. Seit diesem Zeitpunkt haben sich an 2 Tagen Fälle von Kannibalismus feststellen lassen.

Am 14.11.1941 wurden im Lager 2 Leichen gefunden, bei denen Fleischteile abgeschnitten waren. Ich habe diese Leichen jedoch nicht gesehen und kann daher genaue Angaben nicht machen.

Am 16.11.1941 wurde in einer Baracke des Lagers die Leiche eines russischen Kriegsgefangenen gefunden, die ich mir auch selbst angesehen habe. Bei der Leiche war die gesamte Bauchmuskulatur [he]rausgeschnitten, sowie die edleren Teile, wie Herz, Leber, Lunge, Niere. Das Herausschneiden der Fleischteile war nach meiner Ansicht sehr sachgemäß erfolgt. Die Wunden sahen sehr frisch aus, so daß man schließen konnte, daß der Tod in der vergangenen Nacht herbeigeführt worden war. Aus den gesamten Umständen war zu schließen, daß der Kriegsgefangene in der Nacht von ande-

Ausgeweidete Leichen im Lager 2 des Stalag 305

Bilddokumente zu Fall 304

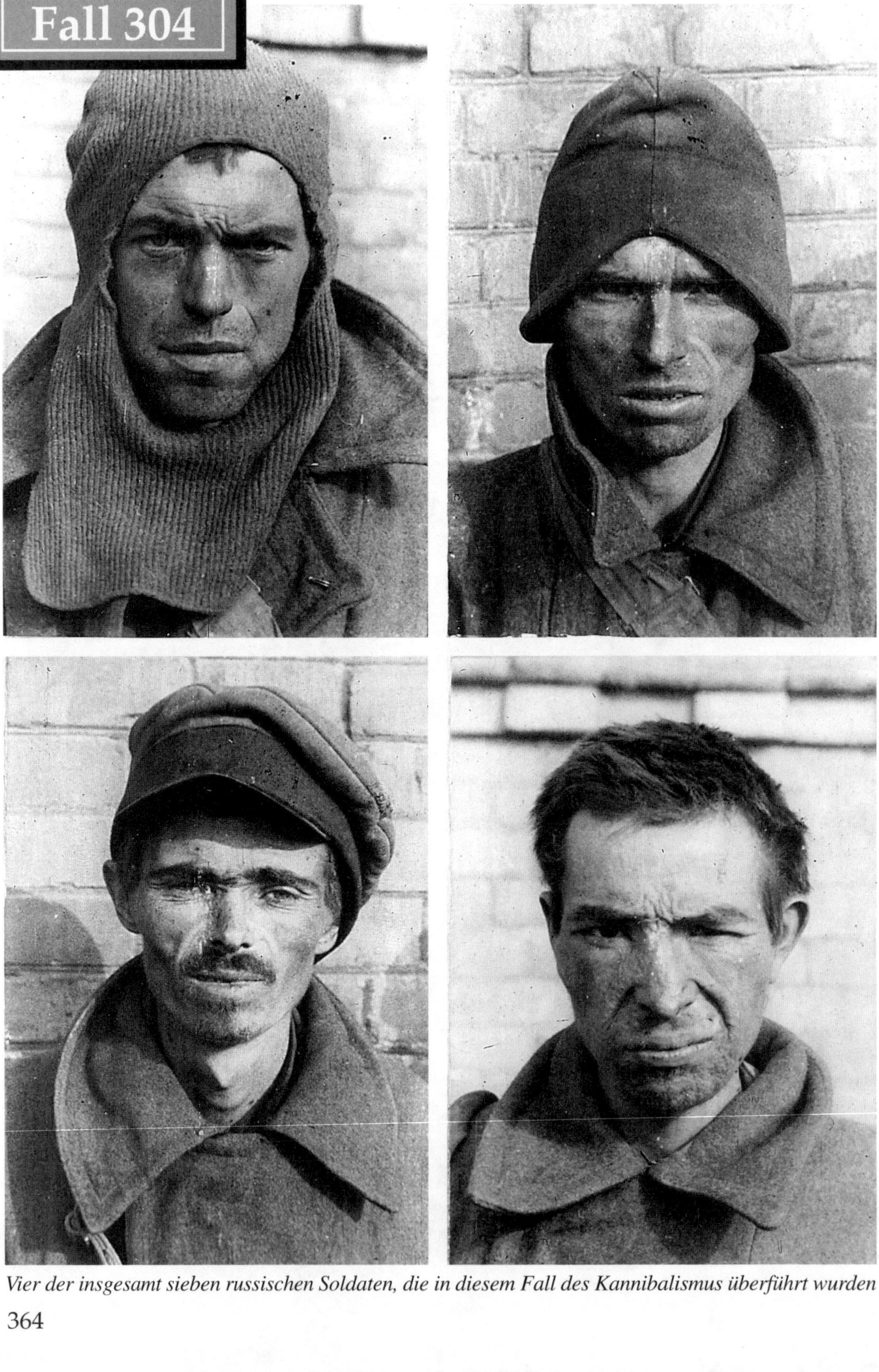

Vier der insgesamt sieben russischen Soldaten, die in diesem Fall des Kannibalismus überführt wurden

An Kannibalismus beteiligte russische Soldaten vor ihrem ausgeweideten Opfer

Bilddokumente zu
Fall 304

ren Mitgefangenen ermordet worden war, die die fehlenden Fleischteile abgeschnitten und sodann verzehrt hatten. Durch die angestellten Ermittlungen wurde diese Vermutung bestätigt. Auf Grund der Angaben von 8 russischen Kriegsgefangenen konnten 6 russische Kriegsgefangene als Täter ermittelt werden. Diese 6 russischen Kriegsgefangenen gaben bei ihrer Vernehmung auch ohne weiteres zu, den Mord ausgeführt und das Fleisch gegessen zu haben. Nach meiner Erinnerung waren die Täter fast sämtlich Asiaten, lediglich einer kann Russe gewesen sein.

Seit diesem Fall sind Fälle von Kannibalismus nicht mehr aufgetreten. Allerdings hat sich der Bestand des Lagers außerordentlich verringert, da ein großer Teil der Kriegsgefangenen auf Arbeitskommandos oder in andere Lager versetzt worden ist.

v. g. u., gez. Unterschrift

Der Zeuge wurde vorschriftsmäßig beeidigt.

Fall 305

Die beiliegenden Dokumente beweisen weitere Fälle von Menschenfresserei: In einem von den Russen geräumten Lager wurde eine mit dem Unterleib und den Oberschenkeln über ein Feuer gehaltene Leiche eines Russen gefunden. Die Meldung des Oberfeldwebels Thiel bestätigt den Fund zweier gefallener deutscher Soldaten, denen von den Russen ebenfalls Fleischstücke entnommen wurden.

Fall 306

Beiliegende Meldung berichtet von zwei Russen, die auf frischer Tat ertappt wurden, wie sie Fleischstücke aus Gefallenen herausgeschnitten.

Dokument zu Fall 306

Btl. von Hassel **24.2.1942**
Dem Regiment Stuppi.

Betr.: Gefangennahme von Russen am 24.2.1942.
Bezug: Fernmündl. Anruf vom 24.2.1942.

Auf einem Meldegang am Abend des 23.2.1942 wurden 2 Melder des Batls. auf dem Versorgungsweg zwischen B. VII und IX beschossen. Die Schüsse kamen aus dem hinter unserer HKL gelegenen Waldgebiet. Das Batl. befahl daraufhin für den 24.2.1942 die Durchsuchung dieses Geländes nach versprengten Russen. Eingesetzt wurden 20 Mann des Rgts.-Trosses I.R. 27 unter Führung des Uffz. Zimmermann.

Uffz. Zimmermann gab bei seiner Rückkehr folgende Meldung ab:

In Höhe von B. VII ließ ich meine Männer ausschwärmen und suchte das Gelände in Richtung B. XI ab. Nach ca. 600 m traf ich auf eine neue Spur im Schnee, die ich 300 m zurück verfolgte. Dann machte ich auf der Spur wieder kehrt und setzte mich wieder vor meine Männer.

Beim weiteren Ausgehen der Spur sah ich 2 Russen, die an mehreren gefallenen Russen herumschnitten. Auf meinen Ruf, sich zu ergeben, versuchten sie zu entkommen. Ich schoß sie nieder. An dem Platze fand ich 2 gefallene Russen, von denen nur noch der Kopf und die Rippen übrig waren. Ich fand dort auch einen Brotbeutel, der mit frischem Fleisch gefüllt war.

Ich ging dann der erst aufgenommenen Spur wieder nach und fand unter einem Baum um ein Feuer sitzend 5 weitere Russen, die dabei waren, sich Fleisch zu braten. Diese 5 machte ich zu Gefangenen. Ich führte sie an den Ort, wo die abgefleischten Russen lagen. Durch Zeichen fragte ich, ob sie ihre Kameraden aufgegessen hätten, was sie bejahten.

Einen von diesen Russen mußte ich unterwegs erschießen, da er sich weigerte, weiterzugehen. Meine Gefangenen lieferte ich auf dem Btl.-Gef.-Std. von Hassel ab.

gez. Unterschrift, Hauptmann u. Btl. Kdr., Rgt. Gef. Std, den 26.2.42

Ich erkläre an Eides statt, daß die von mir gemachten Angaben der Wahrheit entsprechen.

gez. Zimmermann, Uffz. 8./I.R. 27, O.U., den 27.2.1942

11. Division
Abt. Ic

Div.Gef.St., den 14. 2. 1942

Anlage zu Gen Qu II 818/42 geh.

Gen.-Kdo. I. A.K.
Eingegangen am 15.2.42
Abtlg.
Tgb. Nr.

Dem

Generalkommando I. Armeekorps.

Wie aus erbeuteten russ. Div.-Befehlen und Gefangenenvernehmungen hervorgeht, hatte die 311. S.D. lt. Div.-Befehl vom 25.12.41 den Auftrag, von Norden über Babino zur Eisenbahn Irssa – Pogostje vorzustoßen und diese am Pkt. 36,4, 3 km nordwestl. Possadnikoff Ostroff zu erreichen. Sie sollte dann lt. Div.-Befehl vom 1.1.42 die Bahn überschreiten und nach Süden vorstoßend nach der Besetzung von Dratschewo und Mjagra in Richtung Irssa angreifen. Gleichzeitig sollte die Verbindung mit der von Osten aus Gegend nördl. Tigoda-Mündung angreifenden 27. K.D. hergestellt werden. Als Nachbaren gingen bereits rechts die 80. S.D. in Richtung Senino vor, während links die 115.S.D. zusammen mit der 44.S.D. die Aufgabe hatten, Larionoff Ostroff und Possadnikoff Ostroff zu nehmen.

Noch während die eigenen vordersten Sicherungen sich in der Linie Tschascheschno –Chotowo – Memnio befanden, war es russ. Schneeschuheinheiten trotz Abwehr der bei dem Ausbau der neuen Stützpunktlinie eingesetzten Pionier-und Bau-Kräften gelungen, über das Sokolij Moor hinweg in das rückw. Gebiet vorzustoßen und sich in Senino – Malinowka und Waldlägern nordw. davon festzusetzen. Bei der Kürze der zur Verfügung stehenden Zeit, dem vollkommen unübersichtlichen Waldgelände und den wenig vorhandenen Kräften konnte die Stützpunktlinie nicht so ausgebaut und so gesichert werden, dass ein weiteres Durchsickern des Gegners zu verhindern möglich gewesen wäre. Der 311.S.D. gelang es daher auch, bis 11.1.42 mit den 3 S.R. 1067, 1069, 1071 in einer Gesamtstärke von etwa 1500 Mann die Eisenbahnlinie nach Süden zu überschreiten und sich in Waldlagern nordwestl. Dratschewo festzusetzen. Alle weiteren Angriffsabsichten des Gegners wurden aber, wie aus ebenfalls erbeuteten Meldungen hervorgeht, schon im Keime erstickt. Durch ständige Spähtrupps, die seine Lagerplätze feststellten, und durch beobachtetes Art.-Feuer wurde ihm dauernd Abbruch getan. Gleichzeitig wurden seine Versorgungswege überwacht und gesperrt, sodass nach Beendigung des Ausbaues der Stützpunktlinie ein Überqueren des Bahndammes in beiden Richtungen nur wenigen Einzelgängern während der Nacht möglich war. Gefangenenaussagen und mitgehörte Funksprüche haben

– 2 –

296

– 2 –

auch dieses bestätigt. Eine Versorgung der feindl. Truppe war dadurch unmöglich geworden, durch Waffenwirkung, Hunger und Frost traten immer größere Verluste ein und nahm ihr jegliche Kampfkraft. Da auch die Versorgung der abgeschlossenen Feindteile durch Flugzeuge mißlang, wiederholte Durchbruchsversuche von Süden nach Norden trotz gleichzeitiger starker artilleristischer und infanteristischer Unterstützung von Norden an dem Abwehrfeuer aller Waffen scheiterten verliessen die letzten Reste der 311.S.D. in den Tagen vom 26.-29.1. die Waldlager nordwestl. Dratschewo. Mit den inzwischen aus Waldlagern nördl. Senino herangezogenen und unterstellten Resten der 80. S.D. (S.R. 218) beabsichtigten sie, wie aus Beutemeldungen hervorgeht, in kleineren Trupps mit der Masse den Bahndamm in der Nähe von Schala zu überschreiten und sich in der Gegend von Babino zu sammeln. Die Verluste der 311.S.D. während dieser Wochen hinter den deutschen Linien sind nach eigenen Zählungen und Gefangenenaussagen wie auch Beutepapieren auf 1200 Mann zu schätzen.

Bei der Durchsuchung eines verlassenen Lagers 4 km nordwestl. Dratschewo am 28.1.42 wurde festgestellt, das sich die seit Wochen abgeschlossenen Russen von Leichen gefallener russ. und auch deutscher Soldaten genährt hatten. In anderen Waldlagern wurde diese später bestätigt und am 12.2.42 erstmalig auch nördl. der Stützpunktlinie durch einen eigenen Spähtrupp im Walde 3 km nördl. Merjatino festgestellt.

Es werden daher überreicht:

1.) Ein Kartenausschnitt,
2.) Tatbestand, Meldung des Spähtruppführers der 2./estn.Schneeschuh-Kp. 181, Lt. Waldson und ärztl. Urteil,
3.) die Meldung des Lt. Wenzel, Stab I.R. 44,
4.) der Bericht des Uffz. Beermann, Stab I.R. 44,
5.) die Meldung des Rgt.-Pi.-Zugführers Obfw. Thiel,
6.) die Vernehmung eines russischen Gefangenen,
7.) 16 Aufnahmen aus dem genannten Lager.

Meldung über Kannibalismus an gefallenen deutschen Soldaten

— 10 — Anlage zu Gen Qu II 1818/42 geh. 299 31.

Wenzel, Ltn. Rgts. Gef. St., den 31. 1. 42
Nachr.Offz. I.R.44

Am 29. 1. 42 bekam ich vom Regiment den Befehl, das von den Russen geräumte Lager, 4 km nordwestl. Dratschewo zu durchsuchen. Um 9.30 Uhr machte ich mich mit Uffz. Beermann, Stab I.R.44 und einer estn. Skigruppe dorthin auf den Weg. Beim Durchsuchen des Lagers fand ich unter anderem in einer bunkerartig vertieften Blockhütte eine Feuerstelle, über die ein bis auf die Strümpfe nakt ausgezogener Russe gelegt war. Unterleib und Oberschenkel des Russen waren über dem Feuer gebraten. Aus dem linken Oberschenkel war das Fleisch herausgehackt bzw. herausgeschnitten. Die an der Feuerstelle stehenden Kochgeschirre waren leer.

Wenzel

Ltn. u. Nachr. Offz.

Anlage zu Gen Qu II 1818/42 geh.

Thiel, Ofw. Rgts. Gef. St., den 31. 1. 42
Pi.-Zugführer I.R.44

Meldung!

Am 2. 1. 42 erhielt der Pi.- Zug I.R.44 den Auftrag, das von Russen besetzte Waldlager, 4 km nordwestl. Dratschewo von Nordwesten her anzugreifen. Bei diesem Unternehmen fielen 1 Uffz. und 4 Mann.
Da der Zug noch 5 Verwundete hatte und der Feind stark überlegen war, konnten die 5 Gefallenen nicht geborgen werden, da sie in der von den Russen wiedergenommenen Bunkerlinie lagen.
Am 28.1.42 wurde durch einen estnischen Spähtrupp festgestellt, daß das Lager von den Russen verlassen worden war. Am 30. 1. 42 wurden die gefallenen Soldaten geborgen. Dabei haben wir festgestellt, daß dem O.Gefr. [redacted] beide Oberschenkel bis zu den Hüften, weiterhin die linke Brustseite und das Muskelfleisch des Rückens bis zu den Schulterblättern abgetrennt worden war. Dem O.Gefr. [redacted] sind beide Oberschenkel und der Bauch bis zu den Rippen abgetrennt worden. Hierbei war deutlich zu erkennen, daß dieses mit einer Axt geschehen ist. Dem Uffz. [redacted] und O.Gefr. [redacted] sind durch Abhacken der Ringfinger linke Hand die Ringe entfernt worden. Ausserdem wurden 2 Russen vorgefunden, denen ebenfalls Beine und Unterleib fehlten. Bei einer angeschmorten Leiche fehlte das Muskelfleisch beider Oberschenkel.

Thiel
Oberfeldwebel

Bericht des Uffz. B e e r m a n n , Stab J.R.44

Ich hatte den Auftrag mit einem Spähtrupp noch einmal das russ. Waldlager zu untersuchen und von dem unmenschlichen Greuel Aufnahmen zu machen. Dabei stellet ich folgendes fest:

Der Leiche eines russ. Soldaten hing der Kopf, der nur noch aus Knochen bestand, am Körper. Jegliches Fleisch fehlt. Ein Teil der Schädeldecke lag daneben. Das Innere des Kopfes fehlt Die Möglichkeit, daß es von Vögeln oder Tieren gefressen wurde, is nur gering, wenn man die nachstehend geschilderten Beobachtungen berücksichtigt. Neben der Leiche lagen 2 Kochgeschirre.

Bei einer zweiten Leiche, die nur noch aus dem Oberkörper bestand (Kopf, Brust, Rückgrat und Beine fehlten vollständig), war deutlich festzustellen, daß die Knochen abgehackt worden waren. Der Bauch fehlt, ebenso ein Teil des Brustkörpers. Jegliche Fleisch war mit einem Messer entfernt. Scharfe, lange Durchschnitt an der Rippenpartie waren deutlich zu erkennen. Die Leiche lag in einem Schützenloch und war bis auf den Kopf des Körpers noch bekleidet.

An einer dritten Leiche war die Hose herabgezogen worden und die Gesäßbacken mit einem Messer ebenfalls entfernt. Die Leiche lag in einem kleinen Blockhaus.

Den schaurigsten Eindruch machte eine vierte Leiche auf uns, die in einem Blockhaus lag. Sie war bis auf den Kopfschützer nackt. Die Russen hatten ein Feuerloch in der Größe von 30 x 30 x 30 gegraben, Holzscheite hinein gelegt, darüber die Leiche und dann ein Feuer entzündet, um die Leiche in Gegend Gesäß, Oberschenkel und Waden zu braten. In diesem Zustand haben die Russen ihr Mahl begonnen, mit einem Messer war das Fleisch an den vorgenannten Körperpartien stückweise bis auf die Knochen entfernt

Von den angeführten 4 Leichen machte ich verschiedene Aufnahmen, die das wiedergeben werden, was ich geschildert habe. Soweit es notwendig war, wurden die Leichen nach draußen ins Freie geschleppt um eine bessere Gewähr für die fotografischen Aufnahmen zu haben.

Vorstehende Angaben habe ich wahrheitsgetreu nach meinen Beobachtungen am 29.1.1942 gemacht.

Infanterie Regiment 44. den 28. Jan. 1942. 302

V e r n e h m u n g eines G e f a n g e n e n .

Die erneute Vernehmung des gestern eingebrachten Gefangenen vom Regt. 1067 ergab folgendes :

Der Gefangene gab zu , dass er das Kochgeschirr bei sich führte, als er gefangen genommen wurde. Er hatte vor, den Inhalt zu kochen und zu essen. und will das Kochgeschirr mit Inhalt im Lager gefunden haben.
Im allgemeinen ist der Gefangene sehr verstockt. Auf die Fragen , wie lange sie dieses schon essen und ob auch andere das schon gegessen hätten, gibt er keine Auskunft.

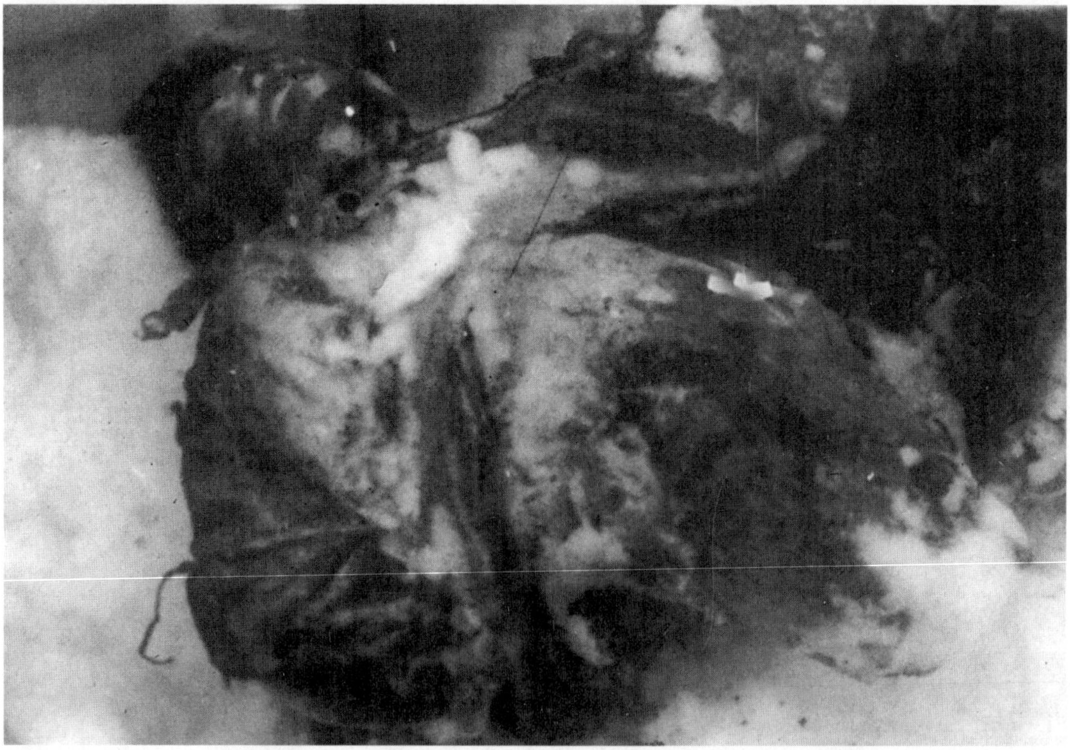

Von dieser Leiche ist nur noch der Oberkörper vorhanden

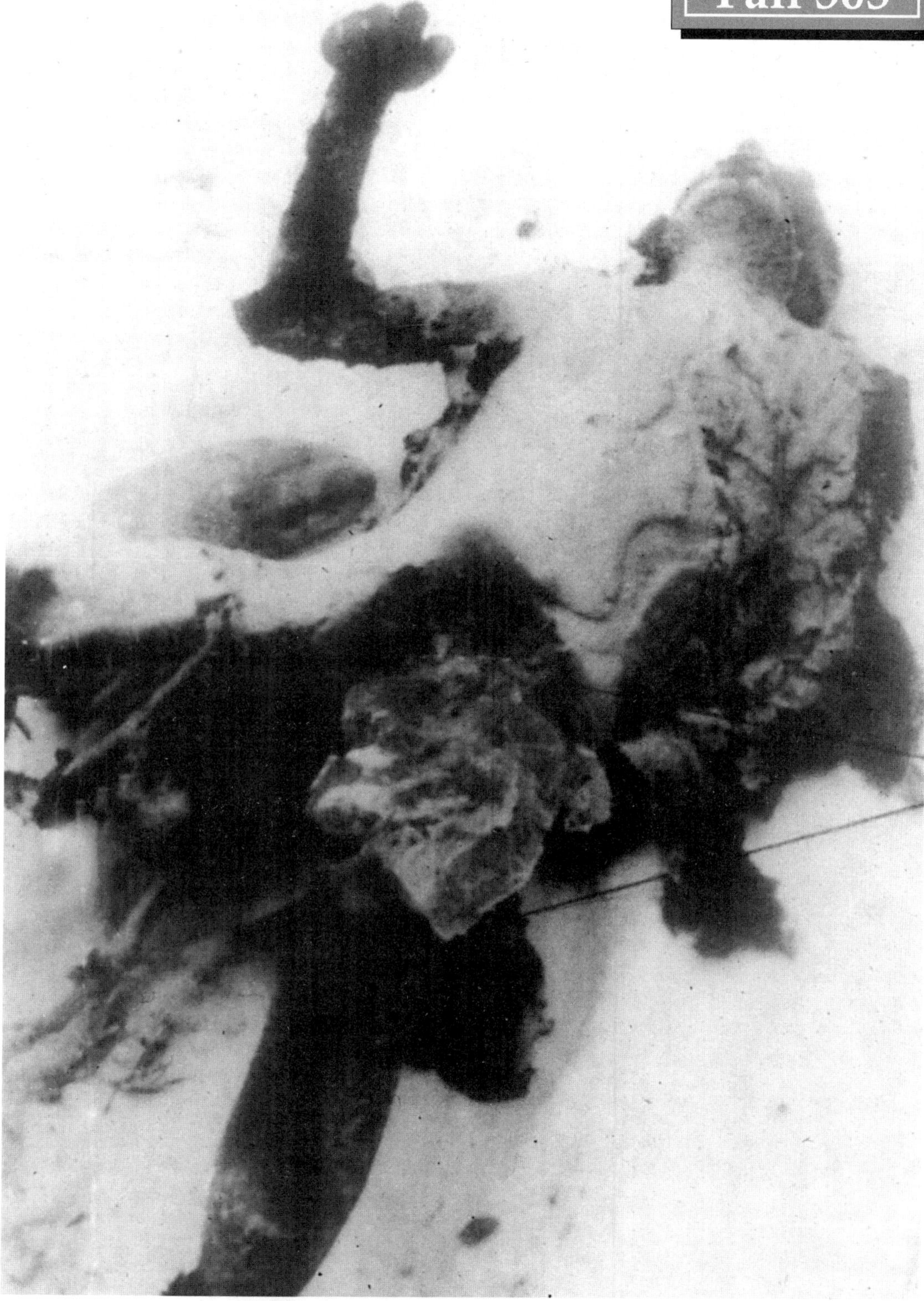

Leiche mit ausgeschnittener Partie am Oberschenkel

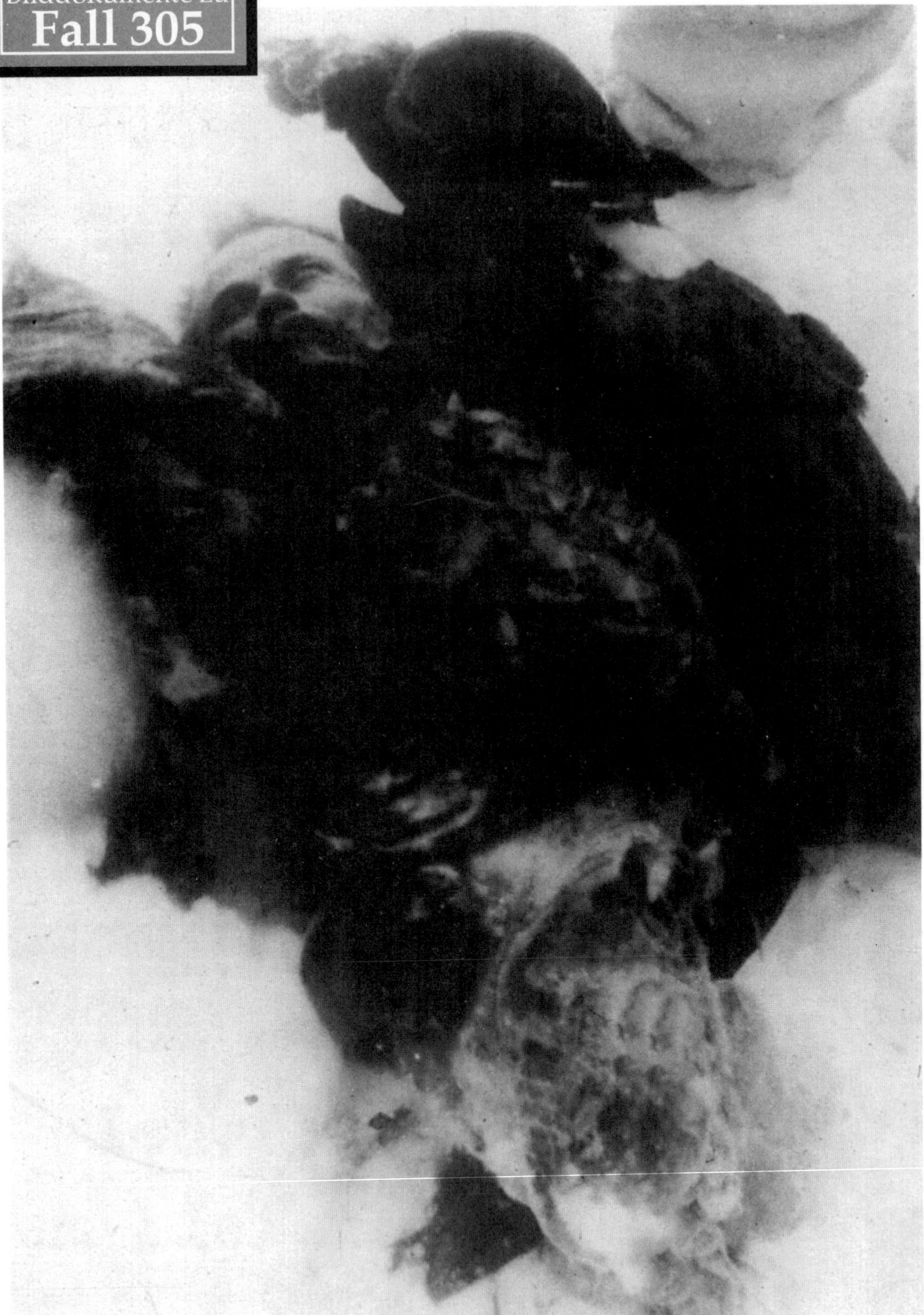

Verstümmelter Unterkörper

Linkes Bein und Hüfte der Leiche sind zum Verzehr abgetrennt

Abkürzungsverzeichnis

Der Verlag hat zum besseren Verständnis für militärische Laien in den Überleitungstexten alle militärischen Abkürzungen aufgelöst und voll ausgeschrieben. Die Dokumente werden dagegen im Originaltext wiedergegeben.

A.A.	Aufklärungs-Abteilung
Abt., Abtlg.	Abteilung
Adj.	Adjutant
A.H.Qu.	Armee-Hauptquartier
A.K.	Armeekorps
AL	Allgemeine Liste
A.O.K.	Armee-Oberkommando
A.R.	Artillerieregiment
Art.	Artillerie
Az.	Aktenzeichen
Batl., Btl.	Bataillon
Battr.	Batterie
d. g. u.	durchgelesen, genehmigt, unterschrieben
Div.	Division
Div. St. Qu.	Divisionsstabsquartier
d. Res.	der Reserve
E.K.	Eisernes Kreuz
Ers. Abt.	Ersatzabteilung
Ers. Btl.	Ersatzbataillon
F.d.R.	Für die Richtigkeit
FJI	Feldjustizinspektor
F.K.G.Rat, FKgRt.	Feldkriegsgerichtsrat
Fl. H. Kdtr.	Fliegerhorstkommandantur
F.P.Nr.	Feldpostnummer
Fw.	Feldwebel
Gefr.	Gefreiter

Gef. Std.	Gefechtsstand
Gen.	General
Gen.-Kdo.	Generalkommando
GFP	Geheime Feldpolizei
ggl., gttgl.	gottgläubig
GPU	Politische Polizei der UdSSR
Gru.	hier: Gruppe
HiWa	Hilfswachmannschaft
HKL	Hauptkampflinie
H.Qu.	Hauptquartier
I.D.	Infanteriedivision
i. G.	im Generalstab
Inf.	Infanterie
I.R.	Infanterieregiment
Jg., Jgr.	Jäger
Kav.	Kavallerie
K.D.	Kavalleriedivision
Kdo.	Kommando
Kdr.	Kommandeur
Kdt.	Kommandant
Kgf.	Kriegsgefangener
KGR, Kgsrat	Kriegsgerichtsrat
K.H.Qu.	Korps-Hauptquartier
Kp., Komp.	Kompanie
Kp.-Chef	Kompaniechef
K.R.	Kavallerieregiment
Krkw.	Krankenkraftwagen
Kr. Trsp. Abt.	Krankentransportabteilung
Lds. Schtz. Btl., Ld. Schtz.Btl.	Landesschützenbataillon
Lg. Pa.	Luftgaupostamt
Lt., Ltn.	Leutnant
Lw.	Luftwaffe
mot.	motorisiert
M.G.	Maschinengewehr
Mil. Ak.	hier: Militärärztliche Akademie
M.P.	Maschinenpistole
MStGO	Militärstrafgerichtsordnung
Nachr.	Nachrichten
NKGB	Volkskommissariat für Staatssicherheit
NKHB	Volkskommissariat für Staatssicherheit (Ukrainische Bezeichnung)
NKWD	Volkskommissariat für Innere Angelegenheiten der UdSSR
Oberfeldw.	Oberfeldwebel
Obergefr., Obgf., ObGefr.	Obergefreiter
Ob. Zahlm.	Oberzahlmeister
Offz.	Offizier

OKH	Oberkommando des Heeres
O.Lt., Oblt.	Oberleutnant
OONKWD	Besondere Abteilung des NKWD
O. U. N.	Organisation Ukrainischer Nationalisten
O./S.	Oberschlesien
Pak	Panzerabwehrkanone
Pi.	Pionier
Pol., Poli., Polit.	Politisch, Politische, Politisches
Pz.	Panzer
Qu.	Quartier
Res. Laz.	Reservelazarett
Rgt., Regt.	Regiment
RHL	Rechtshilfeliste
RM	Reichsmark
rückw.	rückwärtig
San.	Sanitäts-
s. Art. Abt.	schwere Artillerieabteilung
Schtz.	Schütze, Schützen-
Schtz. Div., Schütz. Div.	Schützendivision
Schtz. Reg.	Schützenregiment
S.-D.	Sicherheitsdienst
Sdf	Sonderführer
selbst.	selbständig
Sich. Regt.	Sicherungsregiment
S.R.	Schützenregiment
St.	Stab
Stfw.	Stabsfeldwebel
Tgb.	Tagebuch
Tr.	Truppe
UdSSR	Union der Sozialistischen Sowjetrepubliken
Uffz., Unteroffz.	Unteroffizier
v. g.	vorgelesen, genehmigt
v. g. g.	vorgelesen, genehmigt und gezeichnet
v. g. u.	vorgelesen, genehmigt und unterschrieben
V. Kgf. & I. b. I.	Verwaltung für Kriegsgefangene & Internierte beim Innenkommissariat
V. R. Kr. & R. H.	Verband des Roten Kreuzes & vom Roten Halbmond
WR	Wehrmachtrechtsabteilung
Wb.	Wehrbereich
W Bfh.	Wehrmachtbefehlshaber
W. E.	Wahrheitserinnerung
z.b.V.	zur besonderen Verwendung
Z.P.	Zur Person
Z.S.	Zur Sache
Ia	Chef des Stabes
Ic	Dritter Generalstabsoffizier (Feindbild und Abwehr)

Ortsverzeichnis

Ort	Fall-Nr.
Adamovka	112
Akmetschek (Krim)	285
Aleksejewka	60, 264
Andrejewka	58
Annatoljiewka	262
Arensburg	74
Aselje (zwischen Roslawlj und Suchenitschij)	76
Aste	74
Babino	150
Bachani	56
Baranowice	252
Bartininkai (Litauen)	300
Baryschewka (östlich von Kiew)	105
Beloge	139
Bereza	161
Berezowka	196
Beshanizy	137
Bialystok	1, 3, 23, 110, 129, 130
Blagowitschi	259
Bolgan	52
Borki	195, 236
Borosdina	111
Borowik	203
Borowsk	276
Broniki	30
Brykino	282
Brzezany	39, 291
Bubnow	31
Bug (Fluß)	159
Busk (in Litauen)	283
Byki (an der Straße Gorodok-Newel)	49
Catschinki	56
Charssiki	75
Chelm-Lubomil	279
Cholm	219
Cornesti	256
Dabrowka	14, 249, 250
Demidowska	262
Dereczyn	36
Desna (Fluß)	79
Desna (Ortschaft)	158
Dobromil	294
Donskoje (am Don)	185
Driekowcze	271
Drohobycz	25
Dubno	28, 88, 226
Duchowschtschiena (bei Mukschewo)	240
Düna (Fluß)	126
Dünaburg	93
Dworzy	137
Dziembrow	4
Dzisna (an der Düna)	186
D-Zytorodz	17
Edriejavas	6
Feodosia	284
Golowanesk	134
Gomel	94
Gorka	133
Gorki (Dorf bei Kalinin)	170
Gorochowski	280
Greigowo	67
Gretschuchi (südwestlich von Lokina)	145
Grodno	149
Guska (nordöstlich von Baranowka)	63
Hoffnungsthal (bei Zebrikovo)	53
Holoby	192
Horochow	195
Horodyscze (bei Luck)	19
Horytnitza	29
Hrecana	165
Ilinskoje	136
Iljina-Gorka	286
Ilmensee	86
Indura	17
Ingulez (Fluß)	182
Iskowzy-Ssentschanskije	75
Iwanowskoje	142
Jaagupi (bei Are/Estland)	148
Jagodzin	194
Jampolj (südöstlich von Nowgorod-Ssewersk)	221
Janowka	60
Jarylatsch (Krim)	106
Jarzewo	138, 219
Jastrebowo	282
Jaswischtsche	54
Jaworow	120
Jazewo (nordöstlich von Smolensk)	173
Jelnja	278

Ort	Fall-Nr.
Jemtschicha	65
Jewpatoria	285
Jojeva	261
Juchnow	116
Jumatowo	282
Jusowka (Stalino)	289
Kalinin	96, 100
Kalwarja	7
Kamary	209
Kaminka (am Dnjestr)	52
Kamischnia	211, 223
Kandybowka	178
Kanjutino	219
Karatschew	183
Karganowitscha	115
Kartuska	161
Kedania	162
Kernarava (nordwestlich von Wilna)	9
Kiew	99, 182
Kirow	125
Kischinew	256
Kleszczele	248
Kletnja	266
Klewan	30
Klimowitschi	92
Klin (zwischen Kalinin und Moskau)	101
Komrat (südlich von Kromowka)	78
Konstantinow (nordöstlich von Wilna)	13
Korodonka	47
Kowno	247
Kozin	36
Krasnogwardaisk (südlich von Leningrad)	233
Kremenez	295
Krolewiec	280
Kropiwna	232
Krzemieniecz	56, 231
Kubarka	42
Kukarske	246
Kurace	45
Laukelischkai (Litauen)	300
Lemberg	11, 12, 14, 297
Lemiezow	22
Leningrad	98
Lica (bei Petsamo)	217
Lida	268
Linowo	161
Liosno	48
Litauen	143
Ljubjanka (südlich von Churawitschi)	68

Ort	Fall-Nr.
Lomzka (in der Nähe von Zambro)	1
Luba	85
Luboml	195
Luck	26, 146, 254, 288
Luga	47
Lysowka	263
Lytschkowa	153
Malja-Beresaunka	179
Malojaroslavetz	136
Maluksa	215
Mantkoschewo (bei Grijatka)	150
Marjampol	247
Marmosovka	266
Memel (Fluß)	141, 241
Michaelowski	13
Miedzyzecz	293
Mikolajow	35
Minsk	4, 8, 155, 164, 267
Mirgorod	223
Mitkiskes (südwestlich von Wilna)	27
Mogilew (Mohilew)	50, 51, 257
Mologinow	127
Moschtschinki (Gutshaus bei Smolensk)	270
Moshok	259
Mosty	24
Mosty-Male	2
Msticha	286
Mustvee (am Peipussee)	260
Mzensk	90
Naljewajka	274
Nara (Fluß)	176
Narofominsk	244
Nikolajew	67, 70
Nikolskoje	136
Nowaja Jakowiewka	175
Nowodanzig	182
Nowosselje-Süd	219
Ösel	74
Ogorotniki	264
Orel	90, 152
Orscha	43, 214
Ostrog	171
Ostrow Maz.	1
Palestyna	28
Passeschna	105
Pawlowicze	161
Peipussee	84, 187
Perekop	180

Ort	Fall-Nr.
Peremyszel	255
Perilessi	119
Pienieazkie (westlich von Warschau)	103
Pogostje (nahe Schlüsselburg)	275
Polozk	160
Prawe-Mosty	144
Prisselje (Wjasma-Kessel)	98
Pronosowka (bei Krementschug)	212, 224
Propoisk	258
Propoiszka	257
Propojesk (östlich von Smolensk)	83
Proskurow	165, 292
Protasy	272
Pup	206
Rabowitschi	257
Rakke	261
Randvere	74
Rastani	77
Redkino	54
Reval	102
Rietavas	6
Riga	37
Rogatschew	122
Rohrbach (Ukraine)	66
Ropscha (südwestlich von Petersburg)	265
Roshostwenne	242
Rositten (Lettland)	301
Roslawl	72
Roszitsche (am Usch)	269
Rowno	26, 30, 171, 254, 302
Rozana	15, 32, 33
Rozanka	24
Rudnia	48
Rumschischke (bei Kowno)	298
Rymacze	201
Sambridze-Stare	1
Samokrasha	64
Saredsche (hinter Pleskau)	97
Schaulen (Litauen)	299
Schebrino	218
Schlüsselburg	222, 235
Sewastopol	243
Shdany	75
Shelanje	243
Shitomir	182, 303
Simenowa	157
Skiwi (bei der Festung Kowel)	202
Skomorochy (nördlich von Sokal am Bug)	20

Ort	Fall-Nr.
Skorobogatjki	75
Slastjena	190
Slawuta	228
Slobodka	191
Slonim	15, 32, 104, 271
Smigliai	5
Smolensk	43, 83, 108, 109, 121, 124, 136, 181
Sobrasl	21
Socho-Wola	193
Sopockinje	225
Sorve (Halbinsel auf Ösel)	302
Sosh (Fluß)	124
Sossenka (Fluß)	131
Sowjaki	244
Ssentscha	75
Ssuliza (Fluß)	75
Stalino (Jusowka)	289
Starakonstantinow	165
Stary	248
Stary-Dorohy (bei Baranowitschi)	174
Stolpe	252
Stroniatyn	239
Strugi-Krasnije	98
Suchinitschi	125
Suprasl (nahe Slonim)	184
Suraz (westlich von Bialystok)	89
Suwalki	7
Swiniuchy	29
Szepetowka	303
Sztaritza	186
Tarachowka	59, 61
Tarassowitschi (am Flusse Sossenka)	131
Tarnopol	91, 287
Tarotino (an der Nara)	107
Teplowka	81
Teremno	16
Titowka	132
Titykewce (Gut)	56
Tolpino	113, 253
Torma	260
Toy-Tebe	210
Traby	40
Treduschovka (Bachgrund)	198
Trojanka	274
Trojanowo (westlich von Serpuchow)	95
Tschaschtschiwez	151
Tschelowka	205
Tschemerlejew (bei Netschajannoje)	62
Tscherikoff	258
Tscherwony-Step	80
Tudsora-Werchen	46
Turow	114
Uman	55, 156, 200, 277
Vaimastvere	261
Vipinga (bei Rositten/ Lettland)	147
Waldai-Höhen	123
Wasykowo (südöstlich von Beshanizy)	137
Watolino	286
Werbowze	135
Wereja	276
Wielec	38
Winniza	197, 290
Wischina (nördlich von Tiraspol)	180
Witebsk	87
Wjasma	128, 196, 204, 218, 281
Wola	36
Wolkowkoje	117
Wollossowo	207
Wolna	207
Woltschiniz	238
Woroschilowo	208
Zaslaff	41
Zelwa	104, 271
Zerkovnaja Dolina	75
Zlawiyschka	251
Zolkiew	296

Inhaltsverzeichnis

Vorwort .... S. 5

Einführung .... S. 8

Die Soldaten im Zwielicht der Politik .... S. 8
Die Agitation gegen die Wehrmacht .... S. 8
Die Wehrmacht im Krieg gegen die Sowjetunion .... S. 15
Die verbrecherischen Befehle .... S. 17
Das Zeugnis der Militärseelsorger .... S. 23

Die völkerrechtswidrige Kriegsführung Stalins im „Großen Vaterländischen Krieg" .... S. 24
Die völkerrechtlichen Bestimmungen .... S. 24
Der völkerrechtswidrige Partisanenkrieg .... S. 29
Die Mißachtung des Roten Kreuzes .... S. 32
Verstöße gegen die Kriegsgefangenenkonvention .... S. 33
Die Rache an Kollaborateuren .... S. 34

Die sowjetische Kriegspropaganda .... S. 35
Generalpropaganda zur Stützung der Kampfmoral der Roten Armee .... S. 35
Die Mordaufrufe Ilja Ehrenburgs .... S. 39
Die Tradition sowjetischer Verbrechen gegen die Menschlichkeit .... S. 43

Die deutschen Maßnahmen .... S. 45
Die Wehrmacht-Untersuchungsstelle im Oberkommando der Wehrmacht .... S. 45
Die deutsche Gegenpropaganda .... S. 48

Zur Edition .... S. 55

Dokumentation . . . . S. 56

Einleitung zum 1. Band „Kriegsverbrechen der russischen Wehrmacht 1941" . . . . S. 56

Einleitung zum 2. Band „Kriegsverbrechen der russischen Wehrmacht 1942" . . . . S. 65

Kapitel A. 1 Ermordung und Mißhandlung Kriegsgefangener und wehrloser Verwundeter . . . . S. 71

Kapitel A. 2 Erster Bericht über die Behandlung deutscher Kriegsgefangener im russischen Hinterland. S. 249

Kapitel A. 3 Beraubung von Kriegsgefangenen, von Toten und Verwundeten . . . . S. 252

Kapitel A. 4 Grabschändungen . . . . S. 253

Kapitel A. 5 Freischärlerei . . . . S. 258

Kapitel A. 6 Verwendung von Dum-Dum- und Explosivgeschossen (völkerrechtswidrige Munition) . . . . S. 264

Kapitel A. 7 Verbotene Kampfmittel und Kriegslisten . . . . . . S. 273

Kapitel B Verletzungen des Roten Kreuzes sowie Angriffe auf Sanitätsformationen und Lazarette . . . . S. 279

Kapitel C. 1 Greueltaten der Bolschewisten gegen die Zivilbevölkerung in der Ukraine . . . . S. 328

Kapitel C. 2 Greueltaten der Bolschewisten gegen die Zivilbevölkerung im Baltikum . . . . S. 342

Kapitel D Kannibalismus unter russischen Kriegsgefangenen sowie an deutschen Gefallenen . . . . S. 344

Abkürzungsverzeichnis . . . . S. 376

Ortsverzeichnis . . . . S. 379

Pour le Mérite

Der Krieg 1939/40 in Karten

Im September 1940, als das Deutsche Reich sich nach den erfolgreichen Blitzkriegen gegen Polen und Frankreich auf dem Höhepunkt seiner Macht befand, erschien dieses Kartenwerk erstmals. In insgesamt 33 farbigen und vier s/w.-Karten dokumentiert es Deutschlands Einkreisung im 1. Weltkrieg, verschiedene Teilungspläne der Gegner Deutschlands sowie den Verlauf der militärischen Operationen, die zur Besetzung Norwegens, Dänemarks, Hollands, Belgiens, Frankreichs und Polens führten. Außerdem stellt es Englands Weltmachtstellung und seine Eroberungen in drei Jahrhunderten dar und zeigt schließlich die Situation in Nordafrika und im Pazifik. Mit diesem Nachdruck kommt der Kenner historischer, militärischer und politischer Karten voll auf seine Kosten.

64 Seiten, 33 farbige Karten, gebunden im Atlas-Großformat, DM 34,–

Walther Dahl

Rammjäger

Das letzte Aufgebot. – In diesem Buch, geschrieben von dem Eichenlaubträger Walther Dahl, der als Kommodore der Rammjäger mit seinen tapferen Männern die angloamerikanischen Bomberpiloten das Fürchten lehrte, schildert der damals jüngste Oberst der Luftwaffe und letzte Inspekteur der Tagjäger den Heldenmut und Einsatzwillen seiner Kameraden. Das Buch bietet neben eigenem Erleben des Verfassers, der selbst insgesamt 128 Flugzeuge abschoß, darunter 36 viermotorige Bomber, einen guten Überblick der deutschen Flugwaffe, einschließlich V- und Sonderwaffen, bis zum „Volksjäger", zur He 62 und zur Me 262. Ausgezeichnete Bilder, zum Teil Aufnahmen unserer damaligen Gegner, vervollständigen den Band. Mit einem Geleitwort von Großadmiral Karl Dönitz.

272 Seiten, viele Fotos, Karten, Dokumente, gebunden im Großformat, DM 39,80

Karl Radl

Die Blitzbefreiung Mussolinis

Mit Skorzeny am Gran Sasso. – Die Kommandounternehmen des Sturmbannführers Otto Skorzeny sind bereits Legende. Sein Bravourstück war nach dem Abfall Italiens im September 1943 die Blitzbefreiung Mussolinis, der vom italienischen König auf dem unzugänglichen Bergmassiv des Gran Sasso festgesetzt war. Mit Skorzenys Adjutanten Karl Radl ergreift eine der Schlüsselfiguren des Unternehmens das Wort. Erstmals wird dieses spektakuläre Himmelfahrtskommando in sämtlichen Einzelheiten von Planung, Vorbereitung und Blitzschlag geschildert. Ein zeitgeschichtlicher Thriller. Die faszinierende Bebilderung hält das Geschehen in allen Einzelheiten mit teils atemberaubenden Farbfotos des Kriegsbildberichterstatters Walter Frentz fest.

288 Seiten, 32 überwiegend farbige Bildseiten, gebunden im Großformat, DM 49,80

Verlag für Militärgeschichte

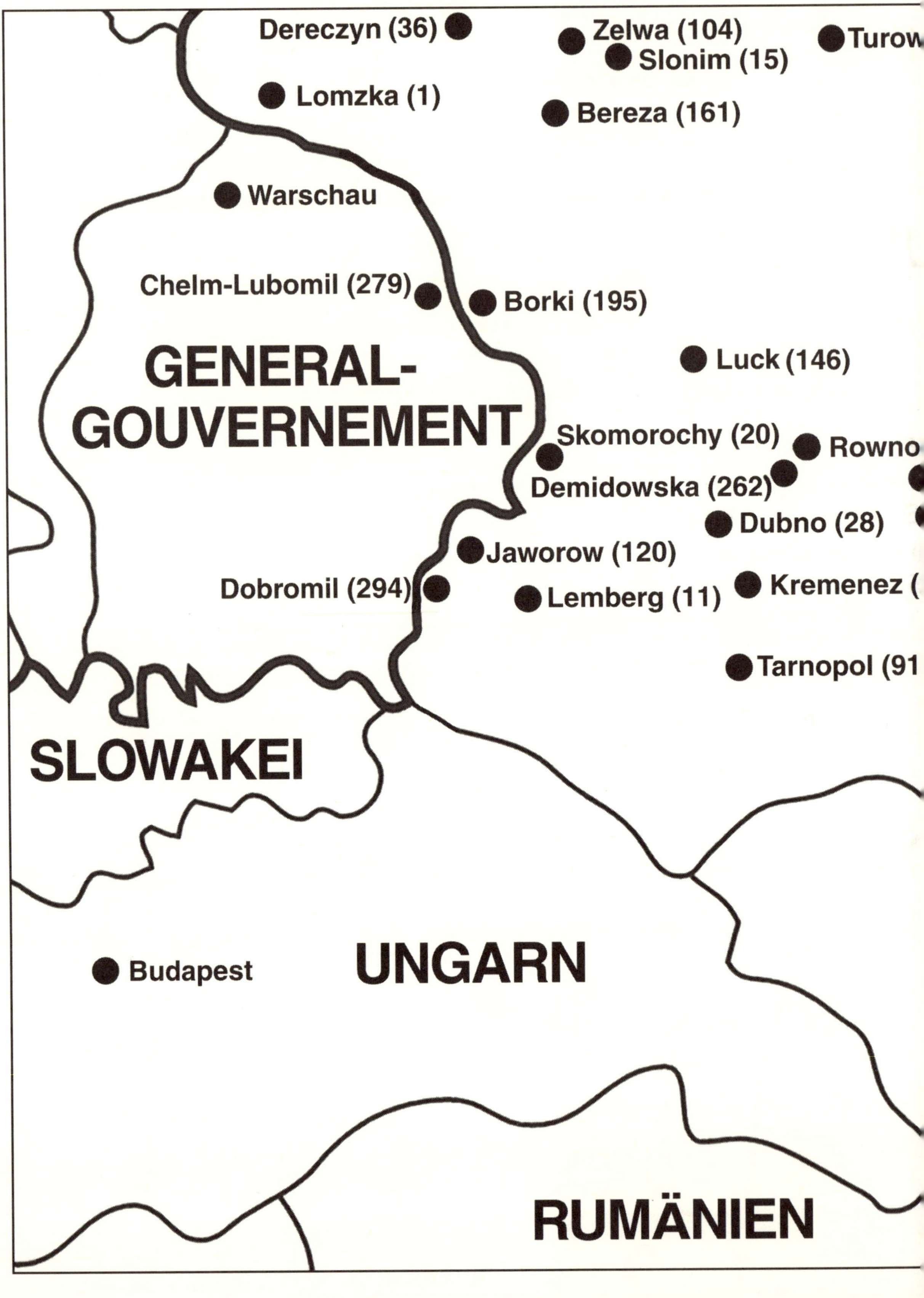
Dereczyn (36)
Zelwa (104)
Slonim (15)
Turow
Lomzka (1)
Bereza (161)
Warschau
Chelm-Lubomil (279)
Borki (195)
Luck (146)
GENERAL-
GOUVERNEMENT
Skomorochy (20)
Rowno
Demidowska (262)
Dubno (28)
Jaworow (120)
Dobromil (294)
Lemberg (11)
Kremenez
Tarnopol (91
SLOWAKEI
Budapest
UNGARN
RUMÄNIEN